中国畲乡

景宁年鉴

JINGNING YEARBOOK

2020

景宁畲族自治县地方志编纂委员会　编

方志出版社
Publishing House of Local Records

图书在版编目（CIP）数据

景宁年鉴．2020 / 景宁畲族自治县地方志编纂委员会编．-- 北京：方志出版社，2020.12
ISBN 978-7-5144-4402-5

Ⅰ．①景… Ⅱ．①景… Ⅲ．①景宁畲族自治县-2020-年鉴 Ⅳ．①Z525.54

中国版本图书馆 CIP 数据核字（2020）第 247142 号

景宁年鉴（2020）

编　　者：景宁畲族自治县地方志编纂委员会
责任编辑：刘方圆

出 版 者：方志出版社
地址　北京市朝阳区潘家园东里 9 号（国家方志馆 4 层）
邮编　100021
网址　http://www.fzph.org
发　　行：方志出版社图书经销中心
电话（010）67110500
经　　销：各地新华书店
印　　刷：浙江遂昌印业有限责任公司

开　　本：889 × 1194　　1/16
印　　张：31
字　　数：784 千字
版　　次：2020 年 12 月第 1 版　　2020 年 12 月第 1 次印刷
印　　数：0001~1000 册

ISBN 978-7-5144-4402-5　　定价：150.00 元

景宁畲族自治县地方志编纂委员会

《景宁年鉴》编辑部

编辑说明
EXPLAIN

一、《景宁年鉴（2020）》以马克思列宁主义、毛泽东思想、邓小平理论、“三个代表”重要思想、科学发展观、习近平新时代中国特色社会主义思想为指导，坚持辩证唯物主义和历史唯物主义的立场、观点和方法，旨在客观、全面、翔实地记述景宁畲族自治县2019年政治、经济、文化、生态、社会等诸多方面的发展状况，总结2019年景宁发生的大事、要事、新事及面临的新问题、新情况，记载了取得的新成就、新进展、新经验，反映景宁各条战线的风貌，为各级党政机关、有关部门和社会各界认识及中外投资者了解景宁提供信息资料。

二、本卷年鉴为中篇结构，由类目、分目、条目组成，部分分目增设次分目，全书有类目31个。卷首设特载、专辑、大事记、县情概况；百科设中国共产党景宁畲族自治县委员会、景宁畲族自治县人民代表大会、景宁畲族自治县人民政府、中国人民政治协商会议景宁畲族自治县委员会、中国共产党景宁畲族自治县纪律检查委员会·景宁畲族自治县监察委员会、民主党派·社会团体、机构编制·人力资源和社会保障、法治、军事、农业·农村·气象、水利·电力、自然资源·环境保护、工业经济、商贸业、交通、邮政·通信、住房和城乡建设、旅游、税务·财政、金融·住房公积金、经济管理、教育、科学技术、文化、卫生·体育、社会生活、乡镇·街道；卷末设附录。

三、内文中未标明党派的“省委”“市委”“县委”分别为“中共浙江省委”“中共丽水市委”“中共景宁畲族自治县委”；“党员”均为“中共党员”；“党建”工作均为“中国共产党建设”工作；凡未冠以行政区划专名的省、市、县分别指浙江省、丽水市、景宁畲族自治县。

四、所载信息资料由县直单位、各乡镇（街道）及国家、省、市驻景宁企事业单位提供，插图由撰稿单位提供，主要数据以县统计局公布数据为准。

景宁畲族自治县行政区划图

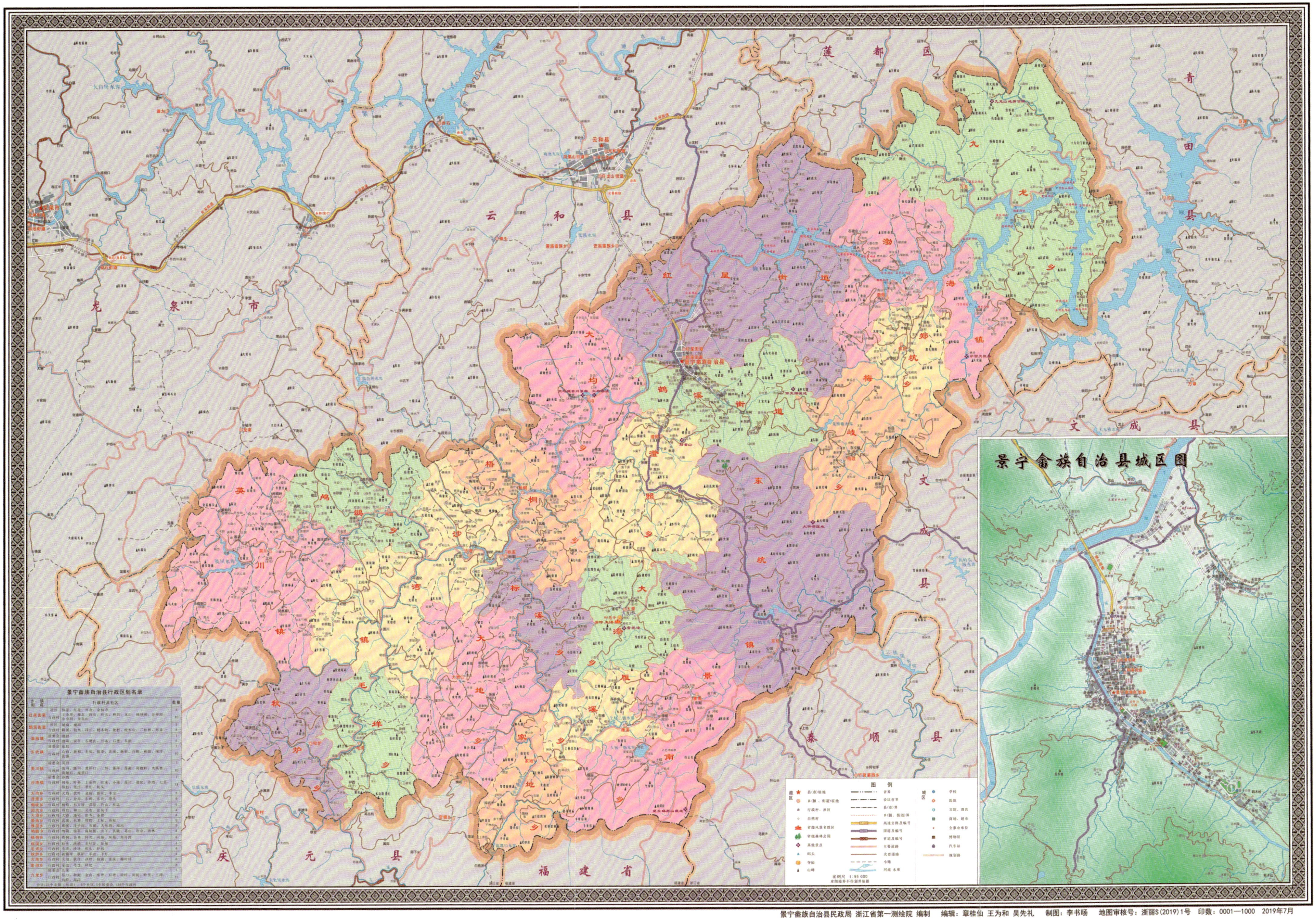

景宁畲族自治县民政局 浙江省第一测绘院 编制 编辑：章桂仙 王为和 吴先礼 制图：李书旸 地图审核号：浙丽S(2019)1号 印数：0001—1000 2019年7月

城区图

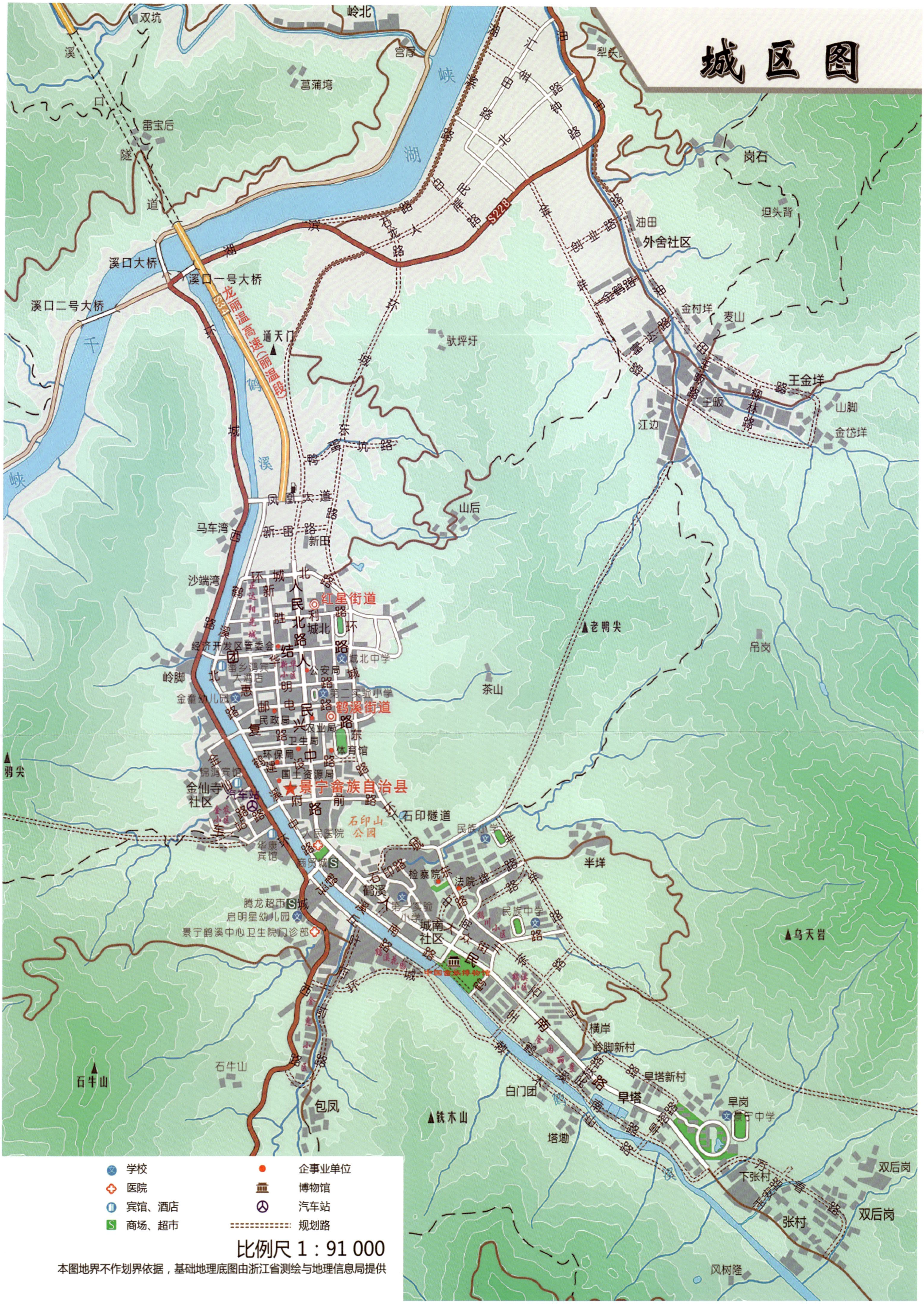

- 学校
- 医院
- 宾馆、酒店
- 商场、超市
- 企事业单位
- 博物馆
- 汽车站
- 规划路

比例尺 1：91 000

本图地界不作划界依据，基础地理底图由浙江省测绘与地理信息局提供

景宁畲族自治县民政局　浙江省第一测绘院　编制　地图审核号：浙S（2015）92号　印数：0001-1500　2015年11月

2019年10月13日，教育部部长陈宝生（左三）到景宁调研　　　（县融媒体中心　提供）

2019年3月27日，国家民委党组副书记、副主任刘慧（右三）到景宁调研

（县融媒体中心　提供）

2019 年6月11日至12日，国家民委副主任赵勇（右一）到景宁调研 （县融媒体中心 提供）

2019年7月23日至24日，浙江省人民政府省长袁家军（右一）到景宁蹲点调研
（县融媒体中心 提供）

2019年11月27日，浙江省政协主席葛慧君（右一）到景宁调研政协释放专门协商机构潜能和效能工作
（县政协办公室　提供）

2019年5月21日，中共浙江省委常委、政法委书记王昌荣（前左二）到景宁调研信访和人民调解工作
（县融媒体中心　提供）

2019年7月3日，浙江省人大常委会党组副书记、副主任李卫宁（前排右一）到景宁开展蹲点调研
（县人大办公室 提供）

2019年8月7日，浙江人民政府副省长王文序（右排左四）到景宁调研关爱留守和困境儿童工作
（县融媒体中心 提供）

2019年3月6日，浙江省人民政府副省长、公安厅厅长王双全（右四）到景开展“三服务”活动
（县公安局 提供）

2019年8月20日，浙江省政协副主席陈铁雄（右二）到景宁调研民族乡村振兴工作
（县政协办公室 提供）

2019年12月12日，浙江省政协副主席郑继伟（左三）到景宁调研提案工作和“请你来协商”平台建设工作

（县政协办公室　提供）

2019年2月21日，景宁畲族自治县第九届人民代表大会第三次会议召开

（县人大办公室　提供）

2019年2月20日，中国人民政治协商会议第九届景宁畲族自治县委员会第三次会议召开

（县政协办公室 提供）

2019年3月19日，“浙西南革命精神”弘扬践行活动动员部署会召开（县融媒体中心 提供）

2019年9月12日，全县“不忘初心,牢记使命”主题教育工作会议召开 （县融媒体中心 提供）

2019年11月12日，全国民族地区城乡融合发展试点建设动员大会召开 （县民宗局 提供）

2019年3月18日，静安—景宁签订战略合作协议（县经济交流合作中心 提供）

2019年4月6日，2019中国畲乡三月三“诗画畲乡·风情景宁”活动开幕式

（县融媒体中心 提供）

2019年1月18日，景宁—温岭山海协作“600飞柜经济”项目正式落地景宁

（县经济交流合作中心　提供）

2019年1月8日，寨山桥重建工程竣工通车　　（县融媒体中心　提供）

目　录

特　载

专　辑

大 事 记

县情概况

中国共产党景宁畲族自治县委员会

景宁畲族自治县人民代表大会

景宁畲族自治县人民政府

中国人民政治协商会议景宁畲族自治县委员会

中国共产党景宁畲族自治县纪律检查委员会·景宁畲族自治县监察委员会

民主党派·社会团体

机构编制·人力资源和社会保障

法　治

军　事

农业•农村•气象

自然资源·环境保护

水利•电力

工业经济

商 贸 业

交　　通

邮政·通信

住房和城乡建设

旅　　游

税务·财政

金融 · 住房公积金

经济管理

教　　育

科学技术

文　　化

卫生·体育

社会生活

乡镇·街道

附　　录

特　　载

克难攻坚抓项目　凝神聚力大赶考
高质量推进美丽幸福新景宁建设

——在全县工作会议暨“三服务破六难”百日攻坚大会战动员大会上的讲话

中共景宁畲族自治县委书记　陈　重

（2019年2月12日）

一、2018年成绩单

2018年是坚定而充实的一年。我们按照“干在实处永无止境，走在前列要谋新篇，勇立潮头方显担当”和“以‘丽水之干’担纲‘丽水之赞’”的新使命新要求，深入开展“大学习”“大走访”“大会战”“大赶考”，真抓实干、创先争优，继续唱响“创新实干”最强音，交出了一张靓丽的成绩单。

（一）致力打造美丽环境，有特色更有品质。一年来，我们按照“诗画畲乡·和美景宁”的县域定位，坚定生态自信，对标一流标准，落实最严要求，打造独特之美，让畲乡走出深闺展风华。一是生态气质更加出众。成功创建省级生态文明建设示范县，低碳试点县中期评估获得省级优秀等级。全县地表水Ⅰ、Ⅱ类占比100%，鹤溪河被评为省级“美丽河湖”，“五水共治”公众满意度全省第二、全市第一。获评“中国天然氧吧”，全年空气质量优良天数348天，优良率99.4%，比上年提高2个百分点，排名全市第一、全省第三，PM2.5均值23微克/立方米，排名全市第二、全省第五。完成绿化造林310.2公顷、美丽林相建设203.47公顷，望东垟国家级自然保护区和草鱼塘国家级森林公园创建稳步推进。生态环境秀色可餐，获得广泛点赞。二是城乡颜值不断提升。在县城，我们全面打响外舍新区环境整治和城南（城中村）棚户区征迁改造攻坚战，外舍区块实现从脏乱差到洁绿美的华丽蝶变，城南区块拆除建筑物12万平方米，完成土地征收31.73公顷，人民南路延伸工程开工建设。大力推进县城有机更新，寨山桥重建、环城西路综合整治等项目为县城穿上靓丽新衣。在乡村，我们全力推进小城镇环境综合整治和美丽乡村建设，全县所有乡镇均通过“无违建乡镇”考核验收，荣获浙江省“基本无违建县”称号；第二批9个乡镇小城镇环境整治全部通过省镇治办考核验收，家地乡、梅岐乡、景南乡获得省级样板，连续两年获得“浙江省小城镇环境综合整治优秀县”称号；47个村列入第五批“中国传统村落”公示名录，数量居全省第一、全国第二。“绿树村边合，青山郭外斜”的美丽乡村逐步形成。三是发展环境日益优化。对标诗画浙江大花园最美核心区创建要求，深入开展“人人成园丁、处处成花园”行动，国家公园、绿道建设、“畲家田园综合体”等大花园标志性工程扎实推进，有力带动民宿休闲、康体养生等产业发展，民族风情特色园建设初显成效。大力弘扬社会主义核心价值观，积极推进信用体系建设，深入开展思想道德和乡风文明建设，移风易俗深入人心，“喜事新办、丧事简办”渐成新风，社会更加包容开放。

（二）致力发展美丽经济，有速度更有质量。一年来，我们牢牢把握高质量发展要求，以供给侧结构性改革为主线，坚定走好绿色发展之路，积极推动质量变革、效率变革、动力变革，努力发展生态产业拔“弱根”，育得源头活水来。全年实现地区生产总值59.3亿元，同比增长8.4%，增速排名全市第四；一般公共预算 收入7.7亿元，同比增长10.5%，增速排名全市第八；完成固定资产投资40.6亿元，同比增长6.8%，增速排名全市第三；社会消费品零售总额33.3亿元，同比增长9.4%，增速排名全市第八；出口总额12.7亿元，同比增长39.8%，增速排名全市第二；年末金融机构人民币存贷款余额106.2亿元、81.8亿元，分别同比增长14.7%、9%，增速分别排名全市第一和第七。一是质量创新牵动生态农业优质发展。全面推进“丽水山耕+景宁600+X”母子品牌体系建设，建成海拔600米以上农业生产基地3666.67公顷，创成“景宁600”示范乡镇4个、示范村22个，累计签约战略合作企业45家，开发农产品104款，实现销售额5.2亿元。积极探索“景宁600+邮乐购”“景宁600+飞柜”等模式，“景宁600”品牌知名度进一步打响，得到市场广泛认可和省委省政府主要领导充分肯定。林业总场成功创建省级“现代国有林场”，惠明茶特色农业强镇在全市率先通过省级验收。农产品质量安全抽检连续四年合格率100%。二是科技创新驱动生态工业改造升级。扎实开展“低散乱”企业整治，在全市率先实施“区域环评+环境标准”改革。丽景园二次创业成效明显，飞科电器产业园项目顺利开工，浙江青风环境股份有限公司“食用菌环境控制机组”入选“浙江制造”，实现“浙江制造”品牌零突破。澄照农民创业园基础设施建设加快推进，完成企业入园评价7家，其中宇海幼教木玩产业园启动建设。深化“携企服企振企”六大行动，累计完成“企业上云”126家，完成技改投入9100万元，同比增长143.3%。全年规上工业增加值同比增长15%。三是融合创新推动全域旅游快速发展。积极开展全域旅游示范县创建，出台全域旅游发展政策，编制全域旅游发展策划，与港中投建立全面战略合作关系，成功签约千峡畲寨、云上天池、悬崖上的天空之城、惠明禅茶文化产业园、李宝洞宫畲王寨等一批重大旅游项目，有序启动全域旅游服务中心、水隅仙境等项目建设，积极开展畲乡小镇业态培育。举办“诗画畲乡·和美景宁”全域旅游推介系列活动，“风情景宁”“清爽景宁”“丰收景宁”“年味景宁”四季主题声名远扬。继“畲乡十大碗”之后，推出“畲乡十小碟”“畲乡十药膳”“中国好畲居”“中国好畲艺”系列特色产品。全域旅游“C位出道”，全年实现旅游总收入65.7亿元，同比增长21.6%。

（三）致力创造美好生活，有实惠更有口碑。一年来，我们积极践行以人民为中心的发展思想，着力办好事关群众切身利益的“关键小事”，用一个个民生“小坐标”为畲乡发展带来“一条条锦鲤鱼”。一是民生保障不断增强。坚决打好低收入群众增收攻坚战，创新推出“脱贫保”和“防贫保”，兜底性保险做法作为典型案例在全市推广。大力实施就业富民、促农增收工程，全县城乡常住居民人均可支配收入分别达到36778元和18170元，同比增长9.4%和10.1%，增幅分别位列全市第三、第五，城乡居民收入倍差降到2.02。新增城镇就业1918人。千方百计抓好地质灾害“大搬快治”，全面完成196幢330户1120人的尾留房屋拆除，撤离地质灾害隐患点群众2934人，完成地质灾害治理工程30个。城乡居民养老保险、医疗保险参保率分别达到90.9%和98.4%，跨省异地就医实现直接结算，社保业务在全市率先实现“刷脸办事”。城乡低保标准一体化、退役士兵三级服务机构全覆盖基本实现。二是民生事业加快发展。大力推进教师“县管校聘”管理改革，进一步加强与杭州学军中学、天长小学等省内一流学校合作办学，成功加入全国新教育实验区，景宁中学高考本科上线率94%，高出全省平均34个百分点。凤凰学校建设进展顺利，澄照幼儿园和中心幼儿园惠明园区投入使用，农村小班化教育教学模式获全国基础教育教学成果二等奖。出台文化产业发展三年行动方案，加快推进畲族博物馆提升、千年山哈宫等重大文化项目建设。浙江畲族舞蹈传承发展基地正式落户景宁，“畲族新娘套装首饰”在第十三届中国（义乌）文化产品交易会上获得金奖。举办“中国畲乡三月三”“百村闹春·乡村春晚”等节庆活动，建成24小时畲乡书房、“幸福驿站”便民图书馆，创新打造“文化物流”项目，不断丰富群众精神文化生活。出台《“健康景宁2030”行动纲要》，深化“双下沉、两提升”，浙江大学附属第一医院第二轮结对帮扶落地见效。三是平安建设持续深化。深入开展平安隐患排查整治攻坚行动，打赢全国民族大会等维稳安保硬仗。高度重视并切实抓好金融风险防范化解攻坚战，安全生产、社会应急、防灾减灾、食品安全等治理体系不断完善，“域外网格”做法得到省委书记车俊等省、市领导批示肯定，列入全省新时代“枫桥经验”实践百例。深入推进扫黑除恶专项斗争，严肃查处涉黑涉恶腐败及充当黑恶势力“保护伞”问题，成功打掉涉恶团伙5个，立案涉恶案件23起，抓获犯罪嫌疑人101人，刑事拘留57

人，移送检察机关审查起诉32人。在省平安办公布的首份“平安浙江指数”中，景宁位列全省89个县(市、区)第一。

（四）致力深化改革开放，有深谋更有远虑。一年来，我们突出问题导向和群众取向，用好改革“关键一招”，各领域改革持续深化，在全省县委书记工作交流会上围绕改革专题作交流发言。一是“最多跑一次”改革让群众办事更加便利。新的行政审批服务中心投入使用，“一窗受理、集成服务”持续深化，“全域一证通办”加快推进，梳理企业和群众到政府办事事项638项，基本全面实现“最多跑一次”并向乡镇(街道)延伸，设立全省首个“民情速递代表委员窗口”“最多跑一次”改革群众满意度97.7%，排名全市第二、全省第十一。在“最多跑一次”改革推动下，全年新设市场主体2130户，增长24.2%，全县在册市场主体13994户，增长5.8%。扎实推进“标准地+承诺制+代办制”改革，“宇海幼教产业园”项目从备案到办理施工许可证仅用50天，被省、市跑改办列为企业投资项目“最多100天”典型案例。二是重点领域改革让畲乡发展充满活力。着力深化城乡融合发展改革，民族地区城乡融合发展创新改革试点获得省级批复。积极推进绿色发展综合改革创新区(大花园)建设，超额完成实施类项目投资计划。农村土地确权通过验收，“政银保”小额扶贫贷款模式列入全省经济领域改革典型经验。产业农合联基本实现全覆盖，“三位一体”改革步伐持续加快。生产经营类事业单位改革全面完成。机构改革有序推进，党政机构设置和人员转隶基本到位。三是扩大对外开放让发展天地愈加宽广。积极打造山海协作工程升级版，主动加强与温岭市、上虞区、海盐县、宁海县协作发展，探索推行“生态旅游文化产业园”等共建模式，“飞地经济”改革试点加快推进，在全省山海协作工程推进会上作交流发言。支持本地企业积极参与“一带一路”建设。积极引导“小超市、小宾馆、小水电”等景宁人经济转型升级。主动开展与新疆新和县的结对帮扶活动。

（五）致力推动创新实干，有实效更有认同。一年来，大家用最美的跑姿证明，追梦虽不会千篇一律，但奋斗总是不二法则，奋斗者的付出收获了父老乡亲的喝彩。一是以干为重，“大赶考”成为干事代名词。全县上下主动拉高标杆、对标先进、你追我赶，躺着的站起来，站着的跑起来，跑着的争第一，全县党员干部想干事、敢干事、干成事的氛围愈加浓厚，大赶考成为畲乡景宁干事创业的新品牌，吸引一批又一批的外地同志和媒体记者前来学习取经、宣传报道。二是以干得赞，项目建设带来面貌新变化。全县上下合力推进项目建设和招商引资，全年完成民间投资20.9亿元，增幅15.9%；交通基础设施投资3.2亿元，增幅22.2%；生态环境建设投资9.8亿元，增幅23%；高新技术投资3.4亿元，增幅398.4%；谋划省市县长工程4个，落地3个，领跑全市。322国道、景文高速实现开工入库，金村水库及供水工程完成PPP招标，一大批基础设施和产业项目实现重大进展，畲乡面貌不断改善。三是以干得助，上级关爱催生发展新动力。全县上下真抓实干、大抓落实，以实际行动表达感恩，以努力作为赢得了更多的关心支持，有效争取省委省政府第三轮帮扶政策以及国家、省、市各类帮扶，畲乡发展动力更加强劲。

（六）致力全面从严治党，有严管更有厚爱。一年来，我们全面落实新时代党的建设总要求，不断推进全面从严治党向纵深发展，在建设伟大工程进程中积蓄推进伟大事业的磅礴力量。一是政治建设引领全局。旗帜鲜明讲政治，坚持把学习宣传贯彻党的十九大精神作为首要政治任务，自觉用习近平新时代中国特色社会主义思想武装头脑、指导实践、推进工作，树牢“四个意识”，坚定“四个自信”，坚决做到“两个维护”。深入开展“大学习大调研大抓落实”活动，全县2600名党员干部自觉投身“大调研”，收集、整理、交办建议意见1100多条，形成一批高质量调研成果。二是基层组织保障有力。深入贯彻新时代党的组织路线，严格落实“书记面对面点评、责任一对一传导”做法，层层传导压力，全面压实党建工作责任。持续深化“三会一课”“主题党日”“党组织结对共建”“四大指数”考评等制度，扎实推进村社大赶考，基层组织“战斗堡垒”作用有效发挥。坚持严管与厚爱并重，突出“学习、实干、担当、廉洁”导向，着力在大赶考中发现、培养和选拔干部，大胆启用一批实战历练表现优秀的干部。全面开展“向组织说说心里话”、干部关心关爱月系列活动，调适干部身心健康。积极推进“千企结千村、消灭薄弱村”专项行动，“消薄”工作取得阶段性成效。三是清廉畲乡系统推进。出台《关于推进“清廉畲乡”建设的决定》，积极推进清廉机关、清廉医院、清廉学校、清廉企业等建设。着力发挥巡察利剑作用，对21个党组织开展了巡察，移交重要问题线索16件，立案3件；对85个行政村开展农村基层作风巡查，移交重要问题线索29件。驰而不息纠四风，不给思想开“天窗”，不给行为留“暗门”，公开通报曝光四风典型问题28起48人。全力查处违纪违法问题，全县纪检监察机关共受理信访举报205件，处置问题线索237条。

同志们，盘点过去的一年，回望九届县委县政府两年来的工作，“往事历历在目、件件润泽心田”，有成绩也有不足。两年来，我们高举习近平新时代中国特色社会主义思想伟大旗帜，全面贯彻习近平总书记对浙江工作的重要指示、“丽水之赞”和对景宁发展的历次重要指示批示精神，坚定坚决落实党中央和省委、市委各项决策部署，推动各项事业新发展。两年来的成绩来之不易，是全县上下解放思想、奋发进取的结果，是广大干部志不求易、事不避难的结果，是各个方面和衷共济、凝神聚力的结果。在此，我代表县委、县人大、县政府、县政协，向奋战在改革发展一线的干部群众表示诚挚问候，向关心支持景宁发展的社会各界表示衷心的感谢！

面对高水平全面建成小康社会的艰巨任务，对照新时代新要求，我们必须与时俱进深化对县情实际的认识，始终聚焦“产业支撑不强、内生动力不足”的短板，不断总结提炼好做法好经验，善于从战略上考量，勇于在战术上突破，一张蓝图绘到底，积小胜为大胜，推动畲乡景宁各项事业发展取得更大成效。

在战略层面：一是必须坚持“诗画畲乡·和美景宁”的县域定位，这是畲乡景宁推进“两个高水平”建设进程中形成的广泛共识。“诗画畲乡”是立足“美丽中国”“美丽浙江”

“美丽丽水”建设大背景，发挥景宁山水资源和畲族特色，提出的全域空间建设总要求；“和美景宁”是紧扣畲乡人民日益增长的物质文化、民主法治、公平正义、安全环境等美好生活需要，明确的全域内涵发展新追求。“诗画畲乡·和美景宁”县域定位体现了“八八战略”再深化要求，必须长期坚持、久久为功、务求实效。二是必须坚持把旅游业培育成为第一战略支柱产业，大力发展全域旅游，这是畲乡景宁加快富民兴县，实现高质量发展的现实选择。不管是从上往下看，还是从下往上看，不管是往回看，还是往前看，全域旅游都是畲乡景宁建设现代化生态产业体系、实现高质量发展的“不二之选”。必须做好“旅游+”这篇大文章，持续推进文旅融合、农旅融合、城旅融合，努力把旅游业培育成为第一战略支柱产业，加快富民兴县再赶超步伐。三是必须坚持深化“志不求易、事不避难”创新实干大赶考，这是畲乡景宁科学赶超、走在前列的担当之举。正确的政治路线要靠正确的组织路线来保证。最近两年，我们办成了一些以往没有想过的事，干成了一些以往不敢去干的事，很重要的一点就是我们全域全员开展了大赶考，通过大赶考培养造就了一支忠诚干净担当的高素质干部队伍。今后，我们要奋力实现“干在实处、走在前列、勇立潮头”，必须坚持开展大赶考，以全县上下的创新实干和接续奋斗，担纲习近平总书记对景宁的殷切期望。

在战术层面：一是必须大力推进“大学习大调研大抓落实”，这是实现创新发展、开放发展的重要载体。“大学习大调研大抓落实”是省委谋划的学习贯彻习近平新时代中国特色社会主义思想和党的十九大精神的具体行动，是“‘八八战略’再深化、改革开放再出发”的重要内容，是打好三大攻坚战、推进高质量发展的有力抓手。2017 年县委谋划推行了“大学习”“大走访”“大会战”“大赶考”系列工作载体，这与省委“大学习大调研大抓落实”工作主线高度吻合，我们将提法与省委进行了统一。深入践行新发展理念，坚持以改革思路破解难题，以创新举措推进落实，必须持续推进“大学习大调研大抓落实”，以此推动作风大转变、工作大提高、事业大发展。二是必须大力推进“三美融合、联动发展”，这是引领绿色发展、协调发展的科学路径。以打造美丽环境为基本前提，以发展美丽经济为主攻任务，以创造美好生活为根本目的，这是我们景宁推进“生态经济化、经济生态化”的有效路径，也是实现一二三产融合发展、高质量发展，生产生活生态“三生融合”的科学方法。进入新时代，解决发展不平衡不充分问题，持续加快绿色发展、协调发展，必须深入推进“三美融合、联动发展”。三是必须大力推进“安暖和”民生情怀精准落地，这是坚持底线思维、共享发展的价值取向。民心是最大的政治。要使全面建成小康社会得到人民认可、经得起历史检验，必须进一步深入践行以人民为中心的发展思想，始终怀着深厚的民生情怀，把畲乡群众安危冷暖时刻放在心上，始终和父老乡亲坐在同一条板凳上，切实解决好人民群众最急、最盼、最忧、最怨的现实问题、利益问题，实现发展蓝图人人知情、发展过程人人参与、发展成果人人共享。

二、2019年任务书

2019年是新中国成立70周年，是决胜全面建成小康社会第一个百年奋斗目标的关键之年，也是景宁畲族自治县设立35周年。“全面实现小康，一个也不能少，一个民族也不能少”，做好今年工作，对景宁而言意义重大。从大环境看，当今世界正面临百年未有之大变局，外部环境正在发生深刻复杂变化，我们要充分估计并正确应对各种困难与挑战。与此同时，我们要对以习近平同志为核心的党中央驾驭复杂局面、带领中国这艘东方巨轮行稳致远充满信心，要对我国发展仍处于并将长期处于重要战略机遇期，经济长期向好的基本面没有改变充满信心，紧紧抓住全面建成小康社会进而推进现代化建设的时代机遇，着力发挥好不可多得的生态优势、唯一独特的民族优势、特别关爱的政治优势、创新实干的干群优势，忠勇担当再出发，咬定目标使劲干，一步一个脚印，一年一个台阶，奋力书写“两个高水平”的景宁篇章。

今年工作的总体要求是：高举习近平新时代中国特色社会主义思想伟大旗帜，全面贯彻党的十九大和中央、省、市系列会议精神，认真遵循习近平总书记对浙江、对丽水特别是对景宁的重要指示批示，以“八八战略”再深化、改革开放再出发为主题，以景宁行动践行“丽水之干”，坚持稳中求进工作总基调，坚持新发展理念，坚持推进高质量发展，坚持供给侧结构性改革主线，坚持深化市场化改革、扩大高水平开放，克难攻坚抓项目、凝神聚力大赶考，加快建设现代化生态经济体系，高质量推进美丽幸福新景宁建设，为高水平全面建成小康社会收官打下决定性基础，以优异成绩庆祝新中国成立70周年，献礼自治县设立35周年。

今年经济和社会发展的主要预期目标是：地区生产总值增长7.5%以上，高质量前提下能快则快；一般公共预算收入增长7%以上；规上工业增加值同比增长7%；全社会固定资产投资增长12%以上；服务业增加值增长8.5%左右；旅游总收入增长20%以上；出口总额保持适度增长；社会消费品零售总额增长9%以上；城乡常住居民人均可支配收入分别名义增长8.5%和9%以上。上述目标综合考虑了宏观环境和条件，兼顾了质量效益和速度规模，在实际工作中要努力争取更好的结果。

围绕上述要求和主要目标，县委县政府对2019年全县工作作了总体安排，主要概括为“一二三四五六”，即突出一个主题、抓住两个关键、建强三支队伍、紧盯四个节点、把好五个尺度、答好六张考卷。

（一）突出一个主题

“八八战略”再深化、改革开放再出发，这是省委深入践行习近平总书记对浙江工作新期望的主载体和着力点，不仅从战略上为我们指明了前进方向，还从战术上提供了思想方法和工作方法，是改革发展各项工作的“金钥匙”。省委明确将“‘八八战略’再深化、改革开放再出发”作为今年全省工作的主题，符合时代要求，体现浙江特色。毫无疑问，这也是我们全县工作的主题。

（二）紧抓两个关键

全县工作千头万绪，“抓什么”和“怎么

抓”始终是关键。抓主要矛盾和抓矛盾的主要方面是我们抓工作的基本方法。对照新型工业化、信息化、城镇化和农业现代化同步发展的要求，我县基础设施建设补课任务仍然繁重。对照建设现代化生态经济体系、推进高质量发展的任务，我县“主导产业不强、内生动力不足”的矛盾依然突出。对照畲乡人民日益增长的美好生活需要，我县公共服务仍然短缺。解决这些矛盾和问题，唯有紧紧抓住项目不放，通过“大干项目、干大项目”实现大补课、大发展。“怎么抓”，就是要持续深化大赶考，不断完善这一实践证明管用的工作机制，通过机制创新更好地服务项目建设主战场，推动各项事业又好又快发展。基于以上考虑，县委县政府将抓项目和大赶考作为今年工作必须紧紧抓住的两个关键，具体要求就是两句话：克难攻坚抓项目、凝神聚力大赶考。

(三)建强三支队伍

第一支队伍是企业骨干队伍。企业家队伍对于景宁来说十分稀缺、非常重要。实现高质量发展，最终还是要市场主体发力有为。当然，这里所说的企业涵盖农业、制造业和服务业等各领域，既包括国有企业，更包括民营企业。就当前而言，抓企业骨干队伍培养，重点要抓好三方面工作。一要真正帮助企业纾困减压。注重实效，深入开展服务企业行动，以“贴心”的过程服务、“滴灌”的政策供给，认真落实企业减负降本系列政策，强化分类指导，“一把钥匙开一把锁”，建立一企一策、一事一议的问题清单、落实清单和责任清单，在政策支持、信息交流、资源共享等方面拿出真招、实招和硬招，着力解决企业融资难融资贵问题，不断降低企业税费、用地、用电、用能、用人、物流等刚性成本，让企业轻装上阵、倾力发展。二要强化本土企业骨干人才培养。既要坚持刚性要求，又要加强柔性关怀，有的放矢、力所能及地提供教育培训、人才对接、信息供给等服务，高质量推进隐形冠军培育、小微企业成长等各类主体升级行动计划，推动企业家坚守实业、做强主业。系统推进清廉企业建设，着力构建亲清新型政商环境，营造重商、亲商、安商、富商良好环境，促进企业家做大做强。三要积极引进各类企业家到景宁投资兴业。统筹实施“凤凰行动”“雄鹰行动”“雏鹰行动”，不仅要抓好娃哈哈、飞科电器、宇海幼教木玩等排头兵企业，也要扶优一批成长型、科技型、生态友好型的中小企业，形成重点扶持培育名录并研究落实扶持措施。同时，在下步招商引资、招才引智过程中，要着力引进新型农业经营主体和全域旅游投资主体，形成各类企业人才发展齐头并进的生动局面。

第二支队伍是各类技术人才队伍。创新是引领发展的第一动力。抓好技术人才队伍建设，不仅事关当下，而且决定未来。一要通过拓展平台搭建“用武之地”。高质量抓好“人才之家”“乡贤联谊会”“青年人才联谊会”等人才工作平台建设，在乡村振兴、全域旅游、开放发展中搭建适合各类人才发挥才干的平台，让更多梦想在畲乡大地开花结果。继续加强“畲乡经理”“畲乡民宿管家”“畲乡月嫂”“畲乡工匠”“畲乡工艺美术大师”“畲乡小吃”等人才队伍培育，加快构建结构合理的人才队伍。二要通过温暖关怀吸引“倾情加盟”。坚持“精准引才、因才适岗”的工作定位，既要做到“唯贤唯能，为我所用”，也要有“来，我们欢迎；走，我们欢送”的胸怀，坚持用“平台留人、事业留人、待遇留人、感情留人”，做优柔性引才文章，在落户居住、子女教育、职称评定等方面给予政策优惠，持续抓好“复合型青年人才孵化计划”，努力造就人人努力成才、人人皆可成才、人人尽展其才的良好局面。三要通过选树典型实现“争先创优”。完善人才评价、激励机制，加强对各类人才荣誉体系顶层设计，加大人才评价结果共享，避免多头、重复评价人才。不仅要在技术人才队伍中分门别类选树和培养一批先进典型，也要在用人单位中挖掘服务人才、大胆用才、用好人才的典型案例，推动共同抓好人才工作。

第三支队伍是党员干部队伍。在不同场合，我多次阐述了当下抓好党员干部队伍建设对于我县发展的特殊意义，这是一支必须要抓好、必然要抓好的重要队伍。一要营造“为真抓实干者鼓劲”的良好氛围。群众评价领导干部，最重要的标尺是实干，不仅看你说了什么，更看你做了什么、做成了什么。我们每一位干部都要强化责任担当，在其位谋其政，任其职尽其责。当前，在机构改革中，部分年龄稍大的干部因机构撤并、职能划转、编制削减等缘故，从领导岗位上退了下来。虽然位置让给了年轻人，但我们要有“扶上马、送一程”的宽广胸襟，摒弃“喝茶养老”、“葛优躺”、佛系捧着保温杯的惰性思维，始终保持老当益壮、只争朝夕的精神状态，坚持在岗位上贡献更多的力量。中青年干部应肩负起“中流砥柱”的职责使命，杜绝“坐在墙根晒太阳，等着别人送小康”的依赖心理，勇挑千钧担，做精“绣花”活，努力成为大赶考的主攻手和生力军。年轻干部应有“初生牛犊不怕虎”的精神，克服“骄娇二气”和急于求成、自以为是、朝令夕改、眼高手低等毛病，自觉投身艰苦岗位磨炼，主动深入基层一线打拼，在实践中增长才干、提升本领，勇做时代的弄潮儿。二要坚持“有为者有位”的用人导向。“为政之要，唯在得人，用非其才，必难致治。”要突出政治标准选人用人，看政治忠诚、看政治定力、看政治担当、看政治能力、看政治自律。要在大赶考中深化细化精准考察识别干部工作机制，自觉用好“走中看、谈中识、研中判、比中选、定中用”的“选人用人五法”，结合“一时”“一贯”表现，结合“大事”“小节”担当，多到基层干部群众中、多在乡亲们的口碑中了解干部、发现干部，在干成一件件实事、破解一个个难题中提拔干部，让实干者得实惠、吃苦者吃香、流汗者流芳，使干部有全身谋事之心而无侧身谋人之虞。要加强村社干部队伍建设，深化村社大赶考和“规矩指数”考评，在村级规模调整、项目政策处理、“大搬快聚”、社区治理创新等重大工作推进过程中考察识别村社干部，真正把“懂规矩、知敬畏，能干事、肯干事、干成事”的同志选拔充实到村社干部队伍中来。三要完善“为担当者担当”的制度保障。洗碗越多摔碗的概率就会越大。怎样让我们的干部摆脱“自保”心理，“遇事不躲事”，很关键的是要落实好容错免责机制。县纪委监察部门要坚持“三个区分开来”，充分运用好容错免责制度，为敢担当的干部撑腰鼓劲，免除干部干事的后顾之忧。县委组织部要更多地在政治上激励干部、在工作上支持干部、在待遇上保障干部、在心理上关怀干部，主动为党员干部排忧解难。同时，要着力解决形式多于内容、工作过度留痕、报喜不报忧等问题，继续加强“文山会海”整治，改进督查考核，做到不以台账为主、更多看群众满意度，逐步把基层干部从过多的会议和繁杂的台账、报表、督查等无谓的事务中解脱出来。

(四)紧盯四个节点

一季度要取得“开门红”。今年是省委提出的实干年、落实年，也是检验县乡机构改革成果的第一年。一季度开好局、起好步，实现“开门红”，不仅具有稳预期、增信心、风向标作用，而且对全年工作具有重大影响。大家要尽快理顺机构改革相关机制，迅速从“过节模式”切换至“战斗模式”，立即投入“三服务破六难”百日攻坚大会战，努力抢先手、夺高地、争进位，奋力夺取“开门红”。县发改、统计、农业农村等部门要紧盯一季度指标发布和26个加快发展县考核，强化查漏补缺，突出面上统筹，抓好对接沟通，力争最好结果。

二季度要收获“大战果”。今天开始，百日攻坚大会战正式打响，九大攻坚战，场场皆硬战。二季度，大会战圆满收官之际，县委县政府将隆重召开百日攻坚大会战总结表彰大会。各主战单位和配合单位要紧盯攻坚目标，发扬钉钉子精神，把九大攻坚战各项任务一锤一锤地敲实、敲响，务求最好的战果。要发挥机构改革后各部门的整体效能，把完善工作机制、创新内部管理放在突出位置，加快政府数字化转型，敢于破常规、闯雷区、动奶酪，大胆创新例、破六难、求实效，以新形象新担当新作为推动高质量发展、换取高品质生活。

三季度要献礼“迎大庆”。要以迎接新中国成立70周年大庆鼓舞斗志，增强华夏儿女的自豪感、畲汉人民的认同感，统筹推进“五位一体”总体布局和协调推进“四个全面”战略布局，以项目建设为总抓手，切实抓好安保维稳、乡村振兴、绿色发展、改革开放、民生改善等各项工作，以一个又一个项目建设的新成果，以畲乡人民更加丰硕的获得感幸福感安全感，喜迎中华人民共和国成立70周年，献礼自治县设立35周年。

四季度要实现“全年好”。对标高水平全面建成小康社会和聚焦聚力“两个坐标轴”要求，将大赶考贯穿全年始终，继续抓重点、补短板、强弱项，高标准打好三大攻坚战，致力建设现代化生态经济体系，认真办好民生实事，在实现发展大赶超的基础上，力争多创标杆、争当标兵。

(五)把好五个尺度

一是站位要有新高度。登高望远天地宽，站得高才能看得远。工作也是如此，高站位才能观全局、谋长远。新的一年，“高站位”要落实在三个方面。政治上要高站位。要始终不渝地忠于党、忠于人民，永葆忠诚本色，深入学习贯彻习近平新时代中国特色社会主义思想，深刻领会习近平总书记对浙江、对丽水特别是对景宁的重要指示精神，更加坚定地沿着习近平总书记指引的方向奋勇前进、奋力赶超。要拉高政治站位，用好巡视“体检报告”，既要“照单全收”，更要“照单全改”，严格按照省委巡视反馈意见，突出目标导向、问题导向、责任导向、效果导向，以最坚决的态度、最果断的行动、最严格的纪律抓好整改落实，确保交出一份合格的整改答卷。发展上要高站位。要自觉站在大局全局角度谋发展、促发展，既要聚焦全国120个民族自治县，致力加快"三个走在前列"，为全国民族自治县全面建成小康社会、推进现代化建设贡献"景宁元素"、提供"景宁样板"，又要聚力与全省、全市同步推进"两个高水平"建设，奋力谱写"'八八战略'再深化、改革开放再出发"的景宁篇章，为全省全市大局作贡献。落实上要高站位。要自觉践行以人民为中心的发展思想，创造性落实中央和省委、市委、县委的决策部署，努力做到守土有责、守土负责、守土尽责。

二是改革要有新深度。改革是解决各类矛盾问题的"关键一招"，走过千山万水，改革仍需跋山涉水。新的一年，我们要怀着将改革进行到底的意志和决心，聚焦解决实际问题，用心画好工笔画。"最多跑一次"改革要提质扩面。对标省、市"跑一次是底线、一次不用跑是常态、跑多次是例外"等要求，突破关键制约，积极打造服务、信息、扩面、效率等"四个升级版"，深化部门间"最多跑一次"改革，乡镇一级也要100%建成标准化服务大厅，推进"一窗受理、集成服务"向基层、向民生领域延伸，努力实现"一证办""就近办"，探索"点单式"服务。民族地区城乡融合发展创新改革试点要争取上升为国家级试点。要紧紧抓住实施乡村振兴战略、东西部扶贫协作等历史性机遇，巩固提升全国民族自治县全面建成小康社会经验交流现场会成果，积极加强与国家深改办、发改委、民委等部委沟通，争取该项试点上升为国家级试点，努力打造民族地区城乡融合发展"景宁样板"。重点领域和关键环节改革要实现新突破。要积极探索生态产品价值实现机制，着力推动"山景"变"钱景"，叶子变票子，水流变资金流，生态农产品不断增值。要坚持深化市场化改革，系统协同推进"亩产论英雄"、国资国企、农村土地制度、农村产权流转交易、农村金融、"三位一体"农合联、小城市培育、国家主体功能区、省级低碳县等系列改革，持续激发市场活力。机构改革要高质量完成。根据中央和省、市部署，机构改革要在今年3月底前全面完成。要紧紧抓住职能转变这个关键，有组织、有纪律、有步骤地推进机构组建、人员转隶、"三定"制定等工作，确保高标准完成各项改革任务。

三是开放要有新广度。天高任鸟飞，海阔凭鱼跃。开放发展是我们紧跟新时代、把握新机遇、实现新发展的必然选择。新的一年，我们要积极扩大对外开放，通过融入大市场、大战略实现大发展。要主动对接国家战略谋求开放合作。要以与上海市静安区建立战略合作关系为突破口，主动接轨大上海，积极融入长三角，努力在长三角一体化发展国家战略中寻求新作为、获取新红利。要支持实体企业积极参与"一带一路"建设，大力发展外贸新业态新模式，推动竹木制品、农产品加工、旅游等企业拓展国际市场，提升市场竞争能力。要打造山海协作升级版。强化与温岭、海盐、上虞、宁海等县市区的合作交流，高质量推进山海协作"飞地"园区、生态旅游文化产业园、山海协作产业园建设，联手推动"飞地""飞柜""飞网"经济快落地见实效，提升结对合作水平。要推动"三小经济"做大做强。在积极服务引导"小超市、小宾馆、小水电"等景宁人经济转场转产转型的基础上，认真做好浙（景）商回归这篇大文章，着力推动“景宁人经济”转化为“景宁经济”，提升县域经济和外向经济发展水平。同时，要落实好东西部对口协作有关任务。

四是服务要有新温度。治国有常，利民为本。以人民为中心、全心全意为人民服务是我们共产党人的初心使命、价值追求，服务永无止境、常做常新。新的一年，我们要把服务作为一种责任、一种担当，多谋民生之利，多解民生之忧。要认真开展“三服务”活动。“服务企业、服务基层、服务群众”活动是深入践行习近平总书记对浙江工作新期望、推进“‘八八战略’再深化、改革开放再出发”的具体行动，是推进浙江经济高质量发展的具体举措，也是今年推动“大学习大调研大抓落实”活动往深里做的具体抓手。我们要将“三服务”活动贯穿全年工作的始终，坚持奔着问题去，坚持效果导向、群众满意导向，建立全面的问题清单、精准的落实清单、明确的责任清单，坚持改进作风，多一些真心、少一点套路，多一些绣花功夫、少一点花架子，多一些细水长流、少一些走马观花，多一些雨露均沾、少一些重点偏爱，以服务企业实现稳企增效，以服务群众实现惠民增收，以服务基层实现强基增彩。要努力实现发展成果人人共享。“大家好才是真的好。”要聚焦群众关切，努力补齐民生短板，要聚焦社会和谐，努力推动社会治理创新，要聚焦低收入百姓增收、困难群众关心关爱，切实解决好群众最急、最难、最忧的利益问题，让发展成果更多地惠及畲乡人民。要及时回应社会关切。时刻把群众的安危顶在头上，时刻把群众的冷暖挂在心头，真正做到“民有所呼，我有所为”。有关部门要在倾听民意、收集民情方面更好发挥职能作用，及时向党委政府提出建议意见。当前，县乡村三级都要正确面对并及时回应巡视巡察和农村基层作风巡查中发现的问题，开诚布公地推动问题整改，以良好的整改成效取信于民、团结群众，凝聚起高水平全面建成小康社会的磅礴伟力。

五是落实要有新力度。抓落实是检验干部执政能力的试金石，也是各项决策部署落地生根的最后一道关卡。新的一年，我们要按照省委实干年、落实年的要求，实干苦干加巧干，落实落实再落实，努力交出满意的答卷。目标确定要更加精准。审度时宜，虑定而动，才能收到事半功倍之功效。要克服工作目标发散问题，“搞清了方向再拉套”，各部门、乡镇（街道）、村社、企事业单位在确定工作目标和安排工作计划时要更加聚焦县委县政府中心工作，更加聚焦高质量发展要求。要坚持尽力而为和量力而行相统一，既要获得当前的“目”，多做让老百姓看得见、摸得着、得实惠的实事，又要考虑长远的“势”，甘心做为后人作铺垫、打基础、利长远的工作。千万不要出现“前任的政绩，后任的包袱”，甚至犯下不可补救的过失，造成不可挽回的损失。工作推进要更加科学。任何工作都有规律性、周期性，如何把握规律性、增强前瞻性、提升规范性，这体现的是工作水平。要加强工作计划性，既有“事前预演”又有“事后复盘”，每开展一项重大工作，从一开始就要细化任务书、路线图、时间表，充分考虑和及时应对各种可能出现的变化和后果，确保工作干一件成一件，多出一些精品，少留一些遗憾。纪律执行要更加严格。对于县委县政府有明确要求、明确时限的工作，要投入精力，开动脑筋，不为办不好找理由，多为干得好想办法，想方设法努力完成。要强化规矩意识、法律观念，依法办事、公正干事，做到干净干事、干成事、不出事。要严明财经纪律，牢固树立依法理财意识，严格预算执行，将提高财政资金使用效益和保障资金安全有机结合起来，不断完善资金监管机制，努力提高预算执行率，认真抓好审计问题整改，真正把有限的资金资源用在高质量发展的刀刃上。

（六）答好六张考卷

一是答好“项目攻坚”卷，强化发展引擎。今年，我们的主攻方向和主要精力要落在抓项目上，通过抓大项目、大抓项目，进一步补齐发展短板、优化产业结构、拉动经济发展、推动民生改善。要在“吃透”二字上下功夫，比项目谋划。加强宏观形势研究，吃透国家和省、市重大战略，抢抓发展机遇谋项目、抓项目，不仅要精准谋划一批投资规模大、产业链条长、带动就业强、税收贡献多的大而优的项目，也要精准谋划一批涉及民生福祉、促进环境改善的小而精的项目。要在“主动”二字上下功夫，比项目争取和招引。深入实施“4+1”投资新政，积极向上对接争取，努力争取更多的项目列入中央和省、市重点项目盘子。要进一步完善精准招商政策，理顺招商体制机制，健全从项目谋划、盯引、签约、审批到落地的招商闭环工作体系，力争招商引资取得新突破，不断提升民间投资比重，认真落实好省、市、县长项目工程。要在“加快”二字上下功夫，比项目建设进度。各部门要咬紧时间节点，围绕“开门红”“全年红”要求，认真梳理目标任务，强化项目用地、资金、技术各类保障，排好工期、扎实推进。要在“质效”二字上下功夫，比项目服务。深化项目审批制度改革，进一步简化项目审批环节、缩短时限，规范设置投资准入门槛，对不属于政府核准或审批的项目，全面实行“承诺+备案”，健全事前预防机制、事中监管机制。县委县政府将设立“重点办”，牵头破解项目建设难题。全县上下要不断深化对项目建设紧迫性、长期性、艰巨性的认识，优化项目服务，共同营造项目建设的良好环境。

二是答好“产业培育”卷，推动内生发展。产业是区域发展的根本所在。今年，我们要着力推动理念转换、动能转换、结构转换、效率转换和环境转换，努力在培育主导产业、增强内生动力上寻求新突破。要着力推动生态农产品价值转化。积极推动质量兴农、绿色兴农、品牌强农，围绕把“景宁600”打造成为全市2019年提标提质的先行者、示范者的目标，提升一批生态茶园、放心菜园、精品果园、特色菌园、地道药园、经济林园，打造一批拳头产品，培育一批示范乡镇、示范企业（合作社）和新型职业农民，拓展一批稳定顺畅的线上线下销售渠道。今年，市里将对标欧盟，推出第二批禁限用农药建议目录，制定一批农产品安全生产推荐标准。请各乡镇（街道）、各村认真抓好落实，有条件的地方可探索建立“园长制”，进一步提升我县农产品全程溯源体系建设水平，确保我县生产的农产品质量安全、品质上乘。要着力加快生态工业提质扩量。聚焦聚力高质量、竞争力、现代化，深入实施创新驱动发展战略，抓好“低散乱”企业整治，深化“亩均论英雄”改革，做好“一企一策”扶企增效，集中优势资源，精准服务企业，打造生态经济新引擎。县内加快理顺澄照农民创业园管理体制，突出抓好农林产品加工等传统制造业的改造提升，加快新旧动能转换。县外突出抓好丽景民族工业园“二次创业”，坚持招大引强，积极培育战略性新兴产业，强化低效用地整治，着力构建绿色循环低碳的生态工业体系。要着力推进全域旅游串点成线。以融合创新推动全域旅游发展，做深做足农旅融合、文旅融合、城旅融合文章，加快发展乡村旅游、休闲度假、文化体验等旅游业态。强化与港中旅的深度合作，全力推动悬崖上的天空之城、李宝洞宫畲王寨、千峡畲寨、云上天池、惠明禅茶文化产业园等一批重点旅游项目落地，切实抓好东弄畲家田园综合体提升、畲乡旅游服务中心建设，有序推进农家乐民宿提质发展，健全完善“吃住行游购娱”等旅游配套要素，努力争创全域旅游示范县。积极推进电子商务、总部经济、现代物流等现代服务业健康发展。

三是答好“乡村振兴”卷，留住美丽乡愁。乡村振兴决定着我县全面建成小康社会的质量和成色，事关广大农民的发展和未来。要合力抓好行政村规模调整和“大搬快聚”工作，不断优化乡村发展布局。行政村规模调整是一件事关乡村振兴战略实施、惠及子孙后代的大事，也是一件农村治理格局调整、社会普遍关注的要事，是大趋势、大方向，有利于加强党对农村工作的领导，有利于优化农村生产力布局，有利于改善农村生态环境，有利于提升农村公共服务水平。根据中央和省委、市委部署，结合我县实际，本轮行政村规模调整要求在清明节前完成，全县行政村总数要减少40%以上，其中，户籍人口500人以下的行政村无特殊情况必须调整（历史文化村落重点村、中国传统村落中的民族村经审批可以优先保留），户籍人口500人以上，但属于地质灾害隐患、规划异地搬迁、人口流失严重（常住人口100人以下）、集体经济薄弱、生态基础脆弱、村级班子软弱的行政村原则上应列入调整范围。要按照“党委领导、书记主抓、三级联动，依法依规、因村施策、确保平稳”的工作方针，加强组织领导，细化实施方案，落实工作责任，严明纪律要求，积极稳妥有序地推进行政村规模调整工作，努力实现优势互补、集聚发展、强村富民。关于“大搬快聚”，今年全县要实施高山远山、地质灾害搬迁安置2000人以上目标任务。具体推进过程中，我们要把搬迁安置与乡村振兴、脱贫致富紧密结合起来，围绕“搬哪里、往哪搬、如何搬”，稳妥有序推进搬迁安置各项工作，真正让高山远山群众“搬得出、住得好、富得起”。要积极用好政策、金融、人才三把“金钥匙”，努力实现乡村闪亮蝶变。深化农村土地、产权、金融等各项涉农改革，通过政策激励，大力推进科技进乡村、资金进乡村、青年回农村、乡贤回农村，加快创新农业产业利益联结机制，吸引各类生产要素加快向乡村流动、在乡村整合、为乡村服务，促进乡村“二次开发”，全面激发农村活力。要持续深化移风易俗，积极塑造文明乡风。坚持

"塑形"与"铸魂"并重，各部门、乡镇(街道)、村社、企业都要积极践行社会主义核心价值观，大力传承优秀传统文化，充分发挥好村规民约、乡贤理事会、红白理事会等作用，深入开展移风易俗活动，坚决遏制大操大办、厚葬薄养、人情攀比等陈规陋习，坚决抵制封建迷信活动。要建设和使用好农村文化礼堂，打造"一村一品"群众文化项目，通过乡村春晚、凤舞畲山大舞台等草根舞台，塑造淳朴文明乡风，让乡村既有"颜值"更具"气质"。

四是答好"环境提升"卷，厚植绿色基因。景宁最大的优势是生态，最重的任务是发展。发展必须是绿色发展，发展必然是生态优先。我们要坚定绿色发展自信，保持核心战略定力。要以"全国生态文明建设示范县"创建为抓手，继续提升生态环境质量。树立起"保护得好同样能发展得好，保护得好是为了发展得更好，保护得越好发展得越好"的科学理念，坚决打赢污染防治攻坚战，严格落实河长制、湖长制，探索山长制，全面深化蓝天、碧水、净土、清废"四大战役"，积极推进全域土地整治与生态修复工程，严守生态保护红线、环境质量底线、资源利用上线，坚持不懈打好"最美生态牌"，积极推动发展方式向资源节约型、环境友好型、创新主导型转变。要以"全国文明县城"创建为着眼，不断强化县城建设管理。围绕县城景区化，推动城市有机更新，持续推进"三改一拆""五水共治""六边三化三美"等行动。按照现代化与生态完美结合、融为一体要求，着眼主客共享需求，优化县城功能布局，提升开发建设品味，巩固提升"省示范文明县城"创建成果，面子里子一起抓，强化城市执法管理，突出抓好犬类管理，打造精致品质的美丽县城。要以巩固提升小城镇环境综合整治成果为重点，着力推动"县城美"向"全域美"深化。郑坑乡、大地乡小城镇环境综合整治要确保通过省级验收，其他17个乡镇要继续抓好巩固提升。积极推进国家公园创建，认真实施瓯江大花园绿道建设三年行动计划，串联沿线村庄、特色景点及民宿农家乐，通过"串珠成链"，系统推进美丽城区、美丽乡村、美丽田园建设，努力变"零星盆景"为"全域风景"。

五是答好"民生改善"卷，创造幸福生活。坚持以人民为中心的发展思想，顺应民心，尊重民意，关注民情，致力民生，推动民生福祉更加均衡、优质、普惠。要促进富民增收。以就业、产业、金融、教育、易地脱贫为抓手，全面深化"脱贫保"和"防贫保"，落实好差异化支持政策，坚决打赢低收入百姓增收攻坚战，力争农村居民、畲族群众、低收入百姓收入增长快于全县平均。大力培育"畲乡经理""畲乡月嫂""畲乡民宿管家"等技能型人才，促进高质量就业、高水平增收。创新开展困难群众、留守老人儿童、残疾人等群体的帮扶工作，加大退役军人等优抚对象抚恤优待力度，做到全面小康"一户不漏、一个不少"。要办好惠民实事。多在"佩奇"上下功夫，着力补齐交通短板，加快推进景文高速、322国道、235国道溪口至澄照段项目建设，加快推进温武吉铁路、庆景青公路、通用机场项目前期，高水平建好农村"四好公路"。切实抓好农村饮用水安全巩固提升、光伏小康、社区养老等民生工程，继续抓好绿道惠民工程，认真实施省市县民生实事。优化公共文化服务，加快体育场复建、畲族博物馆改造提升等文体项目建设，深化“文化物流”服务平台建设，创新办好中国畲乡“三月三”节庆活动，不断提升畲乡文化的竞争力和影响面。坚持教育优先发展，落实立德树人根本任务，实施好教育新十条，加快推进职业高中迁建项目前期，开工建设第二高中，深化与杭州学军中学、天长小学的合作办学，认真办好各阶段教育，加快学前教育补短板，努力提升教育现代化水平。实施“健康景宁2030”行动，深化“双下沉、两提升”工作，扎实推进医联体、医共体建设，尽快引进一批有影响力的康养项目落户景宁，推动医养融合发展，努力提高医疗卫生服务水平和公共卫生保障水平。要创新社会治理。围绕夺取首批“星级平安金鼎”目标，完善维护安全稳定工作机制，扎实推进扫黑除恶专项斗争，坚决打赢防范化解经济金融等领域重大风险攻坚战，最大限度保障人民群众生命财产安全。创新发展新时代枫桥经验，不断深化“域外网格”工作，全面推进平安景宁、“法治畲乡”建设，努力创建全市最平安的县，让人民群众居家更安心、出行更放心、生活更舒心。

六是答好“从严治党”卷，共建清廉畲乡。坚持以伟大事业凝聚力量，精心组织新中国成立70周年、自治县设立35周年庆祝活动，不断激发爱国热情，动员全县党员干部群众共同为畲乡发展不懈奋斗。要坚定信念信仰。组织开展“不忘初心、牢记使命”主题教育活动，强化思想武装，增强“四个意识”，坚定“四个自信”，做到“两个维护”，把规矩立起来、把责任扛起来、把作风硬起来，确保党中央和省委、市委各项决策部署落地生根。要牢牢掌握意识形态工作的领导权、管理权和话语权，全县各级党组织和广大党员干部都要增强运用网络媒体的能力，敢于带头批评错误观点和错误倾向。要激发组织活力。全面压实党建责任，探索党组织书记离任党建责任审计和党建档案制度。要紧扣党员、群众实际需求，更好地发挥新时代畲乡景宁讲习中心的作用。树立“一切工作到支部”的理念，认真贯彻落实《中国共产党支部工作条例》，加强党支部标准化、规范化建设。启动新一轮“双整”工作，推进全省“争双强、当先锋”系列活动。以组织力提升为重点，进一步推进村社大赶考、村级活动场所建设、“四大指数”考评、“消薄”等工作，推动基层党组织全面进步、全面过硬。要筑牢清廉防线。要保持永远在路上的韧劲和执着，把“清廉畲乡”建设作为“必答题”，扛紧压实主体责任，党委（党组）书记要当好“施工队长”，领导班子成员要履行好“一岗双责”，把共建共创的责任落实到岗、细化到人。要充分运用好监督执纪“四种形态”和党纪国法“两把尺子”，坚持无禁区、全覆盖、零容忍，坚持重遏制、强高压、长震慑，强化不敢腐的震慑，扎牢不能腐的笼子，增强不想腐的自觉，营造风清气正的政治生态。

同志们，新的一年孕育新的希望，新的拼搏催生新的成果。让我们高举习近平新时代中国特色社会主义思想伟大旗帜，在党中央和省委、市委的坚强领导下，以坚如磐石的信心、只争朝夕的劲头、坚韧不拔的毅力，一起拼搏，一起奋斗，以优异成绩迎接新中国成立70周年，献礼自治县设立35周年。

争当弘扬践行浙西南革命精神的排头兵
全面加快建设美丽幸福新景宁

——在县委九届六次全体(扩大)会议上的报告

中共景宁畲族自治县委书记　陈　重

(2019年8月15日)

一、今年以来的主要工作

今年以来，县委常委会全面贯彻落实习近平总书记对景宁的重要指示，坚持“八八战略”再深化、改革开放再出发，大力弘扬践行浙西南革命精神，坚持“诗画畲乡·和美景宁”县域定位，克难攻坚抓项目，凝神聚力“大赶考”，全面打响打赢畲乡铁军“三服务·破六难”百日攻坚大会战，集中精力谋划实施了一批打基础管长远惠民生的大事要事，以新担当新作为推动各项工作实现新突破新发展。

第一，以最严格的标准护好绿水青山，生态环境质量持续领跑全省。始终坚持最顶格的生态标准，持续推进“三改一拆”“五水共治”“六边三化三美”及小城镇环境综合整治等行动，高标准打好蓝天、碧水、净土、清废“四大战役”，生态环境质量实现稳中更优。今年上半年，全域断面水质实现4个“100%”(16个地表水断面水质达标率、岭根交接断面Ⅱ类以上水体占比、饮用水源地水质达标率、34个交接断面Ⅱ类以上水体达标率均为100%);“五水共治”群众满意度位列全省第二;全县空气环境质量优良率达到100%,位列全省第一;PM2.5平均浓度为20微克/立方米，位列全省第二。景宁正以全省生态环境综合指标最优的县(市、区)享誉长三角和华东地区。

第二，千方百计抓项目促投资兴产业，生态经济发展势头良好。招商引资力度加大。今年以来，新引进招商项目82个，到位资金12.7亿元;新引进总部企业89家，总投资15.42亿元;提前完成3个省、市、县长工程项目招引，其中飞科电器产业园成为今年全省第一批重大产业项目。重点项目稳步推进。庆景青公路、通用机场、温武吉铁路三大交通项目前期取得进展，景文高速、322国道、235国道、金钟大桥、山哈大剧院、三月三广场等重点项目加快推进。全县26个重点项目完成投资13.9亿元，其中交通项目完成投资6.6亿元。15个年度省市重点项目完成投资额的77%,投资完成率位列全市第一。生态产业不断壮大。“景宁600”生态农产品产销两旺，对标欧盟质量标准建成生态基地4893.33公顷，创新推出“飞柜”“邮乐购”“私人定制”等销售平台，今年以来实现销售额4.22亿元，同比增长21%，品牌溢价率达30%以上。生态工业发展良好，全力推进丽景民族工业园、澄照农民创业园建设，扎实推进城北工业区、王金垟复合产业区改造提升。大力推动减税降费，全力帮扶民营企业纾困解难，为企业办理缓缴税款近1亿元，返还企业及职工社保费2624万元。现代服务业快速发展，积极推进城乡酒店、农家乐民宿、电子商务、来料加工、现代物流等产业健康发展。

第三，积极谋划核心景区开发和高等级景区县城创建，全域旅游破题起势。抢抓全省“大花园”建设战略机遇，把全域旅游作为第一战略支柱产业来培育，全面发力，多点突破。谋划确定“古老风情的奇妙体验”旅游形象定位，挖掘畲寨古村、千年古树、古朴民俗、畲乡古道、古风建筑的风情内涵，提升全域旅游吸引力。谋划推进核心景区开发，携手港中旅等大企业大集团谋划打造“云上天池”等AAAAA级景区，引领带动“那云·天空之城”“李宝洞宫畲王寨”“惠明禅茶文化产业园”、澄照畲族风情康养度假综合体、“余山百鸟朝凤”等一批重大旅游项目落地建设，加快推进“千年山哈宫”、东弄畲家田园综合体等重点旅游项目建设，巩固提升“中国畲乡之窗”“云中大漈”两个国家AAAA级景区品质，努力用三至五年时间改变景宁旅游只有“星星”没有“月亮”的窘境。谋划推进高等级景区县城创建，致力于将县城打造成为“诗画畲乡”的主舞台核心区，在全省先行先试推进县城景区化建设，着力打造最靓丽夜景、最精致城景、最特色廊桥、最怡人会客厅、最洁净县城，力争在年内创成省级AAAA。谋划推进乡村景区化建设，大力推进“一乡一特色、一村一品”创建工程，实现A级景区村所有乡镇（街道）全覆盖，形成一步一景、“诱客深入”的美丽乡村新图景。谋划提升“吃住行游购娱”旅游六要素，成功举办“诗画畲乡·四季景宁”等系列主题旅游活动，创新推出“中国畲乡三月三”市场化办节，不断推广“中国好畲居”“畲家十大碗”“畲乡十小碟”等特色旅游产品，“串珠成链”形成全域旅游聚势效应。今年上半年实现旅游总收入36.88亿元，同比增长20%。

第四，以“最多跑一次改革”为牵引，重要领域关键环节改革取得突破性进展。始终把改革作为后发赶超的“关键一招”，不断增创体制机制新优势。“最多跑一次”改革提质扩面。所有政务服务事项实现网上办理，“掌上办理”“跑零次”“即时办”，民生事项“一证通办”不断加速，128项服务事项和103项民生事项在乡镇（街道）实现直接办理，全面提前完成省定各项改革目标。设立17个跨省域服务中心，为7万多在外就业创业景宁人提供办事便利。“警务集市”服务山区群众做法在省委《领跑者》改革专刊刊登并向全省推广。投资项目审批制度改革扎实推进，实现一般企业投资项目“最多80天”，在全市率先推进政府投资项目审批“最多90天”。持续深化重点领域改革，民族地区城乡融合发展改革上升为国家试点。

第五，紧抓长三角一体化发展国家战略

机遇，全面推动山海协作取得丰硕成果。以静安区为桥头堡，主动对接大上海。围绕生态产业、区域旅游等十方面内容与上海静安区签订战略合作协议，实现两地党政主要领导互访和部门互动，推动全方位、多层次交流合作。依托上海百寺基金，开展惠明茶会、惠明茶器具原创大赛等一系列活动，总投资11亿元的惠明禅茶文化产业园项目前期有序推进，将于明年初开工建设。充分利用静安区“朋友圈”开展招商引资，成功招引上海投资企业24家，总投资额4.98亿元。抢抓国家《电子商务法》实施契机，积极推动电子商务“筑商平台”、在沪景商“商超平台”等合作建设。借助静安区商贸流通平台，谋划“景宁600”飞柜经济，助推景宁生态农产品畅销上海。同心聚力打造山海协作工程升级版。构建“1+4”五县联盟新模式，进一步强化与温岭、上虞、海盐、宁海在人才、产业、金融等方面的协作发展。稳步推进“飞地”产业园共建项目，其中总投资60亿元的“景宁—温岭生态旅游文化产业园”已完成有效投资17.98亿元。创新打造“飞柜”经济，在景宁温岭两地互设农产品与海产品“飞柜”，打造专属冷链物流，形成互惠互利的市场化流通模式，目前已吸引两地50多家市场主体加盟。景宁主动问海借力，谋求开放发展的做法得到省委书记车俊和省长袁家军的充分肯定。

第六，以“安暖和”情怀引领民生发展，畲乡群众获得感幸福感安全感不断增强。始终践行以人民为中心的发展思想，以深厚的民生情怀办好民生实事，让发展成果更多惠及畲乡人民。教育发展方面，持续深化与杭州学军中学、天长小学等名校合作办学，全面深化普职融通改革，扎实推动民办教育和公办教育齐头并进。景宁中学高考成绩实现“八连增”，一段上线率高出全省平均5.65个百分点，55名学生被“211”高校（含“985”）录取，其中19人被“985”高校录取；职业高中上线率达99.7%，位居全市第二；初中教学质量处于全市中上水平。卫生健康方面，进一步深化公立医院综合改革，建立县域医共体。民族医院完成内部装修，预计12月底完成搬迁。继续推进“双下沉、两提升”，加强与浙大一院、上海高血压研究所合作，中国工程院院士付小兵工作站成功落户景宁，县域就诊率上升至85.62%。民生保障方面，稳步推进地质灾害“大搬快治”、“大搬快聚”、城南拆迁安置、农村饮用水达标工程等民生项目。健全农村留守儿童和困难儿童关爱服务体系，努力打造“福彩暖万家•焕新乐园”全省经验样板。部署开展小农户发展大服务活动，深入实施“政银保”“脱贫保”“防贫保”，持续抓好农民增收和低收入百姓增收。平安建设领域，坚持和发展新时代“枫桥经验”，积极打造社会治理综合服务中心。扎实开展扫黑除恶专项斗争，全县共立案涉恶类刑事案件39起，成功打掉涉恶团伙10个，刑事拘留131人。进一步促进军民深度融合、军地共同发展，创成省双拥模范县，圆满完成系列重大活动维稳安保。上半年平安指数位列全市第二、全省第五，全县社会大局持续保持平安稳定。

第七，以巡视整改纵深推进全面从严治党，着力建设海晏河清的清廉畲乡。全面落实新时代党的建设总要求，用浙西南革命精神武装教育干部，坚定不移推进全面从严治党。全力做好巡视整改“后半篇文章”。巡视反馈问题全面得到整改，举一反三推动形成长效机制。全面加强基层组织建设。持续深化基层党建季度点评制度，推行乡镇党委书记党建绩效评审制度，在全市率先完成行政村规模调整。多措并举激发干部动能。以“三服务”推进“大学习大调研大抓落实”，进一步推动企业发展、基层减负和干部作风转变。坚持把“大赶考”作为考察识别干部的大赛场，结合机构改革大胆启用了一批表现优秀的年轻干部。健全完善容错纠错、不实信访举报澄清、受处理干部教育等制度，为担当作为者撑腰鼓劲。持续保持正风肃纪高压态势。全面落实主体责任，严格落实意识形态工作责任制，推动权力、责任、任务“三张清单”全覆盖，不断优化“清廉指数”评价体系，全力查处一批违纪违法案件，“四风”问题得到有效遏制，不敢腐震慑持续强化。

同志们，今天的景宁，正站在大建设、大发展、大跨越的重要历史关口，我们要高举发展的行动旗帜，坚持问题导向，强化精准发力，始终聚焦“产业支撑不强、内生动力不足”等发展短板，大力弘扬践行浙西南革命精神，志不求易、事不避难，担当作为、创新实干，不断推进景宁加快发展、奋发赶超。

二、深刻领会浙西南革命精神的丰富内涵和对景宁发展的实践意义

今年2月份以来，市委在全市部署开展浙西南革命精神弘扬践行活动。7月30日，市委召开四届六次全体(扩大)会议，审议通过了《中共丽水市委关于大力弘扬践行浙西南革命精神的决定》，研究部署进一步弘扬践行浙西南革命精神工作，号召全市广大党员干部群众深入学习领悟浙西南革命精神，从中汲取实干的力量、奋进的动能，让浙西南革命精神永放时代光芒，为“丽水之干”注魂赋能立根。

景宁是革命老根据地县，是浙西南革命的重要组成部分，在艰苦卓绝的革命斗争中共同缔造了伟大的浙西南革命精神。今年以来，我们积极响应市委号召，在全县部署开展浙西南革命精神弘扬践行活动，让畲乡广大党员干部群众接受了生动的革命传统教育，受到了深刻的思想灵魂洗礼。我们要按照市委四届六次全会的部署要求，进一步强化思想认识，提高政治站位，深刻领会浙西南革命精神具有的独特历史地位、丰富内涵和宝贵价值，抓住“忠诚使命、求是挺进、植根人民”这一本质精髓，深刻理解把握浙西南革命精神对推动景宁发展的重大实践意义。

*(一)景宁光辉革命历程作为浙西南革命历史重要组成部分具有独特历史地位和特殊贡献。*景宁是一个具有光荣革命传统和英勇斗争历史的革命老根据地县，是一块充满丰沃革命精神的红色热土。早在1930年，中国工农红军第十三军在浙南活动时，曾转战至景宁，播下革命的火种。革命战争年代，景宁是浙西南和浙闽边界重要的革命根据地和游击区，红十三军、闽东红军、红军挺进师的战时根据地几乎遍布整个景宁。刘英、粟裕、叶飞等老一辈无产阶级革命家曾率领红军队伍辗转景宁梅岐、毛垟、家地等地开展革命活动，带领景宁人民打赢了驮垟、斋郎等重要战斗，发展了一批党员，建立了桂远、湖坑、张山

等党支部。在景宁这片红色土地上，光荣地镌刻着周志苍、李振彪等114名烈士的英名，先后有147个村被命名为“革命老根据地村”。我们要深刻认识景宁革命斗争是浙西南革命不可或缺的重要组成部分，景宁人民为革命事业作出了重大贡献和牺牲，红色基因已经融入畲乡干部群众的血脉中。行程万里，不忘来路；饮水思源，不忘初心。革命战争的硝烟虽然已经远去，我们党员干部不必再像战争年代那样面临生与死的抉择、血与火的考验，但在新的历史条件下，坚定理想信念、坚持艰苦奋斗仍然十分重要。我们要铭记光辉历史，缅怀先烈伟绩，弘扬践行伟大的浙西南革命精神，汲取不畏强敌、不畏艰难的精神力量，凝聚起新时代畲乡景宁奋进跨越的磅礴力量。

（二）畲族忠勇精神是浙西南革命精神在畲乡大地上的伟大实践和生动体现。景宁是浙江畲族的发祥地，畲族人民在景宁这块美丽的土地上创造了丰富而灿烂的民族文化。自古以来，畲族是一个勤劳古朴、追求圣洁的民族，也是一个不畏险阻、顽强拼搏、忠诚英勇的民族。自中国共产党成立以来，景宁畲族群众就把自己的命运和中国革命的前途命运紧密联系在一起，不惜为革命事业抛头颅、洒热血。在大革命时期，蓝东林、蓝正申、雷之成等带领景宁畲族群众发起示威游行，开展打盐霸打县城等农民运动。郑坑乡毛窠村畲民钟金钗在小山洞中英勇救治过数十位受伤的红军挺进师战士，尽管她的丈夫因此被敌人抓走遭受酷刑，落下终身残疾，她也不曾后悔自己的选择，被大家尊称为“畲族革命老妈妈”。东坑镇大张坑村成立了景宁第一支畲族民兵队，在解放景宁、反抗镇压、捣毁梅岐碉堡等战斗中发挥了重要作用，先后涌现出雷景三、雷二宝、雷妙才等一批英勇的革命战士。在浙西南革命中，在景宁的革命斗争中，畲族战士群众探索真理、追求光明，用鲜血写下可歌可泣的革命斗争史。浙西南革命不仅在景宁大地上镌刻下深深的红色烙印，更深刻雕塑了赤诚爱国、不畏牺牲、一往无前的畲族忠勇精神。叶飞同志曾高度赞扬过畲族革命队伍，“畲族同胞的革命性是最强的，畲族同胞没有出过叛徒。”2002年习近平同志在景宁调研时指出，“畲族有很好的革命传统。”可以说，一部浙西南革命史，也是景宁畲族同胞用生命书写的忠勇奋斗史。经受了战争的洗礼和革命的考验，畲族忠勇精神代代相传，历久弥新，发扬成为“创新实干、团结奋进”“志不求易、事不避难”的新时代畲乡景宁精神特质。

（三）“志不求易、事不避难”创新实干大赶考是畲乡弘扬践行浙西南革命精神的价值追求和具体行动。浙西南革命精神的精髓是“忠诚使命、求是挺进、植根人民”。忠诚使命是浙西南革命精神最深刻的内核，昭示了共产党人对使命的无限忠诚和矢志不渝追求真理、为革命事业奉献一切的坚定信念；求是挺进是浙西南革命精神最突出的特质，彰显了共产党人实事求是的思想路线、一往无前的战斗意志和出奇制胜、变不可能为可能的智慧勇气；植根人民是浙西南革命精神最重要的指引，诠释了共产党人坚持群众观点、践行群众路线、密切联系群众的优良作风和竭力为劳苦大众谋利益的赤子情怀。三者之间内在联系，相互贯通、相辅相成、有机统一。我们要大力弘扬践行浙西南革命精神，就是要深刻理解把握“忠诚使命、求是挺进、植根人民”三位一体精髓实质，进一步深化推动“志不求易、事不避难”创新实干大赶考。我们要淬炼忠诚使命的思想灵魂，坚决扛起在全国120个自治县（旗）中继续走在前列、与全省其他县（市、区）同步高水平全面建成小康社会两个“坐标轴”的新时代历史使命，坚持改革创新，坚毅忠勇笃行，以赶考实际成效回报习近平总书记对景宁的深情勉励，回报上级党委政府对景宁的关心关爱，回应畲乡群众对美好生活的向往和期盼。迈入新的时代征程，在赶考途中势必会碰到许多难关，许多“雪山”“草地”需要跨越征服。我们要高扬求是挺进的奋进旗帜，发扬“志不求易、事不避难”精神，不断攻破赶考路上的一道道难关，创新实干推进各项重点任务落实，久久为功抓好各项工作落地见效。我们赶考的最终目的是为了推动畲乡发展，提升群众获得感幸福感安全感。我们要夯实植根人民的实践基础，始终践行以人民为中心的发展思想，不断增强“安暖和”的民生情怀，努力解决好群众最关心、最直接、最现实的利益问题，以干部的辛苦指数，赶考的成绩成效换取畲乡发展指数和群众幸福指数，向党和人民交上一份满意的时代答卷。我们要从浙西南革命精神中汲取信念力量、真理力量、创新力量、奋斗力量、奉献力量，汇聚成众志成城的赶考能量，以“大赶考”推动大发展，实现大赶超。

三、以浙西南革命精神引领景宁奋力开创高质量绿色发展新局面

一代人有一代人的使命，一代人有一代人的征程。奋力打开“两山”新通道，实现高质量绿色发展是我们这代人的职责使命。我们要大力弘扬践行浙西南革命精神，用丽水、景宁本土这一最宝贵的精神财富为畲乡改革发展注魂赋能立根，以景宁行动践行“丽水之干”，奋力开创景宁高质量绿色发展新局面。

（一）坚持“最多跑一次”改革撬动，改革开放要有新格局。全力打造“最多跑一次”改革服务、信息、扩面、效率“四个升级版”，加快政府数字化转型，全面推进“网上办、掌上办、一证办”和政务服务“异地可办”“全域通办”，进一步推动改革向机关部门、国有企业、中介服务和公共场所延伸覆盖，着力打造政务服务环境和营商环境最优县。以“最多跑一次”改革为撬动，全面推进全国民族地区城乡融合发展、国家主体功能区、绿色发展改革创新区、小城市培育、农村产权交易、国资国企等各领域改革。以更加积极主动的姿态问海借力，发挥民族和生态优势，进一步深化与上海静安区、省内山海协作县（市、区）的战略合作，努力在产业发展、旅游推介、人才交流、民生事业等方面取得新成效，加快融入长三角一体化发展，不断深化山海协作升级版。

（二）突出项目带动，生态产业发展要有新突破。坚持把主攻方向和主要精力落在项目上，持续加大招商引资力度，深入实施“4+1”投资新政，通过“大抓项目、抓大项目”，进一步补齐发展短板，推动生态产业加快发展。积极构建以“景宁600”为引领的生态品牌

农业体系。抓好产销两端，打造农产品质量体系、品牌体系、销售体系，优化农产品流通环节，探索小农生产经营与现代农业发展衔接机制，推动农业产业提标提质提效，努力把景宁打造成为长三角地区优质农产品供给地。加快推进以“一区一园”为平台的生态工业增效扩量。深化“亩均论英雄”改革，抓好开发区和丽景园两大生态工业平台建设，大力推进丽景民族工业园“二次创业”，理顺澄照农民创业园体制机制，优化城北竹木功能区空间布局。继续抓好“低散乱”企业整治、“专精特新”企业引育、传统制造业生态化改造。持续开展“三服务”活动，落实企业融资“三张清单”“一企一策”等帮扶举措，切实帮助企业减负降本、开拓市场，解决融资难融资贵等问题。全力推进以全域旅游为重点的现代服务业发展。坚持把全域旅游作为第一战略支柱产业来培育，以省级全域旅游示范县、高等级景区县城创建为引领，进一步加强与港中旅、静安区等合作，全力推动“云上天池”“那云·天空之城”“李宝洞宫畲王寨”“惠明禅茶文化产业园”等一批重大旅游项目建设，加快景区乡镇、景区村创建步伐，协同推进旅游配套基础设施建设，打开全域旅游发展新格局。

（三）创新体制机制，城乡融合发展要有新成效。巩固提升全国民族自治县全面建成小康社会经验交流现场会成果，趁势而上，合力推动民族地区城乡融合发展改革试点。紧紧牵住破除体制机制弊端这个“牛鼻子”，坚持民族团结、以人为本、生态优先、集约发展、开放发展原则，大胆探索、先行先试，着力在资源要素、特色产业、民族文化、规划建设、公共服务、居民收入、生态价值、数字治理等八大领域构建融合发展体制机制，推动实现城乡互利共赢、融合发展，形成一批符合新发展理念、具有景宁特色、适合在全国推广的城乡融合发展机制，争取成为全国民族地区城乡融合的典范，乡村振兴的示范。

（四）适应群众需求，民生事业要有新改善。坚持把保障和改善民生作为根本出发点和落脚点，统筹推进各类民生大事和“关键小事”。抓好“八个万元”系列富民增收行动，扎实推进小农户发展大服务活动，坚决打赢低收入百姓增收攻坚战。深入实施教育提质行动，努力争创全国义务教育优质均衡发展县。持续抓好医共体建设，启用民族医院，不断深化“双下沉、两提升”工作，进一步提升县域医疗服务水平。持续推进重大交通项目建设，稳妥有序推进“大搬快治”“大搬快聚”和城南区块改造，高质量完成易地扶贫搬迁“两不愁三保障”和村集体经济“消薄”任务，进一步加强公共文化服务体系建设，全面落实省市县民生实事，不断提高民生保障水平。

（五）强化底线思维，防范化解风险要有新举措。针对“大庆”之年大事喜事要事多，敏感节点多的实际，各级各部门必须担负起防范化解重大风险的政治责任，全力以赴维护社会大局和谐稳定。坚决打赢防范化解重大风险攻坚战。始终坚持底线思维，增强忧患意识，准确认识促发展与防风险的辩证关系，不断增强防范化解重大风险的敏锐性，全面排查和化解政治、意识形态、经济、科技、社会、党的建设等领域重大风险，持续在稳企业、增动能、保平安上下功夫、见实效，有效应对挑战、抵御风险、克服阻力、解决矛盾。深化平安景宁、法治景宁建设。围绕夺取首批“星级平安金鼎”目标，聚焦重点领域、关键环节，深化严打深挖、“打伞破网”、“打财断血”，严厉打击套路贷、非法集资，纵深推进扫黑除恶专项斗争，不断深化“四个平台”“全科网格”“域外网格”“域外服务中心”和社会治理综合服务中心建设，努力建设更高质量、更高水平的和美景宁。

（六）深入开展主题教育，全面从严治党要有新力度。以锤炼忠诚干净担当的政治品格为主要任务，深入开展“不忘初心、牢记使命”主题教育活动。牢牢把握“守初心、担使命，找差距、抓落实”的总要求，切实把主题教育与深化“大学习大调研大抓落实”、弘扬践行浙西南革命精神、深化推进“志不求易、事不避难”创新实干大赶考、完成县委县政府重点工作任务等结合起来，把学习教育、调查研究、检视问题、整改落实贯穿全过程，全面实现理论学习有收获、政治思想受洗礼、干事创业敢担当、为民服务解难题、清正廉洁作表率目标。以加强自身建设为着力点，充分发挥县委常委会总揽全局、协调各方的领导核心作用。带头增强“四个意识”、坚定“四个自信”、做到“两个维护”，全力支持和保障人大、政协工作，巩固党对意识形态工作的领导，严格落实党管武装工作，进一步推动新时代统战工作，不断深化群团改革。以组织力提升为重点，加强党的基层组织建设。全面压实党建责任，坚持抓两头带中间，推动后进赶先进、中间争先进、先进更前进，扎实推动基层党组织全面进步、全面过硬。切实加强党员教育管理监督，全面落实好“三会一课”等制度，充分发挥党员先锋模范作用，把基层党组织建设成为推动改革发展的坚强战斗堡垒。抓好新一轮“双整双增”工作，统筹推进“争双强、当先锋”系列活动以及村社大赶考、“四大指数”考评、“消薄”等工作，进一步激发基层组织活力。以构建风清气正的政治生态为目标，大力推进清廉畲乡建设。坚持把纪律挺在前面，层层压实主体责任，全面落实监督职责，规范基层权力运行。持续抓好省委巡视整改和县委巡察工作，一体建设清廉机关、清廉村（居）、清廉医院、清廉学校、清廉企业、清廉文化、清廉家风，全面筑牢不敢腐、不能腐、不想腐的清廉防线。

同志们，初心淬炼信仰，使命激发担当，奋斗成就梦想。让我们高举习近平新时代中国特色社会主义思想伟大旗帜，大力弘扬践行浙西南革命精神，积极行动起来，忠诚使命、求是挺进、植根人民，奋力开辟“两山”转化新通道，精彩书写高质量绿色发展新篇章，以优异成绩迎接新中国成立70周年，献礼自治县设立35周年。

政府工作报告

——在景宁畲族自治县第九届人民代表大会第三次会议上

景宁畲族自治县人民政府县长　钟海燕

（2019年2月21日）

一、2018年工作回顾

2018年是全面深入贯彻落实十九大精神的开局之年，是改革开放40周年，是决胜高水平全面建成小康社会、实施“十三五”规划承上启下的关键一年。一年来，我们在上级党委、政府和中共景宁畲族自治县委的坚强领导下，在自治县人大、政协和社会各界的监督支持下，深入学习贯彻落实习近平新时代中国特色社会主义思想和党的十九大精神，大学习大调研大抓落实，争当“丽水之干”模范生，深入推进“志不求易、事不避难”创新实干大赶考，打开“两山”新通道，富民兴县再赶超，加快建设美丽幸福新景宁，经济社会保持良好的发展态势，较好地完成了县九届人大二次会议确定的各项工作目标。

实现地区生产总值59.34亿元，增长8.4%；一般公共预算收入7.74亿元，增长10.5%；全社会固定资产投资增长6.8%；实现全社会消费品零售总额33.33亿元，增长9.4%；城乡常住居民人均可支配收入36778元和18170元，分别增长9.4%和10.1%；三次产业结构调整为10.5∶29.5∶60。

一年来，我们主要做了以下五方面工作：

（一）发展动能更加强劲。

各项改革深入开展。民族地区城乡融合发展创新改革试点入列2018年全省改革要点并获省级批复。大力深化“最多跑一次”改革，设立全省首个“民情速递代表委员窗口”，打造功能齐全的一体化新中心。“信息孤岛”基本打通，“一窗受理、集成服务”持续深化，“全域一证通办”加快推进，梳理企业和群众到政府办事事项638项，基本实现“最多跑一次”，128项服务事项实现乡镇（街道）直接办理。完成“区域环评+环境标准”改革，推进“标准地+承诺制+代办制”改革，加快工程建设项目审批制度改革，实现一般企业投资项目开工前审批“最多100天”。全年新增市场主体2127个，比上年增加14.51%，企业和群众满意度不断提高。深入推进省级低碳县、省级小城市培育、国家主体功能区等试点建设和农村宅基地及住房确权颁证工作，农村土地确权高分通过综合验收。盐业体制改革有序推进。国税地税征管体制改革全面完成。农村渡运公交化改革走在全省前列。产业农合联实现基本覆盖,“三位一体”改革进一步加快。

项目建设有序推进。“4+1”投资结构不断优化,交通基础设施投资、生态环境建设投资、民间投资、高新技术产业投资均实现中高速增长,“省市县长工程”走在全市前列,经济发展更具质量。完善项目推进机制,共谋划项目307个,完成五至十年中长期发展项目库建设。景文高速、322国道等70个项目开工建设,其中,基础设施项目56个,民生项目23个,产业项目18个。金村水库及供水工程、235国道溪口至澄照段改建工程、金钟大桥、金山垟特色小区等46个项目加快推进。张村至张山岙公路、畲乡现代农产品冷链物流中心、澄照创业园学校等57个项目全面完工。招商引资保持强劲势头,新引进项目94个,实际到位市外内资34亿元,招引总部经济79家,成功与两家拟上市公司签订合作协议,经济社会发展更具支撑。

要素保障不断强化。成功争取第三轮省政府对景帮扶政策。加大对外开放,深化山海协作工程,结对温岭、上虞、海盐、宁海等四个县市区,乡镇(街道)实现结对全覆盖,景宁—温岭山海协作生态旅游文化产业园等4个园区建设启动,“飞地经济”改革试点加快推进。成立高级人才联合会,完成首届畲乡英才评定工作,新建院士专家工作站1家,实现省级博士后工作站零的突破,积极打造科技特派员工作2.0升级版。省财政转移支付力度持续加大,财政保障更加有力。政府产业基金、PPP等市场化融资模式全面应用,银企、银商、银税合作继续深化,发放“政银保”3.0版小额贴息贷款1.06亿元,惠及1791户。依托“三小经济”,推动“资金走回来、服务走出去”,县域金融机构存款规模首破百亿。全面推进“阳光征迁”工程,完成43个建设项目70.07公顷的土地征收。深入推进土地整治工程,垦造耕地138.47公顷,供应建设用地54.38公顷,土地保障能力进一步增强。建立重大非工项目招商落地决策机制,出台扶持建筑业发展、全域旅游发展等政策,政策体系进一步完善。

(二)经济结构更加合理。

特色农业加快升级。坚守耕地红线,深入实施粮食安全战略,建成高标准农田1880公顷,提标改造粮食功能区206.67公顷,稳定播种面积7866.67公顷。全面推进“丽水山耕+景宁600+X”母子品牌体系建设,新建提升茶叶、毛竹、香榧、中药材等基地3666.67公顷,新增中蜂养殖5910箱,累计1.61万箱,完成稻鱼生态综合种养700公顷。硬化林区道路49千米,建成林下经济示范基地349.53公顷。创成“景宁600”示范乡镇4个、先行村22个,新增加盟主体认证25家。开创“飞柜”经济模式,建成“景宁600”展示展销中心。生态农产品价值转化路径进一步明晰,实现销售额5.24亿元。林业总场成功创建省级“现代国有林场”,惠明茶特色农业强镇在全市率先通过省级验收。非洲猪瘟有效防控,市场供应安全稳定,农产品质量安全省级以上抽检连续六年实现合格率100%。

绿色工业稳中有进。实施“31576”五年行动计划,“双轮驱动”格局逐步形成。丽景园“二次创业”成效显著,全年实现签约项目15个,落地11个,总投资15.2亿元的飞科电器产业园项目顺利开工。青风环境通过“浙江制造”认证现场审核，有望实现“浙江制造”品牌零突破。澄照农民创业园基础设施日趋完善，二期项目平整土地25.33公顷，宇海幼教木玩产业园开工建设，完成企业入园评价13家，竹木产业集聚发展蓄势待发。城北竹木功能区产业结构转型不断深化，骨干企业快速成长。深化“携企服企振企”六大行动，落实清单制精准帮扶。开展新一轮“助保贷”业务，成立政策性融资担保公司。“亩均论英雄”改革稳步推进，30家工业企业纳入评价。累计完成小升规3家，整治提升“低散乱”企业29家，完成技改投资1.5亿元，同比增长9.6%。实现网络销售额20.37亿元，同比增长38.29%，发放来料加工费1.31亿元。

全域旅游破题起势。大力推进全域旅游示范县创建，召开全域旅游发展大会。与港中旅建立全面战略合作关系，启动全案策划编制。签约千峡畲寨、云上天池、悬崖上的天空之城、惠明禅茶文化产业园、李宝洞宫畲王寨等一批重大旅游项目，全域旅游服务中心、水隅仙境等项目启动建设，畲乡小镇业态培育、千年山哈宫建设有序推进，东弄田园综合体开园迎客。风情景宁、清爽景宁、丰收景宁、年味景宁系列节庆活动异彩纷呈。畲家十大碗、畲乡十小碟、畲家十药膳影响不断扩大，中国“好畲”系列不断丰富，实现农产品旅游地商品转化21个。民宿农家乐产业加快提档升级，新建朴宿、春江花月等一批精品民宿，新增床位562张，完成畲居管家资格认证50人。实现旅游总收入65.74亿元，同比增长21.58%。

（三）县域环境更加和美。

生态优势日益彰显。成功创建省级生态文明建设示范县，生态环境公众满意度位列全省第二。深化“五水共治”，深入实施“河（湖）长制”，创建美丽河湖8个，鹤溪河被评为省级美丽河湖，建成“污水零直排”建制镇3个、生活小区1个。岭根交接断面Ⅱ类及以上水体占比达100%，Ⅰ类水天数168天，较上年增加67天。“五水共治”公众满意度得分全省第二、全市第一，“五水共治”考核全市第一，有望再夺大禹鼎。“蓝天保卫战”全面打响，加强秸秆焚烧管控和城区扬尘整治，县城空气质量优良率99.4%，位列全省第三、全市第一，PM2.5均值23微克/立方米，同比降低23.2%，位列全省第五、全市第二，获评“中国天然氧吧”。污染源普查基本完成，建成污染源在线监控中心，农业面源污染整治扎实推进。望东垟国家级自然保护区和草鱼塘国家级森林公园创建稳步推进。完成绿化造林310.2公顷、美丽林相建设226.67公顷，新植珍贵树种30.8万株，松材线虫病防控成为全省标杆，获评浙江省森林资源保护管理工作突出贡献集体。建成“基本无违建县”，完成“三改”158.92万平方米、拆违46.63万平方米，拆后土地利用率96%。

城市建设稳步提升。大力推进县城景区化建设。城北区块、商业局宿舍等雨污管网改造全面完成，新建和改造污水管网11千米。东方广场、包凤示范小区等项目加快实施，寨山桥建成通行。城南棚户区改造房屋拆除全面完成，张春路建成通车，人民南路延伸工程开工建设。外舍新区环境实现美丽蝶变，山哈大剧院、外舍新区人防工程、翠涛居、菖蒲湾等项目加快推进。澄照副城基础设施建设有序推进,大搬快治安置点全面启动建设,创业园水厂投入使用,园区路网逐步完善。城区公厕提升改造全面完成,2座AAA旅游公厕基本建成。启动城区生活垃圾分类,覆盖面达到68.3%。交通治堵深入推进,大树脑人行天桥建成通行,城区停车诱导系统投入使用,新增汽车充电桩114个、新能源公交车7辆。

乡村面貌加快改善。深入实施乡村振兴战略。异地搬迁有序推进,建成安置小区12个,完成搬迁安置1075人。大搬快治"解危清零"全面完成,实现搬迁1120人、治理点位30个,核销隐患点117个,完成农村危旧房治理905户。第二批9个乡镇通过小城镇环境综合整治省级验收,家地、梅岐、景南被评为省级样板,连续两年获评全省小城镇环境综合整治优秀县。打造历史文化古村落28个,47个村庄入列第五批国家传统村落名录,数量全省第一。新建农村文化礼堂19座,壮大基层宣传文化阵地。"环敕木山畲族特色村寨示范廊带"建设有序推进,安亭、吴布等"畲族活态博物馆"启动建设。行政村垃圾分类实现全覆盖,新建改造农村公厕451座,实施农村饮用水达标提标行动,农村生活污水处理运维水平进一步提升。搭建县乡农村集体经济公共服务平台,"消薄"工作扎实推进。建管养运同步推进,建设"四好农村路",改造提升农村公路248千米,建成美丽渡口5个。创成"白大线"省级精品示范道路、"东童线"市级美丽乡村风景线,建成"三美融合示范村"5个、市级"三治融合村"21个和A级景区村26个。

(四)民生建设更加健全。

社会保障持续增强。新增城镇就业1993人,加快开发公益性就业岗位,月失业金标准调高至1328元,增长10.67%,城镇失业率控制在1.93%以内。城乡居民养老保险、医疗保险参保率分别达90%和98%,跨省异地就医实现直接结算,社保业务在全市率先实现"刷脸办事"。提高被征地农民基本生活保障标准,落实保障金,建成保障性住房50套,分配84套。建成一批示范型居家养老服务中心、城乡社区助餐配送餐服务点、避灾安置规范化场所、"邮善邮乐"慈善示范基地。建成县福利中心和残疾人庇护中心。实现城乡低保标准一体化,发放城乡低保补助3054.37万元,惠及3737户6256人,发放残疾人两项补贴1961.39万元。实现退役士兵三级服务机构全覆盖,发放抚恤优待金914.86万元。全面落实精准扶贫各项举措,创新推出"脱贫保"和"防贫保",兜底性保险做法作为典型案例全市推广。

社会事业协调发展。成功举办"中国畲乡三月三""一乡一品"文化节庆活动蓬勃发展。连续四届荣膺"中国民间文化艺术之乡"称号。畲族彩带展演亮相首届联合国世界地理信息大会。畲族博物馆获评国家三级博物馆,县图书馆通过国家一级图书馆复评。文化项目申报答辩制入选省公共文化服务领域管理体制机制改革创新项目。国际跳棋世界杯分站赛、中国畲乡国际铁人三项赛、畲乡绿道彩虹跑等品牌赛事精彩纷呈,畲族原创广场舞推广入选文化部百姓广场舞普及推广活动优秀案例。新增国家级非遗代表性传承人1人、省级7人。县融媒体中心投入使用。"文化物流"点单派送159场,建成24小时城市书房2

个、特色书房4个。编纂完成《景宁畲族自治县志(1993—2010)》。召开教育发展大会,出台教育新十条。高考成绩再创新高,景宁中学一段上线110人,本科率94%,实现七连增,职业高中高考上线率97.48%,本科上线20人。完成“县管校聘”改革。东坑中学与澄照乡校合并办学,探索优质民办学校托管公办学校办学新模式。农村小班化教育教学模式获基础教育国家级教学成果二等奖。凤凰学校、王金垟幼儿园建设进展顺利,澄照幼儿园和中心幼儿园惠明园区投入使用,新增幼儿园学位540个。医药卫生体制改革有序推进,深化“双下沉、两提升”,浙大一院第二轮结对帮扶落地见效。“健康景宁2030”行动启动实施,民族医院搬迁加快推进,乡镇医养结合试点顺利完成。积极营造“放心消费”环境,大漈乡获评全市唯一的省级“放心民宿示范区”,鹤川菜市场获评省级放心市场,中心菜市场完成改造提升,成功创建省级食品安全县。

社会治理扎实有效。成功护航系列重大活动,破获全国首例利用新型黑客手段攻击服务器案。扫黄禁赌禁毒、“扫黑除恶”专项斗争等工作成效显著,刑事发案数下降19.4%。提升基层社会治理,着力探索构建“平安综合体”。英川派出所获全省公安机关“枫桥式”基层所队称号。双后岗村获评第二批全国“扫黄打非”进基层示范点。信访工作、安全生产、应急联动、防灾减灾、消防安全、金融风险防范化解扎实推进。创成全国民族团结进步创建示范区。新时代畲乡景宁讲习中心、禁毒教育基地建成使用。深化“四级融合、多元一体”社会综合治理,域外网格治理新模式入列全省新时代“枫桥经验”实践百例。在全市率先开展移风易俗,“喜事新办、丧事简办”渐成新风。

国防动员、宗教、外侨、统计、档案、公积金、慈善、工会、红十字、移民等各项工作取得新成效。

(五)政府建设更加有为。

依法行政持续推进。全面建立集体学法制度,县政府常务会议学法制度化、常态化,宪法意识和法治观念进一步加强。严格落实县乡法治政府建设三年行动计划,营造基层法治政府建设良好氛围。不断健全行政规范性文件合法性审查备案机制,全面清理行政执法主体资格,促进严格规范公正文明执法。积极预防化解行政争议,办理行政复议应诉案件78件,行政机关负责人出庭应诉率100%。落实“谁执法谁普法”普法责任制,加大全民普法力度,通过“七五”普法中期督查。获评省创建法治县工作先进单位。

政务服务加快提升。全面铺开机构改革,优化政府机构设置和职能配置。全面实施政府“两强三提高”建设行动计划,推进政务信息公开,加强政务督查力度,实行重点事项清单制和约谈问责制,推动重大决策部署落地见效。着力打造数字政府,完善政务信息系统集成平台,全面推广政务钉钉,切实加快“掌上办事”“掌上办公”建设进度。全面推广“政采云”平台,政府采购更加透明高效。承办市人大代表建议9件、县党代表提议26件、县人大代表建议143件、县政协委员提案133件,办复率100%。

廉政建设继续加强。严格执行中央“八项规定”精神、省委“六个严禁”、市委“十项制度”和县委“四项规定”，扎实推进清廉政府建设。认真落实全面从严治党主体责任，完善廉政风险防控惩治体系，深入开展“比担当、比执行、反四风、促赶超”作风建设专项活动，坚决查处和纠正违法违规行为。健全行政权力监督机制，完善招投标管理体制，规范行政事业单位公款竞争性存放管理，强化政府投资项目跟踪审计，实施财政支出绩效评价，有效实现公共资金使用安全高效、公共资源阳光交易、公共资产保值增值。严格执行公务接待管理规定，“三公”经费同比下降23.94%。

各位代表，过去的一年，我们以大学习大会战大赶考大走访组合发力，逆势而上、奋勇拼搏、克难攻坚，展现了前所未有的昂扬面貌和景宁干劲。我们紧盯发展短板，主动谋求突破，特色农业、工业转型、全域旅游、综合交通渐入佳境，实现了新发展，取得了新提升，迈入了新阶段。我们上下一心、全力以赴，圆满完成了全国民族自治县全面建成小康社会经验交流现场会这一历史性盛会的承办工作，向全国人民充分展示了新时代民族地区全面进步的景宁形象，提供了新时代民族地区全面小康的景宁元素，树立了新时代民族地区全面发展的景宁样板。成绩不是天上掉下来的，而是实打实干出来的，是在中共景宁畲族自治县委统揽全局、坚强领导下的结果，是在自治县人大、政协鼎力支持、有效监督下的结果，是在全县人民团结拼搏、不懈奋斗下的结果。在此，我代表县人民政府，向全体县人大代表、政协委员，向全县广大干部群众，向驻景部队官兵，向所有关心和支持景宁经济社会发展的朋友们，表示衷心的感谢并致以崇高的敬意！

各位代表，在看到成绩的同时，我们也清醒地认识到，面对畲乡人民日益增长的美好生活需要，发展不平衡不充分问题仍然突出。主要表现在“两山”转化通道还不够宽畅，产业支撑不强，内生动力不足，交通基础设施滞后，科技创新能力不足，农村空心化，少数干部“两山”转化的本领欠缺，离“丽水之干”的要求还有差距。对此，我们将坚持底线思维，增强忧患意识，强化责任担当，切实加以解决。

二、2019年工作总体要求和主要目标

2019年是新中国成立70周年，是自治县设立35周年，是全面建成小康社会关键之年。从国际看，外部环境复杂严峻，经济面临下行压力，世界面临百年未有之大变局，变局中危和机同生并存。从国内看，保持了经济持续健康发展和社会大局稳定，朝着实现全面建成小康社会的目标迈出了新的步伐，但是经济运行稳中有变、变中有忧，我国发展仍处于并将长期处于重要战略机遇期。从全省看，浙江聚焦聚力高质量竞争力现代化,经济进入转型升级的快车道。从全市看，丽水成为全国首个生态产品价值实现机制改革试点市，绿色崛起蓄势待发。综合研判形势，我们必须着眼于“在全国120个自治县（旗）中继续走在前列、与全省其他县（市、区）同步高水平全面建成小康社会”两个坐标轴，全面落实高质量绿色发展要求，全力加快跨越赶超步伐，奋力书写畲乡“两山”发展时代答卷。

2019年政府工作的总体要求是：高举习近平新时代中国特色社会主义思想伟大旗帜，坚持以党的十九大和中央、省、市、县委系

列会议精神为指引，时刻牢记和践行习近平总书记对景宁的关心嘱托，以“八八战略”再深化、改革开放再出发为主题，以景宁行动践行“丽水之干”，开展“服务企业、服务群众、服务基层”活动，克难攻坚抓项目、凝神聚力大赶考，以抓项目稳增长强支撑，以大赶考争前列创标杆，坚持稳中求进工作总基调，防范化解重大风险，突出稳企业、增动能、保平安，统筹推进产业升级、民族文化、生态建设、改革开放、民生民本和清廉政府建设，提高人民群众获得感、幸福感、安全感，加快建设美丽幸福新景宁，为高水平全面建成小康社会收官打下决定性基础，以优异成绩庆祝新中国成立70周年，献礼自治县设立35周年。

综合考虑各方面因素，建议今年全县经济社会发展主要预期目标为：地区生产总值增长7.5%左右，一般公共预算收入增长7%以上，固定资产投资增长12%左右，社会消费品零售总额增长10%，城乡常住居民人均可支配收入分别增长8.5%左右和9%左右，城镇登记失业率控制在3.5%以内，节能减排完成省市下达的目标任务。

为实现上述目标，我们必须深刻领悟“两山”理念的科学内涵和精神实质，运用好跨山统筹、创新引领、问海借力三把“金钥匙”，全力以赴推动“两个较快增长”，以“绿起来”首先带动“富起来”进而加快实现“强起来”，重点抓好四个“升级”：

一是大力推进生态经济升级。厚植绿水青山生态优势，大力推进生态经济化、经济生态化，积极探索生态产品价值实现机制。深入实施“景宁600”产业富民工程三年行动计划，全力做好提标扩量文章。稳企业，稳增长，壮大丽景园、农民创业园“双轮驱动”的生态工业。坚定不移推进以全域旅游为战略支柱的现代服务业。

二是大力推进美丽城乡升级。以入列第一批全省大花园典型示范培育单位为契机，紧扣“诗画畲乡•和美景宁”的县域发展定位，坚持协调发展，以城市化和乡村振兴两大抓手，打造颜值、气质俱佳的美丽城乡升级版，加快建设全省大花园中的民族风情特色园。开展有机更新行动，建管并重推动城市文明，高标准建设美丽集镇，加快建设美丽乡村，高站位推进乡村振兴。

三是大力推进改革开放升级。锐意改革，开放图强。深化以“最多跑一次”改革为牵引的全面改革，增创市场有效、政府有为、企业有利、百姓受益的体制机制新优势。主动对接上海等大城市，积极融入长三角一体化发展国家战略。聚焦“飞地”“飞柜”“飞网”经济，落实与温岭、上虞、海盐、宁海的全方位结对合作，提升结对合作水平。

四是大力推进美好生活升级。针对突出问题，着重打好三大攻坚战，共创共享高质量发展、高品质生活。坚持就业增收富民，打好精准脱贫攻坚战，确保与全省同步高水平建成全面小康。坚持公共服务惠民，打好污染防治攻坚战，不断完善社会保障体系，系统推进文化、教育、卫生等社会事业迈上新台阶。坚持平安建设安民，深化“扫黑除恶”专项斗争，打好金融风险防控攻坚战，建设“平安景宁”。

三、2019年主要工作任务

根据上述目标要求，2019年，我们必须着重抓好以下五个方面的主要工作：

（一）聚焦高质量，着力培育经济增长动能。

做强“景宁600”，提升特色农业。全面推进“景宁600”产业经济体系建设，争做生态产品价值实现转化机制的示范者。实施茶叶、毛竹、香榧、高山蔬菜、畲药材、绿色畜牧等特色产业提标增量行动，新建提升惠明茶标准化基地333.33公顷、高山蔬菜333.33公顷、“畲五味”中药材200公顷，打造示范引领基地5个。开展集体大径材林培育试点行动，硬化林区道路40千米，建成“一亩山万元钱”林下经济基地133.33公顷。加快畲医药产品开发，挖掘景宁“道地药材”。发挥省市科技特派员示范引领作用，推动农业高质量发展。坚持市场导向，建立准入机制，完善品牌标准，打造一批“景宁600”拳头产品，推动“飞柜”经济提质扩面，拓宽线上线下销售渠道，实现生态产品溢价销售。对标欧盟标准，强化农产品质量安全，完成绿色食品认证80公顷，力争实现省、市抽检合格率98%以上。加强新型农业主体培育，提升“景宁600”加盟企业20家，建成示范乡镇3个、先行村18个。新建高标准基本农田1200公顷、粮食生产功能区200公顷，确保粮食生产安全。

聚力稳企业，提振生态工业。旗帜鲜明支持民营经济，持续推进“携企服企振企”，优化民营企业发展环境，提振民营企业家信心。执行好中央及省市企业减负政策，力争民营企业平均税负率较上年度有明显下降。架设银企对接桥梁，创新企业融资抵押方式，优质企业贷款抵押比例上调10%以上，有效破解融资难融资贵问题。坚持立主导、强业态，虚实结合、链式联动。继续强化丽景园工业主战场地位，大力推进“精专”服企行动，完成小微创业园建设，建成飞科电器产业园一期主体工程，加快网营物联等企业落地，争取新增5家企业投产，谋划建设民族双创中心。着力推进澄照农民创业园产业融合发展，完成创业园二期工程，碳化污水处理设施建成使用，博士园、亚资科技等企业全面投产，宇海幼教木玩产业园部分投产。进一步优化城北竹木功能区空间布局，建成毛竹加工碳化污水处理厂，完成大东景竹木产业孵化园企业入驻，着力破解卖竹难问题。深化“亩均论英雄”改革，加快“低散乱”企业整治入园提升和传统制造业转型升级，积极推进标准强县、质量强县、品牌强县建设，培育“浙江制造”品牌。继续坚持招商引资“一号工程”，深化“妈妈式”服务，聚焦招商项目落地，走产业链、孵化器招商新路子，力争招引项目55个、总部经济30家。深入实施凤凰行动，力争县域上市公司“破零”。

突出全域旅游，发展现代服务业。坚持把旅游业培育成第一战略支柱产业，全面深化与港中旅的战略合作，按照“古老风情的奇妙体验”形象定位，实施“1316”工程，争创省全域旅游示范县。依托县主要领导领衔的项目专班制，大力推进重大旅游项目，积极谋划国家AAAAA级标准景区，争取启动建设李宝洞宫畲王寨、悬崖上的天空之城等项目，加快千峡畲寨、云上天池、惠明禅茶文化产业园等项目前期，力争取得实质性进展。加快建设水隅仙境、全域旅游服务中心等项目，提升云中大漈、中国畲乡之窗2个国家AAAA级景区，争创县城为国家AAAA级景区，创建国家AAA

级景区1个，新增省A级景区村15个、精品示范民宿8个。促进畲家十大碗、畲乡十小碟、畲家十药膳等特色产品继续走向市场，做大做优“畲乡粉皮”产业，加快“畲乡小吃”品牌化，实现旅游地商品转化20个。深入推进文旅、农旅、城旅、养旅、体旅、红旅融合，拓宽旅游营销渠道，实现旅游收入增长20%以上。推动“数字经济+传统产业”融合，建设电商孵化服务中心。大力发展来料加工，新增来料加工点10个，实现加工费1.35亿元。丰富“畲乡经理”品牌内涵，大力培育“畲乡月嫂”“畲居管家”等实用人才子品牌。制定出台支持服务业发展若干意见，培育招引优质服务业企业，进一步提高服务业的质量与占比，争创服务业强县。

(二)聚焦竞争力，着力厚植特色发展优势。

一以贯之做靓民族文化。突出文化引领，不断擦亮民族特色文化金名片。深入推进民族地区城乡融合发展创新改革试点，探索走出一条民族地区城乡融合高质量发展的新路子。探索“中国畲乡三月三”市场化办节模式，办好风情景宁、清爽景宁、丰收景宁、年味景宁系列节庆活动。弘扬畲族忠勇精神，深入挖掘畲语、畲歌、畲族婚俗等畲族传统文化和马仙、汤夫人、菇民等地域特色文化，完善非物质文化遗产保护传承体系，提升文化演艺市场化水平，申报实施瓯江流域千峡湖畲族文化保护提升工程，打造全国畲族文化总部。加快建设千年山哈宫、环敕木山畲族特色村寨示范带、金山垟畲族特色小区，改造提升民族特色村寨5个。扶持发展银饰、彩带、服饰等畲族工艺品制造业和畲医畲药产业，搭建文创产业平台，培育发展摄影、写生、创意设计等新兴文化产业。

一如既往擦亮生态底色。持续推进国家生态文明建设示范县创建，积极推进丽水“花园云”(生态云)平台建设。深入实施“碧水行动”，严格落实“河(湖)长制”，全面开展“污水零直排区”和“美丽河湖”创建。确保全域断面水质保持Ⅱ类及以上，饮用水源达标率100%。坚决打赢蓝天保卫战，深入实施三年行动计划，确保城区空气质量优良天数330天以上。加快餐厨垃圾处理中心和垃圾分类示范小区建设，全面实施危废清零，确保土壤安全。全力推进丽水国家公园创建，实施生态保育区复绿工程，完成绿化造林200公顷、美丽林相建设88.67公顷，新植珍贵彩色树种28万株。加快创建望东垟国家级自然保护区，力争创成草鱼塘国家森林公园。积极推进全域土地整治与生态修复工程，深化山水林田湖草系统治理，落实耕地保护和生态保护补偿机制。

一往无前深化改革开放。把“最多跑一次”改革进行到底，持续深化“一窗受理、集成服务”和“全域一证通办”，全面提速工程建设项目审批制度改革，深化“标准地+承诺制+代办制”改革，力争实现企业投资项目竣工验收前审批“最多90天”，确保实现跑一次是底线，一次不用跑成为常态，跑多次是例外。持续抓好小城市培育、国家主体功能区、省级低碳县等改革试点。深化政府投融资体制改革和部门整体绩效预算改革，全面完成政府机构、国企事业单位改革。完成行政村规模调整，进一步优化乡村布局。加快农村宅基地及住房确权颁证工作，启动农村宅基地“三权分置”改革，持续深化农村金融改革试点、农村产权流转交易服务标准化试点和“三位一体”农合联改革，实现林权抵押贷款余额5.6亿元以上，发放“政银保”小额贴息贷款1.1亿元以上。强化与温岭等四个县市区的合作交流，联手推动“飞地”“飞柜”“飞网”经济快落地见实效，加快打造山海协作工程升级版。

（三）聚焦现代化，着力加快区域协调发展。

突出重点提升城市能级。加快城市建设投融资体制改革，围绕县城景区化，推动城市有机更新。在老城区，谋划环城南路、敇木山路、石印路至茶山路工程建设，启动浮丘路延伸工程，继续推进城南棚户区改造、玄坦殿棚户区改造、包凤示范小区、人民南路延伸工程和老旧小区立管改造，完成城区亮化工程二期。在外舍新城，加快千俟崖景观工程、凤鸣公园、秋山居等项目前期，启动千熙桥、三月三东路、菖蒲湾道路网建设，继续实施山哈大剧院、外舍新区人防工程等项目，完成江滨景观带、外舍新区复合产业区块路网工程、外舍新区管网建设工程。加大污水治理力度，实施外舍污水处理厂扩容。在澄照副城，继续推进创业园二期基础设施项目，启动创业园生态会客厅建设，实施生态工业区片主干道、叶缴区块主干道和园区支路建设。推进城市管理标准化、网格化、智慧化、精细化和人性化，创新城市治理机制，强化非机动车、人行道秩序和犬类管理，持续推进城区交通治堵，改善市容环境，着力提升城市品位。

紧扣目标推进乡村振兴。深化“千村示范、万村整治”工程，开展农村人居环境提升整治和美丽乡村“六次升级”行动。统筹推进37个历史文化古村落、10个传统村落的保护和提升，创成深垟省级森林人家特色村。巩固提升农村生活垃圾分类、“厕所革命”成效，建立健全运维管理机制。申报溪杉线（景宁至大均）省级精品示范道路，打造三美融合村3个。推进东弄田园综合体二期建设，加快实现市场运营。完成大地、郑坑小城镇环境综合整治。启动瓯江流域小溪综合治理项目（一期）。实施农村饮用水达标提标行动，改善2万人饮用水条件。深入实施大搬快聚富民安居工程，确保搬得下、稳得住、富得起。精准落实脱贫举措，实施低收入农户高水平全面小康计划，实现低收入农户收入增长10%以上。因地制宜发展壮大村集体经济，完成光伏小康工程装机容量6兆瓦。深化千万农民素质培训工程，培训新型职业农民300人，培育一批农创客。新建农村文化礼堂19座，深化建管用育机制。深入推进移风易俗，倡导文明新风。

补齐短板加速城乡融合。修编实施县域国土空间总体规划，建立国土空间开发保护和多规合一制度。把现代综合交通体系建设作为补齐基础短板、打开“两山”新通道、促进城乡融合的战略先手。全面加快景文高速、322国道、235国道溪口至澄照段、大漈至雁溪公路等项目建设，开工建设交叶公路二期等项目，力推温武吉铁路、通用机场、白大线等项目前期取得实质性进展。扎实推进青景庆公路项目前期，启动大均至庆元段线位论证等工作，争取九龙至红星段施工图获批。启动金钟大桥连接线建设，力争金钟大桥主体工程完工，加快破解库区群众出行难问题。深入实施“四好农村路”三年行动计划，新建农村公路32千米、美丽渡口6个，打通断头路4条，改造提升476千米。紧盯基础教育、公共医疗、社会保障等民生领域，瞄准城乡不平衡发展问题，统筹推进公共物品和公共服务供给。加快实施金村水库及供水工程、综合供能服务站、天然气管道、电网补强工程等一批民生项目。深入实施瓯江大花园绿道建设三年行动计划，推进鹤溪河绿道、环千峡湖绿道、环敕木山绿道连接组网，建成绿道82千米。

（四）聚焦获得感，着力创造群众幸福生活。

以更全保障利民。抓好劳动就业培训，全年新增就业970人以上。推进社保扩面，确保城乡居民基本养老、医疗保险参保率达80%、98%以上。加强低保动态管理，实现应保尽保，加大困难群众、残疾人等弱势群体的帮扶力度。全面推进“脱贫保”和“防贫保”，实现低收入农户全覆盖。启动残疾人托养中心、老年综合服务中心和社区嵌入式养老机构示范点建设。进一步加大对留守老人、留守儿童的关爱力度，组织实施“焕新乐园”公益项目。提升退役军人等优抚对象抚恤优待力度，建成烈士纪念馆，创成省级双拥模范县。深化殡葬改革，推行绿色殡葬，有序推进乡村公益性公墓建设。

以更优服务惠民。优化公共文化服务，新增24小时城市书房2个、特色书房5个，加快体育场复建、畲族博物馆改造提升，深化“文化物流”服务平台建设，为群众提供更加精准的文化服务。落实教育新十条，创建国家义务教育优质均衡发展县。力争高考成绩稳得住、再迈步、迈大步。积极打造乡村小规模学校升级版。加快幼儿园补短提升，等级幼儿园比例达到92%以上。探索实施小学放学后托管服务，减轻义务教育阶段学生课业负担，规范校外培训机构管理。加快推进职业高中迁建项目前期，开办第二高中，凤凰学校、鹤溪幼儿园投入使用。实施“健康景宁2030”行动，完成民族医院搬迁。深化公立医院综合改革，继续推进“双下沉、两提升”。建成县域“医共体”，加快基层医疗服务能力升级达标,实现基层医疗机构标准化率100%。巩固省食品安全县创建成果，保障群众“舌尖上的安全”。加快各类集体商标、地理标志证明商标注册，整合资源打造“中国畲乡”区域公共品牌。强化市场环境建设，大力实施放心消费行动，完善无理由退货、明码实价等制度，新增放心消费单位30家，打响“放心消费在景宁”品牌。

以更强治理安民。加强社会治安综合治理，进一步畅通群众诉求表达渠道，完善基层矛盾纠纷化解大调解体系，深化基层治理“四个平台”建设，探索人口净流出乡镇基层治理新模式。打防并举、标本兼治，坚决打好“扫黑除恶”专项斗争，着力构建全方位立体化的平安网，全力建设“平安景宁”。严格落实安全生产责任制，深入实施安全生产综合治理三年行动，开展道路交通安全综合治理三年行动计划，坚决遏制较大以上安全事故发生。打好金融风险防控攻坚战，守住不发生系统性风险底线。践行社会主义核心价值观，推进文明创建，倡导尊老爱幼、礼让行人、爱护环境、健康生活。

继续抓好国防动员、宗教、外侨、统计、档案、地方志、公积金、慈善、工会、红十字、老年人、下一代、气象、通讯、移民等各项工作。

（五）聚焦满意度，着力打造务实高效政府。

更高站位打造忠诚政府。大力弘扬践行“浙西南革命精神”，深入开展“不忘初心、牢记使命”主题教育，推进“两学一做”学习教育常态化制度化，坚决做到“两个维护”，牢固树立“四个意识”，坚定“四个自信”，始终在思想上政治上行动上同党中央保持高度一致，坚决贯彻落实上级和县委的重大决策部署，做到信念过硬、政治过硬、责任过硬、能力过硬、作风过硬，自觉为实现新时代党的历史使命不懈奋斗。

更大决心打造实干政府。主动应对机构改革后的新要求，建立健全重点工作推进机制，完善各项工作的指标体系、工作体系、政策体系、评价体系。加强资金、土地、人才等资源要素统筹保障，强化预算执行。建立健全重大项目前期谋划、政策处理和项目推进机制，持续优化“4+1”投资结构。加快政府数字化转型，落实政府信息公开，加快“掌上办事”“掌上办公”建设，打造跨部门、跨层次、一体化业务应用系统。强化政务督查，推进表格化、清单式、销号制动态管理，确保说一件、干一件、成一件。开设“局长讲堂”，实行项目推进“红黄绿”榜、政府系统大赶考末位表态制，推进政府系统争先进位。

更强约束打造法治政府。认真落实人大决定，自觉接受人大依法监督、政协民主监督，确保权力规范运行。推进行政规范性文件和重大行政机关合同监管制度。强化行政执法监督，规范行政执法程序。推进行政复议规范化建设，加强和改进行政应诉工作。强化资源统筹，推动政府法律顾问从“有形覆盖”向“有效覆盖”转变。深化综合行政执法改革，完善跨部门、县乡联动、重心下沉的执法机制。

更严规矩打造清廉政府。认真落实全面从严治党主体责任，严格执行党章关于党内政治生活的各项规定，持之以恒落实中央八项规定精神，紧盯不敬畏、不在乎、喊口号、装样子的问题，坚决破除形式主义、官僚主义。严格按照清廉畲乡的要求，强化廉政风险防控，加强对重点领域和关键岗位的监督，坚决查处不正之风和腐败行为，严厉整肃庸政懒政怠政行为，努力营造政府系统风清气正的政治生态。更好发挥审计监督职能，做到应审尽审、凡审必严、严肃问责，自觉接受司法、监察、群众、舆论等其他监督，始终保持永不懈怠、永远奋斗的精神状态，以钉钉子精神推进清廉政府建设。

各位代表，和美画卷，在砥砺前行中铺展；畲乡华章，在拼搏奋斗里书写。畲乡景宁的发展，不是等得来、喊得来的，而是拼出来、干出来的。我们都是追梦人，让我们更加紧密地团结在以习近平同志为核心的党中央周围，在县委的正确领导下，在县人大、县政协的监督支持下，发扬忠勇精神、践行“丽水之干”，坚定信心、咬定目标、只争朝夕、逐梦前行，为决胜全面高水平建成小康社会、高质量建设“诗画畲乡·和美景宁”而努力奋斗！

名词解释

1. “民情速递代表委员窗口”：在行政服务中心设立接待窗口，让“两代表一委员”与群众面对面交流，收集民意，解答群众疑惑，民情经收集整理后为县委县政府的决策提供更加完善的意见和建议。充分发挥“两代表一委员”在闭会之后的依法监督和参政议政作用以及对“最多跑一次”改革的监督作用。

2. “区域环评+环境标准”改革：在加强区域规划环评宏观管理的前提下，制定改革区域统一的环境标准，作为项目环境准入的判断依据，对区域环评审批负面清单外的项目，环保部门根据项目建设对环境影响的程度，推行免于环评手续、网上在线备案、降低环评等级、精简环评内容、承诺备案管理、创新环保“三同时”管理等6项环。

3. “亩均论英雄”改革：不以规模大小为标准，而以企业亩均效益来评估企业发展。实质是以最小的资源环境代价，获得最大的效益产出。通过正向激励和反向倒逼引导企业走科学发展之路，促进经济结构调整和发展方式转变。

4. “三美融合示范村”：以美丽环境为基础，有美丽经济来支撑，具有良好的乡风民风，从而实现群众美好生活的村庄。

5. “三治融合村”：自治、法治、德治“三治”融合的村庄。

6. 文化项目申报答辩制：各乡镇（街道）、有关单位和群众团队自主向文化部门申报文化项目，并参加文化部门组织的申报答辩，文化部门邀请省、市、县专家结合答辩情况进行全方位评审打分，确定年度文化补助项目和资金补助额度，并对补助项目进行专业辅导，促进文化专项资金由“供应型”向“需求型”转变。

7. 教育新十条：2018年9月8日出台《关于加快推动畲乡教育高质量发展的若干意见》（景委发〔2018〕24号），文件提出推动景宁教育高质量发展的十大举措，简称教育新十条。

8. “县管校聘”改革：“县管”即县级教育行政部门按照职能分工，根据相关部门核定的编制和岗位总数，依法履行对中小学教师的公开招聘、调配交流等管理职能；“校聘”则要求学校根据需求科学设置岗位，组织教师公开竞聘，依法与教师签订合同，负责教师的使用和日常管理。从而将教师和校长从过去的某学校的“学校人”改变为“系统人”。

9. 数字政府：在现代计算机、网络通信等技术支撑下，政府机构日常办公、信息收集与发布、公共管理等事务在数字化、网络化的环境下进行的国家行政管理形式。包含多方面的内容，如政府办公自动化、政府实时信息发布、各级政府间的可视远程会议、公民随机网上查询政府信息、电子化民意调查和社会经济统计、电子选举(或称“数字民主”)等等。

10. “两个较快增长”:GDP(地区生产总值)和 GEP(生态系统生产总值)规模总量协同较快增长,GDP 和 GEP 之间转化效率实现较快增长。

11. “飞地”:一是指“工业飞地”,即丽景民族工业园,市委、市政府在丽水经济开发区规划范围内划出约 4 平方公里土地,扶持景宁加快工业经济发展。二是指“产业飞地”,即在新一轮山海协作中,我县与温岭携手打造“产业飞地”共建项目,在温岭购置工业地产和人才公寓,租赁收入将用于帮扶景宁 40 个集体经济薄弱村增收,实现“消薄”。

12. “飞柜”:景宁畲族自治县与温岭市合作开展山海协作“飞柜”经济试点,双方互设农、渔、特产品展示销售专柜。并按照“政府引导、市场主体”原则,采用“1+X”的模式组建“飞柜联盟”,吸纳各类市场主体加盟,为“景宁 600”农特产品搭建产销一体化的服务平台。

13. “飞网”:谋划通过搭建山海协作电商平台,展示销售景宁畲族自治县与四个山海协作地区特色产品,打造景宁线上产品核心品牌。同时积极打造少数民族电商总部,汇集全国少数民族特色产品,打响畲乡景宁特色品牌。

14. “畲五味”:畲黄精、畲道果(覆盆子)、畲灵芝、畲石斛、畲重楼(七月一枝花)。

15. “1316”工程:一个全域品牌形象+三个核心景区+一个节庆+六大要素提升的全域旅游发展路径。一个全域品牌形象即畲乡景宁“古老风情的奇妙体验”的旅游形象定位;三个核心景区即“千峡畲寨景区”“云上天池景区”“中国第一个退税购物风情小镇——凤凰古镇”;一个节庆即贯穿全域的文旅产业节庆——“中国畲乡三月三”文化旅游节庆;六大要素即“吃住行游购娱”旅游六要素。

16. 丽水“花园云”(生态云)平台:基于物联网和云计算技术建设,利用物联网、大数据、高分影像分析等先进技术,接入全市地质监测、地理信息、气象等生态数据,并构建集环境空气、水质、土壤、噪声、辐射监测于一体的感知网,能够客观、准确、及时地反映全市的生态质量状况及变化情况,实现生态环境信息数据和相关成果的集中展示。

17. “碧水行动”:《浙江省“五水共治”(河长制)碧水行动实施方案》确定的 2018—2022 年五年工作计划,主要内容包括“污水零直排区”建设行动,污水处理厂清洁排放行动,水环境质量提升行动,饮用水源达标行动,近岸海域污染防治行动,农业农村治理提升行动,防洪排涝行动,河湖生态修复行动,河长制标准化管理行动,全民节水护水行动等十大行动。

18. “千村示范、万村整治”工程:2003年6月在时任浙江省委书记习近平同志的亲自部署推动下，在全省启动以改善农村生态环境、提高农民生活质量为核心的村庄整治建设大行动,计划利用5年时间,从全省4万个村庄中选择1万个行政村进行全面整治，并把其中1000个中心村建成全面小康示范村。

19. “六次升级”行动:在美丽乡村建设过程中,村庄建设从洁化、硬化、绿化、亮化、美化向文化逐步升级的过程。

20. “焕新乐园”:为有6—16周岁儿童的低保家庭进行家园环境改造，帮助低保家庭特别是儿童培养良好的生活习惯，树立积极的生活态度,提升低保家庭整体发展能力。

21. “文化物流”:文化部门依托全县公共文化资源，通过网络等载体搭建文化产品定制平台，群众和有关单位根据实际需求，通过线上需求点单、线下项目申报、电话预约等方式在文化产品定制平台下单，文化部门对订单进行整合、分类后进行文化服务配送,为群众和有关单位提供更加精准的公共文化服务。

景宁畲族自治县人大常委会工作报告

——在景宁畲族自治县第九届人民代表大会第三次会议上

景宁畲族自治县人大常委会主任　严轶华

（2019年2月22日）

过去一年主要工作回顾

2018年是决胜全面建成小康社会、实施“十三五”规划承上启下的关键一年，县人大常委会全面贯彻落实党的十九大精神，高举习近平新时代中国特色社会主义思想伟大旗帜，按照上级人大工作要求和县委决策部署，根据“依法履职、为民尽责、务实高效、走在前列”的总目标，以“志不求易、事不避难，不忘初心、巩固提升”为主基调，认真履行宪法法律赋予的职责，为打开“两山”新通道，富民兴县再赶超，建设美丽幸福新景宁作出了应有的贡献。一年来，常委会在认真扎实做好日常工作的基础上，共召开常委会会议7次、主任会议15次，听取和审议“一府两院”工作报告15项，作出决议决定7项，任免国家机关工作人员45人次，圆满完成县九届人大二次会议确定的各项目标任务。

一、围绕“两个维护”，提高政治站位，坚定人大工作方向

常委会始终坚持党的领导、人民当家作主和依法治国的有机统一，保证党的路线方针政策和县委决策部署在人大工作中得到全面贯彻执行。

牢牢把握正确政治方向。坚持以习近平新时代中国特色社会主义思想武装头脑、指导实践、推动工作，切实增强“四个意识”、坚定“四个自信”、做到“两个维护”，把党的政治建设落到实处。一年来，共召开党组会议23次，全面贯彻落实党的十九大报告和各级党委的重要会议文件精神及决策部署。及时向县委请示报告依法履职行权中涉及的重大问题和重要事项，确保人大工作在县委的领导下依法按程序开展，同时使党的主张通过法定程序成为全县人民的自觉行动，做到思想同心、目标同向、工作同力。

持续加强党风廉政工作。全面加强干部思想政治和作风效能建设，履行全面从严管党治党政治责任，有效发挥党组领导作用。完善党组理论学习等制度，进一步推进机关党的建设和工作制度化、规范化。贯彻落实县委关于推进“清廉畲乡”建设的决定，制定《关于加强政治生态建设的实施意见》，进一步推进生态清廉人大机关建设。严格按照党风廉政建设规定和省委巡视组的有关要求，时刻严守党的政治纪律和政治规矩，做到自重、自省、自警、自励，始终保持国家权力机关工作人员的风范。

坚决确保人事意图实现。坚持党管干部原则和依法行使人事任免权的有机统一，修改《县人大常委会任免国家机关工作人员办法》，进一步规范任前法律知识考试、常委会票决、宪法宣誓、任职表态、颁发任命书等程序，一年来，共任免国家机关工作人员和人民陪审员98人次。在深入22个政府组成部门和21个乡镇(街道)全面调研、广泛听取意见的基础上，依法对22位政府组成部门局长进行履职测评，进一步强化干部任后监督，提高行政机关领导干部依法行政的意识和能力，为我县国家机关高效运转提供组织保证。

二、围绕依法治县，维护公平正义，推进法治畲乡建设

常委会把全面推进依法治县作为重要工作，不断提升立法能力和水平，加大“法律巡视”力度，着力为全面深化改革和经济社会发展营造良好的法治环境。

扎实推进立法工作。召开十多次《促进惠明茶产业发展条例(草案)》起草座谈会，通过《畲乡报》、政府网站向社会广泛征集意见，征求省、市立法专家的意见和征询省、市人大常委会的修改建议。经县委、县立法工作领导小组和常委会审议同意，修改完善后形成《条例(草案)》，提请本次会议表决通过。经县委和县立法工作领导小组研究同意，启动《景宁畲族自治县自治条例》修改工作，已制定修改计划任务书、成立起草组和调研组及委托浙江立法研究院着手修改。为进一步规范立法工作程序，对《制定自治法规程序规定》进行修改完善，提请本次会议表决通过。此外，组织开展县九届人大第二部单行条例的项目征集和生态环保方面的地方性法规清理工作。

扎实推进司(执)法工作。深入贯彻县委决策部署和上级人大工作要求，扎实开展司(执)法工作监督，进一步提高司(执)法公信力。深入监督检查，推进法律法规正确实施。围绕群众关心的幼儿“能入园、入好园”的热点问题，深入全县所有公办幼儿园和部分民办幼儿园，通过听取汇报、查阅资料、实地察看等形式，深入检查《浙江省学前教育条例》的实施情况，将存在的问题转交政府研究，推动政府制定《学前教育第三轮行动计划(2018—2020年)》，促进我县学前教育高质量发展。同时，配合省、市人大开展固废污染防治“一法一条例”等法律法规执法检查，并得到省人大常委会领导的批示肯定。强化司法工作监督，维护社会公平正义。为进一步深化司法监督，开展员额法官履职评议工作。通过民主测评、个别谈话、座谈走访、观摩庭审、查阅案卷等形式，在全面了解情况的基础上，开展满意度测评，促进法官更好地依法履职。为进一步推进检察体制改革，听取和审议检察院行政检察工作报告，提升行政检察在社会治理中的职能作用。检查行政执法工作，推进执法规范化建设。为充分发挥执法检查“法律巡视”利剑作用，推动法律法规有效落地，先后赴县市场监管局、司法局等单位，通过实地查看和听取工作汇报等方式加强行政执法监督，推进政府部门进一步适应法治政府建设的新形势、新任务、新要求。

扎实推进备案审查和信访工作。严格执行规范性文件备案审查制度，重点审查规范性文件有无对公民、法人、其他组织增加义务、限制权利；有无政府部门增加权利、减少义务，与上位法相抵触和超越法定权限等情况，确保规范性文件合法、合理。一年来，共备案审查规范性文件22件，切实维护法制统一。进一步规范信访登记、批转、督办、答复等工作程序，一年来，共受理群众来信23件，接待群众来访71人次，并在规定期限内办理完毕，有效维护信访群众合法合理的利益诉求。

三、围绕民生福祉，依法履行职责，提高监督工作实效

常委会坚持围绕民生福祉、突出重点的原则，依法行使监督职权，着力将监督成果转化为促进经济社会高质量发展。

着力推进经济发展。密切关注全县经济发展，听取和审议计划执行，财政决算、预算执行，审计工作及查出问题整改，"十三五"规划中期评估，招商引资等报告，视察全县重点项目建设情况，提出加强和改进工作的意见建议。作出《关于批准2017年财政决算的决议》《关于批准景宁畲族自治县2018年地方政府债务限额及预算调整的决议》等决议。制定《关于审计查出问题整改工作的监督办法》，进一步推进审计发现问题整改落实到位。通过系列的专项监督，督促政府牢固树立和自觉践行新发展理念，适应把握经济发展新常态，推动经济高质量发展。

着力推进乡村振兴。紧紧围绕乡村振兴战略，密切关注农民增收、农业增效和农村发展稳定工作。加强毛竹产业培育监督，促进产业发展农民增收。通过实地走访农户、企业和听取工作情况汇报等形式，针对我县毛竹产业发展遇到的问题和困难，提出建议意见，推动政府加快研究毛竹产业集聚区建设和毛竹加工企业污水处理方案，以及东坑毛竹加工孵化基地建设步伐。加强农村土地"三权分置"监督，推进确权工作依法规范。在深入部门、乡镇和农村调研的基础上，针对前期确权过程中存在"许多历史遗留问题未解决，纠纷隐患多，农户参与率低，绘图不准确，确权登记颁证工作力量不足"等问题，督促政府积极整改，加大工作力度，使我县土地确权工作顺利通过省级综合验收，为促进农业产业发展奠定基础。

着力推进民生改善。坚持把保障和改善民生摆在监督工作的重要位置，推动社会关注的热点、难点问题得到解决。加强垃圾分类和"厕所革命"工作监督，促进生活环境改善。垃圾分类和"厕所革命"是加强生态文明建设必须打好的一场"硬仗"，在深入相关单位全面调研和实地视察的基础上，督促政府建立生活垃圾分类实施和公厕管理长效机制，进一步加快生活垃圾资源化处理进度和公厕环境改善。同时，作出《关于批准景宁畲族自治县生态文明建设示范县规划的决议》，助推生态文明建设示范县创建工作。加强畲族自然村发展监督，促进民族融合发展。在实地走访了解194个民族自然村的人口分布、产业发展、基础设施等情况基础上，提出"明确民族村发展举措，促进融合发展；狠抓落实，统筹推进民族村建设；加强城中村建设，促进城村一体化发展"等建议意见。加强民生实事项目

监督，促进实事真正惠民。2018 年县、乡（镇）人大代表票决通过 135 个民生实事项目，同时成立人大代表监督小组，对民生实事项目进行重点监督，并组织实地视察和听取政府完成情况报告，推进民生实事项目按期保质完成。以“多谋民生之利，多解民生之忧”为工作导向，主动介入 2019 年民生实事项目征集初定工作，助推政府科学确定候选项目。

此外，综合运用专题调研、执法检查、听取报告、满意度测评等监督“组合拳”，对文旅融合、民族专项资金使用等审议意见落实情况跟踪监督，推进政府采取“建立少数民族发展专项资金管理制度”等系列举措，进一步提升工作成效。

四、围绕平台搭建，优化服务保障，促进代表作用发挥

常委会坚持加强平台和制度建设，支持和保障代表依法履职，着力发挥代表主体作用。

注重提升代表履职能力。邀请专家对 298 位县、乡人大代表开展《宪法》《治安管理条例》等法律法规专题培训，进一步增强代表遵纪守法、为民履职代言的使命感和责任感。坚持为代表订阅寄送《浙江人大》《丽水人大》《景宁人大》等学习资料，邀请代表参加调研视察等活动和列席常委会会议，保障代表的知情权、表达权和监督权。在严格执行《县人大代表履职登记管理办法》的基础上，制定《县人民代表大会代表履职守则》，进一步强化履职意识和规范履职行为。

注重搭建代表履职平台。深入贯彻落实中共十九大报告关于加强“代表机关”建设的要求，制定《常委会组成人员和“一府一委两院”领导联系人大代表的意见》，进一步畅通代表反映民意的渠道。指导鹤溪等 7 个乡镇（街道）完成联络站提升改建，确保硬件达标规范；对 5 个先进代表联络站在预备会议上进行表彰，进一步提升建设成效。加强代表小组活动的指导，着力推动代表小组活动常态化、规范化，一年来，参加小组活动的代表达 2895 人次。探索建立以民生实事代表票决、民事纠纷代表协商、乡风民情代表恳谈为抓手的人大“三民工作”机制，该项工作不仅取得实效，还得到市人大常委会领导的批示肯定。此外，发挥在景选举的市人大代表江银华医生的作用，为 30 位景宁群众开展口腔疾病义诊活动，得到广泛好评。

注重提高建议办理质量。把督办县九届人大二次会议期间代表提出的 143 件书面建议和 331 条审议发言意见，作为推动“一府两院”加强和改进工作的重要途径。继续坚持政府负责人领办和主任会议重点督办的基础上，8 月份对 16 件重点建议进行集中督办，努力推动代表关注的问题得到有效解决。制定《代表审议人大及“一府两院”工作报告发言意见的处理办法》，进一步规范代表审议发言意见办理工作。在预备会议上对 6 件优秀代表建议和 6 个先进承办单位进行表彰，不断增强代表履职的使命感和建议承办单位的责任感。

五、围绕素质提升，加强自身建设，提高工作能力和水平

常委会加强政治思想、工作作风和能力建设，进一步推进有政治规矩、有责任担当、有法治思维、有良好服务的“四有机关”建设，

不断提升工作能力和水平。

加强学习宣传工作。注重干部理论学习，组织组成人员和机关干部学深悟透十九大报告和习近平总书记的重要讲话精神，赴全国人大培训中心参加履职培训，邀请省、市专家莅景对《中华人民共和国宪法》、“八八战略”“丽水之赞”等进行专题辅导，继续开展“三人行讲台”学习，不断提升学思践悟的能力和水平。举办知识竞赛等系列宪法学习宣传活动，营造学习宪法、尊崇宪法、遵守宪法、维护宪法、运用宪法的浓厚氛围。同时，加大人大制度和人大工作的宣传力度，精心编印《景宁人大》，在全国、省、市新闻媒体和刊物上发表宣传信息300多篇，宣传信息工作荣获全省先进单位和全市一等奖。

加强工作制度建设。制定和修改《县人大常委会组成人员守则》《县人大常委会专家咨询库管理办法(试行)》《关于规范县人大常委会审议专项工作报告、法律法规实施情况报告和执法检查报告有关工作的规定》等8项制度，进一步促进组成人员和机关工作人员依法规范履职。持之以恒落实中央八项规定精神和省、市、县委相关要求，严格执行公务接待、财务管理、请销假等制度，进一步推进机关管理制度化、规范化。

加强乡镇人大指导。常委会领导分片联系乡镇(街道)人大工作，从政策法规、工作程序、制度建设、履行职责等方面进行指导，进一步推动乡镇(街道)人大工作制度化、规范化。邀请乡镇(街道)人大主席(主任)列席常委会会议，提供依法规范开展工作的学习借鉴平台。召开全县人大主任(主席)学习会，研究解决乡镇(街道)人大工作的薄弱环节，保障人大主席(主任)主要精力从事人大工作落实到位。

六、围绕县委决策，服务发展大局，努力推进中心工作和提升景宁影响力

常委会围绕县委决策部署，立足岗位职责，在推进全县中心工作和提升景宁影响力上作出人大应有的努力和贡献。

扎实完成县委部署工作。专题研究县委的决策部署和交办的工作任务，采取扎实有效的举措，确保各项工作按期保质完成。依法及时作出决定，支持保障机构改革工作。深化机构改革是推进国家治理体系和治理能力现代化的重要环节，是必须完成的一项政治任务。依法及时作出《关于县人民政府机构改革涉及自治法规规定的行政机关职责调整问题的决定》，明确职责承担和工作衔接问题，助推机构设置和职能配置优化协同高效；及时任免涉及机构改革的政府组成部门主要负责人，从法治和组织上为机构改革工作提供保障。采取扎实有效举措，推进重点项目建设。多次协调落实招商局、文化和广电旅游体育局等10多个单位，做好包山铁矿旅游景区项目前期相关工作，促进项目早开工、早建成、早见效。以“精服企、促发展、化风险、保稳定”的工作思路，解决一批影响社会稳定和制约企业发展的突出问题，有效促进经济发展和社会和谐稳定。攻克城南棚户区(城中村)改造及人民南路延伸工程涉及的历史遗留问题复杂等难题，全面完成房屋拆除工作，为城南区块发展奠定基础。继续做好城市综合体拆迁户的安置(选房)和启动景宁第二中学校址

征迁前期调研摸底等工作。深入调研掌握情况，为县委决策提供参考。按照省、市、县委大调研工作安排，常委会自我加压，机关副科以上干部深入相关乡镇（街道）和部门开展大调研，共撰写25篇调研报告。籍贯在景宁的机关干部回原籍行政村开展乡村振兴调研，牵头起草6份调研报告。围绕丽水市滩坑引水工程对景宁的影响，开展专题调研，形成数据内容翔实、建议科学合理的调研报告，供县委决策参考。全面走访联系小区，帮助解决实际困难。不定期深入商业小区开展"大走访"，在倡导居民养成健康文明生活习惯的同时，帮助解决污水管网和环境卫生提升改造等实事，得到社区居民的肯定。此外，与海盐、上虞等县人大深入对接推进山海协作工程，促进两地优势互补、共赢发展。

认真配合上级人大工作。按上级人大莅景调研检查的有关要求，认真做好相关工作经验总结，为上级人大调研检查取得实效奠定基础。一年来，做好26批次的全国、省、市人大莅景调研检查工作，其中加强少数民族发展等监督工作得到全国人大民委的肯定。同时，做好39批次兄弟县（市、区）人大莅景调研交流工作，互相学习借鉴人大工作的先进经验和做法，共同推动人大制度和人大工作与时俱进。

不断提升景宁影响力。4月份精心组织全国部分少数民族自治县（旗）人大工作联席会常务理事（扩大）会第一次会议，全面总结联席会十年发展历程，牵头健全理事会的组织架构、重新修改联席会规则、建立同全国人大民委的联系对接机制，不仅促进联席会作用进一步发挥，还提升景宁在全国120个民族自治县（旗）中的影响力和知名度。在6月份和10月份召开的第18和19次联席会上作人大工作经验交流，积极参与全国民族自治县全面建成小康社会经验交流现场会的会务工作，主持编印《景宁民族政策汇编》等资料，为其他民族自治县（旗）开展工作提供经验。

各位代表，一年来，在县委的正确领导和"一府一委两院"、相关部门、乡镇（街道）和社会各方面的大力支持下，通过常委会组成人员、专门委员会、全体人大代表和人大机关工作人员的共同努力，我县人大工作取得了较好的成效，多项工作得到全国、省、市人大常委会领导的肯定。在此，我代表县人大常委会，向大家表示衷心的感谢，并致以崇高的敬意！

在肯定成绩的同时，我们清醒地认识到，常委会班子集体作用发挥与更好贯彻落实县委决策相比，常委会工作与新时代新任务新要求相比，与全面推进深化改革、全面建设"法治畲乡"的要求相比，与人民群众对人大工作的殷切期盼相比，还存在一定的差距。在今后工作中，我们将自觉接受人民和代表的监督，虚心听取各方意见，不断加以改进，努力推动全县人大工作高质量发展。

2019年主要任务

各位代表，2019年县人大常委会工作指导思想是：全面贯彻落实党的十九大精神，高举习近平新时代中国特色社会主义思想伟大旗帜，认真贯彻落实中央和省、市、县委决策部署，"志不求易、事不避难，实干担当、提质增效”,“克难攻坚抓项目,凝神聚力大赶考”,奋力书写“丽水之干”的“两山”答卷,为高质量推进美丽幸福新景宁建设贡献智慧和力量,以优异成绩庆祝新中国成立70周年,献礼自治县设立35周年。

一、在坚持学懂弄通做实中,强化队伍自身建设

用习近平新时代中国特色社会主义思想武装头脑、指导实践、推动工作,始终是县、乡(镇)人大的首要任务。以常委会党组学习为引领,深入推进“两学一做”学习教育制度化、常态化,组织开展“不忘初心、牢记使命”主题教育活动,继续深入开展“大学习大调研大抓落实”活动,以“三服务破六难”和“大赶考”为抓手,深入学习习近平总书记关于坚持和完善人民代表大会制度的重要思想,习近平总书记在庆祝改革开放40周年大会、中央经济工作会议上的重要讲话精神,坚决把思想行动统一到中央、省、市、县委的决策部署上来。充分利用人大常委会主任(主席)学习会、“三人行讲台”和培训班等载体实现学习全覆盖,做到学习往心里走、往深里走、往实里走。进一步深化人大宣传工作,召开全县人大宣传工作会议,举办地方人大设立常委会40周年相关纪念活动;加大宣传力度,提高宣传实效,推动习近平新时代中国特色社会主义思想和国家根本政治制度入脑入心。今年中央、省委和市委将相继召开人大工作会议,这是民主法治建设的一件大事,也是推动人大事业发展的重要契机,要认真配合县委做好有关文件落实情况督查和全县人大工作会议筹备工作。

始终坚持党的领导这个最大政治原则,严格落实县委领导人大工作机制,及时向县委请示报告,坚决做好省委巡视反馈意见整改落实工作,认真执行《关于加强政治生态建设的实施意见》和各项制度,切实增强“四个意识”、坚定“四个自信”、做到“两个维护”,推进有政治规矩、有责任担当、有法治思维、有良好服务的“四有机关”建设,不断增强走在前列的思想自觉和行动自觉。

二、在抓住重点坚韧求真中,增强监督工作实效

聚集改革发展稳定的重大问题,聚集人民群众切身利益和热点难点问题,精心选题,依法开展监督,不断提升人大监督实效。围绕中央和省、市、县委的战略决策部署,在抓好计划、预决算审查等法定监督工作的基础上,进一步突出发展导向、民生导向、问题导向,重点抓好十方面工作:一是为深入贯彻落实中央、省委、市委文件精神,协助县委出台《关于建立县人民政府向县人大常委会报告国有资产管理情况制度的意见》,建立国有资产管理情况报告制度。二是为进一步巩固提升小城镇环境综合整治实效,听取和审议小城镇环境综合整治资金使用绩效情况报告和专项审计报告。三是为进一步提升我县基本公共卫生服务水平,听取和审议“健康景宁”工作情况报告。四是为进一步促进社会养老服务事业健康发展,开展《浙江省社会养老服务促进条例》执法检查。五是为进一步严厉打击黑恶势力犯罪,维护社会治安持续稳定,继续开展扫黑除恶专项斗争工作情况监督,听取和审议公检法司四机关扫黑除恶工作报告。六是为进一步提升农村饮用水安全，保障农民群众身体健康和生命安全，听取和审议农村饮用水安全工作情况报告。七是为进一步改善农村交通基础设施，方便群众出行，听取和审议农村四好公路建设情况报告。八是为进一步促进检察建议落实，制定加强检察建议落实的监督办法。九是对县城交通治堵、重点项目、民生实事项目等情况进行视察；对垃圾分类和厕所革命、毛竹产业发展、畲族自然村发展等工作进行跟踪监督。十是配合省、市人大开展促进民营经济高质量发展调研和《浙江省学前教育条例》《浙江省保障“最多跑一次”改革规定》执法检查等。

三、在质量优先兼顾速度中，提高立法工作质量

坚决贯彻全国人大和省、市、县委有关立法工作部署要求，坚持党委领导、人大主导、政府依托、各方参与的立法原则，推进科学立法、民主立法、依法立法，以立法促进发展、保障善治，在本次会议表决通过《促进惠明茶产业发展条例》后，提请省人大常委会批准并认真组织实施。扎实有序推进《自治条例》修改工作，谋划确定县九届人大第二部单行条例立法项目，并启动立法程序。加强备案审查制度和能力建设，积极稳妥推进合宪性审查工作，着力增强备案审查刚性。

四、在落实《意见》和党管干部依法任免中，提高科学决策水平和强化干部任后监督

落实县委《关于建立提请人大及其常委会讨论决定重大事项清单制度的意见（试行）》，对经济社会发展和事关人民群众切身利益的重大问题，深入调查研究，作出决议决定。继续做好民生实事项目监督与评估等关键环节工作，确保民生实事项目真正惠民生。坚持党管干部原则和常委会依法任免的有机统一，严格执行《县人大常委会任免国家机关工作人员办法》，积极探索干部任后监督新举措，不断完善政府组成部门主要负责人年终履职测评机制，努力打造为民、务实、清廉的干部队伍。

五、在强化保障优化服务中，发挥代表主体作用

按照便捷、畅通、有效原则，继续加强“两站一平台”规范化建设，进一步提升运行实效。不断深化完善“双联系”、代表向选民述职、代表履职登记建档和学习培训等制度机制，切实增强代表主体意识。全面推行以民生实事代表票决、民事纠纷代表协商、乡风民情代表恳谈为抓手的人大“三民工作”，并着力在主动性、经常性、常态化上下功夫，进一步提升代表履职实效。深入贯彻县委“事事有回音、件件有落实”要求，加强代表书面建议、审议人大及“一府两院”报告发言意见督办工作，完善评价反馈机制，积极开展代表建议意见落实情况“回头看”，提升建议意见办理实效。

六、在贯彻县委决策部署中，全力服务中心工作

围绕县委的决策部署，以“志不求易、事不避难”的奋斗姿态，在高质量推进美丽幸福新景宁建设上展现新作为。重点做好包山铁矿旅游景区项目、携企服企振企、城南棚户区（城中村）改造及人民南路延伸工程、城市综合体拆迁户安置（选房）、景宁第二中学校址征迁等中心工作。

此外，全力做好上级人大莅景调研检查和全国部分少数民族自治县（旗）人大工作联席会及其常务理事会工作，为提高上级人大调研检查实效和提升联席会作用继续作出努力。

各位代表，乘风破浪立潮头，扬帆启航正当时。让我们高举习近平新时代中国特色社会主义思想伟大旗帜，在县委的坚强领导下，以时不我待的责任意识、勇于担当的为民情怀、奋发有为的工作激情、求真务实的工作作风，恪尽职守、砥砺前行，为高水平全面建成小康社会收官打下决定性基础，以优异成绩庆祝新中国成立70周年，献礼自治县设立35周年。

中国人民政治协商会议
第九届景宁畲族自治县委员会常务委员会工作报告

——在政协第九届景宁畲族自治县委员会第三次会议上

政协景宁畲族自治县委员会主席 张　峰

(2019年2月20日)

2018年工作回顾

2018年，是贯彻中共十九大精神的开局之年，是改革开放40周年、“八八战略”实施15周年，也是九届县政协履行职能取得积极成效的一年。一年来，县政协高举习近平新时代中国特色社会主义思想伟大旗帜，在中共景宁畲族自治县委的坚强领导下，牢牢把握团结和民主两大主题，广泛动员和团结政协各参加单位、全体政协委员，紧紧围绕党政中心工作，充分发挥专门协商机构作用，百倍努力投身实干创新大赶考，履职活动精彩纷呈，协商民主全面推进，为促进我县经济社会持续健康发展作出了应有的贡献。

一、旗帜鲜明讲政治，牢把永跟党走方向盘

一年来，县政协把凝聚共识、把好方向作为“主轴”，始终把党的思想政治建设放在首位，以新思想为指引，与时俱进抓学习，紧跟时代提精神。

*在坚定政治方向中凝聚共识。*始终坚定正确的政治方向，全面学习宣传贯彻习近平新时代中国特色社会主义思想，中共十九大及其各次全会精神。全年组织专题学习26次，主旨宣讲8次，通过专家辅导、研讨交流、撰写体会等方式,不断增进政治认同、思想认同、理论认同、情感认同，做到政协工作始终与中央，省、市、县委保持思想上同心同德、目标上同心同向、行动上同心同行。

*在落实县委部署中凝聚共识。*自觉坚持县委领导，第一时间传达学习县委重要会议精神，坚定不移贯彻落实县委的决策部署。重要工作主动向县委请示报告，重大活动积极邀请党政领导参加，协商成果及时向县委县政府报送，县委县政府领导批示认真抓好督导落实。努力将县委的决策部署转化为政协各参加单位的一致共识，将发展蓝图转化为全体委员的共同履职目标，坚定做到县委有部署、政协就紧紧跟进，县委有要求、政协就坚决执行。

*在强化党组作用中凝聚共识。*及时部署

落实全国政协系统党建工作座谈会议精神和《关于加强新时代人民政协党的建设工作的若干意见》精神，以党建引领政协全局工作。模范遵守党章和政协章程，严格按照党的制度和规矩办事，层层签订《党风廉政建设责任书》，认真履行全面从严治党政治职责，落实党风廉政建设主体责任，切实把全面从严治党要求落实到政协工作全过程，推进政协事业沿着中国特色社会主义道路健康发展。

二、围绕中心顾大局，勇当绿色发展助推器

一年来，县政协把服务中心作为“主线”，围绕经济社会发展重大问题，保持“一线”状态，主动担当作为，助力各项事业发展，协商议政成果更加明显。

深耕重点课题，多层协商献计出力。坚持一年主抓一个重点课题履职到底的做法，锁定实施乡村振兴战略总课题，全年综合采用政协论坛、系列专题协商、大会发言、委员提案等多种履职方式，围绕乡村产业兴旺、精品线路打造、交通网络提升、人力资源培育等4个课题，展开全面深入的多层协商、有效履职。一年来，围绕乡村振兴重点课题形成提案53件、调研报告10篇、建议案1篇，为县委县政府科学民主决策提供了有益参考，许多意见建议已转化为实实在在的举措。

紧盯热点难点，携手监督倾情鼓劲。坚持以问题为导向，围绕党政关注、人民期盼的问题，通过专题视察、民主监督等方式，帮助解决难题。主席会议先后对毛竹产业发展、美丽乡村建设、乡村民宿发展等社会呼声较高的热点课题开展专题视察，会同对口部门把脉问诊，共同促进问题解决。积极参与省市县政协三级联动开展“城乡生活垃圾分类处理”专项民主监督活动，促进工作落实；以市政协创新推出的主题式民主监督为样板，组织委员183人次围绕小城镇环境综合治理、“五水共治”等工作开展监督，提出建议37条，供县委县政府决策参考。

聚焦项目会战，干在一线助推发展。主动适应政协工作新常态，积极响应县委齐上“一线”的号召，打通履行职能与参与中心工作界限，引领政协委员、机关干部投身一线，全面参与最多跑一次改革、全域旅游、景商回归、大搬快聚、机构改革、文景高速、畲乡特色小镇、讲习中心建设、基层作风巡查等全县重点一线工作。主席会议成员分别担任惠明禅茶产业园、云上天池AAAAA级景区、美丽城乡建设、全国民族大会筹备、“畲乡小吃”产业发展等攻坚项目领导成员，挂帅指挥、靠前发力。具体工作中，既做到一线协商议政、一线助推发展，又实现一线调查研究、一线听取民情，进一步丰富了履职形式，为推进县委县政府各项中心工作贡献政协力量。

三、心怀担当系民生，争做履职为民实干家

一年来，县政协把促进民生改善作为“主责”，增进为民情怀，回应群众期盼，努力为民建言、为民发力。

界别活动更加贴近基层。健全界别召集人和界别活动计划制度。加强对界别活动的考核管理，引导和支持界别委员贴近基层履职、深入群众服务，全年开展形式多样的界别活动18次，参加人数150余人。各界别分别针对儿科医生人才匮乏、促进民俗文化发展、提升县外创业经济发展等6个民生课题，开展对口协商活动；赴东坑、沙湾、大际、九龙等乡镇开展送医、送戏以及送体育、送科技等“六下乡”活动，广受基层群众欢迎。

提案办理突出民生导向。把提案作为政协倾听群众呼声、关心群众疾苦、反映群众诉求的主渠道，鼓励和引导委员多写事关民生的提案、多提利于民生的建议。全年提案立案133件，其中民生类69件，占总数的51.9%。县委县政府高度重视提案办理工作，市委常委、县委书记陈重，县委副书记、县长钟海燕带头领办重点提案，各承办单位把提案办理作为重要职责，积极采纳落实，办理结果满意度达94.7%。继续开展提案办理双向民主评议工作，这一多年坚持、不断完善的“景宁样板”工作，相继被省、市政协引用推广，高质量完成今年“大赶考”创标杆任务。

帮扶结对成效逐步显现。认真贯彻落实县委“大调研大走访”部署，结合“消薄”“精准扶贫”等结对联系工作，班子成员定期深入联系乡镇（街道）、企业、学校、村（社区），帮助理顺群众关系，研究发展思路对策，指导协调基层组织建设，帮助解决实际问题。全年组织走访慰问困难户73户、困难党员30名，协调解决13个群众反映较集中的问题。努力动员和引导各界人士参与公益事业，促成静安寺为我县环卫工人捐赠总价为62.7万元的羽绒服，并形成长期结对帮扶关系。同时，积极开展节庆走访慰问老党员和困难群众等活动，真情办实事、解难事、做好事，取得积极成效。

四、凝心聚力促和谐，忠当团结民主号召者

一年来，县政协把团结和民主作为“主题”，积极搭建履职平台，增进发展共识，巩固和扩大团结面，改革发展强大合力不断汇聚。

与党派团体合作更加紧密。注重与民进景宁支部、工商联和各团体的合作共事，通过优先安排大会发言、组织开展调研视察、参与重点提案督办等形式，为他们建言献策搭建平台、创造条件。一年来，各党派团体共提交大会发言3篇，集体提案1件，反映社情民意信息13条，充分展现了党派团体在政协舞台上齐心奋进、履职尽责、共画最大同心圆的良好形象。

与各方乡贤交流更加充分。把培育弘扬新时代下的乡贤文化作为政协高举团结民主主题的重要抓手，主席会议成员积极参加联系乡镇（街道）的乡贤联谊会各类活动。支持广大委员和机关干部回乡调研，为乡村发展提供思路、传递信息、联系资源。先后为大地乡丰收节、家地乡割蜜节、秋炉乡文化节、景南乡帐篷节等活动提供支持。加强与在外乡贤的交流联谊，邀请外地景宁商会负责人参加政协全会，积极参与重庆、天津、四川、江西、杭州、西安等地景宁商会活动，为助推乡贤高质量回归、高水平建设家乡发挥政协力量。

与党外人士互动更加深入。着眼于寻求最大公约数，鼓励广大委员多交党外朋友，积极开展学习交流、文体联谊等活动。政协诗书画摄之友社成功换届，并多次举办书画联展。组织广大委员及其所联系的党外人士积极参加全市政协系统乒乓球友谊赛、统战系统气排球友谊赛，以及我县统战系统庆祝改革开放40周年暨畲族确定62周年文艺联欢晚会、趣味运动会等文体活动，引领远离“酒局、牌局”，进一步增加了政协组织的号召力和凝聚力。

五、勇立潮头添活力，善作提质增效探路者

一年来，县政协把提质增效作为工作“主流”，紧密结合新时代加强和改进人民政协工作的新任务新要求，不断探索创新，勇于破立，善作善成。

“民情速递”跑出加速度。为全面支持最多跑一次改革，根据市委常委、县委书记陈重指示，在县政府钟海燕县长等领导的大力支持下，创新设立了全省首个“民情速递”窗口，安排委员轮流值班，直面群众倾听民声，实现反映民情民意“最多跑一次”。目前已接待群众200余人次，反映社情民意信息167条，解决了中心菜场自产自销摊位缺失等一批民生关切问题。该做法引起了省、市政协的高度关注，省市政协领导纷纷点赞，《联谊报》进行专题报道。

文史征编奔向高质量。打破常规思维，跳出政协自身局限，“借智借力” 创新文史征编工作。牵手中国好歌曲年度冠军——山人乐队、著名音乐人王磊等专题为我县采风创作畲族歌曲，其中《山哈古调》在深圳大剧院2018“飞扬剧场”公益系列音乐会进行首演，并成为最大亮点。该作品已在虾米音乐、网易云音乐、腾讯视频等10多个知名平台传播，唱响了畲乡好声音。对接《中国国家地理》杂志社，合作征编《风物中国志·景宁》，全力打造我县精品文史资料，用心讲好景宁故事。

“域外网格”启发新途径。配合县委县政府开创的“域外网格”治理新模式，充分发挥在外委员代表性强、影响力大的优势，引导鼓励他们担任网格长(联络员、指导员)，主动融入“域外网格”管理。广大委员在各地解决矛盾纠纷、开展多元服务等方面起到了主力军作用，探索启发了一条委员参与社会治理的新途径，为打造“共建共治共享”的社会治理格局贡献了政协正能量。

六、持之以恒强自身，夯实高效履职主阵地

一年来，县政协把加强自身建设作为“主基”，着眼高质量高水平的新要求，主动拉高工作标杆，努力夯实政协履职基础。

队伍建设不断强化。通过“引进来、走出去”的方式，在县讲习中心、湖南大学等地培训委主任(站长)18人次、委员143人次，提升委员综合履职能力。发挥履职考评“指挥棒”作用，开发履职管理信息化平台，实现履职考评信息化、透明化。坚持政情通报会制度，邀请委员列席政协常委会议、主席会议等，为委员知情明政、履职尽责创造条件。

委站机制持续完善。列出专委会和工作站履职清单，引导其充分发挥自身专业优势，积极开展对口协商，主动提出意见建议，提高履职成效。进一步理顺专委会、工作站工作机制，使委站开展履职活动更加灵活自主，更好发挥出委站基础作用和界别特色优势。首次专题听取政协各参加单位履职工作汇报，使政协常委会与各参加单位履职更加紧密。

机关管理更加严实。扎实开展学习型、研究型、服务型、廉洁型“四型机关”建设，推动机关作风建设迈上新台阶。建立年计划、月安排工作运行机制，优化机关工作流程，机关综合协调和服务保障水平进一步提升。扎实推进“两学一做”学习教育常态化制度化，认真开展党员干部党性教育和党风廉政建设，支持县纪委派驻纪检组履行职责。推进机关党委、党支部和机关工会建设，机关党建工作常抓不懈。

各位委员，同志们！对县政协工作，县委县政府高度重视。一年来，县委常委会3次听取县政协工作情况汇报；市委常委、县委书记陈重同志先后对大会发言、政协工作专报等作出13件次批示，亲自部署“民情速递”工作、领办重点提案；县委副书记、县长钟海燕对政协履职成果批示11件次，带头领办重点提案；县委县政府领导领办10件重点提案，出席各类专题协商会议9人次，作出各类批示39件次，这是对县政协工作的高度重视和有力鞭策，是对县政协委员的充分信任和极大鼓舞。

各位委员，同志们！过去一年县政协取得的进步和成效，是中共景宁畲族自治县委正确领导、重视关心的结果，是县人大常委会、县政府及有关部门和社会各界鼎力支持的结果，也是县政协全体委员和各参加单位团结协作、共同奋斗的结果。借此机会，我代表县政协表示衷心的感谢和崇高的敬意！

在看到成绩的同时，我们也清醒认识到，面对新时代新任务新要求，县政协工作还存在一些差距和不足，如专委会设置和人员配备还需进一步理顺，委员的界别优势和主体作用仍需进一步发挥，履职方法方式还有待进一步拓展，协商成果转化机制还需进一步完善等等。这些都需要我们高度重视、认真研究，并在今后的工作中切实加以解决。

2019年工作意见

2019年，是中华人民共和国和人民政协成立70周年，是高水平全面建成小康社会的关键之年，也是景宁畲族自治县设立35周年。县政协工作的总体要求是：高举习近平新时代中国特色社会主义思想伟大旗帜，深入学习贯彻习近平总书记关于加强和改进人民政协工作的重要思想，遵循习近平总书记对浙江工作、“丽水之赞”以及历次对景宁的重要指示精神，坚决围绕县委重大决策部署，进一步动员全体政协委员和各界人士对标两个“坐标轴”，志不求易、事不避难，凝心聚力、奋发有为，以实际行动高质量书写“两山”时代答卷，以优异成绩庆祝中华人民共和国和人民政协成立70周年，献礼景宁畲族自治县设立35周年。

一、坚定信念，突出政治引领，奋力打造新时代忠诚政协

坚持旗帜鲜明地讲政治，把强化党对政协工作的绝对领导作为第一要求。深学笃行中共十九大和各次全会精神，省委、市委和县委重大会议精神，切实把参加政协的各党派团体和各族各界人士的思想和行动，统一到中央和省、市、县委的决策部署上来。以举办“庆祝新中国和人民政协成立70周年系列活动”为载体，不断掀起学习贯彻中共中央《关于加强新时代人民政协党的建设工作的若干意见》精神新高潮。制定年度学习计划，举办理论研讨征文和优秀文稿评选等活动，进一步学懂悟通“两山”理念精神，扪心自问找差

距。协助县委召开全县政协工作会议，就加强党对政协工作的领导进行全面部署，压实政协党组在政协工作中把方向、管大局、保落实的政治责任，全面从严推进政协系统党的建设工作。主动服从县委县政府中心工作，做到县委县政府工作部署到哪里，政协力量就汇聚到哪里；县委县政府工作推进到哪里，政协作用就发挥到哪里，全面树立起新时代人民政协的新样子。

二、紧扣中心，聚焦项目推进，致力打造新时代有为政协

坚持高质量绿色发展要求，重点围绕"用活用足民族政策，推动景宁人经济转换为景宁经济"等前瞻性课题，打好调查研究、专题协商、政协论坛、大会发言、提案督办、社情民意等协商民主组合拳，为县委县政府科学决策提供民意支撑和智力支持。聚焦深化推进惠明禅茶产业发展、云上天池AAAAA景区建设、社会有效投资项目、古村落开发与利用、畲乡小吃品牌建设等重点攻坚项目,组织各专委会（工作站）、界别开展主席会议专题视察，通过对口协商、界别协商、专项督查等行之有效的形式，助力县委县政府重大部署落地见效。围绕促进我县域外创业经济发展、提升城镇治理水平助推全域旅游发展、林下经济发展、推进国家公园建设、畲族文化藏品挖掘与展示等热点难点问题，发动政协各参加单位和政协委员，通过提案、大会发言、社情民意信息等方式，深入调研、精准献策，切实当好县委县政府的参谋和智囊。发动最强力量，克难攻坚抓项目，全面参与"三服务破六难"百日攻坚大会战等县委县政府一线工作，潜心干事求实效，坚定落实政协领导和机关联系重点工作制度，坚如磐石，只争朝夕，高质量完成各项工作任务。

三、立足本职，深化协商民主，全力打造新时代多元政协

坚持双向发力，把履职质量导向放在更加突出位置，不断推进协商民主广泛多层制度化发展，用好政协"话语权"，搭建政协多元履职平台，提高开放度，切实发挥好政协协商民主的重要渠道和专门协商机构作用。加强与党委、政府的衔接沟通，健全协商议题提出、活动组织等机制，进一步提高议政建言的针对性和有效性。升级年度协商计划，力求协商形式更多样、协商课题更丰富、协商参与更广泛，构建全方位、多层次、常态化的协商格局。在协商成果转化和反馈落实上发力，做到事事有回音、件件有答复，提高协商意见办理落实率。注重加强人民政协协商民主理论与实践的研究，推动协商民主理念在全体会议、常委会议、主席会议等履职例会中全面贯彻落实，争当基层协商民主的先行者和模范生。

四、不忘初心，真情服务民生，倾力打造新时代为民政协

坚持人民利益至上，把关注民生作为县政协联系群众的重要抓手，抓紧抓实。继续深化"民情速递"做法，融入民主监督、参政议政等职能，打造"亲民为民利民"服务平台，将履职毛细血管深入到群众中去，让群众反映民情民意"最多跑一次"，打造成省、市政协系统标杆工作。积极参与"域外网格"治理，鼓励支持在外委员发挥联系广泛、地位超脱优势，参与网格社会治理、解决矛盾纠纷等事务，架起与在外景商之间的“连心桥”，畅通解决问题的渠道。坚持开展“访贫问苦”活动，发动委员参与扶贫济困、捐资助学、“三下乡”等公益慈善事业，努力为群众多办实事、多解难事、多做好事。

五、同心同梦，携手合作共事，合力打造新时代和谐政协

坚持团结民主主题，切实发挥民进景宁支部、县工商联、无党派人士和各界群众的作用，积极为有序政治参与提供畅通渠道。进一步密切同民族宗教界人士、广大乡贤和港澳华侨同胞的沟通联系，邀请参与中国畲乡“三月三”等重大节庆活动，在交流联谊中找到“最大公约数”，画好“最大同心圆”，凝聚“正能量”，扩大“朋友圈”。充分发挥各地商会的桥梁纽带作用，积极对接“景宁人”经济，争取多渠道引进资金、项目和人才。支持政协诗书画摄之友社开展活动，支持委员参与知识分子联谊会、网络界人士联谊会、新经济人士联谊会等社团活动，提升委员在各界别群体中的凝聚力和影响力。继续开展文史资料征集工作，出版发行《风物中国志·景宁》书籍，讲好景宁故事，发挥“存史资政、团结育人”作用。

六、比学赶超，勇践“丽水之干”，强力打造新时代严实政协

坚持以“大赶考”践行“丽水之干”，不断推进政协系统履职能力现代化建设，做到实干创新“见人见事”，展示人民政协新气象。健全完善政协系统党的建设工作，充分发挥政协党组、机关党组的核心引领作用，探索建立专委会、工作站、界别小组党组织，努力实现党建工作在政协系统全覆盖。根据省、市政协统一部署，推进政协机构改革，完善委站设置，探索和建设委员会客厅。在委员之间、机关内部搭建起履职“擂台”，每月进行履职汇总统计，每季开展履职排名，年末提交履职报告，做好委员履职评价工作，致力打造委员忠勇铁军。全面落实党风廉政建设责任制，强化意识形态领导，加强工作作风建设。更加重视关心老同志工作，发挥他们政治、经验、威望优势，为县政协事业增添正能量。提升政协公众号、电子刊物、微信群等信息化水平，不断提升政协机关组织协商服务能力。

各位委员、同志们，新征程承载新使命，新目标赋予新任务。让我们更加紧密地团结在以习近平同志为核心的中共中央周围，锁定“八八战略”再深化、改革开放再出发工作主题，在中共景宁畲族自治县委的坚强领导下，志不求易，事不避难，自我加压，拉高标杆，轰轰烈烈、热火朝天地参与“丽水之干”，为实现我县政协事业再上新台阶，推进美丽幸福新景宁高质量绿色发展而努力奋斗！

专　　辑

“不忘初心、牢记使命”主题教育活动

【概况】 2019年，根据中共中央、省委、市委的统一部署和要求，中共景宁畲族自治县委决定，以县处级以上领导干部为重点，在全县党员中开展“不忘初心、牢记使命”主题教育。开展时间：2019年9月至12月。开展范围：全县所有基层党组织，主要包括全县各部门及其直属单位和企事业单位，乡镇、街道和村、社区，非公有制经济组织、社会组织和其他基层组织等。学习教育的重点内容是《习近平新时代中国特色社会主义思想学习纲要》《习近平“不忘初心、牢记使命”论述摘要》《中国共产党章程》，即“两书一章”。总体要求是：全县各级党组织要以更高的政治站位，充分认识这次主题教育的重大意义。要把深入学习贯彻习近平新时代中国特色社会主义思想作为根本任务，全面把握守初心、担使命，找差距、抓落实的总要求，坚持抓思想认识到位、抓检视问题到位、抓整改落实到位、抓组织领导到位，充分借鉴运用第一批主题教育的成功经验，以彻底的自我革命精神解决违背初心和使命的各种问题，解决群众最关心最直接最现实的利益问题。具体目标是：理论学习再深化。即在感悟习近平新时代中国特色社会主义思想强大真理力量和独特思想魅力上取得新进步、达到新高度，更加全面深入学习领会习近平新时代中国特色社会主义思想的重大意义、科学体系和丰富内涵，增强贯彻落实的自觉性坚定性，提高运用党的创新理论指导实践、推动工作的能力。思想政治再洗礼。即坚决贯彻习近平总书记强调的理想信念是共产党人精神之钙、必须对党绝对忠诚的要求，进一步坚定信仰信念，不断树牢“四个意识”，坚定“四个自信”，坚决做到“两个维护”，不折不扣落实习近平总书记重要指示批示精神，真正把“两个维护”落到实处。担当作为再强化。准确把握习近平总书记作出干部有多大担当才能干多大事业的指示，勇于直面矛盾、求是挺进、奋力赶考，增强斗争精神，不断强化应对挑战把握机遇的战略担当、攻坚克难守正出新的改革担当、防范风险消除隐患的底线担当、一贯到底狠抓落实的执行担当。为民服务再提升。自觉践行习近平总书记提出的以人民为中心的发展思想，坚守“安暖和”的民生

情怀，切实解决好群众的操心事、烦心事、揪心事，主动顺应人民群众对美好生活的新期待，不断增强人民群众获得感、幸福感、安全感。清廉本色再彰显。深入贯彻习近平总书记坚定不移推进全面从严治党向纵深发展的庄严宣示，深入推进“清廉畲乡”建设，引导党员干部明大德、守公德、严私德，坚持公正用权、依法用权、为民用权、廉洁用权，始终保持为民务实清廉的政治本色，营造畲乡发展良好政治生态。

对领导班子和领导干部的要求：坚持以自学为主，精读通读“两书一章”，深入学习习近平总书记关于主题教育的重要讲话，学习习近平总书记两次莅景调研和两次复信的指示精神。在常态化开展党委（党组）“领学制”的基础上，各单位领导班子要集中安排 5 天时间进行集中研讨，举办专题读书班，对县管领导干部进行集中轮训。开展“五个一批”活动，即向全县党员干部宣传一批先进典型、举办一批交流活动、推荐一批学习书籍、播放一批红色电影、通报一批反面案例。全力建设浙江（景宁）民族干部培训中心，依托县党群服务中心（新时代文明实践中心），充分利用县内的红色教育基地，不断弘扬践行浙西南革命精神。开展“三全三联”大走访深化“三服务”活动，县直各部门要组建调研小分队，到联系乡镇（街道）、村开展专题调研。乡镇（街道）到各村开展一次以上的“乡会村开”，点对点破解村社大赶考中遇到的难题。全面开展“千堂党课进基层”活动，各级领导干部到分管领域、联系（结对）乡村或者单位所辖支部讲 1 次专题党课。各级领导班子和党员领导干部从主题教育一开始就要列出工作问题清单和个人问题清单，并不断修正完善。通过谈心谈话、开展座谈、个别访谈、网络调查、设置意见箱等多种形式，广泛听取基层党员群众、工作服务对象意见建议。召开对照党章党规找差距专题会议，从思想、政治、作风、能力、廉政方面特别是从主观上、思想上进行深刻剖析反思。召开高质量专题民主生活会，严肃开展批评与自我批评。各单位要列出若干件主题教育期间能够解决的事关群众利益的实事，抓紧整改解决。持续深化推进“8+1”专项整治行动任务，不断抓实抓细各项任务落实。建立正风肃纪明察暗访机制，对整改督查、正风肃纪检查中发现的整改落实不到位、工作推进不深入、党员干部违规违纪等问题，及时公开通报曝光。

对党支部和党员的要求：各党支部在上级党组织统一安排的基础上，按照统分结合的原则，结合实际制定主题教育计划安排，主要依托“三会一课”、主题党日、民主评议党员等基本制度，把四项重点措施融入日常组织生活，融入“两学一做”学习教育常态化制度化。突出个人自学，组织党员原原本本学习“两书一章”。召开党员大会、支委会、党小组会，组织集中学习、交流学习体会，集中学习可分月安排，总的时间不少于 5 天。对党支部书记进行一次轮训。县直部门党员要结合专题调研，听取群众对本单位事业发展、对党员作用发挥、对强化支部政治功能的意见建议。农村党员要走访联系户，实现全覆盖。及时收集汇总征求到的意见建议，形成问题清单，作为党支部或个人检视整改的内容。对照党章党规，对照浙西南革命精神，对照“志不求易、事不避难”，对照先进典型、身边榜样，对照群众提出的意见建议，查找差距和不足，不断完善问题清单。对查摆出的问题，对群众反映的问题，要立查立改、边查边改。组织党员立足岗位，履职尽责。每名党员至少参加1次志愿服务，为身边群众至少办1件好事实事。党支部要召开一次专题组织生活会，开展“党性体检、民主评议”和“先锋指数”考评。

这次主题教育不划阶段、不分环节，把学习教育、调查研究、检视问题、整改落实结合起来，贯穿全过程。全县共有县处级以上领导班子4个、领导干部30名；参照实施单位87个，科级领导干部607名；基层党支部497个，党员12226名参加。

中共景宁畲族自治县委对主题教育高度重视，成立由市委常委、县委书记陈重任组长的县委“不忘初心、牢记使命”主题教育领导小组。领导小组下设办公室，负责日常工作（组建综合组、联络组、宣传组、专项整治组4个工作组）。各单位党委（党组）成立相应领导机构和工作机构，党委（党组）主要领导担任领导机构主要负责人。把主题教育开展情况作为书记党建绩效评审的重要内容，作为季度责任指数考评的重要指标，作为村（社区）党组织书记“规矩指数”考评的重要内容。构建起县委主题教育领导小组总抓、4家牵头单位分别抓、县级各部门和乡镇（街道）具体抓的工作格局。建立工作提示清单、督导工作清单等制度，定期开展点评会、工作推进会等，为全县各领域主题教育开出“药方子”。在主题教育中，先后下发工作提示单27期，召开点评会14次、专题分析会27次，主题教育征集问题交办会3次，有序推进主题教育相关工作开展。用足用好景宁独特优势和地方特色，积极做好自选动作，因地制宜推出一系列主题教育“活动套餐”，充分展现主题教育的“畲乡味”“民族味”。主题教育开始前，结合弘扬践行浙西南革命精神，依托畲乡景宁党群服务中心推出定制主题党日，通过重温1次入党誓词、观看1个红色视频、参观回顾1次革命历史、上1堂专题党课、过1次政治生日、认领1个微心愿等6个规定项目和学唱红色歌曲、诵读红色家书、接受警示教育、去基地开展现场教学等若干自选项目，引导全县党员在革命传统教育中忆初心、悟初心，为开展“不忘初心、牢记使命”主题教育营造了浓厚氛围。主题教育开始后，创新推出“五个一批”活动，制定4条“初心之行”路线、2条“使命之行”路线，全面启动“万名党员谈初心”活动。全县各单位结合实际制订实施方案，组建领导小组，迅速启动主题教育，形成全县上下步调一致、高效运转的工作格局。坚持把县处级领导干部这个“关键少数”作为主题教育重点，抓好领导干部以上率下这个“牛鼻子”，充分发挥“头雁效应”，在主题教育中带头学习、带头调研、带头检视、带头整改。市委常委、县委书记陈重从5月开始，3次牵头相关单位专题研究主题教育，亲自谋划、部署主题教育实施方案工作重点。主题教育开始后，县委按照“月月有重点、周周有安排”要求，采取“挂图作战”方式，制定县委常委会13周工作安排，明确十大工作重点。县四套班子成员每月到各自联系乡镇（街道）、部门督查指导，并参加联系乡镇的专题民主生活会，坚持一级做给一级看、一级带着一级干，形成“领导带头、部门跟进、全员参与、务求实效”的良好局面。基层党组织书记带头走访群众、征求意见，并在10月、11月的主题党日上分别听取党员开展学习、征求意见、志愿服务和为民办实事办好事的报告，确保每一位党员规定动作落实到位。根据不同层次、不同领域、不同对象的特点，因地制宜、因人施策开展分级分类指导、科学合理安排，确保实现主题教育全覆盖、无死角。县委组建“不忘初心、牢记使命”主题教育巡回指导组，对各乡镇（街道）和县直部门主题教育进行督促指导；教育、卫生、公安、非公企业等行业系统主管部门共派出54个行业巡回指导组开展巡回指导。针对部分文化水平不高的农村党员，开展方言讲学、畲语宣讲、有声书、微视频等多种助学形式；针对部分年事已高、体弱多病、行动不便的老党员，推出家庭课堂学、“1+1”帮扶学等“送学上门”服务举措；针对域外流动党员，依托杭州、西安等18个域外服务中心搭建党建和主题教育平台，开设主题教育初心课堂，确保主题教育参与全覆盖、学习全覆盖、教育全覆盖、影响全覆盖。坚持把主题教育与贯彻落实习近平总书记对浙江，对丽水特别是对景宁的重要指示、批示精神相结合，与学习贯彻全国民族团结进步表彰大会精神相结合，与上级党委政府决策部署和县委县政府中心工作相结合，与“志不求易、事不避难”创新实干大赶考相结合。引导党员干部解放思想、改革创新、担当作为，继续沿着习近平总书记指引的路子奋勇前进，克难攻坚抓项目、凝神聚力“大赶考”，在推进融入长三角一体化发展国家战略、全国民族地区城乡融合发展试点建设、高等级景区县城创建、生态产业发展、“消薄”等重点工作中彰显初心担使命，创新实干推动畲乡高质量绿色发展。确保主题教育与实际工作两手抓、两促进。

在主题教育中，景宁围绕“两书一章”和中共中央总书记习近平对景宁的重要指示批示精神等内容，通过集中闭门学、个人自学、党员干部读书班等形式，推动党员干部扎扎实实读原著、学原文、悟原理，从通读向熟读精读深化。组织全县党员及时跟进学习习近平在全国民族团结进步表彰大会上的讲话精神、中共十九届四中全会精神和中共浙江省委第十四届六次全会精神，第一时间订购发放《学习辅导百问》《辅导读本》等学习资料。同时采取电话抽查、闭卷考试、巡回暗访等方式检验全县党员干部学习成效，电话抽查各领域党员2080人次。全县党员干部实现学习教育全覆盖。其中，科级党员领导干部集中学习均达到7天以上；县处级领导干部开展九天半的集中研讨，参加为期4天的市管干部专题读书班，并在《畲乡报》陆续刊发县处级领导干部学习研讨文章。各单位各党组织认真制定集中学习研讨方案和计划表，务实有效开展学习研讨活动。对全县607名科级干部、497名党支部书记开展集中轮训，实现培训轮训全覆盖。县领导带头到景宁第一个党支部诞生地梅岐乡桂远村开展“初心之行”；组织重走习近平总书记在景宁调研的足迹，开展“使命之行”，以现场教学的方式增强党员对初心和使命的感悟。充分利用党群服务中心、红色教育基地、乡村文化礼堂等平台，扎实开展“五个一批”活动。全县选树15位党员、干部的先进事迹。其中，澄照乡三石村老会计雷岳舜的事迹，被省委组织部作为9月全省农村党员必学课推送；东坑镇桃源村党支部书记吴学芬、景宁中学校长陈战耕、县文化和广电旅游体育局局长蓝利明3人事迹在《丽水日报》上给予介绍。依托县党群服务中心(新时代文明实践中心),推出"一周一活动"学习交流平台,共开展交流活动12场次。全县推荐必读书目13本、红色电影10部、通报反面典型案例14个。县级党员领导带头,科级以上领导干部和各级党组织书记围绕"四个讲清",结合工作实际、学习体会、调研心得,深入各分管领域、基层单位和各基层党支部为各级各领域党员上专题党课。中共十九届四中全会后,全县党员干部组成宣讲队伍分赴基层一线,全面准确、深入浅出地解读中共十九届四中全会精神,与群众面对面互动交流,实现村村有宣讲。全县组织开展专题党课647场次;科级以上党员领导干部宣讲中共十九届四中全会精神652场次。

把解决问题、推动工作作为调查研究的出发点和落脚点。组织全县各级领导干部深入企业、群众、基层,了解民情,掌握实情,瞄准问题,提出对策,切实把调查研究的过程转化为掌握基层诉求、推进事业发展的过程。全县各级党员领导干部紧扣上级党委政府决策部署、县委县政府重点工作、群众关心关注的热点难点精选调研课题,精心制订调研方案,成立调研工作组,实打实开展调查研究。全县科级以上领导干部完成项目推进、产业发展、深化改革、城乡融合、民生保障、基层党建等10个方面形成调研成果636个。其中,县处级领导累计到基层一线调研467次,帮助解决实际困难问题364个,形成调研报告30篇。开展"三全三联三服务"活动,以"全域全员全覆盖、联村联户联民心"大走访深化"三服务"。全县各级党员领导干部主动放弃周末休息,全方位无死角进企走村入户,察实情、听真话,收集一批原汁原味的社情民意。中共十九届四中全会召开后,全县迅速启动新一轮大走访工作,宣传全会精神、再次征求意见、完善问题清单,深化为群众办实事办好事,并公示公开为民服务解难题情况,接受群众监督。33名县领导分工包干21个乡镇街道,68个县直部门的5000余名党员干部包干县城网格,21个乡镇街道党员干部深入各村各户,扎实开展调查研究,累计收集整理意见建议4882条。针对收集到的自身不能解决需要跨部门解决的问题,按照"在主题教育期间解决的、列入2020年赶考目标解决的、需长期坚持解决的"3个类别进行分类汇总,每月召开征集问题集中交办会,由县委书记当面进行交办,明确责任单位、责任人和完成时限。成立3个督查组,通过实地走访、个别谈话、查看台账等形式,对交办问题办理情况开展督查,对于进度缓慢的,及时发出督办单督办,确保群众反映的问题"事事有回音、件件有着落"。通过日常了解、自查自评、谈话调研、民主测评等方式,对全县674名县管领导干部的政治素质进行调研,全面掌握党员干部对重大问题的立场、关键时刻的表现及对群众的感情等情况,综合分析研判政治素质。政治素质鉴定为"好"等次的领导干部,在干部培养锻炼、提拔使用、评先评优中予以优先考虑;对调研反映的政治素质重要情况和特殊问题,进一步核实甄别,并根据核实结果,进行相应的处理。

坚持问题导向,围绕"四个对照""四个找

一找”(对照新时代中国特色社会主义思想和党中央决策部署;对照党章党规;对照人民群众新期待;对照先进典型、身边榜样。找一找在增强“四个意识”、坚定“四个自信”、做到“两个维护”方面存在哪些差距;找一找在知敬畏、存戒惧、守底线方面存在哪些差距;找一找在群众观点、群众立场、群众感情、服务群众方面存在哪些差距;找一找在思想觉悟、能力素质、道德修养、作风形象方面存在哪些差距)的要求和巡回指导组反馈意见,深入检视问题,精准发现问题,并进行全面梳理。各单位通过谈心谈话、座谈会、个别访谈等形式,主动征求企业、群众和基层的意见建议。全县各单位共征集到涉及生态产业发展、民生民本、党的建设等各方面意见建议 2538 条。其中,县委常委会班子征集到意见建议 537 条,合并梳理后共 89 条。通过自己找、群众提、上级点、互相帮等多种方式查找问题和不足,列出问题清单,并在主题教育推进过程中不断修正完善。全县科级以上党员领导干部列出问题清单 9177 条。其中,涉及个人问题清单 5112 条、工作问题清单 4065 条。将习近平总书记对景宁工作的指示、批示精神汇编成册,作为县处级以上党员领导干部对照检视参考资料。各级领导班子、各党支部召开专题会议,严格对照党章、党规开展“十八个是否”检查,找差距。对标中共十九届四中全会精神和省委十四届六次全会精神,围绕“七个查一查”梳理出问题 2363 条次。同时,聚焦后进村、撤并村等难点村,各级领导干部走乡入村帮助村级党组织梳理问题清单,找准问题症结,推动高质量完成后进村整转,指导做好村规模调整的“后半篇”文章。全县 11 个后进村全部完成整转。按照“照镜子、正衣冠、洗洗澡、治治病”的要求,坚持把自己摆进去、把职责摆进去、把工作摆进去,着重从思想、政治、作风、能力、廉政 5 个方面存在的问题进行自我深度检视、剖析,明确整改方向和措施;在互相批评中揭短亮丑、不绕弯子,批评意见“辣味”十足,真正“红了脸、出了汗”,达到统一思想、增进团结、提高认识、促进工作的目的。

以严实的作风抓整改、解难题、促落实。聚焦民生热点、对标整改要求、倒排完成时限,以工作提示单方式定期为各单位“划重点、敲黑板”,以评分制合理量化整改成效、科学评价优劣等级,倒逼难题破解、任务落实。61 项整改任务全部完成。开展全域联动正风肃纪。有效整合部门业务优势,合理配置监督检查队伍,建立正风肃纪工作机制,实行“一周一主题、一周一督查、一周一通报”,形成整治问题的高压态势。找准专项整治切口,深挖细查潜在问题。分别开展贯彻落实习近平新时代中国特色社会主义思想和党中央决策部署置若罔闻、应付了事、弄虚作假、阳奉阴违问题专项整治行动;干部不担当不作为问题专项整治行动;违反中央“八项规定”精神和浙江省“36 条办法”突出问题专项整治行动;形式主义、官僚主义,层层加重基层负担,文山会海突出,督查检查考核过多过频问题专项整治行动;领导干部配偶、子女及其配偶违规经商办企业,甚至利用职权或职务影响为其经商办企业谋取非法利益问题专项整治行动;基层选人用人和干部因私出国(境)违规违纪问题专项整治行动;基层党建突出问题专项整治行动;扶贫民生领域不正之风和侵害群众利益问题专项整治行动；对黄赌毒和黑恶势力听之任之、失职失责、包庇纵容充当保护伞问题专项整治行动。组织专项整治督查 26 次，检查单位 205 家，抽查 1600 余人次，发现问题 70 个。坚持执纪必严、违纪必究，以零容忍的态度严肃查处各类违规违纪行为。全县批评教育、约谈提醒 45 人，党纪政务处分 5 人。通过实地检查、调研、督促班子、个人问题的整改落实。县处级领导班子梳理 57 个问题，整改到位 24 个；县处级领导干部梳理出 506 个问题，整改到位 285 个。深入开展突出问题专项治理，完善整治长效机制，确保解决一批难点痛点，做实一批民生实事，做到整改长期抓、抓长期。共梳理出 16 项需长期坚持、重点治理的整治任务，并制定出台各类制度性文件 50 余个，进一步夯实了整治成效，为阶段整改向长效整改转化提供制度保障。明确今后专项整治重点，将长效机制落实情况纳入 2020 年度督查的重点内容，不断提升和巩固主题教育整改成果。

【活动成效】 全县党员思想政治得到洗礼。主题教育期间，全县 12000 余名党员原原本本、逐字逐句学习“两书一章”、十九届四中全会精神等，结合现场体悟，通过集中研讨、交流发言、对照党章党规找差距等，深刻领会了习近平新时代中国特色社会主义思想在浙江的萌发和实践历程，推动习近平新时代中国特色社会主义思想深入人心。全县党员更加坚定对中国特色社会主义的信念，深化了对党的初心和使命的认识，增强了“四个意识”(政治意识、大局意识、核心意识、看齐意识)，坚定了“四个自信”(道路自信、理论自信、制度自信、文化自信)、做到了“两个维护”(坚决维护习近平总书记在党中央和全党的核心地位、坚决维护党中央权威和集中统一领导)。

全县党员干部干事创业激情得到进一步激发，一批难点、热点问题得到了解决。通过主题教育和“志不求易、事不避难”创新实干大赶考充分融合，将激发出来的激情转化为推动改革发展的强大动力，全县党员干部在践行初心使命中展现更大担当作为。景文高速、322 国道、网营物联、“悬崖上的天空之城”“畲王寨”等重点项目加速推进。进一步深化“最多跑一次”改革，对县域社会治理资源进行整合，建成社会综合服务指挥中心，囊括“12345”咨询投诉举报中心、“110”智慧中心等 8 个系统，涵盖信访举报、市场监管、便民服务等 27 个行政部门的 31 条服务热线，将基层治理“四个平台”改革内容融入其中。针对外出创业群众回乡办事费时费钱费力、遇到困难纠纷一时难以解决的问题，设立了“畲乡景宁域外服务中心”，精准服务 6.8 万在外创业务工人员。针对县内民营小微企业“转贷难”问题，创新推出全省首个农合联转贷资金，积极防范和化解资金链风险。全省首笔农合联转贷资金 20 万元成功办理，全县有 76 家农业经营主体加入资金互助会，会员通过资金互助会到银行贷款的资金额达 1004 万元，18 笔转贷申请被受理审批。

党群干群关系得到进一步密切。通过“三全三联大走访”深化“三服务”，解决一批群众身边的操心事、烦心事、揪心事，办好一批民生实事，化解一批基层难题，得到社会各界的认可、群众的欢迎。先后召开三次问题集中交办会，向 65 个乡镇和部门交办问题 641 个，解决到位 531 个。全县各级党组织和党员干部为基层办理民生实事 15421 件。针对留守儿童管理服务难题，县民政局牵头出台《“真情暖万家·关爱 365”景宁畲族自治县留守儿童和困境儿童关爱保护工作行动计划》，建成 8 个儿童之家。“儿童之家”“焕新乐园”建设卓有成效。针对交通不便，导致部分偏远乡村成为医药供应“盲区”的问题，县市场监督管理局积极牵头，建立由驻村干部、村干部、卫生院责任医生组成的送药上山便民服务队；一些行动不便或者急需用药的村民，只要拨打服务点电话或联系村干部，服务队便会及时购药并送药上门。偏远山区群众及时用上药、用对药、用好药的需求真正从期盼走进现实。大均乡群众反映，大均是离县城最近的乡，可出行最不方便。交通运输局领到交办单后，第一时间深入大均摸清情况，并迅速部署、积极对接，出台大均公交专线运行方案，并于 10 月 30 日顺利通车，解决 3000 余名群众的出行难题。

党的建设得到进一步加强。做好行政村规模调整“后半篇”文章，稳步推进社区的规模调整。新成立 2 个社区，并对社区办公场所、社区工作人员招聘、待遇薪资等进行明确规定，为建设规范化社区打下坚实基础。成功出台《村（社区）党组织书记县委备案管理办法》，解决了村（社区）党组织书记近十年想解决而没有解决的问题，重点实现养老统筹“全覆盖”。通过山海协作、村企结对、“第一书记”帮扶、设置“消薄农场”等举措，不断增强村集体经济“造血”功能，全面完成 2019 年度消除集体经济薄弱村“双百”任务。村级集体经济总收入 5660.34 万元，同比增长 18.4%；经营性收入达 1828.65 万元，同比增长 43.4%。按村规模调整前 254 个村（社）计算，所有行政村集体经济收入均达 10 万元以上，年经营性收入达 5 万元以上。通过开展“8+1”专项整治行动，狠抓基层党建突出问题专项整治，切实解决后进村党组织整转效果不实、村干部队伍管理宽松软、党员失管漏管、发展党员违规违纪、党内基本制度落实不到位等问题，不断推动基层党建工作质量整体提升。制定出台《关于深化完善容错纠错机制实施细则》《景宁县受处理处分干部教育管理办法（试行）》等制度。澄清干部问题 10 个，容错事项 6 项。通过拔“病树”护好整片“森林”，治理政治生态污染点。发现和受理反映党员干部和公职人员涉嫌涉黑涉恶腐败和“保护伞”问题 13 件，被追究刑事责任 3 人。通过治“歪树”敲响警示钟，查处违反中央八项规定精神 5 人，党纪政务处分 5 人，发现不担当不作为干部 15 人次。持续加强政治巡察，确保监督“全方位”“无死角”。开展 3 轮巡察工作，完成 21 个乡镇（街道）监察办规范化建设，不断强化基层监察监督作用。将基层权力运行列入村干部考核指标体系，研究制定村干部履职红线“二十条”和村级小微权力清单以及村级小微权力流程图等，让监督更具体、可操作。

景宁畲族自治县在这次主题教育中取得了实实在在的成效，得到了广大人民群众的认可和领导的肯定。在 1710 人参加的主题教育测评中，对主题教育总体评价“好”的占 99.88%，对本地本单位开展主题教育总体评价“好”的占 99.77%；对“党员领导干部学习贯彻习近平新时代中国特色社会主义思想”“党员领导干部讲专题党课”“党员领导干部担当作为，转变作风，力戒形式主义、官僚主义”“主题教育期间解决群众反映强烈问题”“专项整治开展情况”等项目评价“好”的均达到99.64%。

省委主题教育办公室专门发文，要求省级媒体专门报道景宁主题教育相关工作。人民网、新华网、中国新闻网、共产党员网、《浙江日报》、浙江新闻联播、浙江新闻客户端、《丽水日报》、丽水电视台、丽水新闻等媒体刊登（播报）景宁主题教育稿件109篇。其中，中央媒体25篇、省级媒体40篇、市级媒体44篇。

（县委“不忘初心、牢记使命”主题教育办公室）

“浙西南革命精神”弘扬践行活动

2019年，为深入贯彻中共十九大精神和中共中央总书记习近平关于保护红色遗产、弘扬红色文化、传承红色基因的重要讲话精神，发挥丽水革命老区的独特红色资源优势，落实市委四届四次全会、县委九届三次全会要求，将“浙西南革命精神”的强大动力转化为全面推动美丽幸福新景宁建设的自觉行动，以实际行动迎接中华人民共和国成立70周年、中国共产党成立100周年、景宁畲族自治县设立35周年。中共景宁畲族自治县委、景宁畲族自治县人民政府，开展景宁畲族自治县“浙西南革命精神”弘扬践行活动。2019年3月6日，中共景宁畲族自治县委办公室、景宁畲族自治县人民政府办公室发出关于印发《“浙西南革命精神”弘扬践行活动实施方案》的通知。在全县上下掀起了开展“浙西南革命精神”弘扬践行活动的热潮。

活动的主要任务是：传承红色基因，延续红色血脉，践行“浙西南革命精神”，为“丽水之干”注魂、赋能、立根，争当“丽水之干”模范生，引领全县上下担纲“丽水之赞”；遵循“源于历史、融入现实、引领未来”的原则，以畲乡红色乡镇为中心，在全县范围内全面排查遗址文物，挖掘整合红色资源，梳理革命先辈和畲汉群众勇于参与革命的故事，研究提炼“浙西南革命精神”内涵表述；通过“浙西南革命精神”大学习大讨论和弘扬践行活动，学懂弄通“浙西南革命精神”，并融会贯通、转化运用，引导全县党员干部群众不忘初心、牢记使命，厚植红色优势，固本强基，全面提升新时代党建工作水平；强化红色资源价值转换，重点打造浙西南红色基因教育基地，做好红色研学、红色培训、红色旅游线路打造，红色文化相关规划，推动景宁绿色发展，促进“红+绿”精神、物质资源深度融合；立足景宁，宣传扩大“浙西南革命精神”感召力、凝聚力和引领力。

整个活动分为3个阶段：调查研究阶段（2018年12月至2019年2月），提炼发布阶段（2019年3月至6月），弘扬践行阶段（2019年7月—）。采取九大举措，较好地完成了各阶段的主要任务，达到了预期的目标。

“线上”与“线下”相结合，健全完善日常学习常态机制。一方面，召开专题学习会、体验党性教育现场教学、打造红色书屋、悬挂横幅、发放学习资料，让浙西南革命精神入心、入脑。另一方面，利用微信公众号推送《听老党员讲革命故事》，跟图书馆人读《浙西南革命精神读本》；在报纸、电视、手机 APP、网站等开设专栏，引导全县各部门、乡镇通过微信群、QQ 群、钉钉群等开展线上学习，参与人数达 12800 余人次。进一步完善党员、干部的日常学习常态化机制。“菜单式”服务与“点对点”送学相结合，建立大宣传长效机制。组建“宣讲团”，通过“菜单式”服务，进企业、进农村、进机关、进校园、进社区，开展“大宣讲”158 次。利用开展“点对点送学”“文艺会演”“讲革命故事比赛”“朗读比赛”“革命后代访谈”“红色资源发掘传承座谈会”等方式扩大大学习、大讨论、大教育覆盖面。开展“探寻浙西南红色印记•网络达人畲乡行”活动，组织网评员开展新浪微博话题推广，话题——“红色浙西南绿色新丽水”阅读量达 10.5 亿人次、讨论 12.1 万条，“诗画畲乡和美景宁” 阅读量 3.2 亿人次、讨论 1.7 万条。为弘扬践行浙西南革命精神开拓载体，建立了大宣传的长效机制。创新开展定制“主题党日”，建立党支部发挥主体作用长效机制。紧紧围绕弘扬浙西南革命精神，设置了“6+4”项主题党日项目（观看视频、重温入党誓词、回顾革命历史、学习革命精神、忆初心、献爱心等 6 个规定项目，唱红色歌曲、看红色微视频、朗诵红色家书、开展从严治党教育、开展现场教学等若干自选项目，各地党组织可根据自身需要，“定制”专属活动套餐）。通过观看景宁介绍宣传视频、重温入党誓词、参观浙西南革命精神展厅、聆听浙西南革命精神为主题的党课、分享入党故事或重读入党志愿书、认领微心愿、唱红色歌曲、看红色微视频、朗诵红色家书、到红色教育基地开展现场教学等开展主题教育活动，建立了党支部发挥主体作用的长效机制。突出挖掘本土资源，在传承浙西南革命精神行动上下功夫。通过红色文化大发掘、大保护、大提升工程，深入研究景宁党史、革命史，充分挖掘和弘扬浙西南革命精神在景宁的本土性。共收集上报革命遗址 56 处、革命文物 13 件、革命人物 23 人、革命故事 21 个。突出弘扬忠勇精神，在强化浙西南革命精神立根上下功夫。创建了畲族革命历史展览馆，并成为景宁畲族自治县统一战线教育实践基地品牌。该馆以图文并茂的形式，从忠勇精神的由来、景宁畲族革命斗争史、大张坑民兵连、抗美援朝的畲族英烈、忠勇烈士魂、畲族革命将领、祖规家训等 7 个方面全面、系统、立体地展示畲族人民“精忠勇壮”的忠勇精神。 突出提炼畲族元素，在丰富浙西南革命精神内涵上下功夫。成立浙西南革命精神研究课题组，完成《畲族忠勇精神与当代价值》课题研究。同时，紧扣“红+绿+畲”价值转化目标，配合完成《浙西南革命精神传承和红色资源价值转化报告（景宁部分）》。毛垟红色畲乡小镇等项目有序推进，烈士纪念馆提升工程完工并于 2019 年 9 月底开园。通过查阅史料、召开专题部署会、实地调研红色畲村、走访革命先烈后代等方式搜集史实资料，做好浙西南革命精神和畲族革命历史等布展工作。

搭建平台，让主题活动"潮"起来。举办革命故事比赛、主题朗诵比赛、微型党课比赛、文艺会演、采风创作活动等主题活动 53 场，参与人数 2 万余人次；广泛发动干部群众参与浙西南革命精神内涵表述语征集活动，共征集到内涵表述语 200 余条。立言立行，让宣传教育"热"起来。开展景宁温岭两地文化走亲活动、"英雄赞"、退役军人关爱活动、"爱的接力•焕新成长"等系列主题活动。做好红色乡村创建工作。其中，九龙乡完成"红军路"修缮大赶考目标，毛垟乡建成以红色文化为主题的 AAA 级景区。创新实干，让弘扬践行"实"起来。全县共有 40 个单位将弘扬践行浙西南革命精神纳入畲乡铁军"志不求易、事不避难"创新实干大赶考目标；首次把浙西南革命精神弘扬践行情况纳入全县基层党建考核内容；在全市率先开展本地《革命老区发展史》编撰工作；出版红色书籍《红色诗韵》，收集诗联辞赋、红色杂文等 170 余篇（幅）；开展"探寻浙西南红色印记•五老助力畲寨绿色发展"活动，开展科技帮扶指导解困 60 余次，筹集社会爱心资金 200 余万元，帮助困难大学新生 115 名、困难中小学生 272 名；成功创建"飞网"景宁馆，首批销售黄桃近 15 吨，带来经济效益约 48 万元。 （余敏燕）

创建 AAAA 级景区城

【概况】 景区城是指以浙江省政府核定的县（市、区）建城区范围为创建范围，文化禀赋底蕴深厚、人居环境优美和谐、休闲产品丰富多元、公共服务配套完善、综合管理保障有力的宜居、宜业、宜游区域。景区城从低到高分为 AAA 级、AAAA 级、AAAAA 级。2019 年，中共景宁畲族自治县委、景宁畲族自治县人民政府积极响应中共浙江省第十四次代会大会"开展'百城千镇万村景区化'建设行动"的号召，在全省率先提出创建高等级景区城目标（2019 年，确保成功创建 AAAA 级景区城，2020 年在 AAAA 的基础上，争创 AAAAA 级景区城），并于 2019 年 4 月 14 日召开创建高等级景区城动员部署大会。会上提出了重点实施"七大行动"、抓好六方面工作的创建举措和重点工作的时间节点要求。即实施人居环境优美和谐行动、社会秩序文明规范行动、城区风貌独具特色行动、旅游设施完善行动、公共服务配套完善行动、休闲产品丰富多元行动、综合管理保障有力行动。抓好规划先

景宁县城夜景 （县文广旅体局 提供）

行，做好顶层设计；优化环境风貌，展现城市特色——编制《景宁畲族自治县创建浙江省高等级景区城实施方案》，按照“城即景”“景即城”的发展理念，大力实施城市形象提升工程，配套完善基础服务设施；强化接待设施，提升服务水平；完善公共服务，升级城市品位；丰富旅游业态，打造特色产品；规范城市管理，提供综合保障六方面工作。2—3 月为前期启动阶段，4—5 月为实施方案及与其相配套的规划、设计编制阶段，5—10 月为基础设施建设全面实施阶段，9 月为台账整理，自查整改阶段，11—12 月为迎接验收阶段（11 月迎接市级验收，12 月迎接省级验收）。2019 年 4 月 30 日，浙江省首批 AAAA 级景区城、景区乡镇试点培育单位名单出炉，全省共 12 个县（市、区）、36 个乡镇（街道）入围，景宁畲族自治县成功入选 AAAA 级景区城试点培育单位（丽水市唯一）。

为加强对创建工作的领导，成立了景宁畲族自治县景区城创建领导小组，下设办公室具体协调落实各项创建工作。围绕《浙江省景区城建设指南（试行）》，立足景宁实际，先后编制出台《景宁畲族自治县创建浙江省高等级景区城实施方案》《高等级景区城建设概念规划》《景区城创建重要节点风貌设计》《景区城创建导示系统设计》《景宁鑫景商业街区商业业态规划》《景宁环城北路餐饮街业态策划》《景宁旅游资源保护和利用管理办法》，共谋划工程类项目 47 个、非工程类创建任务 61 个，涉及专项资金 7496.8 万元，统筹资金约 2.5 亿元。为确保创建工作取得实效，进一步完善了“一个网格区块、一名县级领导、一个牵头单位、一个工作专班”制度。由县创建办牵头，通过实地调研，将 47 个工程类项目分解落实到 35 个网格和 20 余个单位，并以召开专题会议、开展日常督查等方式，协调解决难点问题，督促推进滞后项目。2019 年，通过全县上下的共同努力，AAAA 级景区城创建工作取得了实实在在的成效，各项创建任务如期完成。县人民政府副县长严伟华先后在浙江省文化和旅游资源开发专题培训班和 2019 年全省全域旅游暨万村千镇百城景区化工作专题培训班上做景区城创建工作经验交流发言。11 月 29 日，景宁 AAAA 级景区城创建工作通过丽水市高等级景区城评定组考评初验；12 月 14 日，通过浙江省首批 AAAA 级景区城验收组验收。

【创建高等级景区城动员部署会召开】　2019 年 4 月 14 日，景宁畲族自治县创建高等级景区城动员部署会召开。全县副县以上领导干部，县直机关各单位主要负责人，县文广旅体局、住建局、综合执法局中层以上干部，各乡镇（街道）和创建范围内各社区、村两委主要干部参加会议。省文化和旅游厅党组书记、厅长褚子育到会指导。

褚子育充分肯定景宁率先启动全省高等级景区县城创建工作，并就如何加快景宁县城景区化建设、深入推进文旅融合发展进行强调讲话。中共丽水市委常委、景宁畲族自治县委书记陈重围绕为什么要创高等级景区城、怎样抓好创建工作，强调三方面意见。红星街道、鹤溪街道、县文化和广电旅游体育局、住建局、综合执法局等部门主要负责人围绕如何落实创建责任，强化担当，实现高等级景区县城创建目标做表态发言。

【景宁成功创建浙江省首批AAAA级景区城】 2019年12月14日，浙江省文旅厅资源开发处二级调研员李剑锋带队，对景宁畲族自治县创建浙江省首批AAAA级景区城工作组织验收。丽水市文旅局副局长胡其岳，景宁畲族自治县人民政府副县长严伟华、政协副主席沈秀慧等陪同。

验收组先后深入畲银博物馆、钟楼路、鑫景商城步行街、畲族博物馆、畲乡景宁全域旅游服务中心等地，了解景宁AAAA级景区城创建情况，并查看相关台账资料。在验收反馈会上，验收组观看了景宁创建AAAA级景区城报告片，听取了景宁创建AAAA级景区城工作汇报，并对创建工作一一做出点评。

验收组对景宁AAAA级景区城创建工作给予高度认可。认为，景宁AAAA级景区城创建工作领导重视、特色鲜明、措施有力，齐心协力、全力以赴、落实到位，成效显著。同时，希望景宁在景区城创建过程中，进一步创新运营管理模式，追求更高的品质、更高的颜值，推进县城精致化建设；加快推进街区产品的年轻化、时尚化、品质化、国际化；继续以景区化的理念，推进景区由点到线到面的建设，实现“全域景区化、景区全域化”目标，让产业更加优化、环境更加美化、人民更加幸福。 （夏翠芬）

畲乡铁军“志不求易、事不避难”创新实干大赶考

畲乡铁军“志不求易、事不避难”创新实干大赶考，是中共景宁畲族自治县委、景宁畲族自治县人民政府为实现推进科学发展、促进社会和谐、增进民族团结“三个走在前列”目标，于2017年作出的重大决策和部署。“大赶考”分对标比晒（制定目标、审核目标、亮晒目标）、争先赶考、考核评比3个阶段，每一年度为一个赶考周期。2019年，“大赶考”到了第三个周期，从“无中生有”的探索初创期进入“有中创优”的优化提升期。是年，总结、分析、优化了前两个周期工作，制定实施《大赶考综合考核排名靠后单位提醒谈话制度》《省、市考核指标排名靠后单位常委会说明表态制度》《市对县综合考核主要经济指标季度排名靠后单位政府常务会议表态制度》《大赶考县领导领衔标杆制度》《大赶考综合考核任务交办制度》。综合运用监测、通报、点评、交办、督查等手段，形成科学、高效的大赶考推进机制。“赶考”办对重点工作、重点指标实行每周、月、季、监测通报。在年初“三服务破六难”（服务企业、服务群众、服务基层；破解项目建设要素保障、招商引资招才引智路径依赖、审批办事拖拉怠政、生态产业破题突围、发展环境巩固提升、乡村治理三

治融合）百日攻坚大会战期间，每周在行政中心一楼公布攻坚战情况；每周制作1份监测专报呈报县领导，总计编发13期。实行重点任务交办销号制，变年终算账为每月（季）对账，掌握动态工作进展情况，及时发现问题并对症下药补短板，有效地推动各项工作的落实，共落实大赶考任务交办单11份。全年召开大赶考分序列季度点评会3次，全县大赶考点评会1次。9—10月，由县委“不忘初心、牢记使命”主题教育巡回指导组带队，整合县委改革办、两办督查室、赶考办、农业农村局、建设局、乡村振兴办等重点单位人员，分为10个组，对全县21个乡镇（街道）和69个部门进行年度大赶考等重点工作个性化督查。

2019年，在村、社“大赶考”的基础上，向单位内部延伸，让每个干部心中有指标，肩上有责任。各单位结合实际制定内部大赶考综合考核办法，包括责任的分解、工作的具体落实等，将个人的赶考成绩与单位内部考核挂钩，压力传导到每一个人，干部工作动能得到更好的激发。为了更好地激励后进单位争先进位，增设了赶考进步奖和创新标杆奖。利用微信公众号每日发布各单位赶考动态（红蓝榜）。年底编发“标杆之路”专刊，全面介绍赶考经验和做法，形成比、学、赶、超浓厚氛围。全年编辑赶考红蓝榜专刊近400期；编发专题、“标杆之路”、《赶考这一年》视频文稿等15期。国家级、省级和市级主流媒体多次报道景宁大赶考。委托社科院编辑《新时代大赶考》一书，综合分析景宁的干部动员和治理实践，从实践层面进一步固化到理论层面。是年，云南、陕西等外省及省内兄弟市、县领导到景宁畲族自治县开展“大赶考”调研学习10批次。

2019年，全县上下自我加压、勠力同心，在赶考中奋进，在奋进中赶超，取得了累累硕果。全县21个乡镇（街道）、83个部门，紧紧围绕县委、县政府中心工作和省市关注重点工作，结合各单位自身实际，找准上级精神与本地实际的最佳结合点，拉高标杆精细制定“赶考目标”即年度序列争先进位目标。其中，承担省市考核任务的部门还提出所承担的考核指标在全省、全市的排名目标。全县21个乡镇（街道）确定争先赶超目标102条，其中改革创新目标57条；83个县直部门（含15个垂直管理部门）确定实干担当目标596条，争先赶超目标271条，其中改革创新目标180条。104个赶考单位改革创新目标中确定标兵104个，树立标杆133个。其中，市级标杆60个、省级标杆31个、国家级标杆14个。2019年4月15日至16日，召开“我的团队我的题”大赶考目标陈述会。县领导、部分“两代表一委员”、部分乡镇（街道）村代表与部门代表参加会议，并进行现场评分，确定各单位赶考目标难度系数。是年，104个赶考单位确定的赶考目标完成率98.45%。全县有10多项工作在市级以上平台做典型发言和分享交流。其中，全国层面4项、省级层面4项。在2019年9月27日，国务院召开的全国民族团结进步表彰大会上，景宁畲族自治县荣获“全国民族团结进步模范集体”称号；县人民政府县长钟海燕获“全国民族团结进步模范个人”称号；中共景宁畲族自治县委书记陈重在会上发言。同年，景宁畲族自治县还荣获“全国县域数字农业农村发展先进县”“全省双拥模范城（县）”“全省首批基本公共文化服务标准化建设县（市、区）”称号。服务业强县“景宁模式”向全省推广。国家级卫生县城通过省级复评。

（陈丽花）

2019中国畲乡三月三“诗画畲乡·风情景宁”活动

【概况】 2019中国畲乡三月三“诗画畲乡·风情景宁”活动，由中共景宁畲族自治县委、景宁畲族自治县人民政府主办，2019中国畲乡三月三活动组委会和香港中旅国际投资有限公司联合承办，得到了省市相关部门的大力支持和悉心指导。活动以相对集中方式于4月6—8日（农历3月初二至初四）在县城成功举办。活动宗旨：以习近平新时代中国特色社会主义思想为指导，以“古老风情的奇妙体验”为主题，以三月三民族节庆为平台，聚焦中国畲乡，展示民族文化，增进民族团结，全力推进全域旅游发展，加快建设“民族风情特色园”，全面提升“美丽幸福新景宁”的知名度、美誉度、关注度，为新中国成立70周年献礼。活动坚持民族与时代共融、市场与政府互补、节俭与安全兼顾三大原则，主要设置了2019中国畲乡三月三“诗画畲乡·风情景宁”活动开幕式暨庆祝新中国成立70周年“自然之子 山哈初心”大型文艺晚会、中国好“畲”系列活动、“古老风情体验游”系列活动、“全媒体联动——让您奇妙体验古老风情的景宁”系列宣传活动4个系列，11项子活动。即“自然之子 山哈初心”大型文艺晚会；中国好畲“品”——景宁600产品、畲乡特色文旅产品展销一条街；中国好畲“茶”——“惠明茶文化周”暨第七届金奖惠明茶“斗茶”大赛；中国好畲“艺”——畲族特色民俗文化展示活动；中国好畲“画”——“敕木山”畲族民间绘画作品展；中国好畲“剧”——畲族旅游风情剧《印象山哈》展演；中国好畲“味”——“畲家十大碗”“畲乡十小碟”“畲家十药膳”网络订餐推广活动；“客自远方来”万名游客畅游畲乡；“欢乐三月三”群众活动大联欢；“畲寨风情”互动体验活动；“全媒体联动——让您奇妙体验古老风情的景宁”系列宣传活动。活动内容涵盖畲族文化展示、文化艺术交流、乡村振兴探索、绿色产业发展等方方面面，深受广大游客和畲乡干部群众的喜爱。

2019中国畲乡三月三活动一改往年政府统筹办节模式，开始了市场化运作的初步探索之路，在主晚会举办、子项目承办等方面开展了新的探索，并取得了良好的社会经济效益。

2019中国畲乡三月三“诗画畲乡·风情景宁”活动开幕式暨庆祝新中国成立70周年“自然之子 山哈初心”大型文艺晚会由2019中国畲乡三月三活动组委会与香港中旅国际投资有限公司联合承办，实行公开招标制度。主晚会门票由香港中旅国际投资有限公司按市场价格统一定价，分为ABCD四个区域，票价分别为160元、120元、80元、40元。门票委托邮政局在全市范围内进行公开销售。门票销售率82%，门票销售总收入32.9837万元。

中国好畲"品"——"景宁600产品"、畲乡特色文旅产品展销一条街，100个摊位参加展销，3天营业额141万元；中国好畲"茶"——"惠明茶文化周"暨第七届金奖惠明茶"斗茶"大赛，30家企业参展，1天销售额15.87万元；中国好畲"剧"——畲族旅游风情剧《印象山哈》展演6场，2000多名游客买票观看；中国好畲"味"——"畲家十大碗"网络订餐推广活动，订餐210桌，收入约20万元；"畲寨风情"互动体验活动，4月6日至10日封金山寨共为游客表演畲族婚嫁23场；"客自远方来"万名游客畅游畲乡成效明显，4月5日至7日，景宁重点旅游景区(景点)共接待游客5.87万人次，同比增长18.5%；实现旅游收入1342.3万元，同比增长30.4%。

2019中国畲乡三月三活动的宣传报道工作以习近平新时代中国特色社会主义思想为指导，宣传策划紧扣"古老风情的奇妙体验"主题，充分利用"报、网、端、微、屏"各种媒体资源，充分发挥媒体平台作用，充分营造深厚的节庆氛围，为聚焦中国畲乡，展示民族文化，增进民族团结，加快建设"民族风情特色园"，全面提升"美丽幸福新景宁"的知名度、美誉度、关注度，提供强有力的舆论保障。邀请人民网、新华社、中国新闻网、《中国青年报》、《中国民族报》、网易新闻、腾讯大浙网、《浙江日报》、浙江卫视、浙江在线、新蓝网、《丽水日报》、丽水电视台等国家省市20多家主流媒体、近40位记者到景宁参加宣传报道活动。网易新闻、腾讯大浙网、新蓝网、县广播电视(中国畲乡APP)等对活动进行现场直播，直播效果良好，群众也给予较高的点评。中新网客户端直播《2019中国畲乡"三月三"古老风情的奇妙体验！》点击量106万+；浙江新闻客户端直播《2019中国畲乡"诗画畲乡风情景宁"开幕式》点击量21万+；网易新闻直播《畲乡"三月三"文艺晚会》《中国好畲"茶"+中国好畲"艺"》《酷炫畲家夜·主播探秘》总观看人数78.9万+；腾讯直播《2019中国畲乡三月三"诗画畲乡风情景宁"活动开幕式》观看人数23.8万+。蓝媒号直播4场，累计总观看人数80万+；中国畲乡APP直播4场，累计观看人数达22.8万+。全媒体平台直播累计观看人数252.5万+。

通过网红全方位对畲族婚俗互动体验、畲乡非遗体验一条街、中国好畲"品"等通过网络直播平台(一直播)同步直播宣传，直播活动截止时，累计总观看3189.1万人次，最高在线人数达326.2万人，互动总次数88729人次。活动期间，中国畲乡三月三官方微信公众号发布16条信息；新浪微博开设"2019中国畲乡三月三·诗画畲乡和美景宁"话题，共发布原创视频、图文帖200余条，话题总阅读量5987.6万+；"微信助力抢票"流量达到30万+。

【开幕式】 2019中国畲乡三月三"诗画畲乡·风情景宁"活动开幕式暨庆祝新中国成立70周年"自然之子·山哈初心"大型文艺晚会

于4月6日晚在景宁凤凰古镇举行。参加开幕式有省、市相关部门领导，县四大班子领导，上海市静安区相关部门领导，台湾参访团成员，企业界人士、文化艺术专家学者、畲族代表人士，中央、省、市新闻媒体的记者朋友。在开幕式上，中共丽水市委常委、统战部部长王小荣致辞时表示，中国畲乡三月三节庆活动，经历景宁人民多年不懈打造和精心培育，已然成为畲汉各族同胞欢聚共庆的一次盛会，也为增进民族团结，共建中国畲乡美丽幸福新景宁提供了良好平台。开幕仪式结束后，“自然之子 山哈初心”大型文艺晚会在欢快的旋律中拉开序幕。整台晚会由序篇《蓝》、上篇《红》、中篇《绿》、下篇《金》组成，整台晚会用写意的手法，由畲族儿童与智者的对话串联起蓝、红、绿、金四个篇章，表达了“崇尚自然、融入自然、我们就成了自然的孩子……”的理念。

【中国好畲“品”——景宁600产品、畲乡特色文旅产品展销一条街】 4月6日—8日，2019年中国畲乡三月三中国好畲“品”——“景宁600产品”、畲乡特色文旅产品展销一条街活动在外舍凤凰古镇（南段）举行。各具特色畲族产品展示摊点延着长长的古街摆放开来，一道道地道的农家菜、一尊尊精致的畲族工艺品、一家家畲乡小店“唱”着景宁人民特有的好客、热情。活动现场具有浓厚畲族特色的旅游商品、农副产品等系列产品琳琅满目，集中展示，让游客大开眼界。畲乡特色小吃摊前一如既往受到游客的热捧，展示着畲族非遗小吃麻糍、乌饭、惠明茶山哈酒、畲家咸菜等，每个小吃摊前都被等待着品味的游客围得满满当当。此次畲乡三月三中国好畲“品”——“景宁600产品”、畲乡特色文旅产品展销一条街活动共设展位100个，旨在通过展销活动，推动畲乡产品走向全国，走向世界。

【中国好畲“茶”——“惠明茶文化周”暨第七届金奖惠明茶“斗茶”大赛】 4月7日，2019中国畲乡三月三·中国好“畲”茶——“惠明茶文化周”暨第七届金奖惠明茶“斗茶”大赛在凤凰古镇举行。县领导严铁华、潘伟等参加。大赛以斗茶的形式，为景宁茶叶生产经营主体提供宣传和展示茶叶品质的活动平台。茶叶是景宁的历史产业，也是与景宁独特山水资源一脉相承的美丽生态产业。近年来，县委、县政府将茶叶作为农业主导产业进行重点培育，研究制定惠明茶产业发展条例，设立惠明茶产业发展专项资金，大力实施惠明茶标准化改造和提升工程，取得了新成效，获得“2018中国茶业百强县”称号，惠明茶的经济价值、生态价值、品牌价值、文化价值日益显现，有效带动了畲汉群众增收。本次大赛共有60只参评茶样，其中绿茶40只、白茶20只，经评审，分别评出绿茶、白茶系列金奖1名、银奖1名、铜奖2名和优胜奖4名。活动同时还设置了惠明茶展示展销、茶道茶艺体验品鉴、惠明茶文化有奖征答等环节。

【中国好畲“艺”——畲族特色民俗文化展示活动】 4月7日，2019中国畲乡三月三之中国好畲“艺”——畲族特色民俗文化展示活动在凤凰古镇举行。在畲乡非遗体验一条街上，畲族彩带、大漈罐、畲乡老银等展位则一字排开，游客们驻足在展位前欣赏，更有不少游客拿着手机记录下各项畲族非遗的生动画面。“上刀山、下火海”，传承人光脚在火红的炭堆上跳舞，赤足爬锋利的刀梯，全面展示畲族传统而神秘的技艺；菇民戏、木偶戏、马灯戏，以人唱偶舞、演员对唱等形式，和着民乐伴奏进行表演，为前来参观的游客奉上了一道丰盛的文化大餐；传承人现场手把手教授畲族彩带手工编织，游客在领略畲乡的非遗文化同时，还可以亲自动手体验一番畲乡非遗的传统工艺。此次中国好畲‘艺’展示活动，是一次集展示、展演、展销、互动、体验为一体的畲乡特色民俗文化展示活动，也是助推畲乡非遗有形化、产业化、效益化，形成民俗文化传承发展的新载体，更是“非遗+旅游”融合发展，打造全域旅游强有力的引擎。

【中国好畲“画”——“敕木山”畲族民间绘画作品展】　4月4日，中国好畲“画”——“敕木山”畲族民间绘画作品展在县城市展览馆开展，展期为4月4日至4月30日。本次绘画展在前一届基础上，共展出作品70余幅，内容朴实、取材广泛，构图饱满，想象丰富，色彩浓重，表现手法独特，涉及畲乡田园风光、畲族民间美食、凤凰装、畲族字符、畲族图腾、畲族人民劳动场景等各种题材，展现了畲族农民淳朴憨厚的感情气质、浓郁的畲乡风情、优美的绘画语言和强有力的艺术魅力。畲族民间绘画极大地汲取了畲族民间文化元素，取材广泛，生动塑造了现实、历史、神话人物形象，具有动态性、情节性，可以说在畲“画”中大致可以拼凑出一个丰满的畲族形象。近年来，景宁县美术作品入国展11人次，入省展22人次，把畲族独有的绘画风格推向了更大的平台，也让越来越多的人从畲“画”开始了解畲族，走进畲乡。

【中国好畲“剧”——畲族旅游风情剧《印象山哈》展演】　4月7日下午，中国畲乡《印象山哈》大型畲族风情歌舞史诗剧在文化中心小剧场内开演。击鼓铿锵，彩凤翱翔，炫丽的舞台灯光、古老又时尚的民族服饰，一段段别具浓郁民族特色的畲族歌舞，为游客送上了一场视听盛宴。《印象山哈》集聚畲族最具影响力和文化内涵的历史传说、宗教文化、茶织耕猎、节事婚恋等主题内容，以舞蹈诗的手法荟萃畲族山歌舞蹈、工艺建筑、服饰茶艺、体育竞技等文化艺术精华与畲乡山水家园风貌。它将文化与艺术巧妙的融合，将历史与内涵完美的呈现。利用立体环幕投影高科技手段打造舞台立体感，使观众充分体验高度身临其境的三维立体视听感受。2019三月三期间共吸引2000余名游客观看。　（雷露露）

大　事　记

1月

2日至4日　景宁畲族自治县畲乡铁军“志不求易、事不避难”创新实干大赶考“我的努力我的分”陈述会举行。陈重、钟海燕、严铁华、张峰、潘伟等县领导参加。

3日　丽水市“百名专家连百村•科技服务乡村振兴”活动2018年度总结会在景宁召开。中共浙江省科协党组书记郑金平、中共丽水市委副书记李锋出席会议并讲话，中共景宁畲族自治县委副书记潘伟参加。

同日　县澄照农民创业园小微企业孵化园项目正式开工建设。该项目由景宁宇海产业园有限公司投资建设，总投资约1亿元，规划占地3.8万平方米，建设22个、7万平方米建筑单体的标准厂房以及配电房等附属用房。

同日　浙江大学附属第一医院携手景宁县人民医院“三服务”活动启动仪式在景宁举行。

7日　景宁畲族自治县人大常委会组织部分常委会组成人员、县人大代表视察2018年景宁县政府部分民生实事项目完成情况。县领导严铁华参加视察活动。

8日　寨山桥重建工程全面完工正式通车。

同日　人民南路延伸工程正式开工。该项目位于景宁县张村区块，总投资7505万元，总用地面积约3.59万平方米，全长约2300米。

9日　溧阳至宁德高速公路（G4012）浙江景宁至文成段项目合同签约仪式暨建设动员会在丽水举行，景宁畲族自治县人民政府、县交通局和施工、监理等相关单位参加。该项目估算总投资138.306亿元，其中景宁段63.975亿元，文成段74.331亿元。

同日　中共丽水市委常委、统战部部长王小荣到景宁调研指导民族统战工作。

11日　景宁畲族自治县人民检察院与浙江工业大学共建“检察网格化”理论研究基地签约授牌仪式在浙江工业大学举行。

同日　丽水市政协社会法制和民族宗教委工作座谈会在景宁召开。丽水市政协副主席计勇强出席会议并讲话，景宁畲族自治县政协主席张峰致辞。

12日　2019“诗画畲乡•年味景宁”英川

第二届菇民风情节暨粉皮节举行。

14 日 中共景宁畲族自治县委、景宁畲族自治县人民政府召开全县机构改革动员大会。

16 日 景宁畲族自治县荣获全国民族团结进步创建示范区(单位)称号。

同日 省考核组对景宁 2018 年度美丽浙江建设、“五水共治”工作进行专项督查和考核。

17 日 “景宁 600”产业推进会暨第二批加盟企业举行授权仪式。会议签订了“景宁600”商标使用许可和战略合作协议,并为第二批加盟合作企业授品牌战略合作证书。

18 日 浙江景岭农产品有限公司景宁海鲜旗舰店生鲜专柜在景宁城北菜市场正式开业,景宁—温岭山海协作“600 飞柜经济”项目在景宁正式落地。

24 日 中共丽水市委书记胡海峰到景宁走访慰问困难党员和群众。

25 日 浙江传媒学院·景宁校地合作座谈会暨畲乡特色书屋捐赠仪式在景宁举行。中共浙江传媒学院党委书记杨立平, 中共丽水市委常委、中共景宁畲族自治县委书记陈重出席并致辞。

27 日 凤凰古镇项目文旅产业首批招商签约仪式举行,共有 24 家投资商现场签订了框架合作协议。

30 日 景宁大树脑过街人行天桥投入试运行(首座)。该项目投资 300 余万元,于 2018 年 11 月开工建设,采用钢箱梁结构,全长约 35 米,特别设计了上行自动扶梯和下行步梯。

同日 中共丽水市委常委、宣传部部长任淑女到景宁调研宣传思想文化工作。

2月

1 日 景宁畲族自治县与浙江那云文旅有限公司举行包山铁矿旅游景区项目签约仪式。

11 日 举行 2019 年浙商(景商)家乡行系列活动——金融服务与畲乡发展恳谈会暨新时代新畲乡新景商发展年会,陈重、钟海燕、严铁华、张峰、潘伟等县领导参加。

12 日 全县工作会议暨畲乡铁军“三服务破六难”百日攻坚大会战动员大会召开,陈重、钟海燕、严铁华、张峰、潘伟等县领导参加。

15 日 中共丽水市委副书记、丽水人民政府市长吴晓东到景宁调研。

18 日 景文高速公路三标工程开工建设。

20 日至 23 日 中国人民政治协商会议第九届景宁畲族自治县委员会第三次会议召开。

21 日至 24 日 景宁畲族自治县第九届人民代表大会第三次会议召开。

21 日 省水利厅厅长马林云一行到景宁调研。

26 日 “景宁 600”精品农品展示展销中心正式开业运营。该中心于 2018 年 11 月 13 日开工建设,占地面积 1850 平方米,分为展示区、交互体验区和展销区。

28 日 景宁畲族自治县年产 2 万台智造锂离子电池储能系统装备项目(亿元级高新技术产业项目)开工建设。

28日 中共浙江大学附属第一医院常务副书记、副院长顾国煜到景宁调研“双下沉、两提升”工作。

3月

1日至15日 全国人大代表钟海燕在北京参加第十三届全国人民代表大会第二次会议。

4日 中共景宁畲族自治县委书记陈重在上海与静安区、老教授协会对接合作事宜，与意向投资商洽谈招商项目。

6日 浙江省人民政府副省长、公安厅厅长王双全到景宁调研。

11日至12日 “不忘初心重走浙西南红色革命路”大型新闻行动走进景宁畲族自治县。由丽水市、景宁县媒体以及网络达人组成的采访团深入毛垟、东坑等乡镇，重走红色路，寻访红色足迹，感悟浙西南红色革命精神，以新闻的视角宣传报道畲乡群众继承革命传统，锐意改革创新，经济社会实现新发展的深刻变化。

12日 中共台州市路桥区委书记潘建华到景宁调研。

14日 中共浙江省林业局党组书记、局长胡侠到景宁调研草鱼塘林下经济、森林康养、消防和立勤香榧基地。

同日 浙江省人大社会建设委调研组到景宁就家庭教育立法开展调研，丽水市人大常委会副主任朱继坤等参加座谈会。

18日 上海静安—景宁战略合作协议签约仪式在景宁举行。中共静安区委书记陆晓栋，副书记、代区长于勇，中共丽水市委常委、中共景宁畲族自治县委书记陈重，县委副书记、县长钟海燕等县领导出席仪式。

19日 “浙西南革命精神”弘扬践行活动动员部署会召开。陈重、钟海燕、严轶华、张峰、潘伟等副县以上领导参加会议。

21日 浙江省交通厅副厅长夏炳荣带领相关处室负责人到景宁调研畲乡农村渡运改革和美丽渡口建设等工作。

26日 丽水市人大常委会副主任朱继坤带领调研组到景宁就《浙江省残疾人保障条例》落实情况开展调研。

27日 中共国家民委党组副书记、国家民委副主任刘慧到景宁调研。中共浙江省委统战部副部长、浙江省民宗委主任楼炳文等陪同。

29日 景宁丽景园与上海启先新能源科技有限公司签订“REV半导体、光伏切片机导轮数控开槽装备制造及开槽服务”项目投资协议，拟在丽景园内建立REV苏浙赣大区加工中心。

4月

3日 景宁畲族自治县行政村规模调整工作圆满结束。全县行政村总数由原来的254个调整至160个。

3日至4日 中共海盐县委副书记、县长王碎社带队到景宁考察对接山海协作工作。

6日 举行2019中国畲乡三月三“诗画畲乡·风情景宁”活动开幕式暨庆祝新中国成立70周年“自然之子 山哈初心”大型文艺晚

会。陈重、钟海燕、潘伟等县领导参加。

7 日 2019 中国畲乡三月三·中国好“畲”茶——“惠明茶文化周”暨第七届金奖惠明茶“斗茶”大赛在景宁凤凰古镇举行。严铁华、潘伟等县领导参加。

8 日 景宁畲族自治县扫黑除恶攻坚年工作推进会召开。陈重、钟海燕、严铁华、张峰、潘伟等县领导参加。

10 日 “侨心连丽水、共建大花园”景宁站活动开幕式举行。中共浙江省侨联党组书记、主席连小敏出席，浙江省侨联副主席张维仁，浙江省医学会驻会副会长、秘书长骆华伟分别讲话。中共丽水市委常委、统战部部长王小荣出席，中共丽水市委常委、中共景宁畲族自治县委书记陈重致辞。

同日 中共浙江省侨联党组书记、主席连小敏一行在景宁开展侨联工作调研。中共丽水市委常委、统战部部长王小荣等陪同。

13 日 中共浙江省文化和旅游厅党组书记、浙江省文化和旅游厅厅长褚子育到景宁调研城市建设。

14 日 景宁创建高等级景区县城动员部署会在县文化中心小剧场召开，浙江省首个高等级景区县城创建正式启动。厅长褚子育到会指导并讲话，陈重、钟海燕、严铁华、张峰、潘伟等县领导参加会议。

17 日 中共浙江省妇联党组书记、妇联主席王文娟到景宁调研。

19 日 景宁畲族自治县人民政府科技顾问聘任签约仪式举行，特聘东方恒康首席执行官吴炯为县人民政府科技顾问。中共丽水市委常委、中共景宁畲族自治县委书记陈重出席仪式，并向吴炯颁发聘书。

24 日 中共四川省南充市委常委、纪委书记、市监委主任伍定到景宁考察“景宁政治生态评价”工作。

同日 龙游县学习考察组到景宁考察调研脱贫攻坚工作。

25 日—26 日 中共丽水市委副书记李锋到景宁调研脱贫攻坚工作。

29 日 浙江省人民政府咨询委员会到景宁专题调研加快发展县相关政策落实和景宁经济社会发展情况。

29 日至 30 日 景宁考察团赴温岭考察对接山海协作工作。中共丽水市委常委、景宁畲族自治县委书记陈重参加，中共台州市委常委、温岭市委书记徐仁标陪同。

5月

4 日 景宁举行纪念“五四”运动 100 周年座谈会。陈重、潘伟等县领导参加会议。

6 日 浙江省文联党组书记、副主席、书记处常务书记陈瑶到景宁畲族自治县调研工作。省文联书记处书记张均林，省舞蹈家协会主席、国家一级导演崔巍陪同。

8 日 中国工程院付小兵院士工作站揭牌仪式在县民族医院新院区举行，这标志着全市首个创伤救治领域的院士工作站在景宁落户。

9 日 景宁畲族自治县委全面深化改革委员会第一次会议召开，陈重、潘伟等县领导出席会议。

9 日至 10 日 温岭市委副书记、市长王宗明带领温岭市山海协作考察团到景宁考察。

13日 在全省高质量建设美丽浙江暨高水平推进“五水共治”大会上(在杭州召开),省委、省政府授予景宁畲族自治县2018年度浙江省“五水共治”(河长制)工作优秀县大禹鼎。

14日 景宁畲族自治县首家廉政家风馆正式开馆。该馆位于大漈乡大漈村,馆内分为梅氏家风文化展示区、畲族家风文化展示区、木马择匠主题区、崇文尚学体验区、大漈家规家训展示区、警钟长鸣互动区等6个展区。

15日 景宁畲族自治县福利(残疾人托养)中心启动运营仪式举行。

18日至19日 来自美国、加拿大、俄罗斯等19个国家的26家海外华文媒体主要负责人走进畲乡景宁考察。

21日 中共浙江省委常委、政法委书记王昌荣一行到景宁调研信访和人民调解工作。

22日 望东垟科普馆开馆仪式在景南乡举行。该馆总投资500多万元,展馆面积325平方米,馆内共陈设植物标本39种、动物标本137种、菌类23种。整个展厅由动植物资源、森林生态系统、湿地生态系统等8部分组成。

同日 中国国际茶文化研究会会长周国富到景宁调研茶产业发展工作。

24日 浙江省文化和旅游厅发文公布全省首批AAAA级景区城、景区乡镇试点培育单位名单,全省共有12个县(市、区)、36个镇(乡、街道)成为试点培育单位。其中,景宁畲族自治县入选AAAA级景区城试点培育单位,东坑镇入选AAAA级景区乡镇试点培育单位。

同日 畲乡铁军“三服务·破六难”百日攻坚大会战总结大会暨“志不求易、事不避难”创新实干大赶考推进会召开。钟海燕、张峰、潘伟等县领导出席会议。

同日 景宁畲族自治县茶文化研究会换届选举暨会员大会举行。中国国际茶文化研究会会长、省政协原主席周国富出席并讲话,县委副书记、县长钟海燕致辞,县人大常委会主任严铁华参加会议。

27日至29日 杭州市江干区委统战部组织江干区统一战线成员一行,到景宁开展“双百村结对行动”。

28日至29日 中共丽水市委组织部部长方健忠到景宁调研乡村振兴工作。

29日 景宁首个民族团结“同心”工作站在该县人民医院医共体——澄照分院正式挂牌成立。

31日 全省首个乡镇高血压管理远程咨询中心落户景宁畲族自治县东坑镇。

6月

1日 景宁小规模学校联盟启动仪式暨工会联谊活动在红星小学举行。该联盟有9所100人以下农村小规模学校加盟。

5日 景宁畲族自治县人民政府常务会议审议通过《景宁畲族自治县农村饮用水县级统一管理实施方案》,标志着景宁畲族自治县农村饮用水工程全面实行县级统一管理。

11日至12日 国家民委副主任赵勇带领国家民委政策法规司司长宋全等一行到景景宁畲族自治县调研。

13日 全国百家媒体社长总编丽水行暨“浙西南革命根据地”采风活动在景宁举行。来自全国26个省份的媒体社长、总编80余人，共同开启景宁“红色之旅”，聚焦景宁“红+绿+畲”融合发展。

19日 丽水市委常委、纪委书记、监委主任方文军到景宁调研政治生态评价和扫黑除恶“打伞破网”工作。

18日至19日 丽水市人大常委会副主任陈建波带领市委督查组到景宁专题督查贯彻落实中央、省委和市委有关人大工作和建设文件精神情况。

21日 丽水市人大常委会副主任陈建波带领调研组到景宁畲族自治县调研国民经济和社会发展计划及预算执行情况。

24日 浙江广播电视集团专门出台关于《进一步支持景宁畲族自治县融媒体中心工作》的“十条”实施意见，扶持并帮助景宁融媒体中心高质量发展。

26日 景宁畲族自治县与景宁畲王寨旅游开发有限公司举行洞宫畲王寨旅游景区项目(一期)签约仪式。

26日 浙江省发改委调研组到景宁畲族自治县调研少数民族地区城乡融合发展试点改革工作。

27日 大漈、家地、梧桐被浙江省农业农村厅公布为省级农业绿色发展先行区。

28日 浙江省文化和旅游厅主办的“非遗薪传”——浙江传统舞蹈展评颁奖暨综合展演活动在景宁举行。浙江省文化和旅游厅副厅长叶菁讲话，景宁畲族自治县人民政府县长钟海燕致辞。

同日 景宁畲族自治县举行庆“七一”暨弘扬践行“浙西南革命精神”活动。陈重、钟海燕、严轶华、张峰、潘伟等县领导参加。

7月

2日至3日 中共景宁畲族自治县委副书记、景宁畲族自治县人民政府县长钟海燕带领县发改、财政、水利、环保等部门，分别到金华市武义县、杭州市淳安县，就城乡融合产业发展和库区配水工程进行实地考察学习。武义县委副书记、县长章旭升，淳安县委副书记、县长董毓民陪同考察。

3日 2019中国茶叶区域公用品牌价值评估结果出炉，景宁惠明茶价值13.65亿元。

同日 景宁畲族自治县举办2019浙江省“景宁600”生态精品农产品农商对接大会。

3日至4日 中共浙江省人大常委会党组副书记、副主任李卫宁到景宁开展蹲点调研。丽水市人大常委会副主任郑力平等陪同。

5日 景宁畲族自治县被浙江省绿化与湿地保护委员会、浙江省林业局联合发文，公布为2018年度森林浙江建设目标责任制考核优秀单位。全省共有9个设区市和42个县(市、区)获此殊荣。

同日 国家卫生健康委妇幼司《关于召开农村儿童早期发展试点工作会议通知》，公布“国家农村儿童早期发展”试点县名单，景宁畲族自治县名列其中，是丽水市唯一一个入选县，全国共有25个县(市、区)入选。

9日 丽水市第六届道德模范颁奖典礼暨第十二届邻居节启动仪式在景宁举行。

11日 广东省潮州市潮安区政协与景宁畲族自治县政协举行缔结友好政协签约仪式。潮安区政协主席黄得兴出席座谈会并讲话，景宁畲族自治县政协主席张峰主持座谈会并致欢迎辞。

11日至12日 中共上海市静安区委书记陆晓栋带领静安区代表团到景宁考察，进一步推进两地合作协议的落实，促进交流合作向更高层次发展，推动景宁融入长三角一体化迈入全面提速新阶段。中共丽水市委书记胡海峰等陪同。

15日 中共浙江省委全面依法治省委员会《关于表扬2018年度法治县(市、区)工作示范单位和先进单位的通报》，景宁畲族自治县名列其中，被评为2018年度法治县(市、区)工作先进单位。

23日至24日 中共浙江省委副书记、浙江省人民政府省长袁家军到景宁蹲点调研。

29日 在浙江省纪念建军92周年暨双拥模范城(县)命名表彰大会上，景宁畲族自治县被授予双拥模范城(县)称号；县委常委、人武部政委夏国章被评为双拥模范先进个人。

27日 景宁畲族自治县人民政府县长钟海燕参加第十六届世界低碳城市联盟大会暨低碳城市发展论坛。

31日 景宁畲族自治县首家茶展览馆——澄照惠明问茶馆正式开馆。该茶展览馆位于澄照乡茶青交易市场，占地约400平方米，分为“千年惠明、美丽澄照”“白云茶乡、畲歌悠扬”“茶业兴旺、千家富裕”“玉芽初出、澄照问茶”4个板块。

8月

1日 经浙江省第十三届人民代表大会常务委员会第十二次会议批准的《景宁畲族自治县促进惠明茶产业发展条例》正式实施。

7日 浙江人民政府副省长王文序一行到景宁就关爱留守和困境儿童工作情况开展调研。省政府副秘书长傅晓风、省民政厅厅长王剑侯、省妇联主席王文娟、省民政厅副厅长方仁、副市长杨秀清等陪同。

7日—8日 浙江省社会力量参与社会救助经验交流会暨“福彩暖万家•焕新乐园”幸福分享活动在景宁举行。全省将投入1000万元，为1000户低保家庭实施儿童房间居住环境改造，并加强志愿服务一对一陪伴。活动现场还启动了焕新乐园家庭陪伴计划。

9日 中共绍兴市上虞区委书记陶关锋带领党政代表团到景宁考察。

11日 景宁畲族自治县那云•天空之城项目举行动工仪式。县人大常委会主任严轶华参加。该项目由浙江那云文旅有限公司开发，总投资约5.1亿元，总用地面积约11.7万平方米，工期3年。

12日 景宁畲族自治县举行山海同心——景宁抗台救灾生态农产品启运仪式，向因超强台风“利奇马”受灾的温岭市输送“景宁600”生态农产品。

13日 景宁畲族自治县大均乡正式启动全市首个乡级GEP核算试点工作。

13日至14日 上海市静安区人大常委会副主任冯璐带领考察组到景宁考察。

16日 景宁畲族自治县委九届六次全体(扩大)会议暨县政府九届四次全体会议召开。全委会审议通过了《中共景宁畲族自治县委关于大力弘扬践行浙西南革命精神的决定》。

19日至20日 浙江省政协副主席陈铁雄到景宁调研民族村乡村振兴工作。浙江省民宗委副主任钟新章，丽水市政协副主席计勇强等陪同。

20日 景宁畲乡政协委员会客厅首场活动暨省政协十二届二次会议第725号重点提案办理协商会举行。浙江省政协副主席陈铁雄出席并讲话，省民宗委副主任钟新章，中共丽水市委常委、景宁畲族自治县委书记陈重，丽水市政协副主席计勇强，景宁畲族自治县政协主席张峰等参加。

21日 浙江省民族团结进步创建“互观互检”活动组走进景宁，对景宁畲族自治县列入省级民族团结进步创建活动重点培育单位进行观摩检查。

22日 景宁畲族自治县第三次归侨侨眷代表大会召开。丽水市侨联驻会副主席傅旭蓉到会祝贺，县委副书记潘伟出席会议并讲话。

21日至23日 景宁畲族自治县委副书记、景宁畲族自治县人民政府县长钟海燕带领县相关部门负责人，先后赴绍兴市上虞区、嘉兴市海盐县、宁波市宁海县对接山海协作工作并进行合作项目签约。

23日 景宁党政正职领导干部能力素养提升培训班在上海市静安区开班。中共静安区委书记陆晓栋，中共丽水市委常委、景宁畲族自治县委书记陈重亲临开班仪式，并为学员们上课。

26日 中共浙江省委全面深化改革委员会第五次会议在杭州举行。会上审议通过了《景宁畲族自治县全国民族地区城乡融合发展试点建设方案》。

27日 丽水市委常委、丽水军分区司令员赵存志到景宁畲族自治县人武部检查指导体检合格青年役前训练工作。

30日 县政府常务会议审议通过了《浙江省景宁县水能资源开发规划报告(修编)》，全省首个县级水能资源开发规划(修编)正式生效。

9月

5日 全市各县(市、区)公益林区划落界成果与森林资源“一张图”整合更新工作交流座谈会在景宁召开。省公益林和国有林场管理总站、丽水各县(市、区)公益林管理负责人、技术骨干共35人参加座谈会。

9日 浙江省人民检察院党组书记、检察长贾宇到景宁调研。中共丽水市委常委、景宁畲族自治县委书记陈重，中共丽水市检察院党组书记、检察长过孟超等陪同。

同日 上虞区党政考察团到景宁考察。

10日 景宁畲族自治县“非遗教学实践基地”——英华实验学校举行成立暨开学典礼。该校位于英川镇，为九年制义务教育的非营利、寄宿式全日制学校；是全国唯一的田园式，具有“非物质文化遗产教学实验基地”特色的民办实验学校；开设了中华医学、书画、蒙山茶道、德化白瓷、蜀绣、古琴、国家级极细纹刻纸等21个非遗教学及实践课程。

10日 瑞士驻沪总领事曾礼惟一行到景宁考察畲族文化。

11日 “云景古道建设”专题民主协商会在云和召开。景宁畲族自治县政协主席张峰出席会议并讲话。云景两地政协及相关部门单位负责人参加会议。

20日 畲乡景宁域外(云和)服务中心揭牌仪式举行。中共景宁畲族自治县委常委、组织部部长王乐，云和县委组织部相关负责人参加仪式并共同揭牌。

同日 景宁畲族自治县设立35周年新闻发布会召开，县委副书记潘伟作主题发布并回答记者提问,县委常委、常务副县长王益回答有关提问。

21日 2019“诗画畲乡·丰收景宁”中国农民丰收节暨大漈乡第七届高山冷水茭白节在景宁大漈乡举行。潘伟等县领导参加活动。

22日 第二届世界丽水人大会景宁分会场·首届乡贤大会暨招商项目签约仪式举行。原浙江工业大学校长、现机械制造及自动化教育部重点实验室主任、景宁乡贤联谊总会名誉会长张立彬,省气象局副局长、景宁乡贤联谊总会理事会会长王仕星，浙江省发改委副主任翁建荣，火箭军参谋部高级工程师陈武雄等嘉宾出席。

27日 全国民族团结进步表彰大会在北京举行。中共景宁畲族自治县委员会荣获“全国民族团结进步模范集体”称号;景宁畲族自治县人民政府县长钟海燕荣获“全国民族团结进步模范个人”称号。中共丽水市委常委、景宁畲族自治县委书记陈重作为模范集体代表在大会上发言。

同日 景宁召开庆祝中华人民共和国成立70周年、纪念地方人大设立常委会40周年座谈会。严铁华、潘伟、王益等县领导出席会议。

同日 景宁畲族自治县人民政府县长钟海燕接受央视网《最好的时代》采访。

29日 G235景宁溪口至澄照段改建工程大赤大桥成功合龙。

30日 景宁举行升国旗仪式和烈士公祭活动,潘伟等县领导参加。

10月

11日 丽水市儿童之家建设暨焕新乐园项目推进会在景宁召开。丽水市人民政府副市长杨秀清、景宁畲族自治县人民政府副县长毛华庆参加。

12日 中国少年先锋队景宁畲族自治县第四次代表大会开幕。中共丽水市委常委、景宁畲族自治县委书记陈重出席并讲话,张峰、潘伟、杨唐珠、徐瑛、尤建平等县领导出席开幕式。团市委、市少工委相关负责人到会指导。全县少先队员、少先队辅导员和少年儿童工作者代表参加大会。

同日 浙江省体育局副局长胡国平一行到景宁畲族自治县秋炉乡调研指导运动小镇建设。

13日 “农夫山泉杯”浙江省全民健身第二届生态运动会丽水景宁站在大均乡泉坑村举行。浙江省体育局副局长胡国平宣布开幕，夏培玲、余晓军、叶金堂等县领导出席启动仪式。

同日 教育部部长陈宝生一行到景宁调研。

16日 中共浙江省民政厅党组副书记、副厅长俞志壮带领调研组到景宁调研民政工作。

21日 中共浙江省委第十四巡回指导组组长章文彪一行到景宁调研。

22日 国家税务总局主题教育第五巡回指导组一行到景宁调研。

25日 景宁畲族自治县政协举办“弘扬浙西南革命精神，树立新时代人民政协新样子”主题朗诵比赛。张峰、蓝跃军、叶金堂、尤建平、沈秀慧、刘德灵等县领导参加活动。

同日 海盐—景宁山海协作“飞地”合作共建签约仪式举行。

28日 丽水市人大常委会党组副书记、副主任朱继坤带领调研组到景宁就高水平推进新时代人大工作和建设进行调研。

29日 丽水市政协副主席邝平正一行到景宁开展城乡生活垃圾分类民主监督。

同日 丽水市政府咨询委调研组到景宁畲族自治县开展“推进丽水创建国家公园若干问题的研究”课题调研。

31日 上海静安—浙江景宁企业人才对接交流座谈会暨签约仪式举行。

同日 由上海市百名将军活动中心组织的考察团一行20余人到景宁开展支持丽水革命老区红色之旅公益行活动。

同日 丽水市政协副主席邝平正到景宁调研加强和改进政协工作。

同日 国家民委经济发展司副司长董富海带领少数民族特色村寨调研组到景宁调研。

同日 在第十五届中国茶业经济年会上，中国茶叶流通协会公布“2019中国茶叶百强县”名单，景宁畲族自治县继2018年后，再次荣获“中国茶业百强县”称号。

11月

1日至2日 在以“新时代节庆传承发展与文化担当”为主题的第八届中国民族节庆峰会暨中国(张家港)长江文化艺术节开幕式上，“中国畲乡三月三”与中国节庆专委会成功签约。

2日至3日 中共景宁畲族自治县委书记陈重到上海静安区对接招商项目。

4日 浙江省29督导组到景宁，对“三改一拆”(违建别墅清查整治)、“五水共治”、小城镇环境综合整治和生活垃圾分类等工作开展2019年度第二轮督查。

5日 中共浙江大学附属第一医院党委书记梁廷波一行到景宁调研“双下沉、两提升”工作，实地考察了浙大一院景宁分院、远程医学会诊中心等地，同时举行了浙一肝胆胰外科专家团队工作站揭牌仪式。

同日 华策集团杭州剧集中心总裁张晓东带领策划团队，到景宁对接电视剧《甜蜜的向往》项目前期工作。

7日 浙江省市场监管局副局长马剑平带领调研组到景宁调研放心消费建设工作。

10日 景宁举行第九届体育健身大会畲族传统武术展示大会。县领导叶金堂出席活动。

11日 吉利“绿跑道”乡村少年体育梦想计划走进东坑小学。

12日 举行浙江(景宁)民族干部培训中

心授牌仪式，标志着华东地区第一个民族干部培训基地正式成立。国家民委政法司司长宋全，浙江省民宗委副主任钟新章，丽水市委常委、统战部部长王小荣，丽水市委常委、景宁畲族自治县委书记陈重，潘伟、雷应江、蓝跃军、王乐等县领导出席仪式。

同日 景宁畲族自治县全国民族地区城乡融合发展试点建设动员大会召开。浙江省人大常委会副主任李卫宁，国家民委政法司司长宋全出席并讲话。浙江省民宗委副主任钟新章，丽水市委常委、统战部部长王小荣，丽水市委第十四巡回指导组组长姜波等领导出席。丽水市委常委、景宁畲族自治县委书记陈重作试点建设动员报告。这标志着全国首个民族地区城乡融合发展试点在景宁畲族自治县正式启动。这是景宁设立自治县35周年以来承担的第一个全国性综合改革试点。

同日 景宁畲族自治县举行《风物中国志•景宁》新书首发式。《风物中国志•景宁》责任编辑聂靖出席并作相关介绍，张峰、余晓军、刘德灵等县领导出席。

13日 丽水市"综合柜员制"服务标准化现场观摩会在景宁召开。来自丽水各县市(区)的人力社保部门相关负责人参加会议。

13日至14日 央视驻杭州记者站长何盈一行到景宁调研。

14日 丽水市人大常委会党组书记、主任虞红鸣带领调研组到景宁调研人大工作。

18日 景宁召开气排球协会成立大会暨第一次会员代表大会。钟利海、沈秀慧等县领导出席。

同日 景宁畲族自治县举行首届招商项目谋划大比拼活动，全县19个乡镇(街道)、7个重点招商单位共谋划了27个项目。王益、陈荣世、夏培玲、余晓军、毛华庆、尤建平等县领导参加活动。

同日 县委财经委员会召开第一次会议，审议通过《中共景宁畲族自治县委财经委员会会议制度》《中共景宁畲族自治县委财经委员会办公室工作细则》，听取全县防范化解金融风险工作情况汇报。陈重、潘伟、王益、雷应江、陈荣世等县领导参加会议。

20日 景宁畲族自治县首个乡镇住房公积金代办点在沙湾农商银行揭牌成立。县领导叶金堂参加揭牌仪式。

同日 中共浙江省委第十四巡回指导组到景宁开展"不忘初心、牢记使命"主题教育调研。

26日 丽水市人民政府副市长楼志坚到景宁调研交通基础设施建设工作。

27日 浙江省政协主席葛慧君到景宁调研民族工作。丽水市政协主席陈瑞商、丽水市委常委、景宁畲族自治县委书记陈重等陪同调研。

28日 在全国水系连通及农村水系综合整治试点申报工作中，景宁畲族自治县"山区幸福河建设倒推基层社会治理体系治理能力现代化"的方案突出重围，成为全国首批58个水系连通及农村水系综合整治先行试点县之一(全省仅3个县)。

同日 中共景宁畲族自治县委书记陈重接受中国新闻社记者采访。

29日 浙江省根治欠薪工作领导小组办公室下发的《关于2018—2019年度"无欠薪"建设考核情况的通报》(浙治欠办发〔2019〕2号)，景宁通过验收，达到"无欠薪"县建设标准。

12 月

2 日 宁海县人民政府代县长滕安达带领考察团到景宁考察调研，与景宁携手打造山海协作升级版。

3 日 中国首款古村落字体“雁溪古风”发布会在雁溪乡浮亭岗村举行。

4 日 中铁二院温武吉铁路设计组到景宁调研考察。

5 日 2019 年丽水市党校系统党史党建、经济学科组“学习贯彻十九届四中全会精神暨深入推进用学术讲政治教学改革”培训班在景宁开班。

9 日 “畲乡工匠”、疗休养基地(站点)授牌暨县工人文化宫启用仪式举行。潘伟、杨唐珠、余晓军等县领导出席仪式。

同日 中共丽水市中级人民法院党组书记、院长蒋卫宇到景宁开展人大代表密切联系人民群众主题活动。

12 日 浙江省政协副主席郑继伟一行到景宁开展提案工作和“请你来协商”平台建设工作调研。

同日 景宁畲族自治县成立“景宁 600”有机耕作者联盟,并召开第一次会员大会。县领导毛华庆为“景宁 600”有机耕作者联盟授牌。

15 日 浙江省青年书法家协会第六届四次理事会在景宁召开。中国美术学院中国画与书法艺术学院副院长、浙江省青年书法家协会主席沈乐平，景宁畲族自治县政协副主席叶金堂出席。

18 日 丽水市人大民宗侨外工作交流研讨会在景宁召开。丽水市人大常委会党组副书记、副主任陈建波,景宁畲族自治县人大常委会副主任钟利海参加。

21 日 中共景宁畲族自治县委副书记、景宁畲族自治县人民政府县长钟海燕在北京参加北京 WPC 世界园长大会。

23 日 中共景宁畲族自治县委书记陈重接受人民日报社浙江分社记者采访。

23 日至 24 日 民航华东地区管理局民航专家组和东部战区相关人员先后到景宁审核通用机场场址。

25 日至 26 日 2019 年度全市纪检监察系统务虚会和清廉建设工作调研现场会在景宁召开。丽水市委常委、市纪委书记、市监委主任方文军出席并讲话。

26 日至 28 日 第三届中国畲族发展景宁论坛在景宁举行。国家民委民族理论政策研究室研究二处处长、二级巡视员袁彦,浙江省民宗委副主任钟新章，景宁畲族自治县领导季建标、蓝跃军、毛华庆参加开幕式。

27 日 景宁召开生态产品价值实现示范乡镇建设工作推进会暨大均乡 GEP 核算报告发布会。这是全国第一份乡镇 GEP 核算报告。丽水市发改委副主任、生态产品价值实现机制试点领导小组办公室副主任、景宁指导团组组长周立军,中国(丽水)两山学院执行院长刘克勤,中共景宁畲族自治县委常委、常务副县长王益等出席发布会。

同日 《景宁畲族自治县志》首发式在县党群服务中心举行。雷应江、罗德伟、徐瑛、叶金堂等县领导出席首发式。

(雷心仪 陈晶晶 陈丽军)

县情概况

地理环境

【地理位置】 景宁畲族自治县位于浙江省南部，介于北纬27°39′—28°11′和东经119°14′—119°58′之间。东邻青田县和文成县，南接泰顺县和福建省寿宁县，西连庆元县和龙泉市，北毗云和县，东北靠莲都区。境域东西直线距离73.3千米，南北直线距离58.8千米，面积193883.69公顷。县人民政府驻红星街道府前西路19号。县城距杭州259千米、距丽水市区75千米。

【地形地貌】 景宁地域为洞宫山脉中段，地貌以深切割山地为主。发源于洞宫山脉的瓯江支流小溪，自西南向东北贯穿，将县境分为南北两半，形成狭长的溪谷代陷地带，构成“两山夹一水，众壑闹飞流”的地貌格局。有山地、台地和谷地3种类型。山地面积19.11万公顷，占全县总面积98%。全县海拔1000米以上山峰779座。 （县史志办）

【气候特征】 景宁畲族自治县地处浙江省南端，地属中亚热带季风气候，温暖湿润，雨量充沛，四季分明，冬夏长，春秋短，山清水秀，气候宜人，热量资源丰富。冬季主要受干冷的极地冷高压控制，夏季主要受副热带高压控制，因此冬季多干冷、晴朗少雨天气，夏季湿热，多雷暴、阵雨天气。据气象史料记载，截至到2019年，景宁曾出现过以下极端天气：县城极端最高气温41.6℃，出现在2003年7月25日；县城极端最低气温-7.6℃，出现在1999年12月23日；年降水量最多2163.5毫米，出现在2010年；最大月降水量583毫米，出现在2016年9月；最大积雪深度11厘米，出现在2010年。景宁因地形复杂，海拔高低悬殊，气候随海拔高度呈垂直分布。 （吴耀健）

自然资源

【土地资源】 全县土地总面积193883.69公顷。其中，耕地面积18741.39公顷，占全县总面积的9.67%；园地面积2459.32公顷，占全县总面积的1.27%；林地面积157361.23公顷，占全县总面积81.16%；草地面积1792.69公顷，占全县总面积的0.92%；城镇村及工矿用地2279.52公顷，占全县总面积的1.18%；

交通运输用地1271.32公顷，占全县总面积的0.66%；水域及水利设施用地5333.21公顷，占全县总面积2.75%；其他土地4645.01公顷，占全县土地总面积的2.4%。（蓝　天）

【矿产资源】 境内矿产资源较为丰富，现已探明的矿产有铁、钼、铅锌、铜、金、银、叶蜡石、萤石、高岭土、大理石等20余种。矿产地近百处，以矿种多但矿产规模小为特点。主要矿产为铁、钼、铅锌、叶蜡石、花岗岩等。（蓝　天）

【森林资源】 景宁地处浙南山区，是浙江省重点林区县之一，也是全国重要集体林区。全县林地面积164466.6公顷，森林面积154046.67公顷，活立木蓄积量1179.71万立方米，森林覆盖率81.03%，拥有竹林18511.1公顷。共有古树名木9168株。其中，一级保护253株、二级保护1099株、三级保护7816株。全县有公益林99000公顷，其中优质林分79933.3公顷。（候建花）

【动植物资源】 景宁动植物资源丰富，已知无脊椎动物昆虫纲19目186科1520种；脊椎动物20目105科272种，其中鱼类21科100种、两栖类8科29种、爬行类11科40种、鸟类47科162种、哺乳类18科43种。列入国家一级保护动物有黑麂、云豹、金钱豹、黄腹角雉、白颈长尾雉、金雕、东方白鹳、鼋等10种。植物以苔藓、蕨类、种子类为主体，木本占主导地位，种类丰富，起源古老，并有复杂多样的地域特点。已知苔藓类58科253种，蕨类41科305种，种子植物166科2163种，中草药68科124属356种。国家濒危植物有水杉、鹅掌楸、金钱松等22种，国家和省级重点保护植物有南方红豆杉、伯乐树、香果树、福建柏、银杏、长叶榧、浙江樟、短萼黄连、八角莲、银钟树、天目木兰、凹叶厚朴、南方铁杉、黄山木兰、景宁木兰。其中，景宁木兰是1984年在景宁畲族自治县草鱼塘林场发现的木兰科新种，为濒危物种，于1989年在《植物分类学报》上发表并命名，2012年列入浙江省人民政府第一批重点保护植物名录。（候建花）

【水力资源】 景宁畲族自治县雨量充沛，水资源极其丰富，属瓯江、飞云江两大水系。据2018年丽水市水利局编制的《丽水市水资源公报》表明：县域多年平均降水量1673.5毫米，约为32.6327亿立方米，多年平均总水资源量为21.1923亿立方米，人均拥有水资源量15555.2立方米，属水资源丰富地区。但县域内径流量年际变化大，年内季节分配不均。全县水资源理论蕴藏量66.62万千瓦时，可开发装机容量53.04万千瓦时，占浙江省水力资源可开发量的1/10。至2019年年底，累计开发34.79万千瓦时。（练梅霞）

【溪流湖泊】 景宁畲族自治县（以下简称景宁县）分属瓯江、飞云江两大水系，为飞云江源头、瓯江上游，有大小河道662条（其中县级河道54条），总长1863千米，水域面积7133.33公顷（含千峡湖）。

瓯江最大支流——小溪，发源于庆元县大毛峰山麓，自西向东北流经景宁县的毛垟、沙湾、标溪、梧桐、大均，汇入滩坑水库，贯穿景宁全县，在九龙乡岳口村进入青田县，在景宁县境内干流长124.6千米，流域面积1725.56平方千米，占全县总面积的88.5%。小溪在沙湾以上交见圩分为两支，主支为毛垟港，其中景宁县境内面积227.2平方千米，港长30.0千米；另一支为英川港，境内流域面积391.4平方千米，港长54.4千米；主要支流有英川溪、标溪、梧桐坑、大赤坑、鹤溪、炉西坑、大顺源等。

飞云江发源于景宁景南乡境内海拔1611米高的白云尖西北坡，流经景南、白鹤、东坑等乡镇进入泰顺县，景宁境内流长31.9千米，流域面积224.44平方千米，占全县总面积的11.5%。（县水利局）

千峡湖（滩坑电站水库）位于景宁小溪下游，库区横跨景宁、青田两县，是浙江省第二大人工湖，正常蓄水位160米，相应水域面积70.93平方千米，其中景宁县境内36.11平方千米。于2008年4月29日下闸蓄水。因其近80千米长的干线两旁有着无数个形态各异的大小峡湾而得名，是一个典型的峡湾型景区，湖区水质良好、水体清澈，波光粼粼，具有很强的观赏性。（县移民办）

历史沿革

【概况】 景宁县在西周以前属古扬州之域。西周、春秋时期属越。战国时越亡属楚。秦属闽中郡。汉初属东瓯国，隶会稽郡。汉昭帝始元二年（前85年）属回浦县。东汉章和元年（87年）属章安县（回浦县改称）。自建安八年（203年）章安县析置松阳县后，属松阳县，历三国（吴）、东晋、南朝近四百年未变。隋开皇九年（589年）置处州及括苍县后，属括苍县。唐景云二年（711年）置青田县后，历五代、两宋及元，均属青田县。

明景泰三年（1452年）兵部尚书孙原贞，以“青田县西南五百余里，山谷险远，矿徒啸聚”为由，奏析青田县柔远乡之仙上里、仙下里、连云里和鸣鹤乡之曳练里、真固里、在下里、在上里、升天东里、升天西里置景宁县，属处州府、隶浙江承宣布政使司；清顺治元年（1644年），属处州府、隶浙江省；宣统三年（1911年）辛亥革命后，属处州军政分府，隶浙江军政府；民国元年（1912年），直属浙江省都督府；民国3年（1914年）属瓯海道；民国16年（1927年）直属浙江省；民国21年（1932年）6月属第十二行政督察区；同年10月改属第三特区；民国24年（1935年）6月改属丽水行政督察区；民国25年（1936年）4月属第九行政督察区；民国37年（1948年）4月属第六行政督察区，7月属第七行政督察区。

1949年5月11日，景宁解放后，属第七专区；中华人民共和国成立后，景宁县属丽水专区；1960年1月，撤销景宁县建制，并入丽水县，属温州专区；1962年6月，划云和县，景宁县地复置云和县，属温州专区；1963年5月，属丽水专区；1978年9月，改属丽水地区。1984年6月30日，国务院批准以原景宁县地域建景宁畲族自治县，仍属丽水地区。2000年10月，丽水地区改丽水市，随属丽水市。（县史志办）

行政区划

【概况】 景宁畲族自治县于1984年6月30日经国务院批准成立,全县下辖5个区,1个镇,35个乡。1992年5月,根据浙江省人民政府部署,进行撤区扩镇并乡,全县下辖5个镇,19个乡,283个行政村。2007年6月,经省政府批准,对滩坑电站库区乡镇区划进行调整,撤销外舍、金钟2个乡,并入鹤溪镇;撤销大顺、陈村2个乡,建立九龙乡。2008年,设立外舍社区居委会。2011年10月,撤销鹤溪镇,设立红星、鹤溪2个街道。2012年,将原城西社区居委会分设,增设金仙寺社区居委会。2013年9月,撤销葛山乡建制,葛山村、印章村、金岱村、西山村、林胡村、坳根村划至鸬鹚乡管辖;岭头村、岗头村、粗垄村划至英川镇管辖。2019年2月至3月,根据中共景宁畲族自治县委、景宁畲族自治县人民政府印发《关于开展行政村规模调整工作的实施意见》的通知(景委发〔2019〕4号),对全县行政村规模进行调整。

红星街道原有13个行政村,调整后10个行政村。大吴山村、外舍社区股份经济合作社(原外舍村)合并为和兴村;岚头村、坑山后村合并为岚山村;岭根源村、潘坑村合并为金钟源村;城北村、小金州村、金包山村、杨绿湖村、岗石村、岭北村、王金垟村7个村保持原规模。

鹤溪街道原有16个行政村,调整后8个行政村。扫口村、包凤村、城西村合并为包凤村;旱塔村、双后岗村、张村村合并为张村村;三枝树村、严村村合并为三枝树村;惠明寺村、敕木山村、周湖村合并为敕木山村;滩岭村、王木坑村合并为鹤木岭村;鹤溪村、浮丘村、东弄村3个村保持原规模。

大均乡原有9个行政村,调整后5个行政村。三格村、垟坑村、泉坑村合并为泉坑村;梅山村、李宝村合并为李宝村;大均村、大赤坑村合并为大均村;伏叶村、新庄村2个村保持原规模。

澄照乡原有15个行政村,调整后5个行政村。金丘村、四格村合并为金坵村;东升村、朱排村、朱坑村、梅枫村合并为东升村;米岩山村、漈头村、张后山村合并为漈头村;东畔村、东岱村、白沙岱村、炉西岭村、仙山村合并为东畔村;三石村保持原规模。

梅岐乡原有9个行政村,调整后5个行政村。留钱村、高门村、梅岐村合并为梅岐村;岗楼村、栋头村合并为东文楼村;潘坪村、桂远村合并为桂远村;竹山村、岳崇村2个村保持原规模。

东坑镇原有19个行政村,调整后10个行政村。大张坑村、吴山头村、汤北村、方徐村合并为北溪村;白鹤村、根底岘村合并为白鹤村;罗山村、马坑村合并为心田村;北山村、竹埠村、何村村合并为新和村;徐砻村、章坑村合并为儒章村;杨斜村、大仰村合并为杨斜村;东坑村、深垟村、桃源村、茗源村4个村保持原规模。

大漈乡原有8个行政村,调整后4个行政村。西一村、西二村、小佐村、垟心村合并为大漈村;彭村、琴山村合并为彭岑村。潘宅村、茶林村2个村保持原规模。

景南乡原有8个行政村,调整后4个行政村,程田村、妙坑村合并为缪程村;东垟村、西垟村、上标垟村合并为上标村;忠溪村、东塘村、渔际村3个村保持原规模。

雁溪乡原有8个行政村，调整后5个行政村。东山村、雁溪村合并为雁溪村；柘垮村、大丘田村合并为大坵垮村；浮亭岗村、黄桐村合并为浮亭岗村；梅坞村、石梯村2个村保持原规模。

渤海镇原有8个行政村，调整后6个行政村。鲍山头村、梅坑村、大都村合并为渤海村；安亭村、东湖村、后垄村、旦水村、石塘山村5个村保持原规模。

郑坑乡原有5个行政村，调整后4个行政村。羊角岗、郑坑村合并为郑坑村；吴布村、柳山村、张坑下村3个村保持原规模。

九龙乡原有14个行政村，调整后11个行政村。半岭村、高岩村合并为高岭村；大顺村、鲍岸村、顺利村合并为和顺村；高沈村、王湾村、岭里村、田坑村、金山村、徐垟村、库坪村、后坪村、岳口村9个村保持原规模。

沙湾镇原有26个行政村，调整后13个行政村。沙湾村、毛山头村合并为沙湾村；道化村、陈司坑村合并为道化村；小地村、赤岩村合并为小地村；上处垟村、本岱村合并为上处垟村；七里村、严坑村、水井村合并为七里村；仙姑村、林斜村合并为仙姑村；张庄村、蔡湖村合并为张庄村；叶桥村、东堡村、林坑村、流坑村合并为叶桥村；何处村、李处村、陈田村合并为何处村；莲川村、旺水村、坑头村、季庄村4个村保持原规模。

梧桐乡原有11个行政村，调整后6个行政村。山前村、梧桐坑村、李庄村合并为同兴村；金兰村、林山村合并为金林村；东源村、王山头村合并为凤凰村；丘兰村、梧桐村合并为梧桐村。高演村、角耳湾村2个村保持原规模。

标溪乡原有9个行政村，调整后4个行政村。标溪村、预章村合并为标章村；枫林口村、岱头村、马山村合并为溪港村；东车村、何庄村、叶谢村合并为东叶庄村；处基村保持原规模。

家地乡原有6个行政村，调整后3个行政村。家地村、谢坑村、梅山头村、石碧村合并为家地村；坪坑村、苎岱村2个村保持原规模。

大地乡原有13个行政村，调整后6个行政村。大地村、余公岱村、董岭村合并为大地村；叶坑下村、粗垟村、柳山头村合并为柳叶垟村；郑公垟村、蔡放村合并为仙湖村；张坑村、水溪村合并为张溪村；桃垟村、净水村合并为净垟村；驮垟村保持原规模。

毛垟乡原有7个行政村，调整后4个行政村。毛垟村、燕安村合并为毛垟村；沙垟村、上坑头村合并为沙垟村；陈坪村、炉西村合并为炉西村；库头村保持原规模。

秋炉乡原有9个行政村，调整后4个行政村。伏岩村、坑边村、下圩村合并为下圩村；第一坑村、半山村合并为半山村；秋炉村、山头村合并为秋炉村；后坑村、新塘垟村合并为新塘垟村。

英川镇原有28个行政村，调整后10个行政村。英川村、新村村、坑垟村、梅漈村合并为英川村；王宅村、耀垟村、金林村合并为三川村；董川村、叶坪头村合并为董坪村；黄垟口村、底垟村合并为黄垟口村；隆川村、隆上村、白坦村合并为隆川村；凤垟村、张川村、寨后村合并为凤凰寨村；岭头村、粗垄村、岗头村合并为岗粗岭村；湖后村、外处坳村合并为莲湖村；黄谢圩村、石漈村、鲍岱村合并为黄鲍石村；茶园村、木岱口村、榅堆村合并为榅茶口村。

鸬鹚乡原有15个行政村，调整后8个行政村。葛山村、金岱村、坳根村合并为葛山村；林胡村、西山村合并为西林村；徐崇村、茶亭村合并为徐茶村；鸬鹚村、夏山头村、黄桑南村合并为鸬鹚村；仁字坑村、南坑下村合并为南坑源村；山下村、印章村、驮戥村3个村保持原规模。

调整后，全县下辖4个镇，2个街道，15个乡，6个社区，5个居委会，136个行政村。行政村数比2018年的254个减少118个。 （李永杰）

2019年景宁畲族自治县行政村规模调整优化一览表

表1

乡镇街道	保留村（57个）	涉及调整村（197个）	调整后新村名称（79个）	新村村委驻地
红星街道	城北村、小金州村、金包山村、杨绿湖村、岗石村、岭北村、王金垟村	大吴山村	和兴村	金都小区
		外舍社区股份经济合作社（原外舍村）		
		岚头村	岚山村	双坑小区
		坑山后村		
		岭根源村	金钟源村	岭根自然村
		潘坑村		
鹤溪街道	鹤溪村、浮丘村、东弄村	扫口村	包凤村	包凤自然村
		包凤村		
		城西村		
		旱塔村	张村村	张村自然村
		双后岗村		
		张村村		
		三枝树村	三枝树村	三枝树自然村
		严村村		
		惠明寺村	敕木山村	周湖自然村
		敕木山村		
		周湖村		
		滩岭村	鹤木岭村	双后岗二期移民安置点
		王木坑村		
大均乡	伏叶村、新庄村	三格村	泉坑村	水碓垟自然村
		垟坑村		
		泉坑村		

续表 1

乡镇街道	保留村(57 个)	涉及调整村(197 个)	调整后新村名称(79 个)	新村村委驻地
大均乡	伏叶村、新庄村	梅山村	李宝村	梅山自然村
		李宝村		
		大均村	大均村	大均自然村
		大赤坑村		
澄照乡	三石村	金垟村	金垟村	金垟自然村
		四格村		
		东升村	东升村	大赤垟自然村
		朱排村		
		朱坑村		
		梅枫村		
		米岩山村	漈头村	漈头自然村
		漈头村		
		张后山村		
		东畔村	东畔村	东畔自然村
		东岱村		
		白沙岱村		
		炉西岭村		
		仙山村		
梅岐乡	竹山村、岳崇村	留钱村	梅岐村	梅岐自然村
		高门村		
		梅岐村		
		岗楼村	东文楼村	栋头自然村
		栋头村		
		潘坪村	桂远村	横坪自然村
		桂远村		
东坑镇	东坑村、深垟村、桃源村、茗源村	大张坑村	北溪村	北溪自然村
		吴山头村		
		汤北村		
		方徐村		
		白鹤村	白鹤村	白鹤自然村
		根底岘村		

续表 1

乡镇街道	保留村(57 个)	涉及调整村(197 个)	调整后新村名称(79 个)	新村村委驻地
东坑镇	东坑村、深垟村、桃源村、茗源村	罗山村	心田村	马坑自然村
		马坑村		
		北山村	新和村	何村自然村
		竹埠村		
		何村村		
		徐砻村	儒章村	章坑自然村
		章坑村		
		杨斜村	杨斜村	杨斜自然村
		大仰村		
大漈乡	潘宅村、茶林村	西一村	大漈村	西岸底自然村
		西二村		
		小佐村		
		垟心村		
		彭　村	彭岑村	彭村自然村
		琴山村		
景南乡	忠溪村、东塘村、渔际村	程田村	缪程村	程田自然村
		妙坑村		
		东垟村	上标村	北垟自然村
		西垟村		
		上标垟村		
雁溪乡	梅坞村、石梯村	东山村	雁溪村	雁溪自然村
		雁溪村		
		柘塆村	大坵塆村	高宅自然村
		大丘田		
		浮亭岗	浮亭岗村	黄桐自然村
		黄桐村		
渤海镇	安亭村、东湖村、后垄村、旦水村、石塘山村	鲍山头村	渤海村	梅坑自然村
		梅坑村		
		大都村		
郑坑乡	吴布村、柳山村、张坑下村	羊角岗	郑坑村	塘坵垒自然村
		郑坑村		

续表 1

乡镇街道	保留村（57 个）	涉及调整村（197 个）	调整后新村名称（79 个）	新村村委驻地
九龙乡	高沈村、王湾村、岭里村、田坑村、金山村、徐垟村、库坪村、后坪村、岳口村	半岭村	高岭村	九龙集镇
		高岩村		
		大顺村	和顺村	鲍岸自然村
		鲍岸村		
		顺利村		
沙湾镇	莲川村、旺水村、坑头村、季庄村	沙湾村	沙湾村	沙湾自然村
		毛山头村		
		道化村	道化村	道化自然村
		陈司坑村		
		小地村	小地村	小地自然村
		赤岩村		
		上处垟村	上处垟村	上处垟自然村
		本岱村		
		七里村	七里村	七里自然村
		严坑村		
		水井村		
		仙姑村	仙姑村	仙姑自然村
		林斜村		
		张庄村	张庄村	张庄自然村
		蔡湖村		
		叶桥村	叶桥村	叶桥自然村
		东堡村		
		林坑村		
		流坑村		
		何处村	何处村	何处自然村
		李处村		
		陈田村		
梧桐乡	高演村、角耳湾村	山前村	同兴村	梧桐坑自然村
		梧桐坑村		
		李庄村		

续表 1

乡镇街道	保留村(57 个)	涉及调整村(197 个)	调整后新村名称(79 个)	新村村委驻地
梧桐乡	高演村、角耳湾村	金兰村	金林村	金兰自然村
		林山村		
		东源村	凤凰村	王山头自然村
		王山头村		
		丘兰村	梧桐村	梧桐自然村
		梧桐村		
标溪乡	处基村	标溪村	标章村	标溪自然村
		预章村		
		枫林口村	溪港村	枫林口自然村
		岱头村		
		马山村		
		东车村	东叶庄村	东车自然村
		何庄村		
		叶谢村		
家地乡	坪坑村、苎岱村	家地村	家地村	家地自然村
		谢坑村		
		梅山头村		
		石碧村		
大地乡	驮垟村	大地村	大地村	大地自然村
		余公岱村		
		董岭村		
		叶坑下村	柳叶垟村	叶坑下自然村
		粗垟村		
		柳山头村		
		郑公垟村	仙湖村	郑公垟自然村
		蔡放村		
		张坑村	张溪村	张坑自然村
		水溪村		
		桃垟村	净垟村	净水自然村
		净水村		

续表 1

乡镇街道	保留村(57 个)	涉及调整村(197 个)	调整后新村名称(79 个)	新村村委驻地
毛垟乡	库头村	毛垟村	毛垟村	毛垟自然村
		燕安村		
		沙垟村	沙垟村	上坑头自然村
		上坑头村		
		陈坪村	炉西村	陈坪自然村
		炉西村		
秋炉乡		伏岩村	下圩村	坑边自然村
		坑边村		
		下圩村		
		第一坑村	半山村	第一坑自然村
		半山村		
		秋炉村	秋炉村	秋炉自然村
		山头村		
		后坑村	新塘垟村	新塘垟自然村
		新塘垟村		
英川镇		英川村	英川村	英川自然村
		新村村		
		坑垟村		
		梅漴村		
		王宅村	三川村	王宅自然村
		耀垟村		
		金林村		
		董川村	董坪村	董川自然村
		叶坪头村		
		黄垟口村	黄垟口村	黄垟口自然村
		底垟村		
		隆川村	隆川村	隆川自然村
		隆上村		
		白坦村		

续表 1

乡镇街道	保留村(57 个)	涉及调整村(197 个)	调整后新村名称(79 个)	新村村委驻地
英川镇		凤垟村	凤凰寨村	张川自然村
		张村村		
		寨后村		
		岭头村	岗粗岭村	岭头自然村
		粗垄村		
		岗头村		
		湖后村	莲湖村	后坑自然村
		外处坳村		
		黄谢圩村	黄鲍石村	黄谢圩自然村
		石漴村		
		鲍岱村		
		茶园村	榅茶口村	洪源自然村
		木岱口村		
		榅堆村		
鸬鹚乡	山下村、印章村、驮戥村	葛山村	葛山村	葛山自然村
		金岱村		
		坳根村		
		林胡村	西林村	西山自然村
		西山村		
		徐崇村	徐茶村	茶亭自然村
		茶亭村		
		鸬鹚村	鸬鹚村	鸬鹚自然村
		夏山头村		
		黄桑南村		
		仁字坑村	南坑源村	南坑下自然村
		南坑下村		

2019 年景宁畲族自治县行政村规模调整优化一览表

表 2

乡镇（街道）	行政村	社区 / 居委会	村民小组	行政村、社区、居委会名称
全县总计	136	13	1724	—
红星街道	10	4	164	红星、仙童、外舍、金仙寺 4 个社区；城北、小金州、金包山、杨绿湖、岗石、岭北、王金垟、和兴、岚山、金钟源 10 个行政村。
鹤溪街道	8	2	76	城西、城南 2 个社区；鹤溪、浮丘、东弄、包凤、张村、三枝树、敕木山、鹤木岭 8 个行政村。
渤海镇	6	1	67	渤海 1 个居委会；安亭、东湖、后垄、旦水、石塘山、渤海 6 个行政村。
东坑镇	10	1	91	东坑 1 个居委会；东坑、深垟、桃源、茗源、北溪、白鹤、心田、新和、儒章、杨斜 10 个行政村。
英川镇	10	1	209	英川 1 个居委会；英川、三川、董坪、黄垟口、隆川、凤凰寨、岗粗岭、莲湖、黄鲍石、榅茶口 10 个行政村。
沙湾镇	13	1	178	沙湾 1 个居委会；沙湾、道化、小地、上处垟、七里、仙姑、张庄、叶桥、何处、莲川、旺水、坑头、季庄 13 个行政村。
大均乡	5		70	大均、伏叶、泉坑、李宝、新庄 5 个行政村。
澄照乡	5		99	三石、金坵、东升、漈头、东畔 5 个行政村。
梅岐乡	5		49	梅岐、竹山、岳崇、东文楼、桂远 5 个行政村。
郑坑乡	4		45	郑坑、柳山、吴布、张坑下 4 个行政村。
大漈乡	4		35	潘宅、彭岑、茶林、大漈 4 个行政村。
景南乡	5		56	忠溪、东塘、渔际、缪程、上标 5 个行政村。
雁溪乡	5		43	雁溪、浮亭岗、石梯、大垭垮、梅坞 5 个行政村。
鸬鹚乡	8		114	山下、印章、驮戥、葛山、西林、徐茶、鸬鹚、南坑源 8 个行政村。
梧桐乡	6		80	梧桐、角耳湾、高演、凤凰、金林、同兴 6 个行政村。
标溪乡	4		48	标章、溪港、东叶庄、处基 4 个行政村。
毛垟乡	4		57	毛垟、库头、沙垟、炉西 4 个行政村。
秋炉乡	4		50	秋炉、半山、新塘垟、下圩 4 个行政村。
大地乡	6		70	大地、驮垟、柳叶垟、仙湖、张溪、净垟 6 个行政村。
家地乡	3		25	家地、坪坑、苎岱 3 个行政村。
九龙乡	11	1	102	龙湾 1 个居委会；高沈、王湾、岭里、田坑、金山、徐垟、库坪、后坪、岳口、高岭、和顺 11 个行政村。

（李永杰）

人口与民族

【人口概况】 2019年年末，全县户籍人口170209人。其中，城镇人口34187人，男性89079人。全年出生人口1534人，出生率8.99‰；死亡人口1214人，死亡率7.12‰；人口自然增长率1.88‰。在总人口中，少数民族人口20177人，其中畲族18582人。总户数67718户，平均每户家庭人口2.51人。年末全县常住人口11.21万人，城镇化率55.6%。 （县统计局）

【民族概况】 2019年底，景宁畲族自治县有汉族、畲族、苗族、水族、侗族、布依族、拉祜族、佤族、土家族、彝族、壮族、哈尼族、蒙古族、傣族、满族、仫佬族、瑶族、白族、回族、黎族、藏族、纳西族、维吾尔族、朝鲜族、傈僳族、羌族、布朗族、京族、高山族29个民族，总人口170209人。其中，少数民族人口20177人，占全县总人口的11.9%。全县少数民族干部482人（公务员与事业干部）占全县干部总数的9.5%；实职副科以上领导干部64人（其中实职正科22人）占全县科局级干部的10.12%。少数民族人均收入19811元，同比增长13.6%。全县有鹤溪街道、红星街道、大均乡、东坑镇、澄照乡、梧桐乡、郑坑乡7个民族工作重点乡镇（街道），32个民族村。 （雷　靓）

国民经济和社会发展

【概况】 2019年全县实现生产总值69亿元，按可比价格计算，比上年增长9.2%。其中，第一产业增加值6.41亿元，比上年增长2.9%；第二产业增加值17.04亿元，比上年增长2.9%；第三产业增加值45.55亿元，比上年增长13%。第三产业中，金融业增长11.1%，批发和零售贸易业增长19.6%，营利性服务业增长18.3%。全县人均生产总值（按常住人口计算）62306元，比上年增长7.6%。

2019年，劳动就业基本稳定。年末，全县从业人员6.48万人，其中第一产业2.72万人，第二产业1.29万人，第三产业2.47万人；城镇实有登记失业人员571人，失业率1.7%。

全年，财政总收入149499万元，比上年下降2.3%。其中，一般公共预算收入69756万元，比上年下降9.9%。一般公共预算收入中，国内增值税20417万元，改征增值税14664万元，企业所得税4475万元，个人所得税6872万元。一般公共预算支出475397万元，比上年增长12.3%。

全年粮食播种面积6241.27公顷，粮食总产量33693吨（含马玲薯）。其中，谷物播种面积3971.07公顷，产量26432吨。食用菌产量2276吨，其中香菇产量1559吨。蔬菜播种面积4179公顷，总产量81568吨。水果总产量10030吨，其中柑桔产量2125吨。茶叶生产规模扩大，并向名、优、高方向发展，总产量2084吨，绝大部分是春茶。油料总产量392吨。药材种植面积881公顷，产业结构在调整。

全年完成造林面积108公顷，封山育林面积99000公顷。木材采伐量32109立方米，毛竹采伐量217万根。笋干产量460吨（含冬笋），板栗产量1315吨。

年末生猪存栏1.91万头，年内出栏3.01

万头，同比上升1.01%；山羊存栏0.4万只，出栏0.48万只；家禽存栏14.21万只，出栏19.47万只；兔出栏3.44万只；牛存栏2498头。全年肉类总产量3465吨，比上年增加55吨。其中，猪肉2860吨，比上年增加80吨。水产品产量1740吨。年末养蜂17615箱。

全年农业化肥施用量（折纯）4117吨，同比下降2.7%。农村用电量2761万千瓦时，同比增长0.5%。

全年实现工业增加值9.8亿元，增长8.9%。其中，规模以上工业增加值4.16亿元，增长20.7%；规模以下工业增加值5.64亿元，增长3.7%。规模以上工业中，高新技术产业增加值11858万元，装备制造业增加值9452万元，战略性新兴产业4787万元。全年发电量9.28亿千瓦小时。

工业经济效益基本稳定。据22家规模以上工业企业统计，全年实现规模以上工业总产值14.24亿元，实现利税总额23057万元（其中利润总额17465万元）。从业人员年平均人数1675人。

全县具有资质等级建筑企业29家。全年实现建筑业增加值72511万元，同比下降5.7%。房屋建筑施工面积72.04万平方米，从业人员年平均8691人，实现利润总额5820万元。

全县固定资产投资同比增长13.1%。其中，民间投资同比下降17.5%，交通投资同比增长469.8%，生态环保和公共设施投资同比下降27.7%，高新技术产业同比增长2.1%。从构成上看，项目投资同比增长37.7%，房地产开发投资同比下降47.5%，工业投资同比增长20.5%（其中，工业技改投资增长14.5%）。从投资主体上看，国有投资同比增长45.5%，民间投资同比下降17.5%。从产业情况来看，第二产业投资同比增长20.5%，第三产业投资同比增长11.6%。全县商品房销售面积1.82万平方米，同比下降90.2%；商品房销售额1.42亿元，同比下降91.4%。

全年交通运输、仓储和邮政业增加值1.71亿元，比上年增长5.7%。

交通运输状况进一步改善。全年各种运输方式完成货物周转量31588万吨千米，完成旅客周转量4167万人千米。境内公路总里程1932千米。其中，高速1条12千米，国省道公路2条72千米，县道公路365千米，乡道公路196千米，村道公路1287千米。年末全县民用汽车拥有量18818辆，其中私人汽车拥有量17759辆。

全年邮政业务收入1908万元。电信业务收入9964万元，同比增长6.8%。年末全县有固定电话用户10645户，比上年末减少1129户。其中，城市固定电话用户8454户，农村固定电话用户1752户。住宅固定电话年末用户数3835户。年末全县移动电话用户131154户。固定互联网宽带用户45397户，比上年末增加2790户。移动互联网用户114578户，比上年末增加3369户。全年订销报刊杂志累计234.7万份。

2019年，旅游总收入79.3亿元，比上年增长20.6%。其中，国内旅游收入79.29亿元，比上年增长20.7%。接待入境游客197人次，旅游外汇收入8万美元。

全年社会消费品零售总额37.38亿元，比上年增长12.2%。分地区看，城镇消费品零售27.87亿元，同比增长12.4%；乡村消费品零售9.52亿元，同比增长11.6%。按消费形态分，商品零售32.40亿元，同比增长12.2%；餐饮收入4.99亿元，同比增长11.8%。年末有超亿元商品交易市场2个。

全年外贸进出口338316万元，比上年增长98.7%。其中，自营出口179723万元，同比增长41.5%。

金融运行形势稳定，信贷业务增加较快。年末全县金融机构人民币各项存款余额1206327万元，比年初增加144700万元，增长13.6%。其中，住户存款余额599263万元，同比增长15.1%；非金融企业存款余额209464万元，同比增长20.4%。年末金融机构人民币各项贷款余额932799万元，比年初增加114946万元，增长14.1%。其中，住户贷款余额793823万元，比年初增加93451万元，增长13.3%；非金融企业及机关团体贷款余额138971万元，比年初增加21490万元，增长18.3%。保险业稳定发展。全年保险业保费收入16422万元，比上年增长28.8%。其中，财产险6415万元，比上年增长5.5%；人寿险10007万元，比上年增长50.1%。保险业理赔给付4666万元，比上年下降4.4%。

全县有普通高中1所，在校学生1729人。职业高中1所，在校学生1640人。普通初中5所，在校学生4856人，初中毕业升入高中阶段的比例为98.79%。小学14所，在校学生7951人。幼儿园25所，在园幼儿3165人。学校教职工1851人，其中学校专任教师1437人。

年末科技活动人员188人，R&D内部经费支出2258万元。全年专利申请253件，专利授权230件，其中发明授权9件。

2019年年末，全县有医疗卫生机构100个。其中，县级3个(县综合医院2家，专科医院1家)、专业公共卫生机构3个，基层医疗卫生机构92家(包括社区卫生服务中心、分中心2家，乡镇卫生院19个，村卫生室45个，门诊部、个体诊所、学校卫生室26个)，其他机构2个。卫生机构床位数656张。卫生技术人员933人。其中，医生数(执业医师+执业助理医师)419人，注册护士323人，其他191人。

文化艺术、广播影视、新闻出版等各项事业稳定发展。年末有剧场、影剧院2个；公共图书馆1个，藏书139.7千册；有线电视台1座，数字电视用户4.48万户，有线电视用户率67.5%。电视人口覆盖率100%，广播人口覆盖率100%。

“中国畲乡三月三”市场化运作初具成效，“一乡一品”文化旅游节庆活动成为“爆款”产品。景宁畲族文物代表长三角地区唯一少数民族展品亮相乌兹别克斯坦。2月2日，文化和旅游部发布《文化和旅游部关于公示2018—2020年度“中国民间文化艺术之乡”名单的公告》，共命名175个县(县级市、区)、乡镇(街道)，景宁上榜，是全省六县之一、全市唯一。5月31日，浙江省文化和旅游厅发布《关于基本公共文化服务标准完成情况的通报》(浙江省文化和旅游厅情况通报第2期)，景宁成为第一批通过标准化验收的县(市、区)。2019年3月10日至12日，由文化和旅游部非物质文化遗产司主办的“非遗+旅游”

专题培训班在中央文化和旅游管理干部学院举行，会上景宁以《景宁非遗与旅游融合发展，助力乡村振兴》为题作经验交流，得到文化和旅游部非物质文化遗产司的领导和专家们的充分肯定和与会者的一致好评。2019年6月26日至28日，由浙江省文化和旅游厅主办的2019年度“非遗薪传”——浙江传统舞蹈展演展评系列活动在景宁举行，景宁非遗中心参赛项目《传师学师》获最高奖项“薪传奖”，《九龙鱼灯》获“优秀展演奖”，景宁畲族自治县非遗中心获“最佳组织奖”。浙江省全民健身第二届生态运动会（景宁站）、跑进大花园10k联赛（景宁站）、第四届全国少年儿童国际跳棋棋王棋后赛等品牌赛事活动精彩纷呈。

2019年，新建24小时城市书房2个，特色书房5个。县图书馆被评为浙江省社会科学普及基地。建成乡村梦剧场3个，举办“乡村春晚”70台。马仙非遗传承研究会成立。安亭村被评为浙江省第五批浙江省非物质文化遗产旅游景区（民俗文化村）。“凤凰霓裳——中国畲族服饰展”入围第十三届全省博物馆陈列展览精品项目。景宁畲族银饰成功入选首届浙江省优秀非遗旅游商品。发布实施景宁首部公共文化类地方标准《“文化物流”服务规范》。

2019年，全县平均降水量1844.6毫米，水资源总量35.9697亿立方米。日照时数1510.2小时。城市环境卫生状况进一步改善。空气质量优良以上362天。污水处理厂集中处理率96.67%。生活垃圾无害化处理率100%。土地资源管理取得成效，建成区绿化覆盖面积192.05公顷，公园绿地面积92.64公顷。省级自然保护区2个，面积3326公顷。

全年发生生产安全事故29起，造成4人死亡，7人受伤，直接经济损失191.3万元。其中，交通事故4起，造成3人死亡，7人受伤，直接经济损失22.1万元；发生火灾事故24起，直接经济损失159.2万元。全年发生交通事故23起，造成12人死亡，33人受伤，直接经济损失33.4万元。

全年能源消费总量14.99万吨标准煤，同比增长3.4%。全社会用电量23380万千瓦时，同比增长2.7%。其中工业用电量6235万千瓦时，同比下降2.8%。全县万元地区生产总值能耗同比下降5.3%。

年末，全县户籍人口170209人。其中，城镇人口34187人，男性89079人。全年出生人口1534人，出生率8.99‰；死亡人口1214人，死亡率7.12‰；人口自然增长率1.88‰。在总人口中，少数民族人口20177人，其中畲族18582人。总户数67718户，平均每户家庭人口2.51人。年末全县常住人口11.21万人，城镇化率55.6%。

城乡居民生活水平稳定提高。全县城镇集体（含规上私营企业）以上单位在岗职工工资总额18.8亿元，在岗职工年平均工资101180元。据城乡一体化住户调查，全县常住居民人均可支配收入29242元，比上年名义增长9.5%，扣除价格因素，实际增长6.0%。按常住地分，城镇常住居民人均可支配收入40014元，比上年增长8.8%，扣除价格因素，实际增长5.3%；农村常住居民人均可支配收入20005元，比上年增长10.1%，扣除价格因素，实际增长6.6%。全县常住居民人均生活消费支出20742元，其中城镇常住居民人均消费支出 26980 元，农村常住居民人均生活消费支出 15393 元。

2019 年末，居民人均住房建筑面积 51.9 平方米。其中，城镇常住居民人均住房建筑面积 42.3 平方米，农村常住居民人均住房建筑面积 60.1 平方米。

社会保险事业进一步发展。年末，企业职工基本养老保险参保 36283 人（退休 8912 人），机关事业基本养老保险参保 8107 人（退休 2694 人），城乡居民养老保险参保 72016 人。城镇职工基本医疗保险参保 24826 人，城乡居民基本医疗保险参保 125738 人。失业保险参保 15088 人。工伤保险参保 26720 人。生育保险参保 16685 人。（县统计局）

2015—2019 年景宁畲族自治县国民经济主要指标一览表

表 3

指标	单位	2015 年	2016 年	2017 年	2018 年	2019 年
地区生产总值(GDP)	万元	461274	508852	562154	624097	690036
第一产业	万元	58882	61081	62062	61524	64152
第二产业	万元	128428	139421	149499	165574	170365
第三产业	万元	273964	308350	350593	396999	455519
GDP 比重：第一产业	%	12.8	12.0	11.0	9.9	9.3
第二产业	%	27.8	27.4	26.6	26.5	24.7
第三产业	%	59.4	60.6	62.4	63.6	66.0
常住人口人均生产总值	元	43353	47490	51907	57204	62306
农业总产值	万元	91765	95864	98497	99133	104602
工业总产值	万元	221296	269721	236820	274424	215131
#限额以上工业	万元	114696	129344	89220	102505	138874
固定资产投资额	万元	465881	529796	582833	6.8%	13.1%
#基础设施投资	万元	302531	317502	371062	24.9%	78.6%
#工业投资	万元	53899	45657	39621	145.9%	20.5%
#房地产开发投资	万元	67478	91844	125353	-6.4%	-47.5%
#民间投资	万元	205079	231870	237954	15.9%	-17.5%
社会消费品零售总额	万元	248649	278994	309286	328005	373846
进出口总额	万元	49466	60433	92551	170238	338316
#自营出口	万元	47097	58682	90879	127044	179723
实际利用外资金额	万美元	850	850	938	—	—
财政总收入	万元	106574	115422	130688	153020	149499
#一般公共预算收入	万元	54514	62265	70087	77418	69756
一般公共预算支出	万元	261269	345066	367433	423285	475397
金融机构年末存款余额	万元	828153	936845	925650	1061627	1206327
#住户存款余额	万元	364906	419994	463838	520779	599263

续表 3

指标	单位	2015 年	2016 年	2017 年	2018 年	2019 年
金融机构年末贷款余额	万元	644483	694663	750364	817853	932799
保险业务收入	万元	11692	14432	15368	15767	16422
旅游总收入	亿元	30.65	42.23	54.08	65.74	79.3
全社会用电量	万千瓦时	15908	17978	19402	22756	23380
#工业用电量	万千瓦时	4556	4728	5262	6413	6235
城镇常住居民人均可支配收入	元	28296	30899	33618	36778	40014
农村常住居民人均可支配收入	元	13663	14989	16503	18170	20005
年末户籍人口	人	171928	172224	171545	170954	170209
#少数民族人口	人	19685	19877	20054	20191	20177
年末常住人口	万人	10.65	10.78	10.88	10.94	11.21
城市化率	%	48.9	50.4	51.5	53.7	55.6

注:2015 年至 2017 年 GDP 相关数据,根据 2018 年经济普查年份普查数予以修正调整。

体制改革

【概况】 2019 年,景宁畲族自治县按照年初既定的改革工作目标任务,坚持"绿水青山就是金山银山"科学发展理念,围绕"中国畲乡·和美景宁"发展定位,运用民族和生态两张金名片,以"一新一老一副一环"(外舍新区、鹤溪老城区、澄照产业副城、环敕木山畲族风情旅游度假区)城市组团建设和全域景区化布局,有序推进各项重大改革试点工作,取得初步成效。

加快融入长三角。设立区域合作专职机构,建立区域合作联席会议、部门间协商落实等制度。2019 年 3 月,景宁与上海市静安区签订战略合作协议。7 月,静安区委书记率团回访景宁,建立全面战略合作关系。双方签订了包括农业农村发展振兴、生态工业转型升级、区域旅游合作共赢、科教文化交流合作、招商引资合作等 10 个方面的合作框架协议。截至 2019 年年底,双方达成合作意向 20 余项,形成投资规模 40 余亿元。

全面优化营商环境。围绕"10+N"指标,精简审批程序,提升服务质量,减轻企业负担,便利企业投资兴业。督促指导各责任单位制定了用水用气报装、不动产交易登记、纳税、投资项目审批等便利化行动方案,对照考核指标制定具体落实措施。至 2019 年年底,不动产交易登记、工程建设项目审批、企业投资项目审批、企业开办、企业办理破产、简易注销、纳税、用水、用电、网络报装、获得信贷等 11 项均实现年度目标;用气报装,完成 4.3 千米天然气管道铺设,并做好前期对接,确保通气后第一时间实现用气报装指标。

推进特色小镇规划建设。健全培育创建、工作例会、季度年报、年度考核等工作机制,完善部门分工合作联席会议机制、投资融资体制机制和行政审批制度,各种改革试点在特色小镇先行先试。完成特色小镇 18 项指标和“三表三图”制作(景宁畲乡小镇在建入库项目清单表、畲乡小镇企业(机构)名册清单表、畲乡小镇高专人才清单表,景宁畲乡小镇在建项目布局图、畲乡小镇入驻企业分布图、畲乡小镇建设现状图),畲乡小镇顺利通过省级年度考核。

全面推动县域经济体制综合改革。推行资源要素差别化配置机制,推进产业转型升级体制创新、城乡一体化发展机制创新,建立健全民间资本进入公共设施建设领域的机制。深化行政审批制度改革,建立企业投资项目高效审批制度。按照简政放权、放管结合、优化服务要求,完善县行政审批事项目录和相关中介服务目录。建立企业投资项目并联审批机制和纵横联通的项目审批网,不断完善远程异地评标系统和电子辅助评标系统,切实规范公共资源进场交易服务工作。

健全完善公共文化服务机制,推进畲族文化发展。按照建设“全国畲族文化总部”的总要求,坚持以生态为底色,文化为特色,突出文化引领。培育全域旅游支柱产业,打造“特色风情聚落区”。培育创建“畲族文化体验小镇”,不断提升畲族文化影响力。以农村文化礼堂为主要载体,持续推进公共文化服务综合体建设。深化农村电影发行放映体制改革。完善公共文化设施免费开放的保障机制,实施文化惠民工程。

建立健全以生态文明建设为重点的体制机制,全面推进省重点生态功能区县城改革试点工作。建立健全“五水共治”“六边三化三美”“三改一拆”长效机制。完善区域协同发展推进机制,促进公共资源均衡配置。以城市化和乡村振兴为抓手,启动高等级景区县城创建工作,建管并重,推动城市文明。高标准建设美丽集镇,美丽乡村,高站位推进乡村振兴。打造颜值、气质俱佳的美丽城乡升级版,加快建设全省大花园中的民族风情特色园。有序推进小城市培育试点工作,完成年报145项指标报送,顺利通过省级年度考核,获得省级小城市专项资金和考核奖励金3200万元。

持续推进信用体系建设。完成景宁畲族自治县政府网站平台与浙江政务服务网信用信息平台链接,实现信用数据共享,信用信息集中统一公示,方便公共信用信息查询。建立健全失信惩戒机制,明确各单位的职责及惩戒方式,促进信用信息在各部门的应用。探索生态信用体系建设,东坑镇架起村镇和银行的生态信用贷款桥梁,大均乡泉坑村列入全市首个信用村试点,县人民法院公布首批23名“生态失信行为人”名录。2018年9月1日至2019年8月31日,景宁畲族自治县综合信用指数为78.86,在全市9个县(市、区)总体信用排名第2。

【企事业用车处置管理】 2019年6月6日,县车改办会同县国资公司按照景宁畲族自治县行政事业单位国有资产管理有关规定,在县招标投标中心交易厅举行拍卖会,对企事业单位车改取消车辆进行拍卖。全县企事业单位车改取消车辆共计44辆(事业单位25辆,国企19辆),应拍26辆,报废18辆。拍卖现场成交16辆,成交额84.53万元。其余10辆按照报废程序处置。

2019年,根据《丽水市公务用车制度改革领导小组办公室关于做好事业单位保留用车标识喷涂及GPS安装工作的通知》精神，县车改办对全县企事业单位182辆保留用车进行统一标识喷涂，对不喷涂车辆进行了备案；经邀请报价，由县电信公司中标GPS安装。

【长江经济带生态环境隐患大排查】 2019年，景宁畲族自治县根据丽水市长江办《长江经济带生态环境隐患大排查工作方案》和相关会议文件要求，印发了《景宁畲族自治县长江经济带生态环境隐患大排查工作责任分工实施方案》。重点针对城镇污水垃圾、化工污染、农业面源污染、船舶污染、尾矿库污染及侵占岸线、建坝占湖、违规倾倒固体废物等行为进行全面排查整改。根据《景宁畲族自治县生态环境保护联席会议制度》“10+X”运作模式，做好环境风险隐患排查，督促环境风险源单位自查自纠，制定整改方案。实行挂牌制、交办制、销号制，建立台账，高质量完成生态环境隐患大排查整改工作。

【景宁列入全国民族地区城乡融合发展创新改革试点】 2019年，在全国“两会”期间，景宁畲族自治县编制完成《关于支持并争取将景宁畲族自治县列入全国民族地区城乡融合发展创新改革试点的报告》，县人民政府县长钟海燕带队向国家民委汇报，请求支持开展试点。同年3月20日，中共浙江省委办公厅、省政府办公厅在《关于做好2019年全面深化改革工作的通知》中明确提出“支持景宁争创全国民族地区城乡融合发展试点”。4月30日，国家民委批复支持景宁开展全国民族地区城乡融合试点建设。5月，景宁畲族自治县委托浙江省发展与改革研究所编制试点建设方案。经多方听取意见，易稿30余次，形成征求意见稿。8月1日，省发改委、省民宗委牵头在北京组织召开专家评审会，邀请国家发改委、国家民委和中央民族大学等单位的领导和专家参加。根据专家意见和省级20个相关部门意见修改后，形成《景宁畲族自治县全国民族地区城乡融合发展试点建设方案》审议稿，并于8月26日，提交中共浙江省委深化改革委员会第五次会议审议通过。11月12日，景宁畲族自治县召开全国民族地区城乡融合发展试点建设动员大会，印发《景宁畲族自治县全国民族地区城乡融合发展试点建设实施方案》，落实责任分解，建立工作体系，启动试点建设。 （潘明铭）

中国共产党
景宁畲族自治县委员会

重要会议

【县委九届五次全体会议】 2019 年 1 月 14 日，县委九届五次全体会议召开。全会以习近平新时代中国特色社会主义思想为指导，全面贯彻落实中央和省市有关机构改革会议精神，传达学习省委、省政府批复同意的《景宁畲族自治县机构改革方案》，研究部署下阶段景宁畲族自治县机构改革工作。县委常委会主持会议。市委常委、县委书记陈重讲话，县领导钟海燕、严轶华、张峰、潘伟等出席。全会强调，要明确景宁畲族自治县机构改革的总体要求，牢牢把握中央“六个坚持”、省委“三个突出”、市委“四个务必”的总要求，确保景宁畲族自治县机构改革工作始终沿着正确方向推进。全会要求，全县上下必须提高政治站位，迅速统一思想，精心组织实施，确保高质量高标准完成机构改革各项任务。要切实抓好“三定规定”（定职能、定机构、定编制）制定，抓紧转隶组建，做好集中办公和挂牌，加快推进事业单位改革，指导好乡镇（街道）改革，确保县乡改革同步完成；要严肃纪律，营造风清气正的改革氛围，把纪律规矩挺在前面，不折不扣完成好机构改革各项任务。

【县委九届六次全体会议】 2019 年 8 月 15 日，县委九届六次全体（扩大）会议暨县政府九届四次全体会议召开。全会高举习近平新时代中国特色社会主义思想伟大旗帜，深入学习贯彻省委、市委全会精神，回顾总结 2019 年以来的工作，部署下阶段工作，进一步动员全县上下争当弘扬践行浙西南革命精神的排头兵，全面加快建设美丽幸福新景宁。全会审议通过了《中共景宁畲族自治县委关于大力弘扬践行浙西南革命精神的决定》。市委常委、县委书记陈重代表县委常委会做工作报告。陈重指出，2019 年以来，景宁全面贯彻落实习近平总书记对景宁的重要指示，坚持“八八战略”再深化、改革开放再出发，大力弘扬践行浙西南革命精神，坚持“诗画畲乡·和美景宁”县域定位，克难攻坚抓项目，凝神聚力

"大赶考",全面打响打赢畲乡铁军"三服务·破六难"百日攻坚大会战,集中精力谋划实施了一批打基础管长远惠民生的大事要事。陈重强调，要以浙西南革命精神引领景宁奋力开创高质量绿色发展新局面。要以全会精神为指引，切实把思想和行动统一到抓具体工作落实上来。要振奋精神抓落实,深化学习抓落实,担当实干抓落实,聚合民心抓落实,以最广大人民的根本利益为出发点和落脚点,坚守"安暖和"的民生情怀,合力奏响创新实干"最强音"。县委副书记、县长钟海燕部署下半年工作。钟海燕强调,要树立忠诚使命的崇高信仰,要永葆求是挺进的奋斗姿态,要厚植根植人民的宗旨意识。

【县委常委会会议】 2019年1月2日，县委常委会会议召开。会议开展总书记习近平对景宁的指示和批示精神专题学习；传达学习中央农村工作会议、全国深入学习浙江"千万工程" 经验全面扎实推进农村人居环境整治会议、全省巡视巡察工作现场推进会、市委四届五次全会等会议精神,以及《关于进一步促进民营经济高质量发展的实施意见》《关于推进村级集体经济"飞地"抱团发展的实施意见》精神，并研究贯彻落实意见；研究通过2018年县委常委会民主生活会会议方案。会议强调,要立足县情农情,以产业兴旺为重点、生态宜居为关键、乡风文明为保障、治理有效为基础、生活富裕为根本,创造性地实施乡村振兴战略，推动景宁畲族自治县农业农村农民全面发展；要坚持农业供给侧结构性改革这条主线,集中精力抓好"景宁600"产业,推动农业优质、特色、绿色发展;要传承好"千村示范、万村整治"的好做法、好经验,坚持干在实处,增强走在前列的信心和决心;要切实提高政治站位,站在讲政治、讲大局、讲责任的高度,对照《关于新形势下党内政治生活的若干准则》《中国共产党党内监督条例》规定和要求认真抓好各项准备工作。

1月8日,县委常委会召开会议。会议传达学习中共中央总书记、中央军委主席习近平在《告台湾同胞书》发表40周年纪念会、中央军委军事工作会议上的讲话精神；传达学习中共浙江省委书记车俊在丽水调研座谈会上的讲话精神。会议强调,景宁是海峡两岸少数民族文化交流与合作基地，也是浙江省对台工作重点县，要深入学习贯彻落实习近平重要讲话精神,努力开创对台工作新局面;要深入学习贯彻习近平总书记在中央军委军事工作会议上的讲话精神，用习近平总书记重要讲话精神统一思想行动,增强忧患意识、危机意识、打仗意识,自觉承担起新时代武装工作的神圣使命，不断开创新时代武装工作新局面；要迅速学习贯彻车俊在丽水调研座谈会上的讲话精神,切实融入具体工作之中,真抓实干、奋勇争先,争当"丽水之干"模范生;要不断深化"大学习大调研大抓落实"活动，以活动实际成效深化改革开放，实现新作为新突破，奋力书写新时代畲乡景宁发展新篇章,确保与全省、全市同步高水平全面建成小康社会。

1月11日,县委常委会会议召开。会议传达学习2018年度国家科学技术奖励大会精神,全国宣传部长会议精神,全市机构改革动员大会精神，并研究相关贯彻落实意见。会议强调，全县上下要紧紧抓住新一轮科技革命和产业革命的机遇，紧密结合景宁实际，强化创新驱动发展，抓好科技成果运用转化，加快新旧动能转换；要加强科技人才引进、培养、使用，认真落实各项人才政策，鼓励科技人才创新创业，多出创新成果；要结合巡视组在宣传思想、意识形态领域反馈的问题，对照中央、省市要求进行整改，做到“即知即改、应改尽改、立行立改”，不断提升宣传思想工作水平；要扎实做好景宁的机构改革工作，进一步提高政治站位，深刻认识深化机构改革的重要性和紧迫性，把任务扛在肩上、把规矩挺在前面，确保改革任务落到实处。

1月17日，县委常委会会议召开。会议传达学习习近平在中共十九届中央纪委三次全会上的重要讲话精神和中央政法工作会议上的重要讲话精神；传达学习车俊在省委审计委员会第一次会议上的讲话精神；传达贯彻全省扫黑除恶专项斗争视频会议精神；传达学习市委经济工作会议精神。并研究相关贯彻落实意见。会议强调，全县上下要切实把思想和行动统一到总书记习近平的重要讲话和中央纪委全会精神上来，围绕政治建设、作风建设、惩治腐败、深化改革、压实责任等重点，深入研究谋划新一年的纪检监察工作，确保取得全面从严治党更大战略性成果；要紧紧围绕“五位一体”总体布局和协调推进“四个全面”战略布局，拓展审计监督广度和深度，努力打造一支高素质专业化的审计干部队伍，保障经济社会持续健康发展；要科学谋划、周密部署，确保扫黑除恶专项斗争的各项部署和措施落到实处、取得实效，不断增强人民群众获得感、幸福感、安全感。

2月1日，县委常委会会议召开。会议传达学习总书记习近平在省部级主要领导坚持底线思维着力防范化解重大风险专题研讨班上的重要讲话精神，在中共中央政治局第十二次集体学习会上的重要讲话精神；传达学习中共中央国务院《关于坚持农业农村优先发展做好“三农”工作的若干意见》；传达学习车俊在省纪委十四届四次全会上的讲话精神；传达学习全省“大棚房”问题专项清理整治行动电视电话会议精神，听取“大棚房”问题专项清理整治工作情况汇报。并研究各项议题相关贯彻落实意见。会议指出，要以“三服务”活动为抓手，持续深化“大学习大调研大抓落实”活动，进一步摸清各类风险隐患，做到心中有数、知事知源，牢牢把握工作的主动权；要用好“八八战略”这把防范化解风险挑战的“金钥匙”，坚持发展新时代“枫桥经验”，深入推进“清廉畲乡”建设，确保全县经济持续健康发展和社会大局稳定；要坚持守正创新、担当作为，推进媒体融合向纵深发展，构建全媒体传播格局，全县党报、党刊、党台、党网都要紧跟时代，大胆运用新技术、新机制、新模式，加快融合发展步伐，不断巩固壮大主流舆论，让党的声音传得更开、播得更广；要深化农业供给侧结构性改革，深入实施乡村振兴战略，持续深化质量创新，不断推动农业标准化、品牌化、电商化发展；要持之以恒把党的政治建设摆在首位，坚定不移推进全面从严治党，巩固发展反腐败斗争压倒性胜利，为推进“两个高水平”建设，与全省同步实现全面小康社会提供坚强保障。

2月14日下午，县委常委会会议召开。会议专题听取2018年度市对县综合考核位列全市后3位指标排名情况汇报。相关部门就乡村振兴工作、农村金融改革、绿色发展综合改革创新区建设综合评价、社会消费品零售总额增长率、单位生产总值综合能耗降低率等21项市对县综合考核指标排名在后3位的情况进行汇报分析，查找症结、制定措施，明确努力方向。会议强调，要倒逼各责任部门认真分析解决当前存在的问题，抓紧补短板、强弱项，让景宁整体工作水平得到有效提升，进一步增强畲乡群众的获得感、幸福感、安全感；要强化思想认识，对相关考核指标排名靠后情况要引起高度重视，精准查补短板，有针对性提出改进举措，确保各项工作能够有的放矢；要强化统筹推进，加强组织统筹，凝聚上下合力，努力形成全县一盘棋的工作格局，突出“诗画畲乡·和美景宁”县域定位，坚持底线思维和高质量发展要求，全力开展好“三服务破六难”百日攻坚大会战，努力夺取“开门红”，最终实现“全年红”；要深入开展“志不求易、事不避难”创新实干大赶考，调动部门上下的积极性、主动性和创造性，更好服务项目建设主战场，尽心尽责抓好各项工作落实落细，着力加快美丽幸福新景宁建设。

2月20日，县委常委会会议召开。会议传达学习省委书记专题会议精神，研究《景宁县委落实省委巡视组反馈意见整改方案（责任分工）》。并研究各项议题相关贯彻落实意见。会议强调，要自觉增强“四个意识”，把巡视整改作为管党治党的重要抓手，聚焦“两个维护”、党的领导、四风问题、惩治腐败等关键领域推进问题整改，不断净化党内政治生态，深入推进“清廉畲乡”建设，为谱写“两山”时代答卷的景宁新篇章提供坚强有力的纪律保障；要切实增强做好整改落实的责任感，自觉把抓好巡视整改作为重大考验，高度重视、严肃对待，压实责任，确保高标准、高质量地完成各项整改任务，在强力治标的基础上举一反三、形成长效，从源头上、制度上、根本上解决问题。

3月6日，县委常委会会议召开。会议传达学习《中共中央关于加强党的政治建设的意见》《中国共产党重大事项请示报告条例》《中央巡视工作规划(2018—2022年)》《中国共产党浙江省第十四届委员会巡视工作规划》《中国共产党丽水市第四届委员会巡察工作规划》精神；传达学习车俊在省委常委会上的讲话精神、市纪委四届四次全体(扩大)会议精神、市委书记胡海峰在全市“浙西南革命精神”弘扬践行活动动员大会上的讲话精神。并研究相关贯彻落实意见。会议审议并通过《景宁畲族自治县“浙西南革命精神”弘扬践行活动实施方案》《静安—景宁合作框架协议》等。会议强调，要持续净化政治生态，严格执行新形势下党内政治生活若干准则，自觉尊崇党章、严守党规、恪守党纪，加快构建不敢腐、不能腐、不想腐的长效机制，营造风清气正、干事创业的良好氛围；全县各级党组织要提高政治站位，深刻领会工作规划的新部署新要求，努力增强政治巡视能力；要紧盯工作质效，在实践中总结提炼、开拓创新，推动巡视巡察往实里走、往深里走；要深化成果运用，压实整改责任、严肃问题整改，做好巡视巡察“后半篇文章”；要深入学习贯彻市委书记胡海峰在全市“浙西南革命精神”弘扬践行活动动员大会上的讲话精神，自觉把思想和行动统一到市委的部署上来，自觉为“丽水之干”注魂、赋能、立根；要围绕“开放”牢牢把握长三角区域一体化发展上升为国家战略的机遇，更加积极主动与上海静安区以及温岭、上虞、海盐、宁海等地联系对接，加快吸引更多优质资源要素向景宁集聚，不断增强景宁内生发展动力。

3月28日，县委常委会会议召开。会议传达学习总书记习近平关于意识形态工作相关重要论述，习近平在学校思想政治理论课教师座谈会上的讲话精神，《党政领导干部选拔任用工作条例》，以及四届市委第五轮巡察工作动员部署会精神，并研究贯彻落实意见。会议审议了《关于深化完善容错纠错机制的实施细则》；听取2018年度全县政治生态评估情况报告。会议强调，全县上下要围绕加强思想武装、履行意识形态工作责任制、巩固壮大主流思想舆论等重点，着力建设具有强大凝聚力和向心力的意识形态新高地；各级各部门要深入学习领会习近平在学校思想政治理论课教师座谈会上的重要讲话精神，在提供高质量的思政教育，打造高素质的教师队伍，落实高水平的教育保障等方面，推动立德树人根本任务落到实处；县纪委、县委组织部、赶考办要加强统筹，把政治生态评估结果纳入干部监督、选人用人、综合考评通盘考虑，落实到干部的日常监督管理和考核评价中，系统推进“清廉畲乡”建设，努力营造风清气正的政治生态。

4月11日，县委常委会会议召开。会议传达学习习近平关于江苏省响水县爆炸事故和四川省木里县森林火灾重要指示精神，研究贯彻落实意见；审议《景宁畲族自治县安全生产巡查工作制度》《关于全面实施“大搬快聚富民安居”工程的指导意见》《关于推进文化畲乡建设的实施方案》；传达学习《中共中央办公厅印发关于解决形式主义突出问题为基层减负的通知》《中共浙江省委办公厅浙江省人民政府办公厅关于整治形式主义突出问题切实减轻基层负担的若干意见》，传达学习市委对景宁2018年度落实全面从严治党主体责任检查考核的反馈意见精神；审议九届县委第四轮巡察工作方案；听取县政协“请你来协商”平台建设工作汇报；听取扫黑除恶工作汇报；研究2019年度后进村党组织名单。并研究各项议题相关贯彻落实意见。会议强调，全县上下要切实提高政治站位，自觉把思想和行动统一到抓好贯彻落实上来，认真对照、引以为戒，不断提高安全生产水平，提升防灾减灾救灾能力；建立完善责任清晰、目标明确、要求具体的严密工作机制，持续推进全县安全生产、防灾减灾形势平稳向好。要加强沟通，密切配合，坚持把牢标准、科学谋划、加强指导，扎实推进“大搬快聚富民安居”工程。要抓好统筹，合理安排，全力做好群众发动工作，引导村民积极搬迁，推进发展。要精准谋划产业，确保搬迁安置与城镇化、乡村振兴、群众增收致富同部署同落实同推进，着力解决搬迁群众的脱贫致富问题。

5月5日，县委常委会会议召开。会议听

取235国道景宁东坑至泰顺司前段改建工程项目前期工作有关事宜汇报和体育公园一期暨体育场复建工程概算调整相关事宜汇报；传达学习《浙江省生态环境保护工作责任规定》；审议通过《景宁畲族自治县创建省级美丽乡村示范县的实施方案》；听取2019年第一季度经济运行情况汇报、九届县委第三轮巡察交办共性问题整改落实情况汇报；研究意识形态工作。并研究各项议题相关贯彻落实意见。会议强调，要以服务全县发展大局为出发点和落脚点，主动加强对上政策争取和泰顺工作对接，广泛听取群众意见建议，合力推进项目前期工作，及时解决工程施工过程中遇到的各类问题，全力保障项目顺利推进；要坚持用发展的眼光看待问题，着眼于人民群众需求和承办高质量高等级赛事的需要，加强工程建设管理，加快工程建设进度，确保工程质量效益，实现早完成、早投入、早见效。

6月10日，县委常委会会议召开。会议传达学习习近平在解决“两不愁三保障”突出问题座谈会上的讲话精神、习近平在“不忘初心、牢记使命”主题教育工作会议上的讲话精神、《中共中央关于在全党开展“不忘初心、牢记使命”主题教育的意见》、省委常委会会议暨“不忘初心、牢记使命”主题教育领导小组第一次会议精神、全省“不忘初心、牢记使命”主题教育工作会议精神、丽水市党政代表团赴上海学习考察相关精神、全国市县巡察工作推进会精神、中巡办主任王鸿津在浙江调研时的讲话精神、省市党委巡察办主任会议精神、《中国共产党党员教育管理工作条例》、《干部选拔任用工作监督检查和责任追究办法》、《中国共产党重大事项请示报告条例》、《中共中央国务院关于建立健全城乡融合发展体制机制和政策体系的意见》、浙江省推进长三角一体化发展工作领导小组第一次（扩大）会议精神，并研究各项议题相关贯彻落实意见。会议强调，要聚焦脱贫长效，狠抓脱贫成果巩固提高，强化产业扶贫成效，稳定脱贫攻坚政策，全面推动省委专项巡视反馈问题整改见底见效，以“钉钉子”精神加强扶贫领域腐败和作风问题治理，多管齐下提高脱贫质量；要提高站位，切实增强“四个意识”，坚定“四个自信”，做到“两个维护”，自觉把思想和行动统一到党中央、省委相关部署要求上来，深刻认识开展主题教育的重大意义，聚焦解决思想根子问题，在学习原文中悟透原理，推动学习贯彻习近平新时代中国特色社会主义思想往实里走、往深里走、往心里走，全面落实党中央关于主题教育的目标要求，确保取得预期效果；坚持统筹兼顾，把开展主题教育同履行党委政府职责、贯彻各项中心工作部署、完成改革发展稳定各项任务结合起来，力戒形式主义、官僚主义，做到“两手抓两促进”。

6月28日，县委常委会会议召开。会议传达学习中共中央文件；审议《景宁畲族自治县纪委、县监委派驻（出）机构改革方案》《关于深化景宁畲族自治县纪委、县监委派驻机构改革的实施意见》《景宁畲族自治县受处理处分干部教育管理使用办法（试行）》；研究《2019年度乡镇（街道）“大赶考”综合考核办法》。并研究各项议题相关贯彻落实意见。会议强调，全县上下要提高政治站位，强化政治担当，坚持把力戒形式主义、官僚主义作为重要政治任务，切实增强集中整治形式主义、官僚主义的思想和行动自觉；要在县委的统一领导下，深入贯彻落实上级决策部署，从战略和全局的高度谋划好、推进好、落实好改革各项事宜，做好“人员、经费、场所、制度、履职”五个保障，确保改革全面落实、扎实推进；要强化结果运用，把考核结果与班子综合评价、年度评优评先、干部选拔任用有效挂钩，舞好科学发展“指挥棒”，树好干事创业“风向标”，用好检验干部“试金石”，扎实推动全县经济社会高质量发展。

7 月 31 日，县委常委会会议召开。会议审议通过《2019 第二届世界丽水人大会景宁分会场总体方案》；听取关于要求修编《瓯江流域综合规划》及取消小溪干流大均以上水电项目开发的情况汇报、景宁县 2019 年上半年意识形态工作责任制落实情况汇报；研究通过县委《关于市委 2018 年度意识形态工作责任制重点检查反馈意见的整改方案》；审议通过《中国共产党景宁畲族自治县第九届委员会巡察工作规划》；听取 2019 年上半年社会稳定（信访）形势分析汇报；研究部署党政领导包案化解信访积案工作。并研究各项议题相关贯彻落实意见。会议强调，要做好结合，着眼长效，坚持把功夫下在平时、做在经常，扎扎实实做好对外开放、招商引资、深化合作等文章，引导更多乡贤人才回报家乡，反哺社会，共同画好发展“同心圆”，为推动丽水高质量绿色发展作出应有贡献；全县上下要明确工作职责、健全领导体系，坚决履行和认真落实意识形态工作责任制，牢牢把握意识形态领导权、管理权、话语权，更好地服务党和国家中心工作。

8 月 15 日，县委常委会会议召开。会议专题学习《习近平新时代中国特色社会主义思想学习纲要》；传达学习习近平在中央政治局第十五次集体学习时的讲话精神和在中央和国家党的建设工作会议上的讲话精神；传达学习省委书记车俊在省委常委会会议研究防台救灾工作的讲话精神、省长袁家军在抢险救灾和灾后重建工作会议上的讲话精神；听取全面从严治党主体责任半年督查情况汇报；研究县侨联换届工作。并研究各项议题相关贯彻落实意见。会议指出，纲要对习近平新时代中国特色社会主义思想作了全面系统的阐述，是全党开展“不忘初心、牢记使命”主题教育的必读书目，是广大干部群众深入学习领会习近平新时代中国特色社会主义思想的重要读物。会议强调，各级党委（党组）要组织全体党员认真读原著、学原文、悟原理，并紧密结合“不忘初心、牢记使命”主题教育，把纲要纳入理论学习中心组学习计划，周密部署安排，开展集中学习、研讨交流。要在多思多想、学深悟透上下功夫，在系统全面、融会贯通上下功夫，在知行合一、学以致用上下功夫。

9 月 10 日，县委常委会会议召开。会议学习贯彻中共中央印发的《中国共产党问责条例》《中国共产党农村工作条例》，全省平安护航新中国成立 70 周年大庆安保维稳工作会议、全市“大会战”攻坚决胜阶段维稳安保工作部署会会议精神；听取景宁县护航新中国成立 70 周年安保维稳工作情况汇报；审议通过《景宁畲族自治县防范化解重大风险重点工作任务清单》。并研究各项议题相关贯彻落实意见。会议强调，2019年是中华人民共和国成立70周年，景宁畲族自治县设立35周年，大事喜事多，平安维稳压力重大。平安护航新中国成立70周年大庆安保维稳工作是当前首要的政治任务。全县上下要提高政治站位，全力做好新中国成立70周年大庆安保维稳工作。要层层压紧压实责任，抓好维稳专班建设，做到“亲自研究部署、亲自组织指挥、亲自督促落实”，积极在维护稳定、化解矛盾方面作出表率。要坚持问题导向、结果导向，坚持“稳字”当头，以防范化解矛盾风险为主线，发展好新时代“枫桥经验”，凝聚全部精力，集中全部资源，努力把各类矛盾风险解决在基层、解决在当地、解决在萌芽状态。要把督导检查作为推动各项措施任务落实的有力手段，对敷衍塞责、弄虚作假造成不良影响的，要严肃追责问责，推动全县上下以强烈的责任担当和务实的工作作风，全力为新中国成立70周年大庆营造安全稳定的社会环境。

9月12日，县委常委会会议召开。会议审议通过《中共景宁畲族自治县委关于开展“不忘初心、牢记使命”主题教育的实施意见》《县委常委会带头深入开展“不忘初心、牢记使命”主题教育实施方案》《县委常委会深入开展“不忘初心、牢记使命”主题教育工作计划安排》《县委主题教育巡回指导组人员名单》；审议通过《关于召开全县“不忘初心、牢记使命”主题教育工作会议建议方案》《全县“不忘初心、牢记使命”主题教育工作培训会建议方案》。并研究各项议题相关贯彻落实意见。会议强调，全县上下要自觉把思想和行动统一到中央、省委、市委的决策部署上来，切实提高政治站位，树牢“四个意识”，坚定“四个自信”，践行“两个维护”，以高度的政治自觉和行动自觉开展好主题教育；要坚持两手抓两促进，坚定不移地落实习近平总书记对景宁作出的重要指示，志不求易、事不避难，争当“丽水之干”模范生，争当弘扬践行浙西南革命精神的排头兵，奋力书写好践行“两山”理念、建设“诗画畲乡·和美景宁”的时代答卷。

10月15日，县委常委会会议召开。会议传达学习习近平在中央政治局第十七次集体学习会上的讲话精神、省委常委会会议精神；听取关于2019年度县委落实全面从严治党主体责任存在差距和短板问题情况汇报、省26个县发展实际考核结果汇报；审议通过《“真情暖万家·关爱365”景宁畲族自治县留守儿童和困境儿童关爱保护工作行动计划》。并研究各项议题相关贯彻落实意见。会议强调，全县各级各部门要进一步增强“四个意识”、坚定“四个自信”、做到“两个维护”，自觉把深入学习贯彻习近平重要讲话精神纳入“不忘初心、牢记使命”主题教育中，切实强化思想理论武装，不断深化指导实践；全县上下要认真学习贯彻省委常委会的贯彻落实意见，坚决做到“三个不能忘，四个要清醒，五个做表率”，认真筹备全国民族地区城乡融合发展试点建设动员大会，扎实推进民族团结、民生改善、高质量发展等工作，在深化“不忘初心，牢记使命”主题教育中奋力开创景宁畲族自治县民族团结进步事业新局面，以实际行动回应党中央和省委的特殊关爱。

11月4日，县委常委会会议召开。会议分析前三季度经济运行情况；听取“不忘初心、牢记使命”主题教育“8+1”专项整治工作情况汇报；传达贯彻中央第二巡回督导组组长陈际瓦在丽水调研督导时的讲话精神和市委常委会暨主题教育领导小组第二次会议精神。并研究各项议题相关贯彻落实意见。会议强调，全县上下要紧紧围绕“克难攻坚抓项目，凝神聚力大赶考”工作主基调，将主题教育成果转化为干事创业的强大动力，持续推动供给侧结构性改革，坚定不移推进高质量发展，以清醒态度和扎实举措全力冲刺四季度各项工作，努力实现“全年红”；“不忘初心、牢记使命”主题教育要坚持善始善终，不能因为时间过半、任务过半，肩上的责任和压力就减半，要始终做到全过程高质量，全领域高质量开展好主题教育；要坚持不懈一体推进，把学习教育、调查研究、检视问题、整改落实四项重点举措不分环节、不分阶段、从头到尾，贯穿于主题教育全过程；要坚持不懈推进问题整改，把整改成效作为检验主题教育的重要标准，不断把主题教育的成果转化为干事创业、为民服务的持久干劲，充分彰显新时代畲乡党员干部的初心和使命。

12月2日，县委常委会会议召开。会议传达学习省政协主席葛慧君在景宁调研时的讲话精神、全省县级社会矛盾纠纷调处化解中心建设现场推进会精神；审议通过《关于扶持推进景宁畲族自治县融媒体中心改革发展的若干意见》《全面推进新时代文明实践中心建设的实施意见》《景宁畲族自治县生态环境保护工作责任规定（审议稿）》；听取迎接第二轮中央生态环境保护督察准备情况汇报、乡村振兴工作汇报，听取县纪委县监委、县委组织部、县委宣传部、县委统战部工作汇报，听取县委党校、总工会、团县委、妇联、科协工作汇报，听取景宁畲族自治县第八次妇女代表大会筹备情况的汇报，听取老干部工作汇报；研究通过《景宁县公务员职务与职级并行制度实施方案》。并研究各项议题相关贯彻落实意见。会议强调，各级各部门要深入学习领会葛慧君主席在景宁调研时的讲话精神，认真抓好贯彻落实，切实把加强党的领导、促进各民族交往交流交融、加快民族地区发展贯穿工作始终，持续深化“大赶考”，推进景宁加快发展、奋发赶超，奋力继续走在全国自治县前列。

12月16日，县委常委会会议召开。会议传达学习中央政治局会议精神、中央经济工作会议精神，省委常委会扩大会议精神，市委人大工作会议精神，并研究贯彻落实意见；听取县委人大工作会议筹备情况汇报；审议通过《中共景宁畲族自治县委关于高水平推进新时代人大工作和建设的意见（审议稿）》。会议强调，市委召开全市人大工作会议，出台关于高水平推进新时代人大工作和建设的意见，为做好新时代景宁畲族自治县人大工作指明了方向、提供了遵循。各级各部门特别是人大系统、人大机关要认真组织学习，准确领会会议和文件的精神实质，把学习成果转化为履职思路、工作举措。县人大常委会要深刻把握新时代人大工作的新使命新任务，紧紧围绕上级人大部署和全县中心工作，聚焦发展需求、民生期盼、问题难点，认真履行、全面担负起宪法法律赋予的各项职责，进一步加强人大代表履职服务和管理，不断提升人大工作实效，更好地服务全县改革发展。同时，要抓好县委人大工作会议的筹备，确保会议高质量举行。

【全县工作会议】 2019年2月12日，全县工作会议暨“三服务破六难”百日攻坚大会战动员大会召开。市委常委、县委书记陈重讲话，县委副书记、县长钟海燕作动员部署，县领导严铁华、张峰、潘伟等出席会议。会上，陈重从“突出一个主题、抓住两个关键、建强三支队伍、紧盯四个节点、把好五个尺度、答好六张考卷”对2019年全县工作作了总体安排。陈重强调，要紧盯四个节点。一季度要取得“开门红”，二季度要收获“大战果”，三季度要献礼“迎大庆”，四季度要实现“全年好”，在实现发展大赶超的基础上，力争多创标杆、争当标兵。要把好五个尺度。站位要有新高度，改革要有新深度，开放要有新广度，服务要有新温度，落实要有新力度。要答好六张考卷。答好“项目攻坚”卷、“产业培育”卷、“乡村振兴”卷、“环境提升”卷、“民生改善”卷、“从严治党”卷。钟海燕就畲乡铁军“三服务破六难”百日攻坚大会战作具体部署，她强调，要合力攻坚、大干快上，要抢抓机遇、创新求变，要刀刃向内，深化改革，要精准发力、补链强链，要软硬并举、增效提质，要革故鼎新、综合施策。

【全县党建工作会议】 2019年3月29日，全县党建工作会议召开。会议学习贯彻近期中央、省、市的组织、宣传思想、统战工作会议精神，全面回顾总结景宁畲族自治县2018年组织、宣传、统战工作，研究部署2019年工作任务。县委副书记潘伟主持会议。会议指出，要坚持以党的政治建设为统领，以基层组织建设为着力点织密建强组织体系，锻造忠诚干净担当的高素质干部队伍，释放人才引领发展动力，用心用情做好老干部工作，切实加强机构编制工作，持续建设讲政治、重公道、业务精、作风好的模范部门，为克难攻坚抓项目、凝神聚力大赶考，加快建设现代化经济体系，高质量推进美丽幸福新景宁建设提供坚强的组织保障；要强化统一战线成员思想政治引领，坚持“党的一切工作到支部”的鲜明导向，把统战工作延展到支部一线战斗堡垒上；落实政策、搭建平台、创新举措推动民营经济高质量绿色发展；切实维护宗教领域和谐稳定，重视港澳台海外青年一代的联络联谊工作；精心做好各领域代表人士的发现储备、教育管理、培训培养、选拔举荐等工作；打造畲乡统战铁军，建设“学习型、创新性、实干型、效能型”统战队伍，助力浙江省“全国民族乡村振兴示范省”创建活动，争当全国民族乡村振兴排头兵。

【全县“不忘初心、牢记使命”主题教育工作会议】 2019年9月12日，景宁“不忘初心、牢记使命”主题教育工作会议召开。市委主题教育第十四巡回指导组组长姜波出席并讲话。严铁华、张峰、潘伟等县领导及市委主题教育第十四巡回指导组成员出席会议。市委常委、县委书记、县委主题教育领导小组组长陈重主持会议并讲话。陈重强调，要深入贯彻习近平总书记关于主题教育一系列重要论述精神，认真落实中央和省委、市委决策部署，深刻认识开展主题教育的重大意义，准确把握目标要求，以志不求易、事不避难精神推动主题教育取得实实在在成效，不辜负中共中央总书记习近平对景宁提出的“努力在推动科学发展、促进社会和谐、增进民族团结上走在全国民族自治县的前列”殷切期望。副县以上领导，部分副处级以上老干部，省市党代表，各乡镇(街道)党(工)委书记、组织委员，县直机关各单位党委(党组)主要负责人，县委各巡察组组长，县委主题教育领导小组成员，县委巡回指导组组长、副组长，县纪委监委、县委组织部、县委宣传部领导班子成员等参加会议。

【全县领导干部会议】 2019年1月7日，全县领导干部会议召开。市委副书记、市长吴晓东带领市委、市政府综合考核组对景宁进行考核。会上，副市长、县委书记陈重作县委领导班子履职情况汇报，及履行全面从严治党、意识形态工作主体责任等情况的汇报，并作个人述职；吴晓东就如何做好下步工作提出要求：要严格落实管党治党责任，牢牢掌握领导权，聚焦忠诚干净担当，锻造践行“丽水之干”的高度自觉，从严把好选人用人关；陈重作表态发言。陈重表示，对考核组反馈的意见建议，将认真分类梳理，列出责任清单、明确整改时限、切实整改到位，把考核成果转化好、运用好，积极营造比学赶超的浓厚氛围和风清气正的政治生态。对照省委巡视组即将反馈的问题，照单全收、积极整改，持续强化整治“四风”问题，深入推进“清廉畲乡”建设，扛起全面从严治党主体责任，不断加强对意识形态工作的领导，争当“丽水之干”模范生。

2月2日，全县领导干部会议召开。会议传达学习省两会精神，全省安全生产暨消防工作电视电话会议精神；传达学习市委书记胡海峰到景宁调研指示精神；通报2018年度县委常委会班子民主生活会情况，并部署相关工作。市委常委、县委书记陈重主持并讲话。县委副书记、县长钟海燕，县人大常委会主任严铁华，县政协主席张峰分别进行相关会议精神传达。县领导潘伟等参加。陈重强调，各级各部门要深入学习领会会议精神，把学习贯彻省两会精神作为当前和今后一个时期的重要政治任务，深刻把握省委省政府对当前发展形势的科学分析判断，切实把思想和行动统一到省委省政府的决策部署上来。针对安全生产以及岁末年初各项工作，陈重强调，各级各部门要切实加强组织领导，做好安全生产、森林消防等工作，坚决防范遏制重特大事故发生。要严格执行24小时专人值班和领导干部在岗带班制度，严格执行重大突发事件和紧急敏感情况报告制度，确保节日期间工作正常运转、平稳有序。

3月19日上午，全县领导干部会议召开，专题传达学习贯彻全国“两会”精神。市委常委、县委书记陈重出席并讲话，县委副书记、县长钟海燕传达全国“两会”精神，严铁华、张峰、潘伟等副县以上领导参加会议。就贯彻全国“两会”精神，陈重强调，要深入学习，深刻领会，准确把握全国“两会”精神的丰富内涵，提高政治站位、发展站位、落实站位，准确吃透领会党中央、国务院各项决策部署和2019

年的主要工作目标任务，同心同德、群策群力，克难攻坚、砥砺奋进，在决胜全面建成小康社会中争创山区特色，争创民族地区特色。着力抓好各项改革推进落实，抓好巡视整改工作，围绕“三服务•破六难”全速推进九大攻坚战，抓好行政村规模调整，聚焦“抓项目”“大赶考”两个关键加快景宁高质量绿色发展，抓好市“两会”期间的维稳工作，为市“两会”的召开营造良好社会氛围。

3月25日下午，全县领导干部会议召开，专题传达学习贯彻市“两会”精神。市委常委、县委书记陈重，县领导钟海燕、严轶华、张峰、潘伟等出席会议。会议指出，全县上下要迅速组织学习，深入领会市“两会”精神，自觉把思想和行动统一到贯彻落实市“两会”精神上来。要围绕市“两会”的决策部署，解放思想、更新观念，大力弘扬敢闯、敢试、敢担当的干部风貌，努力拓展县域经济发展的新思路。要围绕克难攻坚抓项目、凝神聚力大赶考这一主线，强化大赶考机制运用，围绕县委县政府中心工作科学赶考、精准赶考，发扬斗争精神，以只争朝夕、争分夺秒、马上就办的精神，撸起袖子，甩开膀子，以干得助，努力变不可能为可能，向县委和全县人民交上满意的答卷。

4月28日，全县领导干部会议召开，传达学习省委十四届五次全体(扩大)会议精神和全省防范化解重大风险专题培训相关精神，部署下阶段工作。县领导钟海燕、严轶华、张峰、潘伟等出席会议。会议强调，要准确把握政治、经济金融、意识形态、社会、生态环保、科技、党的建设等七大领域重大风险点，着重答好“攻什么坚”“怎么攻坚”的问题。要强化责任担当，积极作为转危为机。要全面深化与上海静安区的深度合作，一鼓作气加快融入长三角一体化国家战略。要学懂弄通《创建指南》，克难攻坚推进高等级景区县城创建工作。要高标准严要求做好“五一”假期各项工作，进一步强化风险意识、狠抓责任落实，做到守土有责、守土负责、守土尽责。

11月4日，全县领导干部会议召开，传达学习党的十九届四中全会精神，贯彻落实省委、市委有关会议精神，研究部署贯彻落实工作。市委常委、县委书记陈重主持会议并讲话。他强调，全县上下要把学习宣传贯彻中共十九届四中全会精神作为一项重大政治任务抓紧抓好，切实把思想和行动统一到全会精神上来，迅速掀起学习贯彻全会精神的热潮，高水平推进县域治理现代化，争当全国民族自治县推进治理体系和治理能力现代化的排头兵。陈重强调，要把学习贯彻中共十九届四中全会精神成果转化为推动畲乡高质量绿色发展的不竭动力，扎实推动全年各项重点工作任务落实。一要持续用力抓紧抓实主题教育，二要克难攻坚狠抓重点项目建设，三要补齐短板擦亮生态底色，四要对标对表推动全面深化改革向纵深发展，五要突出重点全面冲刺四季度。副县以上领导，部分副处级以上老干部，各乡镇(街道)党政正职，县直机关各单位主要负责人，县委办副主任，县人大办主任、副主任、各专(工)委主任，县府办主任、副主任，县政协正副秘书长、办公室主任、各专委会主任，县纪委常委、监委委员参加会议。

11月26日，全县领导干部会议召开，传达学习贯彻省委十四届六次全体(扩大)会议精神和省委书记车俊到丽水组参与分组讨论讲话的主要精神。市委常委、县委书记陈重传达并讲话。严铁华、张峰等副县以上领导参加。会议指出，省委十四届六次全会科学分析了省域治理的新要求、时代变革的新趋势、浙江发展的新方位、全省人民的新期盼，对浙江推进省域治理现代化作出了全面部署，充分体现了鲜明浙江特色，有力彰显了浙江强烈的政治担当和时代责任感。车俊到丽水组参加讨论时的讲话，是对深入领悟省委全会精神的一次专题辅导，是对推进县域治理现代化的一次精准指导。全县各级领导干部要深刻学习领会全会的丰富内涵和核心要义，深刻认识“最多跑一次”改革是推进省域治理现代化的关键路径，深刻认识坚持党的领导是推进省域治理现代化的根本，牢牢把握高水平推进省域治理现代化的总体要求、基本原则、主要目标、重点任务和关键招法，不断把“八八战略”蕴含的治理思想转化为强大的治理效能、转化为高质量发展的独特优势。会议强调，县域治理是国家治理体系和治理能力在县域层面的落实和体现，是立足县域贯彻中国特色社会主义制度和国家治理体系、推进现代化建设的具体治理实践。要仔细研究高水平推进县域治理现代化，争当全国自治县推进县域治理现代化的排头兵的总体要求、基本原则和具体举措，推动全会精神在景宁大地落地生根。

12月30日，全县领导干部会议召开，传达贯彻中共中央政治局专题民主生活会精神、省委经济工作会议精神和市委四届七次全体(扩大)会议精神。陈重、严铁华、张峰、潘伟等副县以上领导参加。会议强调，2020年是全面建成小康社会和“十三五”规划的收官之年。要紧扣高水平全面建成小康社会目标任务，把贯彻落实中央、省委、市委会议精神与召开好主题教育总结大会、县委县政府工作务虚会、县委九届七次全会结合起来，与谋划明年百日攻坚和“大赶考”工作结合起来，与进一步推进全国民族地区城乡融合发展试点建设、县域治理体系和治理能力现代化建设等重点改革、重点任务结合起来，统筹做好稳增长、促改革、调结构、惠民生、防风险、保稳定各项工作，志不求易、事不避难，推进景宁高质量绿色发展，确保与全省同步实现高水平全面建成小康社会和“十三五”规划圆满收官，努力创造畲乡人民认可、经得起历史检验的新业绩。会议要求，要对照年初目标任务进行回头看，要认真宣传落实各项惠民政策，要高度重视安全生产工作，要持之以恒正风肃纪。

(雷心仪)

县委办工作

【概况】 2019年，中共景宁畲族自治县委办公室围绕县委中心工作，完成全县工作会议，县委九届五次、九届六次全会，全县“不忘初心、牢记使命”主题教育动员部署会等重大会议领导讲话的文稿起草工作，积极撰写调研报告，提出各类建议意见，为县委科学决策、民主决策提供政策参考。全年接待各级领导调研考察56批次。办理县委全会、全县工作会议、常委会、常委扩大会议等各类大小会议事务312次。保障党政高清视频会议技术服务55次。办理领导批示358件。

全年共向上报送各类信息1300余条。其中，被省委办录用70余条，被市委办录用900余条，刊发《浙江信息(每日简报)》1篇，《浙江信息(工作交流)》1篇。新闻宣传稿件在《浙江日报》刊发56篇，其中头版刊登7篇；在《丽水日报》刊发382篇，其中头版头条刊登17篇。

严把办文办会流程，推行文件分发、传阅、发文、转办等各环节跟踪登记制度。全年发文405件，印发《县委常委、副县长一周工作活动安排》50期，转入文件4600多件。

不断完善督查考核机制，加强跟踪督查与实地督查，切实做到件件有着落、事事有回音。充分发挥督查利剑作用，紧盯大赶考关键指标，会同赶考办开展进度督查，确保赶考工作强力推进。

带头开展"三服务"工作，结合主题教育、巡视巡察、"大赶考"，建立完善"三服务"工作机制，督促全县各部门单位切实开展"三服务"工作。全县事项办理总数2123项，办结率99.06%。

协调全面深化改革，推进各领域改革纵深化发展。围绕省委9个领域182项改革任务和市委26个方面186项改革任务，制定出台《2019年度改革工作要点》《2019年各专项小组工作计划》，细化分解制定全县226项改革任务，对标省市考核办法和重点任务，紧盯改革进度，明确责任主体、进度安排、目标成效，狠抓改革落地。

全面抓好惠台政策的宣传和落实，开展基层交流活动，进一步提升了景台之间以少数民族文化为纽带的基础交往交流。全年接待重点团组8批次，并由台办派员在丽水和杭州接待了2个参访团。

机要工作环境标准化实现新突破，2019年5月通过省委机要局组织的新建机房屏蔽效能检测，同年7月6日完成整体搬迁。全年收发办理各类电报1071份。

2019年，确定县委外事工作委员会组成人员最新任职安排，并召开县委外事工作委员会第一次会议。积极主动做好外宾接待工作和出国(境)审批工作。全年共办理因公出国人员7批8人次，出境人员1批15人次；共接待外宾2批12人次。 (雷心仪)

组织工作

【概况】 2019年年底，全县有基层党组织647个。其中，党委48个(直属工委2个，机关党委20个)，党总支70个，党支部529个。有党员12224名。其中：乡镇(街道)、建制村党员7410名，占党员总数的60.62%；机关单位党员4015名，占党员总数的32.80%；女党员2810名，占党员总数的22.99%；少数民族党员1170名，占党员总数的9.57%；研究生学历党员62名，占党员总数的0.51%；大学本科学历党员2537名，占党员总数的20.75%；大学专科学历党员1788名，占党员总数的14.63%；中专学历党员741名，占党员总数的6.21%；高中、中技学历党员1511名，占党员总数的12.5%；初中及以下学历党员5585名，占党员总数的45.69%。30岁以下的党员1148名，占党员总数的9.64%；31—40岁的党员2007名，占党员总数的16.93%；41—50岁党员

2852名，占党员总数的23.42%；51—60周岁党员2728名，占党员总数的22.22%；60岁以上党员3489名，占党员总数的27.79%。

2019年，继续实行"全域全员大赶考"，将大赶考机制向单位内部科室、村（社区）延伸。坚持把大赶考作为干部工作"五个体系"（聚焦素质培养、识人选人、大监督、正向激励、培养选拔年轻干部五大体系）建设的重要载体，突出实干导向，调整不适宜担任现职的领导干部，全年"下"了7名赶考成绩落后的干部。其中，单位主要负责人2名。根据干部在"大赶考"中的表现，先后提拔重用229名实绩突出干部。开展优秀年轻干部培养、选拔工作，分别建立"90后""85后""80后"优秀年轻干部信息库，实行动态管理。实施青年复合型人才孵化计划，从教育、卫生、财经、国企等系统，择优选派43名年轻专业人才到乡镇担任乡镇长助理或乡村振兴特派员。对全县83名年轻干部进行素养检测，筛选出50名参加素养提升集训班集训。制定出台《关于加强干部监督信息综合运用构建大监督工作机制的实施意见》，开展干部不担当不作为问题专项整治行动、基层选人用人和干部因私出国（境）违规违纪问题专项整治行动，《景宁重拳出击，严查实改，聚焦干部因私出国（境）专项整治提升监督实效》作为典型案例在市委主题教育简报刊发。强化大监督工作机制运用，每季度开展一次干部监督信息分析研判，每半年召开一次干部监督联席会议，全年累计提醒154人次，函询16人次，诫勉14人次。建立"年度报告、季度报告、事前事后报告"三位一体监督体系。按10%比例抽样核查《领导干部个人有关事项报告表》，发现4例瞒（漏）报情况，并在全县进行通报。加强对党政"一把手"的经济责任审计和干部选拔任用工作离任检查，全年开展36人离任交接、34人离任检查。强化容错免责、澄清保护机制的运用，全年澄清干部问题10个，容错事项6项，涉及干部23人。主题教育期间以"一周一典型"的方式连续推出5名市级担当作为好干部、15名县级典型先进事迹，退休干部任启年荣获"全国离退休干部先进个人"荣誉称号。开展"强体魄·聚心力——践行浙西南革命精神"干部关心关爱月系列活动，为干部排忧解难，激发干部奋力大赶考的新活力。整合全县培训资源，统筹强化干部教育，审批53个班次5543名干部（其中科级干部687名）参加教育培训；42批次551名干部（其中科级干部212名）外出学习考察。充分发挥民族特色、红色革命、绿色生态等资源优势，筹建浙江（景宁）民族干部培训中心，推出"沿着总书记在民族村的足迹"现场教学点、红色基因教学基地、畲族文化创意教学点、生态教学点等，将景宁打造成华东地区特色鲜明的民族干部培训基地。选派21名干部去国家部委、省市机关部门挂职锻炼，开阔视野；统一集中抽调131名干部到重点项目、信访维稳、招商引资、乡镇基层一线锻炼，实行挂职期满考核，全面提升干部综合素质。

持续深化党建绩效评审，总结提炼"书记面对面点评、责任一对一传导"季度"责任指数"点评工作经验，实行乡镇党委书记党建绩效评审制度。通过履职评审与离任审计相结合，实现基层党建争先进位大赶超。该做法得到省、市委组织部的重视和肯定，在全市推广；在中国组织人事报、中组部《组工信息》等省内外媒体上刊登报道，并作为全省唯一的责任案例上报中组部。在城市党建领域，着眼“打基础、强组织、重治理”目标定位，不断提高城市基层党建工作水平。在两新领域，新成立实体党组织57个；深入推进工作支部建设，集中组建工作支部52个。在农村党建领域，又稳又好推进行政村规模优化调整。突出“头雁”队伍建设，有序推进村书记主任“一肩挑”工作。下发《村级党组织书记县级备案管理办法》《景宁畲族自治县村“两委干部”任职条件资格联审办法（试行）》，从源头上防止黑恶势力干扰破坏选举，统筹抓好村党组织书记选配调整、教育培养、保障激励、履职管理等工作。年度综合工作先进村主职干部的报酬给予1.8倍标准发放。加强村社党组织书记培训，分批次选送村党组织书记到省、市级培训，结合“主题教育”开展全员轮训。以“不忘初心、牢记使命”主题教育为抓手，通过提升学习成效、强化党性修养、树立良好作风推动党员干部队伍建设。突出党员队伍建设，严把党员入口关，突出模范作用，严格落实党员发展政治审查制度，全年审查发展对象77名。优化党员队伍结构，优先在乡贤、创业青年、致富能手、高知识群体中发展党员。结合“不忘初心、牢记使命”主题教育，评出警示党员149名，并进行集中教育。坚持项目为主的发展理念，扎实推进村集体经济“消除薄弱村”工作，打造一批集体经济增收明显、具有示范引领作用的“双增”示范项目。抓住“千企结千村、消灭薄弱村”的机会，积极对接温岭、海宁、海盐等地，开展村企结对帮扶工作。高标准建设提升畲乡景宁党群服务中心，围绕“精神家园、学习阵地、党建平台、服务窗口”四个定位，成功打造“全省山区县级综合党群服务中心样板”的标杆目标。全年该服务中心共接待县内外团队1106个36711人次，提供会务服务1000余场。在机关和两新领域推行“小支部联盟”工作机制，组织党员人数少于7人的机关党组织“组团式”过主题党日，通过“支部轮流坐庄”模式，实现小支部从“单干”到“抱团”合作，推进党支部之间互联互动、互帮互建、共同提升，真正使支部活动出活力、出成效。该做法得到中国组织人事报多次报道。继续推进村社大赶考，按照乡镇（街道）点题和村（社）自主出题相结合的方式，每个村（社）制定3—5个目标，共制定大赶考目标1200多个，村、社大赶考的成绩，作为年度党组织书记“堡垒指数”、村干部“规矩指数”的重要依据。不断完善乡镇党委“责任指数”、村社组织“堡垒指数”、村干部“规矩指数”、基层党员“先锋指数”等“四大考评”体系。合理规范设置指标内容和标准，同时强化结果运用。年终评出10个综合工作先进村，11个后进党组织并集中整顿转化。是年，远教入户827户。2019年，该县的党建工作在中央、省委党建电视栏目上播出专题、党建新闻共21期。其中，《规矩指数考评》被中组部《共产党员》栏目报道；电教片《畲乡“记账人”》，荣获中组部举办的全国党员教育电视片观摩交流二等奖。

研究制定《县委人才工作领导小组2019年工作要点》《2019年度景宁人才工作目标责任制考核细则》。持续推进人才机制改革，分类实施职称制度改革，作为试点在全市率先推行大中专毕业生初定专业技术职务任职资格“云上评审”。全年网上评定104人，推荐中级专业技术职务任职资格38人。

大力推进“对接大上海、融入长三角”引才行动，与上海静安区签订战略合作协议，成立驻沪办。深化“山海协作”合作平台，首次建立市外“人才飞地”1个。顺利完成招才引智攻坚行动，建立中国工程院付小兵院士专家工作站、美国人类生态科学研究院李百炼院士专家工作站。不断加强柔性引才力度，全年建立“助力畲乡·人才工作室”15家，引进博士领衔团队8个、硕士团队5个。全面实施“绿谷精英550引才计划”，全年对接洽谈候选人10余名，引进创业类项目1个、创新类项目1个，柔性引才数量、成效皆处于全市前列。开展“鸿雁归巢”行动计划，搭建景宁籍在外大学生信息沟通交流平台，促成景宁籍大学生回引500多人，硕士10人，首次实现博士回引零突破，推动4名博士回乡座谈交流。

强力推进“畲乡英才”“畲居管家”“畲乡月嫂”“畲乡工匠”等本土人才队伍建设，制定出台《“畲乡英才”选拔管理办法》，评选出3家畲乡技能大师工作室和2名畲乡首席技师。开展“畲乡英才”高联会培训2个精品班次、企业人才培训1个班次、农村实用人才培训12个班次、专业技术人才培训27个班次。共有2000多名各类人才受训。

全年，开展人才沙龙、人才论坛等各类活动20场次。建设集“人才驿站”“人才服务大厅”功能为一体的APP，实行网上办理评定职称及人才津贴等。大幅增加人才经费投入，2019年比2018年增加310万元，增长60%。组织开展大学生村官满6年转事业干部考核招聘工作，符合转事业干部条件的有3人。（徐　峰　林步禹　徐永伟）

【“不忘初心、牢记使命”主题教育】（见专辑类目“不忘初心、牢记使命”主题教育分目）

【行政村规模优化调整】 2019年，中共景宁畲族自治县委组织部围绕“布局调优、规模调大、实力调强、班子调好”的目标，历时47天在全市率先完成行政村规模调整。经过调整，行政村数由原来的254个减少到136个，减少46.46%；村平均户籍人口由569人提高到1063人，乡村布局得到进一步优化。在调整过程中，全县面上保持平稳，实现零越级访、零负面舆情、零治安事件、零群体性事件。该项工作得到市委组织部高度认可；市委常委、组织部部长方健忠对景宁村调工作和后续资产融合工作先后两次批示肯定。（林步禹）

【实行村党组织书记县级备案管理】 2019年，县委组织部出台《村党组织书记县委备案管理办法》，进一步加强村级“领头雁”队伍建设。打好“选、管、育、爱、备”组合拳，在全市率先解决村党组织书记“养老”问题。结合行政村规模调整，调整或免职238名素质和能力较弱的村干部；建立270名村书记后备干部库；选派9名机关年轻干部到村任职。（林步禹）

【全面完成农村集体经济增收目标任务】 2019年，景宁畲族自治县坚持实体化运作，以提升强村公司实力增强“造血”功能为主攻方向，大力推进壮大村集体经济平台建设。成立景宁兴村富农有限公司1家、乡镇强村公司21家。整合财政资金2.09亿元，用于联建光伏、购置物业、投资“山海协作”等项目122个，每年预计收入1500余万元。是年，全县254个村（调整后136个）全面完成村集体总收入10万元、经营性收入5万元的“双百”任务。 （林步禹）

【开展关心关爱月系列活动】 2019年8月—11月，为了进一步加大对干部关心关爱力度，充分激发干部干事创业的积极性，景宁畲族自治县开展干部关心关爱月系列活动。活动由县委组织部主办，县文化和广电旅游体育局、县总工会、县妇联、团县委、县卫健局、县人民医院等单位承办。活动内容包含公务员睡眠监测体验、心理健康讲座、优秀干部职工降压特训营、舒心课堂、青年人才联谊会、高层次人才健康行动、干部谈心走访、干部职工集中疗休养、领导干部篮球赛、干部职工趣味运动会等10个项目。 （徐　峰）

·两新党建·

【概况】 2019年年底，全县有新经济组织（非公有制企业）456个，成立党组织35个、工作支部23个；新社会组织125个，成立党组织5个（社会团体3个，非公有制企业2个）、工作支部29个；共有景宁驻外商会17个，成立党组织17个（其中党总支1个，辖3个党支部）、工作支部4个。全县有在册两新组织党员411人，驻外党组织党员201人。

是年，健全两新工委工作机制，调整充实两新工委成员单位；建工作制度和成员单位日常联系制度。更新完善两新组织动态数据库，明确“两个覆盖”要求，新建党支部3个，工作支部5个，完成1个后进党组织整转。制定《两新组织党建工作经费保障办法（试行）》，多渠道筹措党建工作经费，逐步建立两新党建经费稳定保障机制。出台《两新支部示范点建设方案》，培育深化20个“双强六好”（发展强、党建强，生产经营好、企业文化好、劳动关系好、党组织班子好、党员队伍好、社会反映好）示范点，以奖代补方式对两新党建经费进行支持。扎实推进“三整一全”（整园建强、整楼推进、整线突破、全面提升）建设。在整园（本意指工业园，景宁没有工业园，特指丽景园）建强上，实行区块包干，深化两新组织小支部联盟做法；在整楼（2个农贸市场）推进上，瞄准两个农贸市场，做实民生党建；在整线（行业系统）突破上，立足行业特点，深化党建品牌内涵。做好全县“两新党建”工作指导员选派工作，首次从退出领导岗位干部中下派10名党建指导员。实施新生代企业家“双传承”计划，推荐7名新生代企业家到部门挂职锻炼。聚焦头雁、雏雁队伍建设，对全县两新党组织书记进行轮训，全年举办两新组织入党对象培训班2期。深入开展“不忘初心、牢记使命”主题教育活动，实现县内外两新党组织学习教育全覆盖，并以主题党日活动巩固提升主题教育成果。讲好第四届“两新党建”好故事，编写、展示“两新组织”好故事48个。丽水一建（景宁）有限公司党支部和中心菜市场党支部报送的“好故事”获全市最佳人气奖；县委两新工委选送的启文中学党支部

《热爱》节目获全市讲演比赛第四名；县委组织部获“优秀组织奖”。建成畲乡景宁域外（云和）服务中心，为2.6万名在云和创业就业的景宁人提供便利的行政服务，为470名流动党员提供活动阵地，得到省、市有关主流媒体关注点赞。（彭凌飞）

·机关党建·

【概况】 2019年，机关党建积极践行“围绕中心、建设队伍、服务群众”的根本宗旨和核心任务，以“走前列、作表率”的要求全面推进机关党的建设。在优化机关党组织设置、增强党组织凝聚力、提高党建引领作用等方面成效明显。是年，经机构改革，县直属机关工作委员会不再作为独立法人机构运行，在县委组织部挂牌，成立机关党建科，负责县委机关党的建设工作。至2019年12月，直属机关工委下设党委26个（其中新增党委6个），党总支3个，党支部36个。党员总数4100人。其中在职党员3200人，离退休党员900人。新发展党员65名。其中女性27名，畲族党员7名，大专及以上学历100%，高知识群体党员9名。

做好县直机关党组织换届选举工作，严格执行《中国共产党章程》《中国共产党基层选举工作暂行条例》，精心组织、统筹安排、周密部署、精准指导，至9月中旬县直机关党组织全部完成换届工作。进一步优化机关党组织设置，为高质量开展“不忘初心、牢记使命”主题教育奠定坚实的组织基础。根据县委组织部部务会议纪要（〔2019〕1号）精神，成立机关党委的县府办、县纪委等20余家单位单独成立党建科，科室负责人纳入股级干部管理，有效解决机关党务干部队伍不稳定、业务不熟悉等短板。切实加强党务干部队伍建设，全年举办机关党务干部综合业务培训1期，50余名党务干部参加培训。严把党员“入口关”，全年举办入党积极分子和发展对象培训班2期，200余人次参加培训。深化“书记面对面点评、责任一对一传导”责任指数考评机制，通过“季度考核、通报上墙、现场贴牌、书记点评、例会分析”压紧压实党建主体责任。创新推出“小支部联盟”工作机制，通过“支部轮流坐庄”的方式共过组织生活，“抱团”形成小微支部的大作用，有效解决部分机关支部因党员人数少、组织生活形式内容单一、质量不高等问题。（周　玲）

·社区党建·

【概况】 2019年，景宁城市基层党建以落实省市党建重点任务为总要求，着眼“打基础、强组织、重治理”目标定位，不断提高城市基层党建工作质量和水平。是年，县委县政府出台《关于加强城市社区建设实施方案》，理顺社区管理机制，明确县民政局作为社区建设业务主管部门，指导社区建设管理工作。优化社区规模设置，将规模较大的红星街道红星社区和鹤溪街道城南社区一分为二，新增团结社区、百岁社区，社区规模从6个调整为8个。加强社区专职工作者队伍建设，明确专职社区工作者编制数，实现员额管理。公开招录专职社区工作者16名、社区党务工作者8名，规范专职工作者薪酬管理，将社区工作者队伍建设纳入人才发展规划。全方位提升党群服务中心规模，每个社区按不少于350平方

米标准配建党群服务中心，为提高社区服务质量和水平提供阵地保障。（彭凌飞）

宣传工作

【概况】 2019年，中共景宁畲族自治县委宣传部在岗人员26人，其中在编人员21人。内设办公室、宣传教育科、文化文明科3个职能科室，下设精神文明建设指导中心、宣传服务中心、互联网信息中心3个下属单位。

2019年，县委宣传部组织开展县委理论中心组学习38次；为副科以上领导干部发放学习读本6000余册；组建基层特色宣讲团宣讲150余场；“学习强国”App为党员干部每天提供学习平台，平台供稿全市第一，人均学习积分全市前三；在全市“弘扬践行浙西南革命精神·弘扬丽水新时代篇章”大赛中获2个一等奖，3个二等奖。开展习近平新时代中国特色社会主义思想、“两山”理论、浙西南革命精神的学习和宣传。

全年，开展弘扬践行“浙西南革命精神”“景宁畲族自治县设县35周年”等36个网上主题宣传。县域微博话题《诗画畲乡和美景宁》阅读量突破3.2亿次；社会舆情信息被省平台录用名列前10。先后启动互联网应急响应12次，累计响应71天，完成庆祝新中国成立70周年等重要时段网上管控保障工作。妥善处置引导“6·26油罐车侧翻事故”“鹤溪河鱼死亡”等突发事件和涉景负面舆情86起。完成2019中国畲乡三月三系列活动的筹办工作；举办“中国畲乡人文大讲堂”7期。全县新建省级农村文化礼堂16个；举办以“我们的节日”为主题的系列节庆活动310场；培育规模以上重点文化企业5家。开展常态化文明建设。继续推进移风易俗工作，有效扭转婚丧陋习；开展“身边好人”系列评选活动，选树“畲乡好人”14人，推送“浙江好人”3人；成功承办丽水市第六届道德模范颁奖典礼暨第十二届邻居节启动仪式。持续开展乡风文明大行动，社会风气得到明显提升，省级示范文明县城创建成果得到巩固提升。

2019年，在开展弘扬践行浙西南革命精神活动中，收集上报革命遗址、文物、事迹100多件；毛垟、家地、梅岐、九龙4个乡入选丽水市爱国主义教育基地（数量全市第一）；建成县革命烈士纪念馆、畲族革命历史展览馆等学习教育实践基地。将弘扬践行浙西南革命精神纳入干部培训主体班次教学。开展大学习大宣讲大服务153场，活动参与人数达2万余人。建成新时代文明实践中心1个，乡镇文明实践所21个，村文明实践站85个，城乡文明实践点90个，形成“县实践中心—乡镇实践所—村实践站—城乡实践点”四级联动的工作格局。组建畲乡“小园丁”志愿服务总队及27个支队，盘活文化、人才、生态等资源优势。

加强对外宣传工作，全年在市级以上媒体宣传报道1300余篇，同比增长18%。其中，《人民日报》、新华社、《浙江日报》等媒体头版刊发20余篇，央视新闻报道景宁10余次。组织策划26家海外华文媒体记者参加景宁各种活动，海外媒体数量、影响力史无前例。将县广播电视台、畲乡报社融合改革，组建景宁畲族自治县融媒体中心，形成传统媒体和新兴媒体无缝对接的全媒体传播格局。出台《景宁畲族自治县扶持媒体融合发展的若干意见》，现时“浙报集团”“省广电集团”还专门为景宁出台了融媒体发展扶持政策。2019年，县融媒体中心获全省媒体融合先锋奖（丽水市唯一）。“中国畲乡APP”点击量破万次、稿件超50篇，排名全市前列。（夏文强）

统战工作

【概况】 2019年，中共景宁畲族自治县委统战部（以下简称县委统战部）认真学习贯彻全国、全省和全市统战部长会议精神，紧紧围绕县委、县政府中心工作，积极践行“丽水之干”担纲“丽水之赞”，深入开展统战铁军“志不求易、事不避难”创新实干大赶考和“不忘初心、牢记使命”主题教育。围绕中华人民共和国成立70周年等主题，举办香港同胞家乡行、全县首届原生态畲歌大赛等活动20余场。《守望红寨》作为全省唯一一个民族类节目参加全省文艺会演。深入挖掘浙西南革命精神——景宁统一战线史料，录制畲族革命人物口述档案、革命歌曲。专题片《畲族雷氏一家四代人续写红色家史》，作为全市以“丽水之干”担纲“丽水之赞”系列报道的第一篇在浙江卫视播出。是年，全国首个民族地区城乡融合发展试点在景宁启动。浙江（景宁）民族干部培训中心挂牌。

健全统战基层网络，全面配备乡镇（街道）统战委员和统战干事，举办全县统战工作专题培训班和少数民族干部培训班，共受训105人次，进一步提升了基层统战工作人员的业务水平。把基层统战工作列入年度全面从严治党主体责任督查，及时解决基层统战工作中的困难和问题。2019年，成功创建了全县新社会阶层人士实践基地、涉侨爱国主义教育基地和民族团结“同心”工作站。开展宗教活动场所“3人驻堂小组”工作制度试点工作。即，在宗教（民间信仰）活动场所建立由1名组长、2名组员组成的工作小组。明确管理职责，组长由乡镇（街道）党（工）委统筹安排班子成员担任，乡镇（街道）驻村（社）干部、村（社）党组织书记分别担任组员。

聚焦民族乡村振兴，开展争当民族乡村振兴排头兵行动。全省统一战线“双百村结对行动”（根据省委统战部、省民宗委、省工商联联合发文通知要求，从2018年至2022年，组织百个以上统战系统单位和统战成员所在单位结对百个以上具备资源开发条件的民族村，通过项目帮扶等方式，帮助民族村加快发展）成效明显。积极为民族村发展出谋划策，周湖村、金丘村、桃源村、新和村、吴布村等5个民族村每年得到“双百村结对行动”资金100万元以上。重点支持环敕木山畲族特色村寨示范点建设，全力推进“金山垟畲族特色小区”项目建设，完成年度投资5800万元。在海外华侨、山海协作、帮扶结对活动中助推招商引资，开展招商宣传、推介与对接。第二届世界丽水人大会景宁分会场签约项目29个，总投资103.4亿元。开展新的社会阶层人士、非公经济人士到部门挂职，建立非公经济研判机制，召开非公经济研判会。统战部与农商银行开展战略合作，推动资金授信，力促景商发展。

开展乡贤情况摸底调查，建立乡贤数据库，成立县乡贤联谊总会。召开首届景宁乡贤大会，主动牵线搭桥，招商推荐。充分发挥景宁乡贤资源优势，积极向乡贤开展政策宣传，引导乡贤在基层治理、社会服务、社会救助、公益慈善等方面献计出力。2019年，全县实施乡贤回归项目12个，总投资27亿元；乡贤参与公益捐赠资金26万元。县内银行对域外商会贷款余额14.56亿元；景商资金回流9.35亿元。

【提升大张坑畲族革命历史展览馆】 2019年，县委统战部牵头建设提升大张坑畲族革命历史展览馆。内容包括：充实史料、革命书籍、民族文化丛书；修缮畲族革命人物故居。通过建设提升，使该馆成为"浙西南革命精神""畲乡忠勇精神"综合教学体验基地和浙西南革命精神在景宁的重要展示窗口。

【县侨联换届选举】 2019年8月22日，景宁畲族自治县第三次归侨侨眷代表大会召开。大会审议通过《县侨联第二届委员会工作报告》；选举产生县侨联第三届委员会委员14人。吴云峰当选为主席，何火美当选为专职副主席，董作求、齐卫民、鲍绍英当选为兼职副主席，周国成当选为秘书长。聘请徐剑毅为名誉主席。

【县留学人员和家属联谊会成立】 2019年8月22日，召开县留学人员和家属联谊会成立大会。会上，报告了县留联会筹委会工作情况；审议通过县留联会章程和选举办法；选举产生首届县留联会会员22人，理事会理事5人；鲍绍英当选为会长，毛华胜、陈丽丽当选为副会长，陈丽丽兼秘书长。聘请吴韶川、高日才为名誉顾问。

【全国民族地区城乡融合发展试点在景宁启动】 2019年11月12日，景宁畲自治县召开民族地区城乡融合发展试点工作动员会，启动全国首个民族地区城乡融合发展试点工作。城乡融合发展是资源要素、特色产业、民族文化、规划建设、公共服务、居民收入、生态价值、数字治理等八大领域城乡融合发展、互利共赢。 （沈才来）

信访工作

【概况】 县信访局是负责全县信访工作的机构，业务上接受县委办公室、县政府办公室指导。2019年，全县受理群众信访事项4697件次，增长75%。其中：接待来访226批507人次，同比批次增长8%、人次下降30%；受理来信193件，同比下降33%；受理来电信访2150件，同比增长36%；受理网上投诉2128件，同比增长261%。

2019年，完成中华人民共和国成立70周年庆祝活动、全国"两会"、世界互联网大会等10多个重点时段的信访工作任务，实现无进京上访扰序、无群体性事件发生、无因工作不到位引发的新矛盾。开展"信访积案化解大比考"行动，共排查梳理出国家、省、市、县、乡五级积案160件，其中化解134件，化解率83.8%。

推行“事结心了人和”工作机制。根据中共丽水市委书记胡海峰在景宁调研时的讲话精神，将“事结心了”工作机制升级为“事结心了人和”工作机制。实行重点信访事项、信访积案每化解一件，就开展暖心走访一次，促使信访事项案结事了的同时，让群众真正感受到党和政府的关爱和温暖，让群众真正“心了”。全年开展暖心回访信访户116人次，慰问帮扶困难信访对象25人次，实现越级访量下降12%、重点人员量下降31%。同年，县信访局赵卫东获全市“2019年各级‘两会’维稳安保”工作先进个人称号。

【社会矛盾纠纷调处化解中心建成并运行】 2019年12月5日，景宁畲族自治县社会矛盾纠纷调处化解中心正式启动运行。该中心将大数据区、受理接待区、联合调处区和劳动纠纷调处区“四大功能区”集中在一条街上，通过“一站式受理、一揽子调处、一条龙服务”，把社会矛盾纠纷解决在县里，人员控制在当地，减少越级访和进京访。是年，办理各类群众诉求51件。其中：受理信访事项15批、法院诉前调解14件、人民调解12件、劳动人事争议调解9起。

【开创信访代办制】 2019年，景宁畲族自治县信访局在县、乡、村三级设立信访代办站(点)，由全体乡镇(街道)干部和村干部、乡贤、网格员等担任代办员，帮助信访人代为提交、参与、反馈信访事项办理，让群众信访“零次跑”。全县共建代办站(点)161个，代办员530余人，完成代办事项904件次。 (张阿滨)

巡察工作

【概况】 中共景宁畲族自治县委巡察工作领导小组办公室(以下简称县委巡察办)设立于2018年2月12日，是中共景宁畲族自治县委巡察工作领导小组日常办事机构。主要负责向上级巡视巡察工作领导小组办公室和县委巡察工作领导小组报告巡察工作情况，传达贯彻各级巡视巡察工作领导小组的决策和部署；统筹、协调、指导县委巡察组开展工作；承担巡察政策研究、制度建设等工作；对派出巡察组的党委和县委巡察工作领导小组决定的事项进行督办；配合有关部门对县委巡察工作人员进行培训、考核、监督和管理；办理县委巡察工作领导小组交办的其他事项。

县委巡察办设主任1名(县纪委常委兼任)，副主任2名，股级职数2名。内设综合科和督查科。2018年7月26日，设立县委第一至第四共4个巡察组。核定每个巡察组组长1名(正科级)，副组长1名(副科级)，副科级巡察专员1名，股级巡察专员1名。2019年年底，县委巡察机构共配备专职干部14名。

巡察机构成立以来，探索建立巡察办信访办理、档案管理等制度，制定巡察组日常考勤、组务会议、安全保密等制度，编制了《巡视巡察政策文件汇编》《巡察工作手册》《巡察故事汇编》等操作指南。2019年4月，制定实施《关于被巡察党组织准备工作的意见》《巡察工作规范流程及总体安排》《巡察期间相关会议安排规范》《巡察整改落实情况评估办法》4项制度，规范了巡察工作运行机制。2019年8

月，修订《中国共产党景宁畲族自治县第九届委员会巡察工作规划》，建立部门协助配合机制，巡察情况和整改情况纳入政治生态评价和党建考核体系。开展巡察中期会商探索，严格执行请示汇报制度，进一步提升巡察工作规范化水平。2019年9月，成立中共景宁畲族自治县委巡察机构支部委员会，巡察机构14名专职干部的党组织关系全部划转至该支部。在驻点巡察期间，以巡察组为单位成立临时党支部，由巡察组组长兼任临时党支部书记。

2019年，县委巡察办认真贯彻巡察工作新精神新要求，忠诚践行“两个维护”。学习贯彻中央、省委、市委每轮巡视巡察动员部署会议精神，积极主动把上级精神融入县委巡察实践中。根据《中国共产党党内监督条例》《中国共产党巡视工作条例》等有关规定，按照全覆盖要求，综合运用常规、专项、提级、交叉等巡察方式开展巡察工作。2019年4月26日至6月28日，开展九届县委第四轮巡察，共派出4个巡察组，对县财政局、县文联、红星街道等8家部门（乡镇）党组织开展巡察，其中对县财政局开展脱贫攻坚专项巡察。同年8月19日至10月31日，开展九届县委第五轮巡察，对鹤溪街道鹤溪村等72个行政村开展常规巡察。同年11月8日至12月31日，开展九届县委第六轮巡察，共派出4个巡察组，对县市场监管局、秋炉乡、县人民医院等8家部门（乡镇）党组织开展巡察，其中对县发改局开展脱贫攻坚专项巡察。

2019年7月23日至8月22日，县委第五巡察组（遂昌交叉巡察组）对东坑镇党委开展了交叉巡察，并通过巡乡带村的方式，对该乡镇下辖的10个行政村进行了延伸巡察。同年8月5日至9月4日，县委第二巡察组赴庆元县屏都街道党工委开展交叉（提级）巡察。同年12月4日至12月31日，县委第一巡察组赴青田县开展人防系统专项巡察，庆元交叉巡察组到景宁人防系统开展交叉巡察工作。

2019年，累计向县委常委会汇报巡察工作8次，向县委书记专题会议汇报巡察工作4次，向县委巡察工作领导小组汇报巡察工作6次。

截至2019年12月，九届县委共6轮次对52个乡镇（部门）党委（党组）和122个村（居）党组织开展了政治巡察，完成“全覆盖”任务数的56.5%和84.7%。共发现问题2907个，移交问题线索134条，转立案99人，给予党纪政务处分83人，留置3人，移送司法机关审查起诉4人，切实发挥了巡察政治监督、反腐利剑作用。

【开展省委巡视组关于巡察工作专项检查反馈意见整改】 根据省委统一部署，省委第七巡视组于2018年12月3日至12月5日，对景宁县委巡察工作开展了专项检查，并于2019年2月19日书面反馈了专项检查意见。按照巡视整改有关要求，中共丽水市委常委、景宁畲族自治县委书记、县委巡察工作领导小组组长陈重，在2019年2月20日召开的县委常委会会议暨巡视整改领导小组第一次会议上，就巡察工作专项检查反馈意见整改工作作出部署。县委巡察办根据要求，立即将整改责任分解到相关单位，制定了整改方案。按照“立说立行、举一反三、注重长效”原则，将巡视反馈的4个方面13个问题，细化为18

个具体问题，逐一对照检查、逐个明确牵头领导和责任单位、逐个制定整改措施。截至2019年12月底，整改方案提出的60条整改措施全部落实到位，给予党内警告1人，诫勉谈话2人，批评教育4人，退回违纪款项35.9391万元，补交税款7.48万元。

【《巡察整改落实情况评估办法》出台】 为深入贯彻落实中央、省委、市委和县委关于推动巡察高质量发展要求，做深做实巡察"后半篇文章"，推动县委巡察向纵深发展，景宁将量化评估机制引入巡察整改回访检查工作中。围绕"被巡察单位对整改的认识和态度、整改报告撰写和提交情况、回访检查情况、整改取得实效、成果运用情况"五大类内容，于2019年4月出台《巡察整改落实情况评估办法》，细化了23项指标。通过对被巡察单位整改落实情况进行评估打分、开展函询点评，形成"链条式"责任落实机制，全面压实整改责任。量化评估通过听取汇报、个别谈话、查阅台账、发放问卷、实地走访、查看机制等方式对各单位整改成效进行打分，采取定性评价和定量打分相结合、回访组测评和群众评价相结合、整改进度评估和整改成效评估相结合的"三结合"模式。评估结果分为优、良、差3个等次。量化评估结果将作为县纪委监委年终主体责任考核和县委组织部党建考核的重要参考指标，倒逼各单位落实好主体责任和整改责任。

【九届县委第四轮巡察工作动员部署会召开】 2019年4月19日下午，九届县委第四轮巡察工作动员部署会在县行政中心二号楼一楼报告厅召开。会议由县委常委、纪委书记、监委主任、县委巡察工作领导小组常务副组长叶龙标主持。市委常委、县委书记、县委巡察工作领导小组组长陈重出席会议并讲话。县委常委、组织部部长、县委巡察工作领导小组副组长王乐宣布九届县委第四轮巡察授权任职和任务分工决定。县委巡察工作领导小组成员，县直有关单位主要负责人，县纪委常委、监委委员，县纪委监委各科室负责人，各派驻纪检监察组组长，县委组织部部务会议成员及各科室负责人，县委巡察机构全体人员、抽调参与巡察工作的全体人员，被巡察单位党组织全体班子成员，各乡镇（街道）党（工）委书记、纪（工）委书记参加会议。 （郑洁洁）

党校工作

【概况】 中共景宁畲族自治县委党校坐落于鹤溪街道环城南路敬山宫，占地6431平方米。前身为景宁干校，创办于1949年，校址在原鹤溪镇学前村，1953年10月正式成立县委党校，1960年景宁并入丽水，县委党校撤销。1984年经国务院批准，设立景宁畲族自治县，1988年9月，县委在县城敬山宫筹建县委党校。景委〔1988〕27号文件决定成立中共景宁畲族自治县委党校筹建组，进行前期工作。1989年12月20日，中共景宁畲族自治县委党校成立。1992年1月20日，县人民政府发了（景政〔1992〕7号）文件，将敬山宫部分房地产无偿划归县委党校使用。同年10月，省计委、省财政厅分别划拨15万元帮助新建综合楼。

2019年年底，县委党校有教职员工15人，编外2人。其中公务员8人，事业编制7人；高级职称2人，中级职称4人，初级职称1人。

2019年，县委党校完成各类培训班27期，培训2551人次。创建市级“两山”理念实践现场教学基地1家。在毛垟、梅岐、东坑、郑坑、大均等现场教学基地接待学员1064批次27287人次；承接各主体班次11批次730人次。党校教师开发重点教学专题8个、深入基层开展浙西南革命精神等专题宣讲56场次、受众4600多人次。被评为省、市级党校系统优秀教师各1名；市级“优秀宣讲员”1名、县级“优秀宣讲员”4名；在市级精品课比赛中获奖3项。完成浙江省社会主义学院研究课题1项、丽水市社科联研究课题2项、景宁畲族自治县社科联课题12项。全校教师撰写论文、调研报告等学术文章24篇。其中，入选省级以上理论研讨会征文3篇、市级理论研讨会获奖3篇；在国家级和省级期刊、内参发表14篇。撰写县“两会”提案6篇，大会发言1篇；撰写直送县级领导“送阅件”建议案10件，为党委政府提供决策咨询。同年，完成网站程序功能升级4次，新增、改进、修复网站前后台功能19项；及时更新党校网站内容，全年刊发网文190多篇、工作图片270余张、视频8个；微信公众号发布信息120条。

【县委党校加挂浙江（景宁）民族干部培训中心牌子】 2019年10月，经中共浙江省委机构编制委员会办公室批准（浙编办函〔2019〕166号），中共景宁畲族自治县委党校（景宁畲族自治县行政学校、景宁畲族自治县社会主义学校）加挂浙江（景宁）民族干部培训中心牌子。同年11月，中共景宁畲族自治县委机构编制委员会《关于确定浙江（景宁）民族干部培训中心编制的批复》（景编〔2019〕26号）同意，核定浙江（景宁）民族干部培训中心编制3名，内设机构1个，设专职副主任1名。（王增乐）

老干部工作

【概况】 2019年，景宁畲族自治县在全市率先实行“离退统管”，县委老干部局行政职能划入县委组织部，保留县委老干部局牌子，县委组织部内设老干部科。整合原县委老干部局事业职能与县人力资源和社会保障局退管中心职能，设立景宁畲族自治县老干部服务中心，为县委直属公益一类正科级事业单位，归口县委组织部管理。县老干部服务中心事业编制7名，设主任1名、副主任2名，股级职数4名。内设综合科、党建科、活动科、教育科。原老干部活动中心更名为老干部之家，老年大学更名为老干部大学。“离退统管”后，县老干部服务中心服务对象由原来29名离休干部增至2629名离退休干部。7月，在全市率先成立中共景宁畲族自治县老干部服务中心直属机关委员会，组建服务中心、银领宣教、银领普法等3个党支部，并接收县委党校、县司法局、审计局、统计局和原县委老干部局等5个单位的退休干部党员33名。7月9日，首次召开全县老干部工作会议，市委组织部副部长、老干部局长潘晓泉到会指导，县委副书记、政法委书记潘伟和县委常委、组织部部长王乐出席会议并讲话，会上举行了县老干部服务中心授牌仪式。9月25日，全县老干部“不忘初心、牢记使命”主题教育暨离退休干部党支部书记读书会开班，县委常委、组织部部长王乐出席开班仪式并讲话。

2019年，县老干部服务中心以庆祝新中国成立70周年系列主题活动为载体，组织开展浙西南革命精神弘扬践行活动、千人升国旗唱国歌、千人倡议银耀畲乡、书画摄影展和体育竞技赛等系列活动72次。由老干部大学学员精心编排的《醉美畲乡》入选浙江省老干部庆祝新中国成立70周年文艺会演节目，并于9月30日在丽水首场演出。成功选树原县人大常委会副主任任启年为“全国离退休干部先进个人”；选树创建省级“老干部品牌工作室、离退休干部党建共享基地、最美离退休干部党支部、最美银耀志愿服务团队、最美银耀志愿者、最美共和国同龄人、银尚之家社区类和家庭类”8个先进典型。

加强老干部之家和老干部大学两个阵地建设。将原《老干部园地》《老年大学》和《红夕阳》刊物优化整合为《畲乡老干部》季刊。2019年12月11日，市委常委、县委书记陈重带领分管县领导及相关部门负责人到县老干部服务中心现场办公，帮助协调解决活动学习场地修缮和改造相关事宜。（吴梦薇）

景宁畲族自治县人民代表大会

综　述

【概况】 景宁畲族自治县人民代表大会（以下简称县人大）是景宁畲族自治县地方国家权力机关。县人民代表大会常务委员会(以下简称县人大常委会）是县人民代表大会的常设机关，由同级人民代表大会选举产生。

2019年，县人大及其常委会依据宪法和法律赋予的职责，认真贯彻落实上级和县委文件精神及决策部署，依法对“一府一委两院”工作开展监督。全年，召开常委会会议9次，党组会议28次，主任会议15次，听取和审议“一府两院”及有关方面的工作报告20项，作出决议、决定5项，接受18位县人大代表辞职和补选20位县人大代表，年度履职测评政府组成部门局长22位，任免国家机关工作人员53人次。受理人民群众来信20件，接待群众来访56人次全部办结。备案审查规范性文件42件，编印《景宁人大》4期，赠阅3000多份。县九届人大三次会议期间代表提出的125件建议和177条审议报告发言意见全部答复完毕，满意率分别为93.5%和96.8%。围绕全县中心工作和人民群众普遍关心的问题，先后对全县农村饮用水安全工作、促进民营经济高质量发展、残疾人保障、少数民族群众增收、四好农村路建设情况、小城镇环境综合整治情况、健康景宁、扫黑除恶等重点工作开展监督；对《浙江省社会养老服务促进条例》和《浙江省学前教育条例》在景宁贯彻落实情况进行执法检查。制定《自治法规起草小组“双组长”制度实施办法》《立法评估办法》《关于人大代表参与乡镇（街道）民事纠纷协商工作的实施意见》《加强检察建议工作的规定》，启动《荣誉市民授予规定》起草和《水资源管理条例》《自治条例》修改工作，颁布实施《景宁畲族自治县促进惠明茶产业发展条例》。开展“不忘初心、牢记使命”主题教育和新中国成立70周年、地方人大设立常委会40周年、自治县设立35周年系列纪念活动。宣传信息工作获全省全市先进。2幅书法作品参加省人大常委会举办的书画摄影展获优秀奖。通过全国部分少数民族自治县（旗）人大工作联席会平台，不断提升景宁在全国120个民族自治县（旗）中的知名度。

【《景宁畲族自治县促进惠明茶产业发展条例》颁布实施】 该条例，共 27 条，经县九届人大三次会议表决通过后报省人大常委会审查批准，于 2019 年 8 月 1 日起正式施行。条例对惠明茶的适用范围、管理机制和服务机制、质量提升、营销和宣传推介、茶旅融合发展等作出专门规定。

【《浙江省景宁畲族自治县自治条例》修正草案形成】 2019 年，景宁畲族自治县启动《浙江省景宁畲族自治县自治条例》第三次修改工作。成立以市委常委、县委书记陈重为组长的《浙江省景宁畲族自治县自治条例》修改领导小组。县人大常委会成立起草组、咨询顾问组和 7 个专题调研组，并制定《修改计划任务书》。委托浙江立法研究院和浙江大学立法研究院专家起草，在召开座谈会、向代表联络站和各单位征求意见的基础上通过修改领导小组审核，形成修正草案和修改前后对照表，经县九届人大常委会第 22 会议审议后，在景宁新闻网、《畲乡报》上刊登修正草案全文，征求社会公众的意见。

【开展促进民营经济高质量发展情况调研】 2019 年 3 月至 5 月，省、市、县“三级联动”开展促进民营经济高质量发展工作调研。县人大常委会成立严轶华为组长，罗德伟、夏培玲为副组长的调研组，深入县经济商务科技局、经济开发区、服务企业办公室等部门和部分企业实地调研。先后召开经济商务科技、财政、税务以及人民银行等 15 个部门座谈会和“110 工业区块”13 家企业座谈会，听取相关部门情况汇报和企业意见建议。调研中发现景宁民营经济存在实力弱、融资难、人才短缺、产业结构层次低等问题并形成调研报告。经县九届人大常委会第 19 次会议审议后，提出坚持跨山统筹，提升两个园区的产业集聚度；坚持创新引领，助推民营企业转型升级；坚持问海借力，主动融入长三角一体化国家战略；促进银企对接，破解民营企业融资难融资贵问题；增强扶企政策的针对性和实效性等五个方面建议。

【开展残疾人保障工作情况调研】 2019 年 3 月至 5 月，县人大常委会副主任杨唐珠率领法制（内司）委和内司工委开展残疾人保障工作情况调研。调研组以残疾人这个特殊群体能否“一个不落”地在 2020 年达到小康为重点，先后赴县残联、发改局、财政局、教育局、卫生健康局、人力社保局、民政局、自然资源和规划局、建设局、红星街道、梧桐乡、秋炉乡等部门乡镇（街道），通过听取汇报、召开座谈会、走访等方式开展调研，并形成调研报告。调研过程中发现存在残疾人保障工作的政策导向性作用发挥不够明显；残疾人就业形势不容乐观，生活水平仍待提高；残疾人康复、托养、无障碍设施建设有待进一步完善；高中阶段残疾人学生入学率较低等问题。建议县人民政府及有关部门加强领导，落实残疾人保障工作责任；鼓励就业，完善残疾人社会救助政策；夯实基础，构建残疾人无障碍生存环境；适度倾斜，提高残疾人学生入学率。

【开展《浙江省社会养老服务促进条例》执法检查】 2019 年 5 月至 6 月，县人大常委会副主任杨唐珠率领法制（内司）委和内司工委开展《浙江省社会养老服务促进条例》执法检查。执法检查组在乡镇(街道)、部门自查后,紧扣条例八章56条内容,坚持问题导向、坚持依法监督、坚持助推发展的原则,对县民政局,红星街道、澄照乡、大漈乡、九龙乡、梧桐乡、英川镇等重点乡镇(街道)村的居家养老服务中心,敬老院,县福利(托养)中心,城南安养所等单位和场所开展执法检查,听取县财政局、发改局、自然资源与规划局、卫生与健康局、人力社保局、建设局等单位情况汇报,广泛了解条例在景宁的贯彻实施情况,形成执法检查报告。执法检查发现存在人口老龄化问题日趋严峻;养老服务供给不足;养老服务体系建设相对滞后等问题。建议县人民政府及相关部门明确养老服务工作目标;增加养老服务有效供给;突出做好居家养老服务工作。县人大常委会开展跟踪督查,督促县人民政府完成"景宁老年医养综合服务中心"项目的选址和立项,推进社区嵌入式养老服务发展,出台文件明确鼓励发展民办养老服务机构。

【举办乡镇人大代表培训班】 2019年7月2日至3日,县人大在县行政中心报告厅举办全县第三期乡镇人大代表培训班,147位学员参加。其间,开展了中共十九大精神、人民代表大会制度的理论与实践、新时期人大代表如何开展履职活动、如何提出议案建议及《中华人民共和国治安管理处罚法》《中华人民共和国刑法》等方面学习培训。

【开展"四好农村路"建设情况专项调研】 2019年5月至8月,县人大常委会调研组在副主任吴昌亮带领下,深入县交通运输局、沙湾镇等10个部门乡镇开展"四好农村路"建设情况专项调研。调研组通过实地察看、听取汇报、座谈交流等形式,较全面地了解全县"四好农村路"建设情况并形成调研报告。自2018年启动"四好农村路"建设工作以来,围绕到2020年实现"建设好、管理好、养护好、运营好"农村公路的总目标,坚持大规划引领、高标准建设、快速度推进、新机制管养、一体化运营,取得阶段性的重要成果。针对调研中发现的建设、管理、养护、运营四方面存在的问题,提出突破瓶颈,进一步建设好农村公路;依法治路,进一步管理好农村公路;完善体系,进一步养护好农村公路;创新机制,进一步运营好农村公路的建议。

【开展农村饮用水安全情况调研】 2019年7月至8月,县人大常委会调研组在常委会副主任叶玉琪带领下,深入县水利局、财政局、发改局等单位以及部分乡镇(街道)村调研农村饮用水安全情况。近年来,县人民政府重视农村饮用水安全工作,不断加大投入力度,扎实推进农村饮用水工程建设,改善农村居民的饮用水条件,提高农民生活质量。在县九届人大常委会第22次会议上,针对存在的"供水工程标准低、规模小;水源点多面广,保护工作不到位;农村饮用水免费使用,运行管护不正常;农民饮水安全认识存在偏差,农村饮用水水质合格率偏低"等问题,建议县人民政府统筹谋划,切实提升农村饮用水工程;改革创新,多举措筹集农村饮用水工程建设资金;落实责任,切实保障农村饮用水安全;合理收费，确保农村饮用水工程正常运行。

【开展“健康景宁”工作调研】 2019年6月至9月，县人大常委会调研组在夏培玲副主任带领下先后赴九龙、秋炉、卫生健康局、文化和广电旅游体育局等乡镇（街道）、部门开展“健康景宁”工作实地调研。召开由发改局、教育局等10个部门参加的座谈会；赴宁海县和宁波市鄞州区学习考察。通过听取汇报、查阅资料、实地考察等形式广泛听取各方面意见，梳理出工作推进力度不足、健康服务能力难以满足群众日益增长诉求、健康产业培育需要加强等三方面问题。提出提高认识、加大宣传、加强督查考核、凝聚工作合力等建议，经县九届人大常委会第22次会议审议汇总后提交县人民政府办理。助力景宁顺利通过国家卫生县城省级复审，推动县人民政府加快《健康景宁2030行动纲要》各项目标任务实施，加快医共体建设，加强健康服务人才梯队建设，稳定健康人才队伍。培育升级健康和畲医畲药产业，促进养生养老基地建设。

【开展小城镇环境综合整治情况调研】 2019年7月至9月，县人大常委会调研组在副主任罗德伟带领下深入沙湾、郑坑、建设等乡镇部门开展小城镇环境综合整治完成情况调研。2019年，全县所有乡镇通过小城镇环境综合整治省级考核验收，但调研中发现全县小城镇环境综合整治仍存在工程项目前期不到位、项目资金使用不规范、后续工作衔接不顺畅、后期管理维护无保障和产业发展推动不明显等问题。经县九届人大常委会第22次会议审议后，建议县人民政府做好后续扫尾工作，妥善处置遗留问题，探索建立长效运维机制，并运用好整治成果，全力助推乡村振兴。

【跟踪监督民族自然村的发展】 县九届人大常委会第17次会议听取县人民政府“关于畲族自然村发展状况的审议意见处理情况报告”。2019年5月至8月，县人大常委会调研组在副主任钟利海的带领下进行跟踪监督。先后到县民宗局、自然资源和规划局、交通局、财政局等部门和鹤溪街道、梧桐乡、澄照乡等乡镇对落实情况进行了解，重点就民族政策落实、基础设施建设、产业发展等方面进行监督。县政府结合大搬快聚富民安居工程，加快少数民族群众异地搬迁，有序推进金山垟畲族特色小区建设；在行政村规模调整中，将46个民族村调整为32个，拓展发展空间；积极实施魅力畲寨建设，完善城中村基础设施，促进城村融合发展。县九届人大常委会第23次会议听取和审议县政府对审议意见落实情况报告并进行了满意度测评。

【开展扫黑除恶工作调研】 2019年3月至10月，县人大常委会副主任杨唐珠率领法制（内司）委和内司工委开展全县扫黑除恶工作调研。其间，组织召开县扫黑办（政法委）、大数据发展中心、红星街道、鹤溪街道等18个部门、乡镇（街道）负责人参加的座谈会；到县公安局、检察院、法院、司法局实地调研并查阅相关资料，结合工作安排开展扫黑除恶日常工作督查；深入标溪乡、大均乡、梅岐乡、红星街道的10余个村走访，面对面听取基层和群众意见建议。调研中发现工作整体合力形成尚存空间、宣传发动还不够深入、业务能力还有待提升、“治乱”工作还不够突出等问题。经县人大常委会第23次会议审议后，建议县公安局、检察院、法院、司法局进一步凝聚工作合力、加大宣传发动力度、提升办案人员能力水平、加强对“行业乱象”的整治力度。

【开展少数民族群众增收调研】 2019年6月至12月，县人大常委会副主任钟利海率领民侨工委开展少数民族群众增收专题调研。实地走访7个乡镇、22个民族村、100多个自然村、200多户村民，以及6家企业、专业合作社，召开12个座谈会。调研中发现民族自然村青壮年劳动力外出多，规模化发展产业难；产业发展引导不足，扶持政策需要调整；农业产业扶持不稳定，农户感到风险大；服务小农户的体系不健全、服务能力有限等问题。经第52次主任会议审议后，向县政府提出要完善促进少数民族群众增收的扶持政策、健全少数民族小农户农业项目扶持措施、精准推进民族群众增收主要产业发展。

【调整充实立法项目库】 2019年，县人大常委会根据《自治法规制定程序规定》《自治法规起草小组“双组长”制度实施办法》《立法评估办法》，结合全国人大“高质量立法，惠民立法、生态环保立法，弘德立法，协同立法”的立法要求，健全立法制度，对县九届人大五年立法项目库进行调整，增补民生和社会治理、弘扬社会主义核心价值观等方面的内容，调整后的立法项目库为22个项目。

【县委人大工作会议召开】 2019年12月23日，县委人大工作会议召开。市委常委、县委书记陈重出席会议并讲话。县人大常委会主任严轶华、县政协主席张峰，县委常委、县人大常委会副主任、县人民法院院长、县人民检察院检察长等出席会议，县人大常委会各专工委（办）成员、全县乡镇（街道）人大主席（主任）和县直机关负责人参加会议。县委充分肯定了近年来全县人大工作所取得的成绩，强调要坚定制度自信，切实增强做好新时代人大工作的思想自觉和行动自觉；要牢记初心使命，全面推动新时代景宁人大工作高质量高水平发展；要强化统筹协调，不断开创新时代人大工作良好局面。会议强调，要紧密团结在以习近平同志为核心的党中央周围，坚守初心担使命，与时俱进勇创新，不断书写新时代景宁人大工作的崭新篇章，为景宁继续奋力走在全国民族自治县前列作出更大贡献。全县各级人大始终坚持党的领导、人民当家作主、依法治国的有机统一，认真履行宪法和法律赋予的职责，服务大局成效显著，依法履职精准高效，代表主体作用深度发挥，自身建设持续加强，为改革发展稳定和民主法治建设作出了重要贡献。红星街道党（工）委、东坑镇党委、大均乡党委、鹤溪街道人大工委和梅岐乡人大主席团在会上作交流发言。

【规范性文件备案审查】 2019年，主动审查县政府报备的规范性文件42件。向省人大提请全国人大常委会及国务院报备自治法规1件，即《景宁畲族自治县促进惠明茶产业发展条例》；向市人大常委会报请备案审查2件，即《景宁畲族自治县人大常委会关于加强检察建议工作的规定》《景宁畲族自治县立法评估办法》。

县人民代表大会会议

【县九届人大三次会议】 2019年2月20日至24日，景宁畲族自治县第九届人民代表大会第三次会议在影城召开，163名县九届人大代表和232名列席特邀人员参加会议。会议听取和审查了县人民政府县长钟海燕所做的《政府工作报告》、县人大常委会主任严轶华所做的《县人大常委会工作报告》、县人民法院院长陈雪平所做的《县人民法院工作报告》、县人民检察院检察长瞿承健所做的《县人民检察院工作报告》，审查、批准《景宁畲族自治县2018年国民经济和社会发展计划执行情况及2019年国民经济和社会发展计划草案的报告》《景宁畲族自治县2018年预算执行情况和2019年预算草案的报告》并通过上述工作报告决议。审议县人民政府2018年环境状况和环境保护目标完成情况的报告。听取和审议县人大常委会副主任钟利海所做的《景宁畲族自治县制定自治法规程序规定(修正草案)》起草情况说明和《景宁畲族自治县促进惠明茶产业发展条例(草案)》起草情况说明，表决通过《景宁畲族自治县制定自治法规程序规定》和《景宁畲族自治县促进惠明茶产业发展条例》。采用差额票决和无记名投票方式确定2019年县人民政府10件民生实事。会议收到代表署名的建议、批评和意见125件、177条口头发言意见，其中口头发言意见在人代会闭会前各承办单位均已答复完毕，会议期间落实到位53件。

县人大常委会会议

【县九届人大常委会第十五次会议】 于2019年1月8日在县行政中心2号楼五楼常委会会议室召开，常委会组成人员应出席27人，实际出席20人。会议听取和审议县人民政府关于2018年度民生实事项目完成情况的报告、关于县九届人大二次会议代表建议办理情况的报告、关于2017年财政决算报告、2017年财政预算执行和其他财政收支情况审计工作报告的审议意见落实情况报告并对以上报告进行满意度票决。听取县人大常委会代表资格审查委员会关于代表资格审查情况的报告。审议县人大常委会关于县九届人大二次会议代表建议督办工作情况的报告、2019年民生实事项目代表票决办法(草案)。审议提出《景宁畲族自治县第九届人民代表大会第三次会议议程(草案)》《景宁畲族自治县第九届人民代表大会第三次会议日程(草案)》《景宁畲族自治县第九届人民代表大会第三次会议关于议案截止日期的决定(草案)》《景宁畲族自治县第九届人民代表大会第三次会议关于通过票决办法、决议决定表决方式的决定(草案)》《景宁畲族自治县第九届人民代表大会第三次会议主席团和秘书长名单(草案)》《景宁畲族自治县第九届人民代表大会第三次会议主席团常务主席名单(草案)》《景宁畲族自治县第九届人民代表大会第三次会议执行主席分组名单

(草案)》《景宁畲族自治县第九届人民代表大会第三次会议副秘书长名单(草案)》《景宁畲族自治县第九届人民代表大会第三次会议各代表团团长、副团长建议名单》。审议通过《景宁畲族自治县第九届人民代表大会第三次会议列席人员名单》。会议决定将《景宁畲族自治县促进惠明茶产业发展条例(草案)》提请县九届人大第三次会议审议、调整景宁畲族自治县第九届人民代表大会第三次会议召开时间,会议建议议程不变。会议以无记名投票方式表决通过县人民法院提出的人事任免议案。

【县九届人大常委会第十六次会议】 于2019年1月17日在县行政中心2号楼五楼常委会会议室召开,常委会组成人员应出席27人,实际出席23人。会议听取和审议《关于县人民政府机构改革涉及的自治法规规定的行政机关职责调整问题的决定(草案)》的有关情况说明,县人民政府关于提请审议《景宁畲族自治县生态文明建设示范县规划(2018—2025)》的议案,作出《关于县人民政府机构改革涉及的自治法规规定的行政机关职责调整问题的决定》《关于批准景宁畲族自治县生态文明建设示范县规划的决议》;会议接受吴敬诗辞去丽水市第四届人民代表大会代表职务,依法补选蔡建熙为丽水市第四届人民代表大会代表,报丽水市第四届人民代表大会常务委员会备案、公告。会议接受严伟明、刘传栋辞去景宁畲族自治县第九届人民代表大会代表职务。会议以无记名投票方式表决通过县人民政府、县人民法院、县人民检察院提出的人事任免议案并组织15位新任命的县人民政府组成部门局长进行宪法宣誓和任职表态发言。

【县九届人大常委会第十七次会议】 于2019年3月15日在县行政中心2号楼五楼常委会会议室召开,常委会组成人员应出席27人,实际出席21人。会议传达学习全市"两山"发展大会精神,强调市委书记胡海峰的讲话高屋建瓴、立意深远、内涵丰富,县乡两级人大要认真学习,领会实质,学深悟透,切实把思想和行动统一到"两山"发展大会精神上来。会议听取和审议县人民政府关于《浙江省学前教育条例》执法检查报告审议意见落实情况的报告、关于毛竹产业培育情况报告审议意见落实情况的报告、关于畲族自然村发展报告的审议意见落实情况的报告并对以上报告进行满意度测评。会议接受何振华同志辞去景宁畲族自治县第九届人民代表大会代表职务。会议以无记名投票方式表决通过县人大常委会主任会议提出的人事任免议案并进行宪法宣誓。

【县九届人大常委会第十八次会议】 于2019年4月18日在县行政中心2号楼五楼常委会会议室召开,常委会组成人员应出席26人,实际出席21人。会议听取和审议县公安局关于对县九届人大代表商晓云采取刑事强制措施许可的报告,作出关于许可对县九届人大代表商晓云采取刑事强制措施的决定。会议接受夏国章辞去景宁畲族自治县第九届人民代表大会代表职务。

【县九届人大常委会第十九次会议】 于2019年5月21日在县行政中心2号楼五楼常委会会议室召开，常委会组成人员应出席25人，实际出席22人。会议听取和审议县人民政府《关于促进民营经济高质量发展情况的报告》、县人大常委会《关于加强检察建议工作的规定（草案）》；审议县人大常委会《关于促进民营经济高质量发展情况的调研报告》。会议接受叶康、商晓云、张昌勇辞去景宁畲族自治县第九届人民代表大会代表职务。会议以无记名投票方式表决通过县人大常委会主任会议、县监委、县人民法院、县人民检察院提出的人事任免议案并进行宪法宣誓。

【县九届人大常委会第二十次会议】 于2019年7月29日在县行政中心2号楼五楼常委会会议室召开，常委会组成人员应出席22人，实际出席22人。会议传达学习中共中央总书记习近平对地方人大及其常委会工作的重要指示精神。听取和审议县人民政府《关于〈浙江省社会养老服务促进条例〉实施情况的报告》《关于景宁"四好农村路"建设情况的报告》、县人大常委会执法检查组《关于〈浙江省社会养老服务促进条例〉的执法检查报告》；审议县人大常委会调研组《关于景宁"四好农村路"建设情况的调研报告》。

【县九届人大常委会第二十一次会议】 于2019年8月5日在县行政中心2号楼五楼常委会会议室召开，常委会组成人员应出席22人，实际出席19人。会议听取和审议县人民政府《关于2019年全县重点项目实施情况的报告》《关于2019年上半年国民经济和社会发展计划执行情况的报告》《关于2018年财政决算草案和2019年上半年预算执行情况的报告》《关于2018年度预算执行和其他财政收支的审计工作报告》；审查县人大财政经济委员会《关于景宁畲族自治县2018年财政决算草案的审查报告》；作出关于批准景宁畲族自治县2018年财政决算的决议。会议接受占海冰、任荣、吴大余、吴卫忠、林松华、周成璟、梅小林、雷利德、雷剑锋、潘润洲辞去景宁畲族自治县第九届人民代表大会代表职务，会议传达学习市委四届六次全体（扩大）会议精神，并就贯彻落实好市委四届六次全体（扩大）会议精神提出具体要求。

【县九届人大常委会第二十二次会议】 于2019年9月25日在县行政中心2号楼五楼常委会会议室召开，常委会组成人员应出席17人，实际出席13人。会议听取和审议县人民政府《关于"健康景宁"工作情况报告》《关于农村饮用水安全情况工作报告》《关于小城镇环境综合整治情况的报告》《关于小城镇环境综合整治资金的审计报告》；审议县人大常委会调研组《关于"健康景宁"工作情况的调研报告》《关于农村饮用水安全情况工作的调研报告》《关于小城镇环境综合整治情况的调研报告》《关于〈景宁畲族自治县自治条例〉修正案（草案）》。会议就乡镇（街道）人大主席（主任）做好基层人大工作提出要求：进一步明确新时代对乡镇（街道）人大工作的新要求新定位，解决怎么看的问题；进一步明确新时代对乡镇（街道）人大的工作原则和工作内容，解决做什么的问题；进一步明确新时代对乡镇（街道）人大干部所肩负的重要职责和使命，解决怎么做的问题。会议任命红星街道工作委员会和鹤溪街道工作委员会委员 12 名。

【县九届人大常委会第二十三次会议】 于 2019 年 11 月 29 日在县行政中心 2 号楼五楼常委会会议室召开，常委会组成人员应出席 17 人，实际出席 16 人。会议听取和审议县人民政府《关于畲族自然村发展状况报告的审议意见落实情况的报告》《关于促进民营经济高质量发展情况报告的审议意见落实情况的报告》《关于景宁“四好农村路”建设情况报告的审议意见落实情况的报告》《关于〈浙江省社会养老服务促进条例〉实施情况报告的审议意见落实情况的报告》，并对以上报告进行满意度票决。听取和审议关于公检法司四机关扫黑除恶工作的报告，审议县人大常委会调研组《关于扫黑除恶工作的调研报告》。会议听取和审议《县人民政府提请批准 2019 年一般公共预算调整和政府性基金预算调整草案的议案》，做出《关于批准 2019 年地方政府债务限额的决议》《关于批准 2019 年预算调整的决议》。会议以无记名投票方式表决通过县人民法院人事议案。（潘建军）

景宁畲族自治县人民政府

政府全体会议

【县政府九届四次全体(扩大)会议】 于2019年8月15日召开。会议的主要任务是:高举习近平新时代中国特色社会主义思想伟大旗帜,深入学习贯彻省委、市委、县委全会精神,回顾总结2019年以来的工作,部署下阶段工作,号召动员全县上下不忘初心、牢记使命,深入弘扬践行"浙西南革命精神",深化创新实干大赶考,奋力推动县域经济社会加快高质量绿色发展。会上,县委副书记、县长钟海燕强调,要树立忠诚使命的崇高信仰,进一步强化历史责任和担当;要永葆求是挺进的奋斗姿态,进一步加快县域经济高质量发展的步伐;要厚植根植人民的宗旨意识,进一步提升人民群众的获得感和幸福感。县委委员、候补委员,县纪委委员,副县以上领导干部,担任过副县级以上实职的离退休老干部代表、各乡镇(街道)党政正职、县直机关各单位党委(党组)负责人等参加会议。

(陈晶晶)

县政府常务会议

【概况】 2019年,共召开县政府常务会议10次。

2019年1月21日,县政府在县行政中心1号楼二楼大会议室召开第20次常务会议。钟海燕、王益、陈兵、陈荣世、余晓军、严伟华、饶伟贞、毛华庆、孙寒星、刘爱忠出席会议,县人大常委会副主任叶玉琪、县政协副主席刘德灵、县人武部部长周云飞应邀参加会议。县长钟海燕主持会议。会议开展县政府常务会议学法:审计全覆盖的实践和思考;审议《各乡镇(街道)行政村规模调整模拟方案(送审稿)》和《景宁畲族自治县农村饮用水达标提标行动计划(2018—2020)(送审稿)》;研究行政审批中心办事大厅改造工程概算调整相关事宜和客运中心项目概算调整相关事宜;审议《景宁畲族自治县加快建筑业发展新十条(送审稿)》;研究2018年巡察(查)发现共性问题整改意见和景宁畲族自治县"大棚房"问题专项清理整治工作及包凤雷氏第一村旅游综合体(一期)项目落地事宜。

2019年2月26日，县政府在县行政中心1号楼二楼大会议室召开第21次常务会议。钟海燕、王益、陈兵、余晓军、严伟华、饶伟贞、孙寒星、刘爱忠出席会议，县人大常委会副主任夏培玲、县政协副主席尤建平、县人武部部长周云飞应邀参加会议。县长钟海燕主持会议。会议开展县政府常务会议学法：电子商务法实施带来的机遇和挑战；审议《景宁畲族自治县大花园建设行动计划〈五大工程责任分解表〉〈载体建设责任分解表〉〈指标体系责任分解表〉（送审稿）》；研究景宁畲族自治县交通基础设施项目临时用地费用相关事宜；听取关于景宁县城（畲乡小镇）创高等级景区实施规划设计招投标事项的汇报；审议《景宁一静安合作框架协议（送审稿）》；听取景宁县体育场区块城市综合体工程拆迁安置柴火间、车位价格确定相关情况汇报。

2019年4月2日，县政府在县行政中心1号楼二楼大会议室召开第22次常务会议。钟海燕、王益、陈兵、陈荣世、余晓军、严伟华、饶伟贞、毛华庆、孙寒星、刘爱忠出席会议，县人大常委会副主任夏培玲、县政协副主席沈秀慧、县人武部部长周云飞应邀参加会议。县长钟海燕主持会议。会议审议《景宁畲族自治县人民政府关于减轻企业负担促进企业持续稳定发展的十二条意见（送审稿）》；听取景宁畲族自治县畲族特色小区（金山垟）项目工程变更情况汇报和景宁畲族自治县凤凰学校新建工程变更及调整情况的汇报；审议《关于全面实施“大搬快聚富民安居”工程的指导意见（送审稿）》《景宁县路侧泊位和停车场智慧停车系统及运营服务项目收费调整方案（送审稿）》《景宁畲族自治县安全生产巡查工作制度（送审稿）》；听取关于落实困难企业社保费返还政策的情况汇报；开展常务会议学法：《中华人民共和国公务员法》。

2019年4月21日，县政府在县行政中心1号楼二楼大会议室召开第23次常务会议。钟海燕、王益、陈兵、余晓军、严伟华、毛华庆、孙寒星、刘爱忠出席会议，县人大常委会副主任吴昌亮、县政协副主席尤建平、县人武部部长周云飞应邀参加会议。县长钟海燕主持会议。会议开展常务会议学法：《生产安全事故应急条例》；研究235国道景宁东坑至泰顺司前段改建工程项目前期工作有关事宜和体育公园一期暨体育场复建工程概算调整相关事宜；审议《景宁畲族自治县李宝洞宫畲王寨景区项目招商方案（送审稿）》《景宁畲族自治县低收入农户高水平全面小康计划（2019—2022年）送审稿》《景宁畲族自治县创建省级美丽乡村示范县的实施方案（送审稿）》《景宁畲族自治县打赢蓝天保卫战三年行动计划（送审稿）》；听取景宁城乡生活垃圾一体化项目实施方案调整细化情况汇报和公共绿地养护服务项目发包采购相关情况汇报；审议《景宁畲族自治县公益性公墓管理暂行办法（送审稿）》；听取景宁畲族自治县2019年一季度经济运行分析的汇报。

2019年6月5日，县政府在县行政中心1号楼二楼大会议室召开第24次常务会议。钟海燕、王益、陈兵、陈荣世、余晓军、严伟华、饶伟贞、毛华庆、孙寒星、夏雪松、刘爱忠出席会议，县人大常委会副主任钟利海、县政协副主席刘德灵应邀参加会议。县长钟海燕主持会议。会议开展常务会议学法:《地方党政领导干部食品安全责任制规定》;审议《农村客运车辆更新资金补助方案(送审稿)》《景宁畲族自治县关于进一步加快发展服务业的若干意见(试行)(送审稿)》《景宁畲族自治县人民政府关于进一步促进开放经济稳定增长的若干意见(送审稿)》《景宁畲族自治县农村饮用水县级统一管理实施方案(送审稿)》;听取关于要求修编《瓯江流域综合规划》取消小溪干流大均以上水电项目开发的情况汇报和景宁畲族自治县保安服务公司改制的报告;研究2019年度"畲乡小吃"产业扶持有关工作和景宁—宁海山海协作"消薄飞地"产业园合作共建相关事宜;听取《法治政府建设与责任落实督察工作规定》贯彻落实意见。

2019年7月10日,县政府在县行政中心1号楼二楼大会议室召开第25次常务会议。钟海燕、王益、陈荣世、徐瑛、余晓军、严伟华、饶伟贞、毛华庆、孙寒星、刘爱忠出席会议,县政协副主席沈秀慧应邀参加会议。县长钟海燕主持会议。会议审议《中共景宁畲族自治县委 景宁畲族自治县人民政府 关于开展全面质量提升推进"和美景宁"建设的实施方案(送审稿)》;研究通用机场选址有关事宜;审议《景宁畲族自治县创建高等级景区城实施方案(送审稿)》《景宁畲族自治县城区蜂窝煤等高污染燃料整治工作实施方案(送审稿)》《景宁畲族自治县对接上海融入长三角工作总体方案(送审稿)》《景宁畲族自治县基层医疗卫生机构补偿机制改革实施意见(送审稿)》;听取景宁县山海协作工作汇报(书面汇报)和关于2019年防汛抗旱工作情况和下步工作计划汇报(书面汇报);常务会议学法:《重大行政决策程序暂行条例》(书面学习)。

2019年7月25日,县政府在县行政中心1号楼二楼大会议室召开第26次常务会议。钟海燕、王益、陈荣世、余晓军、严伟华、饶伟贞、毛华庆、刘爱忠出席会议,县政协副主席尤建平应邀参加会议。县长钟海燕主持会议。会议听取景宁畲族自治县2019年上半年经济运行情况分析的汇报;研究购置城北工业区团结东路90号工业地产的相关事宜;审议《景宁畲族自治县全国民族地区城乡融合发展试点方案(送审稿)》。

2019年8月29日,县政府在县行政中心1号楼二楼大会议室召开第27次常务会议。钟海燕、王益、陈荣世、徐瑛、余晓军、严伟华、饶伟贞、毛华庆、孙寒星、夏雪松、刘爱忠出席会议,县人大常委会副主任叶玉琪应邀参加会议。县长钟海燕主持会议。会议审议《关于提前收回景宁娃哈哈饮料有限公司部分国有建设用地使用权的方案(送审稿)》《景宁畲族自治县水能资源开发规划修编(送审稿)》《景宁畲族自治县小水电清理整改"一站一策"实施方案(送审稿)》《景宁畲族自治县2019年度规划编制计划(送审稿)》《景宁畲族自治县千峡湖沿湖行政村生态资源管护服务实施方案(送审稿)》《景宁畲族自治县大中型水库移民避险解困(2018—2019)工作实施意见(送审稿)》;研究景宁畲族自治县老年医养综合服务中心项目选址相关事宜;审议《景宁畲族自治县关于进一步加强城市社区建设的实施方案(送审稿)》《组建景宁畲族自治县政策性融资担保有限公司实施方案(送审稿)》《景宁畲族自治县关于促进电子商务发展的实施意见(送审稿)》;研究“景宁600”精品农品展示展销中心项目概算调整及资金拨付等相关事宜;审议《畲族风情康养度假综合体项目(丽景山居)招商方案、投资意向协议(送审稿)》;研究景宁畲族自治县千年山哈宫项目建安投资调整相关事宜;审议《畲家田园综合体东弄村项目产业投资运营方招商方案(送审稿)》《景宁畲族自治县惠明禅茶文化产业园工程(一期)项目土地房屋征收补偿安置方案(送审稿)》;听取三大攻坚战落实推进情况汇报(书面汇报)和体育工作情况汇报(书面汇报)、食品安全工作情况汇报(书面汇报)、安全生产工作情况汇报(书面汇报);开展常务会议学法:《个人所得税专项附加扣除暂行办法》(书面学习)。

2019年10月24日,县政府在县行政中心1号楼二楼大会议室召开第28次常务会议。王益、徐 瑛、余晓军、饶伟贞、毛华庆、孙寒星、夏雪松、刘爱忠出席会议,县人大常委会副主任罗德伟,县政协副主席尤建平,县人武部部长张纪恩应邀参加会议。常务副县长王益主持会议。会议听取景宁畲族自治县2019年前三季度经济运行情况分析的汇报;审议《景宁畲族自治县集中财力办大事政策方案(送审稿)》和《景宁畲族自治县2020年度城乡居民基本医疗保险筹资标准调整方案(送审稿)》;研究景宁县公益林(天然林)管护队伍组建相关事宜和关于娃哈哈食品饮料营销有限公司等三家企业优惠政策延续相关事宜;审议《景宁畲族自治县农村客运行业补助调整方案(送审稿)》。

2019年12月5日,县政府在县行政中心1号楼二楼大会议室召开第29次常务会议。王益、陈荣世、徐瑛、余晓军、严伟华、毛华庆、孙寒星、刘爱忠出席会议。常务副县长王益主持会议。会议审议《景宁畲族自治县鹤溪街道等9个乡镇(街道)设置的主要街道、重点区域及临时疏导点区域划定方案(送审稿)》和《景宁畲族自治县政府(办公室)行政规范性文件清理结果(送审稿)》;听取安全生产巡查报告和关于对雷少雄等6人见义勇为行为进行表彰奖励的情况汇报;审议《关于全面实施预算绩效管理的若干意见(送审稿)》;研究景宁畲族自治县民族医院一期迁建项目工程变更和概算调整相关事宜;审议《景宁畲族自治县国有土地上房屋征收与补偿暂行办法(送审稿)》《景宁畲族自治县征收集体所有土地房屋补偿暂行管理办法(送审稿)》《关于调整城镇土地使用税差别化优惠政策促进土地集约节约利用的实施意见(送审稿)》《景宁畲族自治县流动人口积分制管理办法(送审稿)》《景宁畲族自治县数字经济发展五年行动计划(2018—2022年)(送审稿)》《景宁畲族自治县大中型水库移民精准扶持暂行办法(送审稿)》《景宁畲族自治县包山铁矿区块旅游开发项目正式投资协议(送审稿)》;研究景宁—温岭山海协作生态旅游文化产业园规划范围内非产业园开发公司投资的政府性投资项目的资产划转相关事宜;听取法治政府建设工作情况汇报(书面汇报)和健康景宁工作推进情况的汇报(书面汇报);常务会议学法:《优化营商环境条例》(书面学习)。

(陈晶晶)

县政府专题会议

【概况】 2019年，共召开县政府专题会议17次。

2019年3月5日，受县人民政府副县长严伟华委托，县府办副主任梅伟森在县行政中心1号楼二楼小会议室主持召开协调会，专题研究景宁畲族自治县外舍桥系(千熙桥)及菖蒲湾路网工程终止EPC合同相关事项。县发改局、财政局、审计局、千峡湖管理处、城发公司等单位有关负责人参加会议。会议听取了县城发公司兰峰有关外舍桥系(千熙桥)及菖蒲湾路网工程终止EPC合同相关情况的汇报，与会单位相关负责人就相关问题进行了认真讨论研究，并形成一致意见。

2019年3月25日，县委常委、常务副县长王益在县行政中心1号楼二楼大会议室主持召开相关政策研究联席会议，县招商局、丽景园管委会、开发区管委会、发改局、经济商务科技局、税务局、市场监管局、建设局、财政局、人民银行等单位负责人参加会议。会议听取了县招商局长张伟对相关政策起草的情况汇报，与会人员专题研究讨论了建筑业新办企业和“一事一议”优惠政策、电子商务企业“一事一议”政策及《关于浙江景宁筑商信息科技有限公司电商项目相关活动法律主体开户之合作监管协议》等相关事项进行专题研究，会议形成初步一致意见。

2019年4月4日，受县人民政府副县长毛华庆委托，县人民政府办公室副主任何邦召集县发改局、财政局、审计局、农业农村局、自然资源和规划局、招商局、民宗局、度假区管委会等相关单位负责人，专题研究景宁县环敕木山茶旅慢游观光带规划设计工作相关事宜。会议听取了县农业农村局关于规划设计工作相关情况的汇报，经与会人员充分讨论，形成一致意见。

2019年4月18日，受县人民政府副县长毛华庆委托，县人民政府办公室副主任何邦召集县发改局、教育局、财政局、审计局、电力局、公共资源交易中心等相关单位负责人,专题研究学校“空调进教室”工作相关事宜。会议听取了县教育局关于“空调进教室”工作相关情况的汇报，经与会人员充分讨论，形成一致意见。

2019年4月30日，县委常委、县人民政府副县长陈荣世在县政府二楼会议室主持召开协调会，专题研究宇海幼教木玩产业园项目建设有关事宜。县发改局、建设局、经济商务科技局、自然资源和规划局、开发区管委会、消防大队等有关单位负责人参加会议。与会人员就宇海幼教木玩产业园项目在建工程转让有关问题进行了充分讨论，并形成一致意见。

2019年6月6日，县人民政府副县长严伟华在县行政中心3号楼三楼会议室主持召开会议，专题研究澄照农民创业园、外舍新区等区块城市建设管理职能调整相关事宜。县府办、民政局、财政局、自然资源和规划局、建设局、开发区管委会、综合执法局、创业园指挥部、外舍防护工程指挥部、交警大队、城发公司、红星街道、澄照乡等相关单位负责人参加会议。会议听取了创业园指挥部、外舍防护工程指挥部相关情况介绍，与会人员进行了充分讨论，并形成一致意见。

2019年6月21日，受县委常委、常务副县长王益委托，县府办副主任梅伟森召集相关部门负责人在县政府一号楼二楼会议室召开会议，专题研究景宁畲族自治县省民生实事综合功能服务站建设相关事宜。会议听取了县发展和改革局关于景宁综合供能服务站建设推进情况汇报，与会人员就如何推进景宁综合供能服务站建设中存在的问题和困难进行了充分讨论，形成一致意见。

2019年7月17日，县委常委、常务副县长王益在县政府一号楼二楼会议室组织召开"筑商平台"工作推进会。县经济合作交流中心、金融发展中心、驻沪联络处、人民银行、中国银行、工商银行、农业银行、建设银行、农发行、农商银行、邮储银行、村镇银行、稠州银行、泰隆银行等单位负责人参加会议。

2019年8月23日，受县委常委、常务副县长王益委托，县府办副主任梅伟森在县政府一号楼二楼小会议室组织召开电子商务企业招商研究会，县经济商务科技局、市场监督管理局、招商服务中心、人民银行等单位相关负责人参加会议。会议对引进市场主体加快景宁电子商务发展等相关事宜进行了商议。

2019年9月23日，县人民政府副县长严伟华在县行政中心1号楼二楼大会议室主持召开会议，专题协调李宝洞宫畲王寨项目推进等相关事宜。县府办、县政府督查室、财政局、自然资源和规划局、交通运输局、水利局、文化和广电旅游体育局、电力局、大均乡等相关单位和项目业主单位负责人参加会议。会议听取了文化和广电旅游体育局和业主单位相关情况介绍，与会人员进行了充分讨论，并形成一致意见。

2019年8月23日，受县委常委、常务副县长王益委托，县府办副主任梅伟森在县行政中心1号楼四楼会议室组织召开征地政策处理协调会。县财政局、自然资源和规划局、交通运输局、度假区发展中心、水利局、土地和房屋征收工作指导中心、景文高速项目指挥部、红星街道、鹤溪街道等单位负责人参加会议。会议就因行政村规模调整后，项目建设政策处理涉及等问题进行深入讨论，并形成一致意见。

2019年9月5日，县委常委、常务副县长王益和副县长余晓军、严伟华及千峡湖景宁县管理处处长翁建敏在县行政中心1号楼二楼大会议室组织召开景宁汇龙游艇俱乐部综合体项目相关工作推进会。县发改局、自然资源规划局、建设局、文化广电体育旅游局、水利局、千峡湖景宁县管理处等单位负责人参加会议。与会人员通过充分讨论，形成一致意见。

2019年9月24日，受县委常委、常务副县长王益委托，县府办副主任梅伟森召集县自然资源和规划局许丽蓉、游张平，县综合执法局高卫和，人民银行景宁县支行行长潘华珠，在县府1号楼二楼小会议室就人民银行景宁县支行办公用房不动产证办理事项相关问题进行专项研究，经与会人员认真讨论，形成一致意见。

2019年10月16日，县委常委、常务副县长王益召集县府办、县发改局、建设局、财政局、审计局、千峡湖管理处、自然资源和规划局、环境生态局、水利局、交通运输局、城发公司、红星街道等相关单位召开外舍污水处理厂(二期)工程项目建设领导小组会议,专题研究外舍污水处理厂(二期)工程项目建设相关事宜。

2019 年 10 月 22 日,受县委常委、常务副县长王益委托,县府办副主任梅伟森在县政府 1 号楼二楼小会议室召集县财政局、发改局、水利局、建设局、自然资源规划局、司法局、审计局、千峡湖景宁县管理中心、红星街道办事处等相关单位负责人召开协调会,专题研究水隅仙境综合体项目清算等相关事宜。

2019 年 12 月 13 日,县委常委、常务副县长王益在县行政中心二楼小会议室主持召开综合供能站建设推进会。县府办、县发改局、自然资源和规划局、建设局、应急管理局、国资公司等单位参会。与会人员对景宁畲族自治县城南 E-02 地块和景宁畲族自治县外舍 WS01-02 地块进行充分讨论和认真研究。

2019 年 12 月 9 日,受县委常委、常务副县长王益委托,县府办副主任梅伟森在县行政中心 1 号楼二楼小会议室召集县财政局、重点项目服务中心、移动公司、联通公司、电信公司、华数公司等单位负责人,就景宁畲族自治县人民政府主导投资项目建成区外弱电杆(管)线拆迁迁建政策,协商形成一致意见。 (陈晶晶)

政府工作会议

【全县公安工作会议】 于 2019 年 2 月 25 日在县文化中心小剧场召开。会议回顾总结 2018 年全县公安工作,全面部署 2019 年公安工作和公安队伍建设工作。县委副书记、县长钟海燕出席并讲话,县委副书记、政法委书记潘伟参加。会议传达了市委常委、县委书记陈重同志的批示,并对先进个人和集体进行了表彰。会议指出,一年以来,全县公安机关坚持把保障发展作为第一要务,坚持"打击过硬"导向,坚持围绕群众所急所盼所需,坚持刀刃向内、刮骨疗毒,有力维护了社会大局稳定,为全县经济发展、社会公平正义和人民安居乐业做出了积极贡献。要深刻领会、认真贯彻县委书记陈重的批示精神,进一步祛霸气、除暮气、增底气、鼓士气、扬正气,树立人民警察队伍英姿勃发的崭新形象。会议强调,广大公安民警要扛起政治责任,做党和人民的"刀把子"。要聚焦中心大局,做保障高质量绿色发展的"护旗手"。以"景宁公安之干"践行"丽水之赞",为建设"诗画畲乡·和美景宁"作出新的更大贡献。

【全县扶贫开发工作会议】 于 2019 年 3 月 25 日在县行政中心 2 号楼一楼会议室召开。会议主要内容是贯彻落实中央和省、市有关扶贫会议精神,回顾总结 2018 年度景宁畲族自治县扶贫工作,深入分析存在的问题和短板,研究部署 2019 年度全县扶贫工作。县委副书记潘伟主持会议。会议指出,扶贫工作事关群众福祉和全面建成小康社会大局,不仅是重大的发展问题、民生问题,也是重大的政治问题和社会问题。要认清形势,切实增强做好扶贫开发工作的责任感和使命感,对标全省扶贫工作水平,对照省委巡视组反馈意见,正视差距和短板,负起责任、敢于担当,做到举一反三、全面排查、建章立制、堵塞漏洞，加快形成治根本、管长远的制度体系，确保扶贫工作扎扎实实落到实处。会议强调，要深入贯彻中共中央总书记习近平关于扶贫工作的重要论述，全力打好扶贫攻坚战。从确保高水平全面小康成果惠及全县人民的高度，充分认识扶贫开发工作的重要意义；准确把握景宁扶贫开发的阶段性特征，认真处理好扶贫攻坚中的各种关系；求真务实，全面落实新阶段扶贫开发工作各项任务。要压实责任、尽锐出战，切实增强扶贫开发工作的行动力和执行力。要强化对政策的研究和运用，加强协同配合、资金保障、人才队伍建设和作风建设，确保扶贫工作取得实效。

【全县安全生产工作会议】 于2019年4月1日召开。会议贯彻落实上级关于防灾减灾救灾及应急管理工作决策部署，总结2018年安全生产工作，全面部署2019年相关工作。县委副书记、县长钟海燕出席并讲话。会议指出，安全生产事关社会和谐稳定，也是高质量绿色发展的基本保障，因此，责任落实一刻松不得、一刻缓不得、一刻慢不得，各乡镇（街道）、各单位务必要深化认识、提高站位，切实增强做好应急管理工作的使命感和紧迫感，坚持以人民为中心的发展思想，准确把握新形势，不折不扣贯彻落实好上级和县委县政府的各项部署要求，层层压实责任，全力消除隐患，确保全县安全生产形势持续平稳。会议强调，要突出重点，夯实基础，全面推进应急管理工作再上新台阶。一是构建立体、高效、顺畅的应急管理体系，理清理顺工作职能，畅通信息报送机制，深入开展应急管理培训、演练，严格落实安全生产网格化管理。二是加快构建防灾、减灾、救灾一体化应急管理工作体系，强化隐患防治，强化风险监测预警，强化应急处突，坚持标本兼治、关口前移、统筹联动。三是抓好当前“三个一”重点工作，即开展一次安全生产大检查，组织一次应急救援演练，打好一场森林防火战役，确保全县安全生产形势持续向好。要加强组织领导，构建党委领导、政府负责、部门协同、全社会共同参与的应急管理工作格局，形成强大工作合力；要狠抓责任落实，按照“党政同责、一岗双责、齐抓共管、失职追责”要求，完善“1+8”组织责任体系，建立有关部门安全生产责任和权力清单，健全防治体系，推进工作顺利、有效开展；要严肃责任追究，严格督查考核，充分发挥考核的推动作用，确保工作责任落到实处，努力开创全县安全生产、应急管理工作新局面，为景宁高质量绿色发展提供坚强的安全保障。会上，各单位签订了2019年应急管理责任书。

【全县廉政工作会议召开】 于2019年5月10日召开。会议贯彻落实习近平总书记在十九届中央纪委三次全会上的重要讲话精神，按照国务院、省市政府廉政工作会议部署和县纪委九届五次全会要求，紧扣清廉畲乡建设目标，总结部署全县政府系统反腐倡廉工作。县委副书记、县长钟海燕出席并讲话。会议指出，过去的一年，全县政府系统严格按照党中央和省、市、县委全面从严治党决策部署和要求，认真落实2018年《政府工作报告》各项举措，深化源头治理，强化正风肃纪，主体责任不断夯实，源头治理深入推进，正风肃纪持续开展，公款存放更加规范，审计监督卓有成效，行政能力不断增强，党风廉政建设和反腐败工作取得显著成绩。但同时，也要清醒认识到存在的问题，切实增强政府系统廉政建设的责任感和使命感，以铁的决心，铁的举措，把政府系统党风廉政建设和反腐败斗争不断引向纵深，努力营造政府系统风清气正的政治生态。会议强调，要坚持问题导向、靶向发力，全力打造群众满意的高效廉洁政府。严格落实省委巡视问题整改，妥善防范化解重大风险，坚决打赢扫黑除恶专项斗争，着力推进减税降费政策落地，不断加大重大项目监管力度，更加规范财政资金使用管理，推动政府系统依法依规运作，通过持续正风肃纪，严惩腐败行为，强化风险防控，为推动全县高质量绿色发展提供坚强的行政保障。会议强调，要自觉履职、担当作为，努力推动政府系统廉政建设取得更大成效。强化为民宗旨意识，始终把党风廉政建设和反腐败工作放在突出位置；强化主体责任落实，严格抓好党风廉政建设主体责任和“一岗双责”；强化廉政高压态势，坚持零容忍、无禁区、全覆盖，从严查处发生在群众身边的不正之风和“微腐败”问题；强化实干担当导向，勇于担当、开拓进取、扎实工作，不断提高政府工作的效率和水平，努力开创政府系统党风廉政建设和反腐败工作新局面。

【全县道路交通安全工作会议】 于2019年5月13日召开。县委副书记、县长钟海燕出席并讲话。会议指出，道路交通安全事关人民群众生命财产安全、事关社会稳定发展大局。5月12日，温岭市一农用车发生侧翻事故造成人员伤亡，敲响了交通安全警钟，全县上下要深刻认识安全工作的极端重要性，坚持以人为本，全力抓好全县道路交通安全工作不懈怠，最大限度消除道路交通安全隐患，有效预防和减少交通事故，保障人民群众生命财产安全，确保全县道路交通安全形势保持稳定。会议强调，要全面开展农用车安全隐患整治行动。县农业农村局要牵头大力深化变型拖拉机专项整治工作，全面加强对驾驶人员的培训教育；县公安、县农业农村局要强化联合执法，对一切违法违规行为从严、从重、从速进行处理，迅速形成高压严管的有力态势；各乡镇（街道）要对辖区内的三轮车、农用车使用情况进行排查摸底，对明显存在安全隐患的“农用车非法载人载客”等情况要及时制止，及时上报处置。要深入开展交通安全隐患排查整治。对全县农村临水临崖危险路段开展全面排查，对存在的安全隐患要限期抓好整治整改，对短时间内难以治理到位的，要尽快设置道路安全防护设施，加设安全警示标志，把风险隐患降到最低。要扎实开展事故多发点段的治理回头看行动，重点检查整治后是否仍存在安全隐患等，对整治不到位的要重新进行彻底治理。要广泛开展道路交通安全宣传教育活动。通过广播、电视、报纸、微信等多种方式，让交通安全宣传进农村、进学校、进企业，切实提高广大群众的交通安全意识和自我保护意识；加强对校车的安全管理，确保学生往返学校的交通安全；进一步加强对农村驾驶人员的教育管理，规范他们的驾

驶行为，提高他们的责任意识和风险意识，共同合力坚决守住生命安全底线。　（陈晶晶）

【全县生态环境保护工作推进会】 于 2019 年 6 月 3 日召开。县委副书记、县长钟海燕出席会议并作重要讲话，县政府副县长严伟华作专题工作部署。会议重点部署了全县生态环境隐患大排查、“五水共治”工作、国家生态文明示范县创建、国家重点生态功能区县域生态环境质量考核和土壤污染防治等五方面工作。县政府向 21 个乡镇(街道)和 7 个县直部门现场交办了生态环境风险隐患排查问题。县生态环境局、县综合执法局、红星街道 3 个单位分别做交流发言。

【国家卫生县城复评迎检动员会】 于 2019 年 6 月 3 日召开。会议回顾总结前阶段工作，并对下阶段工作作具体部署。县委副书记、县长钟海燕出席并讲话。会议指出，做好复评迎检工作，是关系县域发展环境、百姓人居环境的重点工程、发展工程、民心工程和基础工程，各级各部门要提高站位、把握大局，深刻认识持续建设国卫县城是美丽幸福新景宁的题中之意，是人民群众新期待的迫切需要，是一项系统工程、长期工作，必须久久为功。全县上下要切实增强责任感、紧迫感，在深化认识中凝聚广泛共识，以志在必得、决战决胜的信心，再鼓干劲，再加压力，以铁腕措施强势推进，坚持问题导向，切实抓好各项整改任务落实，确保国家卫生县城复评目标顺利实现。会议强调，要突出重点、全面推进，在实干担当中形成强大合力。着眼基础设施建设，补齐短板，围绕发展所需、群众所需，补空白、扩容量，不断加大建设力度，满足群众需要；着眼城乡精细管理，追求实效，通过持续完善运行机制，持续抓好综合环境整治，持续强化重点行业、领域、部位的督查，妥善解决存在问题，真正以此次复评为契机，推动景宁畲族自治县卫生水平再上一个台阶；着眼市民文明水平，提升素养，通过加大宣传力度，做好“组织”的文章，发动全社会力量积极参与、投身国卫复评，鼓起讲究卫生、倡导文明的强劲新风。要强化组织、齐抓共管，在攻坚克难中推动责任落实。要强化责任担当，通过部门协同、宣传发动和督查指导，多措并举、多管齐下，形成实战化、实体化、全天候、全方位的工作体系，全力打好工作联动整体战；要加强督促检查，在做好及时跟进管理，定期通报进展动态，加大督查力度，明确整改期限，严肃责任追究，形成良好工作氛围，确保复评迎检工作有效推进；要健全长效机制，打好问题解决攻坚战，着力防松劲、防反弹。要借鉴先进地区的经验，着力把集中整治转变为常态化、精细化、网格化、数字化管理，全面提升城市管理水平。

【全县农村宅基地和住房确权登记发证工作推进会】 于 2019 年 6 月 27 日召开。会议总结前段工作情况，并对下阶段工作作具体部署。县委副书记、县长钟海燕出席并讲话。会议指出，推进农村宅基地和住房确权登记发证工作，是践行忠诚担当的政治任务，是建设诗画畲乡的发展所需，是影响长久发展的利民之举，各部门、乡镇(街道)务必要提高站位、深化认识，准确理解“农房确权工作”的重要意义，切实解决好“思想关”问题，扎实将工作做深、做到位，推进“农房确权工作”落细落实，保质保量完成任务。会议强调，要突出重点、细化举措，高质量推动“农房确权工作”扎实开展。强化统筹和协调，加大宣传力度，科学安排，加速推进，力争优质高效地完成任务；抓住最关键环节，政策研究要抓紧到位，“两违”处置要执行到位，确保按照时间节点完成任务；严把时间质量关，按照上级相关工作部署和时间节点要求有序推进，同时始终坚持依法依规推进的原则，提高确权登记颁证的准确性和严肃性。要凝聚合力、狠抓落实，确保“农房确权工作”落到实处。全面加强组织领导，坚持“一把手”负责制，紧盯“关键环节”和难点问题，切实加大工作力度，全力推动“农房确权工作”实现快速高效有序推进；切实强化宣传动员，做好政策宣讲，让群众明白这是真正的惠民工程，同时结合“最多跑一次”改革，精简流程，提高工作效率，用优质的服务赢得群众的支持；认真抓好督促落实，对照各自职责分工和年度任务，倒排时间节点、明确行动方案、落实责任人员，实行挂图作战和清单式管理，同时强化跟踪督查，形成比学赶超的良好氛围，确保绝不拖延工作进度。

【全县高水平建设“四好农村路”和深化收费公路制度改革取消高速公路省界收费站工作推进会】 于2019年8月19日召开。会议回顾总结前阶段工作，并对下步工作作具体部署，各乡镇(街道)分别签订工作责任书。县委副书记、县长钟海燕出席并讲话。会议指出，高水平建设“四好农村路”和深化收费公路制度改革取消高速公路省界收费站工作，是新形势下省、市助推高质量发展的两项重大决策部署，各相关单位要把握新要求，增强使命感和责任感抓好两项工作。要从全局出发，深刻认识两项工作的重要意义；从实际出发，清醒认识两项工作是发展所需；从工作出发，真切认识两项工作是必答之题，以更高标准、更大力度、更快速度推进相关工作取得新成效。会议强调，要明确任务表，狠抓工作推进。在“四好农村路”建设工作中，要坚持项目为王抓建设，积极协调联动抓管养，围绕提升服务抓运营，着眼效益转化谋发展，争取通过抓农村公路建设，打造更多的产业路、资源路、旅游路，不断促进效益转化，推动城乡融合、助力乡村振兴、促进群众增收致富，使农村公路真正成为振兴路、致富路。在深化收费公路制度改革取消高速公路省界收费站工作中，要通过着力加快ETC推广应用和服务提升，努力把ETC系统打造为提升群众获得感的重要平台；加大对高速公路超限违法行为的严厉打击力度，努力构筑更加安全、高效的高速公路出行环境，进一步优化社会和营商环境。要提升执行力，进一步完善攻坚机制。强化责任落实，清单化推进工作落地见成效，并实行项目销号制，确保每项任务按时间节点要求圆满完成；强化要素保障，相关部门要全力支持农村公路建设发展，各乡镇(街道)要扛起主体责任，全力确保项目建设成效；强化督查推进，结合省、市要求，细化、优化督查推进办法，提高督查水平，推动工作落实，确保两项工作按时高效完成；强化安全监管，严格落实安全生产责任制，加强质量监管，强化廉政风险防控，确保项目建设过程中的资金安全、施工安全、工程质量安全、干部安全。同时,要进一步加大对道路交通安全监管力度,全面开展以云寿线张山岙至县城寨山桥路段为重点的全县道路交通安全整治行动,加大联合巡查和执法力度,努力降低道路交通安全风险。

【全县山海协作、对口支援、安全生产、食品安全、审计整改工作推进会】 于2019年9月6日召开。常务副县长王益、副县长余晓军参加会议。会议回顾前阶段各项工作取得的进展与成效,县应急管理局、市场监管局分别就下步安全生产、食品安全工作进行部署。县审计局总结归纳近年来我县审计查出的共性问题,提出防范措施和对策,并进行了审计整改工作业务培训。在山海协作工作上,会议要求,要强化认识、主动作为,通过开展常规互访活动,推进产业发展,同时抓好援建项目建设;要加强协作形成合力,健全工作推进和目标考核机制,进一步激发山海协作工作积极性,营造良好氛围,切实把山海协作工程升级版的机遇转化为高质量发展的实践。在安全生产工作上,会议要求,各部门单位要充分认清抓好安全生产工作的紧迫性,形成顺畅高效的应急指挥体系;要坚持体系化思维,切实抓好“防大庆、保安全”的各项工作,加强部门联动,确保应急管理各项工作不断线、不落空;要强化安全责任落实,深化安全生产巡查工作;要加强应急救援队伍建设,全面强化各项应急准备,以实际行动为中华人民共和国成立70周年营造良好的社会环境。在食品安全工作上,会议要求,要全力做好迎接省食品安全县复评工作,牢固树立全县“一盘棋”思想,形成上下一心,条块结合、通力合作的迎检工作格局;要全面完成各项省市重点工作任务,全面开展食品安全专项整治行动,对食品安全风险隐患和突出问题进行集中整顿治理和定点排雷,确保隐患治理到位。在审计整改工作上,会议要求,要充分认识当前审计工作存在的主要问题,坚决做到整改责任“全承担”,坚决实现所有问题“全整改”,坚决推进整改要求“全落实”,多措并举狠抓内审工作落细落实,确保审计整改工作取得实质性的效果。 (陈晶晶)

县政府重大活动

【浙大一院携手景宁人民医院“三服务”活动启动仪式举行】 2019年1月3日,景宁县举行浙大一院携手景宁人民医院“三服务”活动启动仪式。县委副书记、县长钟海燕,副县长毛华庆出席启动仪式。钟海燕指出,自2013年县人民医院挂牌成为浙大一院民族分院以来,景宁县深入开展“双下沉、两提升”工作,畲乡百姓在家门口就享受到全省一流的医疗服务,县域整体医疗卫生水平显著提升。此次“三服务”活动,标志着双方合作进入了全领域帮扶合作的崭新阶段,广大医务人员要以此次活动为契机,围绕浙大一院提出的“精准医疗助推精准扶贫”理念,继续将健康景宁的各项工作做实、做优,为畲乡百姓的健康保驾护航。

【寨山桥通车仪式举行】 2019年1月8日,景宁畲族自治县举行寨山桥通车仪式。县长钟海燕、常务副县长王益、副县长严伟华参加仪式。

【人民南路延伸工程开工仪式举行】 2019年1月8日，县城人民南路延伸工程举行开工仪式。县长钟海燕、常务副县长王益、副县长严伟华参加仪式。该项目位于张村区块，总投资7505万元，总用地面积约3.59万平方米，全长约2300米。项目建成后，将进一步加强市区与张村及周边区块的交通联系，完善中心城区基础路网，改善服务区交通环境，提升畲乡新城环境品质。

【景宁与上海市静安区举行全面战略合作协议签订仪式】 2019年3月18日，景宁畲族自治县与上海市静安区举行两地政府战略合作签约仪式，县长钟海燕出席签约仪式，率全市之先成功牵手大上海。该合作协议的签订，标志着景宁搭上长三角一体化发展国家战略的快车，全面接轨融入上海，架设起山海协作、向海发展的大桥梁大通道。双方将重点围绕高质量绿色协同发展、基础设施合作开发、农业农村发展振兴、生态工业转移升级、区域旅游合作共赢、现代服务业专业共享、科教文化交流合作、合力推进公共管理以及劳务合作、招商引资合作等10个方面内容开展深入合作。此外，双方还将设立区域合作专职机构，建立区域合作联席会议、部门间协商落实等制度，进行双方高密度高质量的互访对接，全面深化两地合作，进一步扩宽合作领域，打造全新合作平台，实施一批合作项目。

【2019中国畲乡三月三暨庆祝新中国成立70周年活动】 （见专辑类目2019中国畲乡三月三“诗画畲乡·风情景宁”活动分目）

【景宁高等级景区县城创建启动仪式举行】 2019年4月14日，景宁召开创建高等级景区县城动员部署会，在全省率先提出县城景区化建设目标，正式启动全省首个高等级景区县城创建。县长钟海燕，副县长陈兵、余晓军、毛华庆参加启动仪式。景宁作为“美丽浙江”大花园建设和“浙西南生态旅游带”的重要板块，提出创建高等级景区县城的目标，既符合“诗画畲乡·和美景宁”的县域定位，又符合全域旅游的战略推进和产业培育。

【县人民医院付小兵院士工作站揭牌仪式】 2019年5月8日，中国工程院院士、创伤和组织修复与再生医学专家付小兵院士工作站揭牌仪式在景宁畲族自治县民族医院（县人民医院新院区）举行。县委副书记、县长钟海燕出席揭牌仪式，并与付小兵共同为院士工作站揭牌。县委常委、组织部部长王乐主持揭牌仪式。

【联合承办“非遗薪传”——浙江传统舞蹈展演展评系列活动】 2019年6月26日至28日，2019年度“非遗薪传”——浙江传统舞蹈展演展评系列活动在景宁举行。此次活动秉持“薪火相传、活态传承、德艺双馨”理念，首次集中展示浙江省国家级、省级非遗代表性项目名录中的传统舞蹈类35个项目，精彩纷呈，各具特色。活动由浙江省文化和旅游厅主办，浙江省非遗保护中心、浙江省非遗保护协会、景宁畲族自治县人民政府承办，景宁畲族自治县非遗中心协助承办。文化和旅游部原巡视员马盛德，浙江省文化和旅游厅党组成员、副厅长叶菁，省政府参事、省非遗保护协会会长杨建新，中国艺术研究院舞蹈研究所副所长江东，省非遗保护中心主任郭艺，丽水市文化和广电旅游体育局副局长许卫东，景宁畲族自治县县委副书记、县长钟海燕，以及来自全国各地的专家学者参加此次展演展评活动。

【那云·天空之城项目开工仪式举行】 2019年8月11日，景宁县举行那云·天空之城项目动工仪式，副县长余晓军参加开工仪式。该项目由浙江那云文旅有限公司开发，选址于鹤溪街道老鸦尖西麓，距县城1.5千米，总投资约5.1亿元，总用地面积约11.7万平方米，工期3年，系该县全域旅游重点项目之一。项目所在地原为铁矿矿区，原有矿洞总长度约1万米，矿洞外现存管理用房、仓库等10余幢，建筑占地面积约7000平方米，建筑面积约1万平方米。

【山海同心——景宁支援温岭抗台救灾生态农产品启运仪式举行】 2019年8月12日，景宁县举行山海同心——景宁支援温岭抗台救灾生态农产品启运仪式，县委副书记、县长钟海燕参加仪式。仪式共募集15吨30余万元农产品集中运往温岭市，包括茭白4875千克、猪肉2000千克、西红柿2250千克、南瓜750千克、茄子250千克、锦绣黄桃625千克、香菇600千克、木耳600千克、野山笋1000千克、生姜100千克、番薯丝面500千克等，农产品全部来自该县600米以上高山原生态种植基地。

2019年8月12日，山海同心——景宁驰援温岭抗台救灾生态农产品启运仪式

（县经济交流合作中心 提供）

【首届招商项目谋划大比拼活动举行】 2019年11月18日，景宁县举办首届招商项目谋划大比拼活动，市发改委副主任赵丽群，县领导王益、陈荣世、夏培玲、余晓军、毛华庆、尤建平参加活动。活动中，各乡镇（街道）、各重点部门围绕项目的可行性、投资规模、产业政策等方面展开演讲比拼，共谋划涉及农业、工业、休闲旅游业等领域项目27个。丽景民族工业园的《电工电器产业园项目》、大均乡的《水域基地开发项目》、文广旅体局的《畲药森林康养项目》、澄照乡的《金坵田园旅游综合体》、景南乡的《古村落民宿开发项目》、英川镇的《美食小镇项目》等6个项目获金奖，10个项目获银奖，11个项目获优胜奖。（陈晶晶）

2019年十件民生实事项目及完成情况

第一件：实施老人、残疾人关爱工程：县福利中心、残疾人托养中心投入使用，向老年人、残疾人提供养老服务；在主城区建设1家嵌入式养老护理机构，采取全托、日托和居家

上门等方式，重点为社区内失能、失智和高龄独居老人提供长期照护服务。（责任单位：民政局、残联、红星街道、鹤溪街道）

完成情况：县福利（托养）中心于2019年5月启动运营，并完成北溪、际头、鸬鹚等3个敬老院的搬迁入住，共有床位272张，在院入住的特困对象、残疾托养、社会老人等共计132人，切实让特困对象享受到高质量发展成果；红星社区（不老松）养老照护中心于2019年10月投入运营，共有床位32张，其中护理床位22张，切实解决了社会老年人特别是失能、失智老人离家不离社区的养老需求。

第二件：创办景宁二中，提升高中优质教育资源。2019年8月前启文学校新校区（凤凰学校）建成并投入使用，在启文中学原校区创办景宁二中，完成首届4个班的招生工作。2019年9月前完成景宁中学专用教学场所及设施添置提升工程，实现两所学校共享优质教学场所和设施。（责任单位：教育局、发改局、财政局）

完成情况：凤凰学校于2019年8月正式挂牌启用；在启文中学原校区创办景宁二中，首批招生160人，首批教师招聘11人；2019年9月完成景宁中学专用教学场所及设施添置提升工程，实现两所学校共享优质教学场所和设施；景宁二中新建工程，完成了项目立项，确定了用地红线，规划用地面积5.1541公顷，已对新建工程的预算代理、设计单位进行公开招标，景宁二中新建工程设计方案已完成第四稿，土地规划调整经省政府批准，项目土地征收和农转用方案报省政府审批。

第三件：实施儿童早期发展促进项目。实施儿童早期发展促进项目，为景宁县0—3岁常住儿童2400人开展发育监测和发育筛查，早期识别发育风险和发育异常，并提供早期发展指导和干预，提高儿童总体健康水平。[责任单位：卫生健康局、各乡镇（街道）]

完成情况：完成0—3岁儿童早期发展促进项目发育监测和发育筛查4936例（目标数2400例），完成率205.67%。发现可疑异常495例，检出率为10.03%，均给予科学的指导和建议，并做好登记和回访。确诊发育异常44例，异常率为0.89%，异常病例均及时干预或转诊治疗。

第四件：改善农村交通出行环境。完成农村公路维护75千米、安全生命防护260千米、提升改造85千米，建设港湾式停靠站10个。[责任单位：交通运输局、各乡镇（街道）]

完成情况：完成农村公路维护95千米，完成率126.7%；完成安全生命防护515千米，完成率198%；提升改造122千米，完成率144%；在沙湾镇、东坑镇、九龙乡、大地乡和雁溪乡共建设港湾式停靠站（木质站亭）12个，6月建成并投入使用，完成率125%，2019年年底全县共有港湾式停靠站524个，极大方便了农村群众的候车出行。

第五件：实现鹤溪河绿道全线贯通。完成5千米的鹤溪河精品线山哈宫至东弄田园综合体项目建设，完成寨山桥至东弄绿道驿站、绿化、景观节点、灯光照明等配套设施建设，实现鹤溪河绿道全线贯通。（责任单位：水利局、建设局）

完成情况：鹤溪河山哈宫至东弄绿道延伸项目全部贯通，景观节点、驿站、亲水平台等施工完成。总长6千米，总投资1979万元。

第六件：改善2万农村人口饮用水条件。实施农村饮用水达标提标行动，改善2万农村人口用水条件。（责任单位：水利局、东坑镇、澄照乡、梧桐乡、大地乡、家地乡、毛垟乡、九龙乡、渤海镇、郑坑乡）

完成情况：全面完成九龙乡、大地乡、渤海镇、东坑镇、毛垟乡等9个乡镇43个行政村的农村饮用水达标提标工程建设，新增受益人口2.34万人，达标人口覆盖率提升至81.98%。实现农村饮用水的专业化、标准化、长效化管理，对农村饮用水供水实行分类计价，对低收入家庭用水实行用水优惠政策。

第七件：社保便民提升工程。推进电子社保卡发行，实现医保移动结算支付应用，让群众在医院就医或药店购药时，无需携带实体社保卡，就能通过手机端申领的电子社保卡完成医保移动结算支付。同时积极推进通过电子社保卡线上办理人社业务的应用；依托大数据共享应用平台，开展跨部门应用合作，联合民政、工会部门，实现基本医疗、民政救助、工会互助一卡一次实时结算，解决群众多部门跑、报销遗漏等问题。（责任单位：医疗保障局、行政服务中心、人力社保局、民政局、人民医院）

完成情况：推进电子社保卡发行，完成全县电子社保卡申领33793张；11月县人民医院实现电子社保卡与电子健康卡“两卡融合”，正式上线电子社保卡（健康医保卡）医保移动支付应用；12月全县31家定点零售药店、诊所均实现电子社保卡医保移动支付，群众在县人民医院、诊所、药店就医购药无需再携带实体社保卡；全面实现基本医疗、大病保险、医疗救助一站式结算及工会医疗互助费用报销“零次跑”，有效解决群众多部门跑、报销遗漏等问题。

第八件：实施老年人肺炎疫苗接种项目。实施老年人肺炎疫苗接种项目，为65岁以上老年人接种1剂次的肺炎疫苗，提高老年人总体健康水平。[责任单位：卫生健康局、各乡镇（街道）]

完成情况：为65岁以上老年人免费接种肺炎疫苗11193人，接种率达51.2%（原计划35%），安全接种率100%。有效降低了老年人感染性肺炎、流感样疾病、慢性支气管炎、哮喘、慢性阻塞性肺疾病、肺心病等发病例数，提高了老年人总体健康水平。

第九件：建设城乡生活垃圾环卫一体化项目。开工建设城乡生活垃圾环卫一体化项目，完善垃圾分类收集、转运、处理设施，逐步实现垃圾无害化、减量化。（责任单位：建设局、澄照乡）

完成情况：已在澄照乡农民创业园建成一座生活垃圾资源化处理站点，日处理餐厨垃圾20吨，处理技术为前期预处理+好氧气发酵制肥。项目于12月开始正常运行。

第十件：实施天然气供应工程。完成LNG过渡气源站建设，开工建设LNG永久气源站，建成天然气管道4公里，对县城具备燃气供气条件的小区实现天然气供应。（责任单位：建设局、发改局、红星街道、鹤溪街道）

完成情况：投资近800万元，完成20标方（约合12000立方米气态气）LNG过渡气源站建设，建成天然气中压管道8.9千米，民族医院、县府宿舍小区实现天然气供应。LNG永

久气源站配套管道基本完成建设。（陈晶晶）

县政府办公室工作

【概况】 2019年，景宁畲族自治县人民政府办公室忙于围绕中心谋大事、忙于执行决策抓落实、忙于着眼高效促运转、忙于优化服务强保障，忙于在办文中提质、在办会中提升、在办事中提效。全年共编写上报信息专报、约稿、要情等各类政务信息900余条。其中，被国务院办公厅录用16条，获国务院领导批示4条；被省政府办公厅录用89条，获省领导批示13条；被市政府办公室录用344条，其中市级专报批示9条，位列全市第一。精文简会工作成效显著，全年收文8408份，制发公文3431份，制发县政府常务会议纪要11期，未出现文件漏登、漏发和泄密等情况，精简各类会议实现同比下降35%以上。全年在政务公开平台上公开政府信息7717条次，公开县政府、县府办公文83条，公开规范性文件、政策解读43条，受理依申请公开30件，均按时对申请人给予答复。开展各类专题督查15次，共下发《重要事项交办单》5期、交办事项198条，编写《督查反馈》27期，涉及省市县民生实事各项指标57项均提前高质量完成。督办县人大建议125件、政协提案111件，答复率100%；代表委员满意率96.8%以上。（陈晶晶）

应急管理工作

【概况】 2019年1月18日，景宁畲族自治县应急管理局正式挂牌成立。核定编制30人。其中，行政编制11人，工勤编制1人，参照公务员法管理编制13人，事业编制5人。实有人数28人。其中，公务员13人，参公人员10人，事业5人。内设办公室、综合协调科、安监科、应急指挥科、救援减灾科5个职能科室。下设安全生产监察大队、防汛抗旱减灾救灾中心、应急指挥中心3个事业单位。

2019年，县应急管理局认真贯彻落实上级应急管理部门的决策部署，围绕全县工作大局，以机构改革为契机，履行应急管理职能，努力提高保障公共安全和处置突发事件能力，扎实做好应急管理、安全生产、防汛抗旱、防灾减灾、消防安全、森林防火等各方面工作。全县社会生产生活保持和谐稳定。

2019年，全县有森林消防专业队伍1支18人；社会救援力量2支80人，其中户外救援队30人，蓝天救援队50人。县应急管理局依托社会综合服务指挥中心，采用应急对讲机点名、电话抽查通报方式，加强应急联动。户外应急救援队在全省水域救援选拔赛中获得第一名。县森林消防应急队代表丽水市参加全省森林防灭火技能竞赛获三等奖。

进一步完善防汛抗旱预案和山洪地质灾害防御预案，普及山洪防御安全知识，增强防汛安全意识，提高抵御灾害和应对紧急突发事件的能力。联合相关部门深入企业、社区开展防灾减灾主题宣传。联合县人武部、自然资源和规划局、气象局等部门，在景宁中学开展2019年防震减灾应急疏散演练和户外应急救援队绳索救援演练；举行“景应急演—2019”景宁畲族自治县防汛和地质灾害应急抢险联合演练。在梧桐乡举行全县乡镇（街道）应急队伍技能“大比考”。通过实战化演练(竞赛),提升应急队伍的实战能力。

2019年,全县纳入安全生产监管企业79家,其中规上企业20家。有危险化学品经营企业18家,使用危险化学品企业40家。其中重点监管危化品经营、使用企业10家。全县安全生产责任保险投保企业20家600人,交纳保费400余万元,保险保障金额40505万元。

县与乡镇(街道),乡镇(街道)与村,乡镇(街道)与专职网格员(护林员)安全责任书签订率100%;村与户签订森林消防责任书43000份,签订率98%。清明期间,共计悬挂横幅350幅,媒体宣传1200条,发放宣传单45000余份,张贴禁火通告3800余张。全县未发生森林火灾,实现连续4年清明“零火灾”。

开展烟花爆竹和燃气安全专项整治工作,对辖区内21家烟花爆竹零售企业开展节前(春节)大检查,发现并督促整改隐患41处。全年开展季节性检查烟花爆竹零售店(点)21家,督促批发企业回收零售点剩余烟花爆竹500箱。对烟花爆竹从业人员进行安全培训,受训50人。联合相关部门开展燃气安全大检查,共检查企业6家,发现并督促整改安全隐患20处。

2019年,以县委、县政府的名义下发《巡查工作制度》,针对不同行业不同部门工作内容,量身定制《巡查工作手册》。组织3个巡查组对15个部门、乡镇(街道)开展安全生产大巡查。共实地检查单位57家,发现各类安全问题281个(处),访谈领导干部54人,发出交办单13份。

2019年,全县发生安全生产责任事故1起,死亡1人;发生道路交通事故4起,死亡3人,受伤7人;发生火灾24起,无人员伤亡,直接经济损失159.15万元。同比上年,火灾起数比上年下降26.67%,直接经济损失下降45.13%。

【丽水市应急救援力量水域急流救援技能培训班在大均乡举行】 2019年8月26日至29日,丽水市应急救援力量水域急流救援技能培训班在景宁大均乡举行。来自全市9县(市、区)的20余名救援骨干参加。 (叶丽菁)

大数据服务管理工作

【概况】 2019年5月,由原县政府信息中心和县社会综合服务指挥中心合并组建景宁畲族自治县大数据发展中心(以下简称县大数据发展中心),属县政府直属正科级事业单位。内设综合科、项目规划管理科、数据资源管理科、信息技术保障科、智慧治理指挥科、公共服务科6个科室。核定事业编制14名,编外人员16名。设主任1名(兼县府办副主任),副主任2名,总工1名,股级职数6名。

县大数据发展中心主要职能是:承担全县政务云和政务外网等基础设施建设和管理;负责党政信息化项目规划、审批和管理;承担大数据整合管理、开发应用及运行维护,实现共建共享,助力政府数字化转型;负责智慧治理平台的受理、指派和督办考核,提高社会治理智能化、科学化、精准化水平;承担电子政务及视联网的运行和管理,维护和保障网络及信息安全;24小时接听受理统一政务咨询投诉举报热线“12345”,为市民提供便捷、高效的服务。

2019年，共投入1100余万元，顺利完成办公楼装修、电子政务网络出口核心设备采购、视联网智慧指挥系统和浙政钉移动办公安全防护等15个信息化项目的建设，为提升景宁县社会治理现代化水平打下坚实基础。

2019年，县大数据发展中心依托公共安全视频监控、智慧城市管理平台、浙江省平安建设信息系统（四个平台）、“12345”政务投诉举报热线平台等系统平台的对接互通，准确掌握社会矛盾的痛点、难点、堵点，以及社会矛盾风险隐患的燃点、触点。全年社会面视频监控共接入5000路，实时在线4300路。智慧城管系统受理指派案件1436件，按期处置率99.83%。“四个平台”共受理处置事件121056件，结案率100%。“12345”政府热线全年有效接线11164件，直接答复率99.8%，15秒接通率97.8%，高质高效回应百姓诉求。“12345”政府热线、平安建设信息系统、智慧城市管理平台共立案受理群众有奖举报案件8770件，发放话费奖励共87700元。

2019年，县大数据发展中心对标省、市部署，紧盯流程再造和数据共享，全面推进政府数字化转型，实现“掌上办”“网上办”。截至12月20日，高质量完成省、市重点监测的10项指标。其中，承诺压缩比98.48%、材料电子化率99.88%、“浙里办APP”用户活跃度49.52%，3项指标均位于全市第一；即办率94.94%，位居全市第二。积极推进“浙政钉•掌上执法系统”应用。全县开通执法人员账户430人，账号开通率100%，账号激活率100%，执法人员培训100%。掌上执法至少2次人员占比100%，一把手100%执法体验2次以上。指导各部门认领“互联网+监管”事项603主项2306子项，其中177项主项实现全覆盖。推进机关内部“最多跑一次”改革，配合县改革办公室梳理事项276项，上线事项61项，实现掌上办58项，有效配置电子签章130个。

【升级三维实景地图】 2019年6月，县大数据发展中心在已经建好的三维实景模型上，增加了信息快速定位查找功能，动态处理事件。把“人、地、物、事、组织”等全部纳入网格管理，对每个网格实施精细化、主动化、可视化管理。

【建成分布式、立体化、实战化应急指挥系统】 2019年，县大数据发展中心以覆盖全县、使用成熟的电子政务视联网系统为基础，用省补资金购置无人机并对接视联网，实现实时双向传输高清图像和任意视联网会议室同步指挥的功能。将视联网系统提升完善为可视化调度、多部门协同、多资源共享的指挥系统。此外，县大数据发展中心在打造“一个中心指挥+四个平台运行+全科网格管理+域外网格延伸”的基础上，再升级，再突破，再创新。同年7月9日，利用浙政钉视频会议模式，远程连线全国各地18个景宁商会，助力县政协“请你来协商”工作，用信息化手段，实现“一次都不用跑”。

【景宁移动办公浙政钉移动办公微应用通过验收并推广】 2019年9月6日，景宁移动办公浙政钉移动办公微应用通过验收。同年，景宁移动办公浙政钉移动办公微应用全面推广使用，覆盖县、乡党政部门，配置开通用户3022人。

【获省智慧城管工作绩效评价优秀单位】 2019年，县大数据发展中心围绕“为全省山区县‘大数据’+社会治理提供景宁样板”的大赶考标杆，积极推进智慧城管工作。同年12月31日，浙江省住房和城乡建设厅发文公布2019年度39家浙江省智慧城管工作绩效评价优秀单位，县大数据发展中心榜上有名，系丽水市唯一。（李　瑶）

行政服务工作

【概况】 2019年，县行政服务中心始终坚持“抓改革、强服务、树形象”的主基调，盯目标、抓重点、促落实，以群众的满意度为坐标，践行初心和使命，全力打造景宁畲族自治县“政务会客厅”。

2019年，全县通过“一窗受理”平台办件量为15212件。完成建设工程交易项目（含小额项目）294个，预算金额为9.9052亿元，成交金额为9.1303亿元，节约资金7749万元，下浮率7.82%；完成产权交易项目40宗，成交金额为172.6万元。共完成政府采购98个项目（次），财政预算金额为10492.54万元，成交采购金额为9206.29万元，节约资金1286.24万元，节约率达12.26%。全年投资项目3.0平台代办261件，其中企业投资项目92个，政府投资项目169个；便民服务代办22.4万余件。累计成交竞价项目1555个，平均用时6.67天，成交金额3920万元，节约率21.36%，平均下浮率21.33%。

【建成标准化大厅】 2019年，根据“最多跑一次”地方工作标准，提前全面完成县乡两级服务中心标准化建设。县服务中心大厅呈现“一个角度五条线”标准，树立热心接待、细心审核、耐心解答、公心办事、清心守廉的服务理念。制定《A级大厅和优秀窗口考评办法》，一季一评，90分以上的为AAAAA级大厅、70—90分为AAAA，70分以下为AAA。21个乡镇（街道）自助终端机100%全覆盖，90.7%民生事项可办，社保、公积金等事项实现就近办，积极推广浙里办、掌上办、网上办。

【深化“一窗受理、集成服务”改革】 2019年，依托市级系统事项100%纳入一窗受理平台，全年实际办件约32万件，网上办占38%，掌上办占1.65%；全县通过“一窗受理”平台办件量为15212件。持续深化乡镇（街道）便民服务中心、村（社区）代办点建设。通过“最多跑一次”改革向基层延伸工作，在各乡镇（街道）设置“综合窗口”，配备专职人员，实行AB岗。通过“一窗受理”平台和“全域一证通办”系统，将128个事项下放至乡镇（街道），90个事项村级代办，实现乡镇（街道）综合窗口“无差别受理”。

2019年4月1日，景宁畲族自治县全国首个跨省“域外行政服务中心”在天津设立，5月20日，率先实现景宁外出人口聚集地“域外服务中心”全覆盖。18个域外中心可申请办理21个事项90个电子证明，全年共办理事

项461件。 （季卫芬）

重点项目服务工作

【概况】 景宁畲族自治县重点项目服务中心，于2019年5月批准设立，同年7月4日举行揭牌仪式，县委常委、副县长王益揭牌。该中心为县政府直属正科级事业单位，挂景宁畲族自治县土地和房屋征收指导中心牌子。内设综合科、项目促进科、前期服务科、征收管理科、政策法规科5个科室。核准事业编制10名，编外人员7名，实有工作人员13名。办公住所在景宁复兴西路35号（县发改局办公楼2楼）。

主要职能是负责贯彻执行重点建设项目的法律、法规和方针政策，对全县重点项目及重大前期项目进行全程跟踪、协调、指导等服务工作；贯彻、落实和宣传党和国家有关土地与房屋征收的法律、法规及政策，指导全县土地和房屋征收工作；贯彻执行省、市关于浙江（丽水）绿色发展综合改革试验区、大花园核心区的总体部署、发展规划和政策措施。

【重点项目走访调研活动】 2019年8月5日至8月15日，县重点项目服务中心开展了为期10天的项目走访调研活动。其间，对接业主单位，先后走访了322国道景宁段改建工程、千年山哈宫、东弄田园综合体、体育场复建、水隅仙境、外舍新区人防工程、山哈大剧院、金村水库等26个省、市、县重点工程和惠明禅茶文化产业园、云上天池、畲王寨旅游景区、天空之城、百鸟朝凤、景宁二中等15个重大前期项目。详细了解26个重点项目和15个重大前期项目的推进情况及存在的困难和问题。并将收集到的42个问题和11条建议进行分类整理，逐一研究，与相关部门共同跟进，一同解决，加快推进重点项目建设进度。

【服务重点项目】 2019年，县重点项目服务中心在“不忘初心、牢记使命”主题教育活动中，服务推动重点项目（景文高速）建设。统筹红星街道、鹤溪街道、澄照乡、东坑镇及各相关部门资源力量，组成4个景文高速项目政策处理攻坚组，有力推动了景文高速项目的建设进度，探索出集中优势力量“大抓项目、抓大项目”的全新机制。

【《景宁畲族自治县国有土地上房屋征收与补偿暂行办法》发布】 《景宁畲族自治县国有土地上房屋征收与补偿暂行办法》经县人民政府第29次常务会议审议通过，由县人民政府于2019年12月31日公开发布。该办法分总则、征收决定、评估、补偿、法律责任、附则6章，共47条。从2020年2月1日起施行。

【《景宁畲族自治县征收集体所有土地房屋补偿暂行管理办法》发布】 《景宁畲族自治县征收集体所有土地房屋补偿暂行管理办法》经县人民政府第29次常务会议审议通过，由县人民政府于2019年12月31日公开发布。该办法分总则、补偿管理、补偿安置、特殊情况处理、法律责任、附则6章，共49条。从2020年2月1日起施行。

【构想并实践“五个一”】 2019年，县重点项目服务中心围绕职能要求，在全市率先提出并实践“五个一”课题（“划一条绿线”“绘一张地图”“做一个指数”“创一套模板”“建一个数据库”），探索推进重点项目建设“互联网+平台化”新模式。

“绿线”是相对于有关部门“红线”的概念而提出的。划一条绿线，就是利用电子信息技术，建立网络平台，归集整理生态、水利等红线（20余条），按照整合红线区域范围，反向圈划出可直接供项目落地的范围。

“绘一张地图”。指绘制一张土地征收“成熟度”地图。把县城各块土地的附着物情况、建筑年限、建筑密度、关联居民规模、配合拆迁改造意愿、空间利用价值、安置难度、项目是否能够自我平衡等要素相结合，建立县城土地征收成熟度模型，并制作成熟度地图。以非常直观的方式为县委、县政府进行城市有机更新和开展拆迁征收提供科学参考。

“做一个指数”。指项目前期“成熟健康指数”。针对纳入的各类重大前期项目，一方面，根据项目规划、项目准入、用地许可、方案设计审查、施工图审查、项目备案、施工许可证办理、开工建设等进度的推进情况，确定成熟指数模型；另一方面，根据宏观政策导向、审批进度、要素保障、项目选址、意向业主实力等情况建立健康指数模型，并且明确几个一票否决项。对健康的项目，积极招引落地，确保顺利推进；对亚健康的项目，落实改进措施，提升健康指数，并进行风险提醒；对涉及一票否决、关键要素缺失的项目，及时建议项目终止，避免久拖不决，陷入“沉没成本”陷阱。

“创一套模板”。指土地征收的政策模板。结合景宁实际，参考兄弟县市做法，制定一套政策模板。并在此基础上，对征收工作流程、资料整理归档流程等制作标准化模板。这样即做到全县各类政策的总体平衡，又能较好地指导土地和房屋征收工作。

“建一个数据库”。即建一个重点项目数据库。把2015年以来，县域内所有重点项目建设信息，归集到数据平台，建立科学高效的重点项目跟踪、管理、服务系统。（王 婷）

机关事务保障工作

【概况】 2019年5月，原景宁畲族自治县机关事务管理局更名为景宁畲族自治县机关事务保障中心（以下简称县机关事务保障中心）内设办公室、接待科、财务科、保卫科、资产管理科5个科室。编制13名。其中，主任1名，副主任2名，股级领导职数8名。实有主任1名，副主任1名，股级领导职数8名。下设后勤服务中心、县机关公务用车服务中心（机关车队更名）2个纯公益类正股事业单位。后勤服务中心编制14名，实有14名；编外用工编制7名，实有7名；股级职数3名。县机关公务用车服务中心编制7名，实有7名；编外用工编制93名，实有91名；股级职数3名；管理公务用车95辆。

2019年，按规定完成全省公务出行“一张网”建设和软件数据录入工作。对全县96家单位进行全省“一张网”平台宣传和推广，并正常投入使用。县机关公务用车中心对95辆公务用车进行了文字标记化管理。开展以“弘扬工匠精神，聚焦交通安全”为主题的首届公务用车驾驶技能大比武活动，进一步提升全中心59名驾驶员的业务技能和安全驾驶意识。全年服务各单位用车1.04万次，安全行驶149万千米，未发生重大交通安全事故。确保了该县两会、“三月三”、全国民族地区城乡融合发展试点动员大会、世界丽水人大会、应急突发事件等重大活动后勤用车。

全年，会务服务2600余场12万人次，接待外来办事人员5000余人次；接待国内外来宾306批次9310人次。妥善疏导上访群众145余批次，未发生重大安全事故。县行政中心实行24小时不间断巡逻制，并做好维护和完善高清智能监控系统工作，加强人防技防保障能力。2019年6月，与县公安局、信访局等单位建立联防联动网络。在县行政中心各楼层增设烟雾、漏电警报器，对接行政中心智能化管理系统，确保第一时间发现安全隐患。面对日益增多的车辆，实行行政中心“一卡通”，加强车辆登记管理，确保大院内部停车井然有序。

在严格执行接待工作有关规定的基础上，更新思想观念，跳出狭隘封闭的“小接待”圈子，努力开创“大接待”格局，宣传畲乡景宁风土人情。着重培育一批餐饮、住宿、特色农家乐。挖掘地方特色菜肴，开发新式菜品。推出畲家“十大碗”“十小碟”作为接待标准化用餐（这一标准在浙江省机关食堂作为畲乡文化输出的重要内容精彩亮相）。筛选优质民宿、农业企业，签订合作协议，将其作为接待点和菜品专用供应商，助力全域旅游、精品农业。

进一步完善机关食堂管理机制，打造健康食堂。建立食材可追溯台账，增设宣传媒介，推出养生菜品，突出“健康食堂”元素。努力打造温馨、整洁、愉悦的机关食堂文化，满足用餐干部职工“舌尖上的幸福”。机关食堂日均用餐人数由上年600余人次，上升至800余人次，调查满意度达到99%。

做好全县公共机构节能、垃圾分类指导工作，在全县形成齐抓共建氛围。完成全年公共机构能耗统计系统季度上报工作。组织开展公共机构节能、垃圾分类专项督查6次。全年分3批次发放分类垃圾桶1526个，可降解垃圾袋1万余只。2019年6月，联合县发改局开展全国节能宣传月活动，现场发放节能宣传资料1000余册。邀请畲乡单车群20多位骑友，以绿色骑行的形式宣传“绿色发展，节能先行”的主题。

【办公用房资源整合“景宁方案”】 2019年，景宁畲族自治县为解决机关办公用房存量资源紧缺的难题，将县机关工委、县工商联、县妇联、团县委等单位陆续迁入新时代畲乡景宁讲习中心集中办公，提高了办公用房使用效率。该集中办公新模式在全市机关办公用房现场会上推广，为全市机关办公用房资源整合提供“景宁方案”。（叶滨锋）

中国人民政治协商会议景宁畲族自治县委员会

综　　述

【概况】 2019 年，中国人民政治协商会议景宁畲族自治县委员会(以下简称县政协)以习近平新时代中国特色社会主义思想为指导，深入学习贯彻中共十九大及十九届四中全会精神，认真开展“不忘初心、牢记使命”主题教育，切实把思想统一到中央和各级党委统一部署上来，以思想自觉引领行动自觉，塑造政协“新样子”。认真贯彻落实中央和省、市、县委关于加强新时代政协系统党建工作部署要求，加强政协机关和政协委员的自身建设。成立了政协机关党组，增设了 2 个党支部，形成包括政协党组、机关党组、机关党总支和党支部在内的党组织体系。建立了政协党组成员联系界别、党员委员联系党外委员制度，推动党的组织对党员委员的全覆盖、党的工作对政协委员的全覆盖。将原来 6 个专门委员会增设到 8 个(新增人口资源环境委员会、文化文史和学习委员会)，各专委会在政协党组和机关党组的领导下开展工作，确保党的各项决策部署在专委会的贯彻落实。与县委组织部、县委统战部联合出台《委员履职情况综合评价办法》，建立委员履职档案数据库，年终对履职情况进行量化考核，使委员履职有章可循，激发委员履职的内在动力。统筹贯通“不忘初心、牢记使命”主题教育和“新时代人民政协的新样子”，分步开展大学习、大讨论。全年召开学习研讨会 25 场，提交“政协人新时代新风貌”笔谈 5 篇，“新样子·金点子”11 篇。针对“能力不足”问题，强化政治责任和使命担当，引导委员树立终身学习理念，有计划地对委员开展党政知识、政协、统战理论方面的学习培训，提升委员的综合素质和履职能力。2019 年度，组织政协常委、委员和机关干部赴深圳大学进行为期一周的高端培训。成功举办朗诵、合唱、书画展等庆祝人民政协成立 70 周年暨景宁畲族自治县设立 35 周年系列活动。

2019 年，县政协坚持团结、民主两大主题，突出思想政治引领，畅通渠道、搭建平台，延伸工作手臂，拓展履职触角，积极参与社会治理，用心用情做好民族团结进步工作，更好地凝聚人心和共识、汇聚智慧和力量。是年 8 月创建了“委员会客厅”，并开展了“让民族乡村‘畲味’更浓”“省、市、县、乡、村五级‘客人’同厅共谋”“畲汉同堂共议”“话文明素养提升，促景区城创建”等活动。其中，在畲乡廊桥开展的话“文明素养提升，促景区城创建”这种开放式议事活动让畲乡群众参与感满满，特别亲近和谐，《人民日报》于10月24日专门刊登图文报道点赞。全面推进“请你来协商”平台建设，把协商民主贯穿履行职能全过程。全年围绕全县中心大事、民生实事、社会难事开展以下“请你来协商”活动6场（其中，3场得到省政协“同心苑”报道，1场被《中国食品报》点赞），即县委书记、县长引领，围绕“惠明茶产业发展”专题协商；邀请分布在12个省的15个景宁商会500余人，通过“浙政钉”视频共同围绕500亿元产业——景宁在外小超市如何转型升级开展讨论与协商；与云和县政协联动，围绕“云景泗洲岭古道建设”课题开展沟通交流与协商；组织社会力量围绕“畲乡小吃产业发展”课题与县委、县政府展开面对面的交流协商；就县委交办的“破解创业园用工难问题”召开专题协商会，30多名在外务工代表在积极建言献策的同时表达了回乡意愿；聚焦城区停车难问题开展协商。持续推进“民情速递窗口”工作。在县行政服务中心政协“民情速递”窗口，打造“政协版”的“最多跑一次”方案。164名委员每周安排轮流值班，全年共接待群众260余人次，收集社情民意信息167条，促成一批热点问题的解决。该做法得到广大群众好评，今日头条、中国之声、央视经济网、经济视野网、《联谊报》等多家媒体以《景宁政协“民情速递”窗口立起新样子展现新形象》为题进行专题报道。积极助推富民产业发展。通过“三服务”活动收集民情民意，主动帮助对接上海静安寺，寻求惠明茶进入上海市场的合作机会。在调查研究的基础上，主动向县委县政府建言献策，促成佛教百寺基金、上海静安寺合作开发惠明禅茶产业园项目的落地（总投资11亿元）。促成上海静安区与景宁畲族自治县达成战略合作协议，明确十个方面的合作内容。持续做好提案相关工作。把提案作为政协倾听群众呼声、关心群众疾苦、反映群众诉求的主渠道，鼓励和引导委员多写事关民生的提案、多提利于民生的建议。全年提案立案115件，其中社会类立案57件，占总数的49.56%。主动对接《中国国家地理》杂志、山人乐队等团队，借用高端平台和资源，尝试让文史征编成果走向市场，更好传播景宁好声音。与中国国家地理杂志社合作发行《风物中国志·景宁》，在世界丽水人大会上作为礼品赠送相关贵宾，广受好评。由中国好歌曲年度冠军——山人乐队著名音乐人王磊原创的《山哈古调》在深圳大剧院“飞扬剧场”公益系列音乐会成功演出，并在10多个知名平台传播。

县政协全体会议

【九届三次会议】 于2019年2月19日至23日在景宁举行。此次大会应到委员164名，实到委员154名。丽水市委常委、中共景宁畲族自治县委书记陈重出席会议并做讲话。会议表决同意县政协主席张峰代表县政协常委会所作的工作报告；表决同意县政协副主席沈秀慧所作的提案工作报告。

政协全体与会人员列席景宁畲族自治县第九届人民代表大会第三次全体会议，听取并讨论县长钟海燕所作的《政府工作报告》和其他有关报告。通过小组讨论、大会发言和提案等形式，提出许多建设性的意见和建议。9位委员作预约发言，9位委员作书面发言，2位委员作即席发言。其中，15篇发言稿得到县领导的批示。以提案形式提出意见建议126件，经审查立案116件，并案处理10件。会议表彰了县政协九届二次会议优秀大会发言、2018年度县政协先进专门委员会、委员工作站、先进委员、优秀提案、优秀社情民意信息、优秀信息员。

县政协常务委员会会议

【九届常委会第十一次会议】 于2019年2月2日在景宁召开。会议传达省“两会”精神；听取景宁畲族自治县人民政府《关于加快实施我县“乡村振兴”战略的建议案》办理落实情况通报；听取县政府关于2018年度政协提案办理落实情况通报；传达有关人事事项。

【九届常委会第十二次会议】 于2019年2月22日在景宁召开。会议听取各组讨论情况的汇报；审议通过大会决议（草案），提请大会表决；审议通过提案审查情况报告（草案），提请大会表决。

【九届常委会第十三次会议】 于2019年2月23日在景宁召开。会议通报县政协主席会议成员分工调整方案；审议通过相关人事事项（政协委员增补；委主任、副主任、副秘书长职务任免；委员专委会和界别分组调整）；通报县政协2019年度“请你来协商”实施方案；通报县政协机关2019年度“大赶考”相关事宜；通报“警示教育月”活动方案暨警示教育方案；学习丽水市政协《关于加强全市政协系统党的建设工作实施意见》文件精神。

【九届常委会第十四次会议】 于2019年9月27日在景宁召开。会议听取县政府关于2019年度前三季度经济运行情况通报；审议通过相关人事事项；审议通过相关建议案；学习传达中共中央总书记习近平在中央政协工作会议暨庆祝中国人民政治协商会议成立70周年大会上的重要讲话精神；学习传达2019年省政协主席读书会暨市、县（市、区）政协工作经验交流会精神。

调研活动和重要建议

【关于做大做强惠明茶产业的建议案】 2019年，县政协将“关于做大做强惠明茶产业”作为“请你来协商”专题协商活动内容之一。5—7月，开展前期调研、走访和座谈。8月21日，通过“请你来协商”平台，召集部分政协委员、茶企茶农代表和相关职能部门，就当前景宁惠明茶产业发展存在的问题和下一步的建设开展专题民主协商，形成《关于做大做强惠明茶产业的建议案（草案）》。9月27日，召开县政协九届十四次常委会议进行专题协商讨论，并审议通过。该建议案建议县人民政府：

强化组织领导。成立以县长或分管副县长

为组长，相关部门参与的茶产业领导小组，下设专门办公室，招引茶技人才，专门从事茶产业管理、科研和推广工作，并在重点产茶乡镇安排茶叶专业技术人员；理顺茶产业发展的管理体制，定期召开联席会议，形成产业发展合力。

制订茶产业发展规划。在县农业“十三五”规划、乡村振兴规划等基础上，专门制定茶产业发展规划。明确发展定位（“提质”还是“扩量”），确定重点发展区域和实施步骤，更加科学地引导茶产业发展。制定《景宁畲族自治县促进惠明茶产业发展条例》实施细则。让条例真正富有“含金量”，惠及广大茶农和茶企，促使景宁县茶产业健康持续高质量发展。

进一步加大茶产业扶持力度。完善茶产业扶持政策导向和项目补助办法，积极向上级争取扶持资金，整合省市县三级茶产业发展资金，力争每年专项扶持资金2000万元以上，用于生态茶园建设、低产低效茶园改造、品牌建设、产品营销宣传等。

强化品牌管理。以茶叶产品推行SC认证、无公害认证为契机，督促相关部门加强茶叶品牌、茶叶质量、茶叶包装的管理。特别是对白茶、红茶品牌进行统一规范管理。

进一步抓好市场营销。县外以上海为“桥头堡”和主要营销地，依托静安区和静安寺开展全方位深度宣传。县内要多管齐下，开展不同形式的宣传，让惠明茶人人皆知。积极创造条件，在县城合适位置创办“惠明茶叶一条街”。

【关于推进景宁县“小超市”产业转型升级的建议案】 2019年，县政协将“关于推进景宁县‘小超市’产业转型升级”作为政协“请你来协商”专题协商活动内容之一。2019年4—6月，深入调研，专题研讨，学习先进地区、成功企业的发展经验。7月，举行“请你来协商”专题协商会，邀请各地商会、小超市代表、政协委员，通过视频连线等方式进行协商，初步达成加快推进“小超市”产业转型升级的共识，形成《关于推进景宁县“小超市”产业转型升级的建议案（草案）》。9月27日，县政协召开九届十四次常委会专题讨论协商，并审议通过。该建议案建议县人民政府：

成立组织机构主导。成立促进超市经济发展工作领导小组，由县委县政府主要领导或分管领导担任组长，并确定1名副处以上人大或政协领导担任办公室主任，专职抓具体业务，统筹协助推进全面工作；成立超市经济发展促进会，强化超市行业自律，负责组织开展超市联盟和交流联谊等服务工作。

制订发展规划先行。对景宁“小超市经济”进行中长期规划，明确发展目标思路、实施路线路径、发展重点和具体举措，实现景宁“小超市经济”持续健康发展。

适时筹建超市总部引领。组建超市总部，提供行业管理、自主品牌、加盟许可、联合采购与统一配送等服务，以彻底解决统一品牌和物流配送问题，不断提升景宁“小超市”核心竞争力。一是适时筹建总部。由有公信力、影响力的人负责牵头组建工作。二是综合考虑两种模式：本地自主组建模式，总部注册地在景宁，引导和鼓励超市业主强强联合，形成强有力的班子先把总部框架搭起来，政府配以政策扶持，以确保快速启动；外部引进模式，通过多方筛选谈判，引入国内外巨头，通过加盟等方式与“景宁超市大军”合作、互助共赢。三是试点先行逐步推进。可在天津、西安等景宁人超市最集中的地方，引导鼓励有一定规模的超市在自主、自愿、公平、互利的原则下，加入超市总部，运营规范、形成示范后，逐步推广。四是筹集发展基金适当参与。以财政出资为主成立超市发展基金，根据总部注册规模，按10%—20%的股份参与投资，以作为先期引导资金。

统一结算平台掌控。自主研发或合作引进统一的结算平台，实现统一进货、统一价格、统一调配、统一结算等，形成景宁超市大军的核心竞争力。一是由平台统一与供货厂家议价进货。利用全体景宁“小超市”的巨大供货需求，集中由平台与厂商进行议价、压价，打破被传统商品区域代理“二传手”分走利润的被动局面，最大程度争取超商利润。二是统一管理景宁“小超市”货品种类及价格。由平台与市面上先进的大数据分析公司合作，全面分析各类货品的市场需求度和市场价格建议区间，并对各大超市的货品类别和价格统一管理。三是统一调配。由平台以及分布各地的配送基站负责各大超市的货品配送服务，实现管理成本集约化。四是统一结算。由平台进行统一结算，将各地超市的税收留在景宁，并利用景宁畲族自治县的政策优势，在景宁“小超市”的税收方面提供优惠。

配套优惠政策保障。一是“银超”合作方面的扶持。引导银行与超市业主定期开展交流，了解超市业主金融需求和超市运营状况，在为超市提供精准金融服务的同时，及时掌握信用信息，降低信贷风险。二是品牌推广方面的扶持。由县财政对初期的品牌推广等给予一定的支持，比如在3—5年内统一品牌标识和新加盟的门店，按面积给予补助等，以通过整体形象的包装宣传，提升我们的知名度和影响力。三是后方服务保障的提供。如对留守在家的老人养老、儿童上学等方面给予扶持照顾，让在外景商安心创业。还可通过政策明确推荐一定比例的超市人为政协委员，或纳入特殊人才、经营道德模范、创业创新杰出人才等评选，塑造超市领军人物，形成示范引领。

线上线下采销同行。打造统一的景宁“小超市”电商平台，通过线上线下“两条腿”同行驱动，实现景宁人“小超市”跟上“新零售”大潮，提升竞争力和影响力。

常态培训机制助推。针对不同的创业人群提供不同层次的培训。有一定文化基础且有创业经验的人群，可组织他们去高校“高级班”培训，提升理论层次和创新能力；初次创业人群可邀请从业实践经验丰富的景商作案例辅导和基础知识讲解等，不断提升创业创新能力。

【关于云景泗洲岭古道建设的建议案】 2019年，县政协将“关于加快云景泗洲岭古道建设”作为“请你来协商”专题协商活动内容之一。2019年7月，与云和县政协成立联合调研组，深入实地开展调研。9月11日，云景两县联合召开“请你来协商”之云景泗州岭古道建设专题民主协商会，经充分协商后形成了《关于云景泗洲岭古道建设的建议案(草案)》。9月27日，县政协召开九届十四次常委会议专题讨论协商，并审议通过。该建议案建议县人民政府：

建立领导机构，健全协调机制。云和、景

宁分别成立云景泗州岭古道建设项目领导小组，指定专人负责全面协调工作。相关乡镇(街道)和村委也要成立领导小组，明确分工，落实责任。建立两县联席会议制度，加强两县之间、部门乡镇及村委之间的联系，确保信息畅通，沟通到位，顺利推进古道项目建设。

注重康养文旅融合，高起点做好规划。坚持“生态优先、最小干预、修旧如旧、注重文化”的原则，明确“生态+旅游+康养”定位，高标准谋划古道修复工程。休憩亭、标识牌等配套设施建设，要确保休闲功能齐全，尊重古韵原貌。景宁段古道在规划中，还要做好“古道(云景泗洲岭古道)—古桥(千熙桥)—古镇(凤凰古镇)”串点成线的风情旅游文章。

挖掘文化内涵，讲好古道故事。以弘扬践行浙西南革命精神为契机，充分挖掘古道的红色文化资源，梳理“红军桥”“游击路”革命故事和“十二渡”战斗事迹等。深入挖掘古道沿途的畲族文化，做足畲族特色，挖掘沿途传统农耕文化，使古道魅力更加突显。

加强环境整治，加快基础设施建设。做好古道入口村庄(双坑村)和沿途村庄的村容村貌整治，提升人居环境，为后期开发农家乐、畲家乐、精品民宿、家庭农场等旅游富民产业夯实基础。加快推进古道入口停车场、公厕及古道沿路景观灯等基础配套设施的建设。

做好政策处理，确保项目顺利推进。深入群众，深度宣传，讲清修复古道的重要意义，争取群众最大支持。云景两县要尽可能统一政策标准，稳妥做好政策处理工作。财政部门要早做预算，及时将资金拨付到位，确保项目顺利实施。

【《关于我县项目投资建设情况的视察报告》】

根据县政协常委会年度工作安排，县政协经济委组成视察组，对2019年景宁畲族自治县项目投资和质效情况进行了深入调研与分析，并形成视察报告，以景政协〔2019〕18号文件于2019年12月11日报告县人民政府。报告分析了存在的困难与问题并提出了对策与建议。报告指出：2019年以来，景宁畲族自治县重点项目，虽然取得了一定的成绩，但仍存在大项目和高新技术产业项目较少，投资规模较小；要素瓶颈制约十分突出；民间投资依然乏力；项目前期工作不深不透等不容忽视的问题。报告建议县人民政府：应着眼山区县后发性这一最大实际，以“补课赶趟、跨越赶超”为主线，坚持“项目为王”理念，树立重大项目为赶超发展“一号工程”战略地位，牢牢抓住项目建设牛鼻子，强力推进固定资产投资，为经济社会发展提供强力支撑。

要进一步加强组织领导，严格重点项目考评，加大宣传力度，营造舆论氛围。县领导要把项目建设放在更加突出的位置，随时掌握项目建设的情况，及时协调解决工程建设中存在的问题。各部门也要切实增加责任感，以求真务实的态度，主动抓、认真抓，把重点项目建设的各项抓紧、抓实，保证重点项目建设顺利实施。同时，充分利用各新闻媒体，宣传项目建设重要性，宣传在重点项目建设中涌现出的典型事例和典型经验，使项目建设深入人心，对阻挠项目建设的行为进行曝光，确保重点项目建设顺利实施。

抓项目建设，要从全局、长远、可持续发

展，特别是从产业结构出发，统筹协调。以生态产品价值实现机制为契机，推动产业融合发展。在生态农业方面，以产品质量为核心，着力推进“景宁600”品牌建设，提升一批生态茶园、放心菜园、精品果园、特色菌园等特色基地，积极推进上海、温岭等“飞柜”经济发展。在生态工业方面，以科技创新为动力，加快构建绿色、循环、低碳生态工业体系。继续抓好丽景民族工业园和澄照农民创业园平台建设，加快飞科电器产业园、宇海木玩产业园等项目建设，促进实体经济健康发展。在生态服务业方面，做深做活农旅融合、文旅融合、城旅融合文章，推进高等级景区县城和A级景区村创建。继续推进千年山哈宫、山哈大剧院、东方广场城市综合体等一批服务业重点项目，加快推进千峡畲寨、云上天池、包山铁矿“天空之城”等旅游项目落地。

要抓住关键环节，为项目建设创造良好环境。土地方面：要尽快制定切实可行、操作性强的土地利用办法，确保重点项目用地；要继续积极争取列入省和国家重点建设项目计划，充分利用优惠政策，优先保证国家、省和市重点项目用地；要加快县域国土空间规划调整，进一步挖掘用地潜力，盘活存量土地，利用好各类闲置土地，坚持集约用地，提高土地利用率和单位面积投资率；要兼顾群众和项目单位双方利益，做好拆迁补偿，确保重点项目顺利落地建设。融资方面：要继续做实项目基础，找准资金渠道，夯实融资基础；要加强重点建设项目与金融机构之间的协调沟通，继续主动做好金融机构与企业之间的牵线搭桥等服务工作，建立良好的银企关系，保证建设资金及时到位，实现银企双赢；要加大市场融资力度，扩大融资渠道，大力促进和引导民间投资；要加大招商引资和利用外资的力度，谋划好项目，吸引更多的省外、国外企业来景宁投资。优化环境方面：要继续开展“最多跑一次改革”，对于重大前期项目，主动代理项目业主做好相关协调服务工作，加快项目审批、核准、备案进度；要继续开展领导联系项目和“三服务”制度，对重点项目反映的问题直查、直处、直接服务，争取在最短的时间内使问题得到解决。结合“扫黑除恶”专项整治，严肃处理阻碍项目施工现象，保障项目顺利实施。

要加强重点项目前期工作，不断完善和充实项目储备库。要认真研究景宁自身优势，准确把握国家产业政策，重点在基础设施、生态建设、产业结构调整等领域，提高重点项目前期的针对性，要在抓大项目、重点项目上下功夫；要突出做好产业化项目的前期，利用丽景园和农业创业园，着力抓幼教木玩、电工电器等产业开发的同时，培养壮大一批对经济增长和结构调整能起重大带动作用的新兴产业，增强发展后劲；要围绕幼教木玩、电工电器等重点产业、骨干企业的配套项目进行谋划，拉长产业链、提高产业聚集度，进一步优化产业结构，增强经济的辐射力、竞争力；要不断完善和充实项目储备库，使项目建设接替有序，后劲不减；要做到重大建设项目“研究一批、储备一批、建设一批、投产一批”，引导全社会投资形成良性发展态势；要做好项目的包装策划和市场推介，做到有的放矢，提高招商引资成功率。（张　蓓）

中国共产党景宁畲族自治县纪律检查委员会·景宁畲族自治县监察委员会

综　述

【概况】 2019年，景宁畲族自治县各级纪检监察组织，服务中心大局,聚焦主业主责，增强"四个意识"，坚定"四个自信"，践行"两个维护"。忠实履行党章和宪法赋予的职责，反腐败斗争压倒性胜利不断巩固发展，清廉畲乡建设全面推进，纪检监察工作高质量发展取得新成效。推动县域政治生态持续向好，为全县改革发展稳定提供有力保障。

践行"两个维护"，强化政治监督。积极协助县委抓好中共浙江省委巡视整改工作，办结信访交办件36件，督促完善风险防控等制度579项。围绕"最多跑一次"改革、"三大攻坚战"、重点项目推进、行政村规模调整、减税降费等重点工作，先后组织开展监督检查28次，督促整改问题14个，确保政令畅通。加强对政治纪律和政治规矩执行情况的监督检查，出台民主生活会督导"十条"意见，立案审查违反政治纪律案件6件，党纪政务处分6人。严把干部选拔任用政治关、品行关、作风关、廉洁关，共回复党风廉政意见9批134人。

压实"主体责任"，坚守政治担当。协助县委落实好全面从严治党主体责任。注重日常监督，下发整改建议书28份。坚持失责必问、问责必严，做实"一案双查"，强化问责追究，全年共问责17名履职不力的领导干部，对4家单位实行"一票否优"。协调公安机关对1名恶意举报的无理上访对象予以刑事立案侦查。坚持"三个区分开来"(把干部在推进改革中因缺乏经验、先行先试出现的失误和错误，同明知故犯的违纪违法行为区分开来；把上级尚无明确限制的探索性试验中的失误和错误，同上级明令禁止后依然我行我素的违纪违法行为区分开来；把为推动发展的无意过失，同为谋取私利的违纪违法行为区分开来)激励干部担当作为。采取公开通报、召开澄清反馈会等形式，为11名党员干部澄清正名，旗帜鲜明地为担当者撑腰鼓劲；积极稳妥地做好容错纠错工作，先后对4名干部适用容错纠错，树立了“干部为事业担当、组织为干部担当”的鲜明导向；出台《受处理处分干部教育管理使用办法》，对49名受处理干部开展教育回访，如实评价受处分后整改情况，2名干部因敢于担当负责、表现突出被组织提拔任用；实现了严管与厚爱结合、激励与约束并重。

探索政治生态评价机制，构建县、乡、村三位一体的“清廉指数”评价体系。推行重点课题领办制，开展“一室一品”“一组一品”“一乡一品”创建。信访办理质量“四色评估”机制，入围全省“基层清廉建设(浙江)十大创新经验”第二轮评选。建立村级项目报备制，规范完善项目监管体系，加强小微权力监督。充分发挥“互联网+”作用，推行“智慧村务”，实现基层信息“掌上直通”，提升基层信息公开透明度。探索建立片区协作机制，切实提升派驻监督质效。

持续纠治“四风”，深化标本兼治。结合“三治三强比实干”作风建设专项活动，查纠领导干部违规借贷、违规收送礼品礼金、违规发放津补贴等问题。深入开展“一季双主题”正风肃纪，先后开展办公用房使用管理、因私出国(境)证照管理、酒局牌局、烟票烟券等问题检查。发布通报15期，立案审查调查3人，约谈提醒46人。查处享乐主义奢靡之风问题45件83人，给予党纪政务处分22人。深化形式主义、官僚主义整治，扎实推进“基层减负年”活动，认真查纠文山会海、扶贫领域不正之风等问题，查处形式主义、官僚主义问题32起86人，给予党纪政务处分21人。

坚持执纪为民，着力整治群众身边腐败和作风问题。深入推进扫黑除恶“打伞破网”专项行动，建立健全涉黑涉恶线索移送、案件通报、会商研判、同步介入、提级管辖等机制，重拳出击。全县共发现和受理反映党员干部和公职人员涉黑涉恶腐败和“保护伞”问题11件，立案查处26人，给予党纪政务处分23人，移送司法机关依法审查起诉7人。牵头开展“不忘初心、牢记使命”主题教育“8+1”专项整治，督促推动14个部门完成61项整改任务。深入开展人防系统专项整治，督促催缴易地建设费涉及12个项目5937余万元。加大扶贫领域不正之风和腐败问题查处力度，给予党纪政务处分29人，移送司法机关2人，诫勉8人，通报批评22人。

巡改并重，持续发挥政治巡察利剑作用。坚守政治巡察定位，聚焦“四个落实”，深入查找政治偏差。全年共巡察单位党组织18个，移交重要问题线索21条。探索巡察上下联动机制，配合做好市委对县经济开发区提级巡察、东坑镇交叉巡察和人防系统“机动式”巡察。深入推进村(居)巡察工作，巡察行政村(社区)党组织72家，移交重要问题线索19条。制定《关于被巡察党组织准备工作的意见》《巡察工作规范流程及总体安排》等制度，促进巡察工作规范化。抓好巡察“后半篇”文章，压实整改主体责任。反馈问题2085个，完成整改2053个，整改完成率98.5%。运用第一种形态处置44人，督促完善各类制度80项，给予党纪立案12人，挽回直接经济损失201万元。

强化“三不”一体，不断巩固反腐败斗争

压倒性胜利。强化不敢腐的震慑，减存量，遏增量。全年共受理信访举报 159 件，共处置问题线索 422 件，其中运用第一种形态 291 件，占比 68.8%。共立案查处各类违纪违法案件 136 件，给予党纪政务处分 126 人，采取留置措施 8 人，移送司法机关 10 人。在强大震慑和政策感召下，全县共有 14 名干部主动交代问题，8 名干部主动投案。健全不能腐的机制，坚持以案促改。下发纪律检查和监察建议书 6 份，督促有关单位健全制度和权力清单 14 项。规范建立“村级小微权力清单”，配套制定“村干部履职红线二十条”，推进基层治理。深化廉政风险防控机制建设，指导县交通局创成全市“交通工程项目领域风险防控典型样本”。增强不想腐的自觉。常态化开展党风廉政应知应会知识测试，高标准开展“警示教育月”活动，推行“清廉畲乡宣传片”“会前十分钟教育”“典型案例警示录”等“十个一”举措，做深做细做实警示教育。打造清廉文化品牌，“清廉畲乡·家风馆”建成并入选首批市级“法纪教育基地”。

加强自身建设，从严从实锻造执纪执法铁军。持续深化纪检监察机构改革，派驻（出）机构由 14 家减少为 10 家，监督单位从 57 家增加到 70 家。推进乡镇（街道）监察办规范化建设，健全乡镇监察办成员、特约监察员、村级监察联络员队伍。组织开展纪检监察干部全员大轮训、业务大比武活动，累计培训干部 418 人次，举行集中考试 4 次，在“全市纪检监察干部业务大比武”中荣获第一名。加强干部轮岗交流、上挂下派，大力培养锻炼年轻干部。加强内控机制建设，深化“五张清单一张网”，规范各项制度执行，严防“灯下黑”。建立特约监察员队伍，拓展外部监督渠道，主动接受各方面监督。

【县纪委九届五次全会】 于 2019 年 3 月 7 日召开。全县副县以上领导，县纪委委员，县监委委员，各乡镇（街道）党政正职、纪（工）委书记，县直机关各单位党政正职，县委巡察机构全体干部，县纪委监委机关、派驻纪检监察组全体干部，垂直管理部门纪检组长（纪委书记），党风政风监督员及部分县第九次党代会代表参加会议。

全会传达学习十九届中央纪委三次全会、省纪委十四届四次全会和市纪委四届四次全会精神，回顾总结 2018 年工作，研究部署 2019 年工作任务。全会审议通过叶龙标代表县纪委常委会所做的《坚守使命担当，忠诚履行职责，努力推进新时代纪检监察工作高质量发展》的工作报告。中共丽水市委常委、景宁畲族自治县委书记陈重出席全会并做重要讲话。

【“清廉指数”入选丽水市纪检监察系统“十佳工作品牌”】 2019 年，景宁畲族自治县纪检监察机关践行“志不求易、事不避难”精神，发挥先行先试优势，深入探索政治生态评价机制，构建了县、乡、村三位一体的“清廉指数”评价体系，使区域政治生态有了“体检表”和“坐标尺”。全年共发出预警通知 42 条，反馈问题 685 个。“清廉指数”入选丽水市纪检监察系统“十佳工作品牌”，并在全市推广。

【全县警示教育大会】 于2019年5月20日召开。会上，全县550余名科级以上干部集中观看了《以案为鉴、警钟长鸣》警示教育片；中共景宁畲族自治县委副书记、县人民政府县长钟海燕出席并讲话；县纪委制定下发了《关于深入开展警示教育月活动的通知》，立足景宁清廉文化、清廉家风、清廉基地等载体和平台优势，部署警示教育月活动月具体工作。 （杨必军）

民主党派·社会团体

民 主 党 派

·民进景宁支部·

【概况】 民进景宁支部成立于2016年2月。2019年11月,民进丽水市委会批准钟婷婷、吴丽勇、蓝海宽、毛霞莹、马严方、董亮、徐冰、何承满入会,至此有会员22名。设支部委员3人(含主任委员1人)。

2019年,民进景宁支部深入推进"不忘合作初心、继续携手前进"主题教育,紧紧围绕县委决策部署,团结带领全体会员自觉践行职责使命,认真履行参政议政、民主监督职能。充分发挥参政党基层组织作用,努力助推美丽幸福新景宁建设。

市"两会"期间,主任委员蓝利明代表民进市委会在市政协大会上的发言《延伸"丽水山耕"产业链,打造"丽水小吃"公共品牌》,获市委副书记李锋批示:"丽水小吃是乡愁、是文化,是丽水人心中儿时的记忆、家乡的味道,应予重视。请市农业农村局、市商务局阅研。"

县"两会"期间,民进景宁支部5名政协委员参加或列席相关会议,共向政协大会提交提案3件,在分组发言中发言10余次。

支部与县政协一道开展云景泗州岭古道建设的调研,完成《关于云景泗州岭古道建设的调研报告》。毛荣利等民进会员,与县工商联一起到企业部门开展"民营经济高质量发展"专项民主监督。

注重社情民意信息反映,支部全年共反映社情民意信息3条,毛荣利撰写的《生猪养殖户扩大生产有"三忧",建议进一步完善政策》被民进市委会采用并报送上级,为政策完善提供参考。

积极开展社会服务。1月24日,支部到红星街道大吴山村开展"春联万家"活动,书法家会员刘建华发挥特长,为村民书写对联100余副;企业家会员陈卫光为困难群众送上大米、油等慰问品共20余份。台风"利奇马"来袭,支部会员坚守岗位,或开展生产自救,或协助党委政府开展抗台救灾,叶发宝到东坑镇桃源、深垟等地开展防灾减灾技术指导,毛荣利协助党委政府筹集猪肉运往温岭灾区。

是年,陈战耕参加民进省委会组工干部培训班,蓝景艺参加民进丽水市委会骨干培训班，刘建华参加市民主党派新成员培训班，杨帆参加丽水市党外中青年干部培训班，高上兴参加景宁优秀中青年干部培训班。蓝利明、陈战耕获"'丽水之干'担当作为好干部"荣誉称号。毛丽珍参加市委统战部组织的主题演讲比赛获优秀奖。

【开展民进先贤金海观事迹挖掘】 2019年，民进景宁支部结合弘扬践行浙西南革命精神活动，就教育家、民进浙江省委会筹备委秘书长金海观事迹展开挖掘，将金海观工作过的沙湾镇道化村列入民进教育实践基地打造计划。民进丽水市委会专职副主委邱旭平为道化题写对联："环山绕水古邑里居湘师遗胜，以道化人百年行践晓晚高怀。"8月1日，民进景宁支部和民进市委会会员骨干培训班学员50余人，到道化村开展活动，学习金海观的事迹。 （高上兴）

社会团体

·工会工作·

【概况】 景宁畲族自治县总工会（以下简称县总工会），设领导职数3名：主席1人，副主席2人。兼职党组书记1名，党组成员4名。机关共有干部职工（包括职业工作者和编外人员）21人。职能科室3个：综合办公室、经保法工部、组宣女工部。下属事业单位2个：县工人文化宫、职工服务中心。

2019年，县总工会坚持习近平中国特色社会主义思想统揽全局，求真务实，开拓进取，中心工作有成效，重点工作有突破，特色工作有创新。

按照中共中央总书记习近平关于"四个对照""四个找一找"要求，坚持问题导向，深入推进"自我革命、自我净化、自我提升"。机关党建、党风廉政建设、宣传思想文化、平安综治、统战和民族、信访、人口和计划生育等工作均建立相应的领导小组，落实具体工作人员，明确工作任务要求，完善相关制度，做到各项基础工作有计划部署、有措施落实、有检查督促、有工作台账、有工作小结。对列入考查的人大、政协、统战、民宗、"三城联创"、文明创建、"双拥"、档案、统计和年鉴等工作，根据各主管部门部署的工作任务，按要求完成。信息工作全面提升，全年信息稿件被《丽水日报》采用3篇（条），被《浙江工人日报》采用12篇（条），被《畲乡报》采用20篇（条）。

职工疗休养工作取得新成果。利用"红色元素"装点"绿色平台"，打造"红+绿"职工疗休养新模式。推出红色疗休养、民族特色疗休养、避暑纳凉绿色生态疗休养等经典线路。完善"疗休养商城"管理运行机制，制定疗休养考核办法。推进职工疗休养接待站点建设，建成一批疗休养基地和服务站点，组织农家乐民宿业主培训班，开展疗休养产品评选活动，促进疗休养服务品质提升。组织参与山东阳信、江苏常州、温州平阳等省内外地区疗休养专场推荐会。邀请静安区总工会、欧莱雅（上海）公司、香格里拉大酒店等20家大企业工会，到景宁交流工会工作经验，考察职工疗休养线路。全年共签订疗休养合作意向书100余份。

开展"助企业、稳就业、促创业"大走访专

项行动，非公企业集体合同签订率 100%。组织“安康杯”竞赛，增强企业安全生产意识。组织开展“三八”维权周系列活动和企业“双爱”活动及“防风险、除隐患、遏事故”安全生产月活动。开展普法宣传，建立无欠薪工作机制和欠薪申报机制。健全基层劳动法律监督员队伍，联合对洁净钢、创岳金属等重点企业开展劳动保护监督检查和无欠薪检查。建立职工调解室和心理咨询室，开展法律援助、心理咨询疏导，参与纠纷调解，促进平安景宁建设。

全年，共争取到中央、省财政和省总工会专项帮扶资金 13.74 万元，送温暖基金会资金 1 万元，本级工会安排资金 23.52 万元，开展职工帮扶救助慰问等各项工作。完成“金秋助学”活动申报及资金发放，为 35 名困难职工家庭子女送去助学金 11.55 万元。开展癌症专项救助活动，为 15 名患癌职工家庭减轻医疗负担。深化“三服务”(服务企业、服务基层、服务职工)大走访行动，走访困难职工 61 户。开展困难职工调查摸底，拓宽服务渠道和载体，精心组织法律援助、心理咨询疏导、技能培训等工作。全年，累计发放各类帮扶资金 75 万元。解困脱困职工 27 人，建档帮扶困难职工 102 人。开展“高温慰问 夏送清凉”活动，为山哈大剧院、环卫所、交警大队、创岳金属材料、丽景园小微创业园、丽景园谦源建材科技有限公司等 6 家单位 899 人送去慰问品。

2019 年，有职工医疗互助参保单位 242 个，职工 8741 人，缴纳保障金 34.96 万元。职工医疗互助报销单位 235 个，职工 1243 人次，支付保障金 97.22 万元。

推进机构改革单位工会重组及规范化建设，指导涉改单位工会调整及重组 13 家。建成丽景园总工会，组建农家乐(民宿)、电子商务等联合工会，全年新建企业工会 10 家，发展会员 474 人。开展女职工特色品牌选树、县级职工之家评选等活动，成功创建市级“妈咪暖心小屋”和“职工书屋”示范点。开展基层工会经费审查审计，抽查重点单位工会 10 家，强化监督管理，筑牢工会经费廉政防线。

开展省级劳模、市“五一”劳动奖章评选活动，宣传劳模先进事迹，弘扬劳模精神、劳动精神、工匠精神。建立高端人才劳模后备库，创建劳模工匠、高技能人才创新工作室。搭建劳模工匠工作交流学习平台，发挥劳模工匠示范引领作用。开展“畲乡非遗工艺品、畲族服饰设计(制作)工匠”、企业技术工匠评选。以“中国梦、劳动美”为主题，推动劳动竞赛向非公企业拓展，积极鼓励和引导广大职工群众技术革新、技术攻关、发明创造，营造全社会创新实干氛围。扎实开展“不忘初心，牢记使命”主题教育活动，组织“当一周工人、体工会初心”主题实践活动，推进“浙西南革命精神”掌上学习互动交流。

借助移动、电信网络，实现网上办公、网上入会、网上审批。开发疗休养审批系统，推进无纸化办公，实现疗休养审批零次跑；链接疗休养商城，让到景宁疗休养的职工第一时间查找到畲乡疗休养专业服务。建立工会会员入会系统，运行医疗互助网上报销平台，职工医疗互助报销一个都不落、一次都不跑、一分都不少。政策咨询、服务维权、帮扶指导、活动组织等普惠服务实现智能化、便捷化、高效化。

【工人文化宫成功重启】 县工人文化宫建于1990年，曾经是景宁县城的地标和职工精神文化乐园。然而，在市场经济浪潮中，其逐渐被市场多元化下的新文化、新思潮所替代，承载时代记忆的乐园进入"深眠期"。2017年以来，县总工会积极响应全国、省、市总工会关于进一步加强文化阵地建设的号召，争取多方资金支持，投入700余万元，从收回外租场地，到立面改造、内部装修、附属工程建设，历时两年多，于2019年12月9日成功举办景宁县工人文化宫重启仪式，标志着工人文化宫以全新面貌回归。改造后的工人文化宫装修面积1400平方米，室外活动场地600平方米，集教育培训、工运展馆、职工书屋、文体演艺、休闲健身活动等功能于一体。投入使用后，开展了太极拳友谊赛、乒乓球比赛、茶艺表演、文艺表演等活动，大大丰富了职工精神文化生活。工人文化宫建设得到丽水市人大常委会副主任郑力平、市总工会副主席王金焱的充分肯定。 （柳伟锋）

·共青团工作·

【概况】 2019年，中国共产主义青年团景宁畲族自治县委员会（以下简称团县委），履行引领凝聚青年、组织动员青年、联系服务青年的基本职责。坚持党建引领，开展"不忘初心，牢记使命"主题教育，将学习教育、调查研究、检视问题、整改落实贯穿始终。围绕县委县政府工作中心大局，重点在志愿服务、乡村振兴、青年就业创业、青少年平安权益等方面带领团员青年参与"诗画畲乡· 和美景宁"建设，各项工作稳中有进。

2019年12月底，全县共有基层团委42个，团工委4个，团支部488个，团员4091名。其中，学生团员1637人，占比40.01%；机关事业（国企）单位团员623人，占比15.23%；两新团组织10个，团员57人；农村社区团员1774人，占比43.36%。全县14—35周岁户籍青年3.16万人，常住5841人。

2019年，团县委聚焦青少年思想政治引领，加强青少年社会主义核心价值观培育，引导全县青少年弘扬践行"浙西南革命精神"。全年开展"青春心向党 建功新时代"特别主题团日、"五四"运动主题展、青春之歌传唱、红色爱国歌曲大合唱、"我为祖国献个礼"、"我和我的祖国"与国旗合影、"我与祖国共奋进"主题升旗仪式、庆祝"五四"运动100周年、新中国成立70周年、少先队建队70周年等各类主题活动320余场次，参与青少年4万余人次。

继续推进志愿服务工作。与县文明办、县民政局对接，成立"畲乡小园丁"志愿服务总队。组织开展健康景宁、垃圾分类、迎接卫生县城复评、景区城创建、助力花园跑等志愿服务活动550余场次，参与志愿服务9000余人次。开通志愿汇积分兑换功能，提供民宿体验券、电影票、头盔等兑换商品。

实施乡村振兴新青年培养计划。组织成立乡村振兴新青年协会，共有会员20人。在东坑镇深垟村举办丽水市青年企业家协会第三季度轮值活动。继续推进青年电子商务孵化中心建设，组织创业青年新媒体运营提升培训班4期。选送6支创业队伍参加云景庆（云和、景宁、庆元）"奇思妙想•创赢绿谷”创业创新预赛。其中，畲森山团队获预赛一等奖，参加丽水市创业创新大赛决赛获二等奖。雅景花木专业合作社创成省级青创农场；县人民医院重症医学科、审批中心创成市级青年文明号。杨策翔、钟晓波等3名青年荣获丽水市“勇担‘丽水之干’”青春榜样称号。

开展“鸿雁归巢”行动。2019年7月，启动百名大学生进企业、进机关、进社区行动。招募80余名景宁籍大学生开展1—2个月的实习、见习活动。邀请留美博士苏延芳参加“鸿雁归巢”创业分享座谈会，并做“幸福高三”主题讲座。对接15支高校团队200余名大学生到景宁开展红色研学、畲族文化发展调研、爱心支教等社会实践活动。其中4支推荐团队获得团市委经费奖励。

关注青年心声，开展共青团“三服务”活动。开展以“快递小哥关爱”“畲乡夜经济”“大学生返乡”“青年创业论坛”“青年电商运营”等为主题的走访慰问，征集到意见30条。服务青年婚恋交友需求，组织开展青年联谊活动4场。开展“真情暖万家•关爱365”行动，实施“焕新乐园”“希望小书房”等项目帮扶留守困难儿童140人。开设四点半学校，点亮青少年微心愿300余个。调查走访“希望工程”学生家庭，向60名困难学生发放助学金14万元。向团市委推荐优秀青年6人。

2019年，新成立县直机关团工委、县国有企业联合团支部和农业农村局、浙江景宁畲族风情旅游度假区管委会等机关单位团组织。对两新组织团员情况进行摸排，完善“智慧团建”建设。深化共青团改革，推动基层团建“进位提升”工作。召开全县基层团建“进位提升”工作现场交流会，开展自查自评和互观互检。组织开展“青年大学习”，提升团干政治素养和业务水平。举行团干培训班3期，举办第一届中学团课比赛和全县党团知识竞赛。组团参加丽水市党团知识竞赛，获全市第一名。

推进教育团工委改革、中学共青团改革、少先队改革。全年，完成13所学校少工委建设，“红领巾学院”完成第二批学员招募。完善团教联席会议制度、团员发展和积分管理制度、团干培训提升保障制度、中学团校团课共建共享机制。2019年11月12日，景宁教育团工委工作在全省基层组织规范化建设推进会上做试点经验交流。

提升民族青少年宫主阵地，持续推进校外教育。开展“弘扬浙西南革命精神 争做新时代好少年”“畲汉手拉手”等主题活动30余场，参与青少年6000余人次。围绕青少年需求，聚焦弱势群体，开展流动少年宫、“七彩小屋”“圆梦蒲公英”公益夏令营等各类公益活动50场次，服务青少年12000余人次。开设小小主持人、围棋、书法等课程，提升综合素质。打造“畲乡球娃”特色品牌课程，全年培训学员5000余人，汇报演出10场。开展主题教育、教师技能培训和课题研究，提升教师思想政治素质和综合能力。全年，教职工获得市级荣誉11项，县级荣誉4项。在丽水市青少年校外教育教师教学技能大赛(论文评比)中，获一等奖2人，获二等奖2人，获三等奖3人。2019年11月，国家民委授予景宁民族青少年宫“第六批全国民族团结进步教育基地”称号。

【县青少年事务发展中心成立】 2019年7月，注册成立景宁畲族自治县青少年事务发展中心。该中心引入社会力量组织参与青少年事务，探索“团干+社会组织+社工+志愿者”工作模式。是年，承接的“公益小天使”“希望小书房”“为您安个家”等项目落地。其中，“希望小书房”项目作为浙江省试点，并承办了项目启动仪式。同年，举办了“真情暖万家·关爱365”2019首届畲乡公益论坛，并开展关爱留守困境儿童和公益模式创新专题研讨、关爱志愿服务宣讲等活动。

【中国少年先锋队景宁畲族自治县第四次代表大会】 于2019年10月12日至13日召开，出席代表114人。大会选举产生中国少年先锋队景宁畲族自治县第四届工作委员会委员17名；雷丽霞、叶有东当选为主任，梅慧鸿、叶鹏、商培荣当选为副主任。 （林聪昱）

·妇女联合会工作·

【概况】 2019年，景宁畲族自治县妇女联合会（以下简称县妇联）围绕中心工作，通过举办各类女性培训和系列活动，着力提升女性技能及素养，培养塑造健康、优雅、成功的畲乡时代女性，充分发挥女性在景宁各项建设中的“半边天”作用，2019年度全县“大赶考”综合考核获良好等次。

党建带妇建，强化政治引领凝心聚力。组织开展“传承浙西南革命精神·勇担丽水之干巾帼先行”主题实践活动；举办2019年“传承浙西南革命精神 巾帼心向党 建功新时代”大型庆祝活动暨第二届女子运动会；发起巾帼助力“百日攻坚”倡议；组织开展政治生日活动，邀请中共景宁各级女代表、不同时期入党及优秀的女党员参加；完善整理“三老”（老共产党员、老交通员、老游击队员）巾帼英模事迹材料；拍摄整理《访英模·听畲乡革命妈妈讲故事》教育短视频，重温时代记忆，感受榜样力量。在全县妇联系统开展“巾帼心向党 礼赞新中国”庆祝新中国成立70周年宣传教育活动，在毛垟建立全县首个妇女儿童教育基地，举办全县女子健身操大赛、“绿色家庭秀美家·巾帼齐声赞祖国”等活动。凝聚力量，引领激励广大妇女“听党话、跟党走”，立足岗位建功新时代。

提升女性素养及技能。依托畲乡景宁党群服务中心举办舒心课堂3期、美丽课堂6场、丽人沙龙7场。举办智慧家长家庭教育沙龙11期（一期一主题），“科普进万家”即家庭教育专题讲座8场（2000余人参加）。组织家长收看《家庭教育百日谈》等数字资源，普及家庭教育知识，提高家长科学家教理念。开展“畲乡美丽营”建设，打造畲乡巾帼美丽团队，对主动参与社会管理和公共服务，影响力较大、活动常态化的20个女性团队予以授牌表彰。深化“三服务”活动，组织女企业家“女性创业分享会”，为创业女性搭建交流平台，促进企业健康发展。

推进和美家庭建设，弘扬文明新风尚。开展“移风易俗·巾帼先行”活动，助力全县乡村治理强基固本攻坚战。举行“道德讲堂”暨慈孝卡授信仪式，为“浙江好人”、“畲乡好人”、文明家庭等道德模范授信。深化文明家庭创建，文明家庭户比上年增加5%，叶发友家庭获 2018 年度省“最美家庭”称号，作为全市家庭代表参加全省“最美家庭”发布会。开展“千村万户亮家风”活动，指导大均乡伏叶村争创“美丽乡村亮家风”省级示范点。组织“感恩·献礼母亲”为主题的母亲节系列活动。联合县纪委举办“清廉让生活更美好”家庭助廉暨领导干部家属廉政主题教育活动，共有 75 位科级干部家属参加。开展“垃圾分类巾帼先行”活动，创评省级“绿色家庭”2 户、市级“绿色家庭”20 户、县级“绿色家庭”100 户。引导美丽庭院创建，开展季度美丽庭院评选活动，组织乡镇（街道）妇联拍摄最美庭院参加全省美丽庭院评比。

开展“践行男女平等基本国策”暨“百万妇女促和谐”法律宣传服务系列活动。全年共发放反家庭暴力、禁毒、反邪教等宣传资料 6500 余份，接受各类咨询 1100 多人次。持续开展婚姻家庭纠纷调解网络志愿服务工作，为群众提供法律法规、心理健康等知识咨询和辅导。全年接待受理群众来电和来访共 24 件 24 人，处理率 100%。

深入开展关爱“三留守”试点工作。对留守妇女、低保患病妇女调查摸底，并有针对性地开展健康讲座和贫困救助。完成符合“贫困母亲两癌救助专项基金” 条件的患病妇女信息录入，并救助“两癌”（宫颈癌、乳腺癌）贫困妇女 6 人，发放救助金 2 万元。妇联干部开展“一户一策一干部”结对帮扶。举办“快乐运动健康成长”儿童早期发展促进暨庆“六一”亲子运动会。建设仙童社区、东坑镇、九龙乡、郑坑乡 4 个留守儿童之家“小候鸟图书角”。指导仙童社区、外舍岗石村建成“儿童之家”。“山海协作”结对单位上虞区妇联，帮助景宁红星小学建成多功能美术室；捐赠总价值 5 万元的电脑、打印机、玩具等爱心物资，用于完善社区“妇女之家”“儿童之家”。

参与“福彩暖万家·焕新乐园”项目实施。完成 100 户 6—16 岁儿童低保家庭居住环境改造。针对“焕新乐园”留守儿童，组织 200 名志愿者开展“2 对 1”结对，每月不少于 2 次上门陪护和适时跟踪监护。组织开展 “爱的接力·焕新成长”主题活动，儿童、家长、志愿者代表 200 余人参加。与县民政局联合承办全省“福彩暖万家·焕新乐园”现场会暨社会力量参与社会救助经验交流会。

稳步推进来料加工产业。创建示范基地 4 个。累计培育来料加工经纪人 177 名，是年新增经纪人 12 名，带动从业人员 1.4 万人，发放加工费 1.5 亿元。组织来料加工点消防安全培训和应急演练、来料加工产品体验制作、来料加工专场招聘会等活动。举办第二届来料加工旅游商品设计大赛，推荐具有畲族特色的来料加工产品参加市来料加工成果展，推广景宁来料加工衍生品，促进来料加工产品向旅游商品转化，助推农旅融合。推选特色产品参加 2019 中国国际电子商务博览会和广元女儿节投资促进活动。从雷青平服装加工厂和森晖服饰来料加工厂中推出 5 名选手参加丽水市“巧手工匠”平车（来料加工）竞赛。其中李美姣获“巧手工匠”技能竞赛一等奖及“丽水市技术能手”荣誉称号。

畲乡妇女创新创业有新突破。景宁畲葛山农业开发有限公司的“探索景宁 600 区域品牌下海拔经济营销模式”获全市首届女性创业创新大赛二等奖,浙江百纳服饰有限公司的“智能校服”获全市首届女性创业创新大赛三等奖;景宁畲艺坊“畲族民间服饰研发和产业化”项目在2019中国妇女手工创业创新大赛1197个参赛项目中脱颖而出,进入全国总决赛,并获得优秀奖;畲乡小吃参加浙江省“妈妈的味道 民间美食巧女秀”和丽水市“妈妈的味道民间美食巧女秀”评比活动,其中“畲乡黄金粽”获得省级巧手美食奖和市级十佳美食,“畲娘喜饼”“畲乡清明粿”获得省级优胜奖。

【第八次妇女代表大会】 景宁畲族自治县第八次妇女代表大会于2019年12月15日至17日在畲族文化中心召开。会议应到代表137名,实到代表119名。大会听取审议了叶魏芬代表县妇联七届执委所做的《勇担新使命 建功新时代 为高质量推进美丽幸福新景宁建设贡献巾帼力量》工作报告。会议回顾总结了过去六年景宁妇女儿童事业所取得的成绩,研究今后五年景宁妇女儿童事业发展的形势和目标,部署妇联工作的任务。会议以无记名和差额选举的办法,选举产生景宁畲族自治县妇女联合会第八届执行委员会委员25名。12月15日,县妇女联合会第八届执行委员会召开第一次全体会议。会议应到委员25名,实到22名。会议以差额选举的办法,选举产生了景宁畲族自治县妇女联合会第八届执行委员会常务委员11名;以等额选举的办法,选举产生了景宁畲族自治县妇女联合会第八届执行委员会主席1名(叶魏芬),副主席5名[潘丽芳、蓝晓娟、吴云花(挂职)、蓝景芬(兼职)、徐丽媛(兼职)]。

【三八红旗集体、三八红旗手评选】 2019年8月13日,景宁畲族自治县三八红旗集体、三八红旗手评选活动启动。通过广泛宣传发动,社会各界积极参与推荐,经有关部门联审,确定9个三八红旗集体候选单位、13个三八红旗手候选人。通过网络投票、评审委员会评审和公示,最终评选出县级三八红旗集体5个:景宁中学工会、县妇幼保健计划生育服务中心、县行政服务中心、县城市展览馆、浙江泰隆商业银行股份有限公司丽水景宁支行;评选出县级三八红旗手10名:毛丽伟、袁媛、王培英、梅丽芬、叶诗雅、樊俊亚、刘香慧、夏翠芬、蓝秋娟、张慧艳。评选出的三八红旗集体、三八红旗手在第八次妇女代表大会上进行了表彰。

(刘金花)

·工商业联合会工作·

【概况】 2019年,景宁畲族自治县工商业联合会(以下简称县工商联)以“大联合”为抓手,全力推进“三小经济”转型升级,着力打通县内外经济发展通道,实现景宁人经济转化为景宁经济。通过党建和商会建设融合同步推进,增强景商的凝聚力和向心力;通过域外网格和行政服务中心服务延伸拓展,优化景商创业发展的营商环境;通过银商合作全面拓展,坚定景商创业发展的信心;通过“商会+旅游”和“消薄”项目落地见效,拓展工商联的工作抓手和工作范围。

2019年,全国、省、市工商联和天津市工商联分别到景宁调研考察,对景宁畲族自治县工商业联合会开展的系列工作给予充分肯定。同年12月,景宁畲族自治县工商业联合会被中华全国工商联确认为全国“五好”县级工商联；同时被评为浙江省工商联系统2019年度工作先进单位。

2019年2月19日，中共景宁畲族自治县工商联联合党委成立。下辖17个驻外党支部、5个工作支部，服务在外党员806人，党组织在商会覆盖率达到100%。县工商联联合党委坚持党建和商会建设“双轮驱动”，先后组织上海、四川、山东3家景宁商会换届；指导下属支部开展各类主题活动84次。“不忘初心、牢记使命”主题教育在17个驻外支部普遍开展，活动精彩纷呈。共发放学习资料868册，转发信息2108条，开展公益活动15批次，化解纠纷20余起，累计助学捐款40余万元。

完善提升域外网格功能。设立17个景宁域外行政服务中心，全年办理社会保险等便民服务事项770件，上报各类信息1131条，开展法律服务咨询125人次，协助处理各类事件22起。域外网格工作在《浙江日报》《丽水日报》等6家媒体刊登报道。景宁工商联获评“全市司法系统人民调解成绩突出”集体。

2019年，17个银商合作工作小组，制订完善银行和商会双向合约制度，全面深化、优化银行和商会合作机制建设。全年推动县内各银行外出服务350余人次，定制景商（景宁人在外地经商人员）金融服务产品16项，共向县外景宁商会会员发放贷款14.56亿元（年内增长2.94亿元，同比增长25%），为4430家域外景宁人超市布设结算工具，域外资金回流新增2.85亿元，同比增长44%。

探索“商会+全域旅游”创新模式。促成浙江省内5个景宁商会和上海景宁商会共6个商会，与县内7家旅行社签订《“商会+旅游”战略合作意向书》。各景宁商会发起《关于我为“诗画畲乡·和美景宁”旅游组团送客的倡议》，200多家“景商”酒店常年放置《景宁旅游宣传册》。庆祝中华人民共和国成立70周年期间，17个景宁商会在商场、超市、酒店、宾馆等显著位置，打出旅游宣传标语，助推景宁旅游业的发展。全年累计宣传发动312个团队2800多人到景宁旅游。

推进海盐县与景宁畲族自治县“飞地”合作项目和宁波奥克斯集团结对澄照乡仙山村“消薄”项目落地实施。牵头促成海宁市浙江鸿翔生态农业有限公司与景宁畲族自治县畲葛山农业有限公司合作成立景宁畲鸿生态农业发展有限公司，年销售额400余万元，助力英川镇、梧桐乡8个村“消薄”。联系海宁、海盐工商联和22家对接企业，全面完成2019年度“消薄”任务。拓展与海宁、海盐两地合作关系，缔结友好工商联。组织海宁、海盐两地新生代与景宁新生代交流合作，促成海盐县“浙江青莲集团”与景宁畲族自治县农民合作经济组织联合会、景宁实信竹木与海宁“美大集团”木制配套产品、惠明茶合作社与海宁、海盐企业销售等一批项目的合作签约和落地实施。

依托县政协“请你来协商”平台，大力推进“三小经济”联合联盟。推动河北、四川、天津、西安等景宁商会的区域超市联盟试点，创建景宁人“特美易购”“景川汇”“欢乐万家”“百亿大卖园”等区域品牌，深得景商的认同肯定。推动北京、天津、杭州商户与县内宇海创业园合作，打通县内外联合发展通道。

【县工商联联合党委第一次代表大会】 2019年2月19日，中共景宁畲族自治县工商联联合党委第一次代表大会召开。县委副书记、政法委书记潘伟出席会议并讲话，县委常委、组织部长王乐到会指导。大会选举产生中共景宁畲族自治县工商联联合委员会。县工商联党组书记、主席叶长过当选联合党委第一届委员会书记，县工商联党组成员、秘书长吴启伟当选副书记，景宁驻北京总支部书记齐丽成、景宁驻西安支部书记叶英雄、景宁驻杭州支部书记吴鸣林、驻宁波支部书记商海容、驻云和支部书记吴华彬等5人当选委员。

【五届三次执委会议】 于2019年9月23日召开，会议调整充实执委会班子。免去县工商联副主席1人，增选副主席2人(其中挂职1人)、总商会副会长1名；替换县工商联(总商会)副会长1名，执委2名；同时，举办创业传承讲坛，邀请中共丽水市委党校教授陈敬东作《宏观经济形势与推进高质量发展》专题讲座，并组织开展现场研学活动，79位非公经济代表人士参加。

【3家商会完成换届】 2019年，县工商联指导上海、四川、山东3家商会完成换届。7月27日，上海市浙江景宁商会召开理事会议，决定结合商会实际，进行简易程序换届。即对现任理事会成员进行调整充实后，形成商会第二届理事会班子，并报请县工商联批复。县工商联班子集体研究决定，同意上海市浙江景宁商会第二届理事会由18人组成，陈景蔚继任商会会长，常务副会长沈知林接替汪银平兼任秘书长。10月21日，四川省浙江景宁商会第二届第一次会员大会在成都市双流星宸航都国际大酒店召开。景宁县领导钟利海应邀出席。会议选举75人组成第二届商会理事会，严小光当选会长。12月5日，山东省浙江景宁商会第二届第一次会员大会在济南市铂尔国际大酒店召开。景宁县领导尤建平应邀出席。会议选举71人组成第二届商会理事会，张福兴当选会长。 (吴启伟)

·残疾人联合会工作·

【概况】 2019年，全县有持证残疾人8072人，同比增加779人。其中，视力残疾1324人，肢体残疾3410人，智力残疾426人，听力残疾1749人，言语残疾56人，多重残疾581人，精神残疾526人。全县财政投入残疾人事业(含残疾人就业保障金)1444万元。

是年，全县有6261名残疾人享受生活困难补贴，2744名残疾人享受重度护理补贴,累计发放资金2307万元。对不同程度残疾人提供针对性康复服务282人，补助资金42.04万元，康复服务率98%；510名精神残疾人纳入免费服药全额保障系统；集中托养的重度残疾人每月补贴增加200元。残疾人大学生学费和住宿费减免9人，资金10.25万元；享受助学对象398人，补助资金70.35万元。举办残疾人职业技能、电商、来料加工等培训3期，参训163人，新增就业60名。全年残疾人就业保障金征收入库823万元。完成2019年度浙江省残疾人家庭收入状况统计监测59户。

在全市率先建成3家“残疾人之家”，为

124名精神、智力和其他重度残疾人提供庇护服务。联合县财政局出台《关于推进残疾人之家规范化建设的通知》，为“残疾人之家”运营提供政策依据和补助标准。

圆满完成县政府百日攻坚项目，建成景宁首家公办民营“残疾人托养中心”。2019年5月15日正式开业运营，为入驻残疾人提供食宿、起居护理、医疗康复等日常生活照料服务。填补了景宁公办残疾人托养机构的空白，在全县形成“托养一个人，幸福一家人，解放一群人”新托养格局。是年，有32名重度残疾人入住托养中心。

针对全县0—8周岁有康复需求的残疾儿童，给予一年最高24000元的康复补助。全年残疾儿童康复补贴35人次，共补助资金60余万元。有效减轻他们的家庭负担，同时使残疾儿童得到更好的康复。

落实农村困难残疾人基本住房保障。是年，实施危旧房拆建、修缮21户，投入资金38.4万元。实现危房户全面消除，无房户全面救助的目标，有效改善残疾人的住房条件。

景宁安康精神病专科医院，投入30万元，建成工疗室610平方米，改造康复农场2000平方米，精神残疾人在工疗室和农场从事简单的生产劳动，能得到又好又快的康复。县残疾人康复中心投入39.52万元，对原有的操场进行升级改造，建成150平方米的阳光房，200平方米的户外活动场地，进一步提升了残疾儿童康复服务能力与水平。打造无障碍“四进”的景宁特色。改造无障碍家庭70户、无障碍社区1个、无障碍村1个、无障碍景区1个。

（陈一娟）

机构编制·人力资源和社会保障

机构编制

【概况】 2019年，全县党政群机关编制1322名，在职人员1294人，空编28名；事业单位351个，编制3984名，在职人员3730人，空编254名；备案编制220名，在职人员106人，空编114名。

全县共核准下达编制使用计划443名。其中教育、卫生事业编制使用计划115名，机关和综合事业公开招考编制使用计划135名，机关、事业公开选调和县内调动编制使用计划114名，人才引进编制使用计划34名，转业士官安置事业编制使用计划8名，外县调入编制使用计划23名，警校毕业生分配编制使用计划14名。核准社区工作者编制使用计划24名，机关事业单位编外用工计划212名，国企用工编制使用计划6名。全县各单位进出编登记1088人次。其中，出编548人次，进编540人次。严格领导职数审核，股级职数任前审核563人次。

牵头24个部门在浙江省行政执法监管平台完成检查对象库和检查人员库的建库工作，基本实现“双随机”抽查管理系统的统一使用和入轨运行。在指导督促全县38个部门、21个乡镇(街道)完成权责清单动态调整的基础上，牵头全县30个部门和21个乡镇(街道)在浙江政务服务网责任清单版块调整录入年度重点工作。

完成全县149家事业单位法人年度报告公示工作，合格率100%。简化中文域名注册管理流程，提供“一站式”管理服务，实行注册、管理、缴费三统一。2019年，全县中文域名注册及续费248家，实现党政机关、事业单位中文域名注册全覆盖。完成事业单位法人设立登记7家，变更登记153家，注销登记5家。完成县级机关、编办直接管理机构编制的党政机关类统一社会信用代码赋码13家，信息变更16家，注销14家；群团类统一社会信用代码信息变更1家。对全县事业单位法人进行了“双随机、一公开”抽查，随机抽查11家事业单位，并对抽查结果进行了公示。对县蓝天幼儿园和摇篮幼儿园两家民办事业单位的公益指数进行评价，得分均在90分以上，评价等级均为A级，推动民办事业单位的发展。

【党政机关机构改革】 2018年12月，经中共浙江省委、省人民政府批准，中共丽水市委办、丽水市政府办印发《景宁畲族自治县机构改革方案》（丽委办发〔2018〕101号）。2019年1月，县委办转发该方案，大力推进机构改革工作。主要内容是：对应省市机构改革，调整优化相应机构和职能。

建立健全和优化县委重大工作的领导体制机制。组建县监察委员会：将县监察局的职责，以及县人民检察院查处贪污贿赂、失职渎职及预防职务犯罪等反腐败相关职责整合，组建县监察委员会，同县纪律检查委员会合署办公，履行纪检、监察两项职责，实行一套工作机构、两个机关名称。不再保留县监察局。组建县委审计委员会，作为县委议事协调机构。县委审计委员会办公室设在县审计局。将县委全面深化改革领导小组改为县委全面深化改革委员会，作为县委议事协调机构。县委全面深化改革委员会办公室设在县委办公室，对外加挂县最多跑一次改革办公室牌子，划入县发展和改革局的城乡和社会体制改革相关职责，以及县政府行政审批中心的行政审批制度改革牵头协调职责。组建县委全面依法治县委员会，作为县委议事协调机构。县委全面依法治县委员会办公室设在县司法局。将县委网络安全和信息化领导小组改为县委网络安全和信息化委员会，作为县委议事协调机构。县委网络安全和信息化委员会办公室设在县委宣传部。组建县委财经委员会，作为县委议事协调机构。县委财经委员会办公室设在县委办公室。将县国家安全领导小组改为县委国家安全委员会，作为县委议事协调机构。县委国家安全委员会办公室设在县委办公室。将县委外事工作领导小组改为县委外事工作委员会，作为县委议事协调机构。县委外事工作委员会办公室设在县委办公室。组建县委教育工作领导小组，作为县委议事协调机构。县委教育工作领导小组秘书组设在县教育局。

加强县委职能部门的统一归口协调管理职能。县委组织部统一管理县委机构编制委员会办公室。调整优化县委机构编制委员会领导体制。县委机构编制委员会办公室作为县委机构编制委员会的办事机构，承担县委机构编制委员会日常工作，作为县委工作机关，归口县委组织部管理。县委组织部统一管理公务员工作。将县人力资源和社会保障局的公务员录用调配、考核奖惩、培训和工资福利等职责划入县委组织部，对外加挂县公务员局牌子。县委宣传部统一管理新闻出版和电影工作。将县文化广电新闻出版局的新闻出版、电影管理职责划入县委宣传部，对外加挂县新闻出版局牌子。县委统战部统一领导民族宗教工作。县民族宗教事务局归口县委统战部领导，仍作为县政府工作部门。县委统战部统一管理侨务工作。在县委统战部保留县政府侨务办公室牌子。将县委统战部（县政府侨务办公室）的指导、开展对华人华侨及其社团的联谊和服务工作职责划归县归国华侨联合会行使。

新组建和优化职责的机构。组建县自然资源和规划局。将县国土资源局的职责，县林业局的职责，县发展和改革局的组织编制并实施主体功能区规划职责，县住房和城乡建设局（县测绘与地理信息局）的城乡规划管理、测绘与地理信息管理等职责，县水利局的水资源调查和确权登记管理职责，县住房和城乡建设局、县环境保护局、县水利局等部门的自然保护区、风景名胜区、自然遗产、地质公园等管理职责整合，组建县自然资源和规划局，作为县政府工作部门，保留县林业局牌子。不再保留县国土资源局，不再保留县测绘与地理信息局牌子。组建县农业农村局。将县委县政府农村工作办公室、县农业局的职责，以及县发展和改革局的农业投资项目、县财政局的农业综合开发项目、县国土资源局的农田整治项目、县水利局的农田水利建设项目等管理职责，县水利局（县渔业局）的渔业管理职责整合，组建县农业农村局，作为县政府工作部门。县委县政府农业和农村工作领导小组办公室设在县农业农村局。县农业农村局承担县扶贫开发领导小组办公室工作。将县水利局（县渔业局）的渔船检验和监督管理职责划入县交通运输局。不再保留县委县政府农村工作办公室、县农业局，不再保留县渔业局牌子。组建县文化和广电旅游体育局。将县文化广电新闻出版局（县体育局）的文化、广电、体育管理职责，以及县政府直属承担行政职能事业单位县旅游委员会的管理职责整合，组建县文化和广电旅游体育局，作为县政府工作部门。不再保留县文化广电新闻出版局（县体育局）、县旅游委员会。组建县卫生健康局。将县卫生和计划生育局（县中医药管理局）的职责及其承担的县深化医药卫生体制改革领导小组办公室职责，以及县民政局承担的县老龄工作委员会办公室的职责，县安全生产监督管理局的职业安全健康监督管理职责等整合，组建县卫生健康局，作为县政府工作部门，保留县中医药管理局牌子。保留县老龄工作委员会，日常工作由县卫生健康局承担。不再保留县卫生和计划生育局、县深化医药卫生体制改革领导小组办公室。组建县退役军人事务局。将县民政局的退役军人优抚安置职责，县人力资源和社会保障局的军官转业安置职责等整合，组建县退役军人事务局，作为县政府工作部门，按中央有关改革部署实施。组建县应急管理局。将县安全生产监督管理局的职责，县政府办公室的应急管理职责，县公安局的消防管理职责，县民政局的救灾减灾职责，县国土资源局的地质灾害防治相关职责，县水利局的水旱灾害防治相关职责，县林业局的森林防火相关职责，县科学技术局的震灾应急救援职责，县防汛抗旱指挥部的职责，县森林防火指挥部、县减灾委员会等有关职责整合，组建县应急管理局，作为县政府工作部门，按中央有关改革部署实施。不再保留县安全生产监督管理局。组建县医疗保障局。将县人力资源和社会保障局的城镇职工医疗保险、生育保险和城乡居民医疗保险职责，县卫生和计划生育局的药械集中采购和监督管理有关职责，县民政局的医疗救助职责，县发展和改革局（县物价局）的药品和医疗服务价格管理职责等整合，组建县医疗保障局，作为县政府工作部门。组建县经济商务科技局。将县经济商务局、县科学技术局的职责，以及县人力资源和社会保障局的引进国外智力和外国专家管理职责整合，组建县经济商务科技局，作为县政府工作部门。不再保留县经济商务局、县科学技术局。重新组建县司法局。将县司法局、县政府法制办公室的职责整合，重新组建县司法局，作为县政府工作部门，加挂县行政复议局牌子。不再保留县政府法制办公室。优化县审计局职责。将县发展和改革局的重大项目稽察职责，县财政局的预算执行情况和其他财政收支情况监督检查职责，县属国有企业的相关经济责任审计职责以及县属国有企业监事会等职责划入县审计局。优化县市场监督管理局职责。将县发展和改革局（县物价局）的价格监督检查与反垄断相关职责，县科学技术局的知识产权保护协调和专利行政执法职责，县经济商务局的打击侵犯知识产权和假冒伪劣商品以及反垄断等相关职责划入县市场监督管理局。保留县食品安全委员会，具体工作由县市场监督管理局承担。不再保留县工商行政管理局、县质量技术监督局、县食品药品监督管理局牌子。

其他不再设立的机构。不再设立县社会治安综合治理委员会及其办公室、县委维护社会稳定工作领导小组及其办公室，有关职责交由县委政法委员会承担。将县委防范和处理邪教问题领导小组及其办公室职责交由县委政法委员会、县公安局承担。

与省市机关基本对应的其他机构和因地制宜设置的机构。与省市机关基本对应的其他机构：县委办公室、县委巡察工作领导小组办公室、县委县政府信访局作为党委工作机关；县政府办公室、县发展和改革局、县教育局、县公安局、县民政局、县财政局、县人力资源和社会保障局、县住房和城乡建设局、县交通运输局、县水利局、县统计局、县综合行政执法局作为县政府工作部门。其中：优化县委办公室职责。将县政府外事办公室的职责，县档案局（县档案馆）的行政职能，以及县委机要局（县密码管理局）、县委保密委员会办公室（县国家保密局）的职责划入县委办公室，对外保留县政府外事办公室、县档案局、县委机要局（县密码管理局）、县委保密委员会办公室（县国家保密局）牌子。县档案馆继续作为县委直属事业单位设置。优化县政府办公室职责。将县政府直属承担行政职能事业单位县政府金融工作办公室的职责，县经济商务局的融资租赁、典当、商业保理监管、融资担保职责，县农业局从事信用互助的农民专业合作社管理职责划入县政府办公室，加挂县政府金融工作办公室牌子。优化县发展和改革局职责。将县粮食局的职责，以及县经济商务局的国防科技工业综合协调与管理相关职责和能源相关职责，县经济商务局、县民政局等部门组织实施重要物资和应急储备物资的收储、轮换和日常管理职责划入县发展和改革局，加挂县粮食和物资储备局牌子。不再保留县粮食局，不再保留县物价局牌子。优化县住房和城乡建设局职责。将县人民防空办公室（县民防局）的职责划入县住房和城乡建设局，保留县人民防空办公室（县民防局）牌子。优化县综合行政执法局职责。县综合行政执法局负责统筹协调和指导监督全县综合行政执法，以更大力度深化行政执法体制改革和推进跨部门跨领域综合行政执法。将县委县政府信访局由县委办公室管理的机关调整为县委工作机关。将与县发展和改革局合署办公的县统计局调整为单独设置，作为县政府工作部门。

因地制宜设置的机构：优化县委组织部职责。将县委直属机关工作委员会职责划入县委组织部，保留县委直属机关工作委员会牌子。县委组织部统一管理县委老干部工作。将县委老干部局职责划入县委组织部，保留县委老干部局牌子。县委组织部加挂县委新经济与新社会组织工作委员会牌子。县委宣传部对外加挂县精神文明建设委员会办公室、县互联网信息办公室牌子。县财政局加挂县政府国有资产监督管理办公室牌子。

优化市级部门派出机构设置：市生态环境局在景宁畲族自治县设立生态环境分局，作为市生态环境局的派出机构。将县环境保护局的职责，以及县发展和改革局的应对气候变化和减排职责，县国土资源局的监督防止地下水污染职责，县水利局的编制水功能区划、排污口设置管理和流域水环境保护职责，县农业局的监督指导农业面源污染治理职责等整合划入市生态环境局景宁分局。不再保留县环境保护局。

机构改革后，全县共设置党政机构33个。党委机构9个，其中，纪检监察机关1个，工作机关8个。县政府办公室和工作部门24个。市级部门派出机构1个，生态环境分局不计机构限额。

【机构调整】 2019年3月，对县政协专门委员会及领导职数进行调整。办公室：主任1名；秘书长1名、副秘书长1名；提案委员会：主任1名；委员工作委员会：主任1名；经济发展委员会：主任1名；农业农村委员会：主任1名；人口资源环境委员会：主任1名；教育科技卫生体育委员会：主任1名；文化文史和学习委员会：主任1名；民族宗教台侨和社会法制委员会：主任1名。

同年6月，重新核定县纪委县监委派驻机构行政编制共43名（含政法专项行政编制13名）。县纪委县监委派驻机构科级领导干部职数共17名（其中：正科级纪检监察组组长10名，副科级纪检监察组副组长7名）。正股级纪检监察组副组长7名，纪检监察组其他成员19名（股级纪检监察员16名）。

同年11月，全县社区从原6个社区调整为8个，分别是红星街道红星社区、仙童社区、金仙寺社区、外舍社区、团结社区、鹤溪街道城南社区、城西社区、百岁社区。核定红星街道红星社区、鹤溪街道城南社区专职社区工作者编制各8名，其余社区专职社区工作者编制各7名，共核定城市社区专职社区工作者编制58名，各社区设主任1名、副主任2名。

【机构增设和撤销】 2019年3月，设立景宁畲族自治县浮丘幼儿园和景宁畲族自治县澄照幼儿园，为教育局下属股级公益二类事业单位。县浮丘幼儿园的人员编制从原实验一小附属幼儿园的13名幼儿教师编制整体划入，核定股级职数2名。县澄照幼儿园的人员编制从全县幼儿园编制总量调整13名幼儿教师编制，核定股级职数2名。增设景宁畲族自治县澄照学校，撤销原东坑镇初级中学和原澄照乡中心小学。原东坑镇初级中学和原澄照乡中心小学的人员编制整体划入景宁畲族自治县澄照学校。撤销县水利局下属事业单位县鱼种场，收回自收自支事业编制1名。

撤销县农业农村局下属事业单位县良种场，收回自收自支事业编制11名。撤销县经济商务科技局下属事业单位县手工业联社，收回自收自支事业编制1名。

同年5月，将原县国土资源局下属事业单位县土地征收事务所整合至县重点项目服务中心（挂县房屋与土地征收服务中心），撤销县土地征收事务所，收回事业编制2名。将县防雷中心和县气象服务中心整合设置为景宁畲族自治县气象灾害防御中心，增挂县预警信息发布中心（加挂县人工影响天气中心），为县气象局所属股级公益一类事业单位。原县防雷中心的2名差额拨款事业编制调整为全额拨款事业编制。整合后的县气象灾害防御中心核定全额拨款事业编制3名。设立景宁畲族自治县第二高级中学，核定县第二高级中学一期人员编制20名（2019年—2020年），股级职数3名。

同年11月，设立县政策性融资担保有限公司，核定国有企业人员编制5名，编外（外聘人员）3名（待遇参照国有企业体制内执行），担保有限公司比照事业单位（副科）管理，设领导职数1名，科室负责人3名。撤销县文联下属事业单位县畲山风编辑部，核减《畲山风》编辑部全额拨款事业编制1名，核增县文联机关参公事业编制1名，核增股级职数1名。核增后，县文联机关参公事业编制4名，股级职数2名。

【机构增挂牌子和更名】 2019年10月，经省委编办批复同意，在景宁畲族自治县委党校增挂浙江（景宁）民族干部培训中心牌子，中心主任由县委党校常务副校长兼任，设专职副主任1名（副科级）。

【事业单位机构改革】 2019年5月，经丽水市深化机构改革协调领导小组办公室批复，景宁畲族自治县科级事业单位调整改革批复方案如下：全县原有15家正科级事业机构，整合组建后共14家。保留景宁畲族自治县委党校(挂景宁畲族自治县行政学校、景宁畲族自治县社会主义学校牌子）。将景宁畲族风情省级旅游度假区管理委员会更名为景宁畲族风情省级旅游度假区发展中心。将景宁畲族自治县建设全国畲族文化发展基地办公室更名为景宁畲族自治县畲族文化发展中心。将景宁畲族自治县望东垟高山湿地自然保护区管理局（大仰湖湿地群省级自然保护区管理局、林业总场）更名为景宁畲族自治县生态林业发展中心（挂景宁畲族自治县望东垟高山湿地自然保护区管理服务中心、大仰湖湿地群省级自然保护区管理服务中心、林业总场牌子）。将景宁畲族自治县机关事务管理局（挂县委县政府接待办牌子）更名为景宁畲族自治县机关事务保障中心。将景宁畲族自治县人民政府经济合作交流办公室（挂景宁畲族自治县招商局牌子）更名为景宁畲族自治县经济合作交流服务中心（挂景宁畲族自治县招商服务中心牌子）。将景宁畲族自治县移民办公室更名为景宁畲族自治县移民工作中心。将景宁畲族自治县政府行政审批中心（挂景宁畲族自治县公共资源交易管理委员会办公室牌子）更名为景宁畲族自治县行政服务中心。景宁畲族自治县广播电视台、畲乡报社整合组建景宁畲族自治县融媒体中心(挂景宁畲族自治县广播电视台、畲乡报社牌子)。将景宁畲族自治县档案局(档案馆)的行政职能划入县委办,更名为景宁畲族自治县档案馆(挂景宁畲族自治县党鸣和地方志研究室牌子)。设立景宁畲族自治县老干部服务中心。设立景宁畲族自治县重点项目服务中心(挂景宁畲族自治县房屋与土地征收服务中心牌子)设立景宁畲族自治县大数据发展中心(挂景宁畲族自治县综合信息服务中心牌子)将景宁畲族自治县公路管理局(公路路政管理大队)和景宁畲族自治县道路运输管理局整合组建为景宁畲族自治县交通运输发展中心。

原有副科级事业机构8家,整合组建后为5家。保留景宁畲族自治县不动产登记中心。将宁畲族自治县社会保险事业管理局更名为景宁畲族自治县社会保险事业服务中心。将景宁畲族自治县畜牧兽医局(动物卫生监督所)更名为景宁畲族自治县畜牧兽医发展中心。将景宁畲族自治县金融工作办公室行政职能回归后,更名为景宁畲族自治县金融发展中心。设立中共景宁畲族自治县委政策研究中心。

同年12月,经市委编办批复,同意设立景宁畲族自治县全面深化改革服务中心,为副科级事业单位。

【事业单位更名】 2019年9月,景宁畲族自治县深化机构改革协调小组办公室对相关事业单位进行了更名,更名后事业单位名称不再使用委、办、局。景宁畲族自治县考核督查办公室更名为景宁畲族自治县考核中心。景宁畲族自治县委组织部人才办公室更名为景宁畲族自治县委组织部人才服务中心;景宁畲族自治县党代表联络办公室更名为景宁畲族自治县党群服务中心;景宁畲族自治县委组织部干部档案室更名为景宁畲族自治县委组织部干部档案服务中心;景宁畲族自治县委组织部宣传调研室更名为景宁畲族自治县委组织部调研信息宣传中心。景宁畲族自治县精神文明建设委员会办公室更名为景宁畲族自治县社会主义精神文明建设指导中心。景宁畲族自治县委对外宣传办公室更名为景宁畲族自治县宣传服务中心。景宁畲族自治县互联网信息办公室更名为景宁畲族自治县互联网信息中心。景宁畲族自治县人民政府信息公开办公室更名为景宁畲族自治县人民政府信息公开中心。景宁畲族自治县人民政府驻外办公室更名为景宁畲族自治县人民政府驻外工作中心。景宁畲族自治县农业资源区划办公室更名为产业发展中心。景宁畲族自治县主体功能区建设和生态小城市培育工作办公室更名为经济信息中心。景宁畲族自治县发展新型墙体材料办公室(散装水泥管理办公室合署)更名为景宁畲族自治县工业行业发展中心(县散装水泥发展中心)。景宁畲族自治县信息管理办公室更名为景宁畲族自治县数字经济发展中心。景宁畲族自治县工业经济技术信息服务中心更名为景宁畲族自治县企业服务中心。景宁畲族自治县行业管理办公室更名为景宁畲族自治县商务信息管理中心。景宁畲族自治县科技开发服务部更名为景宁畲族自治县科技服务中心。景宁畲族自治县招生考试办公室更名为县教育考试中心。景宁畲族自治县教育装备中心更名为景宁畲族自治县教育技术中心。景宁畲族自治县殡葬改革管理所更名为景宁畲族自治县殡葬管理所。景宁畲族自治县社会组织管理办公室更名为景宁畲族自治县社会组织指导中心。景宁畲族自治县社区管理办公室更名为景宁畲族自治县社区指导中心。景宁畲族自治县服务外出创业人员办公室，更名为景宁畲族自治县外出创业人员服务中心。景宁畲族自治县人民防空工程管理所更名为景宁畲族自治县人民防空管理所。景宁畲族自治县村镇规划服务站更名为景宁畲族自治县村镇建设管理站。景宁畲族自治县建设工程安全生产监督管理站更名为景宁畲族自治县建设工程安全生产管理站。景宁畲族自治县工程质量监督站更名为景宁畲族自治县工程质量管理站。景宁畲族自治县交通工程质量安全监督站更名为景宁畲族自治县交通工程管理中心。景宁畲族自治县交通战备办公室更名为景宁畲族自治县交通战备所。景宁畲族自治县农村公路管理办公室更名为景宁畲族自治县农村公路管理所。景宁畲族自治县港航管理所更名为景宁畲族自治县港航管理中心。景宁畲族自治县农业综合开发办公室更名为景宁畲族自治县农业综合开发中心。景宁畲族自治县流动人口计划生育管理办公室更名为景宁畲族自治县健康发展促进中心。景宁畲族自治县爱国卫生运动委员会办公室更名为景宁畲族自治县爱国卫生服务中心。景宁畲族自治县老龄工作委员会办公室更名为景宁畲族自治县老龄健康服务中心。景宁畲族自治县人民政府防汛抗旱指挥部办公室更名为景宁畲族自治县防汛防台抗旱应急中心。景宁畲族自治县人民政府森林消防指挥部办公室更名为景宁畲族自治县森林消防应急中心。景宁畲族自治县地震办公室更名为景宁畲族自治县地震应急中心。景宁畲族自治县审计局直属分局更名为景宁畲族自治县直属审计中心。景宁畲族自治县消费者权益保护委员会更名为景宁畲族自治县消费者权益保护委员会秘书处。景宁畲族自治县个体私营企业协会更名为景宁畲族自治县个体私营企业发展服务中心。景宁畲族自治县知识产权办公室更名为景宁畲族自治县知识产权管理所。

【5个领域加挂综合行政执法队牌子】 2019年10月，市委编委对景宁畲族自治县5个领域综合行政执法机构设置进行批复，同意景宁畲族自治县市场监督管理局加挂景宁畲族自治县市场监管综合行政执法队牌子；丽水市生态环境局景宁分局加挂景宁畲族自治县生态环境保护综合行政执法队牌子；景宁畲族自治县文化和广电旅游体育局加挂景宁畲族自治县文化市场综合行政执法队牌子；景宁畲族自治县交通运输局加挂景宁畲族自治县交通运输综合行政执法队牌子；景宁畲族自治县农业农村局加挂景宁畲族自治县农业综合行政执法队牌子。（刘奕平）

人力资源和社会保障

【概况】 景宁畲族自治县人力资源和社会保障局(以下简称县人力社保局)内设办公室、政策法规科(挂行政审批科、社会保险基金监督科牌子)、人才开发和就业促进科、事业单位人事管理科、工资福利和奖励科、社会保险科、劳动关系科(挂仲裁科牌子)7个科室。下设县社会保险事业服务中心、县就业管理服务处、县人才管理服务处、县劳动保障监察大队、县人力资源服务中心、县劳动人事争议仲裁院、县人力资源和社会保障信息中心(县社会保障卡管理服务中心)7个事业单位和1家国有企业——县新世纪人力资源开发有限公司。2019年1月17日,根据《关于县人力资源和社会保障局机构编制框架的函》(景机改〔2019〕13号)文件,县机关事业退休干部活动中心与县老年大学整合设置为副科级单位县老干部服务中心。2019年9月27日,根据《景宁畲族自治县深化机构改革协调小组办公室关于同意部分事业单位更名等有关机构编制事项的批复》(景机改〔2019〕34号)文件,景宁畲族自治县服务外出创业人员办公室,更名为景宁畲族自治县人力外出创业人员服务中心。2019年12月31日,根据《景宁畲族自治县人力资源和社会保障局所属事业单位机构编制规定》(景编办〔2019〕53号)文件,原景宁畲族自治县职业技能鉴定中心、原景宁畲族自治县人力外出创业人员服务中心、原景宁畲族自治县人力资源市场服务中心整合设置为景宁畲族自治县人力资源服务中心,挂景宁畲族自治县人事考试中心牌子。

2019年,全系统共有编制71个,股级职数29个。实有人员65人,副科以上干部4人,股级干部31人(含不占职数7人)。另有社保员27人,编外用工人员6人,见习生6人。

2019年,县人力社保局围绕“一个核心”,紧盯“三大目标”,实现“八个率先”,全面完成省、市考核指标和大赶考各项目标任务。开展“综合柜员制”标准化试点,打造“柜里柜外、厅内厅外、线上线下”集成服务,入驻事项从57个扩容到134个,业务窗口从26个缩减到10个,服务外延至21个乡镇街道、17个域外网格、12个银行网点,实现人社服务“提标、提速、提质”。自主研制“综合柜员制”市级标准,构建“人有工作标准、物有管理标准、事有质量标准”新体系。在“全国社保行业标准制定研讨会”上作典型发言,释放“景宁经验”对国标制订的催化效应,人社部领导给予充分肯定。全市人社大厅已统一推广“景宁模式”,社保中心获“全国人社系统优质服务窗口”。

2019年,柔性引进高层次人才58人,落实合作项目25个。实施“鸿雁归巢”行动,新招大学生及紧缺急需人才514人。搭乘“山海协作”快车,构建合作互访机制;高级研修班作为全市唯一项目获得省级资助。通过技能大师评选、工作室建设、活动月举办,树立起实用人才到技能人才再到技能专家的纵向发展阶梯,丰富“畲乡经理”内涵,擦亮“畲乡工匠”品牌;新增省、市高级技能人才14名。县高级人才联合会成为全市最活跃的人才组织,以人才基地为辐射,6个专委会进村入企入校服务48场次,破解难题75个,受益1万余人,实现“人才服务”和“成就人才”双丰收。

2019年,开展行政执法检查218次,处理劳资纠纷420起,涉及劳动者1420人,清欠金额1800万元。在全省率先引入第三方“兜底式保险”,将57个民间投资项目、近8000名民工纳入投保范围,全力保障民工工资按月足额支付。成功创建浙江省“无欠薪县”,获评“省创建和谐劳动关系暨双爱活动先进组织”。

2019年,城镇登记失业率保持全市最低水平,城居收入同比增长9%,电子社保卡持卡率完成年初目标的203%。在全省率先实现贫困人员由政府全额代缴基本养老保险。在全市率先探索企业人才集合年金；率先出台事业单位工作人员聘期考核办法；率先完成“数字工资”和“数字档案”建设；率先完成公检法工资套改；率先完成原事业养老保险统筹基金清算；基本养老保险参保率率先突破95%，达到97.5%。

·人力资源管理（人事、人才）·

【概况】 2019年，“阳光考录”机制更加完善，各类人事招考始终坚持预防在前、全程严管、规范透明，面试继续采用现场亮分的形式，首次设立公务员笔试考点。职务与职级并行制度持续开展，深化工资制度改革，组织实施法官、检察官工资制度改革，完善事业单位绩效工资分配政策，规范加班补贴发放管理。全县机关工作人员工资收入大幅度提高。年底，全县有事业单位工作人员4766人，正式在编人员3490人（其中专业技术人员3206人，管理人员147人，工勤137人），编外1276人。

是年，组织编外人员招聘考试9场，提供117个岗位（其中畲族岗位15个），计划招聘214人。1256人报考，最终录用184人（其中畲族28人，占比15.22%）。

全年，共接收人事档案635份（其中应届高校毕业生档案490份）。累计存档7009份。其中，大中专毕业生档案5078份，事业干部档案1764份（其中教育系统590份、卫生系统461份），国企职工、社保员等其他人员档案150份，退休人员17份。

全年，共16次组团外出开展系列引才活动。先后分期分批组织教育局、自然资源局、浙江宏鑫电力工程公司等企事业单位，赴杭州、上海、宁夏、哈尔滨等地和院校参加各类大型高层次人才、高技能人才招聘会，全年共招聘大学生453人，其中赴外引进人才56名。

是年，县高级人才联合会围绕“乡村振兴、全域旅游、产业发展”等主题开展各类活动46场次。根据“试点先行、辐射带动”的推进模式，分别在澄照乡、梧桐乡、大漈乡、毛垟乡、沙湾镇、华寅工艺品有限公司等单位建立8个人才服务基地。首批确立茶肆、云鹤水岸、喜上雅景、奇尔白玉仙茶、印象金山茶生活馆5个点为景宁人才驿站。实现“城区+城郊”站点全覆盖。 （陈济帮 刘 益）

【各类人事招考】 2019年，全县各级机关计划考试录用公务员31名。其中，面向少数民族岗位4个（畲族），面向选聘到农村和社区工作两年以上的大学生村干部岗位2个。共计1051人报考，最终录用31名。

是年，全县综合类事业单位面向社会公开招聘工作人员采取现场报名方式，抽调乡镇人员直接参与考察，提前做好需求对接，达到“人岗匹配”。计划面向社会公开招聘综合类事业单位工作人员岗位59个。首次针对村（社区）党组织书记设置定向岗位（其中，少数民族岗位4个，面向选聘到农村和社区工作两年以上的大学生村干部岗位1个，面向社保员岗位1个）。共1740人报考，最终聘用60人。首次严格按照公务员笔试形式举行笔试，共设两个考点。全县计划公开招聘中小学（幼儿园）教师18名（其中少数民族岗位2名）。共计209人报考，根据报名情况核减招聘计划1名，最终聘用17人。全县计划公开招聘卫生事业单位专业技术人才28名(其中少数民族岗位3名)。共89人报考,根据报名情况核减招聘计划15名,最终聘用12人。 (陈济帮 梅红霞)

【完善机关奖金政策】 2019年4月1日,县人力社保局出台《关于发放月度考核奖有关问题的补充意见》(景人社〔2019〕45号)文件,调整月度考核奖,根据平时考核结果按月全额发放;平时考核结果为不称职或不参加平时考核的,不得发放月度考核奖。调整受处分人员月度考核奖发放管理办法,工作人员因涉嫌违规违纪审查、组织处理期间或党纪政务处分期内,不参加平时考核的不得发放月度考核奖。参加平时考核的按考核结果发放月度考核奖。

完善年终绩效考核奖金发放管理办法,年终绩效考核奖金分为综合考核奖和赶考赋分奖,综合考核奖基数调整为2.4万元,其中50%为基础部分按职务系数发放,50%为奖励部分按单位考核等次及职务系数发放,单位年度考核系数:优秀1.4、良好1.2、合格1、不合格0.5;赶考赋分奖,根据各单位大赶考得分每分20元为基数,按实际行政职务系数发放。

【警务职务序列工资改革】 2019年5月,根据《中共浙江省委组织部 浙江省财政厅关于〈印发公安机关执法勤务警员职务序列改革工资政策(试行)〉和〈公安机关警务技术职务序列改革工资政策(试行)〉》(浙组通〔2019〕13号)文件,组织实施执法勤务警员职务序列和警务技术职务序列工资套改,执法勤务警员和警务技术人民警察实行全国统一的基本工资制度,基本工资分职务工资和等级工资两项。共完成全县241名执法勤务警员和警务技术人民警察工资套改,人均月增资145元。

【县域医共体薪酬制度改革】 2019年12月2日,根据《关于全面推进县域医疗卫生服务共同体建设的意见》(浙委办发〔2018〕67号)和《景宁畲族自治县县域医疗卫生服务共同体建设实施方案(试行)》(景委办发〔2019〕1号)文件精神,出台《景宁畲族自治县县域医共体薪酬制度改革实施方案(试行)的通知》(景人社〔2019〕167号)。县域医共体绩效工资实行总量管理和动态调整机制,县域医共体成员单位在政府按标化工作当量购买的总额内,允许按单位绩效工资总量的50%内上浮,且总额不超过单位业务收支结余的80%。建立健全绩效考核机制,科学合理制定绩效考核办法,将基本公共卫生服务、基本医疗服务和群众满意度等所有工作业务内容按当量法纳入考核。绩效考核结果作为绩效工资增长和绩效工资分配的依据,绩效考核结果为优秀的单位,次年绩效工资增长比例不超过8%;绩效考核结果为合格的单位,次年绩效工资增长比例不超过5%。 (潘昌宝)

【专业技术人才队伍建设】 2019年,根据《关于做好2019年度大中专毕业生初定专业技术职务任职资格的通知》(景人社〔2019〕60号)文件,开展大中专毕业生初定专业技术职务任职资格"云上职称"申报认定工作(景宁为全市首批试点县),全年累计确认初级任职资格104人。推行专业技术人员继续教育“在线学习”,全年共有807人参加培训并取得合格证书。顺利完成2000—2018年专技人员中、初级职称数据归集工作,共向省数据平台上传信息2388条。完成农业、林业工程等专业中、初级评审工作,全年取得初级资格151人,取得中级资格60人,推荐92人参加市中评委的初、中、高级职称评审。浙江景昌建筑有限公司和浙江瓯立园林建设有限公司2家企业批准为2019年企业工程技术人员专业技术资格自主评价(试点)企业,通过自主评价,共47人取得任职资格(其中工程师31人,助理工程师16人)。首次在教育系统开展教师职称自主评聘工作,景宁职业高级中学为首家教师职称自主评聘试点单位,通过自主评审,2人取得一级教师任职资格,1人取得高级教师任职资格。

【高技能人才队伍建设】 2019年,出台《关于高水平打造高技能人才队伍的意见》(景人社〔2019〕62号)文件,为技能人才培育提供政策支撑。首次开展畲乡首席技师和畲乡技能大师工作室评选工作,评选出3家畲乡技能大师工作室和2名畲乡首席技师。全年新增市技能大师工作室1家,浙江省“百千万”拔尖技能人才1名、优秀技能人才8名。首次开展“忆初心强技能 树标杆展风采”技能人才活动月活动,活动包括高技能人才风采展、高技能人才创业创新论坛、职业技能竞赛、技能培训、技能考核等六项子活动,通过活动全面挖掘培育“畲乡工匠”。成功举办中式烹调师、茶艺师、美发师等6个工种职业技能大赛,3人获“畲乡技术能手”称号,18人获“畲乡工匠”称号,17人获得大赛优胜奖。推荐优秀技能选手参加丽水市“五养”职业技能竞赛,3人获丽水市“五养”技能大师和“丽水市技术能手”称号,3人获优胜奖,县人力社保局获“优秀组织奖”。

【人才开发】 2019年,成功举办景宁高级人才乡村振兴高级研修班,高级人才联合会60余位专家委员代表参加培训调研,此项目入选省高级研修班计划,获省级一般项目资助5万元。浙江景宁自强实业有限公司博士后科研工作站申报的《稻鱼系统遗传多样性》课题,被列入2019年浙江省博士后科研项目择优资助一等资助,获资助金额8万元。全年与宁海县高质量开展5次山海协作交流互访活动,签订宁海—景宁人力资源合作框架协议。开展2批次的“助力畲乡·人才工作室”申报和初评工作,全县18个建设单位实现精准柔性引进高层次人才53名,落实20个合作项目。5位专家入选市第四批“百名博士入百企”项目,在“双百引领计划”第二批挂职人才期满综合考核中,1名专家考核优秀,2名专家考核合格。新增市138第一层次人才1人,5人获“绿谷企业英才”称号、15人获“绿谷企业新秀”称号。完成各项人才政策兑现的申报审核工作,共394人获政府岗位津贴302.87万元,4个单位、44人获人才培养资助74.15万元,52人获畲乡人才成长基金48.03万元,10人获购房补贴50万元。开展“精准服务企业振兴实体经济”专项活动,走访企业300余家次,协调解决企业困难诉求100余个。(章牡蓉)

【职业技能培训和鉴定】 2019年，共组织30期（场）考评，对1856人进行职业技能鉴定，共有1642人获国家职业资格等级证书（其中中级工1469人、高级工137人、技师36人）。首次实现技师本地化认定，让符合条件的技能人才不出县即可完成培训、鉴定、取证，在高技能人才培养方式上实现了跨越。专项职业能力考试方面，总共进行四期专项技能考核，对215人员进行鉴定，其中204名成绩合格者获“畲乡月嫂”或“餐厅服务管理”专项职业能力证书。经过企业自主申报、各县（市、区）推荐、资格审查、考察遴选、复核评定等程序，县职业技能鉴定中心申报的浙江青风环境股份有限公司、景宁畲乡鸿宾大酒店有限公司两家企业当选为市级技能人才自主评价引领企业。申报“畲乡粉皮”专项职业能力考核规范备案，助推景宁农家传统特色小吃产业发展。 （王光明）

【新世纪人力资源开发】 2019年，景宁畲族自治县新世纪人力资源开发有限公司（全县唯一一家管理行政企事业单位编外工作人员的国有独资企业）共派遣人员及事务代理总人数1504人，其中，新纳入编外人员472名。同比增长26.8%。调解劳动人事争议8起，涉案金额达17.7万元。对全县现存1500余份编外人员档案重新进行整理、归类和编排，有效保证档案存放更安全、查找更便捷。通过制定公司制度、办事流程、修订派遣协议等细化完善内部制度构架，促使公司规范运行。公司首次对全县96家机关事业单位和18个乡镇共计786名编外工作人员开展督查工作，已全面掌握全县编外工作人员的整体布局和工资发放情况，且未发现编外工作人员有在编不在岗的情况。同时，公司以“家文化”建设为契机，在春节期间为10位有重大变故、工伤等情况的编外工作人员家庭送上慰问金、慰问品和新春祝福，积极践行“三服务”精神。 （柳文俏）

·劳动与就业·

【概况】 2019年，县就业处聚焦“稳就业，保民生”，围绕省市就业服务工作要点，以各项惠企利民政策为抓手，优化全县创新创业生态，激发创新创业活力，实现创业带动就业倍增效益，创业就业服务水平进一步提升。全年，全县城镇新增就业3563人，城镇失业人员再就业1769人，困难人员就业176人，城镇登记失业率为1.7%。

做好就业困难群体精准帮扶公益性岗位开发工作。全县以保绿保洁、治水治污等工作为重点，新增开发66个村（社区）公益性岗位，岗位存量132个、在岗114人，帮扶114名就业困难和低收入农户实现上岗就业。优化基层劳动保障平台及人员配置，将原有129个村级劳保站调整为140个，其中社区4个。行政村规模调整后所有村（社区）实现平台与服务全覆盖，根据新形势下业务需求更新站点人员，重点负责高质量就业村（社区）创建工作，同时涵盖就业创业服务如劳动力调查、超市经营调查、公益性岗位管理等工作内容。

探索创业带就业双轨联动发展模式，全县55个村（社区）参与高质量就业社区（村）创建申报，占全县254个村（社区）的21.65%。认定

25个村为县级高质量就业社区(村),并推荐泉坑村、包凤村等9个村参与市级认定,择优推荐金坵村、东弄村、桃源村等3个村参与省级认定。此前,梧桐坑村、伏叶村、垟心村3个村被认定为浙江省首批高质量就业社区(村)。

推进就业创业培训工作,完善职业技能形成体系,培养技能产业工人。发挥政府补贴培训引导作用,联合职业中学和社会培训机构开展职业技能培训,增强劳动者适应产业变革能力。全年,共举办电子商务、电焊工、中式面点等培训班34期,培训2023人;支出培训资金146.42万元。10月,远赴天津举办2019景宁“畲乡经理”创业创新能力提升培训班,借力南开大学智库资源,为58名来自全国各地的畲乡精英“充电蓄能”。立足县域特色,丰富“畲乡经理”品牌,挖掘“新产业”,推出“畲乡月嫂”培训示范班等特色班次,为学员量身定制母婴护理等学习套餐,打造畲乡“金名片”,为服务业发展提供技能人才支撑。

以职业介绍为重点,开发就业岗位。通过举办人力资源、高校毕业生就业、退伍军人就业、农民工就业等招聘会为求职者和用人单位构建面对面的交流平台,实现高校毕业生、城镇失业人员、农民工重新就业、转移就业、就近就业。全年,举办人力资源招聘会3场,提供就业岗位3000余个。其中,大学生岗位725个、残疾人岗位158个、农民工岗位1300多个;565人达成就业意向。

利用“景宁人社”微信公众号、景宁政府网“景宁人社”专题就业信息专栏、人力资源市场大屏幕、电视台“人力市场”信息专栏和高校毕业生手机短信五大公共服务平台及时发布最新的各项就业优惠政策、失业保险政策、企业招聘、个人求职、各类招考、高校毕业生见习岗位、公益性岗位等信息,为60余家用人单位发布就业岗位信息1500余条。

鼓励和引导高校毕业生面向基层就业。将高校毕业生就业与基层保障服务有机结合,组织实施社保员招聘工作(设置5个岗位,其中2个面向畲族,共招录16人)。12月,对全县64名社保员进行年度考核,根据考核情况,评出优秀12人,称职52人,社保员在各乡镇(街道、社区)工作的总体情况良好。全年共发放基层劳动保障员岗位补贴和社保补贴270.17万元。

【落实就业创业新政策】 2019年,根据《浙江省人民政府关于做好当前和今后一个时期促进就业工作的实施意见》(浙政发〔2018〕50号)、《丽水市人民政府关于支持企业用工促进就业稳定的十五条意见》(丽政发〔2019〕18号)等文件精神,做好政策衔接筹备工作,保障一次性创业社保补贴、灵活就业社保补贴、就业见习补贴、创业担保贷款、技能提升补贴等各项优惠政策的落实。将就业见习补贴标准提高至最低工资标准的80%,对象扩展至高校2年内未就业高校毕业生和16—24岁登记失业青年,到企业见习基地见习人员扩展至毕业年度大学生,成功推荐122人见习,发放见习补贴88.66万元。发放“4050”就业困难人员灵活就业社保补贴286人138.04万元。发放创业担保贷款663万元,贴息21.46万元。为420家企业返还社保费2541.62余万元,惠及职工5305人。

【“奇思妙想·创赢畲乡”创业创新大赛】 2019年9月26日，首次采用云和、景宁、庆元三县联办的形式，在庆元县举办创业创新大赛。景宁6个项目在大赛中脱颖而出，“‘畲森山’——你身边的‘土货’专家”项目获一等奖，奖金3万元；“‘畲乡原生态优选食材’供应基地生态圈”“为茶留宿——为爱茶人原产地寻茶以及寻茶之旅”“抱团探索海拔经济，助推乡村高山产业”3个项目获三等奖，奖金分别为1万元；“星缘文创——持一颗感恩心圆一个艺术梦”“焕醒畲乡魅力——东坑畲乡景区运营规划”2个项目获优胜奖，奖金分别为0.5万元。并选送“‘畲森山’——你身边的‘土货’专家”项目参加市级决赛，获二等奖，奖金2万元。畲乡超市创业代表在丽水“超展会”系列活动中展示畲乡创客的独特魅力与风采，2名畲乡创客在“超市创新创业大赛”中获三等奖与优胜奖，获得奖金0.8万元。

【失业人员档案信息“数字化”】 2019年，通过纸质档案扫描、图像制作、数据审核、数据备份等工序，对3500余份下岗失业人员纸质档案进行数字化整理制作，实现档案信息资源数字化管理，有效打通部门、科室间的档案信息传递通道，切实提高查档效率，为失业人员提供更加优质的就业服务。 （叶 巧）

·社会保障·

【概况】 2019年，聚焦惠民生，聚集正能量，全面落实“最多跑一次”改革，创成人力社保“综合柜员制”服务标准化试点，县社保中心获全国人力资源社会保障系统2017—2019年度优质服务窗口。

全年，全县机关事业养老参保8107人，企业职工养老保险参保36283人，工伤保险参保30555人，城乡居民养老保险参保72016人。至是年年底，基本养老保险参保率为97.5%，全市排名第四。各项基金当年收入60122万元，支出64489万元，当期结余-4367万元，累计结余83543万元。

全年，以经办流程“再优化”，经办效能“再提升”，经办材料“再减少”为抓手，认真做好工伤认定工作，提高工伤认定水平，化解工伤矛盾，维护社会稳定。通过调整工伤保险费率、加强工伤预防监管、强化工伤保险宣传等举措推进工伤预防工作，全年工伤保险参保30555人，工伤认定188起，工伤发生率为0.6%，保持全市最低水平。

全年，对19000余笔业务进行内部稽核，每月业务稽核面在20%以上，共稽核大额支出业务156笔，涉及社保基金800.1543万元，已追回社保基金12.92万元，有效防止虚报冒领社会保险待遇的现象发生。全面加强对判刑人员的核查和追缴工作，对在职和退休人员分批进行处理，共核查802人，已处理300余人。全年实地稽核2次。

2019年，“丽水掌上人社” 实名绑定累计用户数39549人，全市排名第二；添加亲情社保累计人数13381人，医保家庭账户共济累计人数7085人，全年共济金额717.43万元。单位用户注册998户，单位网上办件率70%。全县社保卡申领18.55万人，实际持卡16.8万人，新增持卡4010人。其中，实现银行网点即时补卡，成功补办4332张社保卡。创新社保卡领卡模式，为异地参保企业开辟绿色通道。通过单机版指纹采集程序、邮寄指纹仪、社保卡的方式实现“远程领卡”，同时做好异地参保人员的异地就医备案工作，解决了娃哈哈等异地参保企业社保卡未领医疗费用报销不方便等问题，为异地参保企业申领社保卡累计3000多张，电子社保卡签发33793张，占持卡率约20%，全市排名第三。（蓝勇建　雷青阳　潘笃尧）

【“综合柜员制”服务标准化试点】 2019年，在全市人社系统范围内率先开展“综合柜员制”服务标准化试点创建工作，制定通用基础、服务提供和服务保障三大方面，共计50项规范（制度）的“综合柜员制”服务标准体系，实现“人有工作标准、物有管理标准、事有质量标准”。被评为市级优秀试点项目。并将试点经验总结提炼为《人力社保“综合柜员制”服务与管理规范》市级地方标准，为推进全市人社大厅服务标准化建设夯实制度基础。

【提高社会养老保险待遇】 2019年，企业退休人员基本养老金实现“十五连增”，机关事业单位、企业退休人员养老金同步调整，人均增资155.93元/月，涉及全县1.1万余人；社保中心代发的国有企业供养遗属及工亡职工供养遗属进行生活困难补助费调整，人均增资78.44元/月，涉及全县106人。

【原事业单位养老保险统筹基金清算】 2019年，根据《关于市直原事业单位养老保险统筹基金清算有关问题的通知》（丽人社〔2017〕91号）《景宁县关于原参加事业单位养老保险统筹期间个人缴费本息处理有关情况的请示》（景人社〔2018〕201号）等文件精神，开展原事业单位养老保险统筹基金清算工作。抽调社保科、基金监督科、个账科等相关科室成立专门清算工作小组，发扬“5+2”“白+黑”工作精神，按照“包干制、分批次，先易后难”的原则，对全县“特有”的历史纸质档案和近十万条的问题数据，逐人逐条进行分析核实、修改补录，做到“无遗漏、无多补、无少记”。共清算181个单位3637人，清退个人账户8049.11万元；清缴3个单位的社保欠费，总计20541.6元。在丽水各县（市、区）中率先完成原事业养老保险统筹基金清算工作。

【首次开展社保基金第三方审计】 2019年，首次引入社保基金第三方审计监管新模式。请浙江天平会计师事务所对全县企业职工养老保险、工伤保险等基金安全进行第三方审计，以“自查自评+第三方复查”“财务审计+业务检查”相结合的形式，对经办机构内部控制、基金运行和风险防控情况等方面进行全面细致的评估，并根据审计结果查漏补缺、逐项整改，确保社保基金安全有效运行。（雷青阳）

【制定并落实贫困人员参加城乡居民基本养老保险政策】 2019年5月29日，出台《关于进一步做好我县贫困人员参加城乡居民基本养老保险工作的通知》（景人社〔2019〕65号）文件，从6月1日起，全县贫困人员由政府代缴城乡居民基本养老保险费。即低保户、低保边缘户和其他经济困难户中符合参加城乡居民基本养老保险条件的人员，个人缴费部分按当地最低档缴费标准由政府给予全额代缴。据统计，全县符合代缴条件人员约5100人，按照目前最低档缴费标准每人每年100元计算，每年将为所有贫困人员减轻负担51万元。

【完善工伤保险政策】 2019年，根据省里文件要求，将实习生和超龄人员纳入工伤保险参保范围，享受工伤保险待遇。实习生指由职业技工学院集中统一安排到实习单位进行学期性实习，且年龄不小于16周岁的学生；超龄就业人员指超过法定退休年龄，但未享受机关事业单位或职工基本养老保险待遇的继续就业人员，且男性不超过65周岁，女性不超过60周岁。全县超龄人员参保工伤保险约有1500人，有效解决用人单位的实际困难，分散用人单位的用工风险。

【探索企业人才集合年金试点】 2019年5月31日，出台《景宁畲族自治县企业人才集合年金试行办法》(景人社〔2019〕72号)文件，景宁成为丽水市率先启动中小企业人才集合年金的试点县。企业人才集合年金是指企业根据自身经济实力自愿建立的一种补充养老保险制度，所需费用由企业与参加人员共同缴纳，能够提高企业人才退休后的养老待遇水平。结合县域实际，以面向企业中高端人才为对象，打造政府牵头，企业参加，专业保险公司、银行为运作平台的人才集合年金计划。通过对各类非公有制企业及人才的认定，符合条件的参保对象给予适当的财政补助，为人才建立长期激励的“第二份”养老保险，为企业吸引和留住高级人才提供有力保障，提升企业及地方竞争力、促进地方经济发展。浙江景宁瓯江胶囊有限公司有限公司、丽水畲乡宏泰混凝土有限公司等4家企业加入试点，共获财政年补助金额1.4万元。

【降低社会保险费缴费基准费率】 2019年，对全县所有参加社会保险的机关、企事业单位的工伤保险费率进行调整，各类行业工伤保险基准费率下调50%执行至2020年4月，每年为企业减轻负担约100万元。失业保险总费率降至1%执行至2020年4月，全年为企业减轻负担约400万元。对制造业、交通运输业、建筑业等3行业企业实施阶段性降低社会保险费(包括基本养老、基本医疗、失业、工伤、生育五项保险)，具体额度相当于各项社会保险单位缴费部分各2个月的额度，执行月份为5月、6月两个月，减征社保费约400万元。 (蓝勇建)

【最多跑一次】 2019年，继续组织实施“最多跑一次”省市县八统一工作，确定群众和企业事项33个主项126个子项15个次子项。并以“简化材料、共享数据、电子化”为目标，结合工作实际完善事项办事指南。是年，网上办、掌上办、跑零次实现率、材料电子化实现率、承诺压缩比率均达到100%；即办事项132个，即办率97.78%；机关内部最多跑一次事项共15个主项45个子项，材料缩减率40.4%，时限压缩比率93.5%，即办率64.4%。

【依法行政】 2019年，组织开展社会保险政策咨询活动30余次，发放各类宣传资料0.8万份。全局行政执法证持证 59 人，持证率100%。组织开展“双随机一公开”行政检查，确定抽查任务数 5 个，抽查 26 户次，出动执法检查人员 10 人次。全面应用“掌上执法”，全系统累计开通“掌上执法”帐号 56 个，执法抽查 9 次，其中跨部门执法 1 次。公开行政处罚案件 1 个，办结行政许可案件 13 个。 （刘敏敏）

·劳动维权·

【概况】 2019 年，县劳动部门以“企业关爱职工，职工热爱企业”为抓手，积极探索“和合文化”引领劳动关系和谐。召集“双爱”活动综合试验区部分企业的 42 名高管召开“和合文化”建设座谈会；邀请省劳动关系专家团为畲乡企业“把脉问诊”开“处方”；开展劳动关系现状调研、第七届“双爱”宣传周、“送清凉送关爱”、组建劳动政策宣讲团入企普及劳动法律法规等活动，提升“双爱”知晓率，规上、规下建会企业“双爱”参与率 100%。推进乡镇(街道)“1+X”劳动人事争议多元化解机制建设，设立“一窗受理”集成接待窗口，建立基层劳动人事争议调解中心。进驻县社会矛盾纠纷调处化解中心，实现纠纷咨询、立案指导和法律援助“三合一”服务无差别受理。建立律师坐班制度，为符合条件的劳动者办理援助案件申请、撰写仲裁申请书等，集聚咨询、援助、调解、仲裁服务于一体。全年，坐班法援律师接待群众法律咨询 50 余人次，提供法律援助服务 29 人次。定期召开劳动关系三方四家会议，深入县内企业开展和谐劳动关系评价。推荐参评的景宁汽车长途运输公司，获“浙江省创建和谐劳动关系暨‘双爱’先进企业”称号。选送的 2 篇讲述“企业关爱职工，职工热爱企业”的“双爱”暖心小故事，分别获市三等奖、优胜奖。景宁和谐劳动关系工作得到省、市主管领导的充分肯定，在浙江省构建和谐劳动关系先进表彰会上，县人力社保局被授予“浙江省创建和谐劳动关系暨‘双爱’活动先进组织”称号。助力景宁成功创成“无欠薪县”。

是年，共受理劳动争议案件 279 件，涉及劳动者 987 人，涉及金额 1150 万元。其中联合司法局调解劳动纠纷 53 起，助力 287 名劳动者足额领取劳动报酬 352 万元；与法院诉调对接 58 件，涉及民工 58 人，涉及金额 46.86 万元。行政处罚案件 1 件，无拒不支付劳动报酬犯罪案件。开展“浙政钉·掌上执法系统”相关检查 33 次，书面审查用人单位 935 家，共巡查用人单位 365 家次，开展联合检查 37 次，下发限期改正通知书 43 份。严格落实“两查三清零”的工作要求，通过“听、查、谈、看”相结合的方式，共巡查 92 次，检查在建工程项目 35 个，排查消除欠薪隐患 21 个，发放宣传资料 800 余份，接受咨询 32 起，督促各项目落实防欠治欠长效机制，助力劳动者足额领取劳动报酬 300 余万元。

是年，依法批复 9 家企业经营许可事项，其中：许可 1 家、延续 1 家、法人变更 1 家、注销 1 家；实行特殊工时工作制企业 5 家 50 个岗位 2296 人(其中综合计算工时工作制 34 个岗位 73 人，不定时工作制 16 个岗位 2223 人)。景宁畲族自治县人力资源和社会保障局被评为 2019 年度县级行政许可案件优秀办案单位。

是年，完成8家样本企业3051名职工2018年企业人工成本情况和企业从业人员工资报酬情况两大类40项指标全年薪酬数据调查工作；按季上报5家样本企业2106人的人工成本监测数据；通过对50家样本企业5899名职工的调查统计，相关数据汇总后报市局，经过审核、处理、分析，发布《关于公布景宁畲族自治县企业2019年度部分职业（工种）人力资源市场工资指导价位的通知》（景人社〔2019〕109号）的文件。根据统计局来函，发布《关于发布2018年全县在岗职工年平均工资的通知》（景人社〔2019〕168号）的文件，确认2018年景宁全社会在岗职工年平均工资为44657元，与2017年的41472元相比，增加3185元，同比增长7.68%。

是年，县劳动人事争议仲裁院共立案受理劳动人事争议案件95件，结案92件，结案率96.8%；其中通过调解结案81件，裁决结案11件，调解率为88.04%，为劳动者挽回经济损失291.9万余元，顺利完成省市考核目标（结案率92%、调解率72%）。

（汤芬芬　董王炜　刘海莺）

【保险兜底，助力根治欠薪】 2019年，继续实施农民工工资支付履约保证保险项目，县财政落实资金63.92万元，为在景宁经审批许可的民间投资工程项目务工的农民工的工资支付进行投保，此外，会同行业主管部门做好农民工工资保证金的免缴、退缴工作，全年全县共收取农民工工资保证金400万元，财政落实应急周转金250万元。以“两金一险”的模式，将全县8000余位民工的工资支付纳入保障范围，打造全方位、立体式的工资支付保护网。至年底，保险公司累计共赔付农民工工资37.2万余元，动用应急周转金44.6万元，助力36位民工顺利返乡。既保障劳动者的合法权益，又维护社会和谐稳定。

（董王炜）

【县管国企负责人薪酬制度改革】 2019年，根据丽水市有关深化国有企业负责人薪酬制度改革的部署要求，完成全县42家国有企业摸底调查工作，理清2016年、2017年县属国企人员、工资、资产利润等基本情况，并对其进行分析整理，结合景宁国企实际情况，草拟汇报材料。按要求发文建立深化国有企业负责人薪酬制度改革联席会议及办公室，印发《景宁畲族自治县深化国有企业负责人薪酬制度改革联席会议职责及工作规则》等文件。

【技术工人工资集体协商】 2019年11月，县人力社保局联合县总工会，在国网浙江省电力有限公司景宁畲族自治县供电公司推行技术工人工资集体协商，并签订《2019年度技术工人工资集体合同》，涉及技术工人67人。

（汤芬芬）

【信访接待】 2019年，收到来信、来访、来电、网上投诉共285件301人次，为群众提供政策咨询1912件3397人次。领导接访36起，信访处理意见17份，案件处理率及咨询回复率均达到100%。成立扫黑除恶专项行动领导小组，定期召开会议落实推进相关工作，全年深入农户、企业、工地200余户，发放宣传资料2000余份。

（刘敏敏）

法 治

县委政法委与综治

【概况】 2019年，中共景宁畲族自治县委政法委员会(以下简称县委政法委)深入学习贯彻习近平新时代中国特色社会主义思想，紧紧围绕中共景宁畲族自治县第九次党代会提出的“建设平安景宁”部署要求，立“排头兵”之志，行“大赶考”之干，坚持党对政法工作的绝对领导，抓好平安综治维稳各项工作，全面打赢“护航新中国成立70周年”等重大会议活动的护航硬战以及平安隐患排查整治等艰巨战役，为建设和美景宁营造和谐稳定的环境。全年，景宁未发生“平安县”创建考核“一票否决”重特大事件；未发生影响社会稳定案事件、群体性事件和重大事故。景宁在省平安建设考核市级核查中，连续三年保持前三。景宁连续15年被省委、省政府命名为“平安县”，夺得全省首批一星“平安金鼎”。

【打造全省首条“平安小巷”】 2019年，县委政法委围绕“最多跑一次”改革，借势高等级景区城创建，强化资源、功能融合，整合政法系统各单位及社会治理职能部门，在红星街道建设路建成县级社会矛盾纠纷调处化解中心，将司法、服务等各类调处化解资源集中于一域，汇聚于一巷，打造和美景宁，平安小巷。自2019年12月5日正式启动以来，县社会矛盾纠纷调处化解中心受理社会矛盾纠纷58件，调解率100%。景宁做法在省委办公厅主办的《浙江信息》2019年241期上，以《景宁县打造“平安小巷”做大做强县域矛盾化解主阵地》为题刊发，向全省介绍景宁经验。

【制定全省首个“社会治理操作规程”】 2019年5月，县委政法委牵头在全省率先出台《景宁畲族自治县“横向到边、纵向到底”县域社会治理工作体系基本操作规程》。该“操作规程”分七章二十条，细化、量化工作任务，明确部门职责，规范操作规程，使考核有章可循。对推动社会治理工作联动、平安联创、社会联治，保持景宁社会持续平安稳定起到了积极作用，得到省委常委、省政法委书记王昌荣的批示肯定，并要求各地学习借鉴。丽水市委政法委将“社会治理操作规程”纳入全市“八个排头兵”(坚持党的绝对领导的排头兵，落实以人民为中心发展思想的排头兵，防范化解重大风险的排头兵，维护国家安全和社会稳定的排头兵，推动法治建设的排头兵，锐意改革创新的排头兵，队伍建设的排头兵，善谋实干的排头兵）考核体系，并要求全市参照景宁做法，制定所在地的“社会治理操作规程”。

【构建“四级融合、多元一体”的社会治理新模式】 2019年，县委政法委统筹构建“四级融合（一个中心、四个平台、全科网格、域外网格）、多元一体”的社会治理新模式。即县级层面，以“和美景宁·平安小巷”为依托，整合政法各单位及社会治理职能部门的调解、司法、服务等资源，建立县级社会治理中心，实现诉求解决“只进一条街，最多跑一地”；乡镇层面，以综治中心为统领，上承县级综治中心，中联综治工作、市场监管、综合执法、便民服务四个平台，下接全科网格；行政村（社区）层面，优化设置全科网格，强化队伍建设和信息情报支撑，实现诉求代办化解；在全国景宁人集中地，建立域外网格，将在外景宁人纳入网格治理。从而形成了县乡村、县内县外治理结构顺畅，功能集成融合，服务集聚高效，群众有效参与的社会治理共建共治共享格局。

【在全市率先开展“三无村”及“无诉讼乡镇”建设】 2019年，县委政法委积极践行“枫桥经验”，深化源头治理，在全市率先开展“三无村”（无诉讼、无案件、无非正常访）及“无诉讼乡镇”创建工作。是年，全县评定“三无”村（社区）25个，“无诉讼乡镇”2个。

【全市首个“乡镇平安综合体”建设试点落户景宁】 2019年，为推进乡镇综治中心省级规范化建设工作，全市首个集防火、灭火、服务于一体的“乡镇平安综合体”建设试点工作在景宁渤海镇、红星街道、大均乡、东坑镇、梧桐乡5个乡镇（街道）展开。试点工作突出党建引领基层社会治理，探索社会治理平台标准化、规范化，推动试点扩面。景宁经验作为山区综治中心模式代表，入选全省5个县级示范综治中心。

【创设平时平安工作新机制】 2019年，景宁畲族自治县深化平时战时融合，创新运用“护航G20”等“战时”经验，打破常规，开年即攻坚，平时即“战时”，年初就开展平安隐患大排查、大整治，倒逼风险隐患消除在平时，攻坚在日常。是年，牵头组织开展平安景宁建设“七大比考”（全科网格员技能大比考、社会矛盾风险防范化解大比考、社会组织参与平安建设大比考、村社治理能力提升大比考、安全隐患排查整治大比考、信访积案化解大比考、应急联动拉练大比考），一批平安顽疾得到整治，一批治理机制得到创立。

【探索畲乡政法大党建新路径】 2019年，县委政法委始终坚持党对政法工作的绝对领导，探索建立“5+1+12”政法系统大党建模式（“5”即县委政法委和公检法司5个党组支部；“1”即在每年“七一”前，全县政法机关联合开展1次主题党日活动；“12”即政法各单位每月开展1次主题党日活动）。牵头制定“全县政法系统深化党建引领，努力争当8个方面'排头兵'的实施方案"。创新开展"党建+"(党建+领学领讲、党建+执法警纪、党建+社会治理、党建+域外网格、党建+示范引领、党建+特色载体)系列活动。

【扎实开展扫黑除恶专项斗争】 2019年,景宁畲族自治县共打掉涉黑涉恶犯罪团伙10个,发现党员干部和公职人员涉黑涉恶腐败和"保护伞"问题12件,立案审查调查21人,其中开除党籍4人,开除公职2人,组织处理9人。扫黑除恶专项斗争过程性指标考核始终保持全市前列。扫黑除恶总体工作被市主题教育巡回指导组列为典型案例向市主题教育办进行推荐;以夏某某案件为突破口推动镇

2019年4月8日,景宁畲族自治县扫黑除恶攻坚年工作推进会召开　(县委政法委　提供)

域社会治理,被市扫黑办作为典型案例向市主题教育办进行推荐。　(柳　美)

公　安

【概况】 2019年,景宁畲族自治县公安局(以下简称县公安局)内设情指联勤中心、办公室、政治处等21个职能科室(含交通警察大队),下辖7个派出所。共有民警227人、职工16人、事业编制2人、公务员1人、辅警207人。全县有户籍总人口17.021万人,登记流动人口1.0504万人。

是年,县公安局。紧紧围绕县委县政府中心工作,全力以赴护航景宁经济社会发展。主

2019年5月31日,县公安局中层以上干部"践行新使命、忠诚保大庆"实践活动部署会　(县公安局　提供)

动参与文明城市建设、大搬快聚等重点工作,全力保障城南棚户区改造、东弄畲家田园综合体、景文高速等重点工程顺利推进,做好矛盾纠纷化解,及时扫除障碍,做到党政中心工作推进到哪里,公安工作就跟进到哪里。圆满完成新中国成立70周年大庆、第六届世界互联网大会、世界军人运动会、进口博览会、中国畲乡三月三等50余场次重大安保任务。

以"数据共享再深化、层级领域再拓展、服务品质再升级、工作载体再创新"为目标,紧扣群众需求,深化推广"70免跑"(对70周岁以上的农村留守老人,实行办理零跑趟,由民警上门代办)、"跑进畲寨"(派出所、社区警务室牵头组织畲族民警送服务进畲族村)等特色做法,不断优化服务举措。公安"云窗"连续37个季度被评为"五星窗口",连续4个季度获评AAAAA级大厅,构建成"公安云窗服

务全覆盖、警务集市服务乡镇村、流动集市服务县域外、点外卖服务偏远散、群团助跑服务弱病残、70免跑服务老留守”的全方位、立体式公安服务体系。以“警务集市”为代表的景宁公安“最多跑一次”改革的具体做法获浙江省省长袁家军的点赞；得到浙江省副省长、省公安厅党委书记、厅长王双全(3次)，丽水市副市长、市公安局长毛建国等领导批示肯定。被省委改革委《领跑者》《浙江政务信息》和省公安厅《工作简报》等党政信息刊发推广；被《人民日报》《平安时报》《丽水日报》等国家、省、市主流媒体刊发报道；并被省委改革委上报中央改革委、入选浙江省“最多跑一次”改革成就展。其改革做法引起省内外同行的高度关注，安徽旌德、湖州安吉等多个市县公安局派人前来学习取经。

坚持以打开路，始终把打击矛头对准各类违法犯罪活动，严打高压态势只增不减。全年共立刑事案件269起，同比下降19.4%；共破获刑事案件126起，破案率46.8%；共查处行政案件751起，查处违法人员369人。强力扫除“黄赌”社会危害。治安大队、各派出所深挖查处重点涉黄场所，整治寨山桥聚赌现象，端掉以彭某冬为首的山头赌博窝点，全年共移送起诉黄赌犯罪嫌疑人52人。特别是网警大队发挥技术和大数据优势，全局警力协力配合，跨省收网“12·3”网络赌博案。强化食品、药品、环境违法犯罪打击整治，全年共移送起诉涉及食品、药品、环境犯罪嫌疑8人，行政处罚24人，处罚单位7家。以“查处强戒”专项整治和代号“云战”专项行动等为抓手，紧盯禁毒工作“四项指标”(起诉毒品犯罪嫌疑人数、强戒人数、吸毒查处人数、逮捕团伙个数)任务，全年共摧毁贩毒团伙1个，破获涉毒刑事案件4起，移送起诉7人，查处吸毒人员22人，强制隔离戒毒6人，铲除罂粟481株，禁毒综合成绩排名全市第一。全年，“110”报警台共接警19049起，其中有效接警6934起，共签收、研判、处理各类重点人员动态预警信息6616条。及时布控涉稳人员120余名，协助抓获逃犯3人。“110”报警早释率(指拨打“110”报警服务台电话中，电话未进入座席形成接听的次数与总呼入量的比值，是一个能够反映“110”接警反应速度，接派警效率的指标)从年初的14.5%降至3%，实现由落后到全省领先的逆转。深入开展以“打击侵财犯罪”等专项行动，加大对侵财类案件打击力度。共抓获传统侵财犯罪嫌疑人14人，刑拘14人，移送起诉13人；抓获电信网络新型违法犯罪嫌疑人14人，刑拘14人，移送起诉13人。以“云剑”行动推进追逃工作，全年共抓获逃犯33人(其中，抓获甘肃省潜逃15年的命案逃犯1人)。紧紧围绕扫黑除恶第二年“深挖根治”工作目标，聚焦“治乱”工作要求，创新工作方法，持续深入推进扫黑除恶专项斗争。创新推出“警务集市”(以集成式、固定式、流动式、专场式、延伸式、网络式6种模式为主体，集审批服务、犯罪预防、警情通报、法制宣传、纠纷调处、咨询受理、基层走访、数据采集、素质提升、形象展示等10项功能为一体的综合性公安工作平台)扫黑除恶专场斗争；邀请非物质文化遗产“木偶戏”表演团队，结合扫黑除恶斗争内容进行编剧，以“木偶戏”的表演形式进行扫黑除恶专场斗争宣传。总结提炼“四个一”(每月一次党委会、半月一次推进会、每周一次周例会、每日一次研判会）工作推进机制,“六个排”(面上滚动排、警情逐件排、案件深挖排、乡村属地排、行业主管排、领域专项排)线索排查机制,“三下三上”(线索初核下行,信息研判上行,交办督办下行,侦办查办上行,接警接访下行,警情舆情上行)线索核查机制,“七图两表三书”(“七图”是指人员分工图、组织框架图、案件体系图、涉案罪名图、工作进展图、证据查证图、强制措施图;“两表”是指每日任务清单和任务销号清单;“三书”是指每个专案都有专案简报、每天工作都有日志流水、每个民警都签纪律承诺书）案件侦办机制,“两个结合”(把扫黑除恶与反腐败和基层“拍蝇”结合起来,与加强基层组织建设结合起来)综合治理机制等扫黑除恶“五大”工作法。扫黑除恶工作得到省公安厅《工作简报》、市公安局《工作简报》等省市党政信息的刊发推广。全年,共立九类涉恶案件28起，先后打掉以洪某某、刘某某为首等一批涉恶团伙7个，抓获129人,其中刑拘89人,直接取保38人,逮捕42人,移诉83人,起诉86人,判决86人,查封冻结资产6000余万元。在全市率先完成百日追逃行动涉恶目标缉捕任务，被市公安局扫黑办贺信表扬。

是年,县公安局被县委、县政府评为2018年度全县宣传思想文化工作先进集体,2018年度平安建设和社会治安综合治理先进集体,2018年度党务政务信息考核先进单位;被市公安局评为“2019年度经文保工作优胜单位”。县公安局行政审批科被省委宣传部、省公安厅评为“最美警队”;渤海派出所被浙江省“青年文明号、青年岗位能手”活动组委会评为2018—2019年度省级青年文明号;治安大队被市公安局评为2018年度全市公安机关打击整治枪爆违法犯罪专项行动优胜单位;县公安局侦破“1•30”恶势力犯罪集团案专案组、侦破“4•11”恶势力犯罪集团案专案组荣立集体三等功。季良俊获公安部个人嘉奖;杨娟芬获省委、省政府2019年2月13日发文表彰为2018年度全省扫黑除恶专项斗争先进个人;兰森堂、陈绘华、蓝海锋被省公安厅通报表扬;蒋送捷被省公安厅授予全省公安系统足球比赛银靴奖;周晓锋被评为2018年度丽水市青年岗位能手;魏梅英被市委主题教育领导小组办公室、市委组织部评为“丽水之干”担当作为好干部;任建明被评为2018年度丽水市无偿献血标兵；张梦华、雷海彬被评为2018年度处州晚报瓯江警讯积极通讯员;刘建勇被评为2018年度全市公安信息调研工作先进个人;张梦华、潘昱州在市公安局组织的传承“浙西南革命精神”践行以“公安之干”担纲“丽水之赞”文学创作比赛中获三等奖;张梦华在市公安局组织的“践行新使命、忠诚保大庆”主题新媒体大赛中获二等奖;吴清华、陈百强、何凌琪、朱丹、姚和军、周文平、陈建松等7人荣立个人三等功;蓝翔翔、潘正蔚获市公安局个人嘉奖;沈标被市公安局评为2019年度优秀视频侦查员;陈聪敏被市公安局评为2019年度全市公安出入境涉外案(事)件办理先进个人;钟成飞被市公安局评为2019年度全市打击治理电信网络新型违法犯罪专项工作先进个人;潘昌云被市公安局评为2019年度全市公安出入境先进个人。

【成功破获“12•3”特大网络赌博案】 2019年3月4日，在浙江省公安厅和丽水市公安局的大力支持下，景宁畲族自治县公安局出动70余名警力，在辽宁省沈阳市对“12•3”网络开设赌场案开展统一集中收网。在当地警方的积极配合下，一举捣毁涉案窝点2个，抓获包括主犯闫某飞等核心骨干在内的犯罪嫌疑人52名，冻结资金4400余万元，现场查获现金289万余元，查获电脑、手机、车辆、银行卡若干。经查明，该涉案公司非法经营获利2300余万元，涉及的4个网络赌博平台涉案资金流水达2亿元，涉及参赌人员10万余人。因案件涉及范围广、涉案嫌疑人遍布全国各地、涉案资金量大，被省厅列为挂牌督办案件，并由省厅牵头打响全省集群战役。

2018年11月，景宁畲族自治县公安局网警大队在网络巡查中发现有人转发“白羊娱乐”涉赌APP平台，经三个多月的缜密侦查，发现该平台涉嫌开设赌场犯罪。获悉线索后，该局迅速向省公安厅汇报并启动专案工作，抽调精干警力全面开展侦查。

【成功抓获潜逃15年涉嫌持枪杀人的外省命案逃犯】 2019年12月24日，在“云剑行动”追逃工作中，景宁畲族自治县公安局“畲鹰作战小组”通过技术手段及信息研判出甘肃省兰州市城关分局于2005年上网的持枪杀人命案逃犯鲜某某化名桂某某在案发后潜逃至浙江省，并在诸暨市店口镇附近以打工为生。

2019年3月4日，县公安局开展“12·3”特大网络赌博案收网行动 （县公安局 提供）

根据研判线索，该局于同年12月26日在犯罪嫌疑人的落脚点成功将其缉捕归案。通过民警突审，鲜某某如实供述自己的真实身份及2005年8月在兰州市城关区定西路“川汉庄”酒店门前持枪杀人的犯罪事实。同年12月30日，将鲜某某移交至兰州警方。

【成功劝返境逃犯】 在“猎狐2019”专项行动中，景宁畲族自治县公安局多次牵头对接省厅、市局，运用技术手段分析研判侦查发现被网上缉逃的犯罪嫌疑人宣某某已潜逃至越南。该局迅速调整作战思路，以“抓劝结合”的方式开展追逃工作。办案民警通过联系其家属及其关系人开展细致的说服工作，经过不懈努力，被网上缉逃一年多的逃犯宣某某于2019年10月14日回国投案自首。

2018年5月，县公安局侦查发现，宣某某伙同何某、陈某等人在景宁注册成立“景宁宝盛能源有限公司”，于2017年12月至2018年2月期间，该公司在没有实际经营的情况下，以原料油为进项，成品油为销项变更货物品名的方式虚开增值税专用发票，涉案金额达10.6亿余元。案发后，犯罪嫌疑人何某、陈某

先后被抓获，但宣某某一直在逃。 （毛华斌）

法 院

【概况】 2019年，景宁畲族自治县人民法院（以下简称县人民法院），实有在职在编干警71人，比上年增加1人。同年，县人民法院被浙江省民族宗教事务委员会纳入省级民族团结进步创建重点培育单位；获全市第五批“青少年维权岗”单位、全县宣传思想文化工作先进集体称号，全县共青团工作目标考核优秀团组织等荣誉称号。刑事审判庭被市中级人民法院记集体三等功。肖来荣被省高级人民法院记个人二等功，陈晓峰被市中级人民法院记个人三等功；梁春杰获评市级十佳书记员；蓝紫嫣获丽水市法院系统“不忘初心、牢记使命”主题演讲比赛二等奖。

2019年，县人民法院高举习近平新时代中国特色社会主义思想伟大旗帜，围绕“努力让人民群众在每一个司法案件中感受到公平正义”目标，弘扬浙西南革命精神，践行“丽水之干”，持续打造“全面发展的现代少数民族基层法院”。开展“思想建设年、作风建设年、质量建设年”活动，推进“四项建设”（思想建设、党的建设、作风建设、能力建设）。兑现“努力做到不使有诉求的群众因经济困难打不起官司，不使有理有据的当事人因没有关系打不赢官司，不使胜诉当事人的合法权益因执行不力、不公得不到保护”的三项承诺。深入贯彻习近平总书记关于“把非诉讼纠纷解决机制挺在前面”的要求，大力加强诉源治理，全年受理各类案件4899件，在收案数连续九年递增情况下首次出现拐点，同比下降12.91%，结案4885件，员额法官人均结案214.25件。完成法院诉服大厅二期改造，实现大厅40余项诉讼业务集约办理，90%司法事务当天办结，所有案件实现100%回应。全面推行网上立案、跨域立案、延伸立案。全年网上立案率65.08%，跨域立案22件，延伸立案26件。创新运用新时代“枫桥经验”，积极推进诉源治理，法院诉服团队成功入驻县社会矛盾纠纷调处化解中心，同步与县司法局、交警队、人力社保局等完善诉前衔接机制，努力实现矛盾纠纷化解最多跑一次，诉前诉中委托调解648件。借力“畲乡法律服务小组”，持续完善“一乡一域一法官”诉讼服务模式，加大“畲乡雷法官调解工作室”等民族特色调解品牌建设。依法惩治刑事犯罪，会同县人民检察院、县公安局研究制定刑事案件质量标准等规定，确保每起案件经得起法律和历史的检验。全年审结刑事案件144件，判处罪犯251人，同比分别上升16.13%和53.05%。其中，审结非法拘禁等严重暴力犯罪案件3件23人，惩治群众身边的黄赌毒、盗抢骗、传销和电信网络等犯罪案件42件。实现刑事普通程序案件律师辩护全覆盖，依法对105名被告人宣告缓刑或免于刑事处罚。加强未成年人犯罪惩治和预防，判处未成年罪犯9人。全年民商事收案1842件，同比下降24.45%；审结1883件，同期结案率101.47%，诉前纠纷化解率30.35%。打击“套路贷”等违法犯罪，审结非法吸收公众存款、集资诈骗等涉众型犯罪案件7件8人。推动成立全市首家银行业人民调解委员会，定期组织召开县金融机构座谈会。会同县人民银行共同出台《关于建立严厉打击非法民间借贷工作机制的会议纪要》，公布职业放贷人名录12名，协助税务部门向职业放贷人征税10877.1元，全年民间借贷案件收案数同比下降44.93%。与县工商联合发布《关于建立依法服务保障民营经济健康发展合作机制的通知》。审结各类合同案件1473件，涉案金额5.3亿元。完善破产审判联席会议制度，建立无产可破案件6个月内简易审理、快速办结机制。全年共审结破产案件6件，化解银行不良资产756.18万元，盘活企业资产存量2725万元。推进家事审判机制改革，推行离婚冷静期等制度，为当事人发出离婚证明书25份，通过畲乡家事观调团调解家事案件14件。保护劳动者合法权益，强化与县人力社保局的诉调联动，助力打造无欠薪县，全年审结劳动争议案件61件。落实拥军优属政策，妥善审理涉军纠纷2件。全年共受理行政案件2件，非诉行政执行案件1件，审结3件。会同政府部门推动设立县行政争议调解中心，注重行政争议实质化解。持续开展行政公益诉讼制度改革，共同维护公众利益。积极推进"无纸化办案"试点，促进法院审判体系和审判能力的现代化。强化巡回审判，增设旅游巡回法庭就地调处旅游纠纷，利用"车载法庭"将司法服务送达群众家门口，全年巡回审理案件268件。发挥司法的教育引导作用，发布金融审判、破产审判、环境资源等审判白皮书，举办公众开放日活动9场，深入社区、企业、校园、畲寨等进行法治宣传教育活动16次。有序推进内设机构改革，从原有19个内设机构精简为8个。细化院庭长权责清单，出台规定明确行使个案监督权的20余种情形，院庭长全年带头办理疑难复杂案件2385件，占全院结案数的48.82%。优化文书前置检索，完善全面覆盖的案件质量评查机制，实行发改自查制度。强化审判委员会和专业法官会议作用，要求承办法官就疑难复杂案件提供关联案件、类案检索报告，不断促进类案裁判标准统一、法律适用统一。认真落实《中华人民共和国人民陪审员法》，新增人民陪审员53名，充分发挥"无袍法官"的智慧和优势。推进电子卷宗随案同步生成和深度应用，设立电子案卷集中扫描中心，启用"云柜"系统，实现电子卷宗扫描、挂载和纸质卷宗移送"三同步"，随案扫描率100%。全面推行使用电子签章、智能送达、一键转档等应用模块，大力推广移动微法院、在线矛盾纠纷多元化解平台等司法信息化应用。全年在线证据交换、网上开庭等407次，在线调解案件536件，微法院送达12822次，通过信息技术为司法赋能。2019年3月，县人民法院作为全国两家基层法院之一、浙江省唯一基层法院参加全国移动微法院推广会并做经验交流发言。

深入开展扫黑除恶专项斗争，省市依法督办的重大涉黑涉恶案件共6件35人。分别为以周某为首黑恶集团开设赌场罪案件，陈某滥用职权罪、开设赌场罪案件，以沈某为首的黑恶集团组织卖淫罪，雷某等9人非法拘禁罪，洪某等5人寻衅滋事罪、非法拘禁罪，赵某等10人衅滋事罪、非法拘禁罪，共追缴违法所得363.3万元，判处财产刑193.67万元。同时加强涉黑涉恶线索筛查，移送审查处理5条，其中公职人员充当"保护伞"线索1条。

全年受理执行案件2258件，执结2191件，执行到位金额8828.53万元。与县不动产登记中心、住房公积金管理中心实现“点对点”对接，与县民宗局建立少数民族困难当事人帮扶制度，联合县司法局推进“公证参与执行”机制，全年公证参与强制腾房35处。严查被执行人财产线索26491条，其中房屋、土地等不动产信息5160条，查封车辆230辆，全力实现胜诉者权益。持续推进联合信用惩戒，公开失信被执行人名单2141人次，拘留88人次，移送拒执案件线索11件，以拒不执行判决、裁定罪判处2件2人。创新定制“畲汉双语”彩铃，始终保持对规避执行、抗拒执行高压态势。推进执行指挥中心实体化、一体化运行，完善分段执行工作模式，规范执行行为。实行网络司法拍卖等执行辅助事务外包机制，全年累计上线拍品117件，成交80件，总成交额6314.13万元，平均溢价率40.71%，节省佣金242.28万元。

强化环境资源专业化“三合一”审判团队建设，推动建立涉环境资源案件审理专家库，妥善审结环境资源案件29件，其中刑事附带民事公益诉讼案件5件。会同市生态环境保护局景宁分局、县自然资源和规划局等共同出台全省首份“生态失信行为人名录”，促使11人主动履行判决义务。组织人大、政协委员开展补植复绿、增殖放流活动1次。“陈某栋等人行政处罚强制执行案”入选丽水环境资源审判白皮书典型案例，“景宁检察院诉景宁国土资源局行政公益诉讼案”入选浙江法院环境资源审判十大典型案例。

【首次在鹤溪河廊桥开放式开庭审理刑事案件】 2019年12月19日，县人民法院在鹤溪河廊桥上开放式开庭公开审理吴某非法捕捞水产品案。经审理查明，2019年10月至11月期间，吴某先后5次到禁渔区景宁鹤溪河流域使用甲氰菊酯(灭扫利)进行毒鱼、电鱼，造成河内大量观赏鱼死亡，并将渔获物运至云和县进行销售。县人民法院当庭以非法捕捞水产品罪判处吴某有期徒刑一年六个月。鹤溪河流域是该案的实施地，鹤溪河廊桥是景宁市民休闲的集聚地，在鹤溪河廊桥上开庭公开审理审判案件，旁听庭审人多面广，起到了很好的社会宣传和警示作用。

【一执行异议诉讼判决入选丽水市“以案释法”十大精品案例】 2019年2月27日，县人民法院对蒋某提出的执行异议诉讼作出民事判决，依法驳回原告蒋某的诉讼请求。宣判后，各方均未提起上诉，判决已发生法律效力，入选丽水市2019年度“以案释法”十大精品案例。

案由：2002年4月26日，原告蒋某与第三人沈某登记结婚。2011年5月24日，双方购买一套复式住宅房屋并办理房屋产所有权证，房屋所有权人为沈某、蒋某共同共有。由于案涉房屋存在改建扩建情形，城建监察部门于2012年9月13日责令沈某和蒋某限期改正违法行为，但双方至今未拆除。2018年1月19日，沈某和蒋某签订《离婚协议书》，并办理离婚登记手续。协议书约定案涉房屋由蒋某及其女儿所有，日后沈某应无条件配合办理产权变更登记手续，双方确认夫妻关系存续期间在银行的贷款共计77万元由蒋某负责偿还。离婚后，双方未办理案涉房屋产权变更登记手续。2015年12月10日，案外人李某向被告叶某借款30万元，由第三人沈某提供担保。2018年4月25日，经景宁畲族自治县人民法院调解，叶某与沈某达成调解协议，沈某归还叶某借款本金11万元。由于沈某未履行还款义务，该案进入执行程序。2018年10月10日，景宁畲族自治县人民法院作出执行裁定书，查封被执行人沈某所有的房屋。蒋某对执行标的提出书面异议，县人民法院于2018年12月10日裁定驳回蒋某的执行异议。嗣后，蒋某向县人民法院提出执行异议之诉。　　（吴　昊）

检　察

【概况】 2019年，景宁畲族自治县人民检察院（以下简称县检察院）全面贯彻落实习近平新时代中国特色社会主义思想和中共十九大精神，围绕“讲政治、顾大局、谋发展、重自强”新时代新要求和“深化法律监督，彰显司法权威，维护公平正义”工作主线，坚持“守底线、创特色、创一流”工作目标，忠实履行法律监督职责，不断改革创新，加强自身建设，各项检察工作取得新的进展。

全年，围绕平安景宁、法治景宁建设的要求，依法履行批准逮捕、提起公诉等刑事检察职能，全力营造安全的政治环境、稳定的社会环境。全年批准、决定逮捕65件106人；提起公诉124件230人，其中受理县监察委移送案件7件9人。

2019年，县检察院以高度的政治责任感，认真贯彻各级党委关于扫黑除恶工作的部署，纵深推进扫黑除恶专项斗争。全年审查批准逮捕涉黑恶案件19件46人，决定逮捕2件4人，提起公诉10件59人，已判决6件38人，其中省督办1件，市督办1件。精审细查深挖黑恶势力和保护伞线索，发现黑恶犯罪线索12件54人，其中向县监察委移送6件17人，向公安机关移送6件37人。围绕综合治理，向行政主管部门发出检察建议4件。扫黑除恶考核赋分排名居全市检察机关之首。2019年2月13日，景宁畲族自治县人民检察院被省委、省政府授予2018年度全省扫黑除恶专项斗争先进集体称号。

坚持刑事检察与专项整治相结合，密切协同公安、法院等单位，严厉打击“盗抢骗”“黄赌毒”及涉众型经济犯罪。全年批准逮捕非法经营、虚开增值税专用发票等扰乱市场经济秩序犯罪7件7人，提起公诉18件20人；提起公诉非法集资等扰乱金融秩序犯罪3件4人；批准逮捕“盗抢骗”犯罪11件11人，提起公诉12件12人；批准逮捕“黄赌毒”犯罪11件22人，提起公诉19件93人；决定逮捕职务犯罪2件4人。获评全县平安建设和社会治安综合治理先进单位。

坚持“少捕慎诉”，打造新时代“枫桥经验”检察版。对犯罪情节轻微的不批捕8人，不起诉19人，促成9件轻微刑事案件达成刑事和解。助力“和美景宁”建设，服务基层治理，协助党委政府依法推进交叶线、山哈宫矛盾纠纷处理。推进司法救助与精准扶贫相衔接工作，会同县农业农村局制定《检察机关国家司法救助与全县脱贫攻坚相衔接的工作办法》，回访司法救助对象，做好后续产业扶贫工作。全年办理司法救助案件8件，发放国家司法救助金10.45万元，其中1件获评全省检察机关国家司法救助工作典型案例。

从严惩处侵害未成年人权益犯罪，批准逮捕8人，决定逮捕1人，提起公诉23人，依法不逮捕3人，不起诉5人，最大限度帮助其改过自新、回归社会。有力保障特赦工作依法进行，在12名特赦人员中，有8名是未成年人。牵头落实高检院“一号检察建议”，领导带头担任县城10所学校法治副校长，开展法治宣传讲座14场次，普及师生4000余人次。联合县教育主管部门、公安机关排查校园管理中存在的风险隐患，向相关部门发出检察建议4件，督促加强校园安全管理。

助力“五水共治”和“国卫城市”复评等中心工作，针对鹤溪河污水、“僵尸车”占用公共停车位等问题，向行政主管部门发送检察建议38件，督促相关部门依法履职。引导公安机关侦查取证，快速办理鹤溪河毒鱼案。大力弘扬践行浙西南革命精神，办理违法使用党旗元素案件，督促行政主管部门加强监管，引导商家正确传承红色文化、弘扬革命精神。

深入开展“三服务”(服务企业、服务群众、服务基层)活动。全年，开展民营企业调研走访120余人次；开展专题讲座17场次；提供法律咨询36人次；排查法律风险点27个。对某公司举报前员工商业贿赂的犯罪案件，派员前往江苏调查取证，督促侦查机关立案。对涉民营经济案件开展立案监督和羁押必要性审查专项活动，依法平等保护民营企业合法权益。

深化“检察网格化”机制，在综治平台全科网格嵌入“检察监督”模块，与全县105个检察网格和310名全科网格员无缝对接，推进检察监督向基层延伸，促进基层依法治理。2019年，县委、县政府出台《关于支持检察机关开展公益诉讼工作的意见》，为公益诉讼检察工作提供有力支持。县人大常委会出台《关于加强检察建议工作的规定》，县政协出台《关于进一步加强对检察机关法律监督工作实施民主监督的意见》，增强了检察建议质效。

强化刑事诉讼监督。全年，追诉漏犯14人，其中6人被判处1年以上有期徒刑；追捕1人，被判处有期徒刑9年6个月；监督立案2件3人，1人被判处有期徒刑11年，法定不起诉1人；发出纠正违法通知书4件。引导侦查人员查封、扣押、冻结房屋11套，车辆4辆，银行存款11万余元；纠正侦查机关非法扣押款项13万余元；追诉周某某转移涉案财产300万余元的犯罪事实。列席县人民法院审判委员会会议2次，抗诉并获改判刑事案件1件。办理羁押必要性审查案件4件；办理财产刑执行检察案件，督促执行财产性判项款40万元；监督收监执行案件3件，向执行机关发出检察建议书6件。办理的“六合彩”赌博系列案获评2019年度全省检察机关十大法律监督案例和丽水市十大法律监督精品案事例。

加大民事检察工作力度，加强对民事诉讼和执行活动的法律监督，对虚假诉讼、审判程序违法及执行活动违法提出检察建议，其中审判程序违法监督检察建议获评全市优秀检察建议。全年审查当事人申请监督和上级院交办线索72条，依法办理监督案件25件。办理全县首例行政非诉执行监督案件，协助大均乡政府依法履行裁判文书确定的义务，拆除违法建筑2728平方米，土地恢复原状。

强化公益诉讼检察，切实履行“检察官是公共利益代表”的职责使命。全年办理公益诉讼诉前案件67件。其中，生态环境与资源保护领域38件，食品药品安全领域15件，土地出让领域1件，国有财产保护领域11件，其他领域2件。行政机关回复率100%。其中乡村校园周边食品安全检察建议获评全市优秀检察建议。关注人防易地建设费逾期未缴纳问题，通过公益诉讼，督促直接追缴和排除安全风险的国有财产4亿余元。

深入开展“不忘初心、牢记使命”主题教育，坚持把学习教育、调查研究、检视问题、整改落实贯穿始终，努力在学懂弄通做实习近平新时代中国特色社会主义思想上下功夫，切实增强“四个意识”、坚定“四个自信”、做到“两个维护”。贴近群众，深入基层，与联系企业联系村开展支部共建，结合“三服务破六难”（项目建设、招商招才、审批办事、生态产业、发展环境、乡村治理“六难”）活动，提供法律咨询，化解矛盾纠纷，组织干警为联系村消薄增收。深化“百名英烈百周学”，集中学习英烈事迹，激励干警牢记初心使命，传承弘扬英烈精神，加强意识形态工作。

搭建多元化培训平台，创新推出“畲检论辩”学习机制。每周围绕一个刑法理论课题进行学习，结合案件讨论，提升干警思辨能力；发挥“老中新传帮带”作用，员额检察官承担指导职责，在实务中引领提高；以上级精品案例评比为载体，强化组织领导、总结提炼和标杆引领，推动全员业务能力提升。是年，有1名干警获评全国检察宣传先进个人，1名干警被省检察院记个人二等功，1名干警获评全省检察信息工作先进个人，2名干警被市检察院记个人三等功，4个案件被省市检察院评为精品案例。

稳步推进“捕诉一体化”改革，办案质效明显提高。协同推进认罪认罚从宽制度，会同公安、法院、司法行政部门制定实施细则，在7月全面推开。是年，认罪认罚适用率61.63%，确定刑量刑采纳率93.4%，量刑建议采纳率100%。率先完成内设机构改革，内设机构由12个整合为5个。创新派驻司法雇员制度，在基层治理中发挥作用。升级“检察网格化”监督平台，操作系统更加贴近实务需求，省检察院检察长贾宇在《检察日报》专题推介。“检察网格化”工作模式将“最多跑一次”改革与检察工作深度融合，其做法入选国家级刊物《改革内参》，被市委《丽水改革先锋》刊登，获评丽水市改革先锋十佳实践案例，被写入县委九届七次全会报告，为高水平推进县域治理现代化提供“检察元素”。

以“检务廉政督察”为抓手，筑牢廉洁自律防线，对可能存在廉政风险的12起案件进行专项督察。深化班子“一月一反思”“检风检纪值周督查”等举措，强化班子队伍作风建设。落实“两访”制度，将队伍管理延伸至八小时之外。落实“七个一”（组织一次警示教育参观活动，召开一场警示教育大会，剖析一批严重违纪违法典型案例，开展一次廉政风险排查和防范化解，组织一次党风廉政专题培训，召开一次专题民主生活会，开展一次清廉文化创建活动）举措开展“警示教育月”活动，净化政治生态，一体推进不敢腐、不能腐、不想腐，推进全面从严治党落到实处。党风廉政建设做法在全省会议上作典型交流，连续两年获评全市检察机关党风廉政建设先进集体。

【《景宁国有土地出让金流失公益诉讼案》入选省十大法律监督案例】 2019年1月22日，浙江省人民检察院首次向社会公开发布2018年度十大法律监督案例，景宁畲族自治县人民检察院办理的《国有土地出让金流失公益诉讼案》入选其中。

2018年6月22日，县检察院向县人民法院提起全省首例行政公益诉讼案件——《景宁县国有土地出让金流失公益诉讼案》。经县人民法院审理，收回国有土地出让金和违约金2700余万元。

【《陈某玲司法救助公开听证案》获省检察院“国家司法救助”典型案例】 2019年12月25日，浙江省人民检察院举办浙江省检察机关国家司法救助工作新闻发布会，会上通报了浙江省检察机关开展国家司法救助工作情况，并发布6个典型案例。景宁畲族自治县人民检察院办理的《陈某玲司法救助公开听证案》案例上榜，系全市唯一。

案由：司法救助申请人陈某玲，女，1982年12月出生，系“孙某某故意杀人案”的被害人徐某某的妻子。2014年10月31日，犯罪嫌疑人孙某某因怀疑徐某某和郑某某向某部门举报致其开办的沙场被停办，将两人杀害后自杀。景宁畲族自治县公安局因犯罪嫌疑人死亡依法撤销案件。陈某玲一家未获犯罪嫌疑人孙某某家属任何赔偿。

2015年2月12日，陈某玲一家和被害人父母获得70万元补偿款。次日陈某玲与被害人父母（公公、婆婆）签订了70万元补偿款使用协议，扣除被害人丧葬费、子女教育费、父母养老费，申请人陈某玲可支配生活费为11.2万元。

2015年7月，陈某玲被确诊为肺癌晚期，前后花去医疗费60余万元。公公婆婆却认为儿媳是外来人而不管儿媳和孙女，陈某玲一家只能寄住在娘家。因协议规定子女教育费30万元提取需被害人父亲和陈某玲到场方可办理，公公婆婆不同意把子女教育费30万元拿来作陈某玲的治疗费用，申请人陈某玲只得借钱维持生命。

2019年9月，申请人陈某玲病情再次恶化，快到生命尽头。县检察院派驻司法雇员接到群众反映并开展调查工作，县检察院启动司法救助程序，采取公开审查听证的形式，带动社会力量，以司法救助带动法律服务，使陈某玲的未成年子女教育及家庭纠纷得到了妥善解决。（雷张垚）

司法行政

【概况】 景宁畲族自治县司法局（以下简称县司法局）。2019年4月完成机构改革，挂景宁畲族自治县行政复议局牌子，县委全面依法治县委员会办公室设在县司法局，设置县委全面依法治县委员会办公室秘书科承担日常工作。全局核定编制39人。其中，局长1名，副局长2名，政治处主任1名，局机关股级职数9名，6个直属所各核定股级职数1名（共6名）。承担统筹推进法治政府建设、规划法治社会建设工作；指导和组织全县行政执法监督工作；负责全县社区矫正工作；指导监督律师、法律援助、人民调解、公证、基层法律服务管理工作；管理全县司法行政外事工作；规划、协调、指导法治人才队伍建设；完成县委、县政府交办的其他任务。

2019年，县司法局成功创建省级青少年法治教育基地，打造学校、家庭、社会“三位一体”的青少年学生法治教育体系；将全县交通主干道沿线87个公交站点打造为普法新阵地；积极参与《丽水市城市市容和环境卫生管理条例》《景宁畲族自治县促进惠明茶产业发展条例》的学习宣传；积极推进民主法治村创建，不断提升基层社会治理法治化水平。2019年新增省级民主法治村（社区）3个，市级民主法治村（社区）15个，市级“普法农家院”2个，市级“诚信守法企业”2家。

是年，县司法局落实行政规范性文件“三统一”（统一登记、统一编号、统一印发）制度，完善行政规范性文件合法性审核机制。全年，审查行政规范性文件46件，提出合法性审查意见180余条，实现行政规范性文件合法性审查100%覆盖，同时向人大和上级政府进行备案42件，并及时受理部门备案10件。建立规范性文件动态清理机制，对2019年7月31日以前县政府及县政府办公室制发的326件行政规范性文件进行全面定期清理。经过多次研究、论证，几经易稿，最终确定继续有效文件235件，修改但暂时保留使用的文件4件，废止或宣布失效的文件87件。

开展行政复议体制改革工作，落实行政复议权利告知制度。2019年，共办理行政复议应诉案件40件（其中二审1件，再审22件），行政机关负责人出庭应诉率100%。推广应用“浙江省行政执法监管平台”，全面推行“双随机、一公开”（随机抽取检查和被检查人员、检查结果公开），加强事中事后监管，有效约束规范行政自由裁量权，促进严格公正文明执法。全面梳理乡镇（街道）法定执法事项和受委托执法事项，调整完善权力清单。梳理公布县级行政执法主体资格（第一批）45个。

县司法局依托“域外网格”，成立5个法律服务小组、17个域外调解组织，线上线下对18个域外网格7万名域外景商提供法律咨询、权益维护、纠纷调处等法律服务。全年，组队赴成都、义乌、温州等地服务12次，化解矛盾130余起，接受法律咨询300余次。

是年，县司法局组建景宁首支“畲乡阳光志愿者服务团队”，根据社区服刑人员的兴趣、特长及职业，依托“志愿汇”，参与到扫黑除恶、焕新乐园、无偿献血等一系列活动中，不断推动社区矫正社会化。全年，组织活动30余次，参加人数1000余人；深入开展大帮教机制，与局属8个科室、3家律师事务所、爱心协会签订帮教协议，着力打造“社区矫正+普法”“社区矫正+律师”两大品牌。

深化“最多跑一次”改革，在推行一次性告知、容缺受理和特殊情况先行受理的基础上，创新工作方式推进权力下放制度，让直属司法所有法律援助案件审查、决定权，把由群众跑变为工作站工作人员跑；实现法律援助案件办案补贴达到省级标准、刑事案件律师辩护全覆盖，实行少数民族“双免查”（符合法律援助案件范围的免查，不符合法律援助案件范围但符合经济困难条件的免查）。2019年，共办理法律援助案件425件，比上年度的

305件增长40.7%。其中，刑事案件193件，民事案件231件，行政案件1件。办结316件，为受援人挽回和取得经济利益945万元，其中为农民工讨薪122万元。

推行“预约服务、延时服务、上门服务、减免服务”四服务制度，切实为群众提供更多方便和实惠。积极服务中心工作，为全县“大搬快治”“城南区块征迁安置”“景文高速”“滩坑引水工程”“景宁水利史上首个PPP项目——金村水库及供水工程”“三改一拆”等重点工作提供公证服务。2019年，共办理各类公证343件。其中，涉外144件，国内民事159件，国内经济40件。

【全市首个人民调解联调中心成立】 2019年12月5日，景宁畲族自治县社会矛盾纠纷调处化解中心正式启用。该中心位于红星街道建设路2号，集人民调解、司法调解、行政调解、行业调解于一处，融合司法确认、速裁审理、法律援助等服务，打造“联合调处、多元化解”工作模式，实现诉调业务立体衔接、矛盾纠纷一站调处、诉源治理协同推进。县人民调解委员会、道路交通事故纠纷调委会、婚调会、银行业调委会等6个调委会，雷法官工作室、陈瑞田、宁和、商确4个品牌调解工作室入驻。全年，调解工作室调处各类纠纷432起，涉及人数1083人，涉及金额1.3亿余元；其中疑难复杂纠纷115起，非正常死亡案件19起。

【推出民营企业法律服务平台】 2019年，县司法局与上海德恒律师事务所、宁波市鄞州区浙江同舟律师事务所确立人才资源共享、专项活动互援、法律文化共建的合作互助关系。同时，携手合作搭建全省首个民营企业法律服务平台，为全县民营企业提供法律服务。该平台向民营企业推出“向企”说法栏目、“向企”课堂及“向企”线下坐诊等活动，围绕政策红利、时政热点、频发法律问题进行分析解读并研究对策；上门为企业进行“法治体检”。2019年，进企业“法治体检”64次，平台解决、解答法律问题276个，涉及合同金额8600余万元；推出“向企”说法栏目3期，线下坐诊5次，专题讲座6次。（徐亦可）

综合行政执法

【概况】 景宁畲族自治县综合行政执法局（以下简称县行政执法局）成立于2016年9月29日，是依法独立行使有关行政执法职权的县政府工作部门。2018年11月30日，县政府2018年第五号《通告》公布第二批划转综合行政执法职能19项。其中：行使环境保护管理方面法律、法规、规章规定的对社会生活噪声污染、建筑施工噪声污染、城市饮食服务行业违法排污、畜禽规模养殖污染、大气污染、未按规定处置或者丢弃、遗撒工业固体废弃物等违法行为的行政处罚权及相关行政监督检查等行政强制职权共计18项；行使公安交通管理方面法律、法规、规章规定的对人行道违法停车行为的行政处罚权及相关行政监督检查行政强制职权1项。加上第一批划转的139项，共计划转职能158项。同时，承担高等级景区城市容市貌整治工作任务。

2019年，县综合行政执法局精耕细作，

打响市容整治攻坚战。制定商户“门前三包”责任制，对商户进行制度化管理。在高等级景区城验收、国卫复评工作中当好环境整治的“尖兵利刃”，共整治乱堆乱放1300余起、晾晒800余起，清理违规广告牌600余个，清除杂物垃圾200余车。精准谋划综合施策，助力城区景区化建设。2019年3月19日以“春雷一号”犬类整治活动打响“三整治”工作第一枪。通过不懈的整治，文明养犬、规范停车、秸秆禁烧的良好氛围逐步形成。对蜂窝煤进行全面整治，关停全县煤球生产厂家，回收原煤27.6吨，劝导秸秆焚烧208起，强力推进蓝天保卫战；联合交警大队开展车辆违停整治20余次，全年人行道车辆违停抓拍处罚2836辆，对城区乱停车现象进行有效整治。铁腕推进，打响三改一拆攻坚战。省、市下达景宁的违法建筑拆除任务为30万平方米，全年累计拆除违法建筑33.8万平方米，完成年度任务的112%。“三改”年度任务6万平方米，累计完成8.6万平方米，完成年度任务的142%。

厉剑练兵，打响规范执法攻坚战。坚持质量提升，提高队伍素质。开展封闭式军事训练和周五体能拉练、“趣味运动会”等提升队员的身体素质和集体荣誉感；开展“专题大讨论活动”“周一夜学”及“学习宣传十九大精神”演讲比赛，邀请宣讲团成员授课等形式浓厚学习氛围，提升队员业务素质；开展“全员法规考试”，提高执法队伍专业能力。转换思路创新方式，试行非现场执法工作。结合景宁实际情况，将“今日取证，明日处罚”定为景宁现有条件下的非现场执法新模式。启用浙江省综合执法网上办案系统，实现一般程序案件全部网上录入和简易程序案件全部网上归档，打造以信息化系统为依托的线上办案模式。充分利用各平台加大执法工作宣传力度，2019年共录用各类信息309篇。

2019年，县综合行政执法局坚持党建引领，高质量开展主题教育。推行“云上党建”品牌，建立平台学习传播窗口，实现党员积分管理智慧化。深入岗石村、新田小区网格了解群众所需所想，完善问题清单并做好认领工作；在查全找准的基础上，坚持把“改”字贯穿始终。全局上下聚焦民生，共整改群众反映问题48个，把整改成效及时转化为群众的“获得感”。求实创新，破解基层群众烦心事。三服务有温度，破六难有力度，主动解决三服务难题76件。管好菜篮子工程，新建“便民疏导点”，为流动摊贩提供自产自销的农特产品摊位117个。实施“110区块提档升级改造工程”，实现畲乡夜市烧烤点的美丽蜕变，丽水日报、中新网等媒体对畲乡夜市进行报道宣传。新建城西停车场，占地面积6000平方米，设立停车位242个，有效改善城西片区停车难问题。

是年，县综合行政执法局获丽水市2019年度工作目标考核良好单位、2019年度政协工作优秀提案承办单位称号。夏培莲、雷火玲被评为县政府门户网站优秀信息员。

【开展扬尘专项整治】 2019年，县综合行政执法局联合相关部门开展扬尘整治专项行动，狠抓扬尘整治关键环节，城区工地出入口硬化率达到95%，进出工地工程车辆清洗率达到100%。共查处违规“抛漏撒”车辆185台。 （夏培莲）

军 事

人民武装

【概况】 2019年，景宁畲族自治县人民武装部（以下简称县人武部）坚持以习近平强军思想为指导，贯彻省军区、军分区党委扩大会精神，不忘初心、牢记使命，志不求易、砥砺前行，事不避难、聚力备战，国防后备力量建设和人武部全面建设不断走深、走实、走稳。

2019年，县人武部按训练大纲要求落实首长机关训练，采取集中组织和个人自训相结合的方式，重点突出指挥技能训练，提高首长机关国防动员指挥的基本理论、基本技能水平和个人体能素质。全年，首长机关共落实指挥技能训练时间280小时，落实体能训练时间300小时，平均参训率92.5%。

按照年度训练计划，组织2期专武干部集训，完成基本军事技能和防汛抗台、森林灭火、山地救援、战场救护等民兵应急专业课目集训，组织50个行政村（社区）民兵连长进行为期4天封闭式集训，应急应战能力得到有效提升。落实民兵应急队伍训练12天，专业力量训练15天，落实基干民兵年度训练任务。

各乡镇街道民兵应急队伍参加全县应急技能大比考，促进应急能力的提升。参加全省第二届民兵岗位练兵大比武（丽水分赛场），取得3个单项第一、1个单项第二、2个单项第三，1个班组第三，1个个人综合第四、1个个人综合第六，单位综合成绩第四的好成绩。沙湾镇应急排战士陈奕启、韦存仁代表军分区参加省军区岗位练兵比武暨应急能力检验评估，取得山林灭火专业第一名。

修订完善各类方案预案，落实战备值班有关规定，完成元旦、春节、五一、国庆等节日期间的战备值班，确保重要信息的及时传递。先后4次拉动应急值班分队组织战备行动演练，2次机关应急行动演练。提高民兵信息队伍素质，并对乡镇信息网建设进一步规范，按照每事一报的要求，抓好信息情报搜集上报。

根据年度新任务，紧盯上级精神、紧贴任务实际、紧扣标准细则及时调整民兵改革工作领导小组成员。采取集中点验和分点划片相结合的方式，组织举行全县基干民兵新入队仪式和县级分队整组点验大会。

按照“一季征兵、全年准备”的要求，及时调整县征兵工作领导小组和征兵办成员，修订完善《“双合格”青年量化赋分标准》。聘请高中学校高三班主任为征兵义务宣传员，提前做好思想发动。深入校园发放征兵宣传单3000余份，行政村张贴征兵宣传画2000多张，发布征兵短信6万条，先后2次在《畲乡报》、景宁电视台宣传征兵政策。到景中、职高2所学校组织现场兵役登记统计，开展征兵政策宣讲，帮助应征青年算好经济、政治、发展“三笔账”，激发适龄青年参军热情。按照上级机关征兵工作命令，严密组织体格检查、政考走访、役前训练、审批定兵、交接运输等工作，圆满完成新兵征集任务，其中大学生比例达到78%，大学毕业生比例14.5%，兵员征集质量比上年又有新提高。

抓好专武干部队伍建设。注重专武干部的培养、使用，结合阶段性工作进行讲评、集训，提升军事素质和业务工作能力，积极推荐专武干部提升交流使用，增强专武干部队伍干事创业的积极性，提升干武装爱武装的责任感、自豪感和获得感。全年，有1名机关武装部副部长提升为(机关单位)局长，4名专武部长提升为乡镇副书记，3名副部长、1名县人武部职工提升为专武部长，2名副部长提升为副乡(镇)长，2名干事晋升为副部长，选拔任命5名优秀转业士官为专武干事。联合县委组织部，每年单列8个民兵党员发展专项指标，采取计划单列、联合培养、共同考察等办法，在“七一”期间首批发展8名符合条件优秀民兵骨干入党。这一创新举措备受上级领导的肯定，专门在省军区要讯上刊发。持续加强民兵连长队伍建设，组织部分民兵连长集中强化训练，协调县委组织部加大农村退伍军人党员发展力度，推动各乡镇(街道)参照县委组织部的做法拿出1—2个专项指标用于发展退伍军人党员，培养优秀村民兵连长，加强后备力量队伍建设。

着眼“5+2”职能定位(“5”是指国防动员、兵员征集、国防教育、国防设施保护、双拥工作；“2”是指离退休干部服务保障)，按照立足现有、规范建设、功能整合、系统融合、健全机制的思路升级改建战备库室，进一步规范基层武装部和村民兵连软硬件设施建设，健全基层武装工作机制，全力打好基层武装部“评星挂牌”主动仗。2019年，东坑镇武装部被市人民政府、丽水军分区评为“5星”基层武装部；3个乡镇(街道)被评为“4星”、8个乡镇(街道)被评为“3星”基层武装部，2个武装部在军分区年度工作检查考评时得到充分肯定。

充分发挥民兵队伍在地方社会经济建设中的模范带头作用，全年共组织民兵1000余人次参加国家卫生县城复评、争创双拥模范城、平安景宁建设、小城镇综合整治等工作。充分发挥民兵在急难险重任务中的突击队作用，出动民兵参加山林灭火、防汛抗台、交通整治和应急维稳等任务。

扎实开展“不忘初心，牢记使命”和“传承红色基因、担当强军重任”主题教育。坚持把学习习近平新时代中国特色社会主义思想和习近平强军思想作为首要政治任务。组织全体干部、文职、职工学理论，配齐《习近平新时代中国特色社会主义思想学习纲要》《习近平强军思想学习纲要》《习近平关于"不忘初心、牢记使命"论述摘编》《中国共产党章程》等必读书籍，完善个人年度学习计划，定期检查读书笔记。组织观看《祖国在召唤》《榜样4》《中国共产党章程》以及《血战湘江》《领袖1935》等红色影视。每周组织1次党员理论学习，第一时间学习贯彻中共十九届四中全会和中央军委基层建设会议等重要会议精神。每季度至少撰写1篇心得体会，持续巩固良好的理论学习氛围。开展弘扬践行"浙西南革命精神"活动，利用辖区红色资源开展主题党日活动，到红色教育基地参观见学、聆听革命先辈和优秀共产党员的英雄故事，强化党员干部的入党初心，坚定紧跟党走、为共产主义奋斗终身的信念。进一步铸牢县人武部机关全体人员坚决维护核心、忠实履行使命的思想政治根基。

结合集训、会议、整组等时机组织专武干部、民兵开展政治思想教育（部长、政委亲自备课授课）。利用微信平台定期推送国际形势、最新理论等内容，使政治教育常态化。发挥人武部军地桥梁纽带作用，积极配合县委县政府搞好退役军人思想教育工作。

围绕庆祝中华人民共和国成立70周年，广泛开展"赞颂辉煌成就、军民同心筑梦"年度国防主题教育，不断增强全县人民的国防观念。紧抓领导干部、青年学生和民兵预备役三类重点对象落实国防理论专题学习，将国防教育纳入党委（党组）中心组理论学习和党校学习培训的内容。严密组织全县副县以上领导和国动委、国教委成员单位领导过"军事日"活动。全县党政机关、企事业单位和民兵广泛开展"重走红军古道、寻望战斗遗址、瞻仰革命烈士、重温入党誓词"等形式多样的初心之行。国教办搜集优秀国防教育片——金一南演讲的《我和我的祖国》，并组织各部门各乡镇观看，引起强烈共鸣，增强了民族自豪感、国家优越感。挖掘全县红色历史故事并汇编成册，联合县教育局开展浙西南革命精神进校园活动，聘请浙西南革命故事优秀讲解员任传奎在全县中小学开展红色故事讲座。组建学生军训教官队伍，完成全县2所高中共1225名学生的军训任务，同时开展《国防安全，我们共同的责任》主题国防教育讲座，使学生在军训中增强国防观念。开展天安门国旗传递仪式、小兵训练营、"我是小小兵"为主题的亲子运动会等国防教育活动，从娃娃开始培养爱国情怀，培养军人素质，让幼小的心灵播上爱国拥军的种子。及时更新"军人荣誉墙""八一光荣榜"，修缮更新国防教育和双拥宣传语，进一步浓厚国防教育氛围。

重视宣传报道工作，稿件数质量均走在军分区前列。累计在省市级报刊媒体发表200余篇，在《中国国防报》发表4篇。

全县各级党委政府始终坚持把党管武装作为一项严肃的政治任务抓紧抓实，形成了"党委管武装、政府办武装、军事机关抓武装、全民参与兴武装"的良好格局。县委县政府坚持党管武装八项制度，县主要领导坚持落实"议军会""军事日""武装工作现场办公会"，听取武装工作汇报，研究协调解决有关矛盾问题；每逢民兵整组、征兵工作、防台防汛等重大活动，县主要领导都到场，亲自部署。组织召开全县党管武装、国动委全体成员、国防教育、双拥工作、征兵工作、退役军人工作等会议，进一步营造全县上下爱军拥武、关心国防、齐抓共管的浓厚氛围。

以争创省级双拥模范县为契机，完善军人军属优抚优待，银行、医院、客运站等公共场所军人依法优先，义务兵优抚金和大学生入伍奖励金自然增长等制度机制。协调县退役军人事务局、融媒体中心等相关企事业单位携手武警中队、消防大队举办“八一”军民联欢晚会、迎老兵送新兵文艺晚会、退伍老兵专场招聘会，积极搭建退伍军人就业安置平台。对现役军人家属特殊关怀，九龙乡义务兵王强的父亲不慎溺水身亡，县人武部协调县政府特批2万元进行安抚。携手双拥办，在全县范围开展“最美退役军人”“最美军属”“最美民兵”评选表彰活动，评选出30个先进典型，极大提升军人军属和民兵荣誉感、自豪感，浓厚了全县爱军拥武氛围。2019年5月，景宁畲族自治县“双拥”工作和退役军人工作受到省考评组高度评价，成功创建“双拥模范县”。

积极开展“富一村、扶一校、帮一站、助一生”的军民共建、扶贫济困、捐资助学等活动。与驻地雨巷茶产业基地结对共建，组织民兵进行义务种植茶树、采收茶叶、技术培训等。开展精准扶贫帮教活动。在标溪、澄照两所小学和鸬鹚山下、标溪叶谢两个贫困村建立联系点，落实扶贫经费，帮助脱贫致富。每位部领导长期坚持至少结对帮扶1名贫困学生，并积极联系解放军杭州陆军疗养院和903医院长期与红星小学、民族小学开展助学送医活动，与230名学生结对帮扶，每年为每名学生提供1500元帮扶资金，四年来累计资助118.5万元。

牢固树立底线思维，将安全稳定工作贯穿始终。抓条令条例的学习深化，通过学条令改变人员作风，走队列树立军人形象，整秩序打牢安全管理基础，有效提升人武部正规化管理水平。强化干部职工的条令意识、职责意识和安全意识。根据军分区统一部署，开展以实现“三无、两归零”（无安全漏洞、无安全死角、无安全缝隙，案件和责任亡人事故归零）为目标的“冬季百日安全活动”。对照国动部和省军区下发的安全工作检查细则，逐项逐人清查，确保安全工作无死角。严密组织核心涉密人员政治审查、省军区手机网络清理整治工作和职工管理专项整治工作，定期组织营门应急处突演练。抓好“禁酒令”落实，组织酒精检测，确保无违规饮酒问题。结合经常性教育、交班会等时机，组织学习安全管理规定、安全常识、上级安全工作传真电报等，不断打牢人员思想安全基础。先后组织10次安全保密形势分析和11次安全隐患检查，从人员管理、车辆使用、枪弹管控和保密办公等方面落实制度规定，纠正存在问题，消除事故隐患，强化安全意识和责任感。对2台军车定期检查和维护，使其处于良好的技术状态，对2名驾驶员定期进行车辆交通安全教育，提高驾驶员的交通安全意思、增强法制观念。组建装备器材维护保养班，坚持定期维护保养各类装备器材和武器弹药，使武器装备处于良好的性机能状态，保证年度训练和遂行应急救援任务的顺利完成。

【应急救援队驰援台州、临海抗洪抢险救灾】 2019年8月10日，“利奇马”台风袭击台州、临海地区，造成严重的洪涝灾害，县人武部组织应急救援专业民兵12人，冲锋舟5艘，连夜驰援台州、临海抢险救灾，经过1天1夜的搜救转移受困群众175人。

【雷伟华一家七十七载四代赓续忠勇歌】 2019年8月30日，《中国国防报》以《浙江省景宁畲族自治县雷氏一门红色家史激励后人——七十七载，四代赓续忠勇歌》为题，在二版头条用了大半版面，刊登报道东坑镇大张坑村民兵连连长雷伟华一家四代参军的感人事迹。给民兵立标杆，为畲乡添光辉。

（县人武部）

农业·农村·气象

农　　业

【概况】　2019年1月，根据县委办转发中共丽水市委办、丽水市政府办印发《景宁畲族自治县机构改革方案》(丽委办发〔2018〕101号)文件，将县委县政府农村工作办公室、县农业局的职责，以及县发展和改革局的农业投资项目、县财政局的农业综合开发项目、县国土资源局的农田整治项目、县水利局的农田水利建设项目等管理职责，县水利局(县渔业局)的渔业管理职责整合组建景宁畲族自治县农业农村局(以下简称县农业农村局)。县委县政府农业和农村工作领导小组办公室设在县农业农村局。县农业农村局为县政府工作部门，承担县扶贫开发领导小组办公室工作。不再保留县委县政府农村工作办公室和县农业局，不再保留县渔业局牌子。

2019年，县农业农村局始终围绕“农业增效、农民增收、农业转型、农民发展”的总目标，坚守供给底线，注重提质增效，力推品牌建设，强化产业融合，全面推动农业农村高质量绿色发展。全年实现农林牧渔业增加值6.4亿元，同比增长3%，全市排名第四位，创历史最好成绩。农村居民人均可支配收入20005元(突破2万元大关)，同比增长10.1%。城乡居民收入比缩小至2:1，好于全省、全市平均水平(省、市分别为2.01:1和2.117:1)。低收入农户人均可支配收入11229元，同比增长14.5%，位居全省26个加快发展县前列。

【小农户与现代农业有机衔接走在全省前列】2019年，县农业农村局围绕打响“景宁600”(海拔600米以上)区域公共品牌、推广高效有机种养技术、组织建立经营主体联盟、完善产品质量安全监管体系、配套小农户发展政策等方面提供新型集成的服务链，助推小农户有机衔接现代农业。其具体做法得到副市长杨秀清的批示肯定，同时被省委办公厅和省政府办公厅分别予以专报刊发，在《浙江日报》等主流媒体上刊登报道，在全省乡村产业高质量发展现场会上进行典型交流。

【创建市级生态精品农业示范县】　2019年，景宁畲族自治县人民政府向丽水市人民政府申请创建市级生态精品现代农业示范县。全

2019 年 2 月 26 日，“景宁 600” 精品农品展示展销中心正式投入运营

（县农业农村局 提供）

县以实际行动自觉践行“干在实处，走在前列，勇立潮头”新期望，以高品质农业为基础，以农业“两区”建设为平台，以“景宁 600”品牌建设为导向，全面实施乡村振兴战略，深入推进农业供给侧结构性改革，大力发展生态精品现代农业，积极推进农旅转化工作，完成生态精品现代农业产业、品牌、科技、市场、主体和文化的全面提升。累计建成示范乡镇 9 个、示范企业 20 家、示范合作社 18 家；树立大学生创业典型 18 人；创立生态精品农产品 201 个。生态精品现代农业示范县通过市级考核评定。

【《景宁畲族自治县促进惠明茶产业发展条例》正式实施】 《景宁畲族自治县促进惠明茶产业发展条例》于 2019 年 2 月 24 日，经景宁畲族自治县第九届人民代表大会第三次会议表决通过，2019 年 8 月 1 日起正式施行。这是浙江省首次制定地方性法规保护茶产业发展。

【通过省级农产品放心县动态复评】 2019 年 12 月，景宁畲族治县通过“省级农产品放心县”动态复评。县农业农村局积极巩固农产品质量安全“双创”（创建省级农产品质量安全放心县与省级农产品质量安全可追溯示范县）成果。全年，全县共抽检蔬菜、水果、茶叶、食用菌等农产品总计 8441 批次，平均合格率 99.7%；农产品定量抽检 411 批次，合格率 99.75%。同时接受省级农产品例行抽检 52 批次，省级监督抽检 29 批次，马铃薯、食用菌等省级专项或应急抽检 52 批次，合格率均 100%。接受市级监督抽检 11 批次，抽检样品涵盖全县“丽水山耕”背书农产品及“景宁 600”农产品，检测合格率 100%。全县获绿色食品认证 4 个，新增“三品”（无公害农产品、绿色食品、有机农产品）认证面积 261.73 公顷，农业绿色优质农产品比率（不含水产品）60.29%；全年未发生重大农产品质量安全事故，从而保障了广大市民舌尖上的安全。

·粮食作物·

【概况】 2019 年，全县粮食播种面积 6241.27 公顷，粮食总产量 33693 吨（含马铃薯）。完成粮食生产功能区提标改造 206.66 公顷；建成“景宁 600”绿色有机粮食产品基地 233.33 公顷；创建省级粮食绿色高产高效千亩示范片 2 个、百亩示范方 3 个。全县水稻规模种植（50 亩以上）基地 39 个，面积 297.29 公顷；规模旱粮种植基地 13 个，面积 150.85 公顷。景宁华金家庭农场有限公司选送的“泰两优 1332”被评为丽水市十佳好稻米，同时获“2019 年度浙江好稻米”金奖；景宁英川田鱼姑娘家庭农场选送的“中浙优 8 号”被评为丽水市十佳好稻米，同时获“2019 年度浙江好稻米”优质奖；景宁三艺家庭农场选送的“华浙优 1 号”获丽水市十佳好稻米优质产品，同时获“2019 年度浙江好稻米”优质奖。

·经济作物·

【概况】 2019 年，全县新发展惠明茶基地 133.3 公顷，惠明茶茶园总面积 4673 公顷。其中，可采摘茶园面积 3733 公顷。惠明茶总产量 2084 吨。首家惠明茶专卖店在上海静安区落户，5 万辆印有“景宁惠明茶”标识的出租车在上海等一线城市开展广告宣传。

2019 年，毛杨鑫获 2019 年第三届中国（南昌）国际茶业博览会暨第四届“狗牯脑杯”全国绿茶手工制作大赛金奖；景宁慧明红牌红茶产品获“浙茶杯”金奖；蓝师傅•金奖惠明茶、六江源•金奖惠明茶分别获 2019 第十六届上海国际茶业交易（春季）博览会中国优质好茶评选白茶金奖、绿茶类金奖；景宁“金奖惠明茶”品牌 2019 年价值 13.65 亿元。景宁畲族自治县再次获得“2019 中国茶业百强县”称号。

全年，蔬菜种植面积 4179 公顷，总产量 81568 吨。建成大漈乡大漈村“景宁 600”茭白套养麻鸭示范基地 1 个。修订景宁高山冷水茭白、四季豆、大棚番茄等标准化生产模式图 3 个。在 2019 年长三角地区农产品产销对接洽谈会上，景宁作为唯一县级代表进行“景宁 600”生态农产品专题推介。“景宁 600”生态农产品“直通车”开进上海社区和学校。此外，通过“飞柜”模式与温岭、上虞、宁海等“山海协作”县市建立通畅销售渠道，设立“景宁 600”农产品专柜。

是年，全县新发展水果基地 54.13 公顷，果园总面积 1580 公顷，总产量 5093 吨，产值 3310.44 万元。桃源水果沟培育成为景宁果旅融合休闲观光果园金名片；成功打造“忆•葛山”黄桃基地；景宁城北山后优良新品种柑橘基地初步建成。景宁方利家庭农场选送的“米良一号”猕猴桃获“丽水市十佳猕猴桃”称号。

全县发展花卉大棚 200 多个，计 3.5 万平方米，年生产盆花 200 多万盆，产值 832 万元。

·中药材产业·

【概况】 2019 年，巩固提升“畲五味”和“畲药”等传统品种，以培育发展多花黄精、掌叶覆盆子、三叶青、七叶一枝花等新兴地方特色品种为重点，推行规模化种植、标准化生产、产业化经营，提升景宁草本药材质量安全水平和产业综合竞争力。全年草本药材新增种植面积 116.67 公顷，总产量 0.45 万吨，产值 0.98 亿元，全县草本药材产业呈现快速健康发展态势。

·食用菌产业·

【概况】 2019 年，稳定香菇生产，大力发展草腐菌和珍稀特色菌类，推动产业从单一的香菇、黑木耳向多品种方向发展，从木腐菌向草腐菌方向发展，从量的扩张向稳定数量、提高质量、提高效益转变，推进产业实现转型升级。全年，食用菌总量 2276 吨，其中香菇 1559吨。引进食用菌新品种 2 个（香菇 130 和日本白菇），在东坑镇深垟村建立草腐菌示范基地 1 个，在澄照乡翁边村铁山垟地块建成香菇标准化生产示范基地 3.33 公顷、搭建 GLP832 型标准连栋钢架大棚 1.4 公顷。

·畜牧业·

【概况】 2019年,全县围绕畜牧产业保供给、促发展的目标,深入推进畜牧业规模化、标准化和生态化建设,优化产业布局,大力推进畜牧业转型升级。通过建设异位发酵床零排放养殖场,光伏结合养殖场等夯实生猪产业基础,促进生猪产业扩量提质。积极开展生态家禽养殖场建设,重点发展肉羊、肉牛、兔等食草动物。深入实施中蜂产业振兴计划,进一步推进全县畜牧产业绿色健康发展。是年年底,全县有生猪规模养殖场20家,生猪存栏1.91万头,年内出栏3.01万头,同比上升1.01%;牛存栏0.2498万头;山羊存栏0.4万头,出栏0.48万头;家禽存栏14.21万羽,出栏19.47万羽;肉类总产量3465吨。中蜂年末养殖17615箱。

·水产渔业·

【概况】 2019年,全县淡水养殖面积812公顷,水产品总产量1740吨,渔业总产值4950万元。新增海拔600米及以上稻渔生态综合种养示范基地133.33公顷,建成省级稻渔综合种养示范基地1个,扶持建设县级稻渔综合种养示范基地4个。推广稻鳖共生、稻蟹共生、稻鱼共生等技术,巩固推广稻渔综合种养面积596.66公顷(发放鱼苗600万尾),覆盖全县21个乡镇(街道),带动农户1.8万人。完成金澜石斑鱼养殖基地项目建设,年提供商品石斑鱼、香鱼10多吨,苗种30多万尾。全县发展娃娃鱼养殖主体2家,年产娃娃鱼15吨。通过招投标采购相继在千峡湖水库及县内水域进行增殖放流鲢鱼、鳙鱼、唇鱼骨等苗种1550万尾。

·农业机械管理·

【概况】 2019年,全县有农机总动力83136千瓦,农业机械总9120万元。农机作业面积4486公顷。全县新购置农业机械650台,发放农机购置补贴资金67.6万元。排查农机安全隐患6起,整改率100%。强制报废拖拉机48台。开展农机安全服务活动3次,发放资料500份。举办农机操作手、农机安全知识培训班2期,培训180人。建成澄照同辉鸽子养殖专业合作社、东坑富村中药材种植专业合作社等“机器换人”示范基地2个。

·安全绿色生产·

【概况】 2019年,推广测土配方施肥11866.67公顷,主要农作物测土配方施肥覆盖率92.6%;推广商品有机肥7532.5吨,推广水肥一体化技术106公顷。开展耕地质量动态监测与评价62个点,将商品有机肥的使用情况纳入全县垦造耕地项目地力培育验收的必备条件。全年减少不合理施用化肥265吨,单位耕地面积化肥使用量(折纯)219.95千克/公顷(目标值<410千克/公顷)。及时成立化肥定额制领导小组,2019年率先在茶叶、油菜等农作物开展化肥定额制试点工作。建立农药减量增效示范方11个,示范区面积327.5公顷,完成农药减量6吨,单位耕地面积农药使用量4.91千克/公顷(目标值<22千克/公顷)。在英川镇莲湖村建立化肥减量增效示范方1个,在红星街道小金州村小粗自然村建立水稻化

肥利用率示范点1个。完成鹤溪和景南2个综合监测点，红星、沙湾、梧桐、九龙、郑坑等5个乡镇（街道）6个常规监测点的取土检测评价工作。推广病虫害统防统治3887公顷、应用绿色防控技术4540公顷，其中绿色防控示范基地面积305公顷。建成绿色防控省级示范区1个——浙江省高山冷水茭白绿色防控示范区，示范面积33公顷、推广面积233公顷。发出《病虫情报》37期（其中草地贪夜蛾病虫情报3期）。全年实际回收处置农药废弃包装物8.71吨，回收率和处置率分别达到100%。

开展梨树疫病、加拿大一枝黄花、柑橘黄龙病等重大农业植物疫情防控。通过砍（挖）除病株、病枝修剪、化学防除、人工拔除等多种方法，防除面100%。全年，完成梨树疫病发病防控13.67公顷，防除病株116株；完成春秋两季防除加拿大一枝黄花1.21公顷。在红星街道岭北村西坑自然村和澄照乡东升村山后自然村建立植物疫情防控示范基地2个；在红星、澄照、东坑、英川4个乡镇（街道）建立农业植物疫情监测点8个；开展疫情监测。开展全县重大农业植物疫情及外来有害生物普查，普查面100%，在澄照乡东升村山后自然村、英川镇凤凰寨村张川自然村和大均乡伏叶村口赤自然村发现有梨树疫病发生；在鹤溪、红星、大均、东坑、渤海等乡镇（街道）发现有加拿大一枝黄花发生。未发现水稻细菌性条斑病、甘薯茎腐病、黄瓜绿斑驳花叶病毒病、瓜类果斑病、红火蚁等重大外来有害生物侵害事件发生。开展植物检疫执法检查，全年办理调运未经检疫种子案件1件。2018年度重大农业植物疫情防控工作获省级考核优秀。

·农业信息化·

【概况】 2019年，全县有农民信箱注册用户约10000户，利用农民信箱短信发送“每日一助”信息100多条，据统计成交额150多万元。在农民信箱商务频道保持有效链接125条，采编农产品商务信息31条。抓好农民信箱村网站规范建设，全县农村网站建站率、规范率均为100%，每个行政村都更新20条以上，且每个栏目都有更新。共有6个村网站获得季度之星。积极推广“掌上农民信箱”，安装掌上农民信箱1420人次。并利用车载LED屏幕、下乡时间进行宣传等发放宣传资料1200多份。对农业主体通讯录进行规范化管理。建立农业咨询系统，共有26名农业类专家。

2019年，信息进村入户工程市场化运营提升项目进行公开招标，由中国邮政集团公司浙江省景宁畲族自治县分公司中标（市场化运营至2021年年底）。信息进村入户工程提升项目对原有益农信息社进行升级改造，并对全县行政村实现全覆盖且可持续运营，形成分层次的服务体系。实现市场化运营村级益农信息社站点136个（覆盖全县行政村），其中全县乡镇（街道）改造提升标准型站点68个（其中30个为示范型站点），并重点培育1家景宁特色益农信息社示范站点。全县依托益农信息社累计发送短信、彩信30万条，便民服务30万人次，依托益农信息社或平台的电子商务累计成交额650万元。

在北京举行的2019年全国县域数字农

业农村发展论坛上，景宁畲族自治县获评2018年度全国县域数字农业农村发展水平评价全国百强先进县。全国县域数字农业农村评价工作由农业农村部办公厅、市场与信息化司指导，农业农村部信息中心牵头组织实施。对乡村人均农业农村信息化财政投入、互联网普及率、电商服务站覆盖率、城乡居民通信消费系数、信息技术在农作物种植中的应用率等27个指标数据进行评价。

·农业综合开发建设·

【概况】 2019年，景宁以机构改革为契机，整合农业、自然资源、财政、水利等部门的农田基础设施建设职能和资金，大力推进高标准农田建设工作。全年共立项实施高标准农田建设项目22个，计划建成高标准农田1026.66公顷，高效节水灌溉299公顷，总投资4542万元。至年底，完成续建高标准农田建设项目验收18个，建成高标准农田1189.8公顷，总投资4900万元。

·农产品营销·

【概况】 2019年，县农业农村局组织参加中国国际茶叶博览会、上海国际茶展、丽水景宁(上海)文化旅游周、浙江农博会(上海、南京、杭州)、浙江(深圳)绿茶博览会等18场农业展会，组织外出参展200家次，现场交易额680余万元，合同交易额1500余万元。

是年，成功培育“景宁600”加盟主体27家，农产品转化为旅游地商品主体13家；提升农产品旅游地商品20个；新建农产品旅游地商品营销网点5个；提升“丽水山耕”背书

2019年7月31日，景宁县首个茶展览馆正式开馆 (县融媒体中心 提供)

产品16个；提升“丽水山耕”合作主体8家；实现“丽水山耕·景宁600”农产品年销售额8.04亿元。成功举办2019浙江省“景宁600”生态精品农产品农商对接大会、斗茶大赛、农产品擂台赛、“景宁600”产品推介会、“景宁600”包装设计大赛等品牌宣传推广活动，不断扩大“景宁600”品牌影响力和溢价能力。

·农业科教生态·

【概况】 2019年，全县共开设各类农民培训班38班次，培训农民5503人(其中实用人才785人，转移就业526人，新型职业农民350人，普及性培训3842人)，超额完成“千万农民素质提升工程”培训任务。新招农广校学员43人，2017级48名学员全部毕业。组织109名基层农技人员外出知识更新培训。

大力开展农业绿色发展示范区、示范主体创建工作，成功创建省级农业绿色发展示范区2个(大漈、家地)，市级农业绿色发展示范区4个(东坑、澄照、景南、郑坑)，市级农业绿色发展示范主体63个(龙头企业10个、合作社12个，家庭农场41个)。着力推进农业绿色发展先行示范项目建设，景宁畲族自治

县被省农业农村厅列为2019年农业绿色发展先行示范项目县，省下达资金500万元，用于实施一批农业绿色发展先行示范项目，加快推进县域范围内新技术新模式集成推广，高水平推进农业绿色发展。

全年，经评审获得农业高级职称认证资格2人、中级3人、初级10人。柔性引进中药材高级人才1名、禅茶文化研究人才1名。评定“农三师”(农作师、农商师、农匠师)19人(其中高级4人，中级15人)。荐推苏承波参加丽水市现代新农人评选；学员蓝香平获“2019年浙江农民教育培训十佳学员”称号；毛杨鑫获全国绿茶手工制作职业技能大赛二等奖；选送2人参加丽水市乡村振兴领军人才(农三师)高级研修班培训。2019年，全省农民培训微视频评选(景宁惠明茶制作工艺)获优秀奖。组建农业产业技术创新与推广服务团队8个、“景宁600”示范引领基地10个。与省重点产业科技创新团队合作项目3个，开展技术人才服务基层120余次。《景宁白化茶树品种选育与应用技术研究》获浙江省技术进步奖二等奖；《稳粮增效生态种养模式集成示范与推广》《景宁县农产品质量安全可追溯体系建设与检测技术推广》分别获浙江省农业丰收奖一等奖、三等奖，《粮食生产社会化服务技术集成与应用》《畲乡景宁水果玉米引进与示范推广》《茭白秸秆生态循环利用示范推广》分别获丽水市农业丰收奖一等奖、二等奖、三等奖。

·农业执法与安全监管·

【概况】 2019年，全面开展农药购销实名制工作。积极推进绿剑春季、夏季、秋季执法行动。全年共出动执法人员590余人次，检查农资店和种养殖基地140家次，查处违法行为4起，查处率100%，抽检不合格产品查处率100%，投诉举报案件查处率100%。立案查处农业各类案件7起，移交司法部门追究刑事4起5人，没收作案渔具87副，电捕鱼工具5套，劝导游钓人员120余人次，放生渔获物230千克，没收渔获物40千克。

（董　亮　刘丹洁）

新农村建设

【概况】 2019年，县农业农村局始终把乡村振兴战略作为做好“三农”工作的总抓手，围绕打赢脱贫攻坚战和高水平全面小康目标任务，全力推进乡村振兴、脱贫攻坚、美丽乡村建设、农村产权制度改革、农家乐民宿建设等各项工作，加快景宁新农村建设。

是年，县农业农村局全面落实低收入农户精准帮扶举措，通过深化扶贫改革、创新扶持方式、激发内生动力，切实增强低收入农户的自我发展能力，推动低收入农户高水平共享全面小康。2019年，全县共有低收入农户4490户8286人，较上年减少6713人，减少幅度44.8%；全县低收入农户人均可支配收入11229元，增幅14.5%，增幅位于全省26个加快发展县中第8位。全年，下达各级财政扶贫资金计划2158.5万元，用于完善各村基础设施及产业配套设施，涉及扶贫产业项目49个，有效改善低收入群众生产生活条件；下达产业帮扶补助资金805万元，低收入农户户均补助将近1800元，直接带动低收入农户持续增收。深化“政银保”农村金融扶贫改革，共发放扶贫小额贴息信贷1933笔，贷款总额1.4亿元，受益低收入农户1866户，壮大村集体经济67个(作为“政银保”三家贷款银行之一的景宁农商银行，获“全国农村金融十佳精准扶贫机构”奖项)。共发放助学补助资金53.1万元，受益低收入家庭学生177人，有效缓解困难学生升学压力，阻断贫困代际传递。继续推进“脱贫保、防贫保”，共受益低收入农户968人次，落实救助帮扶资金297.2万元。共建成光伏小康项目22个，总装机容量6.9兆瓦，项目产生收益全部用于壮大村级集体经济及低收入农户增收。认真开展省、市、县三级结对帮扶工作，充分发挥各部门自身优势，共落实自有资金1.2亿元，协调落实资金3.9亿元，落实经济项目48个，公益设施项目60个。其中省、市级单位分别结对9个村、县级部门结对136个村，为景宁农业农村的持续快速发展发挥了积极作用。在2019浙江农业博览会上，景宁作为全省3个县市代表之一，在浙江精准扶贫馆首次亮相，全方位展现了近年来景宁通过发展生产、妇女创业、异地搬迁、金融帮扶等举措持续带动低收入农户实现稳定增收。

是年，景宁全面实施乡村振兴战略，不断做大“景宁600”区域公共品牌，打造特色产品105款，全年销售额5.8亿元。加大乡村旅游项目招引力度，引进4个总投资超30亿元的旅游项目。推进美丽城镇、美丽乡村建设，共创成省级美丽乡村示范乡镇2个。景宁畲族自治县获评全省实施乡村振兴战略优秀单位。

2019年，共投入畲家民宿农家乐建设资金4000万元，其中省、县财政专项投入828万元(省级休闲乡镇省级补助资金200万元，省级农家乐集聚村省级补助资金20万元)，建成农家乐基础设施项目4个，畲家民宿农家乐农产品旅游地商品营销网点2个，全县示范带动的精品民宿示范点5个。至是年年底，共建成省级特色乡镇3个；省、市级特色点14个(其中省级3个)；省、市级特色村15个(其中省级9个)；星级经营户295户(其中四星级14户)。市级农家乐综合体6个，民宿农家乐集聚区13个，从业人员3730人。民宿经营户221家、床位4844张、餐位27300个。全年全县民宿农家乐接待游客362.6万人次，同比增长20%，营业收入24690万元，同比增长20%。畲耕公社农家乐综合体获“丽水山居”农家乐综合体示范项目，云曦山舍民宿、朴宿民宿客栈、春江花月民宿、听泉山庄获2019年“丽水山居”精品民宿三类示范项目。

2019年，全力推进农村三资(村级集体的资金、资产、资源)监管工作，进一步加强村级非生产性开支监督管理，落实省级财务规范年活动。通过开展行政村规模调整集体资产融合、出台政策文件、三资业务培训、委托中介审计、减轻农民负担专项检查、清产核资等工作，全力打通全面从严治党“最后一公里”，确保村级集体经济健康有序发展壮大。全年，出台《景宁畲族自治县村级债务化解方案》等制度5个；组织“三资”业务(市、县、乡)培训7次500余人次；完成清产核实账面资产总额41986.61万元，核实资产总额48421万元。在全市率先完成行政村规模调整集体资产融合工作，全县79个新村中实现完全融合65个、协商融合14个。

2019年，把提高乡镇"造血"能力作为基层乡村振兴的根本动力，坚持"整合优质资源、统筹安排项目、抱团共赢促经济"的发展模式，大力推进村集体增收项目建设。县、乡两级强村投资发展有限公司共计投入1.87亿元，谋划实施光伏小康等村级集体增收项目125个，实现增收项目原254个行政村全覆盖。同时，始终坚持政策扶持与自力更生相结合，不断激发薄弱村主体意识，压实工作责任，引导薄弱村深入挖掘自身潜力，主动谋划发展项目，推动集体经济产业不断发展壮大，提高村级组织的地位和作用，消除集体经济薄弱村工作取得突破性成效。2019年，全县村级集体经济总收入5994.44万元，其中经营性收入1953.44万元，分别比2017年(消除集体经济薄弱村攻坚第一年的村级集体经济总收入4164.58万元，经营性收入632.96万元)增长44%、208%。全县原254个行政村全部达到集体经济总收入10万元以上，年经营性收入5万元以上的"双百"标准，全面完成消除集体经济薄弱村目标任务。

2019年，创成省级美丽乡村示范乡镇2个(毛垟乡、家地乡)；省级美丽乡村特色精品村4个(大均乡大均村、标溪乡标溪村、东坑镇东坑村、秋炉乡秋炉村)。完成第5批历史文化村落保护与利用建设项目，其中重点村1个(大均村)、一般村8个(沙湾镇仙姑村、莲川村、道化村；澄照乡朱坑村、米岩坑村；大漈乡彭村村；梅岐乡潘坪村；雁溪乡浮亭岗村)。

【省级美丽乡村示范县创建】 2019年，景宁畲族自治县继续推进六边三化三美、小城镇综合整治和美丽乡村示范乡镇、示范村(精品村)建设等工作，为2020年全面创建省级美丽乡村示范县打下坚实基础。整合美丽乡村资金、"633资金"、民族发展资金、旅游发展资金、一事一议资金、美丽宜居资金、历史文化(传统)村落资金等项目资金1.2亿元，成功创建省级美丽乡村示范乡镇2个，省级新时代美丽乡村达标村38个(其中精品村14个)；郑坑乡畲寨田园入选浙江省100个"最美田园"；"景宁600"农产品基地休闲观光线路获评浙江省休闲农业和乡村旅游精品线路。

【"大搬快聚富民安居"工程】 2019年年初，出台《关于全面实施"大搬快聚富民安居"工程的指导意见》(景委发〔2019〕17号)和《"大搬快聚富民安居"实施细则》(景大搬快聚办〔2019〕1号)文件。县财政下达搬迁直补资金8130.22万元，主要用于搬迁补助；下达项目建设资金4185.5万元，主要用于乡镇(街道)16个安置小区基础设施建设项目。全年，全县共组织实施搬迁991户3259人，完成市搬迁指导计划任务的109%。其中，整村搬迁20个自然村616户1888人，整村搬迁比例58%；低收入群众搬迁187人；少数民族群众搬迁390人。完成老房测绘及拆除76786平方米，宅基地复垦6.8公顷。确保高山远山群众搬得出、住得好、富得起。

【汇编《精准扶贫应知应会"一本通"》】 2019年5月，县农业农村局收集各类精准扶贫帮扶政策并汇编成通俗易懂的扶贫政策“口袋书”——《精准扶贫应知应会“一本通”》。全书收集各类精准扶贫帮扶政策五大模块共18条。全年共向全县干部群众发放5000多本，全面提升干部群众扶贫政策知晓度，该做法得到中共丽水市委副书记李锋的批示肯定。

【“畲山居”成为景宁首个集体商标】 2019年5月28日，由县政府牵头景宁畲族自治县畲家民宿（农家乐）协会注册的“畲山居”集体商标获国家知识产权局颁证，成为景宁历史以来首个集体商标。“畲山居”品牌的成功注册，对景宁进一步打响民宿农家乐品牌具有重要意义。“畲山居”核定使用商品和服务项目：包括家庭旅馆服务、度假村住宿服务、餐馆、茶馆、床出租、旅游房屋出租、饭店、养老院、日间托儿所（看孩子）、咖啡馆等。

【《农村土地承包经营权流转服务规范》通过丽水市地方标准立项论证】 2019年7月19日，景宁畲族自治县制定出台的《农村土地承包经营权流转服务规范》通过丽水市地方标准立项论证，被列为丽水市地方标准制定计划，填补了全市土地流转服务规范的空白。2019年，景宁畲族自治县累计办理土地流转证304本，流转土地3133.33公顷。

【农村产权流转交易服务标准化项目成为国家级试点】 2019年，景宁畲族自治县全面推进国家级农村产权流转交易服务标准化试点建设。同年9月27日，国家农村综合改革标准化试点项目检查验收专家组到景宁检查验收，并以“90+5分”的成绩高质量通过。 （雷卓颖）

气　象

【概况】 景宁畲族自治县气象局（以下简称县气象局）实行上级气象主管部门与县人民政府双重领导，承担县行政区域内气象行政管理和公共气象服务职能。内设办公室（气象行政执法大队）、气象减灾科（行政许可科、人工影响天气办公室）、业务科（气象台）。2019年5月，县机构改革将县防雷中心和县气象服务中心整合设置为景宁畲族自治县气象灾害防御中心，增挂县预警信息发布中心（加挂县人工影响天气中心），为县气象局所属股级公益一类事业单位。原县防雷中心的2名差额拨款事业编制调整为全额拨款事业编制。整合后的县气象灾害防御中心核定全额拨款事业编制3名。至同年年底，在职职工16人。其中，研究生学历1人，本科学历6人，专科学历8人，中共党员12人。

2019年，县气象局以提高天气气候预测预报准确率和服务水平为中心，围绕全年工作目标，以建设现代化气象业务体系为重点，强化气象防灾减灾工作，转变气象事业发展方式，加强创新驱动，强化法治建设，全面推进气象现代化，提高公共气象服务能力，为景宁经济社会发展积极做好气象服务保障工作。

继续推进气象现代化建设。以气象灾害监测预警全覆盖县建设为载体，以开展创新实干大赶考活动为抓手，优化监测站网布局。是年，新建潘坑、凸头2个自动站，并对郑坑、东坑、景南、梅歧4个自动站进行了设备升级。全县累计建成52个多要素区域自动气象观测站、2个水位雨量站、1个农业气象观测站、1套天气现象仪，县域内地面自动气象站平均站间距6.07千米。发挥资源优势，加强应对气候变化，推进生态气象服务工作。是年，共开展人工增雨作业34次，年度作业总次数名列全省第一。

推进气象移动警戒雷达项目建设。12月底完成移动局地警戒雷达设备的验收并交付使用，确定雷达基地线路，并积极协调争取地方建设配套资金，争取早日投入使用。积极开展美丽气象工作。成功申报云中大漈和云上天池两个景区入选全省100个气候避暑胜地。积极推进景宁县惠明寺村气象景观体验营地建设，至年底已完成选址等前期工作。联合县科协、雁溪乡政府在浮亭岗村创建全市首个乡镇天文气象自然科普基地。

全面完成省市考核目标任务，助推乡村振兴。五水共治暴雨精细化工程项目建设、气象灾害预警联动机制完备率、气象灾害预警传播力三个指标均达100%。是年，进一步完善“政府主导、部门联动、社会参与”的气象防灾减灾体系建设。坚持政府主导，乡镇(街道)设分管领导、气象协理员，行政村设气象信息员，把气象工作列入乡镇(街道)年度目标责任考核内容。将全县303网格员纳入气象灾害预警发布系统，健全了乡村气象灾害预警信息“五级”传播网络。全面完成2018年公布的5家防灾减灾重点单位的认证和23个气象防灾减灾标准化村(社区)的创建工作。

县气象局坚持把公共气象服务的基础业务工作放在首位，各项业务质量达到市气象局指标。坚持长、中、短期、短时预报服务相结合，预报服务与实况服务相结合。不断完善周年气象服务方案，严密监测、精心分析、及时预警、滚动预报，全力以赴做好决策气象服务工作。通过电视、政府网站、“96121”、国突平台全网发布、手机短信、多媒体预警终端、村级气象预警信息发布终端、农村应急大喇叭、微信公众号和抖音新媒体等途径做好公众气象服务。全年，共发布《预警信号》50期，《气象内参》50期，《气象专题报告》8期。为特定服务对象发布“异常天气短信”90批次、逢周一周五发送“中期天气预报”短信93期、《气象旬报》35期。根据天气形势的演变及时滚动预报，并发布专题天气趋势分析内参，气象短信51批次服务5万余人次。通过国家突发预警信息平台联合发布地质灾害和山洪预警共计14条。

落实行政审批制度改革工作，优化气象行政审批“最多跑一次”“互联网+监管”等服务事项清单，开展工程建设项目审批制度改革试点，全部审批事项纳入一窗受理平台和全域一证通办等统建系统，真正让企业便利，让群众满意。

深化防雷减灾体制改革工作，履行防雷监管职能，落实“平安景宁”防雷安全考核工作。7月，与平安办、应急管理局联合下发《关于公布2019年气象灾害(雷电)防御重点单位的通知》，公布防雷重点单位91家。根据省局下发的防雷“四个体系”建设和“双随机”工作要求，运用浙政钉掌上执法平台，对全县11家易燃易爆等场所开展防雷安全隐患的检查，履行好社会防雷监管职能。对检查发现的问题，督促相关企业按要求限期整改。其间，还与各企业签订《企业防雷安全主体责任承诺书》，落实企业安全生产主体责任，全年未发生严重的雷电灾害。

【年人工增雨次数列全省第一】 2019年秋冬季节干旱严重，于1月4日在景宁沙湾镇后塘村第一次实施人工增雨作业，发射火箭弹4枚，增雨18万吨。由于干旱持续全年共实施人工增雨作业34次，共发射火箭弹44枚，燃烧暖云催化增雨焰条152根，增水356.2万吨。是年，景宁人工增雨次数列全省第一。

【创建全市首个乡镇天文气象自然科普基地】 2019年11月，联合县科协、雁溪乡政府在浮亭岗村创建全市首个乡镇天文气象自然科普基地。该基地占地面积6.67公顷，共计投资15万元，是一个以“云中驿”民宿为依托，集天文气象科普、农业植物科普、防灾减灾科普及现场演练为一体的综合性科普基地。

【气候评价】 2019年，景宁畲族自治县平均温度18.3℃，平均最高温度24.2℃，平均最低温度14.6℃，月极端最高温度37℃，出现在7月26日，月极端最低温度-1.8℃，出现在12月8日；月降水量1824.8毫米；月日照时数1510.2小时。2019年，全县气温略偏高，但气温总体比较平均，高温（≥35℃）和低温（≤0℃）日数明显偏少，最高气温仅37℃，低温日数仅3天，远低于常年平均值。降水量比常年同期偏多145.1毫米，日照偏少37.7小时。各乡镇降水量分布不均匀，主要集中在中部、东南部、西南部，最大出现在梧桐高演村2447.1毫米。

【主要天气气候事件】 2019年出现降水期和干旱期明显两极分化的气候特征，降水期有入梅时间早，持续时间长，降水量大的特点，干旱期有持续时间长的特点。2月份就已经开始连续的阴雨天气，3月1日入梅后，持续阴雨天气的趋势逐渐加强。从降水量来看1月1日至7月31日全县面雨量1573.9毫米，共有36个站点累计雨量超过1500毫米，最大为梧桐高演村1959.9毫米；景宁站降水量1554.3毫米，为近20年同期第二多（仅次于2010年的1619.5毫米）。8月—11月，景宁站累计降水量222.4毫米，比历年同期偏少55%，为近20年同期最少（其中8月降水量97.3毫米，比历年同期偏少54%；9月降水量48毫米，比历年同期偏少量达67%；10月降水68.3毫米，与同期相符；11月降水量仅有8.8毫米，仅有历年同期的12%）。 （吴耀健）

自然资源·环境保护

综　述

【概况】 2019年1月18日，景宁畲族自治县自然资源和规划局挂牌成立。根据景宁畲族自治县机构改革方案，将县国土资源局的职责，县林业局的职责，县发展和改革局的组织编制并实施主体功能区规划职责，县住房和城乡建设局的城乡规划管理、测绘与地理信息管理等职责，县水利局的水资源调查和确权登记管理职责，县住房和城乡建设局、县环境保护局、县水利局等部门的自然保护区、风景名胜区、自然遗产、地质公园等管理职责整合，组建县自然资源和规划局，作为县政府工作部门，保留县林业局牌子，不再保留县国土资源局和县测绘与地理信息局牌子。2019年1月18日，丽水市生态环境局景宁分局挂牌成立，原景宁畲族自治县环境保护局不再保留。

国土资源

【概况】 全县土地总面积193883.69公顷。其中，耕地面积18741.39公顷，占全县总面积的9.67%；园地面积2459.32公顷，占全县总面积的1.27%；林地面积157361.23公顷，占全县总面积81.16%；草地面积1792.69公顷，占全县总面积的0.92%；城镇村及工矿用地2279.52公顷，占全县总面积的1.18%；交通运输用地1271.32公顷，占全县总面积的0.66%；水域及水利设施用地5333.21公顷，占全县总面积2.75%；其他土地4645.01公顷，占全县土地总面积的2.4%。

境内矿产资源较为丰富，现已探明的矿产有铁、钼、铅锌、铜、金、银、叶蜡石、萤石、高岭土、大理石等20余种。矿产地近百处，以矿种多但矿产规模小为特点。主要矿产为铁、钼、铅锌、叶蜡石、花岗岩等。2019年，全县有持证矿山3家。其中，萤石矿1家，铁矿1家，花岗岩建筑石料1家。矿山规模均为小型。全县矿业从业人员约45人，矿业产值约300万元。砂石加工场2家，年产量约100万吨。

2019年，全县共审批各类建设用地18宗，面积46.31公顷。做好“标准地”供应工作，国有建设用地使用权挂牌出让4个地块，协议出让1个地块，共计成交价款63191万元。审批设施农用地30宗，面积2.67公顷；临时用地10宗，面积9.53公顷。在全市率先开展光伏项目用地备案工作，全年备案23宗。盘活存量土地19.09公顷。城镇低效用地再开发9.67公顷，解决无房户、危房户450户。

全年建成标准农田120.24公顷，建成高标准基本农田582.66公顷，验收垦造耕地130.91公顷，验收建设用地复垦项目7.47公顷；新增耕地面积35.73公顷，实现连续25年耕地占补平衡。通过新增耕地指标调剂等途径赢取政策红利，调出补充耕地指标95.04公顷，收取预付款共计42315万元。

成立农房确权登记颁证攻坚战作战室，完成权籍调查测绘21个乡镇街道247个行政村（调整前）31915户，提交报告并入库18316户，全年确权登记发证11690本。立案查处土地违法案件12宗，占地面积0.98公顷。

【“大棚房”问题专项清理整治】 2019年，为确保国家粮食安全、严守耕地红线、维护农民长远利益，推进“大棚房”问题整治整改工作。严守“农地非农化”“耕地非农化”底线，加强排查力度，层层排查，摸清底数。共拆除违法违规建设11处，占地面积0.09公顷；整治整改和完善手续3处，占地面积0.08公顷。

【全领域推进第三次全国国土调查】 2019年，根据第三次全国国土调查工作的要求，全面开展景宁全域国土调查工作。该次国土调查采用2016年变更库以及国家下发影像进行作业。至2019年年底，取得初步成果图斑74929个。经多次修改调整完善，申诉图斑32个，整改错误图斑841个，需要举证的图斑412个，完成整改后已提交省级核查。

【建立不动产等过户手续一窗办结机制】 2019年，县不动产登记服务中心建立不动产、数字电视、水、电、网络等过户手续一窗办结机制。共办结不动产登记业务22247件，发放证书12785本、证明5899本。压缩办理时限，登记业务压减至4个工作日、抵押登记2个工作日、商品房转移登记压减至1个工作日以内。与中国邮政联合推出免费送证到家服务；在全市率先将不动产抵押登记业务从不动产登记中心办事窗口延伸到银行的一线窗口；开展上门服务3笔、预约服务5笔、持续提供延时服务，全年为企业累计办理651份抵押登记业务。 （蓝　天）

·国土空间规划·

【概况】 2019年，县自然资源和规划局先后编制完成《2019年度景宁畲族自治县国有建设用地供应计划》《景宁畲族自治县低效用地再开发专项规划（2018—2027）》。完成基准地价更新工作。启动《景宁畲族自治县零星地块控制性详细规划》《景宁畲族自治县国土空间规划》编制工作。《景宁畲族自治县零星地块控制性详细规划》通过网上竞价，由浙江省城乡规划设计研究院承编。2019年，完成了城南片区E地块、鹤溪街道扫口村A地块等15个零星地块控制性详细规划编制工作。其中有4个地块通过县政府批准，解决了项目建设不符合上位规划，无法审批等问题。《景宁畲族自治县国土空间规划》由浙江远卓科技有限公司联合浙江省城乡规划设计研究院中标编制。至年底，规划编制工作方案已征求相关部门和乡镇（街道）的意见，并启动前期调研及基础资料收集工作。

开展景宁畲族自治县国土空间规划实施评估工作。通过网上竞价方式，完成评估报告（评审稿）编制工作，并按省市要求上报101项指标数据。

开展景宁畲族自治县生态保护红线评估调整工作。由浙江省城乡规划设计研究院和浙江聚禾空间规划科技有限公司开展景宁畲族自治县生态保护红线评估调整工作。经过与各乡镇（街道）、部门的三轮对接，将第一稿调整方案上报省自然资源厅审查。

全年出具出让地块规划设计条件8件，办理建设项目选址意见书11件，办理建设用地规划许可证34件，办理建设工程规划许可证27件，协助乡镇办理乡村建设规划许可证35件。开展建设项目竣工规划核实14次，出具规划核实确认书41件。

2019年，按照部门职责分工实行项目工程竣工规划核实“多部门联动”，将园林绿地核实、土地现场复核、产权证发放现场踏勘、违章情况查勘等相关工作一并整合到工程竣工规划核实阶段。全年，“多部门联动”对浙江畲山贡标准化厂房等9个项目进行了规划核实。

（蓝　天）

林业资源

【概况】 景宁地处浙南山区，是全省重点林区县之一。森林面积154046.67公顷，森林覆盖率79.01%，全县活立木总蓄积1179.7万立方米，乔木林单位面积蓄积量87.6立方米/公顷，比全省均值的83.51立方米/公顷高了4.9%。生态公益林99000公顷，占林地面积的61%以上，生态公益林建设规模位列全省第五。

【丽水国家公园创建】 2019年，初步划定丽水国家公园景宁县域边界范围。丽水国家公园总面积579.6平方千米，景宁县域涉及英川镇黄鲍石村、温茶口村、凤凰寨村，沙湾镇何处村，秋炉乡半山村3个乡镇的5个行政村（合并前14个村）68.77平方千米，约占丽水国家公园总面积的11.87%。其中，核心保护区23.73平方千米，占比34.5%；一般控制区45.04平方千米、占比65.5%。协助规划单位完成《创建丽水国家公园实施方案》《创建丽水国家公园可行性论证》《丽水国家公园边界划定和功能区划专题研究》《丽水国家公园总体规划（初稿）》《丽水国家公园设立方案》《丽水国家公园科学考察及国家公园符合性评估报告》《丽水国家公园社会评估报告》《丽水国家公园总体规划》等10余个报告材料；协助规划单位开展国家公园自然环境调查和社会经济发展调查等工作。按照市创建办工作部署，完成国家层面的专家组对丽水国家公园创建工作进行的中期评估；结合景宁实际，初步编制国家公园建设“项目册”，主要包括生态保护修复、自然资源管理、社区发展、文化保护传承、生态体验和环境教育、生态产业、配套支撑、技术服务等8个方面。借创建丽水国家公园机遇，2019年景宁畲族自治县被列入浙江省“十大公园”建设县，在向省林业局编报建设项目的同时编制了“十四五”期间重点工作及项目建设。

·林业生态保护·

【概况】 2019年，景宁致力于以松材线虫病防治、森林防火和打击破坏森林植被、偷猎野生动物等各种违法犯罪活动为主要内容的平安林区建设。森林消防全年实现“零火灾”，各类涉林违法犯罪活动明显得到有效遏制。松材线虫病经过连续11年综合防控得到有效控制，2019年9月，被国家林业和草原局授予“全国生态建设突出贡献先进集体”称号。

2019年，完成卫星遥感监测林木异常情况核查。对国家林业和草原局卫星遥感监测发现的98个疑为松材线虫病疫点进行了实地核查，清理了经核实的5个疫情点疫木。全年，清理枯死松树3149株，采用松材线虫病注射液注干防治用药12万支，挂设松褐天牛诱捕器200只。开展常态化的联合检疫执法，全年共开展检疫执法16次、出动执法人员169人次，查处违规调运案件4起，查办案件4起，罚款14000元。全年开具植物检疫证53份。

全年，共组织专业、半专业扑火队伍培训32次，参训人员648人次；制作森林防火广告宣传牌820块，悬挂横幅303幅，发手机短信30万余条。与学校、县冬泳协会、县美发协会合作开展宣传教育58次20200余人次，发放宣传单45000余份，张贴禁火通告5500余张，张贴防火标语5000余条，送电影下村10次；在清明节和“除火患、保平安”护航新中国成立70周年森林防火专项行动期间，县级出动森林消防巡、督查1315人次，无人机一架，制止违章用火122起，处罚违章用火2人次，罚款1200元。

是年，严厉打击各类破坏野生动物资源违法犯罪活动，共办理非法猎捕野生动物案件10起。其中，行政案件9起，刑事案件1起，打击违法人员10人，收缴野生动物148只，涉案价值0.8万元；积极开展野生动物保护宣传工作，发送手机短信10万条，设置宣传牌21个，宣传单500张，开展“爱鸟周”等宣传日活动2次；与景宁中学生物馆和宠物店合作，及时救助受伤野生动物，全年共救助国家二级野生保护动物松雀鹰等172只。

2019年，扎实开展山林权属争议积案排查，深入纠纷山场现场勘查，共处理山林纠纷113起；加强山林纠纷信访工作，共接待来信来访110余人次；组织专家深入各乡镇进行指导培训，共指导乡镇调解纠纷10余起；健全矛盾纠纷排查调处工作机制，完善山林纠纷处置预案，对有苗头性、倾向性的山林权属争议做到早发现、早报告、早化解，全面优化调处环境；重点抓好跨行政区域山林纠纷的调处，健全跨行政区域之间联调联控机制，切实维护林区稳定。

·林业生态建设·

【概况】 2019年，国土绿化美化工作总投入1882.8万元，其中财政投入1156.1万元。全县完成绿化造林253公顷，其中荒山造林50公顷，平原绿化22公顷，无林地和疏林地封山36.3公顷，人工更新108公顷，人工促进更新36.7公顷。四旁植树20.3万株，任务完成率101.5%；参与义务植树3.5万人次，义务植树21万株。创建国家森林乡村6个、市级绿化示范村3个。完成彩色健康（珍贵）森林建设

2066.7 公顷，完成通道沿线和城镇周边珍贵彩色森林项目建设 86.7 公顷。以“美丽林相、新植 1 亿株珍贵树种五年行动”“大花园”建设等为重点，加强“六边重点区域绿化缺失整改”、低产林改造和疏林地补植，珍贵树种和大径材培育示范基地成片造林 17.3 公顷，补植改造 134 公顷；调拨珍贵树种苗木 8.6 万株，自行采购 11 余万株，建成珍贵树种局长示范林 3 片、珍贵树种示范点 3 个、珍贵树种示范单位 3 个。

是年，实施“一村万树”千村示范万村推进行动，创建澄照乡金坵村、大均乡伏叶村、家地乡家地村、毛垟乡毛垟村、秋炉乡秋炉村、英川镇黄谢圩村、九龙乡王湾村、景南乡忠溪村等 8 个示范村和九龙乡鲍岸村等 33 个推进村，实现“一村一品、一树一业”的乡村绿化美化和林业产业发展格局。

2019 年，建立和完善公益林县级监测体系，对全县 188 个公益林固定小班和监测样地进行复查调查。完成 2019 年度公益林补偿资金和天然林停伐管护补助资金的发放，全年累计发放公益林损失性补偿资金 3.56 亿元，惠及 3.3 万农户、689 个村（组）集体和 2 个国有林场。开展景宁公益林建设十五周年成效广场宣传活动，完善公益林宣传告示牌，摄制公益林宣传视频，举办公益林建设十五周年成效摄影大赛。开展公益林落界完善试点工作，探索公益林先进管理模式，积极应用现代林业信息技术，选择存在纠纷难以调解的乡镇进行试点，建立景宁公益林信息管理系统。全面完成省林业局下达的 6941.8 公顷天然商品林停伐管护区划落界工作，涉及 16 个乡镇（街道）73 个村，1008 个小班，签订停伐管护协议书 89 份。

·林权制度改革·

【概况】 2019 年，深化林业金融服务，加快林权抵押贷款扩面增量。大力推进林权抵押贷款、公益林补偿收益权质押贷款等多品种业务。全年，新增发放林权抵押贷款 17764 万元，惠及农户 847 户。实现林权抵押贷款余额 56205 万元，惠及农户 3044 户（其中小额循环贷款余额 43236 万元，惠及农户 1927 户）。逐步优化林业金融服务水平。

按照“依法、自愿、有偿”的原则，大力推进林地经营权流转。全年，新增林地流转面积 674.7 公顷，规模林地流转办证面积 208 公顷。2016 年，景宁畲族自治县被国家标准化管理委员会列为第二批全国农村综合改革标准化试点县。2019 年 9 月 27 日，景宁农村产权流转交易服务标准化试点县建设项目通过国家农村综合改革标准化试点县项目考核专家组验收。林地经营权流转登记服务规范、原则、范围、人员要求及流程等均符合标准化规定。

·林业产业发展·

【概况】 2019 年，完成林下经济作物种植 141.3 公顷。其中，铁皮石斛林下种植 3.48 公顷，兑现资金 196.679 万元。建成林下经济示范基地 5 个 51.5 公顷。其中，多花黄精 19.7 公顷，三叶青 10.7 公顷，掌叶覆盆子 21.1 公顷，共补助资金 100 万元。

木本油料基地造林 25.9 公顷（建设管理房 629.13 平方）。其中，香榧 14.5 公顷，油茶

11.4 公顷。木本油料基地抚育 338.5 公顷。建立香榧苗圃 1.3 公顷，建立标准化造林示范基地 6.7 公顷，定砧嫁接示范区 6.7 公顷，兑现资金 95.31 万元。组织申报市级生态精品农产品 10 个、示范企业 1 家。

2019 年，林区道路硬化工作被列为当年县政府十件民生实事之一。全年投资 1400.6 万元，完成林区道路硬化 40 千米。

是年，组织 20 家企业参加第十二届中国义乌国际森林产品森博会，搭建具有浓郁畲族特色的“畲族风情馆”，展会期间，现场共销售商品 1 万余件，销售额约 36 万元，订单量 797 万元。

·林政资源管理·

【概况】 2019 年，开展森林督查工作和“绿卫 2019”执法专项行动，核查 516 个督查图斑和 6 个“绿卫 2019”图斑。依法办理林地审核审批，办理征占用林地 23 起，面积 146.4492 公顷。其中，国家林业局审批 2 件(溧阳至宁德国家高速公路浙江省景宁至文成段、322 国道景宁段改建工程)，省林业局审批的 2 件[丽水市滩坑引水工程、景宁畲族自治县外舍桥系(千熙桥)及菖蒲湾路网工程]，市林业局审批 16 件，县林业局审批 3 件。征收森林植被恢复费 4450.9515 万元。开展森林资源年度监测工作，通过工作准备、变更调查、内业处理 3 个阶段的工作，完成图斑进界更新、遥感差异图斑判读、公益林范围落界、森林督查图斑上图、森林资源年度监测数据库更新、数据统计、报告编制等工作。经省林业局核查，景宁畲族自治县森林覆盖率 81.03%，同比减少 0.08%，乔木林单位面积蓄积量为 5.84 立方米，同比增长 0.3%。发放林木采伐许可证 401 份，合格率 100%。采伐林木蓄积 36391.44 立方米，出材 22041.22 立方米。其中商品林蓄积 27442.95 立方米，公益林蓄积 8948.49 立方米。

2019 年，森林公安局组织开展“2019 雷霆行动”“禁种铲毒”“打击破坏野生动物资源专项行动”及扫黑除恶专项斗争。共出动车辆 213 台次，出动警力 948 人次，发放扫黑除恶宣传册、禁种铲毒宣传制品等 5000 余份，发送宣传短信 50 万条，检查菜市场营销点、便民摊点、客运托运部等野生动物制品加工经营运送场所近 380 家。共办理各类涉林案件 41 起。其中，行政案件 38 起，刑事案件 3 起，打击违法人员 41 人，收缴罚没款 37.53 万元。

(李　桥)

·湿地保护·

【概况】 2019 年 5 月 17 日，丽水市深化机构改革协调小组办公室印发《关于调整景宁县局级事业单位的函》(丽机改字〔2019〕133 号)，将景宁畲族自治县望东垟高山湿地省级自然保护区管理局、大仰湖湿地群省级自然保护区管理局(林业总场)更名为景宁畲族自治县生态林业发展中心(以下简称县生态林业发展中心)，为正局级事业单位，挂望东垟高山湿地省级自然保护区管理服务中心(以下简称望东垟管理服务中心)、大仰湖湿地群省级自然保护区管理服务中心(以下简称大仰湖管理服务中心)、县林业总场牌子。该中心设主任 1 名、副主任 3 名、总工程师 2 名。至年底，县生态林业发展中心的“三定”方案县编委仍在编制中。望东垟管理服务中心、大仰湖管理服务中心分别保留原有科室设置。望东垟管理服务中心设办公室、科研宣教科、经营开发科、资源管理科、生态公益林(国家储备林)管理科、计划财务科6个职能科室和上标林场、枫水垟保护站、白云保护站、渔际坑保护站4个下属单位;大仰湖管理服务中心设办公室、资源管理科、科研宣教科、生产经营科、生态公益林(国家储备林)建设办公室、计划财务科6个职能科室和大仰分场(挂大仰湖保护站牌子)、草鱼塘分场(草鱼塘省级森林公园管理处与其合署,挂菖蒲湖保护站牌子)、荒田湖分场(挂荒田湖保护站牌子)、大际分场、鹤溪分场5个下属单位。

全年,县生态林业发展中心向上级争取各类资金1184.94万元。其中望东垟管理服务中心争取到397.43万元,大仰湖管理服务中心争取到787.51万元。

2019年,完成草鱼塘康养基地和菖蒲湖保护站附属工程建设,林道改造硬化4千米、电力工程改造项目2个、监控系统安装2个。建成"北纬27度"最美绿道16千米。

县生态林业发展中心实行"全员防火、全年防火和全域防火"。全年在主要出入口设置哨卡,开展大型森林消防演练5次,新增大型宣传牌1个,张贴标语650条,悬挂横幅50幅、宣传彩带4000条,发放宣传单500多份,出动巡查督查1万余人次,宣传车巡查里程3000千米。防火线路铲修288千米。实现上标林场区域61年、林业总场区域19年"零"火情。

继续实施林下经济新业态,建成林下经济新业态基地4个,共计53.66公顷。其中,大型真菌野外研究基地0.33公顷;多花黄精基地13.33公顷;三叶青示范基地33.33公顷;七叶一枝花基地6.67公顷。伯乐树、景宁木兰、香果树、福建柏等珍贵树种造林5000株。完成大径材培育67.87公顷。

2019年,继续开展科普宣传和科研活动。2月2日(第23届"世界湿地日"),在府前桥头举办以"湿地与气候变化"为主题宣传活动,共发放宣传资料1800余份。3月19日,与县应急管理局、县自然资源和规划局、东坑镇人民政府、县森林公安局等单位联合举办"3·19"森林消防宣传活动。6月15日,举办"博物课堂"之湿地探访活动,有来自浙江省级专家,景宁畲族自治县科协、县生态林业发展中心以及景宁城北中学师生代表50余人参加。7月23日至28日,在景宁举办为期6天的"2019年浙江省植物分类与生物多样性保护高级研讨班"。有来自浙江省林业系统、自然保护区的专业人员;高校植物学、生态学专业教师、研究生;中学生物学教师;以及相关科研院所研究人员等90多人参加研讨。

【中共景宁畲族自治县生态林业发展中心直属机关党委成立】 2019年9月9日,景宁畲族自治县生态林业发展中心召开党员选举大会。选举产生中共景宁畲族自治县生态林业发展中心首届直属机关委员会组成人员,季必浩当选为委员、书记,孙小明当选为委员、副书记,叶文晶、邢小华、金朝满当选为委员;选举产生中共景宁畲族自治县生态林业发展中心首届直属机关纪律检查委员会组成人员,孙小明当选为委员、书记,夏丽敏当选为委员。

【望东垟科普馆开馆】 2019年5月22日，第26届国际生物多样性日暨望东垟科普馆开馆仪式在景南乡上标村举行。该馆总投资500多万元，展馆面积325平方米。整个展厅由动植物资源、森林生态系统、湿地生态系统等8个部分组成。馆内共陈设植物标本39种、动物标本137种、菌类23种。向公众免费开放，至年底，累计接待参观人员1000余人次。

【《动物学杂志》发表论文《浙江省望东垟高山湿地发现橙脊瘰螈》】 在中国科学院动力的研究所产办的《动物学杂志》（*Chinese Journal of Zoology*）2019年第1期上发表论文《浙江省望东垟高山湿地发现橙脊瘰螈》。该物种于2017年2月14日，在景宁畲族自治县望东垟高山湿地自然保护区（28°11′51.72″N，119°49′2.28″E，1100m）采集到标本，历经近3年时间，刘日林、周佳俊、刘凯怊等专家通过形态特征测量和描述初步鉴定为橙脊蝾螈（*Paramesotriton aurantius*），最后经线粒体COⅠ基因序列分子鉴定，所采标本为蝾螈科（*Salamandridae*）瘰螈属橙脊蝾螈，为浙江省两栖纲新记录种。

【发现浙江省壳斗科新种——景宁青冈】 景宁畲族自治县生态林业发展中心在（望东垟）渔际坑保护站内发现浙江省壳斗科青冈属一新种，经刘日林、陈征海、金孝锋等专家鉴定并被正式命名为景宁青冈（*Cyclobalanopsis•jingningensis*）。并在杭州师范大学主办的《杭州师范大学学报》（自然科学版）2019年11月刊上发表论文《景宁青冈——浙江壳斗科一新种》。

【《浙江景宁望东垟、大仰湖湿地自然保护区湿地植物图鉴》出版发行】 2019年5月，由刘日林、林坚、陈征海、季必浩主编的《浙江景宁望东垟、大仰湖湿地自然保护区湿地植物图鉴》在浙江大学出版社出版发行。该书从植物群路、个体、器官、局部等多个层次和视角，以文字描述及大量原色图片的形式展现保护区常见的170个主种、20个附种湿地维管植物的形态特征、生物特点和群落外貌等内容。该书是望东垟高山湿地自然保护区与大仰湖湿地群省级自然保护区动植物资源本底调查研究项目的主要成果之一，是《浙江景宁望东垟、大仰湖湿地自然保护区植物与植被调查研究》一书的姊妹篇。

【景宁林业总场成功创建浙江省现代国有林场】 2019年1月3日，《浙江省林业局关于命名2018年“浙江省现代国有林场”的通知》（浙林造〔2019〕1号）文件，命名景宁畲族自治县林业总场为“浙江省现代国有林场”。这是丽水市唯一成为现代国有林场的单位。

【草鱼塘森林康养基地被授予“国际森林疗养示范基地”称号】 2019年4月18日，《国家林业和草原局森林旅游管理办公室关于公布森林体验和森林养生国家重点建设基地名单的通知》（林旅字〔2019〕8号）文件，公布森林养生国家重点建设基地名单（全国43家，其中浙江2家），景宁畲族自治县草鱼塘森林康养基地名列其中。11月4日，景宁畲族自治县草鱼塘森林康养基地被中国林学会授予“国际森林疗养示范基地”称号，该次授牌全国仅2家。

【两单位入选森林康养产业(丽水)创新助力学会企业联合体会员单位】 2019年10月12日,《丽水市科学技术协会 丽水市生态林业发展中心关于建立森林康养产业(丽水)创新助力学会企业联合体的通知》(丽市科协〔2019〕36号)文件,确定景宁畲族自治县草鱼塘森林公园和草鱼塘森林山庄有限公司入选成为森林康养产业(丽水)创新助力学会企业联合体会员单位。

【望东垟高山湿地自然保护区被评为护林联防先进单位】 2019年11月28日,《关于表彰2018—2019年度护林联防先进单位和先进个人的决定》(庆护联防〔2019〕3号),景宁畲族自治县望东垟高山湿地自然保护区被闽浙赣毗连地区护林联防委员会第二联防区评为2018—2019年度森护林联防先进单位,受到表彰。

【望东垟高山湿地自然保护区成为省级主题党日活动基地】 2019年6月25日,《关于确定20家浙江省生态文明教育基地为全省生态环境系统主题党日活动基地的通知》(浙环文明委〔2019〕5号),确定望东垟高山湿地省级自然保护区为浙江省生态环境系统党员干部开展主题党日活动基地。全省共有186家生态文明教育基地参加评定,入选20家,其中丽水市2家。 (张丽珍)

环境保护

【概况】 2019年1月18日,丽水市生态环境局景宁分局挂牌成立,原景宁畲族自治县环境保护局不再保留。《丽水市生态环境局景宁分局职能配置、内设机构和人员编制规定》(以下简称"三定"方案)仍在编办待批中。2019年仍按原"三定"方案执行,内设办公室(行政审批科)、自然生态科、综合管理科,下设环境监察大队、环境监测站。

2019年,景宁县城空气质量优良天数362天,空气优良率100%,比上年提高0.6个百分点。PM2.5浓度均值22微克/立方米,较上年持平,综合指数2.56,同比降低1.16%。全县6个市控及以上断面水质功能区达标率100%,全部达到Ⅰ、Ⅱ类水体。县级以上集中式饮用水水源地水质达标率100%。出境交接断面实现Ⅱ类及以上水体占比100%。其中,Ⅰ类水203天,较上年增加35天;Ⅱ类水160天,较上年减少34天。生态环境质量公众满意度90.44,全省排名第七。绿色发展指数全省排名第六,其中环境治理指数全省排名第四,环境质量指数全省排名第一,生态保护指数全省排名第三。景宁畲族自治县外舍污水处理系统提标扩容工程获2019年度中央水污染防治专项资金2000万元。

丽水市下达景宁畲族自治县2019年减排任务是:化学需氧量(COD)、氨氮(NH_3-N)、二氧化硫(SO_2)和氮氧化物(NOX)排放量分别净削减3%、3%、0.1%和0.1%。2019年4月,丽水市生态环境局下发的《关于通报2018年各县(市、区)主要污染物总量减排核算结果的函》(丽环函〔2019〕34号)显示,景宁畲族自治县2018年4项主要污染物指标均完成年度减排目标任务。其中,化学需氧量(COD)减排36.33吨,氨氮(NH_3-N)减排44吨。

2019年3月，启动实施《景宁畲族自治县生态文明建设示范县规划(2018—2025年)》。同年，成立景宁畲族自治县国家生态文明建设示范县创建工作领导小组，制定印发《景宁畲族自治县国家生态文明建设示范县创建实施方案》，6月3日，召开动员大会和任务部署会，将38项指标分解落实到相关部门。

2019年，丽水市生态环境局景宁分局通过举办以“聚焦空气污染，守护畲乡蓝”为主题的“6·5”世界环境日全县中小学生绘画大赛，“7·29”丽水生态文明日主题音乐会，环境空气自动站和实验室开放日活动，以及利用“生态景宁”微信公众号和县城高速出口、大均乡和大漈乡3块液晶显示屏，加强生态文明建设宣传，提高公众知晓率、参与率和满意度。牵头打好污染防治攻坚战，推进“蓝天、碧水、净土、清废”四大行动。牵头开展第二轮中央环保督察迎检准备工作，开展中央、省级环保督察和上级强化督查问题整改“回头看”。开展生态环境风险隐患排查整治，严格建设项目环境准入，加强环评审批服务，加大生态环境执法力度，强化环境监测职能，深化生态文明体制改革。

对全县涉水、涉气、涉土、涉废、噪声及辐射等隐患点(面)进行摸排，掌握全县环境污染和环境风险隐患分布情况，并制作形成一张全县污染源风险隐患地图。全年共开展环境隐患排查行动20余次，掌握一般环境风险隐患点71个。6月3日，召开全县生态环境重点工作推进会，将71个问题进行交办，下发交办单28份，涉及单位28个。

全年细化环评审批18个事项形成71个小项，全部实现“互联网+政务服务”形式，其中“跑零次”、网上办事、掌上办事和材料电子化实现率均达到100%，即办率91.5%，承诺期限压缩比97.17%。落实部门间“最多跑一次”改革，共梳理出审查规划环评、商请出具环境信用审查意见2个事项，推动部门间共享。加强生态环保“三服务”(服务群众、服务企业、服务基层)工作。深化环评审批服务，开辟环保服务企业项目“绿色通道”，成立项目专研服务小组并提前介入，全年为8个重点项目提供超前服务。落实建设项目环境影响评价文件审批“代办”制度，全年代办建设项目环境影响报告15件。推进环保豁免审批，全年豁免建设项目环境影响评价审批近80件。全年审批建设项目186个(备案)，其中，“区域环评+环境标准”报告表降级为登记表备案8件。成立企业“关情小队”，深入城北工业区块、王金垟产业复合区等，开展企业“体检”服务25次，涉及企业35家次，提出相关建议15条，帮助解决企业问题16个，其中跨部门解决问题7个。4月16日，丽水市战略环境评价“三线一单”(生态保护红线、环境质量底线、资源利用上线和环境准入清单)意见征求会在景宁召开。

做好工业企业、饮用水源地、噪声污染、固体废物处置等执法检查工作，配合全市开展环境交叉执法大检查。全年共开展执法行动480余次，出动执法人员1489人次，检查企业310家次，下发责令改正违法行为决定书25份，立案查处5起，行政处罚4起，罚款48万元；受理群众信访投诉57件，处理办结率100%，群众满意率100%。

强化环境监测工作。在县政府1号楼楼顶新建1个空气自动监测站点，于11月投入试运行。完成外舍污水处理厂、垃圾填埋场2家重点企业每季度1次的监督性监测，监测结果出水水质达标率100%。对外舍污水处理厂、垃圾填埋场已联网备案的自动监测设备开展比对检查监测。开展农村生活污水处理设施出水水质监督性抽测工作，全县12家日处理能力10吨及以上的农村生活污水处理设施抽测合格率100%。完成100个区域环境噪声、7个功能区噪声和6个交通功能区的噪声监测工作。

深化生态文明体制改革。2019年1月22日印发《关于建立景宁畲族自治县生态环保保护联席会议制度的通知》(景委办发〔2019〕4号)，搭建"10+X"联动平台("10"：县监察委、县法院、县检察院、县公安局、县环保局、县建设局、县水利局、县林业局、县农业局、县国土局10个常驻部门；"X"：其他根据具体情况加入联动平台的成员单位)，整合部门资源，联动解决生态环境保护工作中的重点、难点问题。全年召开全县生态环境保护联席会议6次，研究部署环保督察整改、生态环境隐患排查整改、"绿盾行动2019"和国家县域生态考核等工作。实施"全员执法"工作机制，5月10日至12日开展以"勇担当、铸铁军、打硬仗"为主题的全员执法大练兵军训活动。12月31日，印发《景宁畲族自治县生态环境保护工作责任规定》(景委办发〔2019〕39号)，出台部门生态环境职责清单，推动各单位履行生态环境保护工作职责的落实。

开展龙潭桥水库县城饮用水水源地生态保护补助资金考核工作。10月18日，县政府组织召开考核工作会议，研究确定水源地周边4个乡镇(街道)8个行政村考核补助资金分配方案，共补助生态补偿资金162.5万元。其中：鹤溪街道、红星街道、东坑镇各补偿9.9万元，梅岐乡补偿19.8万元，梅岐、王木坑等8个行政村共补偿113万元。

【迎接第二轮中央环保督察】 2019年，丽水市生态环境局景宁分局牵头开展第二轮中央环保督察迎检工作。9月27日，县委、县政府组织召开第二轮中央环保督察迎检工作专题部署会，部署上级通报问题、前期排查问题、长期存在的短板问题以及"举一反三"问题的整改工作。11月5日，组织召开第二轮中央环保督察迎检工作专题推进会，督促和加快生态环境领域重点问题整改进度。11月15日，组织召开第二轮中央环保督察迎检动员会暨全县"五水共治"(河长制)工作点评会，部署5项重点工作。制定出台全县《第二轮中央生态环境保护督察协调保障工作方案》，成立以县委书记和县长为"双组长"的迎检工作领导小组，下设协调联络组，抽调相关职能部门人员成立专班，分设6个专项工作组，负责迎检日常保障工作。

【丽水市生态环境局景宁分局挂牌成立】 2019年1月18日，丽水市生态环境局景宁分局挂牌成立，1月30日启用新公章。按照机构改革方案，将县发展和改革局的应对气候变化和减排职责，县国土资源局的监督防治地下水污染职责，县水利局的编制水功能区划、排污口设置管理和流域水环境保护职责、县农业局的监督指导农业面源污染治理职责等整合划入丽水市生态环境局景宁分局，不再保留景宁畲族自治县环境保护局。

【生态环境保护综合行政执法改革】 2019年9月，根据市、县部署，启动生态环境综合行政执法改革工作。整合生态环境部门污染防治、生态保护、核与辐射安全等方面执法权，自然资源和规划部门地下水污染防治执法权，对因开发土地、矿藏等造成生态破坏的执法权，对自然保护地内进行非法开矿、修路、筑坝、建设造成生态破坏的执法权，农业农村部门农业面源污染防治执法权，水利部门流域水生态环境保护执法权，由生态环境保护综合行政执法队以生态环境部门名义统一行使。同年10月21日，景宁畲族自治县生态环境保护综合行政执法队正式挂牌成立，牌子挂在市生态环境局景宁分局。

【首例生态环境损害赔偿协议达成】 2019年3月4日，接到群众举报某涂料厂因管理不到位导致生产原料随雨水冲刷至下游鱼塘并造成鱼类死亡，并经调查情况属实。丽水市生态环境局景宁分局按生态环境损害赔偿制度，多次与该涂料厂进行交涉磋商，于同年3月8日与该涂料厂签订生态环境损害赔偿协议。该涂料厂自愿以货币赔偿的方式承担生态环境损害赔偿责任，赔偿鱼塘业主2000元。

【“6·26”交通事故环境应急处置】 2019年6月26日，景宁环城西路叶府前路段发生油罐车侧翻事故，部分柴油泄漏流入鹤溪河道和市政管网。丽水市生态环境局景宁分局立即启动突发环境应急预案，成立环境应急处置工作领导小组，下设现场应急和应急监测2个组，开展物资调配、布点监测、拦截浮油、废物集中处置等应急工作。经过环境应急处置，泄漏柴油未流入下游千峡湖，未对景宁造成环境影响。

·“五水共治”·

【概况】 2019年3月，县“五水共治”工作领导小组办公室合并至丽水市生态环境局景宁分局。是年，推进污水零直排建设，完成县府宿舍小区、东坑镇“污水零直排区”建设。新建供水管网7.3千米；改造供水管网5.5千米；雨水管网改造3千米；雨污分流改造管网4千米；排水管网清淤97千米。编制《景宁畲族自治县美丽河湖建设实施方案（2019—2022）》，创成上标湖、毛垟港2条省级美丽河湖。完善县、乡、村三级河长体系，行政村规模调整后，全县共有县级河道8条、乡级河段92条、村级河段167条；设立县级河长18人、乡级河长92人、村级河长167人。全县有各类湖（库）42个，设立县级湖长10人、乡级湖长42人、村级湖长45人。推进河长制信息化管理平台建设，县、乡级河长巡河率100%，村级河长巡河率99%。加强农村生活污水运维管理，完成7个日处理能力30吨以上农村生活污水处理设施标准化运维试点建设。开展饮用水水源规范化建设，完成9个乡镇38个行政村2019年度农村饮用水达标提标项目。2019年“五水共治”群众满意度调查排名全省第一。 （林泽瑜）

水利·电力

水利

【概况】 2019年，景宁畲族自治县水利局（以下简称县水利局），内设办公室和行政科，行政编制7名。有下属事业单位11个，编制56名。其中，“县水政执法大队”依照公务员管理，编制4名；县农村水利管理站、县水利水电工程质量管理站、县河道管理所、县水电开发管理站、沙湾水文站、鹤溪水利管理站、沙湾水利管理站、英川水利管理站、东坑水利管理站、渤海水利管理站为公益一类事业单位，编制共52名。2019年12月底，全局在编61人。其中，公务员8人、机关工勤1人、参照公务员管理3人、事业49人。编外26人、国企5人。2019年，重点围绕水旱灾害防御、水资源管理、水生态建设、水环境提升、水利工程标准化管理等方面加大水利投入，实现水利稳步发展。全县，续建项目3个、新建项目3个，总投资3.1亿元，比上年增长75.1%。

【《景宁畲族自治县农村饮用水县级统一管理实施方案》发布实施】 2019年，《景宁畲族自治县农村饮用水县级统一管理实施方案》经县政府常务会议审议通过，发布实施。是年，县水利发展有限公司作为县级统管机构在各乡镇（街道）设立供水站，分乡镇承担区域内饮用水工程的运行管护任务，实现农村饮用水的专业化、标准化、长效化管理，保障农村饮用水工程供水安全；成立县水发公司农村饮用水管护队伍，在原有5名工作人员的基础上，再招聘44名管护人员，专职从事开展日常巡查、药品投加、维修养护等工作。

·重点工程·

【概况】 2019年，金村水库项目开工建设，小溪流域综合治理工程（一期）稳步推进，提前半年贯通鹤溪河绿道精品线项目。超额完成农村饮用水达标提标工程年度任务，新增受益人口2.34万人，涉及九龙、大地、毛垟等9个乡镇43个行政村，达标人口覆盖率提升至81.98%。面对20年一遇的历史性干旱，通过增加水源、管网延伸、分时供水等措施，解决多个乡镇饮水难题。成功创建美丽河湖3条。其中，上标湖、毛垟港获评省级美丽河湖；伏叶村被评为乡村美丽河湖。超额完成中小河流整治任务，清除淤泥1.22万立方米，完成任务的122%；创建“无违建”河道101.38千米。成功争取并启动全国水系连通及农村水系试点县“幸福河”项目前期工作。该项目属全国首批58个试点县之一（全省仅3个），将获得超3亿元的上级补助资金。

【金村水库及供水工程开工建设】 2019年10月15日，金村水库及供水工程开工建设。至2019年年底，导流洞进、出口洞脸完成开挖并衬砌，具备洞身开挖条件；输水洞进口段便道修建完成；截弯取直料场石方明挖完成70%。

【推进小溪流域综合治理工程（一期）建设】 2019年7月31日，小溪流域综合治理工程（一期），善水桥右岸段、外舍右岸段完成招投标工作，并进场施工。是年，综合治理长度2.3千米，完成投资4700万元。12月4日，王金垟段治理工程完成施工、监理招投标工作，并进场施工。

【鹤溪河山哈宫至东弄绿道延伸项目全线贯通】 2019年5月，贯通鹤溪河绿道精品线项目，成功串连山哈宫、东弄田园综合体等重要节点。全长4.9千米，总投资1979万元。绿道的延伸将山哈宫、张春水电站、东弄田园综合体等景区串点成线，是一条集畲族民族风情、绿道文化内涵、水文化等元素的滨水景观生态廊道，为城南区块的市民提供休闲健身好去处，让广大市民共享生态文明建设成果。

·水旱灾害防御·

【概况】 2019年景宁县域105个站点有雨，平均降雨量为1723.69毫米。汛期（4月15日至10月15日），平均降雨量为1159.59毫米，相比2018年汛期平均降雨量增加140毫米。汛期降雨主要集中在英川镇、东坑镇、鹤溪街道、景南乡等地，其中降雨量最大站点为英川镇龙川雨量站点1599毫米。梅汛期面雨量为433.13毫米，相比2018年140.92毫米增加292.21毫米。其中，降雨量最大站点为英川镇龙川站点615.5毫米。水雨情呈现特点：2019年降雨主要集中在汛期，出汛后（10月15日至12月31日）全县平均降雨量仅为76.69毫米，相比2018年同期的平均雨量减少了109.2毫米，多乡镇出现缺水情况；2019年梅汛期从6月17日开始入梅，到7月17日出梅，梅期持续整整30天。梅期持续时间比往年平均22.3天要长一周多的时间；2019年台风影响全县情况较小。在9号超强级台风“利奇马”预警期间，景宁有8座小型水库超警戒水位自溢流，一条河道超警戒水位，大均水文站实测最高洪水位为156.24米，最低水位为155.19米，流量每秒28.2立方米。县水利局发送预警短信12084条。截至汛期结束，全县未收到水旱灾害报告。实现连续13年人员“零伤亡”。

·水资源管理·

【概况】 2019年，完成节水型社会建设年度计划工作任务。开展企业水平衡测试1家、企业清洁生产审核2家，创建节水型企业1家、节水型居民小区1个。根据省市水资源专项行动要求，对非法取水户进行统一整改。全年，征收水资源费100.58万元，征收水土保持补偿费150.18万元，水政行政处罚11万元，没收违法所得1.891万元。县水利局窗口全力推行“最多跑一次”改革，通过提升政务服务效率，变“群众跑”为“数据跑”，政务服务事项全部实现“跑零次”；依托企业投资项目在线审批3.0平台，通过推行“标准地”“承诺制”改革，投资项目水土保持方案审批由法定期限的45天缩短至5个工作日。

2019年，以维护河流生态平衡为重点，修编《水能资源开发规划》，制定《景宁县农村水电“一站一策”改造实施方案》；完成备案制竣工验收水电站44座；完成96座水电站生态改造，完成率106%。创建联合国认证“绿色水电站”6座（龙川、粗垄一级、粗垄二级、雁湖、新桥头、白鹤一级），同比增长200%，名列全市第一。

·小型水电站·

【概况】 2019年年底，景宁畲族自治县有农村小水电161座，总装机容量34.79万千瓦，2019年发电9.2823亿千瓦时。累计发放电站抵押登记证53本，抵押贷款9.779亿元。（练梅霞）

·千峡湖景宁段开发建设与管理·

【概况】 2019年，在事业单位机构改革中，千峡湖景宁畲族自治县开发建设管理处更名为千峡湖景宁畲族自治县保护与开发管理中心，继续履行库区保护与开发管理职能。全年，联合县公安局、检察院、水利局、渔政等部门开展联合执法16次，处理非法捕捞事件18起，收缴大小渔网35副，切除竹筏35副。在环境整治月活动中，执法8次，切除非法竹排17副，拆除自行搭建的简易棚16个、浮台3个。多措并举，水质保护成效显著，2019年岭根断面水质考核为良好，全年Ⅰ类水天数203天，无Ⅲ类水。千峡湖水质连续3年保持Ⅱ类水以上。

2019年，千峡湖景宁畲族自治县保护与开发管理中心为九龙乡765户农户开展白蚁防治，解决蚁患问题；为后坪村10个自然村实现路灯亮化，解决夜间出行问题；帮助田坑村建造垃圾站2个，解决环境污染问题；投资75万元，与16个沿湖行政村签订生态资源环境管护服务合同，调动库区群众参与保护千峡湖生态环境的积极性，实现生态保护与村集体消薄增收共赢。

2019年，千峡湖景宁畲族自治县保护与开发管理中心努力打造千峡湖品牌，投资25万元，帮助九龙乡蜂蜜通过SC认证，并成功注册“千峡山”品牌，促进九龙乡中蜂产业发展；与市全域旅游发展中心和千峡湖青田管理处共同举办“千峡景秀·中国峡湾”摄影大赛，有省内外百名摄影名师参加，决出百幅获奖作品，千峡湖获得“浙江省摄影艺术协会创作基地”称号；与县诗词协会联合征集编写的《千峡赞歌》诗集正式出版，该诗集收录赞美千峡湖诗歌300首，首次刊印800册。同年6月，千峡湖有机鱼喜获“第三届中国国际现代渔业暨渔业科技博览会”金奖。

【开展三无船舶治理行动】 2019年2月，千峡湖景宁畲族自治县保护与开发管理中心发布《关于千峡湖（景宁段）水域治理“三无”船舶的公告》，并联合县公安、渔政、港航开展“三无”船只整治月行动。联合执法5次，现场纠正违章行为12次，打击摧毁非法捕鱼竹筏18副，劝离“三无”船只15艘，扣押“三无”船只2艘，打造库区井然有序的船舶管理环境。

【千峡湖生态环境保护和生态安全调查评估项目启动】 2019年，千峡湖景宁畲族自治县保护与开发管理中心开展千峡湖生态环境保护和生态安全调查评估。项目由浙江省环境保护科学设计研究院中标承接。调查评估工作从9月开始，每月开展库区生态资源取样调查研究。调查评估项目首次以千峡湖为研究主体开展科学性调研活动，弥补千峡湖库区科学性研究的空白。调查评估工作对千峡湖生态资源保护、库区经济社会的发展具有极其重要的作用和意义。 （毛莉茗）

电　　力

【概况】 2019年年底，县电力工业局拥有全民制职工253人。下设7个职能部门、3个业务支撑机构、4个供配电营业所、2个供电服务站，代管2个集体企业。县域内有220千伏变电站1座，变电容量33万千伏安；110千伏变电站1座，变电容量8.15万千伏安；35千伏变电所11座，变电容量13.63万千伏安。有35千伏线路21条，线路长度249.54千米；10千伏线路由2018年年底的72条增加至76条，线路长度由2018年年底的1455.65千米增1476.15千米。2019年，全县全社会用电量由2018年的2.28亿千瓦时上升至2.34亿千瓦时；最高用电负荷由2018年的4.027万千瓦上升至4.29万千瓦。全年未发生电力安全考核事故，连续安全生产6307天。

2019年，县电力工业局持续深化“最多跑一次”改革，入驻县行政审批中心窗口，开通“用电报装”联办事项，办理“水电联动”过户566户，推广“掌上电力”9732户、智能缴费17000户，20项业务实现“最多跑一次或一次都不跑”。实现一般工商业平均电价降低10%，累计降价每千瓦时7.48分，惠及用户6700多户。协同县教育局，积极开展“空调进教室”工作，涉及学校25所，惠及师生17000余人。全年完成电能替代量151万千瓦时，新建“全电景区”1个、“全电民宿”16个、现代农业电气化示范基地1个。建成黄山头、平桥等7个精品供电台区(精品台区指设备精良、指标精益、管理精细、服务精致、环境精美标准的供电台区)，打造“红色心田”精品供电台区带(精品台区带指10个以上农村供电台区，沿路沿线、串点成线、连接成面、一路一带的供电区域。其中至少有1个台区是省公司百佳精品台区，其余台区严格按照标准化农村台区建设和运行管理个，各项指标先进、现场整体设备状态、运行环境与美丽建设相适应)。在景宁高速路口建成全市首座综合供能服务站。

【景宁生态电网项目启动】 2019年8月26日，《景宁畲族自治县全国民族地区城乡融合发展试点建设方案》经浙江省深化改革委员会审议通过。生态电网项目建设是方案的重要内容之一。方案要求：建设沙湾110千伏输变电工程、油田110千伏输变电工程、大漈35千伏输变电工程，谋划景中220千伏、澄照110千伏重大输变电工程，实施山区生态“两网”示范提升工程、民族乡村振兴电网升级改造工程，保障能源送出及重大基础设施电力配套工程，估算总投资8亿元，项目计划于2022年底完成。 （姚　迪）

工业经济

综　述

【概况】 2019年1月，中共景宁畲族自治县委办公室转发中共丽水市委办、丽水市政府办印发的《景宁畲族自治县机构改革方案》（丽委办发〔2018〕101号）。将县经济商务局、县科学技术局的职责，以及县人力资源和社会保障局的引进国外智力和外国专家管理职责整合，组建景宁畲族自治县经济商务科技局，作为县政府工作部门。不再保留县经济商务局、县科学技术局。

景宁畲族自治县经济商务科技局（以下简称县经商科技局）内设直属机关党委、办公室、综合企业科、产业投资科、信息化科、商贸科、科技发展科7大科室。设局长1人，副局长4人，总经济师1人。行政编制14个，实有18人；事业编制26个，实有25人；工勤人员2人。

2019年，景宁工业经济持续稳定发展。“双轮驱动”（“双轮”指丽景园和澄照农创园）更加强劲，“双链引领”（“双链”指北飞科南电气产业链和宇海幼教产业链）初步成型。丽景民族工业园“二次创业”持续发力，盘活低效土地17.33公顷。飞科项目一期主体工程完工，网营物联等10个项目开工建设，天造环保等6家企业投产。工业产值突破10亿元大关，税收突破亿元大关，反哺能力逐步增强。澄照创业园基础设施日趋完善，二期项目平整土地49公顷。实体企业入驻18家，成功招引全球知名木玩经营商——Hape国际控股集团，宇海幼教木玩产业园一期项目、亚资科技等企业实现投产。城北工业区转型升级不断加快，10家竹木企业开展“机器换人”，大东景竹木孵化园入驻企业顺利投产。

制造业投入6.82亿元，创历史新高。新增高新技术企业6家，新增规上企业6家。深入企业走访调研，民营企业纾困解难工作持续发力，出台企业减负“十二条”，为企业减轻税费2.46亿元。搭建银企合作平台，新增中小企业贷款2.22亿元。“亩均论英雄”改革稳步推进，完成46家工业企业评价。（钟建玲）

景宁经济开发区

【概况】 景宁经济开发区（以下简称开发区）成立于1991年10月，1994年8月经浙江省人民政府批准设立为省级经济开发区，国家核准面积为1.01平方千米。2005年12月，经国家发改委审核确认为省级经济开发区。2010年7月，浙江省人民政府批准《浙江景宁经济开发区整合提升工作方案》（浙政函〔2010〕114号），整合提升总面积为1639公顷。

2019年，在“整体经济下行、减税降费”的双重压力下，园区总部经济依然克服重重困难，保持平稳增长的态势。全年实现总部经济税收收入8.39亿元，创出历史新高。其中，“娃哈哈”集团之外其他企业税收收入猛增至4.1亿元，占比49%。全年实现总部经济销售收入378亿元，突破300亿大关。其中“娃哈哈”集团之外其他企业销售收入297亿元，占比79%，从而一举改变“娃哈哈”一企独大的被动格局。

是年，开发区及时调整招商思路，瞄准长三角制定《精准招商攻坚战实施方案》，实施全员招商，不断完善机制，狠抓项目，共外出北京、天津、上海等地招商26次，新引进总部经济企业66家，提前4个月完成全年目标，引进新项目数量创历年新高。

是年，开发区落实“分管领导跟踪管理、承办人全程代办”“干部联系企业”“企业投资承诺”等制度加快推动入园项目的建设投产，大幅度缩短企业项目建设周期。全年，农民创业园内完成项目投资2.15亿元，其中固定资产投资1.8亿元；宇海产业园年产200万套幼教装备项目完成4幢厂房建设，建筑面积31000多平方米，实现投产运行；幼教木玩产业园项目标准厂房22栋主体工程顺利结顶；浙江山大车竹木制品有限公司、景宁实信竹木制品有限公司、景宁奥仙竹木制品有限公司、浙江江南花坞网络有限公司完成施工许可证办理并开工建设；景宁联鈖鑫盛工贸有限公司年产15万套竹木工艺品生产基地项目、景宁匠心木制品有限公司年产20万套竹木工艺品生产基地等项目完成入园评价。

农民创业园区基础设施建设进度推进强势。2019年，开发区下沉更多力量到项目建设上，创业园二期工程基础设施项目累计完成场地平整47.33公顷，完成叶缴29米高的YJ2柔性挡墙及岩下500米长近20米高的柔性挡墙，完成澄照路、佃源路路面浇筑，完成岩下排水沟600米；第三污水处理工程完成室内装修和室外配套工程建设及设备安装并通过项目初步验收；景宁武装打靶场完成主体工程及边坡防护，并投入使用；园区支路工程已完成地下管网铺设；提前完成10千瓦创业117线46#杆—工业区块主电源电力排管工程；完成一期与二期连接道路；东升路渠道（K0+210—K0+496段）开工建设。

全年，安全生产常抓不懈，紧紧围绕“安全第一、预防为主”的方针，始终把安全生产工作摆在突出位置来抓，为园区经济发展提供良好的安全环境。全年共组织巡查46次，发现安全隐患问题15处，均督促企业整改落实到位。以开展“三服务”活动为契机，以“不遗漏一企一项目”为要求，全年共梳理出企业招工难、融资难等各类问题和诉求12个，帮助宇海木玩产业园、博士园、亚资等企业解决各类难题7个，提交跨部门协调解决问题5个。

坚持通过改革创新释放体制机制活力，为推动经济高质量发展提供有力支撑。推行施工许可证办理“最多50天”改革。景宁奥仙竹木制品有限公司项目作为开发区2019年首个审批代办项目，在50天内完成项目前期审批相关事项办理；为方便企业入驻，降低企业经营成本，规范企业运行管理，开发区租用红星街道惠明路82号办公楼一幢，设立电子商务孵化园（总部经济园），建立一站式服务平台，为企业创造良好的环境和条件，帮助新兴的小企业迅速长大形成规模。是年，共有24家企业入驻电子商务孵化园。

2019年，开发区有序开展招才引智行动。开发区紧紧围绕县委、县政府的《畲乡铁军"三服务破六难"百日攻坚大会战实施方案》，及时建立招才引智工作领导小组，积极与宇海产业园、博士园中药饮片有限公司等企业进行沟通，联合澄照乡举办创业园企业招工现场会，为两家重点企业完成用工预登记350多人，既解决了澄照乡群众以及"大搬快治"下山移民就业问题，又有效缓解了开发区企业用工难问题。

2019年，按照县委的统一部署深入开展"不忘初心、牢记使命"主题教育。印发《关于开展"不忘初心、牢记使命"主题教育实施方案》，制定班子学习计划、支部学习计划和个人学习计划，利用集中学习和个人自学方式学习"两书一章"，学习中共十九大精神，学习中共中央总书记习近平在庆祝中华人民共和国成立70周年的重要讲话和中共十九届四中全会上重要讲话的精神。严格规范"三会一课"、党员领导干部参加组织生活、主题党日、民主评议党员等党内政治生活制度。落实对党员干部的人文关怀和对特困党员的关怀机制，开展对离退休老党员和困难党员的慰问工作。通过主题党日活动开展"浙西南革命精神"微党课评比活动（由每位党员轮流上微党课，并由全体党员评分），组织参观云和小顺红色基地，进一步增强理想信念和宗旨意识；通过中心组理论学习、加强教育力度，牢固树立以清廉为荣，以贪腐为耻的道德观念，自觉增强党性观念；开展警示教育，全面提升干部职工政治思想素质和拒腐防变能力。景宁经济开发区党工委严格落实全面从严治党主体责任，担当负责、动真碰硬，认真开展市委提级巡察整改工作。（胡俊敏）

·丽景民族工业园·

【概况】 丽水经济开发区景宁民族工业园（以下简称丽景园）。2019年，丽景园继续以"志不求易，事不避难"创新实干大赶考为契机，延续"二次创业"的拼劲闯劲，自我加压、拉高标杆、全员发力，全力推进招商引资、企业服务与管理、征地拆迁、平台建设等各项工作。全年完成固定资产投资4.87亿元。其中，企业投资4.57亿元；实现工业产值10亿元，同比增长58%（其中规上工业产值约5.6亿元，同比增长58%，在全县占比33%）。全年组织收入2.14亿元，其中税收收入1.52亿元，同比增长415%，超过丽景园开园以来税收总和。

是年，丽景园始终把招商工作放在核心位置，坚持实体企业与总部经济企业两手抓、做到两手硬。推出"人人肩上有指标、人人肩上有责任"的全员招商机制，把招商任务细化量化，招商成效直接挂钩干部年终考核。要求每位干部充分挖掘自身的人脉和资源，收集一切有效、有用信息，积极"走出去"，努力"引进来”。全年共外出招商400余人次，引进总投资10亿元的网营物联（丽水）智能供应链运营中心项目，投资1.04亿元的年产50万台LED灯具、2000万台适配器及成套设备项目，年产5000台高低压成套开关设备及智能断路器项目和绿谷精英企业启先科技项目4个产业项目，引进总部企业103家（包括多家上市公司），总注册资金达到23.71亿元。飞科项目入选首批省重大产业项目名单，为景宁争取了6.67公顷的土地指标奖励。

是年，丽景园以“三服务”活动为载体，推出“三下沉三提升”（下沉企业、下沉车间、下沉职工，提升企业获得感、提升专员工作成就感、提升“精专”金字品牌美誉度）活动，按照服企领导、服企组长、服企专员联系服务一家企业的“三对一”服企模式，力促企业早落地、早动工、早投产。全年新开工实体企业项目10个，续建项目2个，基本完工项目9个，基本投产项目6个。10个实体企业项目分别为浙江宏博汽配有限公司年产600万只汽车用油水分离器项目；浙江百盛食品有限公司年产1万吨复合调味料生产建设项目；浙江华企正邦自动化科技有限公司年产10506台各类机械设备建设项目；浙江奔富新能源股份有限公司年产1000万平方米锂电池铝塑膜生产线建设项目；丽水州通电气科技有限公司年产100万套系列电力金具项目；浙江浩琦机车部件有限公司年产200万只汽车摩托车刹车盘、100万只摩托车轮毂、100万只摩托车CNC件项目；丽水一元科技有限公司年产2万台智造锂离子电池储能系统装备项目；浙江伟鹏程科技有限公司年产120万条车用减震器项目；丽景强村小微企业孵化园项目；网营物联（丽水）智能供应链运营中心项目。“省市县长工程”——飞科电器项目总投资15.2亿元，2019年完成投资2.3亿元，累计完成投资2.5亿元，完成项目一期的7栋建筑主体工程建设。

是年，拆迁尾留问题取得突破。全年共拔除“钉子户”4户，至年底，园区仅剩1户待拆户，基本扫清平台建设障碍。全年共盘活土地17.33公顷。收回娃哈哈闲置土地，快速推进丽景植绒二期续建项目，完成主体工程建设。

全年，完成政府投资3000万元。完成丽景园道路网及配套工程（二期-Ⅵ）场地平整17.33公顷，新开工道路1千米，新铺设雨污水管1千米。完成丽景园小微创业园综合配套设施、市生态产业集聚区水阁至腊口公路K1+500—K2+100段路基、机场区块电力设施迁改项目丽景园段电力管廊基础处理等园区基础项目建设。园区道路网相关管线全面跟进，满足入园企业的需求。至年底，园区完成场地平整293.33公顷，已供工业及仓储物流用地109.53公顷，园区内剩余未开发用地约106.67公顷，同步建设市政基础设施。已有飞科电器有限公司、景宁娃哈哈饮料有限公司、浙江青风环境股份有限公司、浙江天造环保科技有限公司、浙江丽景植绒有限公司等35家实体企业落户丽景园。

【5家企业纳入景宁规上企业】 2019年，园区内有天造环保科技有限公司、康润新材料有限公司、亚舒丽新材料有限公司、惠丰建材有限公司、裕宏电器有限公司5家企业纳入景宁规上企业。至年底，园区共有规上企业11家。（雷淑君）

·农民创业园·

【概况】 农民创业园位于景宁县城西南侧(澄照乡)，是丽水产业集聚区生态产业低丘缓坡综合开发利用试点子项目。根据《浙江省人民政府关于推进低丘缓坡综合开发利用工作通知》(浙政办发〔2006〕20号)和《浙江省人民政府办公厅关于进一步做好低丘缓坡综合开发利用工作的通知》(浙政办发〔2008〕84号)要求，景宁澄照区块列入全省低丘缓坡建设用地重点区块。根据2012年6月30日浙江省国土资源厅批准的《丽水市低丘缓坡综合开发利用试点实施方案》，景宁组团项目(澄照农民创业园)规划总面积349公顷。其中农民创业园一期基础设施项目规划面积109公顷，完成场地平整及主体道路、管网等市政配套设施建设，并于2015年12月顺利通过省国土资源厅低丘缓坡项目验收组验收，2016年9月，通过竣工验收。二期工程基础设施项目于2017年8月28日开工建设，该项目属于一期工程的拓展与延伸，分叶缴区块和岩下区块。主要建设内容包括场地平整、道路工程、桥涵工程、给排水工程、渠道工程以及地下综合管网、边坡防护及其他市政附属配套设施。土地平整挖方量230立方米，填方工程量217万立方米；道路工程4.2千米，用地面积74100平方米，道路等级为城市干路、支路，设计行车时速30千米；桥涵工程总长50米；渠道工程1329米。项目规划面积47.36公顷。其中，叶缴区块20公顷，建成后可出让用地16公顷；岩下区块规划面积27.34公顷，可出让用地面积19.34公顷。预算总投资31114万元。至2019年年底，完成二期工程基础设施项目场地平整47.34公顷；完成YJ1号柔性加筋挡墙、YJ2号柔性加筋挡墙、Y1号柔性加筋挡墙及边坡防护；完成澄照路和佃源路路基建设和澄照渠、叶缴渠等建设。二期工程项目2019年完成投资6050万元，累计完成投资24730万元。2019年，佃源自来水厂、配套区块安置居住区市政配套设施等续建工程相继投入使用，景宁第三(佃源)污水处理厂项目通过初步验收。

【景宁第三(佃源)污水处理厂项目通过初步验收】 2019年，景宁第三(佃源)污水处理厂完成二沉池、污泥池等构筑物设备安装。同年10月，完成项目初步验收。是年完成项目投资135万元，累计完成项目投资5854万元。

该污水处理厂工程项目总用地面积1.16公顷，设计日处理污水12000吨，概算总投资5856万元。工程分两期实施，近期规模按日处理6000吨设计，部分建、构筑物土建按日处理12000吨一次建成。污水处理工艺采用AAO工艺，污泥处理采用隔膜板框压滤工艺，尾水排放执行《城镇污水处理厂污染物排放标准》(GB18918—2002)一级A标准。于2017年9月开工建设，陆续完成生化池、沉淀池、消毒池、调节池、二沉池、污泥池、旋流沉砂池和综合楼等建构筑物主体。 (叶　兵)

招商引资

【概况】 2019年5月17日，根据丽水市深化机构改革协调小组办公室印发的《关于调整景宁县局级事业单位的函》(丽机改字〔2019〕133号)

2019年10月25日，海盐—景宁山海协作"飞地"合作共建签约仪式

（县经济交流合作中心 提供）

文件，将景宁畲族自治县人民政府经济合作交流办公室（挂景宁畲族自治县招商局牌子）更名为景宁畲族自治县经济合作交流服务中心（以下简称县经合中心），挂景宁畲族自治县招商服务中心牌子。为正局级事业单位。该中心下设招商科、合作科、综合科、服务科，有人员15人。2019年，前期招商引资的9个税源项目共发生税收43460.85万元（其中入库税收34952.68万元，在9个税源项目中有7个按政策享受民族自治地区所得税减免共8508.17万元）。

2019年，通过招商引资，全县新引进项目87个（其中产业类项目25个，总部经济项目62个）。合同投资额50亿元，实际到位资金11.0803亿元，完成市对该县考核任务的139%（任务：市外内资8亿元）；引进大项目14个（含税源项目9个），完成市对县考核任务280%（任务：5个）。是年，景宁畲族自治县招商引资工作经市委、市政府考核获良好档次。

【网营物联（丽水）智能供应链运营中心项目取得土地使用权】 该项目于2019年6月6日取得土地使用权，到位资金3925万元。2018年12月，丽景园管委会与杭州网营物联控股有限公司签订网营物联（丽水）智能供应链运营中心项目投资意向协议，落户丽水经济开发区景宁民族工业园区。项目用地规模约20公顷，总建筑面积约21万平方米，其中一期占地约10.33公顷，总建筑面积约11万平方米，二期占地约9.67公顷，总建筑面积约10万平方米，项目设置产能中心与供应链运营、冷链仓储、场景展销与主题采买、供应链数据服务、行政与生活配套等功能区，以集约高效的多层立体设施，集成业内领先的智能技术与装备，业务辐射浙江省丽水市及周边，打造成为丽水市供应链设施的标杆项目。

【智能年产50万台LED灯具、2000万台适配器及成套设备项目取得土地使用权】 该项目于2019年5月24日取得土地使用权，到位资金270万元。2019年9月22日，丽景园管委会与浙江天明智能制造限公司签订年产50万台LED灯具、2000万台适配器及成套设备项目投资协议，落户丽水经济开发区景宁民族工业园区。项目计划投资10400万元，用地1公顷，新建厂房、综合楼面积13200平方米，建成投产后，经营期年平均销售收入2亿元（含税），销售税金及附加871万元（含增值税），利润总额1733万元，

【年产5000台高低压成套开关设备及8万套智能断路器项目取得土地使用权】 该项目于2019年1月17日取得土地使用权，到位资金5409万元。2019年4月30日，丽景园管委会与丽水裕宏电气有限公司签订年产5000

台高低压成套开关设备及8万套智能断路器项目入园协议，落户丽水经济开发区景宁民族工业园区。项目总投资16700万元，用地约3.33公顷，形成年产5000台高低压成套开关设备及8万套智能断路器项目，其中固定资产投资12525万元，铺底流动资金4175万元。项目建成后，可实现产值26720万元，销售税金及附加1325万元，利润总额2860.77万元。

【鳗鱼养殖基地项目合作框架协议签订】 2019年4月30日，澄照乡人民政府与景宁景福水产养殖有限公司签订鳗鱼养殖基地项目合作框架协议，落户澄照乡。项目总投资7000万元，用地面积约4.67公顷，一期用地2公顷，规划投资3000万元，同年11月开工建设。二期投资4000万元，经营范围水产养殖、销售等。

【那云·天空之城项目正式投资协议签订】 2019年12月30日，县文广旅体局与浙江那云文旅有限公司签订景宁畲族自治县包山铁矿旅游景区项目正式投资协议。该项目位于鹤溪街道老鸦尖西麓（景宁包山铁矿区块），总投资约10亿元，分两期投资，一期投资5.1亿元，总用地面积117236平方米，其中建设用地面积32824.08平方米，建筑占地面积15402.87平方米，总建筑面积45953.7平方米。该项目充分利用停产后的矿区厂房、宿舍、办公室及矿洞资源，重新包装设计后打造高端休闲旅游度假景区，暂名悬崖上的天空之城。（县经济合作交流中心）

商 贸 业

国内贸易

【概况】 2019年，全县社会消费品零售总额37.38亿元，同比增长12.2%。其中，限额以上社会消费品零售总额2.99亿元，同比增长29.3%。限额以上社会消费品零售企业共17家，其中零售企业11家，住宿餐饮企业6家。

【电子商务】 2019年，全县共有各类电子商务网店859家，村级电子商务服务点304个，社区智能投递终端33个。拥有县级电子商务公共服务中心、中国畲乡电子商务产业园和景宁少数民族电子商务孵化园。直接或间接带动就业人员4200多人。城北村、王金垟村、岭北村、东弄村被省商务厅认定为电子商务专业村，红星街道被认定为电商镇。全年网络零售额20.96亿元，同比增长20%。

【成品油贸易】 2019年，全县有成品油零售企业9家（中石化企业4家，民营企业5家），加油站4家，加油点5家（中国石化销售有限公司浙江景宁城东石油商店已注销）。全年销售汽油11121吨，柴油10562吨。 （夏丽燕）

对外经济贸易

【概况】 2019年，县政府出台《景宁畲族自治县人民政府关于进一步促进开放经济稳定增长的若干意见》（景政发〔2019〕10号）。景宁外经贸工作紧紧围绕县委、县政府重大决策部署，继续发扬“志不求易，事不避难”创新实干“大赶考”精神，紧盯目标，深挖潜力，多措并举，全力促进外向型经济健康稳定发展。

全县新批对外贸易经营者备案登记企业30家，实际出口企业29家。实现自营进出口总额33.83亿元，同比增长98.73%，位居全市第一。其中，自营出口17.97亿元，同比增长41.5%，位居全市第二；自营进口15.86亿元，同比增长267.16%。

【利用外资】 2019年，全县新批美中品泰矿业（浙江）有限公司和景宁久德企业管理合伙企业2个外资项目，实现合同利用外资3007万美元，实际利用外资0美元。 （陈妙芳）

供销合作社联合社

【概况】 景宁畲族自治县供销合作社联合社(简称县供销联社)是县政府直属事业单位,参照公务员法管理。主要职能是围绕生产、供销、信用“三位一体”改革,搭建为农服务综合平台,完善为农服务体系,拓宽为农服务渠道,提升为农服务能力,助力乡村振兴。县供销联社有下属集体企业6个:县供销社、鹤溪供销社、沙湾供销社、东坑供销社、渤海供销社和九龙供销社。全资参控股企业5个:县九龙供销有限公司、县惠农农资连锁配送有限公司、泰顺县洪溪二级水电有限公司、县畲品农业开发有限公司、县农合联资产经营有限公司。民办非企业1个:县惠民农民资金互助会。

【设立省农信担保景宁代办点】 2019年6月25日,县农民合作经济组织联合会(简称县农合联)在县供销联社四楼举行浙江省农业信贷担保有限公司景宁代办点设立暨首批农信担保贷款发放仪式。仪式上,县农商行介绍农信担保业务,并举行首批农信担保贷款签约。浙江省农业信贷担保有限公司作为省财政厅主管的国有企业,是全省政策性农业信贷担保体系的省级平台公司,也是财政支农政策体系的重要组成部分。

【设立初期农村合作金融风险补偿资金】 2019年,为促进县农合联成员和资金互助会会员生产经营平稳健康发展,切实缓解短期融资转贷困难,根据《景宁畲族自治县农民合作经济组织联合会关于农村合作金融风险补偿资金实施方案》(景农合执〔2019〕5号)文件精神,设立初期风险补偿资金(含转贷资金),总规模250万元。由县农合联分期安排给县惠民农民资金互助会。互助会设立专用银行账户,实行专款专用,并负责资金划转、回收、收取资金使占费等工作。

【组建惠明茶产业农合联】 2019年7月29日,景宁畲族自治县召开惠明茶产业农合联成立大会暨第一次会员大会。大会审议通过了《景宁畲族自治县惠明茶产业农民合作经济组织联合会选举办法》和《景宁畲族自治县惠明茶产业农民合作经济组织联合会自律公约》;选举产生了第一届理事会理事。会上,县农商银行为惠明茶产业农合联授信5000万元。县人民政府政府副县长、县农合联理事长毛华庆出席会议并授牌。

【“景宁600”有机耕作者联盟成立】 2019年12月12日,县农合联在县农商银行召开“景宁600”有机耕作者联盟成立大会暨第一次会员大会。会议审议通过了《“景宁600”

2019年12月12日,“景宁600”有机耕作者联盟成立大会召开 (县融媒体中心 提供)

有机耕作者联盟选举办法》和《“景宁600”有机耕作者联盟自律公约》；选举产生了第一届理事会理事。县人民政府副县长毛华庆为“景宁600”有机耕作者联盟授牌并讲话。“景宁600”有机耕作者联盟是由县农合联牵头，由景宁行政区域范围内坚持有机标准、规范耕作养殖，从事农产品种植、养殖、加工、流通经营的企业、专业合作社、家庭农场、种植大户等联合组建，按照自愿、民主、平等互利原则，实行自我服务、民主管理的非营利性社会团体分支组织，属县农合联派出机构。

【“慧明红”“九曲惠红”获2019年“浙茶”杯金、银奖】 2019年6月18日，县供销联社组织选送的景宁慧明红实业发展有限公司“慧明红”牌红茶获2019年“浙茶”杯优质红茶评比金奖(丽水市参选茶样中唯一获金奖的红茶)；浙江九曲茶叶开发有限公司的“九曲惠红”牌红茶获银奖；金榜茶叶有限公司的“蓝师傅”牌红茶和敕木蓝氏茶叶专业合作社的“敕峰蓝氏”牌红茶获优胜奖。

【县农合联第一届理事会第三次会议】 2019年6月14日，县供销联社(农合联)召开县农合联第一届理事会、监事会第三次会议。县人民政府副县长、县农合联理事长毛华庆，县农合联第一届理事会理事、监事会监事参加会议。县农合联常务副理事长、执委会主任毛锡火做农合联工作报告。大会审议通过《县农合联农民合作基金使用用途规划预算(草案)》《关于推进农民资金互助会风险补偿机制建设的实施意见(草案)》、农民合作基金管理委员会组成人员名单；对县农合联部分理事、监事，以及常务副理事长、副理事长、监事长和县农合联执委会班子(主任、副主任、委员)进行了改(补)选。会议选举毛锡火为理事会常务副理事长，雷赛高、梅忠敏为理事会副理事长，梁一春为监事会监事长。 (杨 莉)

粮食工作

【概况】 2019年，县粮食部门认真履行工作职能：宣传、贯彻、执行国家关于粮食流通和储备粮管理的法律、法规和方针政策；研究拟定全县粮食宏观调控、总量平衡预算；拟定和落实县级粮油储备规模，下达年度轮换计划；负责全县粮食流通行业管理；研究制定粮食购销网点、仓储、加工设施等中长期发展规划；指导国有粮食企业改革和结构调整；组织国有粮食企业发挥流通主渠道作用，开展政策性粮食经营；做好辖区储备粮油管理；保障驻景部队粮食供应；依照国家《粮食流通条例》对粮食市场进行监管；对粮食收购实施行政许可；拟定全县突发粮食事件应急预案，根据县政府指令，协调相关部门，适时启动预案，确保社会稳定。

2019年，景宁畲族自治县人民政府与丽水市人民政府签订了《粮食安全责任书》。同时，县发改局将各项指标分解落实到相关部门，与各部门签订《粮食安全责任书》。根据上级要求，全县建立粮食价格监测点4个，粮食应急供应点20个，应急粮食加工企业3家。

分别与景宁环城粮油经营部、丽水嘉禾粮油公司签订代储协议，每季定期检查库存总量，确保应急成品粮库存总量不低于规定要求。认真贯彻上级军粮供应工作要求，狠抓工作措施落实，确保该县驻军(警)用粮。

2019年，该县地方储备粮、最低周转粮、原粮总规模等均符合规定要求。同时，与财政、农发行、收储公司等部门召开协调会议，拟定2019年粮食轮换计划和工作步骤，并通过网上竞标，完成5020吨粮食轮换任务。其中，轮出早籼谷3520吨、晚籼谷1500吨，轮入早籼谷2800吨、晚籼谷2220吨。为确保库存粮油安全，县粮食收储公司每月开展自查，县发改局每季开展综合检查，省粮食局不定期抽查。做到账账相符、账实相符，储备粮油达到国家规定的质量标准，粮食仓储合格率达到95%以上。

及时掌握区域内粮食供需基本情况，全年调查17户农户、10户居民的粮食生产和消费情况。按上级要求，提升粮食质量安全监控能力，做好品质监测和质量调查监测，及时报送数据，确保粮食质量安全。

2019年，在全国政策性粮食库存大清查工作中，该县建立大清查协调机制，开展大清查培训，召开动员会议。从严从实开展自查，查清粮食库存底数，并分解登统。完成地方粮食部门、农发行相关台账资料，配合上级做好大清查督导工作。对反馈的问题，及时整改。以“粮食安全宣传周”“世界粮食宣传日”为契机，开展粮食安全知识现场讲解、解读政策规定，通过海报、网络、新媒体宣传大清查检查方法，通报大清查工作进展情况。全力保障国家粮食安全。

2019年，县粮食部门联合市场监督管理局，对辖区内粮油经营部开展考核检查，对符合申报要求，满足创建标准，经部门联合考核验收合格的粮油经营部(店)，授予“放心粮油示范企业(店)”牌匾。共创建放心粮油示范店4家，放心粮油示范企业1家。

做好救灾物资储备工作。根据机构改革的要求，接管县民政部门移交的应急物资。与浙江华统肉制品股份有限公司签订代储协议。由浙江华统肉制品股份有限公司为景宁代储冻猪肉25吨，按补贴费用3000元/吨•年价格计算，共计75000元/年(若启用储备冻猪肉则按31000元/吨的价格购入，根据该价格计算，25吨共计775000元)。 (杜丽媛)

烟草专卖

【概况】 景宁畲族自治县烟草专卖局(分公司)根据《中华人民共和国烟草专卖法》行使国家烟草专卖管理权力，担负卷烟专营职责，组织烟草生产、经营活动，指导烟草行业质量管理。内设办公室、业务科、专卖监督管理科、财务科4个职能科室。业务科下设市场部、送货部。专卖监督管理科下设专卖管理所、稽查中队。在职员工46人，离退休人员30人。

2019年，景宁畲族自治县烟草专卖局(分公司)紧紧围绕“131发展战略”，立足新思路，谋划新举措，积极开拓业务，努力提高效益。全年卷烟销量4791.48箱，同比下降1.22%；销售额19433.67万元，同比增长2.43%；实现毛利5545.35万元，同比增长

4.96%；单箱销售额 4.06 万元，同比增长 3.69%。共查处各类涉烟违法案件 67 起，同比减少 30.21%。其中，利用情报查获无证运输案件 4 起，无证经营案件 7 起。查获各类违法卷烟 3843.8 条。

是年，景宁畲族自治县烟草专卖局（分公司）“基于 Java web 的绩效反馈平台研发”被评为十佳书记项目；“涉案物品管理系统的研发”获全市 QC（创新项目）三等奖。

【“11·7”互联网销售假烟一级国标网络案成功告破】 2019 年，公安和烟草部门不断深化各项协作机制，采取以前案查后案的案件策略，推进案件侦办与抓捕工作。2017 年 11 月 7 日立案的“11·7”互联网销售假烟案件经过近两年的艰苦缜密侦查，于 2019 年10 月告破。该案涉案人员 120 多人，其中被判处有期徒刑 1 人，逮捕犯罪嫌疑人 3 人，刑事拘留 1 人。查获实物假烟 2029 条，运输车辆 4 辆。涉案卷烟 851.52 件，案值 516.77 万元。是一起典型的新型互联网销售假案件，被确定为一级国标网络案件。（李春霞）

石油贸易

【概况】 中国石化销售股份有限公司浙江丽水景宁石油支公司（以下简称景宁石油支公司），前身为景宁畲族自治县石油公司。1998 年 8 月，与省内各级公司一同上划中国石油化工集团公司。2000 年 4 月，在中石化集团公司的统一部署下实施重组，主营业务、资产、人员等划归中国石油化工股份有限公司，更名为中国石油化工股份有限公司浙江丽水景宁石油支公司。2014 年 10 月，根据中石化集团公司混合所有制改革要求，划归中国石化销售有限公司。2019 年 3 月，更名为中国石化销售股份有限公司浙江丽水景宁石油支公司。

2019 年，景宁石油支公司有员工 47 人。有加油站 4 座（畲乡加油站、景宁加油站、东坑加油站和标溪石油商店），IC 卡营业厅 1 个，配送库 1 个。全年成品油销售 17590 吨，比上年增加 1257 吨。其中，柴油销售 5895 吨，比上年增加 1122 吨；汽油销售 11695 吨，比上年增加 45 吨。成品油市场总体竞争激烈，形势严峻，扩销创效难度大。

面对严峻的市场环境，景宁石油支公司牢牢把握域内市场份额。员工规范操作，熟练掌握“八步法”。用优质、热忱、周到的服务留住顾客。同时，积极配合政府有关部门取缔非标油，形成高压打击态势，有效整治非法经营和走私油品行为。

【参与“6·26”油罐车侧翻紧急救援】 2019 年 6 月 26 日 18 时 40 分左右，一辆由东坑镇开往景宁县城方向的江西牌照油罐车在环城西路叶府前路段发生侧翻，导致油品泄漏、车辆和边上房屋起火。事故发生后，景宁石油支公司第一时间成立救援分队，携带吸油毡、隔离带、消油剂等应急救援物资赶赴事故现场，协助相关部门对该车泄漏的油品进行现场取样，对泄漏在地面的油品进行围堵和集中回收，并及时协调云和石油支公司增调应急物资。同时，配合县环保部门在鹤溪河上进行柴油回收。消除了险情的扩散和环境污染。

【景宁石油畲乡站转型升级为综合供能服务站】 2019年12月4日，景宁石油畲乡站顺利完成转型升级，成为丽水市首座由国家电网和中国石化合作的综合供能服务站。随着经济、旅游产业的发展，景宁畲族自治县能源供给多样化需求持续增加。为更好更全面适应市场需求，景宁石油畲乡站在保持原有的基础上，增设了由国家电网提供的两座充电桩和4个充电车位。该站的成功转型，进一步完善了景宁畲族自治县公共服务体系、降低了社会用能成本，为广大群众生产生活提供更加便捷的能源服务。 （陈翔鸥）

交 通

综 述

【概况】 2019年年底，全县有公路306条，总里程1932.377千米。其中，高速公路1条12千米，国省道公路2条71.737千米，县道公路15条364.589千米，乡道公路17条196.533千米，村道公路271条1287.518千米。全县行政村公路通达率、客运班车通车率均100%。有二级客运站1个、准四级农村客货运一体站18个、农村物流服务点79个、港湾式停靠站524个。有六级通航航道77.11千米（主航道58.24千米，支线航道18.87千米），农村渡口18个，渡埠码头41个。

2019年，全县共有交通基本建设项目14个（省重点3个、县重点11个），计划投资12.154亿元，实际完成投资16.951亿元，占计划投资的139.5%。其中，续建项目9个，新开工项目5个。续建项目：溧阳至宁德高速公路景宁至文成景宁段（景文高速景宁段、省重点），2019年计划投资7亿元，实际完成10.485亿元，占投资计划的149.8%；322国道景宁段改建工程（省重点），2019年计划投资2亿元，实际完成2.623亿元，占投资计划的131.15%；235国道溪口至澄照段改建工程（省重点），2019年计划投资8000万元，实际完成投资1.03亿元，占年度投资计划的128.8%。大漈至雁溪公路工程，2019年计划投资935万元，实际完成投资908万元，占年度投资计划的97.1%；金钟大桥，2019年计划投资2800万元，实际完成投资3552万元，占年度投资计划的126.9%，主体工程完工，完成工程量的99.9%。金钟大桥连接线工程，2019年计划投资2000万元，实际完成投资2033万元，占年度投资计划的101.7%；澄照创业园客运站，2019年计划投资300万元，实际完成342万元，占投资计划的114%，主体工程完工；农村班线客运中心站，2019年计划投资1000万元，实际完成1270万元，占投资计划的127%；祥源商贸城（民族商贸物流产业园），2019年计划投资6000万元，实际完成9216万元，占年度计划的153.6%。新建项目：2019年度省道大中修工程完工，计划投资1800万元，实际完成1800万元；2019年度农村公路大中修工程完工，计划投资2000万元，实际完成2071万元；2019年度农村公路提升工程完工，2019年年度计划投资2100万元，实际完成2095万元；2019年度安保设施完善工程完工，计划投资4600万元，实际完成4597万；鹤溪街道水碓坑至惠明寺村连接工程，2019年11月开工，至年底完成投资242万元。

项目前期工作有序开展。温武吉铁路项目勘察设计招标结束；白鹤至大漈公路完成初步设计技术方案；中国民航华东地区管理局民航专家组、中国人民解放军东部战区相关人员先后到景宁对通用机场场址进行审核，最终推荐红星街道外田垄、澄照乡黄山、杉林后，东坑镇吴山头4个场址，其中红星街道外田垄为首选场址。

【溧阳至宁德高速公路景宁至文成景宁段工程】 2019年，景文高速景宁完成项目投资10.485亿元。路基挖方120万立方米，填方90万立方米、挡墙2.1万立方米；桥梁完成桩基458根、立柱20根、系梁30道，隧道完成3043米。景宁段共分为3个土建标，2个监理办。其中，一标由浙江交工宏途交通建设有限公司中标承建；二标由江西省交通工程集团有限公司中标承建；三标由中交一公局集团有限公司中标承建。一、二标由第一监理办北京华宏工程咨询有限公司监管，三标由第二监理办浙江公路水运工程咨询有限责任公司监管。项目部及监理办驻地设在项目所在地，土地征迁工作大部分完成。

2019年1月9日，溧阳至宁德高速景文项目合同签订仪式　　（县交通局 提供）

景宁至文成高速公路起点为景宁县城西北侧的鸭卵坑，接已建成的溧宁至宁德国家高速公路云和至景宁段，途经鹤溪、澄照、东坑、西坑、富岙、大㟁，止于文成县东部的樟台，接在建的溧宁至宁德国家高速公路文成至泰顺段。路线全长68.045千米。其中，景宁段33.498千米，另设西坑互通连接线长8.224千米。主线采用双向四车道高速公路标准，设计速度80千米/小时，路基宽25.5米。西坑互通连接线采用二级公路标准建设。项目总投资137.058亿元。

【322国道景宁段改建工程】 322国道景宁段改建工程总概算投资17.63亿元，2019年完成项目投资2.623亿元，累计完成项目投资2.889亿元。2019年，路基挖方44600立方米，临建挖方245765立方米，桥梁桩基完成施工115米，挡墙完成1455立方米，隧道完成111米。监理单位为丽水市丽通工程监理有限公司，施工单位为山西路桥集团有限公司。

322国道景宁段改建工程是景宁首个采用PPP模式（社会资本和施工总承包）推进公路建设项目。线路起点322国道文成西坑至景宁交界，途经梅岐乡、鹤溪街道、红星街道、至外舍接青景庆公路，止于汇田大桥处与235国道平交相接，全长28.675千米。其中，新建里程25.445千米，利用S326青景庆公路

3.235 千米。采用二级公路技术标准，设计速度 60 千米/小时（局部困难路段设计速度采用40 千米/小时），路基宽 10 米（局部困难路段路基宽 8.5 米），隧道净宽 10 米，净高 5 米。全线路基土石方 145 万立方米，共设置桥梁 5305.76 米/24 座，隧道 11625 米/11 座（含特长隧道 3785 米/1 座），涵洞 34 道，平交口 8 处。全线设公路养护管理用房和普通公路服务站各 1 处。项目概算总投资 17.628 亿元，其中建筑安装工程费 12.436 亿元。

【235 国道溪口至澄照段改建工程】 该工程 2019 年完成资 1.030 亿元，累计完成投资

2019 年 9 月 29 日，G235 景宁溪口至澄照段改建工程大赤大桥成功合龙

（县融媒体中心　提供）

3.839 亿元。2019 年，路基挖方 30235 立方米，回填清宕渣 6000 立方米，挡墙 9700 立方米；边坡防护 12000 平方米，边沟 2800 米；路面 3000 米；桥梁完成桩基 47 根、立柱 42 根、系梁 15 根、盖梁 23 座，梁板预制 163 片、梁板安装 130 片，护栏 750 米；隧道完成开挖 180 米、二衬支护 270 米、洞内装饰 3410 米、洞门墙 3 座。

235 国道溪口至澄照段改建工程是 235 国道新沂—海丰线的组成部分，项目概算总投资 4.3 亿元。改建工程起点与溪口 2 号桥桥头平交，起点桩号为 K23+000（接 52 省道桩号），路线由北向南沿老路布设，经过掌岸，在白锄渡船头（K26+400）处，路线折向西南方向新建对面山隧道，至大赤水文站附近后往南面新建大赤大桥与黄驮尖隧道，于滩树岭电站附近跨至溪谷南侧往东南方延伸经过石灰炉于澄照乡三石村接上现有 228（原 52）省道，终点桩号为 K32+560。路线全长 9.56 千米。其中，老路改建段 3.4 千米，新建路段 6.16 千米；大桥 5 座长 1049 米，中、小桥 5 座长 365 米；涵洞 14 道，长隧道 2 座长 3410 米，（其中对面山隧道长 2297 米，黄驮尖隧道长 1113 米）以及其他工程。施工单位为宁波交通工程建设集团有限公司，监理单位为丽水市丽通工程监理有限公司。于 2015 年 12 月 30 日开工。

路政管理

【概况】 2019 年，路政大队共出动巡查人员 3807 人次，查处违章案件 514 件，拆除违章建筑 335 平方米，清理堆积物 15131 立方米，拆除非公路标牌 131 块，整治马路市场 45 个；处理路损案件 21 起，赔补偿款 26.566 万元；行政处罚 238 起 111.14 万元。

【打击违法超限超载运输】 2019 年，路政大队根据浙江省交通运输厅、浙江省公安厅关于印发《浙江省治理车辆超限超载联合执法常态化制度化工作实施方案的通知》（浙交〔2018〕89 号）文件的职责分工，联合县交警大队、县人武部等部门开展“治超”工作。在货运车辆必经路段（汇田大桥非现检测点位、新海

线澄照交通安全劝导服务站）定点检查过往货运车辆，对涉嫌超限的车辆由路政部门负责引导称重、监督车辆卸货，交由交警部门作出行政处罚。同时，采用非现场检测设备以及地面便捷式称重执法仪器等多措并举，铁腕推进科技治超。全年参与联合执法965人次，共检查各类大型货车3262辆。其中，现场查处超限车辆30辆，卸载782吨，交警对相关驾驶员共计扣分114分；劝导加水车辆154辆。全年非现场设备查处超限车辆237辆次，共处罚110.79万元。“治超”工作取得了明显成效，平均超限率由上半年的32.11%降至20.34%，总体下降11.77%。

水上交通

【概况】 2019年，全县共有六级航道里程104.69千米，通航航道77.11千米（主航道58.24千米，支线航道18.87千米），尚未通航航道27.58千米。全县共有农村渡口18个，渡埠码头41个；渡工42人，在运渡船21艘（632个客位，12个车位）。辖区涉渡乡镇5个，行政村71个，常住人口4.2万人。全年完成渡运量76.53万人次，渡运车辆9.92万辆次（包括摩托车、电瓶车等），2019年度全县水上交通安全无伤亡事故。共出动巡航186人次，出动车（艇）55辆（艘）次，检查船舶（排筏）121艘次，发放“三无”船舶行政告知书100余份，强制拆除无证排筏42艘，驱离和暂扣“三无”船舶14艘次，拆除简易棚16个，浮台3个，销毁自制船舶5艘。发放隐患整改通知书6份，并全部整改到位。2019年，执行营运检验船舶29艘次，其中年度检验20艘次，换证检验9艘次。

2019年，金钟大桥成功合龙；大常应急码头于12月通过交（竣）工验收，工程质量为合格，投资467万元；建成美丽渡口6道（码头15个）、美丽渡船5艘，于11月通过交（竣）工验收，工程质量为合格，投资500余万元；汇头码头船舶污染物接收点项目于10通过竣工验收，工程质量为合格，投资8万元；千峡湖景宁航区（白马寮—鹤口）美丽航道创建方案设计项目，于10月通过项目评审，投资25万元；2019年度航道例行养护项目，完成投资65万元；千峡湖景宁航区应急渡船项目，完成工程量的70%；千峡湖景宁航区渡运码头应急修复工程施工图设计通过审查。

运　　政

【概况】 2019年，全年受理道路运输行政许可事项48件（其中道路普通货物运输经营许可44件、道路班车客运经营许可4件），其他行政权力事项1695件[其中临时客运标志牌核发207件、营运车辆年审154件、车辆道路运输证配发83件、驾驶员诚信考核298件、从业资格证换发、补发9件、驾驶员培训记录签证（科目2）366件、驾驶员培训记录签证（科目3）473件、道路运输从业继续教育备案104件、机动车维修经营备案1件]，全部办理完结。全县共有营运车辆298辆。其中，营运客车158辆（其中班车104辆、公交车32辆、出租车22辆）；营运货车140辆（含危险品运输车辆）。

2019年，开通客运中心至畔垟村城市公交线路1条；新建公共自行车租赁点2个。全县行政村客车通达率100%。是年，经县长办公会议审议通过，进一步提高农村客运“以奖代补”奖励标准，中巴车提高至3万/车，康庄小巴提高至4万/车。

2019年，建成黄山头（白大线K8+100）和梅坑（青景庆K85+800）2个公路服务站。新建港湾式停靠站12个，设置农村物流服务点36个。全年，全县共建成二级客运站1个、准四级农村客货运一体站18个、农村物流服务点79个、港湾式停靠站524个。

驾校共培训学员1026人，取得驾照625人，合格率61%。机动车维修行业共维修机动车3.59万辆次，回收废机油11755升、废电池2967只、废轮胎4910只、废配件20.9吨、废包装物7.4吨，“五废”全部实行规范回收和循环再利用。

2019年，开展各类执法检查，共出动执法人员459人次，检查车辆1200辆次，办理处罚案件8件，处罚金额5.91万元；办理人大、政协提案议案15件，办理信访件87件。

运输服务企业

【概况】 2019年，景宁畲族自治县汽车长途运输公司，是道路旅客运输、城市（城乡）公交、旅游包车、汽车维修、汽车加油、汽车驾培、客运快件和旅游服务综合性国有三级客运企业。职工87人，其中专业技术人员11人。经营客运班线29条，包括康庄小巴线路10条。营运车辆88辆，其中康庄小巴10辆，观光巴士33辆。全年客运站发车42030班次。运送旅客61.49万人次。

县汇丰汽车有限公司。现有职工76人，拥有客运车辆57辆，其中便捷巴士23辆。客运班线39条，日发车90班次，年客运量4.521万人次。

景宁联运出租汽车服务有限公司。名下共有出租车24辆，从业人员24人。

县公共交通有限公。2019年，共有公交线路10条，公共自行车租赁点32个。全年，购置纯电动新能源公交车8辆，共有公交车32辆，公共自行车800辆。城市公交车和公共自行车全部开通移动支付和扫码租赁功能。（毛时程）

公路养护

【概况】 2019年5月，原景宁畲族自治县公路局更名为景宁畲族自治县交通运输发展中心，升格为县政府直属正科级事业单位，归口县交通管理局。核定编制26名，设主任1名，副主任3名，总工1名。内设综合科、工程科、养护科、安全科、乡村道养护管理科、计划财务科、智慧信息科、直属机关党委。股级职数9名。下设县公路应急抢险中心，为股级公益一类事业单位，核定编制27名，股级职数4名。下有国有公路养护施工企业1家（县腾鹰公路养护工程公司）。该公司是具有全省公路养护二类甲级、乙级和三类甲级、乙级从业资质和独立法人资格的国有独资公司，可承担一级公路和高速公路、二级及其以下等级公路的路基、路面、中小桥、涵洞、中短隧道、绿化及沿线设施(不含监控、通信、收费管理系统)等的中修、大修养护工程。

根据景编〔2019〕38 号文件规定，县交通运输发展中心主要工作职责是：协助研究制定农村公路养护管理、提档升级等方面的政策、措施并组织实施；承担普通国省道公路、农村公路、站场等专项规划编制的行政辅助工作。按要求编报普通国省道公路和农村公路养护年度建议计划；承担普通国省道公路、农村公路小修保养和管护工作；承担普通国省道公路和农村公路养护工程、安全防护工程、站场建设项目的组织实施，负责普通国省道公路和农村公路养护工程、安全防护工程、站场建设项目技术审查，工程交(竣)验收及决算管理等工作；承担普通国省道、县道公路抢险、抢通、应急救援、突发事件处置等工作；承担普通国省道、县道公路灾毁修复工作，指导乡、村公路灾毁修复工作；承担普通国省道、县道公路桥梁、隧道等结构物安全运行的行政辅助工作；承担乡、村道公路养护行业管理工作；承担普通国省道、县道公路标志、标线维护管理；承担普通国省道、县道公路生态环保、信息化和数字化建设技术支撑工作；承担普通国省道、县道公路普查、交通量调查等工作；承担公路养护技术培训，组织实施公路养护、应急抢险的演练；承担公路行业新能源、新技术、新工艺、新设备、新材料的推广应用工作；完成县委、县政府和县交通运输局交办的其他任务。县交通运输发展中心及公路应急抢险中心不得承担行政职能，不得从事经营活动。

2019 年，21 个乡镇、街道全部成立农村公路养护管理站，并全部落实专人养护。市级规范化养护管理站创建率 100%，省级规范化养护管理站创建率为 38%(8 个)。加强日常养护，全年清理边沟 1400 余千米，清扫路面 8993 余千米，清理涵洞 306 处，清洗干线隧道 4 次，隧道清扫投入人工 180 余工日，设备 80 台班。修补坑洞 4210 余平方米，使用沥青 220 吨，清理塌方 30000 余立方米。应急抢险 28 余次，投入设备 145 台班，投入抢险人工 1800 余人次。

继续与中国人寿财产保险股份有限公司景宁县支公司签订农村公路财产保险合同，交纳保险费 343.00 万元(含税)，投保总里程 1754.08 千米。其中，县道 371.77 千米、乡道 193.02 千米、村道 1189.29 千米。通过细化保险条款，消除理赔争议，2019 年共出险 17 次，理赔 293.19 万元。

加强安全生产工作，分别对市级督办点云寿线 K28+900—K33+800 马岭头至叶府前路段、青景庆线 K111+390，县级督办点溪杉线 K39+350，通过设置隧道语音提示系统、拓宽道路、增设诱导设施、完善标志标线等一系列措施提高事故多发地段道路交通安全系数。建成了景宁首个交通安全劝导服务站。对 21 座国道桥梁、4 座隧道，18 座县乡道桥梁进行了定期检查。投资 174.83 万元，对油田口至岗石滑坡体进行应急抢险；投资 119.58 万元，对溪杉线 K45+795 黄水坑桥危桥实施改造；投资 223.41 万元，对国省道马岭头、龙井隧道进行改造；投资 139.5 万元，对 12 座桥梁与 1 座隧道开展小修保养、投资 60 万元，修复大大线水毁工程。

2019 年，继续实施“四好农村路”三年行动方案。建设“四好农村路”476千米。其中，农村公路路面大中修96.35千米，投资2071.09万元；农村公路窄路基路面改造75.86千米，投资2094.74万元；农村公路安全生命防护工程实施269.45千米，投资4596.91万元。

建成白鹤村村口休息区、梅坑公路服务站、黄山头休息区、大际休息区、际头村路口休息区、北溪村路口休息区、白鹤村村尾休息区7个公路服务站。

【G235、G322大中修养护工程景宁实施段通过交（竣）工质量评定验收】 2019年12月18日，G235、G322大中修养护工程景宁实施段通过交（竣）工质量评定验收。其中，235国道（原S228云寿线）景宁鹤溪至马坑段14.98千米，预算投资1037.1万元；322国道（原S330瑞东线）景宁干坑岙至东坑段16.87千米，预算投资737.97万元。

【成功创建美丽交通经济走廊达标县示范县】 2019年12月15日，浙江省交通运输厅印发《省综交办关于2019年度全省万里美丽经济交通走廊达标县、示范县考核验收情况的通报》（浙综交改办〔2019〕17号），景宁畲族自治县成功创建美丽交通经济走廊达标县示范县。

2019年3月至2019年11月，县交通运输发展中心（县公路局）根据省、市2019年度美丽经济交通走廊创建工作考核指标的要求和景宁畲族自治县交通运输局2019年美丽经济交通走廊创建实施方案，对X804标交线、X810景下线、X802溪杉线、X806童石线、X808东童线，C132梧桐至梧桐坑共计156.7千米的交通走廊进行美丽经济交通走廊建设，共投入创建资金4157万元。　（吴　统）

邮政·通信

邮　政

【概况】 中国邮政集团公司浙江省景宁畲族自治县分公司(以下简称景宁县邮政分公司)于1998年9月1日注册成立,地址景宁县人民中路209号(行政区号331127,邮政编码323500)。该公司是从事邮政通信和金融服务的公用性企业。主要负责区内邮政通信网建设、运行、经营与管理,受政府委托承担普遍服务和特殊服务义务。提供信函、包裹、汇兑、储蓄、报刊发行、集邮、特快专递等基础服务,包括物流配送、商函广告、代发工资及养老金、代办保险、代办电信、代售票务等。

2019年,景宁县邮政分公司在职从业人员124人(合同工67人,派遣制员工57人),退休职工33人。内设综合办公室和市场营销部两个管理部门,下设5个班组、3个县城代办网点和4个农村支局。全县共有邮政局(所)22个。其中,邮政支局(所)5个,补建邮政局(所)17个。邮政代理储蓄所6个(3个县城网点,3个农村局所)。邮路22条,里程(单程)1343千米。投递段道41条(城市8条,农村33条),总里程(单程)860千米(农村766千米,城市94千米)。电子化支局联网网点5个,电子汇兑网点24个,报刊亭3个。设置信筒信箱109个。

2019年,景宁县邮政分公司依托邮乐网电子商务平台,大力发展农村电商,推进"工业品下乡,农产品进城"项目。累计建成村邮站99个,村民不仅可以在那缴电费、充话费、订报、转账,还可以享受代收寄信件、助农取款、邮乐代购等服务。村邮站转型成为综合便民服务平台。"11185"客户服务中心开办各类业务,电话受理咨询和服务,客户足不出户即可办理票务代理、邮政礼仪、特快专递等业务。

【开展"弘扬浙西南革命精神"主题党日活动】 2019年8月27日,景宁县邮政分公司党委组织全体党员到畲乡景宁党群服务中心(新时代文明实践中心)开展"弘扬浙西南革命精神"主题党日活动。本次活动融入党风廉政内容。党委书记叶黎华给全体党员上了题为《坚守廉洁心　杜绝"微腐败"》廉政课。让全体党员深刻感悟,要弘扬践行浙西南革命精神,主动担当作为;要严守党纪党规,不忘入党初心，不断加强党性修养，时刻保持清醒的头脑和敏锐的思想觉悟；坚决抵制不良风气影响，立场坚定，做一名合格共产党员。

2019年8月27日，县邮政分公司党委全体党员重温入党誓词　（县邮政分公司　提供）

【开展第50届世界邮政日宣传活动】 2019年10月9日，景宁县邮政分公司围绕“传递美好 协同发展”宣传主题，结合中华人民共和国成立70周年系列活动和“不忘初心 牢记使命”主题教育，开展第50届世界邮政日宣传活动。公司党委委员、市场部主任叶霖玲接受县电视台采访，阐述了邮政企业的职责和担当。

2019年10月9日，县邮政分公司世界邮政日宣传活动现场　（县邮政分公司　提供）

【联合承办敬老爱幼暖冬行】 2019年12月13日，“邮善邮乐”“焕新乐园”敬老爱幼送温暖活动在梧桐乡高演村举行。此次活动，由县民政局主办，县邮政分公司、梧桐乡人民政府联合承办，梧桐乡高演村村民委员会、县凤凰爱心协会协办。有社会爱心人士共300余人参加。

景宁县邮政分公司在高演村居家养老广场设立摊位开展“邮善邮乐”慈善义卖活动，线上+线下相结合，销售村民制作的黄粿、豆腐、土猪肉。社会爱心人士慷慨解囊，纷纷抢购。其间，县民政局局长李晓荣，中共梧桐乡党委书记王伟飞，县邮政分公司总经理叶黎华、副总经理吕耀军一行慰问了高演村困难群众家庭，并送上慰问品；到焕新儿童任泽宏家参观“焕新乐园”为其改造的学习生活环境，并送上助学基金。　（鲍丽丽）

2019年12月13日，“邮善邮乐”“焕新乐园”敬老爱幼送温暖活动慰问老人现场

（县邮政分公司　提供）

电　　信

【概况】 2019年，电信景宁分公司坚持以习近平新时代中国特色社会主义思想为指导，认真贯彻落实党中央重大决策部署，积极践行网络强国战略，坚持以人民为中心，以“不

忘初心，牢记使命”主题教育为契机，围绕“坚持党建统领、深化价值经营、加快能力提升、推进改革创新、加强队伍建设、强化责任担当”六大任务，认真开展工作。2019年，主营业务收入3060万元，同比增长9.5%，完成预算102.58%，完成率全市第一。移动用户净增874户，全市排名第四。

完成东坑、城南、沙湾、渤海、梅岐、王金洋、北溪、莲川、岭根、毛洋、王金洋、金山洋、梧桐、章坑、枫林口等15个交换点传输双上联改造提升，确保这15个交换点网络安全。完成电力大楼、景宁中学、高速入口、绿色市场、石印山隧道、中心菜市场、金格百汇、新华小区、公安大楼、金格万品城、老屠宰场、县中心小学、县民政局、余山新村、老鸿宾大楼、安泰矿业有限公司、老城北菜市场等17个无线基站建设，有效提升了县城无线信号质量，更好地服务用户。承接完成由水利、公安等部门投资的ICT（视频监控）项目建设。其中，50万元以下小微ICT项目39个，50万元以上项目4个。

【景宁电信第一个5G基站开通】 2019年11月26日，景宁电信第一个5G基站在景宁电信营业厅内开通。5G网络特点：峰值速率达到G bit/s，可以满足高清视频，虚拟现实等大数据传输；空中接口时延在1毫妙左右，满足自动驾驶和运程医疗等实时应用；超大网络容量，提供千亿设备的连接能力，满足物联网通信；频谱效率比LTE提升10倍以上；连续广域覆盖和高移动性下，为用户提供速率达100M bit/s体验；流量密度和连续密度大幅提高；系统协同化智能化水平提升。

【王淑春到电信景宁分公司调研】 2019年10月11日至12日，中国电信浙江省公司副总经理王淑春到电信景宁分公司进行调研。王淑春首先走访了电信景宁分公司城区支局包区店，与承包人详细了解划小承包现状，并就承包思路、工作开展、问题解决提出意见和建议。随后，召开座谈会，电信景宁分公司领导班子、中层干部及员工代表参加座谈会。12日上午，王淑春给电信景宁分公司市场党支部全体党员上了“不忘初心、牢记使命”主题教育专题党课。（叶一清）

2019年10月12日，中国电信浙江省公司副总经理王淑春给景宁分公司党员上党课

（电信景宁分公司 提供）

联 通

【概况】 中国联合网络通信有限公司景宁县分公司（以下简称景宁联通），主要经营GSM和WCDMA制式移动网络业务、固定通信业务，国内、国际通信设施服务业务，卫星国际专线业务，数据通信业务，网络接入业务，各类电信增值业务，以及与通信信息业务相关的系统集成业务等。景宁联通以“践行使命、

创优服务、致力和谐”的理念，提倡“互信、担当、创新、卓越”，以追求领先通信技术和客户需求为核心，全心全意为用户提供最优质的服务，精心铸造联通服务品牌。

2019年，景宁联通下设综合支撑中心、综合营销中心。公司共有员工25人，另有工程维护人员10人。由第三方公司承接工程施工、基站设施维护工作。3G、4G网络已逐渐替代2G网络，全面覆盖县城、乡镇所在地、省道及主要景区。固网工程已覆盖中心城区各个小区。2019年年底，有宽带用户2800户，移动用户5500户。2019年，业务收入383万元，完成年度预算100%。

2019年，景宁联通共取得县公安局的PDT业务、县旅游局智慧旅游大数据业务、县电力公司城区及乡镇的视频智慧会议系统和电力办公大楼的智慧门禁、县住建局的舆情监测云数据、智慧水利五水共治平台维护、银行灾备系统、农商行及各乡镇的电路传输8个智慧创新项目。承接美丽乡镇小程序项目15单，成为景宁畲族自治县美丽乡镇建设的推广者，践行者和引领者。参与县经济商务局举办的助力中小企业5G工业互联网会议，对景宁中小企业5G工业应用方面进行了普及宣传。邀请省专家向县人民医院百名干部职工介绍5G远程医疗、未来医院等智慧医疗项目。在台风“利奇马”席卷浙江大地期间，中国联通景宁分公司维护人员在确保景宁通信畅通的同时，积极抽调人员，第一时间赶赴重灾区台州参加救灾抢险工作，确保用户通信畅通。

积极参加社会公益活动。6月1日，参与县民政局牵头的“焕新乐园百名儿童共庆生日”活动，给贫困儿童送上学习用品和流量卡礼包。8月2日，走进澄照养老院，为老人送上蛋糕和水果，陪伴老人一起过集体生日。10月29日，与县退役军人事务局达成赠送退役军人通信费、退役残疾军人三年免通信费爱心公益活动协议。12月4日，与鸬鹚乡西林村结为“消薄结对村”，助力公厕项目5万元，签署文明共建结对协议，并探望孤寡老人和留守儿童。组建橙心志愿服务队，多次参加县凤凰爱心协会组织的公益活动。　（雷群玲）

移　动

【概况】 中国移动通信集团浙江有限公司景宁分公司（以下简称景宁移动），下设综合部、市场部、网络部、政企部四个部门。市场部下设营业厅、销售部、社会渠道。在册职工49人。其中，合同制员工44人，劳务派遣工5人。硕士研究生2名，本科学历29名，大专学历17名，高中学历1名。公司员工平均年龄35岁。建有基层党支部1个，党员13人。

2019年，景宁移动配合畲乡“和美景宁”建设，共计投资2403.8万元，推进国家光纤到户项目，加大行政村宽带建设和城区光宽带改造的力度，提升县域整体网络覆盖率。为杨绿湖行政村建设网络基站，解决2/4G信号差问题，普惠3个自然村600余人。为毛洋乡政府就5G助力红色旅游提供技术支撑。在澄照新区、东弄畲寨、澄照农民创业园等重要道路及景区开通5个宏站，4个微站，3个室分站点。年底，共有宏站245个，拉远站329个，室分站点60个，骨干机房2个，汇聚机房19个。

域内行政村驻地网络覆盖率100%，行政村无线覆盖率100%。全年，运营收入6329万元。

配合相关部门做好重要节庆活动和各乡镇文化节通信保障工作，提供冰雪、防汛抗灾应急服务。全年，共完成通信保障任务21次，出动保障人员205人次，通信车3辆次，小推车17辆次。有效保障现场通话质量和网络畅通。与红星街道、毛垟乡、沙湾镇道化村开展"党建共创"活动。在道化村开展"为民服务解难题"专题活动：围绕如何做好农村基础网络建设，切实为民服务解难题等召开座谈会；向道化村两委赠送主题教育书籍，向"湘湖师范纪念馆"捐赠电脑、投影仪及安防应用系统等信息化设备，向敬老院捐赠健康礼包和暖心礼包，共计人民币4.5万元。为景南乡缪程行政村（程田自然村）文化礼堂修缮捐款1.05万元。

2019年，景宁移动有注册志愿者30余名。"党员突击队""党员志愿者服务队"先后开展"全民清洁"活动、"点亮微心愿•移动人在行动"、"倡导诚实守信　共铸消防和谐"主题活动、"小心防诈骗 • 安全零距离"主题活动、弘扬新时代'五四'精神无偿献血、"绿色出行• 党员先行"活动、中国共产党建党98周年党员"畲寨"送服务活动、关爱孤寡老人志愿服务活动、"八一送慰问•军企鱼水情"、"教师节"进驻服务等系列活动共13场次。　　（毛忠玲）

住房和城乡建设

城乡建设

【概况】 2019年，县住房和城乡建设局编制完成雁溪乡雁溪村等50个传统村落保护规划和景宁畲族自治县农村生活污水运维专项规划及东坑镇章坑村、英川镇隆川村美丽宜居示范村规划。县人民政府召开5次城规委会议，审议通过了《那云•天空之城休闲度假景区规划建筑设计方案》《顺生•翡翠湾规划建筑设计方案》等15个项目的规划建筑设计方案。组织相关部门召开9次规划方案审查会，审议了《国网浙江丽水景宁畲族自治县供电公司渤海供电所方案设计》《景宁畲族自治县双后岗二期农民安置小区（南区块）规划设计方案》等20余个项目的规划设计方案，并根据会议意见出具会议纪要，要求设计单位按照纪要进行修改完善。城市展览馆全年接待宾客12752人次。其中，各地政府等重要团体97批1782人，市民10970人次。在凤凰古镇等馆外讲解接待105批2305人次。

2019年，美丽宜居示范村建设有序推进，米岩山村、际头村、库头村村全面完成建设任务，并通过浙江省住房和城乡建设厅督查验收。其中，库头村在美丽宜居示范村建设督查考核中获评优秀村。小佐村完成计划工程量的81%；章坑村、隆川村分别完成计划工程量的30%和32%。统筹推进大张坑等10个传统村落保护与发展。全年，实施基本建设项目19个。其中，续建项目有外舍新区人防工程等6个，新建项目有外舍新区复合产业区块路网工程等13个。启动凤凰隧道等12个重大项目前期工作。全年完成投资3.48亿元。县府宿舍改造工程和新田小区公厕交付使用；金山垟北路延伸工程于2019年年底完工。

【城南棚户区（城中村）改造项目续建工程】 2019年，城南棚户区（城中村）改造项目续建工程完成一标段招投标，并进场施工。

该项目位于城南区块，涉及张村、双后降、东弄、三枝树4个行政村的土地及房屋征迁。项区设计，同年，完成投资2.3亿元。

【寨山桥重建工程竣工通车】 2019年1月8日，县政府在寨山桥现场举行通车典礼。寨山桥重建工程由浙江丽水一腾建设有限公司中标施工，由浙江处州建设管理有限公司监理。于2017年11月2日动工重建，总投资为4432万元，占地面积839平方米，建筑面积1123平方米，桥梁总长64.2米。桥分上下两层，为双层通行桥，车行部分为单层桥面，人行道部分为双层桥面，上层为人行观光通道，跨越车行道设置横向通行桥。最大特点是桥面设置双层风雨连廊，廊桥高度达10米，桥上部分一层钢结构，二层仿古木质结构，方案的设计理念来源于景宁本土最具特色的文化—廊桥文化，桥头门楼侧壁、廊桥身段皆以还原景畲山水景观及畲民生活状态的浮雕壁画展示，更添历史的沧桑感和文化的归属感。重建后的寨山桥在提升城市桥梁景观和城市风貌的同时，也将有效改善城市交通拥堵问题。

【县府宿舍小区改造工程竣工验收】 2019年11月27日，完成县府宿舍小区改造工程并通过项目验收。该项目主要是实施小区立管改造、立面改造、地下雨污分流改造、加装天然气管道等工程，总投资999.96万元。项目于2018年11月开工。

【江滨景观带工程竣工验收】 2019年6月，完成江滨景观带工程建设并通过项目验收。该项目全长1.9千米，宽31米，内含景观带景观建设、节点小品打造、沿湖绿化种植、路灯亮化设置、供水、污水、雨水管网铺设、路面浇筑等，项目总投资8500万元。

【金山垟北路延伸工程完工】 该项目位于景宁县城区南侧，南起三枝树村，北接县城人民南路，全长2.272千米，新增道路面积43407.977平方米。项目于2019年4月开工建设，2019年12月底基本完工。

公用事业

【概况】 2019年，新建供水管网7.9千米，改造老旧供水管网12千米。制水530万吨，售水428万吨，常规水质合格率100%。及时处理来电、来信、来访的漏水抢修任务。全年，累计抢修管网280多处，消防栓抢修11处。管网常规检漏80余千米，发现7处漏水，及时修理，降低管网漏损率。

全年，新建污水管网3.4千米，改造2.8千米；排查污水管网71.5千米，排水管网清淤97千米。处理污水573万吨。处置污泥1469吨。外舍污水处理厂运行稳定，提高县城污水处理能力，为景宁节能减排、“五水共治”工作奠定基础。

2019年，完成全县农村生活污水治理专项规划编制工作（全市率先）和20个农村生活污水标准化运维试点建设工作（率先完成市下达的7个试点建设任务，超额完成13个试点建设）。建成2条农村污水运维示范线。落实运维管理站长负责制，引入财产保险机制，对全县农村生活污水治理设施进行商业保险。景宁获得2019年浙江省农村生活污水治理设施运维管理工作考核优秀县。

县供排水公司制定防恐、次氯酸钠泄漏、水体污染等应急预案，全年组织职工进行2次安全演练，提高职工的安全意识和应急能力。加强燃气安全监管，全年开展燃气安全专项检查及部门联动督查15次，对景宁域内门市部二维码使用情况、站点的监控设施、来客记录、站区日常管理巡视等常规工作落实到位情况进行检查。瓶装燃气二维码标签使用率100%。

2019年，景宁畲族自治县天然气有限公司（2017年9月由浙江省能源集团城市燃气有限公司与景宁畲族自治县国有资产投资经营有限公司组建），完成人民中路燃气中压主管道安装8.9千米，投资500余万元。

城市维护管理

【环境卫生】 2019年，县环卫所围绕百日攻坚“志不求易，事不避难”创新实干大赶考等重点工作任务和目标，坚持完善城市环卫基础设施，补齐城市保洁短板，提高城市环卫服务质量，求真务实，真抓实干。将县城区的无物业小区、里弄小巷等环卫盲区纳入环卫保洁范围，新增面积约17万平方米。完成县城区“全域化保洁”的大赶考目标，实现保洁全域化。

是年，环卫所保洁作业人员369人，负责城区130余万平方米的保洁工作。将城区分为城南、府前、城中、城北4个保洁区域，实行分片包干，采取“人工普扫+机械清扫+人工保洁+飞车保洁（配备保洁人员骑电动三轮车巡视保洁区域，发现垃圾及时清扫）+洒水降尘”五位一体的作业模式。工人交接班采用见面交班的无缝对接，避免清扫保洁出现空当期。主要街道实行18小时保洁，一般街道实行16小时保洁，里弄、通透式小区实行8小时保洁，强化全天候动态巡回保洁，有效减少垃圾停留现象，保证城区130万平方米保洁区域的干净清洁。发挥机械作业优势，每日安排3辆洗扫车对城区主次街道进行清扫作业，主街道机械化清扫率达到100%。城区洒水降尘频次夏季增至每日5次，其余季节每日3次。垃圾清运实行“以桶换桶、清洁清运”的无缝对接工作模式，做到垃圾清洁直运。每天对农村生活垃圾实行预约清运，全年共清运城乡生活垃圾4万余吨。

2019年，将过去处于无人监管状态的县城区的所有护栏和花箱以及8座桥面纳入日常保洁范围，对护栏及桥面进行不定时冲洗。每天清洗维护城区61座垃圾房、800余只果壳箱、1000余只垃圾桶，确保环卫设施设备无异味、无残留垃圾。实现市容清洗保洁常态化，做到“道路洁净见本色、设施清洁人不嫌”。完善环卫基础设施，县城区28座公厕分别实行“一人一厕”“一人多厕”的管理模式。及时对公厕设施进行清洗、检修、维护，为市民和游客提供舒适整洁的如厕环境。

多层次推进城区生活垃圾分类工作。成立由县长任组长、分管副县长任副组长、各责任单位主要负责人为成员的工作领导小组，领导小组下设办公室。科学建立垃圾分类任务清单，召开全县城乡生活垃圾分类工作部署会，向责任单位下发工作要点，明确城区垃圾分类攻坚总体要求和目标任务。制定《景宁畲族自治县生活垃圾分类宣传工作考核评分办法（试行）》，努力推进垃圾分类宣传工作。开展机关单位垃圾强制分类，发挥机关干部、党员的带头作用，做好示范表率。开展垃圾分类宣传进机关、进社区、进家庭、进学校、进企业、进酒店、进商场、进窗口等八进宣传活动，引导广大市民广泛参与垃圾分类工作，提高垃圾分类意识。创建省级高标准垃圾分类示范小区1个，省级垃圾分类定时定点清运小区1个，定时定点清运商业街1条。向16个试点小区发放户内使用分类垃圾桶3176套6352只，发放分类垃圾袋28.5万只。至年底，景宁城镇生活垃圾分类覆盖面65.1%，城镇生活垃圾增长量较2018年负增长0.6%（考核指标为增长1%以内），城镇生活垃圾无害化处理率100%。

【园林绿化】 2019年，推进外舍新区人防工程、江滨景观带工程，新建鹤溪河环线（民族桥至东弄）绿道工程建设，城区累计新增园林绿地5.04公顷。全年，收取易地绿化补偿费126.4余万元（改变绿化规划、绿化用地使用性质审批9起，临时占用城市绿地审批1起，砍伐城市树木审批2起，城市绿化补偿征收1起）。采取一月一考核的方式对园林绿化养护工作进行指导和监督。对城区纳入养护范围的40.6万平方米公共绿地、15万平方米山体公园，5444余株行道树的修剪、苗木施肥及除草、绿地日常保洁、春季苗木种植等工作进行考核管理。绿地景观常年处于良好状态。在元旦、春节、三月三、国庆节等重大节庆期间选择应季草花，美化、绿化城区重点地段节点。全年共计种植摆放草花26万余株。2019年12月，景宁畲族自治县成功创建浙江省园林城市（浙政办函〔2019〕91号，浙江省人民政府办公厅关于公布浙江省园林城市评审结果的复函）。

【白蚁防治】 2019年，在启文中学、江滨景观带、红星小学、天元大酒店等地安装新监控设备采用白蚁防治监控技术，监控覆盖面积11.8万余平方米。对已登记备案的新建、改建、扩建房屋采取“预防为主，防治结合”的工作方针，有效开展白蚁防治工作。全年，共计受理新建房屋白蚁预防公共服务24宗，面积40.032万平方米；派单32宗，预防23.2164万平方米；5年以上防治案件回访16宗，回访面积20.2189万平方米，白蚁灭治1处，蚁害得到有效控制。

针对农村房屋受白蚁侵害情况，结合工作实际，免费发放白蚁防治药品，并告知产品使用说明，让村民自行防治。全年共计发放氰戊菊酯100余瓶，杀虫粉剂200余瓶，使用说明书300余份。

【市政基础设施维护】 2019年，投入资金3900余万元，进行城市绿化提升补植、市政设施维护、相关路段及路面综合整治、地下排水排污管网清污、县城公厕改造提升、垃圾房建设维修及其他零星基础设施建设维护。全年，受理市政设施抢修信息12345平台439件，平安建设平台187件，均做到及时、准确落实和处置，保障了市政设施的完好率。

建筑业

【概况】 2019年，随着县人民政府扶持本地建筑企业力度的加大，吸引了一批建筑业企业到景宁发展。全县有登记在册建筑企业55家。其中，一级总承包企业3家，二级总承包企业17家，三级总承包企业26家，专业承包资质企业4家，施工劳务不分等级3家，混凝土企业2家。全县范围在建工地65个。其中，新开工项目34个，合同施工总面积75万平方米。竣工项目25个，合格率100%。全年，全县建筑企业共实现产值23.77亿元（县统计局快报数），同比下降0.8%。

2019年，县住房和城乡建设局参与完成工程招投标监督项目29项。其中，工程施工招标19项，工程设计招标4项，其他设备类、服务类招标6项。工程招标率100%。

为遏制工程建设领域专业技术人员职业资格“挂证”现象，维护建筑市场秩序，促进建筑业持续健康发展，根据《住房城乡建设部办公厅等关于开展工程建设领域专业技术人员职业资格“挂证”等违法违规行为专项整治的通知》（建办市〔2018〕57号）、浙江省住房和城乡建设厅等5部门《关于开展浙江省工程建设领域专业技术人员职业资格“挂证”等违法行为专项整治的通知》（浙建函〔2019〕102号）和《关于开展丽水市工程建设领域专业技术人员职业资格“挂证”等违法违规行为专项整治的通知》（丽建发〔2019〕52号）等文件要求，县住房和城乡建设局开展工程建设领域“挂证”行为专项整治。未发现工程建设领域“挂证”行为。开展2019年建筑业企业动态核查，全县共抽查14家建筑业企业，所发现的问题全部整改到位。

加强建筑工地施工扬尘治理力度，推动全县大气环境质量持续改善。县住房和城乡建设局认真贯彻落实上级有关文件精神，制定出台《文明施工扬尘治理“蓝天保卫战”实施方案》《施工现场工程运输车车辆管理实施方案》，明确城区建筑工地扬尘治理的目标、整治范围、整治内容及标准，为加强工地扬尘治理提供政策保障和技术支撑。加强日常工地巡查，对建筑工地扬尘治理进行常态化检查，累计开展日常检查100余次，签发建设工程文明施工整改督办责令书39份，共提出整改意见200余条。联合县执法局、交警大队、环保及路政部门开展联合检查30余次，查处违规运输车辆50余辆，处罚金额1.5万元。

深入开展农民工工资支付保障工作，推进“无欠薪县”创建。出台《防范处置欠薪事件应急预案》《农民工实名制管理实施办法（试行）》《关于推进农民工工资保障工作的通知》《建设领域农民工工资专用账户制度实施办法的通知》等政策文件，搭建较为完善的政策体系，明确各方职责。在项目推进过程中，做好源头把控，确保项目资金落实到位再建设。开展建筑工程施工发包与承包违法行为专项整治行动，全面排查违法分包，层层转包行为，排除欠薪隐患。严格落实“六项制度”，实行农民工工资分账管理，签订四方协议，保证农民工工资按月足额支付到位，保障农民工权益。景宁城区范围内在建工程项目32个，共落实农民工工资分账项目32个。成功创建2018—2019年度“无欠薪县”。

深入开展扫黑除恶专项斗争，着力营造良好的社会环境，确保景宁建筑市场平稳发展。县住房和城乡建设局高度重视扫黑除恶专项斗争工作，始终将扫黑除恶专项斗争作为一项重大政治任务和全系统重点工作，认真研究，周密部署，强化督导，狠抓落实。成立扫黑除恶工作领导小组，设立扫黑除恶领导小组办公室。研究制定《景宁畲族自治县住房和城乡建设局“扫黑除恶”专项斗争实施方案》《建设工程领域扫黑除恶问题整改工作方案》，明确相关工作目标、重点、步骤和要求，落实具体工作措施。采取各种形式开展宣传动员活动，先后发放张贴《建筑市场扫黑除恶重点内容告知书》《关于推进建筑垃圾（渣土）运输处置领域扫黑除恶专项斗争致建设相关企业的一封公开信》及宣传册等5000余份，县域在建工地宣传标语全覆盖；宣传走访建筑业企业56家，组织宣传活动5次，1300余人次。走访全县在建工地371个次。集中对建筑施工、房地产、招投标等重点领域进行排查深挖，深入各在建项目摸排、征集线索，设置线索举报箱（8个）和公开举报电话，畅通信息渠道，发动全县干部群众广泛参与扫黑除恶行动，全年尚未发现涉恶线索。

5月16日，与消防部门完成建设工程消防验收、建设工程竣工验收消防备案等服务事项职能转接，办结建设工程竣工验收消防备案项目22个，建设工程消防验收项目3个，建设工程消防设计审核1个。

落实消防安全生产工作，稳定建筑行业安全生产形势。广泛开展消防安全宣传工作，动员全社会主动抵御风险、防范事故，进一步提高人民群众的安全防范意识和能力，营造人人重视安全、人人支持安全、人人参与安全的良好氛围。制定《开展全县建设系统“防风险保平安迎大庆”消防安全执法检查专项行动方案》等文件，成立专项行动领导小组，进一步明确职责、细化任务。建立并组织县内各建筑业企业及各在建工地的项目负责人、监理等召开“防风险保安全迎大庆”消防安全执法检查专项工作会，详细解读工作方案内容、方法和标准。组织召开以易燃易爆品安全、消防安全、用电安全等九项重点内容的“消防安全生产培训会”，开展建设工程消防安全应急救援演练，增强标准规范意识及实际操作能力。部门联动，对建筑行业领域的消防安全生产工作情况进行实地检查，及时对检查发现的消防安全生产隐患和问题进行督促整改，确保整改到位。

加大对在建工程的监管力度。严格执行国务院颁发的《建设工程质量管理条例》及《工程建设标准强制性条文》等法律、法规和规范标准，全面推动工程质量终身责任制的落实。坚持以巡查、抽查为主，强化对参建各方主体责任落实和质量行为的监督。2019年，质监站着力开展工程质量安全治理提升行动，不断加大住宅工程质量通病消除力度，巡查、检查在建工程200余次，签发整改通知书131份；开展对质量检测机构的专项整治工作2次、预拌混凝土机构的专项整治工作1次。严格落实质量终身责任“两书一牌一档案”制度（《质量终身负责制承诺书》《法定代表人授权书》；永久性质量责任标牌；质量责任信息档案），工程质量责任“三项制度”覆盖率达到100%。住宅工程分户验收率100%。强化建筑工程安全生产监督管理，2019年，对全县在建工程进行每月一巡查，季度一大查，半年综合大检查，确保监管领域不留盲区、不留死角，盯紧重点部位，严防死守，共排查安全隐患855条，累计发放停工通知书8份，整改通知书127份。

房地产业和住房保障

【概况】 2019年，全县有登记在册房地产开发企业9家。其中，景宁天元房地产有限公司、丽水天申置业有限公司具有三级资质；景宁鼎丰置业有限公司、景宁景商房地产开发有限公司、景宁华途置业有限公司、景宁毅龙房地产开发有限公司、浙江景宁顺锦置业有限公司、景宁天寿置业有限公司、景宁外舍古镇旅游投资发展有限公司等7家为暂定资质。全年续建房地产开发楼盘5个，完成房地产开发投资5.36亿元。全年商品房预售许可7件，房产开发企业资质核准7件，出具房改证明74件，商品房预售合同备案742份，商品房销售9.13万平方米。

以服务民生为落脚点，统筹创新、攻坚克难，高效推动住房保障各项工作。开展新申请公共租赁住房家庭资格审核工作，审核通过51户家庭，实物配租并入住51户，保障率100%。修订《景宁畲族自治县公共租赁住房管理办法》，进一步完善制度并对保障内容提标扩面；将公租房续租资格复核及清退纳入“三服务”工作重点。县检察院、法院、公安局、县府办、建设局、民政局、自然资源和规划局等相关单位成立专项工作组，各司其职，协同推进。对不符合资格的保障家庭进行劝退，以确保在建立健全公租房科学管理长效机制的基础上，对不符合条件的住户做好查实一户，清退一户；对符合条件的行政事业单位退休人员134人，发放住房补贴2313859元。

加强物业行业指导，深入物业小区调查了解物业经营管理情况，督促物业小区完成垃圾分类、平安维稳等各项整治30余条。规范房地产管理秩序，开展房地产领域打黑除恶专项行动和房地产非法集资专项治理行动。开展房地产不规范行为整治1次，下发整改通知书2份。（梅敏莉）

人民防空

【概况】 2019年，在县机构改革中优化县住房和城乡建设局职责。将县人民防空办公室（县民防局）的职责划入县住房和城乡建设局，保留县人民防空办公室（县民防局）牌子。下设人民防空管理所（事业单位），负责人民防空日常工作。有人防专职事业干部1人，编外干部1人。县民防局结合景宁实际，正确定位、稳步推进、奋力赶超，使景宁人防工作再上新台阶。

是年，县民防局定期维护电台与视频设施设备，保障电台与视频会议的应急能力。开展无线电台与视频会议训练，全年完成无线电台训练209次，视频会议训练32次。积极组织民防救援队参加各类救援求助、活动安保、救援培训、各类防灾应急演练活动。在抗击台风“利奇马”驰援临海救援中转移受困群众175人，队员吴丽伟被确定为2019年浙江省“最美人防人”候选人。

开展全县人防工作重点乡镇（街道）、重要经济目标的预案编制工作。完成8个重要经济目标调查，并经审定上报省里审批。为2

个街道、6个社区、4个人防重点乡镇的防空方案编制做好准备工作。

2019年，县人防办积极响应“最多跑一次”行政审批制度改革，努力向“跑零次”迈进。人防审批工作涉及权利事项13项，依法开展易地建设、结建人防工程等审批项目，做到应建尽建，应收尽收，以建为主，以收促建。全年，完成审批事项39项，收缴人防易地建费6226.36万元。开展人防设施建设质量监督工作，并为其提供人防施工技术服务，稳步推进在建人防工程质监工作。

县人民政府在“5·12”防震减灾日、“9·18”事变纪念日特殊日子的前夕，利用景宁畲乡报、电视台、景宁政府网站、政务微信公众号等媒体发布警报试鸣公告，要求市民认识、熟悉防空警报，提高防空防灾意识。县人防办对全县的8台警报器以及无线控制系统进行多次细致检查。并在5月12日、9月18日成功实施放空警报试鸣工作，警报器完好率100%，鸣响率100%。

【开展人员应急疏散演练】 2019年5月10日，在第11个“5·12”全国防灾减灾日来临之际，县民防局在景宁中学开展以“提高灾害防治能力，构筑生命安全防线”为主题,2019校园防震减灾应急演练。县人武部政委、县应急管理局局长、县科学技术协会等部门领导应邀参加应急演练活动，景宁中学全校1800多名师生参加此次演练。通过演练普及师生防震减灾知识，加强灾害事故风险防范，提高灾害事故发生后的转移避险能力以及灾害事故救援中的安全防护意识和能力。（人防办）

旅　　游

综　　述

【概况】 2019年1月，县委办转发中共丽水市委办、丽水市政府办印发《景宁畲族自治县机构改革方案》(丽委办发〔2018〕101号)，将县文化广电新闻出版局(县体育局)的文化、广电、体育管理职责，以及县政府直属承担行政职能事业单位县旅游委员会的管理职责整合，组建景宁畲族自治县文化和广电旅游体育局，作为县政府工作部门。不再保留县文化广电新闻出版局(县体育局)和县旅游委员会。

2019年，景宁畲族自治县文化和广电旅游体育局(以下简称县文广旅体局)秉承“两山理念”，抢抓全省“大花园”建设战略机遇，把全域旅游作为第一战略支柱产业来培育，谋划确定“古老风情的奇妙体验”旅游形象定位，全面发力，多点突破，形成了资源有机整合，产业融合发展，社会共建共享的工作格局。全年，旅游总收入79.3亿元，同比增长20.6%。旅游产业增加值占GDP比重8.44%，比上年增加0.09个百分点。

是年，完成《景宁畲族自治县全域旅游发展规划》编制，并在该规划的引导下，完成《“全旅通”景宁特色目的地创建全案策划》《高等级景区城规划》《大均乡旅游风情小镇规划》及天空之城、云上天池、千峡畲寨、李宝畲王寨、百鸟朝凤项目等一批重点专项规划和项目规划，形成了上下一致“多规合一”的旅游规划体系和“建设一批、签订一批、洽谈一批”的工作格局。2019年，涉旅项目19个，计划完成投资20亿元，实际完成投资20.6亿元(政府性投资项目13个，完成投资18.4亿元，民间投资项目6个，完成投资2.2亿元)。其中，东弄田园综合体实际完成投资13020万元；千年山哈宫实际完成投资6630万元；山哈大剧院实际完成投资3145万元；惠明茶文化推广展示中心实际完成投资650万元；山哈凤凰谷实际完成投资7418万元；三月三广场实际完成投资12270万元；体育场复建项目实际完成投资2878万元；东方广场实际完成投资9200万元；全域旅游服务中心项目实际完成投资1000万元；凤凰古镇至梅歧通景公路实际完成投资22715万元；景宁至东坑旅游风情小镇通景公路实际完成投资90182万元；悬崖上的天空之城至云中大漈通景公路实际完成投资10300万元；山后天寿养生养老山庄实际完成投资8109万元；水隅仙境实际完成投资500万元；景南乡农家乐综合体实际完成投资400万元；畲乡小镇基础设施建设工程实际完成投资1096万元；畲族旅游特色村域金山垟旅游特色村寨实际完成投资8341万元；大漈至雁溪通景公路工程实际完成投资923万元；畲乡绿廊国家水利风景区提升项目实际完成投资7420万元。包山铁矿“天空之城”项目，全面动工建设，并于12月20日通过国家审批，实现项目入库。李

2019年8月11日，景宁畲族自治县那云·天空之城项目举行动工仪式

（县融媒体中心 提供）

宝“畲王寨”项目，一期土地于12月底挂牌出让。余山“百鸟朝凤”项目，于9月17日在浙江·丽水（上海）周推介会上签订投资协议，建设用地指标已经上报省厅，该项目被列入对接长三角一体化项目库，同时被列入2020年县市长工程备用项目（该项目可以串联惠明禅茶产业园、山哈宫与大均峡谷旅游区块，形成集古老风情+时尚现代综合体+运动娱乐+茶禅文化于一体的核心大景区）。惠明禅茶文化产业园项目，完成12项审批前期工作，基本完成项目规划，项目土地征迁工作全面启动。香港中旅国际投资有限公司谋划的“云上天池、千峡畲寨”项目，由于受千峡湖生态“红线”和上标电站权属及道路交通等级低等问题的制约，尚在与投资商深入的对接洽谈中。

2019年，持续推进旅游厕所革命，新建旅游厕所10座，新评定AAA级旅游厕所1家，提升景区旅游厕所具备智慧功能8座。2019年年底，全县共有旅游厕所98座。其中，AAA级旅游厕所4座，AA级7座，A级8座，最美旅游厕所1座。逐步实现“数量充足、干净无味、实用免费、管理有效”的目标，进一步提高旅游公共服务基础水平，提升旅游景区游客满意度。

加大旅游市场营销力度，组织参加义乌、宁波、江苏等旅交会和2019年丽水(江苏)旅游推介会、杭州疗休养推介会、四川(广元、巴中)推介活动；开展杭州、嘉兴、厦门多地精准营销活动20余场。主动出击，举办2019景宁(江苏)旅游推介会和“秘境畲乡·风物华彩”旅游推介活动等；联合遂昌、云和举办2019遂云景福建(宁德、莆田)旅游推介会。全年分发宣传资料8万余份、旅游纪念品7000余份。加强与媒体合作开展舆论造势。景宁智慧文旅综合服务平台、景宁文旅公众号上线；与旗胜营销平台合作，通过一点资讯、携程旅游等知名媒体合作宣传景宁旅游；与《远方的大叔》旅游频道合作，制作《文旅铸匠》系列宣传短片，形成强大的全域旅游宣传体系和影响力，提升畲乡景宁旅游的知名度和美誉度。加强与上海静安区合作，积极融入长三角区域一体化发展大局。举办2019“诗画畲乡·清爽景宁”文化旅游节暨静安—景宁文旅走亲活

静安—景宁文化走亲活动启动仪式

（县文广旅体局　提供）

动。通过文化交流、旅游市场对接会等多种形式，进一步加强合作。参加第26届上海国际茶文化旅游节，以畲族歌舞和惠明茶为媒，将民族风情园打造成上海最美“后花园”。举办景宁（上海周）——文农旅走进上海高校、上海社区等活动，以舞台剧的形式把景宁的秀美景色和民俗风情带到上海，共同谱写上海静安助力景宁发展的新篇章。

2019年，县文广旅体局充分发挥旅游业对其他产业的融合、催化和集成作用，积极打造文化、农业、工业、养生等重点旅游产业融合产品。加大旅游产业与其他产业的渗透融合，延伸旅游产业链，推动旅游产业向深度和广度空间拓展，逐步形成特色化、多样化、全域化的旅游融合产业体系。引导旅游业全面转型升级、跨越发展。农旅融合方面，大力发展农业生态观光游、乡村休闲游、农事体验游、果蔬采摘游等旅游新业态，积极培育景宁风情畲族乡村旅游集聚区、景宁东坑桃源驿站休闲旅游集聚区等2个农旅融合集聚区。是年，新培育农产品旅游地商品主体17个，提升农产品旅游地商品20个，实现“丽水山耕”农产品年销售额9.54亿元。文旅融合方面，充分发挥节庆效应，成功举办以“古老风情的奇妙体验”为主题的2019中国畲乡三月三“诗画畲乡·风情景宁”活动。其间，先后举行中国好“畲”系列活动、“古老风情体验游”系列活动，全景打造吃、住、游、娱、购、乐的体验平台，彰显畲乡文化旅游产业的最新成果。此外，各乡镇根据自身特色，分别举办各类文化旅游节庆活动。体旅融合方面，以举办大型活动和小型多样化活动相结合的形式，促进人民群众体育意识和健身意识的提高。浙江省全民健身第二届生态运动会（景宁站），跑进大花园10k联赛（景宁站），第四届全国少年儿童国际跳棋棋王棋后赛等品牌赛事活动精彩纷呈。体育助力乡村振兴运动小镇——秋炉乡成为全省典型。工旅融合方面，进一步挖掘景宁工业旅游资源，培育工业旅游市场，积极培育浙江畲祖文化发展有限公司、浙江博士园生物科技有限公司等工旅融合示范基地，并组织浙江畲祖文化发展有限公司申报2019年省工业旅游示范基地，突出工业旅游商品开发和深度体验，全力打造全县工业旅游样板。加快推进生态休闲养生（养老）产业，景宁云中大漈、景南云上天池景区入选浙江100个避暑气候胜地。景宁草鱼塘森林康养基地被中国林学会森林疗养分会授予“国际森林疗养示范基地”和“森林康养产业（丽水）创新助力学会企业联合体会员单位”称号。积极探索医养结合，组织畲药非遗馆申报省级中医药旅游养生示范基地。

2019年，通过日常巡查、专项整治、交叉检查、联合检查等方式，积极开展旅游系统安全生产大检查，重点检查消防、特种设备、涉水项目、餐饮卫生、团队用车等重大安全隐患点。全年共出动检查人员207人次，检查各旅游企业72家次，查找排除安全隐患5处，接到“12301”旅游投诉1起，其他渠道投诉1起，办结率100%；全年未发生旅游安全事故。

扎实开展旅游从业人员培训。7月15日，举办全县旅游统计业务培训班，各旅游企业统计工作人员和21个乡镇(街道)统计员参加培训。培训内容主要针对浙江省旅游统计系统填报事项和乡村旅游统计业务知识，并对下半年统计工作进行部署。9月23日至27日，举办2019年度政务讲解员和景区景点讲解员培训班,共吸引来自各部门、乡镇、景区村、企业和旅游职业高中学生共140余名学员参加。培训班就导游人员职业道德和职业意识、服务礼仪及形象塑造、主要旅游景观特色文化内涵、导游词分析、政务接待讲解技巧及规范、红色旅游文化、讲解员带团规范等方面内容进行详细的讲解，并结合课堂模拟、实地讲解、抖音创作等方式，全面提高导游和讲解员的讲解水平，提升景宁讲解员队伍整体素质。12月3日，举办景宁畲族自治县第二届导游技能大赛暨2019年第五届丽水市金牌导游大赛景宁选拔赛。比赛分自备讲解、抽题讲解红色景区、讲解知识问答3个环节，并邀请3位终身金牌导游担任评委进行综合评分和点评。比赛选出2名选手代表景宁参加丽水市第五届金牌导游大赛。

2019年年底，全县有国家AAAA级旅游景区2处(大均畲乡之窗、云中大漈)，国家AAA级旅游景区1处(畲族博物馆)，国家AA级旅游景区1处(草鱼塘森林公园)；省级旅游度假区1处(景宁畲族风情旅游度假区)，省级风景名胜区1处(云中大漈)，省级森林公园1处(草鱼塘森林公园)，省级地质公园1处(景宁九龙省级地质公园)，省级湿地自然保护区2处(景宁望东垟高山湿地省级自然保护区、大仰湖湿地群省级自然保护区)，省级非遗景区4处(大均畲乡之窗、东弄村、鸬鹚乡、安亭村)。有大均乡李宝村、大均村、伏叶村，东坑镇深垟村、东坑村、桃源村，毛垟乡毛垟村，澄照乡金坵村8个浙江省AAA级景区村；杨绿湖村等32个浙江省AA级景区村；包凤村等31个浙江省A级景区村。列入省级旅游风情小镇培育单位4个(大均乡、东坑镇、大漈乡、毛垟乡)。创建省级旅游产业融合基地8个[省级老年养生旅游示范基地——大漈乡；省文化旅游示范基地——畲族博物馆；省级休闲渔业精品基地——古传休闲庄园；全省休闲农业与乡村旅游示范点——云中大漈休闲观光农业示范园；省中医药文化养生旅游示范基地——畲医畲药展示馆；省采摘旅游体验基地——李宝云中公社；省运动休闲优秀旅游项目——徒步(畲乡绿道)；省运动休闲旅游精品线路——“畲乡绿道(徒步、骑行)——千峡湖(水上运动)——大均畲乡之窗(漂流)”]。建成省级民宿农家乐特色乡镇3个；省市级民宿农家乐特色点14个(其中省级3个)；省市级特色村15个(其中省级9个)；星级经营户295户(其中四星级14户，市级农家乐综合体6个)。民宿农家乐集聚区13个，从业人员3730人，民宿经营户221家，床位4844张，餐位数27300个。拥有省白金级民宿1家(如隐·小佐居)；金级民宿

2家（云鹤水岸、清泉石上居）；银级民宿5家（畲娘农家乐度假庄园、宿叶民宿、云曦山舍民宿、石上溪民宿、春江花月民宿）。2019年，旅游集散中心旅行社被评定为三星级品质旅行社；畲乡鸿宾大酒店被评定为浙江省银桂级品质饭店。安亭村列入第五批浙江省非物质文化遗产旅游景区。“如隐大掌柜”吕科建入选2019年度乡村文化和旅游能人支持项目人员名单。景宁畲族自治县入选浙江省首批AAAA级景区城试点培育单位。东坑镇入选AAAA级景区乡镇试点培育单位。毛垟乡列入第四批省级旅游风情小镇培育单位。该县先后被授予中国国际旅游文化目的地、中国最具民族风情旅游名县、中华最佳文化生态旅游胜地、中国十大全域旅游示范县市等荣誉称号。

【全域旅游服务中心竣工并投入使用】 景宁全域旅游服务中心于2019年3月1日开工建设，10月完成工程验收，11月交付使用。全域旅游服务中心位于县城区高速出入口旁，总投资1000万元，用地面积7783平方米，建筑面积3615平方米，建筑占地面积1880平方米，建筑层数3层，局部2层。该中心，集咨询服务、集聚扩散、电子商务、旅游购物、数据信息、旅游监测、安全监管于一体。其中，一层为“景宁600”农产品展销中心，二层为服务咨询休闲体验区和畲乡小镇展厅，三层为全域旅游大数据中心。

【景宁成功创建全省首批AAAA级景区城】
（见专辑类目创建AAAA级景区城条目）

【景宁旅游集散中心有限公司被评定为三星级品质旅行社】 2019年9月5日至6日，市级评星专家对景宁旅游集散中心有限公司开展三星级品质旅行社评定工作。专家组严格按照《旅行社品质等级划分与评定》标准，通过听汇报、看台账、问题反馈的方式。对旅行社管理品质、设施品质、产品品质、营销品质、诚信品质、服务质量等方面进行综合打分，并提出整改意见。评定结果认定：景宁旅游集散中心有限公司基本达到三星级品质旅行社的标准，评定为浙江省三星级品质旅行社。

【2019“诗画畲乡·清爽景宁”文化旅游节暨静安—景宁文旅走亲活动】 2019年7月20日至9月30日，为浓厚文化旅游融合发展氛围，进一步对接上海融入长三角总体工作布局，推动静安——景宁旅游市场全面合作，景宁畲族自治县人民政府、上海市静安区文化和旅游局联合举办2019“诗画畲乡·清爽景宁”文化旅游节暨静安——景宁文旅走亲活动。该活动分“静安——景宁文旅走亲”“走进景宁避暑一夏”“走进静安携手发展”三大系列活动，共16项子活动。通过系列活动的举办，有效加强景宁与长三角市场互动，增强景宁与上海旅游市场合作交流，树立线路共同延伸，资源合作共享，互为旅游目的地的意识。通过“互访”，构建“静安·景宁”互助、互融的文旅交流格局，助推畲乡景宁经济和社会的全面发展。

【举办2019景宁（江苏）旅游推介会】 2019年8月8日，在江苏常州喜来登酒店举办“诗画畲乡·和美景宁，2019浙江景宁文化旅游（江苏）推介会”。推介会在开展畲乡之窗、云中大漈两大景区推介、工会疗休养线路推荐的同时，启动了景宁·江苏旅游推广月活动。该活动提升了“诗画畲乡、和美景宁幸福之旅”区域旅游品牌形象在江苏的知名度和美誉度。

【“畲乡绿道—千峡湖—大均畲乡之窗”路线获省运动休闲旅游精品路线】 2019年8月30日，浙江省体育局、浙江省文化和旅游厅印发《浙江省体育局、浙江省文化和旅游厅关于认定浙江省运动休闲旅游示范基地、精品线路和优秀项目（2020—2022）的通知》（浙体经〔2019〕283号），景宁“畲乡绿道—千峡湖—大均畲乡之窗”路线被认定为2019年浙江省运动休闲旅游精品路线。

【景宁2个景点分别入选省休闲旅游精品线路、“最美田园”】 2019年9月19日，浙江省农业农村厅、浙江省文化和旅游厅印发《浙江省农业农村厅、浙江省文化和旅游厅关于公布休闲农业和乡村旅游精品线路及2019年“最美田园”名单的通知》，公布全省110条休闲农业和乡村旅游精品线路、100个2019年“最美田园”名单。其中，“景宁600”农产品基地休闲观光线路1日游、郑坑乡畲寨田园分别榜上有名。

【大均古法农业基地被命名为金果级“浙江省采摘旅游体验基地”】 2019年9月18日，浙江省旅游标准化技术委员会印发《浙江省旅游标准化技术委员会关于命名首批“浙江省采摘旅游体验基地”的通知》（浙旅标准〔2019〕3号），公布首批“浙江省采摘旅游体验基地”名单，景宁大均乡云中公社古法农业基地被命名为金果级“浙江省采摘旅游体验基地”。

【举办2019景宁全域文旅融合发展专题培训班】 2019年11月8日，由景宁畲族自治县文化和广电旅游体育局主办、浙江艺术职业学院（浙江公共文化管理学院）承办的2019年景宁畲族自治县全域文旅融合发展专题培训班学员结业。此次培训班为期5天，县文旅系统业务干部，各乡镇街道文旅分管领导、文化员，文化快递员代表等45人参加培训。培训师资汇聚相关领域权威教授和专家，结合浙江在全域型文化和旅游融合发展中的重要部署，文化浙江、诗画浙江的建设思路，采取讲授式、案例式、研讨式、体验式等教学方法，以理念融合、职能融合、产业融合、市场和服务融合等为核心内容，力求体现理论、政策、实践的前沿性，把前沿理论知识和浙江的发展经验通过培训转移到景宁实践工作中去，从而更好地提高领导干部应对文旅融合发展的新要求和新挑战。主要围绕学懂弄通做实习近平新时代中国特色社会主义思想、文化产业的理论与实践、新时代公共文化服务体系构建的“六化”方向等内容开展培训。并组织学员深入文旅融合发展的典型代表村——安吉县鲁家村以及茶香洋溢的艺术村落——画外桐坞村进行实地考察、现场教学，学习当地如何发挥特色文旅资源优势推动区域经济创新发展。

【畲乡鸿宾大酒店被评定为浙江省银桂级品质饭店】 2019年12月7日至8日，浙江省品质饭店评审专家入住景宁畲乡鸿宾大酒店开展品质饭店的评定工作。畲乡鸿宾大酒店总经理详细汇报酒店的创建工作和自评得分情况。评审专家按照品质饭店评价规范，从酒店的必备条件检查、品质饭店评价申请书、酒店第三方平台评价、酒店顾客满意度现场问卷调查，员工满意度实地调查以及酒店运营质量评价等条件，进行细致的对标检查。最终评定畲乡鸿宾大酒店为浙江省银桂级品质饭店。

【"秘境畲乡·风物华彩"旅游推介活动】 2019年12月25日，在杭州钱江新城千越君亭大酒店举办"秘境畲乡　风物华彩"文旅主题推介宣传活动。会上推出近20套原创设计的畲族服饰，向杭州市民展示畲族服饰的魅力，同时景宁全域旅游代表马金波在会上对景宁进行详细的讲解。推介活动为杭州与景宁两地的文化交流搭建了一个良好平台，让杭城市民多角度了解到景宁的历史底蕴、自然美景、风情民俗、美食风物，吸引更多的人到畲乡观光旅游，对于扩大景宁畲族风情游的影响力和知名度、推动畲乡旅游业新发展有着积极的作用。

【畲医畲药展示馆被认定为中医药文化养生旅游示范基地】 2019年12月30日，浙江省文化和旅游厅、浙江省卫生健康委员会、浙江省农业农村厅、浙江省中医药管理局印发《浙江省文化和旅游厅、浙江省卫生健康委员会、浙江省农业农村厅、浙江省中医药管理局关于认定杭州大下姜中医药文化养生基地等12家单位为2019年浙江省中医药文化养生旅游示范基地的通知》(浙文旅产〔2019〕16号)，认定景宁畲医畲药展示馆为2019年浙江省中医药文化养生旅游示范基地。

(林　丽)

浙江景宁畲族风情旅游度假区

【概况】 浙江景宁畲族风情旅游度假区(以下简称度假区)位于景宁城郊，规划面积43.77平方千米，核心区面积20平方千米，涉及2个街道、2个乡镇、11个行政村；畲族人口约3800人。共有旅游资源8个主类、20个亚类、34个基本类型，65个旅游资源单体。其中，人文景观类、人文活动类、民间演艺类最为丰富，是度假区的核心资源。度假区功能结构为"一心一轴三区十寨"。项目概算40.4亿元，规划建设时限为15年(2011—2025年)。2015年12月24日，《景宁畲族风情旅游度假区总体规划》通过浙江省政府批复。

2019年，度假区有2个项目续建，完成年度投资14750万元(其中，千年山哈宫6630万元；景宁畲家田园综合体8120万元)。新建项目——惠明茶文化博物馆建设基本完成，投资518万元。景宁—温岭山海协作生态旅游文化产业园落户景宁，完成投资11亿元,其中，建设完成天堂湖茶文化游憩观光平台、景宁畲乡绿道鹤溪河精品线(一期)、环敕木山道路景观工程(一期)、智慧旅游数据中心和全县游客服务(咨询)中心、惠明茶文化推广展示中心等23个子项目。山海协作产业园还主动服务消除经济薄弱村工作，配套落实大均乡新庄村、东坑镇茗源村及度假区环敕木山畲寨等畲寨村基础配套与业态扶持资金共计340万元。全年，山海协作产业园设在温岭、宁海2地的飞柜平台销售景宁农产品近1000万元，促进农民增收致富。2019年，度假区获全县招商引资大比武银奖。

【千年山哈宫项目续建工程】 2019年，千年山哈宫项目续建工程完成投资6630万元，累计完成投资38853万元。边坡支护人工挖孔桩、凤凰广场后缘边坡红线外临时截水沟工程、鹤溪河西侧环形廊桥桩基础工程、桥面工程等已完工。锚杆(锚索)格构区、边坡治理分别完成施工进度的90%和80%。

千年山哈宫位于鹤溪街道塔堪村，是浙江省重点建设项目。项目(一期)采用PC模式总承包方式(采购—施工总承包)，2016年10月进场施工建设。该项目用地面积约15.47公顷，总建筑面积20059平方米，总概算投资6.8亿元，主要建设项目有鹤溪环桥、山哈广场、山哈飞瀑、龙杖广场、水镜广场、清风廊桥、下沉庭院、忠勇广场、朝圣天梯、凤凰雕塑以及东西两侧的迁徙之路和生态之道，建设目标是中国畲族朝圣问祖殿堂。

【景宁畲家田园综合体续建项目】 2019年，景宁畲族自治县畲家田园综合体东弄村项目续建工程完成投资8120万元，累计完成投资17950万元。项目一期五大区块(入口迎客区块、茶寮区块、香菇寮区块、稻田养鱼及企业拓展区块、传习所区块)建筑基本完成。项目二期绿道、管线下地、农产品展示中心、停车场等施工以及村容村貌整治已全面展开。该项目成为到景宁旅游、考察必到的一二三产融合目的地。通过招商活动，于12月5日与杭州天顺生态农业开发有限公司签订合作协议。运营方进场，对运营方案和部分项目进行策划和设计，争取明年出形象进度，初步具备“吃、住、游、购”功能。

该项目2017年12月开工建设，总投资概算2.47亿元，占地约266.67公顷。主要建设入口迎客区、茶寮区、香菇寮区、企业拓展及居住区、文化中心区以及道路系统、传统建筑保护、历史环境要素修复等工程。以“农业、文旅、民宿”三个产业为核心，推进农业产业和旅游、文化、康养等产业深度融合，积极探索出农业农村发展新模式、新业态、新路径。目标建成展示畲乡田园风貌的窗口、环敕木山十个畲寨建设的突破口、引爆点以及“两山”理论的样板工程。

【惠明茶文化博物馆项目建设】 2019年，完成项目投资518万元，惠明茶文化博物馆主体搭建和屋面基本完成，开展地面铺设。

惠明茶文化博物馆项目位于鹤溪街道惠明寺村，利用光学原理打造一座集惠明茶传统手工技艺演示、禅茶文化体验为一体的茶文化博物馆。该项目总投资约1500万元，总占地面积约2000平方米，总建筑面积约884平方米，单层建筑。工坊空间分四部分(惠明茶古法制作区，惠明茶制作体验区，惠明茶品鉴区，屋顶沐浴大自然)。

【景宁惠明禅茶文化产业园前期工作】 2019年,惠明禅茶文化产业园项目开展项目前期工作,7月29日,通过省民宗委宗教行政许可审批。8月6日,完成社会稳定风险评估报告编制,8月26日,完成土地农转用资料上报审批。12月,项目方案编制基本完成。

景宁畲族自治县惠明禅茶文化产业园项目位于鹤溪街道惠明寺村,计划总投资约11亿元(其中7.5亿元由佛教百寺基金、上海静安寺投资建设),建设期为五年,规划总用地面积199227平方米,总建筑占地面积30199平方米,总建筑面积48189平方米。该项目按功能分4个区块:寺庙礼佛朝拜区、寺庙生活区、禅茶体验区、寺庙配套服务区。该项目以禅茶养生为主题,展现畲族茶文化脉络、畲族茶文化与禅茶文化的交融。在禅茶文化的基础上,与现有的景宁惠明茶产业有机结合,实现把惠明茶带出景宁,走向国际的目标。

【“禅林香茗”惠明茶歌公益文化活动助力畲乡振兴】 2019年5月8日,由百寺公益基金主办、上海古凡交响乐团承办的公益音乐项目“惠明茶歌有奖征集活动”发布会在上海新天地三联书店举行。该活动共征集原创茶歌36首。10月23日,音乐公益助力乡村振兴——惠明茶歌评选颁奖活动在沪举行。经过评审,最终选出最佳原创作品奖《小楼》;最佳唱作人奖《最好喝的茶》;最佳作曲奖《青青花开好》;最佳作词奖《茶馆传说》以及优秀作品奖《惠明茶禅》《惠明一心》《茶枕》《爱的唯一》《行香子惠明茶歌》《茶之禅雅之韵》等作品。这次通过“禅林香茗”惠明茶歌公益文化活动,实实在在帮助景宁畲族自治县提高惠明茶的知名度。

【《敕木山传说》出版发行】 2019年3月,《敕木山传说》一书通过评审。该书是以景宁畲族风情省级旅游度假区发展中心、县文学艺术界联合会、县养生养老促进会主办、县作家协会承办的2018丽水知名作家“走进畲乡”采风活动成果为史料。由县作家协会改编、创编而成,共收集民间传说故事33篇,其中改编14篇,创编19篇。

【《敕木山风情物语》宣传画册】 2019年3月6日,《敕木山风情物语》通过宣传册评审会。《敕木山风情物语》是由景宁畲族风情省级旅游度假区发展中心委托景宁光林图片社收集创作而成。是一本宣传浙江景宁畲族风情旅游度假区自然风光、人文风情的画册,以环敕木山公路、民族风情为主线,收集了度假区近年来的优秀摄影作品,分别从畲风、畲情、畲物、畲语等四个方面进行了展示。该书共发放3000多册。

【《重访敕木山——浙江景宁敕木山村九十年社会变迁调查》一书出版发行】 2019年3月,“美丽乡村 美丽畲寨”系列丛书《重访敕木山——浙江景宁敕木山村九十年社会变迁调查》正式出版发行。该项目由县度假区发展中心、县旅委、县民宗局三家单位共同出资,县文化局、县档案局、鹤溪街道、敕木山村配合参与。中南民族大学和武汉展翅文化发展中心作为项目负责单位。项目负责人由中南民族大学博士方清云副教授担任，华中科技大学出版社出版。

该书围绕1929年德国学者哈·史图博和李化民调研并撰写的《浙江景宁敕木山畲民调查记》为中心进行编写，也是对原《浙江景宁敕木山畲民调查记》九十周年的回访，为景宁的城镇化发展提供借鉴，是已有浙江省、丽水市、景宁畲族自治县等地方志的补充，具有一定的历史价值和学术价值。 （雷靖南）

税务·财政

税　　务

【概况】 2019年是国税、地税征管体制改革后的首年。县税务局获得丽水市税务系统绩效考核和县委、县政府"大赶考"年终考核优秀；继续保留浙江省文明单位、浙江省青年文明号、浙江省工人先锋号等荣誉称号；各项工作得到国家税务总局、市税务局和县委、县政府主要领导肯定批示12次。全年组织税收收入21.3亿元，增长1.7%。其中：税收收入14.3亿元，下降2.2%；社会保险费收入6.5亿元，增长10.2%；非税收入4757万元，增长16.2%；一般公共预算收入完成6.98亿元，下降9.9%。开展减税降费工作，严格落实各项税费优惠政策，2019年减免税费2.46亿元。开展三轮减税降费政策宣传辅导活动，培训纳税人、缴费人2000余户次。持续推进依法治税进程，完善法律顾问制度，做好全面推行行政执法公示制度、执法全过程记录制度、重大执法决定法制审核制度。召开依法行政工作领导小组季度会议4次。圆满完成企业所得税汇算清缴和后续审核工作，全力开展个税异常扣缴申报数据清理，核实相关疑点数据，核实率居全市前列。完成相关费率调整和城乡两费系统上线运行和城乡两费征缴工作。开展涉税风险排查，有力维护税收征管秩序。

2019年，县税务局坚定不移推进全面从严治党向纵深发展。签订党风廉政建设责任书和党建联系点党建工作责任书，不断强化主体责任和监督责任。打造支部品牌推进基层党的建设，以"税美畲乡"党建品牌建设为引领，4个党支部分别创立"畲税共建""税企共建""五型支部""轮值书记"等支部品牌，创新推动基层党组织建设，进一步活化党内学习教育氛围。其中，"轮值书记"品牌在全县支部主题党日活动竞赛中获得"最佳主题奖"荣誉称号，其经验做法在省税务局党建网上刊发推广。县税务局十分重视干部培养和使用，积极鼓励优秀税务干部双向交流。向县组织部推荐、提任1名副科级干部。提拔任用7名副股级干部；调整2名正股级干部、2名副股级干部、8名一般干部工作岗位。继续推进"清廉机关"建设，打造税务党建党廉文化集中展示阵地，加强清廉文化有形化建设，进一步浓厚清廉机关氛围。用好"畲乡税务廉政广播站"，建立专门的广播室，实行制度上墙规范化管理，主播团队由40多名青年干部组成。广播站设置了“学深悟透十九大”“清风故事”“警钟长鸣”“传家风承家训”等栏目，定时通过局内楼层广播向全局干部职工放送，让干部在“有声”学习中进一步增强严守政治规矩和廉政风险防控意识。持续开展形式主义、官僚主义整治工作，深入自查自纠，精准实施整改。创建“家风家训”文化品牌，建设“家风家训”和“红色精神”文化主题长廊。组织开展以“践行中国税务精神，和合奋进追梦2019”为主题的文艺会演展示活动；启动“全民阅读·书香税务”系列活动；推进多功能文化、体育活动场所建设工作，进一步营造了文化兴税氛围，强化“家”文化对队伍融合的引领作用。在县“庆祝新中国成立70周年全县干部职工合唱比赛”中，由县税务局和县财政局干部组成的参赛队伍荣获金奖。在市税务局文艺会演中，县税务局选送《税月流金》小品荣获三等奖。

【纳税服务】 2019年，持续深化“放管服”（“放管服”指：简政放权、放管结合、优化服务）“最多跑一次”等改革，大力推广浙江税务APP、电子税务局等网上办税平台，网上综合办税率达到85%。增设乡镇税务便民服务点，沙湾镇、东坑镇、大漈乡等服务点已启用并顺利运行，有效降低就近区域纳税人办税成本。助力实体企业发展，通过“银税互动”（税务和银保监部门于2015年面向诚信的小微企业创新开展的一项融资支持活动。税务部门将企业的纳税信用推送给银行，在依法合规和企业授权的情况下，将企业的部分纳税信息提交给银行。银行利用这些信息，优化信贷的模型，为守信小微企业提供税收信用的贷款）帮助企业获得优惠贷款，并为资金困难企业办理缓缴税款。积极融入长三角一体化，与上海市静安区税务局达成缔结战略合作关系的意向，学习长三角先进税收管理服务经验，提升服务质效。

【“不忘初心，牢记使命”主题教育活动】 2019年，县税务局开展“不忘初心，牢记使命”主题教育活动，一体推进学习教育、调查研究、检视问题、整改落实取得成效。国家税务总局党委书记、局长王军在总局简报上做出批示：“请岳辉同志转达我对陈重、伯军同志的感谢！请他们重点指导一下税务部门第二批的主题教育，以收更好更实之效。亦请浙江省局作为点来抓。”中共丽水市委常委、景宁畲族自治县委书记陈重和丽水市税务局党委书记、局长李纪灵也做出批示肯定县税务局主题教育工作。县税务局在全省税务系统第二批主题教育推进会上作经验交流发言。县税务局主题教育专题民主生活会——党委班子和党委书记个人的对照检查材料报送到国家税务总局。

（吴马仁）

财　政

【概况】 2019年，全县财政总收入14.95亿元，同比下降2.3%。一般公共财政预算收入6.98亿元，同比下降9.9%，占财政总收入的46.7%，比上年下降3.9个百分点。一般公共预算收入中，税收收入5.85亿元，同比下降

12%，占一般公共财政预算收入的83.9%，比上年同期下降2.1个百分点。全年一般公共财政预算支出47.54亿元，同比增长12.3%；县本级预算安排支出40.56亿元，增长17.2%。

2019年财政收入执行情况一览表

表4

项目	收入（万元）	同比增长（%）	项目	收入（万元）	同比增长（%）
一、一般公共财政预算收入	69756	-9.9	3.罚没收入	1038	18.9
（一）税收收入	58543	-12.0	4.国有资源有偿使用收入	2283	-44.3
1.国内增值税（50%部分）	20417	-3.1	其中：水资源费	945	-11.9
2.改征增值税（50%部分）	14664	36.5	5.捐赠收入	268	13.1
3.营业税（50%部分）		-100	6.政府住房基金收入	797	99.6
4.企业所得税（40%部分）	4475	20.3	7.其他收入	750	100
5.个人所得税（40%部分）	6872	-44.4	二、上划中央“六税”收入合计	79743	5.5
6.城市维护建设税	3446	13.9	1.国内消费税	11	-15.4
7.耕地占用税	52	-99.1	2.国内增值税（50%部分）	20417	-3.1
8.契税	1929	-41.4	3.企业所得税（60%部分）	34343	37.0
9.其他税收	6688	7.7	4.个人所得税（60%部分）	10308	44.4
（二）非税收入	11213	3.2	5.改征增值税（50%部分）	14664	36.5
1.专项收入	4237	15.3	6.营业税（50%部分）		-100.0
其中：教育费附加	2046	16.1	三、财政总收入	149499	-2.3
地方教育附加	1371	16.8	四、政府性基金收入	100216	35.1
残疾人就业保障金	814	10.0	其中：国有土地使用权出让收入	41689	34.5
水利建设专项收入	7	600	五、国有资本经营预算收入	266	-28.5
2.行政性收费收入	1840	11.5	六、社会保险基金收入	59226	11.1

2019年财政支出执行情况一览表

表5

项目	执行数（万元）	比上年（%）	项目	执行数（万元）	比上年（%）
一、一般公共预算支出合计	475397	12.3	其中：进修及培训	347	-19.1
（一）一般公共服务	56308	29.7	（五）科学技术	5181	36.3
（二）国防	449	-41.8	（六）文化体育与传媒	8308	-4.8
（三）公共安全	15770	12.1	（七）社会保障和就业	46735	11.8
其中：公安	9533	13.5	其中：最低生活保障	2481	-18.1
检察	1513	12.7	（八）医疗卫生与计划生育	34452	13.4
法院	3152	39.9	其中：计划生育事务	719	-8.1
（四）教育	50515	8.2	（九）节能环保	15899	3.1

续表 5

项　目	执行数（万元）	比上年（%）	项　目	执行数（万元）	比上年（%）
其中：污染防治	3126	-19.2	其中：粮油事务	149	14800.0
（十）城乡社区事务	123148	37.2	（十八）灾害防治及应急管理	1338	
（十一）农林水	66621	15.0	（十九）金融	87	
其中：农业	5915	-4.1	（二十）其他支出	622	-27.9
林业	9729	-19.5	（二十一）债务付息支出	10808	36.4
水利	15273	105.9	（二十二）债务发行费支出	92	13.6
扶贫	27529	75.2	（二十）预备费		
（十二）交通运输	17771	-3.5	二、政府性基金支出	56938	-24.3
（十三）资源勘探电力信息等事务	8114	-63.3	其中：国有土地使用权出让收入安排的支出	21146	-19.8
其中：支持中小企业发展和管理	8005	-63.0	债务付息支出	1006	0.0
（十四）商业服务业等事务	648	-75.7	债务发行费用支出		
（十五）国土资源气象等事务	3210	-68.3	三、国有资本经营预算支出	210	11.1
（十六）住房保障	8932	7.7	四、社会保险基金支出	59226	11.1
（十七）粮食安全物资储备事务	389	1947.4	—	—	—

2019 年，收入结构保持稳定，一般公共预算收入占 GDP 的 10.1%；一般公共预算收入占财政总收入的 46.7%；税收收入占一般公共预算收入的 83.9%。实施政府非税收入收缴电子化改革，全县所有执收单位全部接入统一公共支付平台，通过“银联”“支付宝”等第三方支付（网页、手机）电子收缴 49 项非税收入 10.23 万笔 11.38 亿元。规范非税收入管理，实现非税收入 10.27 亿元，增长 29.8%。其中，纳入一般公共预算管理的非税收入 1.12 亿元，增长 3.2%，占一般公共预算收入的 16.1%。

2019 年，全县民生支出 37.56 亿元，增长 18.5%，占一般公共预算支出的 79%。医疗救助支出 1371 万元，享受对象 13430 人次；城乡最低生活保障支出 2779 万元，享受对象 68102 月/人次（每个补贴对象享受补贴的月份数加总之和）；孤儿困境儿童支出 152 万元、享受对象 2293 月人次；特困人员供养支出 551 万元，享受对象 4550 月人次；残疾人两项补贴支出 2307 万元，生活补贴 74659 月人次、护理补贴 31972 月人次。深化医疗卫生服务体系改革，研究适应医共体建设的财政保障政策，筹资 325 万元用于医共体建设。办好民生实事，安排 191 万元资金为 65 岁以上老人注射肺炎疫苗；在全市率先启动低收入农户高水平全面小康养老计划，统筹资金为全县 5100 名低收入农户代缴城乡居民养老保险，减轻低收入农户负担。支持经济发展，安排一般公共服务、公共安全支出、教育支出、科学技术支出、社会保障和就业支出、医疗卫生与计划生育支出、节能环保支出、城乡社区支出 34.8 亿元，增长 22%，占一般公共预算支出的 73.2%，比上年同期提升 5.8 个百分点。筹措政府性项目建设资金 18 亿元，建设教育、交通、医疗等64个重点民生项目。

落实大规模减税降费政策，全年减税降费2.48亿元。其中，减税2.31亿元，降费1700万元。继续加大对企业的扶持力度，参与制定和完善工业、服务业、建筑业等扶持行业、企业政策10个，兑付各类扶持企业资金2.54亿元。落实困难企业社保费返还政策，退还第一批符合条件的425家企业社保费金额2543万元。

按照政府隐性债务“5年任务3年完成”的要求制订化债计划。通过提前归还银行贷款和变更原签订的协议等方式化解隐性债务5.54亿元。加强政府性债务管理，限额内政府债务余额37.33亿元。其中，一般债务余额34.45亿元；专项债务余额2.88亿元。债务率低于风险警戒线，总体风险可控。新增一般地方政府债券8亿元，支持重点项目建设。

全面实施预算绩效管理。按照县委、县政府《关于全面实施预算绩效管理的若干意见》，制定实施《景宁畲族自治县全面落实预算绩效管理三年行动计划(2019—2021年)》，建立健全全过程预算绩效管理机制。开展扶贫资金专项检查工作，委托浙江普华会计师事务所，对2018年度中央财政扶贫资金和省级财政扶贫项目的资金管理使用情况进行专项检查。重点抽查了红星街道、澄照乡、渤海镇等3个乡镇的扶贫项目，涉及财政扶贫资金991万元。其中，中央财政扶贫资金239万元、省级财政扶贫资金672万元。针对检查发现的项目实施管理、会计核算不规范等问题，督促各相关单位整改落实到位。

【深化财政改革】 2019年1月1日起全县所有单位全部通过政采云平台组织政府采购。全年组织实施政府采购1.46亿元，比预算1.56亿元节约资金1036万元，资金节省率7.1%。启动医疗收费电子票据改革，7月26日，县人民医院医疗收费电子票据系统试运行，成为全市第一家生成“医疗收费电子票据”的县级医院，全年开具医疗收费电子票据9.56万张，打印纸质票据7676张，打印率降到8.02%。实现涉农补助资金通过社保卡“一卡通”发放全覆盖，全年发放资金1.5亿元，受益3.6万人次。编制《县财政局部门间“最多跑一次”办事指南》，9个大类31个大项47个小项事项实现“最多跑一次”；42项实现“网上办”，21%涉财事项实现“零次跑”。深化国企改革，组建县城市建设发展集团有限公司先行试点；完成17家县属全民所有制企业公司制改制。

【实施乡村振兴战略】 2019年，安排农林水资金6.66亿元，支持农民增收十大行动计划、“五水共治”“大搬快治”“六边三化三美”等重点工作。支持精准脱贫攻坚战，安排财政专项扶贫资金2.75亿元，比上年增长75.2%；统筹“两山(一类)”建设激励资金1.36亿元，带动总投资5.83亿元的项目建设。整合专项资金17项2.7亿元，用于实施乡村振兴行动计划，设立产业振兴、其他乡村振兴资金专项。整合专项资金17项2.62亿元，支持美丽城镇建设暨小城镇环境综合整治。

【开展“不忘初心、牢记使命”主题教育】 2019年，深入开展“不忘初心、牢记使命”主题教育。组织党员干部深入大张坑等地接受红色传统教育3次；开展集中学习5天，实地调研24人次，形成调研报告8份；班子成员认领问题20个，完成整改20个。落实县委巡察整改工作，巡察反馈6个方面34个问题，提出126条整改措施。28个问题已完成整改，新出台和修订完善制度5项。开展“四服务两提升”（服务部门、服务企业、服务乡镇、服务农村，提升干部队伍素质、提升工作创新能力）活动，组织全体干部开展“上门服务至少一次”活动386人次。（吴向东）

国有资产管理

【概况】 2019年，县国资公司严格按照全面从严治党新要求，深入开展“不忘初心，牢记使命”主题教育，认真学习习近平新时代中国特色社会主义思想，认真落实党风廉政建设责任。加强资产整合，投资优质项目，实现资源、资产、资本、资金裂变；变国有资源优势为经济优势，增加融资能力；带动社会资本对政府急需发展的产业和重大基础性项目的投入。进一步盘活、调剂国有资产，保障政府重大项目推进，确保国有资产保值增值，有效防止国有资产流失。打好“最多跑一次”改革攻坚战，实现经营性资产缴纳租金、签订合同一体化，真正落实“最多跑一次”改革，确保租赁经营稳定发展。积极推进国有企业改革，根据《国务院办公厅关于印发中央企业公司制改制工作实施方案的通知》（国办发〔2017〕69号）、《浙江省深化国有企业改革工作领导小组文件》（浙企改发〔2019〕1号）等文件精神，完成县国资公司下属企业（景宁畲族自治县市场开发服务中心）公司制改制。至2019年年底，县国资公司注册资金从最初的552万元增至9268万元，总资产103045万元，净资产81820万元。其中，对外投资37950万元，以信用担保等方式累计为政府融资担保53000万元。（叶月香）

金融 · 住房公积金

金　　融

【概况】 2019年,全县有银行业金融机构11家、保险机构3家、证券营业部1家。基本形成层次完备、竞争适度、健康有序的金融组织体系。是年,全县人民币各项存款余额120.63亿元,比年初增加14.47亿元,余额同比增长13.63%。各项贷款余额93.28亿元,比年初增加11.49亿元,余额同比增长14.05%。其中,中小企业贷款余额13.92亿元,比年初增加2.23亿元;政府类项目贷款余额2.43亿元,比年初减少0.94亿元;住户贷款余额79.38亿元,比年初增加9.35亿元;涉农贷款余额55.11亿元,比年初增加8.18亿元。在涉农贷款中"三权"抵押贷款余额10.5亿元,比年初增加0.29亿元。其中,发放林权抵押贷款2486笔,余额5.62亿元,新增667万元;发放农房抵押贷款1031笔,余额4.28亿元,新增1982万元;发放土地流转经营权抵押贷款92笔,余额0.6亿元,新增254万元。

是年,不良贷款余额1.09亿元,比年初增加0.03亿元,不良贷款率1.17%,全年共处置不良贷款0.77亿元。县域银行业金融机构经营保持平稳发展态势,信贷适度增长。

2019年,中国人民银行景宁县支行认真贯彻落实金融支持小微企业相关政策精神,牵头组织域内各金融机构深入民营和小微企业开展"大调研"活动。结合实际制定出台《关于进一步深化民营和小微企业金融服务的意见》。指派1名干部长期借调至县服务企业办公室工作,推进"银企"融资对接活动。指导金融机构在"让利、服务、创新"上下功夫,多层面满足民营和小微企业信贷需求,着力破解"融资难、融资贵"问题。提前实现全县企业贷款余额提升13个百分点以上、利率降幅在10%以上的目标,切实为民营企业提供高质量金融服务。是年,全县中小企业贷款余额13.92亿元,同比增长19.05%,较年初增长19.08%。

推进"移动支付之省"建设,组织全县金融机构做好活跃账户及交易量考核工作,参与移动支付便民示范工程建设。9月,提前完成全年任务指标。11月末,活跃账户数达到14942个,完成率199.23%;交易笔数达到66206笔,完成率220.69%。

加强货币发行管理，认真做好新版人民币发行工作，积极落实机具升级和人员培训。推进沙湾镇现金服务示范区创建，做好实拨资金电子化上线工作。

推进国库业务电子化改革，进一步完善柜面监督和内控制度建设，加强对财政专户的日常监测，在提升工作效率的同时保障资金安全。

组织开展“3•15”金融消保、“守住钱袋子”、“金融知识普及月”等主题金融宣传月活动，多措并举引导金融消费者通过合法程序解决金融纠纷。充分发挥畲族特色，将金融知识带进畲村，进一步提升宣传效果。全年，全县金融机构共开展各类宣传活动137次，受益消费者2.64万人次；发放宣传资料7.39万份，媒体宣传9次。全面贯彻“最多跑一次”和“放管服”要求，推进企业开户由核准制改为备案制相关工作，提升服务效率。

推进农村信用体系建设，依托农户信用信息系统推动“整体批发、集中授信”，小额农贷业务持续增长。全年，114个行政村（行业）授信7.49亿元，涉及农户16087户，累计发放贷款23.33亿元。不断健全食品安全金融联合惩戒机制，加强食品安全联合惩戒机制的实施和信用信息共享平台的运用，拓宽农村信用体系的应用范围。全年，接收个人食品安全联合惩戒信息176条，发送金融惩戒告知书152份，并对22户违规经营户采取惩戒措施，涉及金额509万元。稳步推进村级担保组织建设，促进农户融资增长。是年，全县有村级担保组织14家，累计服务农户2187户，累计担保金额2.35亿元。

持续推进“银行卡助农取款服务点”和“农村金融服务站”建设，实现所有服务点联网互通，保障全县银行助农取款与代理转账业务量稳步提升。是年，全县178个助农取款服务点，共办理取款业务10992笔，金额1802.38万元，代理转账4140笔，金额1052.57万元。积极推进农村电子金融自助交易服务。是年，全县农村地区共放置POS机1671台，ATM机91台。推进金融服务“示范街区”“示范村”、星级服务站建设。是年，创建完成移动支付示范街区2个、金融服务示范村2个、五星级服务站7个、四星级服务站20个。

扎实推进省级“信用县”创建。将“信用县”创建工作纳入县委“大赶考”考核工程，落实《景宁县信用县创建工作实施方案》，建立小微企业培育库，推动“信用+景商”等金融产品创新。多次组织人员到云和、龙游等先进县学习成功经验，确保获得省级“信用县”称号。

牵头推进第三轮县域特色“政银保”小额信贷贴息项目工程，充分发挥财政资金的杠杆作用，变财政“输血”扶贫为金融“造血”扶贫，帮助低收入农户增收致富。是年，累计为低收入农户发放扶贫贴息贷款13292笔，累计发放金额6.95亿元。（李帅霖）

·中国工商银行股份有限公司景宁支行·

【概况】 中国工商银行股份有限公司景宁县支行（以下简称工行景宁支行）内设综合管理部、市场业务部、个人金融业务部、营业部。在职员工30人（含是年调离2人，退休1人）。

2019年，工行景宁支行通过“不忘初心，牢记使命”主题教育活动，强化从严治党、从严治行，充分发挥党员模范带头作用，形成了讲作为、比贡献、重担当的良好工作氛围，有效激发出员工活力和潜力。坚持小而精为特色的银行建设,拉长板补短板，各项业务稳步发展。针对社保资金因招标净流出巨大的实际，工行景宁支行积极组织员工克服困难，做好财政、社保对接，紧跟项目建设，抢抓基建账户开立，从多个方面寻找新的存款增点。做好招商引资、对公拓户及重点项目工作，实现对公存款稳存增存。抓源头拓新户，增加新开户存款。利用个人信用消费贷款渗透、机构重组等机会，营销代发工资单位。抓经营客户的沉淀资金，重视在本地经营和在外景商的营销，特别重视中高端客户的发展。关注新产品的发行工作，积极主动宣传营销。完善考核办法，强化存款类指标考核，有效调动全员的积极性，个人存款业务竞争力稳步提升。是年，基础类个人有效客户净增1711户（日均5万元以上客户增加277户），排全市第三。私人银行日均客户净增1户。贵金属有效客户净增687户，完成率196%，全市第一；大实物贵金属客户净增241户，完成率133.9%，全市第一。融E行客户净增2967户，完成率89.9%，全市第一。ETC安装774台，列县域四行第一。同时，通过网点智能化改造，推进互联网金融业务。是年，工行景宁支行个人结算与电子银行业务在丽水分行考核中获第一名，进入全省网络金融突出贡献20强。

2019年年底，各项存款余额129626.64万元（其中储蓄存款余额突破55000万元），较年初增长8278万元，完成年底冲刺任务的103.5%，实现日均和时点存款域内四行排名双第一。贷款余额52888万元，比年初减少3232万元。其中，企业普惠贷款余额6195万元，比年初减少750万元，主要为不良贷款核销；个人贷款余额46692万元，比年初减少2482万元，主要为个人消费贷款减少。（梅亚萍）

·中国农业银行景宁县支行·

【概况】 2019年，中国农业银行景宁县支行紧紧围绕上级行党委的工作思路和决策部署，坚持以“三负责、三个力”（对一级法人负责、对广大员工负责、对发展历史负责；市场竞争力、价值创造力、风险控制力）为使命担当，对照建设区域强行目标“五个领先”（市场竞争领先、价值创造领先、风控案防领先、团队素质领先、社会评价领先）的总体要求，扎根当地，拉高标杆，完善考核激励机制，激发员工“想干事、敢干事、干成事”的工作热情，形成全行“躺着的人站起来，站起来的人跑起来”的干事创业氛围，推进各项业务“速度、质量、效益”协调发展，实现核心业务县域优势再扩大，综合竞争力得到有效提升。持续保持案件防控的高压态势，对高级管理人员、部门负责人、员工分层签订《合规经营和案件防范（安全）责任书》。强化员工日常行为分析管理，及时掌握员工思想行为动态，及时发现并化解风险隐患。开展员工案件风险专项排查，对员工与客户非正常资金往来、出借员工卡、代客保管重要物品、代办业务情况进行分析排查，发现问题及时整改。全年无经济案件和违法违纪案件发生，实现连续29年安全经营。

2019年年底，中国农业银行景宁县支行各项存款余额18.27亿元，比年初增加1.64亿元，域内四行（工行、农行、建行、中行）占比35.3%，余额新增占比168.5%。各项存款日均余额17.84亿元，比上年增加1.87亿元，四行占比34.15%。对公存款余额12.36亿元，比年初增加9410万元，四行占比36.73%。个人存款余额5.91亿元，比年初增加6990万元，四行占比32.66%。各项指标均居四行之首。各项贷款余额13.65亿元（比上年减少1537万元），四行占比33.29%，居四行首位。其中：对公贷款余额4.05亿元，四行占比42.1%；个人贷款总量9.6亿元，四行占比30.59%，余额比年初增加2064万元，占总信贷余额的70.33%。存贷比74.69%。不良贷款余额1025万元，不良率0.81%，资产质量良好。 （汤力成）

·中国银行景宁县支行·

【概况】 中国银行景宁县支行（以下简称中行景宁支行）成立于2012年2月15日。内设营业部和业务发展部，有员工14人。2019年，坚持“建设新时代全球一流银行”战略目标，以服务中小企业为重点，以支持实体经济、保障金融稳定、为银行创造价值、提升发展质量为内在需要，坚持自身经营发展与服务实体经济共振合拍，加快金融创新，持续扩大信贷投放，支持景宁实体经济发展。是年，中行景宁支行获丽水市中国银行系统绩效考核优胜奖。

2019年年末，本外币（人民币+外币）存款时点余额83552万元，较年初增加2380万元；本外币存款日均余额88325万元，较年初增加37080万元，增幅72.36%。新增绝对额丽水全市中国银行系统排名第三，增幅排名第一。景宁四大银行市场份额占比16.2%，较年初增长1.1个百分点。

本外币贷款时点余额105438万元，较年初增加17307万元，增幅20%，增幅全市中国银行系统排名第二；贷款日均余额98212万元，较年初增加13732万元，增幅15.07%，全市中国银行系统排名第四。景宁四大银行市场占比25.76%，新增市场份额和绝对额皆为第一。

2019年年末，中行景宁支行存量个人基础客户（折算前）7250户，比年初增加1474户，增幅25.51%；千元以上有效客户（折算前）存量7539户，较年初增加1518户，增幅25.21%；中高端客户289户（折算前），较年初增加44户，增幅17.99%。累计营销有效代发薪企业30户（当年新增10户），累计代发金额7849.99万元，较上年同期增长116.60%。新开结算账户333户，客户基础进一步扩大和夯实。

全力支持景宁县重大项目建设。322国道景宁段改建工程PPP项目，总投资17.5亿元，中行景宁支行授信批复3.28亿元；景宁县金村水库及供水工程PPP项目，总投资5.23亿元，中行景宁支行授信批复4.15亿元。个贷业务以住房按揭贷款为主，较年初增加18279万元，新楼房按揭市场份额占比70%以上，继续领跑同业。

支持中小企业，做好普惠金融。降低中小企业贷款利率，最低可到基准。取消承诺费、资金管理费、财务顾问费、咨询费，房产评估费、抵押登记费（由支行承担），实现客户贷款零费用。合理扩大抵质押率，对纳税信用良好的企业提供信用贷款。对暂时遇到经营困难，但产品有市场、项目有发展前景、技术有市场竞争力的企业，不盲目停贷、压贷、抽贷、断贷。主动匹配中小企业资金周转效率。对新企业做到5个工作日完成尽责、3个工作日完成审批、1个工作日完成放款的“五三一”服务机制。对老客户周转贷款实行1个工作日的限时转贷考核。积极推进银行“最多跑一次”服务改革，优化企业开户及业务办理流程。在上级行统一规划下，开发线上预约、线上授信、移动柜台等智能化服务功能，变客户跑为系统跑、数据跑和银行员工跑，提升企业服务体验。

牢固树立“存款立行”思想，跳出存款抓存款，拓宽资金来源。以行政事业为根基，稳定基础存款。以“来聚财”、手机银行拓展为抓手，以招商企业为重点，改善公司客户结构。坚持“围绕客户做业务量，围绕业务链拓展客户”的理念，引导员工从“以产品为中心”向“以客户为中心”转变，从客户拓展“以量取胜”向“量质并举”转变。

防微杜渐控风险。面对不良资产持续冒升和资产质量管控压力，中行景宁支行把不良化解工作摆到与业务发展同等重要的位置，将监管红线底线深入员工内心，规范员工行为，增强风险意识，强化识别风险能力。严格贷后管理，保证资产质量。　（张海美）

·中国建设银行股份有限公司景宁县支行·

【概况】 中国建设银行股份有限公司景宁支行成立于1987年10月，办公地址历经搬迁后位于红星街道团结西路2号。2019年年底，有职工36人（含内退人员2人）。内设综合管理（安全保卫部）、客户部、直属营业部。拥有自助服务点4个，自助设备13台，分布在红星街道和鹤溪街道。

2019年年末，一般性存款余额13.48亿元，各项贷款余额11.49亿元。实现税前利润3245万元，中间业务收入949万元。

2019年，荣获浙江省分行个人存款竞赛业务旺季营销活动“个人存款拓展先锋支行奖”、丽水市分行旺季营销个人保险销售优胜网点奖、旺季营销个人存款先锋奖。主营业务保持当地领先。一般性存款日均余额14.21亿元，域内四行（工行、农行、建行、中行）占比27.20%，排名第二；日均新增0.74亿元，四行占比16.89%，排名第三。贷款余额11.49亿元，较年初增加1亿元，四行占比28.04%，排名第二。中间业务收入949万元，四行占比29%，排名第二。2018年—2019年度，全县金融机构第六轮安全评估，支行各项指标综合得分100.1分，获全县第二名。

2019年，为景宁地质灾害避让搬迁包凤项目发放贷款8000万元，为金山垟城镇化建设项目累计发放贷款1亿元。支行“裕农通”乡村覆盖率100%。率先实现“裕农通”村村通。同年，为梧桐乡同心村（省级经济薄弱村）增加村集体经营性收入6.1万元。

2019年，加强不良管控、实现不良资产双降。不良贷款从年初的1590.94万元下降到960.43万元，减少630.51万元。不良率从年初的1.52%下降到0.84%。逾期贷款从年初的

1395.5万元下降到1044.35万元，减少351.15万元；逾期贷款率从年初的1.33%下降到0.91%。

开展“不忘初心 牢记使命”主题教育活动。成立主题教育领导小组，印发《景宁支行党支部“不忘初心、牢记使命”主题教育工作内容清单》。设立张富清党员突击队、张富清金融服务队、张富清服务热线。党支部组织集中学习12次，开展主题党日活动5次。主要负责人完成调研报告1份，上党课1次。检视问题11个，其中立行立改4个，建立问题整改长效机制7个。参加志愿服务26人次，完成“微心愿”认领15人。

与东坑镇农村合作社党支部、梧桐乡同心村党支部开展党建共建活动。共同践行“四个意识”“四个自信”“宗旨意识”“两个责任”“两个作用”。全面落实党风廉政建设和案件防控工作。层层签订《全面从严治党（治行）责任书》《安全管理责任书》。制定《中国建设银行景宁支行2019年党建工作要点》。深入学习《关于银监重点监管事项的工作提示》《近年来银行从业人员严重违规典型案例》《中国共产党纪律处分条例》。主动做好巡视巡察反馈问题的落实整改。全年无违法违纪和重大违规事件发生。（吴光明）

·中国农业发展银行景宁县信贷组·

【概况】 中国农业发展银行景宁畲族自治县信贷组（以下简称县农发行）设立于1997年1月，为国有政策性银行。原名“中国农业发展银行丽水地区分行派驻景宁县办事组”，2001年2月更名为“中国农业发展银行景宁畲族自治县信贷组”。在职员工4人。主要职责是承担景宁畲族自治县储备粮收购资金供应、农业农村基础设施建设等国家规定的农业政策性金融业务，围绕乡村振兴，服务农业农村经济发展。

2019年，县农发行积极创建“学习型”党组织，“两学一做”学习教育常态化。开展“不忘初心、牢记使命”主体教育活动，深入开展理想信念教育、革命传统教育、爱国主义教育，激发干部员工的爱国热情，调动员工干事创业积极性。全年共参加市分行党课20次，信贷组召开组织生活会1次,党员大会8次，专题党课3次。开展支部主题党日活动1次，集中学习36次，支部党员发言、谈体会45人次。

严格按照上级行及外部监管机构要求，开展“2019年贷款客户风险排查和分类排队”、“治乱象 维秩序”回头看、自查、法律合规综合检查等各项内控管理检查工作。员工绷牢合规经营这根弦，做好各项工作，确保业务安全稳健运营。自成立以来，未发生不良贷款。

2019年年末，县农发行各项存款余额5304万元。各项贷款余额14990万元。其中，粮食储备贷款1690万元，支持当地小微企业——浙江奇尔茶叶有限公司（农业小微企业）贷款200万元，累计发放仓储设施建设贷款3笔4000万元，用于景宁畲族自治县中心粮库迁建工程项目（累计收回贷款900万元），累计发放农村路网建设中长期贷款10000万元，用于322国道景宁段改建工程PPP项目建设。（朱剑敏）

·景宁农商银行·

【概况】 景宁农商银行前身为景宁县农村信用合作联社。1987年9月从中国农业银行景宁县支行信用合作股析离成立，1996年8月与农行正式脱离行政隶属关系，归属丽水地区农村金融体制改革领导小组管理。2000年7月1日，将始立于1993年9月的原景宁县通达城市信用社接收归并为下属信用机构。2005年，根据国发〔2003〕15号《深化农村信用社改革试点方案》相关文件精神，经过清产核资与增资扩股，于6月23日召开第一届社员代表大会，选举产生理事会、监事会，决议通过在合并全县各乡镇农村信用社和县联合社的基础上，正式改制成立"景宁畲族自治县农村信用合作联社"（简称景宁县农信联社），实施一级法人治理。2005年8月12日，经中国银行业监督管理委员会浙江监管局批复同意，正式注册登记、挂牌营业。注册资本为908万元，企业经济性质为股份合作制。2012年9月19日，经人民银行、银监会批准，联社总部由景宁畲族自治县鹤溪镇人民中路288号搬迁至景宁畲族自治县鹤溪街道（原为鹤溪镇）人民中路201号新大楼。2015年，根据景信联〔2015〕004号《景宁农信联社对历年未分配利润转增资本》决议，将未分配利润439.34万元转增资本，转增后实收资本为1770.67万元。2017年6月15日，成立农商银行改制筹建小组。2018年5月17日，正式挂牌开业。有员工150余人。全县设有12个全日制营业网点（其中1个营业部、4个支行、7个分理处），1个非全日制流动网点。

2019年年底，景宁农商银行各项存款余额36.77亿元，比年初增加7.78亿元，增长26.85%，市场占有率30.45%。各项贷款余额25.94亿元，比年初增加4.67亿元，增长21.97%，市场占有率27.80%。贷款增量和总量位居全县金融机构第一。实际不良贷款2570.82万元，绝对值比年初下降238万元，占比0.99%，比年初下降0.33个百分点。贷款损失准备余额15997.42万元，拨备覆盖率1320.3%。各项监管指标保持良好，抗风险能力持续增强。

2019年，景宁农商银行总收入19802.13万元，同比增加2197.11万元，增幅12.48%。实现利润总额6380.37万元，同比增加154.38万元，增幅2.48%。全年纳税3000.90万元，保持全县金融机构首位。

2019年，景宁农商银行采取网格化管理，普惠金融挂图式作战，电银活动双线融合，巩固发展基础。对重点区域和单位，实施"领导班子督导+网点区域网格+单位网格+域外网格"多重网格区划，首批101个县城单位网格和17个域外网格建成。年末，客户评级数24702户，比年初增加2268户。

大力实施"互动"和"走出去"两大战略。不断完善"景商快贷通"产品，支持域外景商创业发展。组织金融专员120人次，上门为在异地创业的景商提供服务。全年，发放"景商快贷通"1805笔，金额5.17亿元。推进"政银保"小额扶贫贷款和"助一程"扶贫贷款，累计发放低收入农户贷款6383笔，金额3.2亿元，助力低收入农户增收致富。推出"优客贷""转贷通"贷款产品，实现还款与续贷之间的

"无缝对接"。推出"浙里担"破解担保难题，支持"农合联"会员发展。深入实施景宁农商银行乡村振兴战略金融服务工程，推动"5年60亿"资金扎实落地。推出"景宁600精品畲农贷"信贷产品，支持以"景宁600"引领的高山精品生态农业发展。与县农业农村局合作推出"强村贷"消薄增收专项贷款，衔接山海协作"飞地"项目，助力集体经济薄弱村"摘帽致富"。对"县农合联"会员整体授信2亿元。对5个"产业农合"和惠民资金互助会授信1.5亿元。对"600联盟"授信5000万元，提供基础配套金融服务。

2019年，共建成标准型丰收驿站10家，简约型丰收驿站20家。丰收驿站覆盖率21.13%，比年初上升1.41个百分点。完成总行营业部装修。

2019年，景宁农商银行与县国资公司合作，率先在全省农信系统创新推出租金代缴新模式——"寻租记"，全县800多国资租赁户"一次不用跑"，在丰收互联上把租金缴好；与不动产登记中心合作，率先在全市农信系统开展不动产抵押登记业务全流程线上代办；与县税务局合作，率先在全市金融机构开展税务发票代开业务。为全县新生婴儿办理社保卡业务。

修订完善不良贷款管理责任实施细则和尽职免责制度，全面实行风险管理金和责任赔偿金制度。按季开展听证，全年问责不良贷款责任人17人次，收缴风险赔偿金11万元。加大不良风险排查力度，全年处置不良贷款2045.64万元，核销不良贷款和信用卡透支989.12万元。

开展"清廉浙江农信"建设、案件风险排查和"治乱象 维秩序"整治工作。实施员工违规积分管理，全年违规572人次，违规积分283分。开展信用卡业务审计、小额贷款审计以及经济责任审计等8个项目的审计工作，提出整改意见32条，制定修订了3个内审制度。

开展金融知识宣传活动。组建青年普惠小分队配合客户经理，针对不同群体消费者的金融需求，从消费者权益、普惠金融业务知识、金融知识进校园、投资理财知识等方面进行宣传。开展"送金融知识进万家""送金融知识进校园""送金融知识进社区"等系列活动12次，走访农户9821人次。

联合县委统战部、县农业农村局、县工商联等5个单位，在杭州成功举办丰收驿站丽水月景宁专场活动，充分展示畲乡之美和农信之干。联合团县委开展"点滴星光、点亮梦想"公益扶贫活动。完成村级账户撤并开立工作，助力全县行政村规模调整工作。

健全党建制度。建立《领导班子成员基层党建工作联系点制度》，党委班子分片联系各党支部、各支行。制定中心组理论学习制度、党员学习制度、"三会一课"制度、组织生活会制度、党员民主评议制度、党员发展制度等19个党建工作制度，明确党支部工作职责、党支部书记工作职责及党支部委员工作职责，为组织管理规范化提供制度保障。着力阵地建设。在总行建立党群活动中心1个，设立支部党员活动室3个。联合工会、团委，常态化开展各类党群联谊活动。深入实施党建共建，服务乡村振兴。总行党委与21个乡镇(街道)

党(工)委签订党建联盟战略合作协议,各支部与全县136个村党组织签订党建共建合作协议。

组织开展"三八"国际妇女节插花比赛活动。组织团队参加县第二届女子运动会,并获"团体二等奖"。组建青年志愿者服务队,开展"夏日送清凉、守护高温战士""希望小书房"等公益活动,关爱乡村留守儿童。开展"换上红马甲,守护畲乡蓝",与环卫工人一起清扫路面。(吴晓晓)

·中国邮政储蓄银行股份有限公司景宁县支行·

【概况】 中国邮政储蓄银行股份有限公司景宁畲族自治县支行(以下简称中国邮储银行景宁支行),拥有9个网点和10个非全日制金融服务网点。其中,县城网点5个,占比26.32%;农村地区网点14个,占比73.68%。是县域内分支机构最多、覆盖面最广的大型国有商业银行。

2019年年底,各项存款余额11.04亿元。各项贷款余额7.75亿元。其中,林权抵押贷款余额14332万元,农房抵押贷款余额3470万元;第三轮"政银保"累计发放贷款1033笔6765万元,余额482笔3087万元。全年,办理"无还本转贷"5笔2100万元,实现企业转贷零成本。与东坑镇签订合作协议,授信5000万元,支持全民创业大行动和小农户扶贫增收。

中国邮储银行景宁支行获2019年度丽水市农村金融改革工作先进基层集体称号、2019年度畲乡铁军"志不求易 事不避难"创新实干大赶考综合考核良好单位称号。(杨 雯)

·浙江景宁银座村镇银行·

【概况】 浙江景宁银座村镇银行(以下简称景宁银座银行)坚持社区银行商业模式,坚守小微客户市场定位,深扎县域周边乡村居、社区,贯彻落实"坚定方向、明确路径、夯实基础、勇于探索"十六字方针。创新客户管理模式和流程。提升客户经理产品熟悉度,服务用心度。提升风险控制水平,各项业务均衡稳健发展。

2019年年末,各项存款余额105566万元,较年初增加了14869万元。其中,活期存款余额32643万元,占各项存款余额30.92%,较年初增加1535万元;定期存款余额72923万元,占各项存款余额69.08%,较年初上升了13334万元。各项贷款余额98080万元,较年初增加9398万元。贷款户数4523户,户均21.68万元。其中,涉农贷款余额88705万元,较年初增加10463万元;涉农贷款户数4121户,较年初增加41户;年末涉农贷款占比90.44%。小微企业贷款余额56171万元,较年初增加6776万元;贷款户数1468户,较年初增加67户;年末小微企业贷款占比57.27%。不良贷款余额945.83万元,较年初增加479.74万元,不良贷款率0.96%。

2019年,景宁银座银行建立培训测试+试题分析机制,提升员工专业技能。开展人才盘点,优化人员队伍,通过帮扶,让低产能人员清晰自己的业务方向和问题所在,同时提升高潜质人员自身能力。加强"吃苦、求实、创新"的企业文化宣导,开展十大人物故事分享、党员微故事分享、优秀案例分享、党员先锋岗打造等活动,为员工树立先进典型,传递正能量。秉持“创新、协调、绿色、开放、共享”发展理念，支持地方经济转型升级与创新发展，助力农民增收、农业增效、农村增绿，助力地方农村经济可持续发展。完善农村信用信息系统，利用“客户群”管理工具，实现“整村授信、整村批发”贷款。至年末，“兴农卡”签约客户440户，金额5928万元。新增首笔激活387户，金额2680万元。村居授信客户覆盖率30%的村增加至20个，较年初增加4个；有效客户覆盖率30%的村增加至42个，较年初增加5个。优化“政银保”授信业务，加大“银村合作”力度，推动金融服务向乡村和社区延伸。是年，银村合作27家，累计发放贷款1785笔，金额9943万元，惠及低收入农户500余户。

继续优化小微金融经营，服务畲乡景宁实体经济发展。通过上门送服务，开发首贷小微新客户。加强产品创新，降低企业贷款周转成本。坚持“服务小微、支持三农”的市场定位，制定小微贷款绩效考核指标。出台多项信贷投放激励措施，引导或强制全行各级部门下沉服务。为小微企业提供“合规收费、以质定价、公开透明、减费让利”的金融服务。继续推行“免费银行”，减少自身盈利，推动“普惠金融”真正落地，全年为客户节省各类手续费共计134万余元，惠及9万多客户。

继续推广移动营业厅，提升客户体验感。2019年，卡在各主流支行平台的绑卡率达29.09%，网上银行同比增长22%，电子替代率较上年提升6.02%。通过转型宣导、帮扶营销、考核激励等措施，积极推进前台人员转型。加强与第三方机构合作联系，通过代缴水费、电费等形式，满足不同场景支付需求，共签约水电费代缴客户500户。突破时间和空间限制，线上线下结合，一站式办理业务，为客户提供24小时掌上服务。村民无需到网点申请贷款，只需点点手机，银行立即响应，上门提供包括调查、签约、放款等一系列服务，真正打通普惠金融“最后一公里”。通过摄像头对人脸进行检测、定位、分析、评估相似值等程序确认身份，实现“刷脸取款”。

持续抓授信合规工作，强化贷款“三查”意识。稽核部门本着“风险导向，突出重点”的稽核原则，围绕合规风险和员工行为规范开展专项检查，并严格问责。成立不良贷款清收小组，制定不良贷款清收方案，建立一户一策清收机制，多渠道借力促进清收。全年清收不良贷款99笔356.91万元。（梅灵芳）

·泰隆银行景宁县支行·

【概况】 浙江泰隆商业银行股份有限公司丽水景宁支行（以下简称“泰隆银行景宁支行”）于2014年5月5日进驻景宁畲族自治县鹤溪街道人民南路98号。2019年，泰隆银行景宁支行紧紧围绕总行八大体系建设和分行十四大重点工作战略方针，全体员工共同努力，各项业务稳健发展。获“景宁畲族自治县三八红旗集体”“卡垫款日均增量先进支行”“金融科技运用先进支行”等称号。

2019年年底，各项存款余额23546.69万元，较年初增加629.04万元。贷款余额58869.67万元，较年初增加11340.89万元。信用卡透支额978万元，较年初新增401.62万元。不良贷款余额923.71万元，不良率1.61%。人均有效存款户数85户，金额941.87

万元。人均贷款管户数 176 户，金额 4905.8 万元。 （梅 丹）

·浙江稠州商业银行景宁县支行·

【概况】 浙江稠州商业银行丽水景宁小微企业专营支行（以下简称稠州银行景宁支行）于 2013 年 12 月 5 日正式成立，位于景宁红星街道人民北路 68 号。2019 年，营业厅扩大装修，并通过安防验收。

2019 年年底，稠州银行景宁支行各项存款余额 38911 万元，比年初增加 7073 万元，日均存款 34598 万元；贷款余额 36493 万元。2019 年，小微零售贷款增加 9161 万元。

同年 11 月，稠州银行景宁支行与义乌景宁商会合作，为在义乌的景宁商人提供便捷、高效、优质的服务。通过实地走访，授信 1500 余万元，成功发放安心贷 30 余笔，满足义乌景商的融资需求。同时，吸收义乌景商存款 170 余万元。

2019 年，稠州银行景宁支行以实际行动，帮扶困难群众，回馈社会。组织员工利用智能血压测量仪到老年公园免费为老年人量血压，送爱心早餐；到家地乡认领爱心蜂箱；在“五一”期间慰问众腾科技有限公司车间工人；行长叶绍山任沙湾镇小地村党支部第一书记，发挥金融行业优势，支持帮扶村发展。 （杨海燕）

·中国人民财产保险股份有限公司景宁支公司·

【概况】 2019 年，中国人民财产保险股份有限公司景宁支公司（以下简称人保财险景宁支公司）始终以“人民保险 服务人民”为使命，弘扬践行浙西南革命精神。围绕政府中心工作，充分发挥保险在服务实体经济、支持乡村振兴、参与社会治理、建设健康景宁、助力扶贫攻坚的功效，助推景宁经济发展。

2019 年，人保财险景宁支公司持续做好政策性农险、农房保险、自然灾害公众责任保险、校园方责任保险、养老服务机构综合保险等。推动生猪保险与无害化联动模式落地，通过“生猪政策性保险+商业险”双保险模式，降低养殖户风险，为养殖户提供了有效保障。创新开办茶叶低温气象指数保险。农业保险在全县覆盖范围不断扩大，保险品种不断增加，农户参保积极性不断提高。2019 年，政策性农业保险参保农民 3.71 万户，风险保障金额 8.15 亿元。继续开展“政银保”合作，做好低收入农户扶贫小额贷款保证保险、低收入农户小额意外伤害保险、扶贫救助责任保险（脱贫保、防贫保）。全年为景宁贫困人群及需防止返贫人员提供 1 亿元救助保障。2019 年，“脱贫保、防贫保”理赔 250 万元，受益农户 770 人，为因病、因灾、因意外等致贫返贫农民及时提供保险保障，主动“走出去”，做好“三服务”。通过走访、培训、宣讲、座谈等活动，了解企业保险需求和风险痛点。开展了执行救助保险、建设工程履约及农民工工资履约等保证保险。工程履约保证保险从住建工程项目延伸至水利及交通工程项目，减轻企业经营负担。深化警保联动，携手县交警大队，开展电动车综合保险。推广交通“网上数据一体化”理赔服务，提升理赔服务质量，助力法治景宁建设。

按照县委、县政府的要求，做好结对帮扶工作。在全县"消薄行动 助力畲乡"主题活动中，人保财险景宁支公司与鸬鹚乡南坑源村村企对接，向省公司争取消薄资金4.5万元，助力南坑源村经济发展。

2019年，人保财险景宁支公司实现保费收入4726万元，同比增长1.69%，占景宁财险市场份额的65.04%，继续保持全市第一。 （蓝伟珠）

·中国人寿保险景宁支公司·

【概况】 中国人寿保险股份有限公司景宁县支公司（简称中国人寿保险景宁县支公司），下设营销发展部、收展发展部、机构业务部、客户服务中心、综合部5个部门，通过个人营销、团体直销、银行代理、网络销售等渠道，为社会大众提供生存、养老、疾病、医疗、身故、残疾等多种保险保障与服务。2019年年底，有内勤员工16人，销售人员289人。

2019年，该公司将"不忘初心，牢记使命"主题教育活动贯穿于全年工作之中，开展"争当金融卫士"等各类评先创优活动，增强凝聚力和向心力。以"诚实守信、客户至上"为服务理念，践行服务承诺，提升服务细节，优化服务环境。发挥科技赋能作用，打造智能化柜面，提升客户服务体验。加强政保合作，让政府"最多跑一次改革"向保险领域延伸，开启理赔直付系统。担当保险初心和企业责任，推动客户经营计划，提供创业和就业平台。与毛垟乡沙垟村、英川镇岗粗岭村结对，开展精准帮扶。

是年，实现保费收入7186.61万元，占78.35%的景宁寿险市场份额，稳居第一。全年提供长险新单服务3104人次，提供理赔服务4159人次，提供保全服务6722人次。在全市系统年度经营指标绩效考核中，被评定为A+级支公司。 （吴振升）

·中国太平洋财产保险股份有限公司景宁支公司·

【概况】 中国太平洋财产保险股份有限公司景宁支公司（以下简称太保财险景宁支公司）成立于2009年2月。公司内设总经理室、综合管理科、理赔部和业务部。2019年年底，有员工9人。2019年，太保财险景宁支公司坚持"以客户需求为导向"的经营理念，全面贯彻"稳增长、转方式、防风险、强队伍、促和谐"工作方针，始终秉承"诚信天下、稳健一生、追求卓越"服务宗旨。制定出台《太保财险景宁支公司周工作计划表》《太保财险景宁支公司会议管理考核办法》《太保财险景宁支公司客户管理办法》。通过宣导、学习与培训，提高员工服务能力和自觉性。通过月考核和年度综合考核，强化过程管控和环节管理。

2019年，太保财险景宁支公司通过柜面承保、上门承保、电话承保、网络承保等主要承保方式，开展企业财产保险、家庭财产保险、工程保险、责任保险、意外健康保险、政策性企业保险、车险、船舶险、货运险等险种。全年，承保企业财产险95户，家庭财产险155户，工程险27户，责任险215户，政策性企业险585户，船舶险17户。全年，保费收入1137.99万元。其中，车险保费收入723.32万元，非车险保费收入414.67万元。受理赔款案件788件，赔款支出332.1万元。当年结案率97.46%，简单赔率41.09%，综合成本率77.39%。

确立以“五心服务金字塔工程”（门店是体，服务是魂，用诚心、关心、耐心、信心、细心的“五心”服务）为工作理念，开创“理赔3G定损”（前台连后台，直接定损金额，快速理赔）服务，缩短理赔时间和理赔环节。理赔服务考核领先全市同行业水准，结案率考核连续4年全市排名第一。（陈　丽）

住房公积金

【概况】 2019年，丽水市住房公积金管理中心景宁分中心，有正常缴存住房公积金单位473个，职工13735名。当年净增缴存人数641人，完成目标任务的125%。归集住房公积金30910.03万元，完成目标任务的114.48%，累计归集余额77711.91万元。提取住房公积金23715.45万元，完成目标任务的103.11%。发放个人住房公积金贷款535户18556万元，完成目标任务的231.95%。2019年年底，贷款余额74015.24万元，存贷比95.24%；贷款逾期率0.0019%。实现增值收益1254万元，增值收益率1.69%。2019年，获全县大赶考综合考核“良好单位”称号。

【缴存基数调整】 根据《丽水市住房公积金管理中心关于调整2019年度市区企业单位住房公积金缴存基数的通知》（公积金〔2019〕29号），决定2019年6月21日至7月10日开展2019年度市区企业单位住房公积金缴存基数调整工作。缴存住房公积金的工资基数为职工本人上一年度月平均工资，工资总额按《国家统计局关于工资总额组成的规定》计算。2019年度，住房公积金月缴存基数上限为丽水市职工月平均工资的3倍，即26466元。月补贴缴存基数上限为8822元，月缴存基数下限为1660元。各缴存单位可根据实际情况，按单位和个人各5%—12%执行，单位和个人缴存比例应一致，同一单位实行同一缴存比例。各行政事业单位住房公积金缴存基数在12月按全口经进行了调整，公务员和事业人员的缴存水平得到了较大的提高。

【住房公积金政策调整】 根据《丽水市住房公积金管委会关于调整丽水市住房公积金政策的通知》（丽公积金管委〔2019〕3号），丽水市住房公积金政策做如下调整：缴存职工家庭的住房套数，以职工申报结合查询不动产登记部门信息的结果认定。丽水市缴存职工家庭住房包括缴存职工、配偶及未成年子女在丽水市行政区域内实际拥有的住房。异地缴存职工家庭住房还包括所在城市行政区域内实际拥有的住房；职工申请住房公积金贷款，取消工资收入证明材料，工资收入按其缴存住房公积金工资基数确认。该政策自2019年7月1日起执行。

【推出直提还贷业务】 根据《丽水市住房公积金管理中心关于印发〈直提还贷业务操作规定〉的通知》（丽公积金〔2019〕18号），为深化“最多跑一次”改革，推进住房公积金提前还贷“一件事”全域集成办理，推出公积金直提还贷便民业务。借款人可以直接提取本人及配偶公积金账户储存余额部分，直接偿还或结清在该市的住房公积金贷款。直提还贷申请条件：一、直提公积金部分还贷。1.办理该业务须未办理或终止按月提取业务。2.每次还款额不得少于1万元，不限次数；还款后不调整还款期限，不变更还款方式。3.办理该业务需借款人及配偶各自公积金账户留足公积金月缴存额12倍的保留金额，保留金额在贷款结清前不得提取。4.借款人持本人身份证原件，如配偶参与直提还贷的，配偶持本人身份证及结婚证原件前往全市任一中心网点办理该业务。5.该业务不得委托办理（公证委托除外），夫妻双方可各自办理。二、直提公积金结清贷款。1.办理该业务须未办理或终止按月提取业务。2.正常还款一个月可办理该业务。3.办理该业务需借款人及配偶各自公积金账户留足100元的保留金额，保留金额不得提取。4.借款人持本人身份证原件，如配偶参与直提还贷的，配偶持本人身份证及结婚证原件共同前往全市任一中心网点办理该业务。5.该业务不得委托办理（公证委托除外）。6.提前结清公积金（组合）贷款后的抵押权注销手续由公积金中心工作人员代办的，房产证、土地证由借款人自己保管的需提供房产证及土地证复印件（注销时不动产中心要求提供，若是两证合一为不动产权证的则无需提供不动产权证）。

【新增委托贷款银行】 《丽水市住房公积金管理中心关于景宁分中心要求增加委托贷款银行的批复》（丽公积金〔2019〕38号），同意景宁分中心委托中国邮政储蓄银行股份有限公司景宁畲族自治县支行、中国工商银行股份有限公司景宁支行开展公积金委托贷款业务。至此，景宁分中心已将贷款委托给工、农、建、中、邮储、农商六家合作银行，实现公积金贷款从“定点办”向“全城办”，群众办事从“定点跑”到“就近跑”的转变。

【乡镇街道业务代办点全覆盖】 2019年11月，景宁分中心在人口比较集中的沙湾镇设立公积金业务代办点，打通基层群众办理住房公积金业务的“最后一公里”，以方便沙湾片2个镇4个乡的群众就近办理公积金相关业务。并在沙湾试点的基础上，利用自助终端下乡镇的契机，创造性地将公积金业务办理事项向基层延伸，到年底已实现景宁全部乡镇街道业务代办点100%全覆盖，让群众和企业在家门口就能享受最便利的公积金服务。打造出公积金最多跑一次“高速路”，走在了全市分中心的前列。（吴春燕）

经济管理

计划管理

【概况】 2019年，全县实现地区生产总值(GDP)69亿元，按可比价格计算，增速9.2%，排名全市第三。其中，第一产业实现增加值6.41亿元，同比增长2.9%；第二产业实现增加值17.04亿元，同比增长2.9%；第三产业实现增加值45.55亿元，同比增长13%。3项产业结构优化为9.3:24.7:66。

根据年度规划编制工作要求，通过部门申报、发改立项、监管部门审查和县政府审议发布等程序，确定2019年年度规划编制计划26项，预算经费3474万元。重点规划编制基本完成。完成《景宁畲族自治县大均乡新庄村发展规划》《2018年度景宁畲族自治县温室气体清单》《景宁东坑“心田”省级湿地公园总体规划(2019—2023)》《景宁畲族自治县大花园典型建设实施方案》等规划。启动《景宁畲族自治县“十四五”规划思路研究》《景宁畲族自治县乡村振兴发展规划》《景宁畲族自治县国土空间总体规划》等一系列规划编制工作。

撰写完成《景宁畲族自治县2019年国民经济和社会发展计划执行情况和2020年国民经济和社会发展计划草案的报告》，并通过景宁畲族自治县第九届人民代表大会第四次会议审议。定期开展全县经济运行分析工作，实时掌握全县经济运行动态，根据掌握的情况撰写每季度的经济运行分析报告，并印发经济运行汇编本，为县领导和各单位决策提供参考依据。建立经济运行数字化平台，归集县级经济相关指标。 （汤慧娟）

物价管理

【概况】 2019年，景宁畲族自治县发展和改革局认真落实《浙江省关于推进价格机制改革的若干意见》，贯彻国家和省各项价费政策，围绕县委县政府中心工作，按照省、市价格工作部署和县“大赶考”目标要求，推进价格改革，维护价格稳定，有序完成各项工作任务，为全县经济社会发展营造良好的价格环境。

2019年，建立全县《行政事业性收费目录清单》和《涉企行政性收费目录清单》。清理行政事业性收费项目49项，收费标准168个；清理涉企行政性收费21项，收费标准59个。

发文通告收费单位，并在政府网站公示。

根据浙江省物价局《关于降低一般工商业电价有关事项的通知》，分2次降低一般工商业及其他用电目录电价和输配电价，累计降低7.48分/千瓦时（含税）。按全年销售电量测算，减轻一般工商业及其他用户电费支出407.93万元。

完成全县客运道路班车情况调查。调查结果显示：全县跨省、市、县（市、区）道路班车客运线路16条，农村道路班车客运21条，票价均按文件规定执行。

2019年5月30日，根据《浙江省教育厅 浙江省发展和改革委员会、浙江省财政厅、浙江省人力资源和社会保障厅关于进一步规范小学放学后校内托管服务工作的实施意见》（浙教基〔2018〕113号）和《景宁县教育局 景宁县发展和改革局 景宁县财政局 景宁县市场监督管理局 景宁县人力资源和社会保障局关于印发景宁畲族自治县推行小学放学后校内托管服务工作实施方案的通知》（景教〔2019〕23号）规定，制定出台景宁畲族自治县小学放学后校内托管服务收费标准为500元/生•学期。托管时间：下午学校放学到县级机关下班延长15分钟。该收费标准于2019年春季入学开始执行。

2019年6月5日，对景宁启文中学、启文中学附属小学收费进行调整备案。启文中学学费收费标准，由5810元/生•学期上浮至6500元/生•学期；住宿费基准价为500元/生•学期；启文中学附属小学学费收费标准，由5000元/生•学期上浮至6000元/生•学期。该收费标准于2019年下半年秋季入学起执行。

2019年9月24日，根据省、市、县政府“五水共治”工作部署和《浙江省农村供水管理办法》（浙江省人民政府令第〔304〕号），核定农村饮用水供水价格：一级300立方米及以下用水量，供水价格0.5元/立方米；二级301立方米至540立方米用水量，供水价格0.75元/立方米；三级541立方米及以上用水量，供水价格1元/立方米。户用水人口超过4人的，每增加1人，每级水量基数相应增加60立方米，用户凭户口簿到乡镇（街道）供水站申请增加用水基数，实行一年一定。保障低收入家庭用水，低保户、五保户、残疾人、优抚对象、低收入农户，凭相关证件到乡镇（街道）供水站办理手续，每人每年免费提供生活用水60立方米。非居民生活用水供水价格1.2元/立方米。特种用水价格1.5元/立方米。

2019年7月16日，按《浙江省定价目录》规定，建立居民生活用气阶梯价格制度。一档（0—360立方米/年•户）3元/立方米，二档（361—540立方米/年•户）3.6元/立方米，三档（541立方米及以上/年•户）4.5元/立方米。居民用户使用天然气比使用液化气，预测费用会降低一半。

2019年12月31日，根据《浙江省定价目录》《浙江省公墓管理办法》和浙江省物价局、浙江省民政厅《关于进一步规范公墓价格管理的通知》（浙价费〔2017〕60号）等文件规定，核定西坑公墓销售价格。西坑公墓二、三、四区块，销售价格执行基准价：大三间双穴墓18500元，福寿型双穴墓17000元，简单型四季墓6000元。西坑公墓其他区块开发，参照基准价上下浮动20%内，适时进行报备确认执行。

做好价格监测。每月5日、15日、25日，对成品粮市场价格定时监测。每月25日,对粮、油、肉、蛋、禽、蔬菜等48种日常生活必需品,建筑材料及化肥农药等品种价格进行监测。

全年,价格认证中心办理涉案物品价格认定案件48件。其中,公安局委托的刑事案件涉案物品价格认定48件,认定标的总额110万余元。

2019年3月,价格监督检查分局合并到市场监管局。（季　俊）

市场监督管理

【概况】 2014年3月14日,县工商行政管理局和县食品药品监督管理局"二合一",组建县市场监督管理局,并由垂直管理调整为地方管理。2015年6月30日,县质量技术监督局并入县市场监督管理局,实行"三合一",挂县工商行政管理局、县食品药品监督管理局、县质量技术监督局、县食品安全委员会办公室牌子。2019年3月29日,县发展改革局价格监督检查职能,县经济商务科技局知识产权监督管理、食盐质量安全管理与监督执法等职能划转至县市场监督管理局。

2019年年底,全局共有行政事业编制123名。其中,局机关行政编制19名(局长1名,副局长3名,总工程师1名,局机关股级职数12名),后勤服务人员编制1名;下属事业单位参照公务员管理事业编制17名,事业编制25名;市场监督管理所专项编制61名。正式在编在岗人员共111人。内设办公室、政策法规科、行政审批服务科、食品安全综合监管科、市场规范管理科、消费者权益保护科、药品医疗器械监督管理科、质量技术监管科、特种设备安全监察科、价格监督检查分局10个科室(局)。下设红星、鹤溪、沙湾、东坑、英川、渤海6个市场监督管理所,和县市场监管综合行政执法队、县消费者权益保护委员会秘书处、县食品药品检验检测中心、县标准计量管理所、县知识产权管理所5个事业单位。

2019年年底,全县共有在册市场主体15580户,同比增长12.19%。其中,内资企业2882户,同比增长11.94%(非私营内资企业518户,同比减少16.58%。私营企业2364户,同比增长21.79%);个体工商户12066户,同比增长14.11%;农民专业合作社632家,同比减少15.84%。全县注册资本总额324.1212亿元,同比增长58.73%。其中,内资企业注册资本总额299.9746亿元,同比增长65.63%;个体工商户注册资本总额19.867亿元,同比增长10.23%;农民专业合作社注册资本总额4.2796亿元,同比减少15.57%。新增小微企业721家,同比增长6.05%。

表6　2019年各类市场主体登记情况一览表

企业类型	期末实有		注册资本(金)	
	总量(户)	同比(%)	总量(亿元)	同比(%)
内资企业	2882	11.94	299.9746	65.63
农民专业合作社	632	-15.84	4.2796	-15.57
个体户	12066	14.11	19.867	10.23

2019年，继续提升民生计量工程。对辖区内在用的8个加油站、52把加油枪实施了计量检定。对县城农贸菜市场、便民摊位使用的电子台秤、计价秤等计量器具进行了免费检定。开展乡镇医疗计量器具免费检定。全年计量器具检定3986台（件），为企业减免检定费用12.46万元。运用“互联网+计量”管理模式，运行强检业务管理系统与国家e-CQS强检系统数据对接，实现工作计量器具强制检定建档、约检、受理和结果登记一网通办。全县注册计量器具使用单位84户，通过系统申请检定器具373件，检定完成率100%。稳步推进水表轮换检定工作。参加由省市场监督管理局组织的71家计量检定机构参加“冷水水表”计量比对活动，景宁畲族自治县冷水水表计量检定能力水平和量值传递总体状况良好。

推进区域公用品牌创建。2019年，县中心菜市场历经多轮考核成功创建景宁首家四星级文明规范市场；“畲山居”成功注册集体商标，实现景宁集体商标零突破；“英川粉皮”地理标志证明商标申报有序推进。

全年创成放心消费单位233家。其中，放心商店74家，放心网店32家，放心工厂18家，放心餐饮62家，放心农家乐民宿47家。创成放心农家乐民宿区3个。作出无理由退货承诺单位117家。

2019年，价格监督检查工作紧扣服务经济社会发展主线，牢固树立依法监管、公正监管理念，围绕降低企业成本、维护公平竞争等重点任务，创新监管方式，提升工作合力，促进经济持续健康发展。县价格监督检查分局开展了涉企收费、医疗服务收费等专项检查，全年查处价格违法案件1起，实施经济制裁13.825万元；责令整改价格违规行为1起，为企业减负80余万元。推进餐饮业明码标价规范提升工作。营造“明白消费、放心消费”的消费环境，全县创建“阳光菜单”示范点7家，建立涉企收费监测点2个。启动企业缴费信息反馈机制，对企业收费实施常态化监测，及时掌握企业缴费情况，准确甄别收费行为。倡导和引领全县小微餐饮店推行“阳光菜单”。规范涉旅餐饮业价格行为。

2019年，县市场监督管理局以扫黑除恶专项斗争为统领，本着“有黑扫黑，无黑除恶，无恶治乱”的指导思想，制定《景宁畲族自治县市场监督管理局“扫黑除恶攻坚年”活动安排》，确定“扫黑除恶攻坚年”活动工作目标，严厉打击各类经济违法行为。高标准规划执法办案专用用房4间，配备信息化设备，形成独立的执法办案区域，为稽查执法办案提供必要的安全防护和技术保障。成立以分管副县长为组长的反走私综合治理领导小组，有序推进反走私综合治理工作。全面排摸成品油走私风险点，严厉打击食品、药品、保健品等领域假冒伪劣、虚假宣传、侵害消费者合法权益等违法行为。净化市场环境，维护正常经营秩序，保护经营者和消费者合法权益。截至2019年11月30日，全县共立案140件，结案132件，罚没款57.2万元。共受理消费者投诉、举报、咨询326件，为消费者挽回经济损失4.51万元。其中，投诉177件，同比下降23.71%；举报34件（立案查处9件，移交公安机关1件）；咨询115件。

【"3•15"国际消费者权益宣传活动】 2019年3月15日，县市场监督管理局、农业农村局、公安局、卫生健康局以及部分金融保险企业、电信移动公司等30个单位在石印山广场联合举行以"信用让消费更放心"为主题的"3•15"国际消费者权益宣传活动。有110名工作人员及党员志愿者参加。活动现场，设立便民服务咨询点，接受群众咨询1000余人次，发放宣传资料3200余份；设置宣传展板、横幅20个。呼吁社会公众参与"放心消费建设"，共同营造安全放心的消费环境。党员志愿者为市民免费提供食品快速检测、计量器具检定、血压测量等服务。邀请义工代表7人，通过现场买菜，现场检测，数据上传等场景，让公众了解景宁畲族自治县检测室免费开放的布点、免费检测项目、免费开放时间等内容。联合县卫生健康局、烟草专卖局在景宁垃圾填埋场销毁假冒伪劣产品2.9吨，货值17.2万元。3月15日晚，在县文化馆露天舞台举办专场文艺晚会。紧扣"信用"与"放心"两大关键词，以表演和有奖竞答形式，宣传消费维权知识，受到了现场观众的好评。"3•15"期间，对全县保健品会销、营销企业进行全面走访，与8家保健品会销、营销企业签订无理由退换货承诺书，要求作出100天无理由退换货承诺。 （刘卫美）

审计监督

【概况】 景宁畲族自治县审计局，内设办公室、财政审计科、经济责任审计科、农业农村审计科4个科室，下设直属审计中心、内部审计指导中心2个事业单位。在职人员22人。其中，局机关13人，直属审计中心事业人员5人，内部审计指导中心事业人员4人。

2019年，共完成审计项目19个，查出违规金额298万元，管理不规范金额6.5亿元，挽回经济损失211万元。撰写审计信息专报19篇。审计移送问题线索4件，通报批评25人，受党政纪律处分26人，追究刑事责任3人。其中，2015—2017年扶贫专项审计项目获得丽水市优秀审计项目和浙江省表彰审计项目。县广播电视台李晓荣2015—2017年任期经济责任审计项目获得丽水市优秀审计项目。

组织县本级2018年财政预算执行和其他财政收支情况审计。重点关注预算编制及执行监管、政府债务管理、财政资金竞争性存放、农村生活污水工程项目实施等专题。促进盘活财政资金2.4亿元，清理往来款3109万元。助推建立预算执行、绩效管理等方面制度，有效提高预算管理水平。

完成鹤溪街道、沙湾镇、县交通运输局、原县审批中心等8个单位12名领导干部的经济责任审计项目。完成雁溪乡、原县国土资源局领导干部自然资源资产审计。查明共性问题28个，个性问题42个。配合县委组织部完成8个乡镇、街道和27个部门单位的35名主要负责人离任交接工作。

完成47个价款结算审计项目（投资审计转型后尾留项目）。结算送审金额2.55亿元，审定金额2.26亿元，核减金额2921万元，平均核减率11.44%。按照新形势下投资审计转型新要求，完成县福利中心工程预算执行情况审计。

完成扶贫专项审计、政府购买服务资金绩效情况专项审计、全域旅游政策落实情况专项审计。在扶贫专项审计中，发现惠农补贴滞留银行、低收入农户产业扶贫项目实施不合规等 11 个问题，其中被浙江省政府审计工作报告采用 1 个；在政府购买服务资金绩效情况专项审计中，发现存在政府购买服务预算管理不到位、绩效评价工作滞后等 12 个问题，其中被省、市审计机关综合报告采用 9个；在全域旅游政策落实情况专项审计中，发现存在部分重点旅游项目建设进展缓慢、民宿未开办却下拨补助资金、部分旅游扶持政策未落实等 12 个问题。

构建内部审计工作新格局，推动国家审计与内部审计协同发展。召开全县内部审计工作推进会, 全县乡镇(街道)主要负责人、部门分管领导和相关业务人员参加会议。组织 100 名内审工作人员参加省、市内部审计协会举办的内审业务培训。在丽水市内部审计论文案例及"内部审计结果运用"经验评比中，获二等奖 2 个、三等奖 8 个。编印《景宁畲族自治县领导干部履行经济责任风险防范清单》，进一步提高全县各单位内部控制和风险防范能力。

【县委审计委员会成立】 2019 年，中共景宁畲族自治县委审计委员会成立。下设办公室(设在县审计局)，接受县委审计委员会的直接领导，承担县委审计委员会具体工作。办公室设秘书科，负责处理县委审计委员会办公室日常事务。同年 3 月 13 日，中共景宁畲族自治县委审计委员会召开第一次会议。印发《中共景宁畲族自治县审计委员会工作规则》《中共景宁畲族自治县审计委员会办公室工作细则》。

(黄　茹)

统计管理

【概况】 2019 年，县统计局紧紧围绕"求真、求新、求精"工作要求，建立了统计数据质量提升专项行动领导小组，强化组织保障。制定出台《景宁畲族自治县统计局落实"不忘初心、牢记使命"主题教育专项整治实施方案》和《景宁畲族自治县统计局统计数据质量提升专项行动工作方案》，建立"景宁畲族自治县统计数据质量管控"长效机制，不断提高统计数据质量，为景宁高质量绿色发展保驾护航。获 2019 年度全县"大赶考"综合考核良好等次。

全年，县统计局完成小班化授课 22 场，开展统计业务知识培训 510 人次。累计比对单位(企业)1500 家，核查单位(企业)570 家，剔除注销单位 350 家，退出不达标单位(企业) 6 家。月度申报入库企业 27 家，年度申报入库企业 2 家。完成统计执法检查单位 15 家，对其中劳动工资存在统计违法行为的 3 家企业进行立案查处，实现 10 年来行政处罚金零的突破。获 2019 年度全市统计法治考核第一名。

2019 年，县统计局以"三服务"(服务乡镇、服务部门、服务企业)活动为载体，树立"大统计"思维，以党建为引领，通过走访部门、乡镇、企业进行业务指导和培训，打造单位内部"火炬传承"、乡镇部门"榫卯互助"、企业农村“蜜蜂博采”3支队伍。由班子成员带队，分3个小分队分别到各乡镇、企业和县发改局、财政局、开发区、丽景园、经济商务科技局、农业农村局、文广旅体局等多个经济部门开展工作对接，服务200余人次。多次组织召开十大经济指标运行分析会和月度指标分析例会。各专业部门完成统计专报25期，完成2019年主要经济指标情况及预测分析45篇，就全县经济发展过程中存在的问题进行精准研判，提出相对应的意见建议。对全县15个乡镇（街道)25个调查村75个监测地块300公顷农作物播收情况进行监测调查。全年各调查地块共开展6次调查。主要调查监测春夏秋冬四季播种面积，夏收秋收作物产量质量，尤其对水稻进行实割实测。完成第四次经济普查工作。全县动员一线普查员89人,清查登记法人及其产业单位2213家，个体户3825户。县统计局获“省级成绩突出集体”称号，2人获“省级成绩突出个人”称号。开展农村居民畲族群体增收问题研究。与国家统计局丽水调查队共同完成《丽水少数民族地区农民增收问题研究——以景宁畲族自治县农民增收情况分析为例》，并获省委常委、统战部部长熊建平及市委常委、统战部部长王小荣批示。同时获2018—2019年丽水市党政系统优秀调研成果一等奖。

【机构改革】 2019年，根据《景宁畲族自治县机构改革方案》，与县发展和改革局合署办公的县统计局调整为单独设置，作为县政府工作部门。根据县深化机构改革协调小组办公室《县机构改革人员转隶人员工作意见》(景机改〔2019〕2号）和《关于县统计局机构编制框架的函》(景机改〔2019〕9号），县统计局主要负责全县统计工作。核定行政编制5名;设局长1名，副局长2名，总统计师1名，股级职数1名。核定下属事业单位3家，事业编制总计12名。整建制划入县发展和改革局下属县社会经济调查队、县民生调查中心和县经济普查中心。其中，县社会经济调查队、县经济普查中心承担的行政职能划归县统计局机关，设为公益一类事业单位。

【创新建立经济发展月中监测“三色”预警机制】 2019年8月，为进一步加强监测各项经济基础指标数据运行，结合《2019年度乡镇(街道)“大赶考”综合考核办法》和《2019年度部门“大赶考”综合考核办法》(景委发〔2019〕22号）文件精神，在全市创新建立经济发展月中监测“黄橙红三色”预警机制。要求各主管部门每月中旬对各行业及企业基础数据进行排摸、预估，于每月的15日至17日将预计数报至县统计局。确定每月18日为数据预测预警会议日，并以这天为“三色”预警机制启动日，申报逾期1天的，被通报黄色不扣分，逾期2天的，被通报橙色扣0.2分，逾期超过3天及以上的被通报红色扣0.5分，计入年终考核。是年，完成预警分析汇报材料12篇，有效提升了数据报送效率，为县委县政府科学决策提供较为准确的依据。

【成功创建全国首个“民族自治县高质量发展样板指标体系”】 2019年，景宁畲族自治县统计局以“在全国民族自治地区120个自治县中继续走在前列，与全省其他县（市、区）同步高水平全面建成小康社会”两个坐标轴为目标，从经济发展、生态环境、社会事业、民族文化和民族团结五个方面，围绕指数体系构建、指数体系评估、数据采集、数据模拟、初步结果评估、专家评审和运行指数发布等环节进行研究，创建“民族自治县高质量发展样板指标体系”。指标体系立足创新发展、协调发展、绿色发展、开放发展和共享发展五大发展理念，充分体现民族自治县高质量发展的要求。同时还专门设置少数民族政治平等权利落实度、少数民族干部培养达成度等反映少数民族保障权利的指标。该指标体系体现了示范性和可复制性，并在新华网上刊发，为全国其他119个少数民族自治县经济发展的比较提供衡量标准。（叶如一）

教　育

综　述

【概况】 2019年，景宁畲族自治县教育系统认真贯彻落实中共十九大、十九届四中全会精神和全县教育大会精神，围绕“小县大教·学在畲乡”的教育发展战略，本着育人初心创新发展，抓好落实。在全县“大赶考”中获得综合考核优秀等次，实现“三连冠”。在全省教育现代化发展水平监测中，成绩优异，位列全省第40名，全市第3名。2019年6月，大均乡校校长汤国栋应邀参加二十一世纪研究院在深圳举办的第三届LIFE教育创新峰会，在分论坛活动——《小而美：农村小规模学校的变革故事》新书发布会上做经验交流。同年10月13日，教育部部长陈宝生到景宁调研，这是中华人民共和国成立以来，教育部正部长首次到丽水市和景宁畲族自治县调研。同年11月20日，全国民族地区基础教育发展经验交流会在海南省陵水黎族自治县召开，景宁畲族自治县分管教育的副县长徐瑛作为唯一的县级代表，在会上作典型发言。同年12月15日，景宁畲族自治县教育局局长林建锋受邀在全国教育局长联盟会议上介绍区域教育均衡发展经验。

2019年，景宁畲族自治县进一步推进党组织主导、校长负责、群团组织参与、家庭社会联动的德育体系建设，强化学校德育工作顶层设计，形成自己的德育品牌。“以德树人，以德铸魂，以德提质——景宁以爱国主义为统领推进德育工作”的做法，得到丽水市人民政府副市长卢彩柳批示，并向全市推广。继续推进校园艺术社团活动。体育节、艺术节、科技节、读书节在各校如期开展。城区学校实现书香校园全覆盖。中小学生开展社会实践大课堂，创建市级社会实践基地10个，研学基地4个，研学营地1个。8所学校入选省市劳动实践项目试点学校，2所幼儿园入选首批国家、省足球特色幼儿园。县实验一小的《黄泥昵崽》节目参加央视《七巧板》录制。杭州学军中学、天长小学等省内知名学校对景宁教育的帮扶得到深化，景宁中学与学军中学结对成果专报得到浙江省人民政府副省长成岳冲批示。响应融入长三角战略，景宁与上海静安区建立结对帮扶。通过市场化手段，签约上海、杭州等地64位名校长、特级教师，对景宁名师进行双导师制培养(为期3年)。选派景宁中学夏建民、民族小学梅景怡、民族幼儿园任娟美先后赴美国学习考察，职业高中王敏健赴德国学习考察。实施普职（普通高中和职业高中）融通改革。设立3个普职融通班，共招生155人，让没考上普高但在职高中最优秀、在普高但不适应新高考的两类人都考上理想学校。推进创新型人才培养体制改革，委托景宁中学在城北中学、民族中学建立12个班规模的创新型人才早期培养基地，为更多景宁学生考上“双一流”大学架构强大支撑体系。教育信息化工作坚持两手抓，一手抓装备配备，一手抓管理使用。建立覆盖义务教育各年级各学科的数字教育资源体系。2019年，投入1200万元，完成信息装备基础轮换。全县校园无线网络覆盖率100%，建有录播教室的学校100%，建有创新实验室的学校60.87%。在教育手段应用上，坚持以赛代训、以评促管。是年，县教育局装备中心刘荣伟撰写的《建“智慧教育团队”促边远小县教育信息化发展的实践与探索》，第二实验小学吴跃荣老师撰写的《学习类平台在教学场景中的具体应用——以北师版数学五下〈长方体〉为例》入选教育部全国民族教育信息化优秀案例。全年信息技术类评比获得市级及以上荣誉59项，其中实验一小老师柳良敏获浙江省教师自制教具一等奖（丽水市唯一）。

创建语言文字规范县，形成“政府主导、语委统筹、部门联动、学校引领、社会参与”的语言文字工作管理格局。通过3年努力于2019年高质量完成国家语保工程。

2019年，新建（续建）校舍面积101911.52平方米，改建校园校舍面积36110平方米，完成投资额8910.5万元（财务实际支出7139万元）。新增幼儿园学位630个、小学学位2160个、初中学位1800个。完成凤凰学校、鹤溪幼儿园、王金垟幼儿园、澄照创业园学校4个基建项目，完成第二中学重大项目前期，完成小额维修改造工程项目89个，完成标准化学校创建。项目管理上，制度建设和监督管理相结合，保障基建风险防控。规范小额工程的程序管理，出台《教育基建管理办法》，举办教育基建管理人员培训班，处置多个重大项目遗留问题。

2019年，四项省、市民生实事全面完成。其中，省民生实事“互联网+义务教育”投资415万，完成率274%，实现三年任务一年完成，当年开课647节，为丽水市最高；市民生实事“中小学教室安装空调”全覆盖，全县25所学校685个教室共安装空调1062台，覆盖率91.77%；市民生实事“营养餐改善提升工程”，涉及资助资金245.204万元，与全市同步实施，完成率100%，受益学生2892人次；市民生实事“小学放学后校内托管服务工作”，县城小学全面开展，收费标准每生每学期500元，惠及学生2783名，占全县学生人数的35.34%。

2019年，普通高中纯文化一段上线138人，上线率25.6%，高出全省平均5.6个百分点。211高校（含985）录取55人，蝉联全市高考质量奖。职业高中高考成绩实现“六连增”，本科录取20人，全市排名第二，总录取人数347人，上线率99.7%。初中教育质量持续提升，沙湾中学获“全市教学质量奖”，民族中学、城北中学获全市“教学质量进步奖”。据全市中小学教学质量监测数据显示，景宁县初一年级取得五年来最好成绩，其中总平均分全市第三名；启文中学名列全市民办学校第一；澄照学校初中部名列全市50所公办托管民办学校第一名。

学前教育

【概况】 2019年，通过改扩建鹤溪幼儿园，增加270个学位。撤并薄弱园景英幼儿园，停办民族小学附属的阳光幼儿园。全县有幼儿园25所，大地乡幼儿教学点1个。其中，教育部门办园19所(4所公办独立园，15所乡镇中心学校附属园)，社会力量办园6所。在园幼儿3165人，专任教师263人。有幼儿教师资格证258人，持证率98.1%；教师大专以上学历261人，占比99.24%。全县幼儿教师事业编制183人，占比69.58%。25所幼儿园中，等级幼儿园24所(其中省一级3所、省二级9所、省三级12所)，占比96%。在等级园就读幼儿3123人，覆盖率98.55%。普惠性幼儿园占比96%，覆盖面98.55%。学前三年入园率98.85%。

2019年，实行资源联合、科研联手、信息联网、品牌联树，事业发展统一规划、教育教学统一安排、教研教改统一运作、教育资源统一共享“四联四统一”管理模式，稳步推进学前教育均衡、优质、持续发展。出台《景宁县乡镇幼儿园教学常规精细化管理细则(试行)》。在《景宁县幼儿园年审考核细则(试行)》的基础上，结合省教育厅对等级园的考核方式，对全县幼儿园进行年度考核，根据考核结果，给予奖励。坚持“一日生活皆课程”的理念，全面推进幼儿园课程生活化、游戏化、园本化改革。根据课程开发“面向本土、来自本土、服务本土”的原则，以景宁实际为基础，依托“畲族文化”资源优势，结合省“安吉游戏”、市“木玩游戏”的课程建设，全方位推进景宁学前教育课程改革，提升学前教育发展内涵。

义务教育

【概况】 2019年，召开义务教育阶段校长座谈会、教师座谈会、研训员座谈会及各类办公会议20余次。梳理《中小学教育质量提升瓶颈问题》，起草《初中教育质量提升壮腰工程若干意见征求稿》，修订《中小学学业评价方案》，制定《2018学年第二学期中小学教学常规专项督查实施方案》《景宁县中小学教学常规管理手册》《景宁县中小学教研组(备课组)建设指导意见》《中小学教学质量目标》。召开初中教育大会和小学教学管理工作会议，明确中小学教育教学提升存在的问题，提升的目标和策略。根据《2018学年第二学期中小学教学常规专项督查实施方案》和《景宁县中小学教学常规管理手册》，全年组织督查成员129人次，分6次对全县23所中小学进行常规督查。督查内容涉及常规管理、课堂常规、备课常规、作业常规以及影响教学质量的综合因素等；对47位校级干部听课任课情况、345位教师的备课情况、316位教师的作业批改情况、103位教师的课堂教学情况进行了督查。发放网络问卷894份，召开学生座谈会23场，县域内学校的常规督查面达到100%。实行一校一案的督查反馈机制，以当场反馈与书面报告相结合方式，向被督查学校反馈督查结果并装订成册。按照《中小学学业评价方案》，采用分层、分类的评价方式，增加“增量评价”机制。对全县义务教育阶段所有中小学生技能素养（音乐、体育、美术、信息）进行抽测，全县一到九年级抽测学生共12502人次（其中初中检测学生3825人次，小学检测学生8677人次）。乡（镇）学校检测率80%以上。

2019年，实施“互联网+义务教育”城乡学校结对帮扶民生实事项目，全县中小学完成结对19所，完成率271.43%，提前两年完成建设任务。全部结对学校提前完成省里下达的各项互动教学考核指标，并通过省教育厅考核。省教育厅表示支持景宁申报建设“互联网+义务教育”示范区，促进城乡优质均衡。加强家庭教育指导，统筹家长委员会、家长学校等各种家校沟通渠道，帮助家长提高家教水平。充分发挥综治、公安、司法等部门领导干部、专家学者以及老教师、老模范的作用，建立多方联动机制。搭建社会育人平台，实现社会资源共享共建，净化学生成长环境。开展一校一品牌德育特色建设（实验一小雅行德育、实验二小感恩德育、民族小学七彩德育、民族中学澡雪德育、城北中学印记德育）。通过重构责任机制、强化阵地建设、搞好主题活动、创新德育课程等方式，激发广大师生的工作和学习热情。大力弘扬中华传统美德，努力培养拥有中国精神特质的时代新人。努力践行“新教育十大行动”，创建书香校园，传承发展中华优秀传统文化，城区7所公办中小学均建成书香校园。开展弘扬“浙西南革命精神”主题教育活动，举办“浙西南革命故事”县级赛和“我爱您，祖国”主题演讲比赛。开展宪法宣传周暨国家宪法日系列宣传活动，落实中小学校“宪法晨读”活动。推进心理健康教育，心理健康教师持证率达到89%，中小学心理咨询室建设达到100%。出台《推进景宁畲族自治县中小学生“畲乡知行”研学实践实施办法》。全县有省级中小学劳动教育实践项目试点学校5所，市级劳动实践教育基地试点学校3所；有市级研学旅行营地1个，市级研学旅行基地4个，市级中小学生社会实践基地10个。学校共青团和少先队活动有阵地、实践有载体。围绕立德树人根本任务，依托劳动基地、研学基地，组织开展社会实践、志愿服务、仪式教育等各项活动。以中小学生“一会两乡三赛四节”（运动会、畲乡之春、畲乡之秋、篮球赛、乒乓球赛、足球赛、体育节、艺术节、科技节、读书节）活动为载体，推进中小学艺术教育和体育工作的改革和发展，全县有体育特色学校5所，艺术特色学校3所。在丽水市第六届“绿谷之光”科技大赛中，景宁代表队获“信息学趣味赛团体优秀奖”，获高中组“科技大赛团体二等奖”，初中组、小学组分别获科技大赛团体三等奖。鹤溪小学推送的《巡逻宾进行曲》获“浙江省艺术节器乐类节目三等奖”。

高中教育

·普高教育·

【概况】 2019年，景宁中学进一步完善“惠风和畅”特色课程体系。知识拓展、职业技能、社会实践、兴趣特长四大类课程群，满足学校每周三个下午各3节共9课时的选修课需求。高一年级开设113个教学班，高二年级开设107个教学班，高三年级开设103个教学班。社会实践类公共课程开设14个教学班，满足学生选课走班的需求。建立必修和选课走班教学管理制度，“七选三”学生选课完全自主，学校根据学生选课实际设计走班教学。建立全面走班教学管理制度，提高课堂教学质量。

2019年，高考再创新高，实现“八连增”。纯文化（不含委培生、三位一体、体艺类等）第一批上线138人，在毕业生增加80人的情况下本科率仍然达到90%，高考万人比达到12.5。学业水平考试，学科累计合格率99.95%，A率22.4%，高于全省平均值7.4个百分点。新生体质健康测试合格率98.1%。

教师队伍业务水平不断提升。5位教师获得市课堂教学评比一等奖，2位教师获得省课堂教学评比一等奖。老师邢方方继评上特级教师之后又评上正高级（教授）教师。

·职高教育·

【概况】 2019年，景宁职业高中在职教职工116人，其中专任教师107人。在校生1640，其中男生975人，女生665人，少数民族学生306人。

高考首批本科上线20人，实现“六连增”。本科总上线347人，丽水市排名第二。其中，旅游专业本科上线7人，全省排名第7；机械专业本科上线11人，全省排名第13。

组织培训中式烹调师、茶艺师、民宿管家、乡土导游、新型职业农民、汽车修理工、机电、家政等考证班48期3820人次。开展技能帮扶活动25次。在省职业素养类比赛中，景宁职高取得3个二等奖，2个三等奖；组织参加市技能大赛，取得7个一等奖，12个二等奖，26个三等奖。老师张启德入选“丽水市138人才工程”培养对象，老师潘杨杨被评为“丽水市中小学旅游专业带头人”。学生陈霞霞、张金鹏获首批中等职业教育国家奖学金。景宁职业高中获评“丽水市依法治校示范校”“AAAAA平安校园”“丽水市先进团委”“丽水市教科研先进集体”“浙江省第二批现代学徒制试点单位”。学校旅游服务与管理专业通过“浙江省名专业”中期验收。

成人教育

【概况】 景宁畲族自治县成人教育按“一总四分、覆盖全县”进行网格布局。即县城1所成技总校，下设沙湾、东坑、梧桐、九龙4所区域成技校，在区域成技校所在乡镇之外的15个乡镇设立教学点。5所成技校均为省级标准化成技校，标准化率100%。

2019年，全县各类成人学校大力开展技能培训和社区教育活动。全年社会培训11010人次，占常住人口的10.4%；学分银行成果录入25198条，录入数占全县常住人口的23.74%，超过浙江省教育业绩考核优秀级别近10个百分点。

组织实施浙江省“成教服务工程”建设。2017—2019年，景宁成技总校的“驾考人员应急救护培训”、东坑区域成技校的“畲药膳养生培训”、九龙区域成技校的“地瓜面师傅培训”、梧桐区域成技校的“老年教育”等5个项目获评“省级成教品牌”，实现所有成技校成教品牌全覆盖。沙湾区域成技校被评为“省级现代化成技校”。

民办教育

【概况】 景宁民办教育主要集中在学前教育和义务教育阶段。2019年年底，全县共有民办幼儿园6所。其中，省二级园1所，省三级园4所，准办园1所。在园幼儿1053人。义务教育阶段，有民办学校1所（景宁启文学校），有教学班12个，在校学生545人。2019年，民办性质的景宁二中建设项目启动前期工作。

教师队伍建设

【概况】 2019年，以《教育部关于全面深化课程改革落实立德树人根本任务的意见》《浙江省教育厅关于深化义务教育课程改革的指导意见》《浙江省中小学教师专业发展培训若干规定（试行）》等文件精神为指导，依据县教育局“学在畲乡、小县大教”办学战略和实干创新大赶考以及上级研训部门工作的任务要求，围绕研训中心“常规质量年”总体发展目标，聚焦品味教育，推进课改深化，创新教学研究，优化教师培训，推进精准教学，全面提高质量。

全年，教师参加省级教研活动42次，参加市级教研活动52次，举办县级学科教研活动102次，组织学科工作站外出学习20余次。教研活动以钉钉直播、同步课堂等方式开展，教学智慧向乡镇学校辐射，各学科形成了自己的教学风格，学科文化建构初显成效，有力推动“精准教学”和“互联网+义务教育”在景宁的实施。

教师专业发展培训各项指标均超过浙江省绩效考核优秀标准。2018学年，教师人均完成培训121.9学时，通过培训平台自主选择培训共138429.8学时（不含校本培训和指令性培训学时），校本培训人人完成24学分。教师参加90学分集中培训年均培训人数占教师总人数25.9%，90学分项目分层分类匹配率85.71%；教师自主选课后实际参训率（教师实际参训人数与选课后应参训人数之比）99.02%；教师培训自主选课率100%。

对全县2018年新聘的44位教师进行三轮培训。将年轻新教师组成小学数学新锐班、小学英语新苗班、新班主任班进行系统培训。组织全县学校后备干部培训，学校校长，智慧团队成员培训，教科研骨干培训，教学保障服务人员培训，学前教育名优教师后备人选培训，县名优教师素养提升培训，青年班主任培训，骨干班主任素养提升培训，小规模学校骨干教师培训，教师急救技能培训和近视防控培训。

组织开展2018学年全县校本培训优秀项目评比活动，共收到全县中小学、幼儿园参评项目121项，并召开校本培训优秀项目分享会暨校本培训项目设计培训会。2019年7月，以“双色”教育为主题的暑期师德全员培训全面展开。7月10日，《浙江教育报》以《景宁：暑期培训学校唱主角》为题，报道景宁围绕“红色革命传统教育和绿色生态教育”主题开展暑期师德培训工作。在丽水市校本培训精品项目评比中，景宁畲族自治县两个项目获得“精品课程”。

开展进校入班活动。对7所规模大的学校进行常规督查与调研相结合的“1+X”教学服务指导，每所学校均进行1天的常规督查，2—3天的学科调研指导，对学校教学进行全面诊断。在调研过程中，调研组听课214节，查看288位教师的备课本和226位教师的作业批改情况，参与备课组交流43次，发放学生问卷3194份，分别向7所学校集中反馈调研情况。本学年，研训员进校入班听课达到1000余节，做专题讲座50多个。

2019年，研制了《景宁县中小学教研组(备课组)建设的指导意见》，对教研活动从组建、内容、过程、评价等方面进行规范。实行分级述职机制，备课组在各校考核的基础上实行校级述职，教研组在各校考核的基础上实行县级述职。

组织开展暑期集体大备课活动。利用“半日教研”，定期组织教师，聚焦单元教材解读、案例分析、单元过关等提质要素进行研讨交流，指导教师开发教学资源，构建有效集体备课模式。在丽水市2019年网络3项评比中775人次获奖，其中一等奖160人次。

2019年9月至12月，举行第五届中小学(幼儿园)教师全员晒课活动。来自丽水市教育教学研究院的教研员及周边县市区的教研员、名师30余人参加本次活动，全县教师和周边县市教师1000余人参加观摩学习。

2019年，景宁畲族自治县教育研训中心承办市级教研活动4次。4月24日至26日，承办浙江省“小学数学乡村教研共同体第五次研讨活动”。教科教研课题被省级立项3项，市级立项29项，审核确定县级立项37项。有3项课题获省师训课题评比三等奖；29项课题在市教科教研课题成果评比中获奖，其中一等奖6项(含2项重点类)、二等奖11项、三等奖12项；有10篇教学论文在省级获奖，116篇论文在市级获奖。县教育研训中心获全省“教研先进集体”称号。教研员许祖平被评为省“优秀教研员”，李荣、柳花明被评为“2017—2018年度全省师干训先进个人”。红星小学吴月圆在首届全国统编小学语文教科书优质课活动中获评“国家级优质课”；景宁中学毛丽琴获“省优质课评比一等奖(高中英语)”；景宁中学毛荣芬获“浙江省课堂教学评比一等奖(高中思想政治)”；城北中学邱陈丽、景宁中学张晓芳入选中央电教馆“一师一优课，一课一名师”活动部级“优课”；城北中学邱陈丽、景宁中学张晓芳、红星小学蓝建兴入选省教育厅“一师一优课，一课一名师”活动省级“优课”；实验一小柳良敏获“浙江省自制教具评比一等奖”。共有4门课程获“浙江省精品课程”，53门课程获“丽水市精品课程”，43门课程获“县级精品课程”。

改善办学条件

【概况】　2019年，办学条件进一步提升，优质教育资源及中小学、幼儿园学位得到供给保障。全年完成教育基本建设投资8220万元。先后完成外舍凤凰学校新建工程、澄照创业园学校新建工程、鹤溪幼儿园改造工程建设；完成王金垟幼儿园主体工程及室外地下管网、绿化工程建设；完成景宁中学专用教室设施设备提升；全县中小学教室安装了空调。2019年12月，投入资金99.73万元，完成民族中学4道25米拆装式游泳池安装建设项目，结束了景宁无公办游泳池的历史。

【凤凰学校建成交付使用】 2019年8月，凤凰学校建成交付启文学校使用（民办，九年一贯制）。凤凰学校位于景宁景宁畲族自治县红星街道王金洋路1号。该项目总用地面积44742平方米，建筑占地面积10310平方米，总建筑面积48357平方米（其中地上建筑面积38992平方米，地下建筑面积9365平方米）。项目总投资21268.35万元。按一类学校标准，建设24个小学教学班和12个初中教学班，停车位307个。增加初中学位600个，小学学位1080个。

【澄照创业园学校建设项目通过竣工验收】 澄照创业园学校建设项目于2019年12月通过竣工验收。澄照创业园学校位于景宁澄照副城内，主要建设内容为教学楼、办公楼、宿舍楼、体艺楼、食堂及运动场等。项目用地面积47128.69平方米，建筑面积47962平方米。项目总投资19782.49万元。该学校建成后，增加初中学位1200个，小学学位1080个。原澄照乡中心学校与东坑镇初级中学合并，整体搬迁至该学校。（高树文）

科 学 技 术

科技工作

【概况】 2019年，景宁畲族自治县全社会研发投入3250.5万元，同比增长92.3%，增幅全市排名第一。全县高新技术产业增加值11858.3万元，同比下降4.5%，占规上工业增加值的29.74%，全县规上工业增加值累计增长11.2%。

共推荐12家高新技术企业申报浙江省科技型中小企业，通过审核11家。推荐5家高新技术企业申报国家高新技术企业。其中，新增3家：浙江聚光智治环保科技有限公司、亚资科技股份有限公司、鼎大玩具有限公司；复评2家：浙江富利达工艺品有限公司、景宁宏强竹制品有限公司。推荐景宁畲族自治县通用机械配件厂申报省级高成长科技型中小企业。全县累计有省级科技型中小企业48家，国家高新技术企业14家。共向6家企业发放科技创新券80万元，使用51万元，切实激发企业科技创新的活力。

是年，全县省级科技特派员22名，市级科技特派员3名，工业特派员4名（新增1名）。对第十三批省派22名科技特派员进行了工作评估，完成22个省级科技特派员项目和2个科技特派员团队项目的验收工作。进行第十四批省派科技特派员轮换。

成功引进李乐的半导体光伏数控开槽设备项目，并于2019年7月入选创业D类项目的“绿谷精英”项目（丽委人〔2019〕4号）。项目总投资6650万元，与丽景园签订项目合作协议，于年底开工建设。张犁博士组建的“年产2万台智造锂离子电池储能系统装备”项目，落户丽水一元科技有限公司，2019年7月被确定为创新C类项目（丽委人〔2019〕4号）。

（商景芳）

科协工作

【概况】 2019年，景宁畲族自治县科学技术协会（以下简称景宁科协）创新驱动助力工程，引进付小兵院士工作站；借智引力，对接省级学（协）会到景宁帮扶。认定公民科学素质提高目标，实施全民科学素质提升计划，推进科技下乡、科普进乡村（社区）工程。搭建技术专长转化应用平台，浓厚学术氛围，提升科技工作者能力水平。开展乡村科协组织助力科普活动,有效发挥基层科协组织作用。

立足景宁实际,顺应时代发展需求,大胆实践。邀请中科院科普宣讲团为景宁5所学校做科普报告,对接省农学会、医学会专家到景宁帮扶服务2次,柔性引进D类以上层次人才3名,推进付小兵院士工作站揭牌进站工作,新签约李百炼院士工作站。乡村科协开展科普进乡村、科普大篷车进乡校、畲乡科普大讲堂、实用技术讲座、博物课堂等活动34场。搭建科技成果、技术专长转化应用平台,全年落地应用9项。

继续实施"景宁双百"工程,推进百名专家、科技人员结对百家示范户(村、企业、合作社、家庭农场、专业大户等)工作。是年,结对帮扶41家。有效解决了茭白品种退化、栽植密度低,草鱼疾病防控等技术难题。

出台《培育农民技术人员、农村科技示范户、新型职业农民等农村实用技术人才的实施意见》。举办新型职业农民培训3期,受训学员203名。培育省级农民高级技师8人,市级农村科技示范户11户,县级农村科技示范户39户、农民技术员22人。12月19日,浙江省科协党组书记郑金平就景宁科协培育农村实用技术人才的做法和成效作出批示肯定。

建成浮亭岗、毛垟、梅坑等特色科普乡村。完善提升桃源、深垟、大漈等特色科普乡村。特色科普乡村与休闲旅游有机结合,构建科普旅游路线。建成鸬鹚田鱼科普馆、大均水域搜救科普馆、澄照景泰菜篮子科普长廊、雁溪天文望远、渤海生态鱼科普广场、毛垟自然灾害等特色科普场馆6个。毛垟自然灾害科普馆、澄照自然灾害科普馆、九龙地质灾害科普馆等3家场馆获批市级特色科普馆。该项工作与景宁"双百工程"、培育农村实用技术人才等成功入围参选中国科协全国"十佳"科技助力乡村振兴示范点典型案例(全省仅4家单位)。借力省、市、县学会专家人才资源优势,建成景宁高山茭白、香榧、田鱼养殖等农技科普示范基地3个。在推广优新品种、先进实用技术等方面起到试点试验、示范引领作用,为"景宁600"产业提质增效提供有力支撑。大漈高山茭白科普示范基地的建立,针对性地解决了茭白传统种植管理习惯带来的品质下降、产量降低等难题。2019年8月6日,全市"双百"示范基地建设现场会在大漈召开,景宁经验和做法得到推广。同年10月24日,《丽水日报》第4版整版深度报道景宁做法和成效。

2019年,县科协被评为"2019年全国科普活动优秀组织单位",获"2019年度全市科协系统综合工作优秀等次"和"景宁县大赶考群团序列综合考核优秀单位"称号。2019年度受表彰优秀科技(科普)工作者17名,入选"绿谷新秀"2名。组织参加省第33届青少年科技创新大赛,4人获奖。 (吴指杉)

文　化

群众文化

【概况】 2019年1月，县委办转发中共丽水市委办、丽水市政府办印发《景宁畲族自治县机构改革方案》（丽委办发〔2018〕101号）。将县文化广电新闻出版局（县体育局）的文化、广电、体育管理职责，以及县政府直属承担行政职能事业单位县旅游委员会的管理职责整合，组建景宁畲族自治县文化和广电旅游体育局，作为县政府工作部门。不再保留县文化广电新闻出版局（县体育局）、县旅游委员会。

景宁畲族自治县文化和广电旅游体育局（以下简称县文广旅体局）内设办公室、资源开发科、文化和旅游推广科、广电和市场管理科、体育和产业发展科5个科室。2019年年末，在编人数73人。其中，公务员行政编制11名：设局长1名、副局长3名、股级职数6名，实有人数11人。下属参公事业单位1个：文化旅游执法大队，核定编制10名，实有4人。下设局属事业单位6个，即文化馆、畲族博物馆、图书馆、体育事业发展中心、全域旅游服务中心、文物和非遗保护中心，编制核定数61人，实有58人。国企3个，即畲乡影视传媒有限公司、浙江畲族歌舞团、旅游开发有限公司，实有正式员工25人。

全年完成送书下乡10200册、送电影下乡1667场、文化物流辅导活动120场。举办“乡村春晚”70台。建成乡村梦剧场3个，将畲乡春晚串珠成链，打造乡村文化旅游漫游精品路线。通过文旅体项目答辩会确定22个项目作为2019年度重点节庆活动。“十百千”工程于2019年7月通过验收。景宁成为首批《浙江省基本公共文化服务标准化建设（2015—2020）年》验收县。再获2018—2020年度“中国民间文化艺术之乡”称号，并荣登金榜，是全省6个县之一、全市唯一连续获此殊荣的县。凭借畲族民间歌舞入选2017—2019年度“浙江省民间文化艺术之乡”名单。“文化物流”服务规范列入县级地方标准。安亭村被公布为浙江省第五批浙江省非物质文化遗产旅游景区（民俗文化村）。天堂湖惠明茶体验中心被公布为2019年丽水市第四批非遗展示体验点。

是年，先后执行承办了“诗画畲乡·年味景宁”全国少数民族乡村春晚（来自全国各地的18个少数民族300余人参与)、2019新春团拜会、中国畲乡“三月三”系列活动之畲乡群众大联欢和庆祝新中国成立70周年景宁畲族自治县设县35周年全县干部职工合唱比赛等活动。承办了丽水市第六届道德模范颁奖典礼暨第十二届邻居节启动仪式。举办了正月初一大型文化游园、“诗画畲乡·年味景宁”正月十五元宵喜乐会瓯剧展演、全县庆“五一”职工文艺会演、景宁首届原生态畲歌大赛、“我们的节日”中秋戏曲大联欢、“巾帼心向党 礼赞新中国”全县女子健身操大赛等活动。全年,开展各类主题送戏下乡演出140场次;开展文艺走亲文化活动12场次;举办公益培训班35班次,参与免费培训1200余人次。

全年,县文化馆创作各类作品共30余个。其中:《畲家飞歌》《敬茶歌》参加2019上海国际茶产业博览农活秀;《畲家茶农乐》参加丽水市第十二届乡村文化艺术节开幕式农活秀;原创歌曲《唱说红色畲乡》被刊登在中国《歌曲》杂志;原创歌曲《她》获浙江省首届流行原创歌曲大赛金奖;《黄泥妮崽》参加中央电视台少儿频道《七巧板——快乐宝贝爱唱歌》,并获最佳组织奖、优秀原创作品奖、最佳表演奖;《畲银首饰》获2019浙江省特色旅游商品称号;畲凤·畲银首饰获“2019中国特色旅游商品大赛”入围奖;《畲山茶歌》获2019全省茶歌大会铜奖;舞蹈《扭着秧歌看大戏》获丽水市第十一届乡村文化艺术节开幕式暨“我要上村晚”优秀节目擂台赛银奖;小品《守望畲寨》获弘扬践行“浙西南革命精神”丽水市第四届原创曲艺、小品大赛表演金奖;《唱说红色畲乡》获丽水市浙西南原创歌曲大赛银奖;《畲寨梨花开》获弘扬践行“浙西南革命精神”暨丽水市第十四届原创歌曲大赛创作金奖,演唱优秀奖,辅导优秀奖;舞蹈《畲彩飞扬》获丽水市第四届原创舞蹈大赛表演金奖、创作银奖;畲族博物馆推送的文创产品“凤凰来仪”和“双鱼捧凤畲娘套装首饰”在第14届中国(义乌)文化产品交易会上分别获工艺美术金奖和铜奖;“畲乡情话情侣冰箱贴”获2019浙江省首届文化文物文创产品设计大赛优秀创意奖。

是年,畲族博物馆增加馆藏品233件(套),总量6159件(套)。免费接待各类团体共950个,观众27.2万人次,全程讲解850场次。2019年,成功展出“迎春特展——再造景宁摄影九人联展”“随心——季春龙油画展”“童心·童绘庆六一儿童绘画展”“江山多娇·庆祝中华人民共和国成立70周年、景宁畲族自治县设立35周年书画作品展”等8个临时展览。畲族博物馆充分利用自身优势,在其大众性和社会性上做足文章,采用“走出去、迎进来”的方式,把流动博物馆搬进学校、军营,上门为学生、军人群体送服务;同时到温州市博物馆举行主题为“畲族风情体验——手工实验课堂”的社会教育活动。连续8年举办“小小讲解员培训班”,把呆板的博物事业办得活灵活现深入人心,得到群众的一致好评和国家民委副主任赵勇、浙江省副省长王文序等领导的充分肯定。同年,畲族博物馆“凤凰霓裳——中国畲族服饰展”获评第十三届全省博物馆陈列展览精品项目。

是年,县图书馆进一步拓展服务职能、强化服务理念,提升文化引领,切实保障群众基本文化权益，推动公共文化服务标准化、均等化。完成1个24小时畲乡自助城市书房、6个畲乡特色书房建设，进一步拓展阅读服务新空间，更好地服务企业、服务群众、服务基层，满足人民群众日益增长的美好生活文化新需求。新购置自助办证机、畲乡朗读亭、书法体验机等自动化数字服务设备，及时更新电子借阅机、移动图书馆数字资源，全线开通“信阅服务”平台、支付宝免押金办证等服务载体，完善线上线下相结合的文献信息共享平台，方便群众便捷地利用公共图书馆资源。全年，图书馆到馆35.22万人次，各类馆藏图书、期刊文献、电子文献等资源外借、下载量为16.17万册，数字资源访问量27.7万人次。开展主题活动，唱响爱国主旋律。围绕“弘扬和践行浙西南革命精神、庆祝新中国成立70周年、畲乡华彩35周年”等重大主题和中国传统节日，通过举办主题讲座、弘扬浙西南革命精神朗读大赛、“庆祝新中国成立70周年、畲乡华彩35周年”朗诵演讲大赛、祭扫英烈陵园、重走红军路暑期红色夏令营等形式多样活动来弘扬和践行浙西南革命精神，展现新中国70年和畲乡景宁35年来的累累硕果和辉煌成就，传承红色基因。全民阅读活动普惠民众。2019年，图书馆共举办全民阅读活动80场、培训讲座26场，展览6场。特别是“图书馆之夜”、阅读马拉松大赛、“挑战二十一天阅读”“弘美德，承家风”未成年人读书节活动；庆“八一”书香进军营；小小图书馆管理员培训；公益夏令营等活动为军人、留守儿童及贫困家庭孩子等各类特殊群体提供贴心、暖心、便捷的阅读学习空间，让特殊群体均等普惠地享受公共文化发展成果。县图书馆被评为浙江省社会科学普及基地。“畲乡特色书房”被评为丽水市社科普及示范项目。

是年，浙江畲族歌舞团实施文化产业富民工程，打造全省“民族文化+旅游”的知名文化产业。大型畲族风情旅游剧《印象山哈》是为推动景宁旅游发展而精心打造的一部民族演艺精品剧目，全年演出55场次，接待游客11310余人次，市场反应良好(通过问卷调查，观众对《印象山哈》的表演给予充分的肯定和好评)。为确保《印象山哈》剧常态化演出，进一步提升知名度和影响力，浙江畲族歌舞团会同县旅游委加强与其他省、市、县旅游界的合作交流，加大市场营销与宣传的力度，拓展旅游客源市场。分别以“乘着高铁游丽水”“秀山丽水•诗画田园•养生福地•长寿之乡”为旅游宣传品牌，先后到上海、杭州、南京、苏州、厦门、福建等地开展旅游市场推广与宣传活动30场次，送出宣传册15000余份、扇子5000余把、香包1000余只、彩带200余条。

【景宁畲族自治县文化市场综合行政执法队挂牌成立】 2019年9月29日，景宁畲族自治县文化市场综合行政执法队挂牌成立。新组建的文化市场综合执法队是在原县文化市场行政执法大队的基础上成立的，整合文化、旅游、体育等方面相关执法职责，实行“局队合一”体制，由县文化和广电旅游体育局负责管理并以部门名义实施执法，统一行使辖区范围内文化、文物、出版、广播电视、电影、旅游、体育领域的行政执法工作，并承担“扫黄打非”有关工作任务。文化、旅游、体育市场综合执法的整合,有利于文化体制改革向纵深拓展,对加快实现文化领域跨部门、跨行业综合执法,逐步形成政府监督、行业自律、社会监督的文化市场管理格局具有重要意义。

是年,县文化市场综合行政执法队采取日常检查与双随机检查相结合、现场检查与网络监管相结合、独立执法与联合执法相结合,不断加大对全县文化市场检查的频度、密度和力度。在全国“两会”、中华人民共和国成立70周年大庆、元旦、春节等重要节假日期间开展安全巡查。全年,共出动执法人员1013人次,检查各类文化经营场所737家次,共立案4起,成功结案4起。坚持法治和德治并行,大力开展法规宣传教育。全年,开展“护苗2019”“扫黑除恶”“‘4•26’世界知识产权日”“安全生产月”等主题宣传活动,举办全县文化经营单位大型消防安全演练,召开全县文化市场经营业主会议9次。

【景宁再获“中国民间文化艺术之乡”称号】 2019年2月2日,文化和旅游部发布《文化和旅游部关于公示2018—2020年度“中国民间文化艺术之乡”名单的公告》,共命名175个县(县级市、区)、乡镇(街道),景宁榜上有名,成为浙江省6个县之一(丽水市唯一)。此前,景宁曾入选2009年度、2011—2013年度、2014—2016年度的“中国民间文化艺术之乡”。近年来,县文广旅体局将民间文化艺术之乡创建和发展作为促进公共文化服务体系建设、保障人民群众基本文化权益的重要内容,通过举办乡村文化节庆、乡村春晚,实施《文化自治无权圆梦》《文化项目申报制》《文化物流》等公共文化服务项目,打造《千年山哈》《畲娘》《印象山哈》等文化艺术精品,有效推动当地文化旅游产业融合发展,助推乡村文化振兴。

【景宁成为全省首批基本公共文化服务标准化建设县】 2019年5月31日,浙江省文化和旅游厅发布《关于基本公共文化服务标准完成情况的通报》(浙江省文化和旅游厅情况通报第2期),景宁成为第一批通过标准化验收的县(市、区)。基本公共文化服务标准化主要是遵循基本性、普惠性和公益性等原则,明确政府所要提供的基本公共文化服务的范围、项目、内容、标准,明确中央和各级政府的事权责任,通过建立国家和地方基本公共文化服务标准,补齐短板、兜住底线,形成对政府的刚性约束,促使政府切实履行保基本、促公平的职责。自2015年公共文化标准化认定工作开展以来,县文广旅体局高度重视,先后出台《贯彻落实〈中共浙江省委办公厅 浙江省人民政府关于加快构建现代公共文化服务体系的实施意见〉方案》和《景宁畲族自治县基本公共文化服务实施标准(2015—2020年)》。认真研究并积极贯彻落实各项目标任务,将公共文化服务体系建设与重点工作紧密结合,切实履行基本公共文化服务保障主体责任,以文化项目申报答辩制为引擎,激发社会力量参与公共文化服务标准化建设,在提高公共文化设施利用率、丰富公共文化产品、提升文化队伍素质、推动文化和旅游深度融合,实现产业化发展等方面精准发力,不断深入推进现代化公共文化服务体系建设,取得显著成效。

【景宁被命名为"浙江省民间文化艺术之乡"】 2019年7月8日，浙江省文化和旅游厅印发《浙江省文化和旅游厅关于公布"浙江省民间文化艺术之乡"名单的通知》(浙文旅公共〔2019〕12号)文件，景宁凭借畲族民间歌舞入选。近年来，县文广旅体局将民间文化艺术之乡的创建和发展作为促进公共文化服务体系建设、保障人民群众基本文化权益的重要内容，以"载体化的品牌传承、项目化的民间传承、专业化的个性传承、精品化的艺术传承、平台化的专业传承、整体化的有序传承"为载体助推畲族民间歌舞多元传承，通过举办乡村文化节庆、乡村春晚，实施《文化自治无权圆梦》《文化项目申报制》《文化物流》等公共文化服务项目，打造出了《千年山哈》《畲娘》《印象山哈》等文化艺术精品，其中"畲族民歌""畲族三月三""畲族婚俗"被国务院列入国家级非物质文化遗产名录。

【首届全国少数民族乡村春晚在景宁举办】 2019年1月11日，由"诗画畲乡·年味景宁"活动组委会办公室主办，景宁畲族自治县文化广电新闻出版局承办，景宁畲族自治县文化馆执行承办的"诗画畲乡·年味景宁"——全国少数民族乡村春晚暨景宁畲族自治县乡村春晚启动仪式在景宁文化中心文化广场举行。来自全国各地的18个少数民族300余人参与活动。晚会由开场篇《欢聚畲乡》、团结篇《心手相连》、展望篇《盛世家园》3个篇章组成。表现各民族一家亲这一主题，以各民族歌舞节目大组合的形式，营造欢乐、团圆、祥和的喜庆场面和气氛。让现场观众真切体会到各民族同胞血脉相连的真切情谊，共同展望民族团结进步事业的美好前景。

【欢乐三月三群众大联欢】 (见专辑类目2019中国畲乡三月三"诗画畲乡·风情景宁"活动分目开幕式暨大型文艺晚会条目)

【承办"2019中国畲乡三月三"之中国好畲"艺"展示活动】 (见专辑类目2019中国畲乡三月三"诗画畲乡·风情景宁"活动分目中国好畲"艺"——畲族特色民俗文化展示活动条目)

【2019第二届"追梦之声"浙江省青少年声乐大赛】 2019年5月26日，景宁畲族自治县文化馆举办庆祝新中国成立70周年"百城联动，歌唱祖国"2019第二届"追梦之声"浙江省青少年声乐大赛。大赛以歌颂新中国成立70年的丰硕成果，展现青少年积极向上的学习和生活态度为目标。49名参赛选手分为小学低段组、小学高段组和高中组。通过自选歌曲和视唱环节综合对参赛选手进行打分，选出小学低段组袁潘灿、叶嫣，小学高段组潘佐佐、徐刘一，高中组刘卿、张柳慧6人进入丽水赛区复赛。最终，小学高段组和高中组获得铜奖，小学低段组获得银奖。

【景宁首届原生态畲歌大赛】 2019年8月23日，首届"原生态畲歌大赛"在景宁中学举办，来自全县的87名畲族歌手齐聚一堂，共同唱响原生态畲族山歌。大赛分个人赛和团体赛。大赛期间，有来自全国各地的畲歌传承人前来助唱。比赛最后决出金奖2名（蓝松发、蓝圆聪）。银奖8名，铜奖10名，优胜奖14名，畲族歌手们用自己最擅长的方式，一同为中华人民共和国成立70周年献礼。

【迎老兵送新兵文艺晚会】 2019年9月9日晚，“保家卫国献青春·退伍创业赛精英”2019迎老兵送新兵文艺晚会在景宁中学明礼堂举行。晚会由县文化馆主办，县武警中队、消防大队参演。晚会中，新兵代表、老兵代表、新兵家长代表分别上台表态并宣誓。

【“巾帼心向党·礼赞新中国”全县女子健身操大赛】 2019年9月17日晚，为庆祝中华人民共和国成立70周年，景宁畲族自治县设立35周年，弘扬践行浙西南革命精神，勇担“丽水之干”巾帼先行。由县妇联、县文化和广电旅游体育局联合举办的“巾帼心向党·礼赞新中国”全县女子健身操大赛在景宁中学明礼堂举行。来自全县18支代表队，300余人参与此次健身操大赛。经过激烈角逐，最终决出金奖3名，银奖6名，铜奖9名。活动还为在畲乡建设过程中作出突出贡献的20支美丽团队授牌。

【“我和我的祖国”全县干部职工合唱比赛】 2019年9月29日晚，为庆祝新中国成立70周年，景宁畲族自治县设立35周年，由县委宣传部、县文化和广电旅游体育局主办，县文化馆、县音乐家协会承办的“我和我的祖国”全县干部职工合唱比赛举行。来自全县乡镇、机关、企事业单位的22支队伍1162人倾情献演。比赛在大合唱《我和我的祖国》中开场，每支队伍挥动着五星红旗入场，和着喜庆的节拍，气势恢宏，饱含深情，台上台下近2000人一齐高歌。他们以歌咏志、以歌抒怀，把对祖国母亲的祝福和期盼一同唱响。在为祖国的70周年华诞献上贺礼的同时，也营造了热烈、祥和、奋进的浓厚氛围，激发广大干部职工的爱国之情，弘扬伟大的民族精神和新时代畲乡铁军的赶考精神。

【举办“耕山播海”基层文艺骨干培训班】 为充分落实“全民艺术普及”工程，引导畲乡群众欣赏和创造优秀艺术，2019年10月8日至13日，浙江省“耕山播海”基层文艺骨干培训畲绣班和声乐班相继开班。由县文化馆、畲族刺绣协会联合举办的刺绣班，在县妇女来料加工中心开班培训，共有50余人参加。邀请国家级刺绣名师、浙江省文化馆民间艺术研究中心研究馆员、省级工艺美术大师余知音授课。声乐班在县青少年宫开班。邀请浙江省文化馆研究馆员、男中音歌唱家夏国民授课指导，80余名来自社会各界声乐爱好者参与。2位老师分别结合景宁文化特点与实际需求，用通俗易懂的方法示例讲授刺绣技能与演唱技能，并进行一对一、手把手的教学辅导和面对面交流，学员们在轻松愉悦的氛围中受益良多。

【景宁举办“畲家讲坛”活动】 2019年9月30日上午，景宁畲族自治县举办庆祝新中国成立70周年景宁“畲家讲坛”系列——群众合唱艺术讲座。浙江省音教工委主任、声乐教授关韶华，中央音乐家协会会员、原浙江省合唱协会常务理事、研究馆员缪杰，浙江省文化馆研究馆员、男中音歌唱家夏国民3位重量级老师为“畲家讲坛”开讲。全县20余名音乐教师、合唱指挥教师以及声乐爱好者到场聆听。

【举办暑期少儿公益（免费）培训】 2019年6月26日，县文化馆在微信等平台上发布2019景宁“畲家飘歌”暑期少儿公益（免费）培训班报名信息，共开设小小主持人、绘画、畲歌、钢琴、古筝、声乐、舞蹈等7个课程。分4期举办，7月完成1—2期，8月完成3—4期。共有400余人报名参加。

【迎春特展——再造·景宁摄影九人联展】 2019年1月27日，“迎春特展——再造·景宁摄影九人联展”开展仪式在景宁畲族博物馆举行。该展览是省摄影协会对景宁的摄影扶持结对项目。展出的11组作品均取材于景宁，这些摄影作品以不同的呈现方式和对生活的感悟，讲述他们心中美好生活的生动故事。

【“随心——季春龙油画展”在畲族博物馆展出】 2019年4月6日，“随心——季春龙油画展”在景宁畲族博物馆开展。季春龙是景宁创新派青年画家首创针眼法的绘画方式。其作品用最有表现力的色彩和独特的造型组合，以脸部造型为主题，用色大胆、造型奇特，曾参加过意大利佛罗伦萨艺术双年展、香港亚洲当代艺术博览会等世界知名展览。

【《中国畲族博物馆展陈方向及内容》文本获通过】 2019年7月25日，中国畲族博物馆陈展方向及内容论述会在景宁召开。与会专家经过深入的讨论，认为《中国畲族博物馆展陈方向及内容》文本，资料详尽，线索较清晰，内容较丰富，立意较高。同时，对中国畲族博物馆的展陈方向及内容提出了宝贵的意见与建议。会议对讨论后的《中国畲族博物馆展陈方向及内容》文本形成共识并予通过。

【16件畲族文化特色的矿石制品参展“玉成其美”】 2019年8月22日至11月22日，长三角科普场馆联盟共同组织策划的“玉成其美——中国民族文化与矿物珍宝特展”在乌兹别克斯坦举行。中国畲族博物馆作为唯一的少数民族参展单位，积极参与特展的前期策划，精心挑选16件富有畲族文化特色的矿石制品参展。

【协办畲族风情体验——手工实验课堂】 2019年11月2日，中国景宁畲族博物馆受邀到温州市博物馆协办主题为“畲族风情体验——手工实验课堂”的社会教育活动，吸引大量的温州市民参加。他们饶有兴趣的听讲解员介绍畲族文化，并与非遗传承人蓝延兰互动体验唱山歌、织彩带、竹篾编等非遗项目带来的快乐。

【中国民族博物馆和景宁畲族博物馆合作交流】 2019年12月2日，中国民族博物馆副馆长郑茜一行莅临景宁畲族博物馆，就《中国少数民族文物图谱》编撰工作进行洽谈交流。

郑茜馆长点赞景宁畲族文物非常有代表性和典型性，希望以畲族文物为主单独成立《中国少数民族文物图谱·浙江卷》，从少数民族文物的角度凸显浙江少数民族历史脉络。

【县图书馆法人治理完成】 2019 年 3 月 8 日，景宁畲族自治县图书馆首届理事会成立，11 名理事成员构成涵盖主管局领导、文化专家、教育专家、企业代表、服务对象等，并召开了首届理事会第一次会议。选举产生理事长 1 名，副理事长 1 名。理事会将代表广大读者、各界群众履行决策、监督、管理职能，参与县图书馆发展的重大决策，共同推动图书馆事业发展。

【畲乡特色书房遍地开花】 2019 年 3 月，鹤溪中路 24 小时自助书房建成并对外开放，至年底，短短的 9 个月时间到馆人数达到 8.8 万人次。使读书活动逐渐成为年轻人的一种时尚。

近年来，县图书馆与机关大院、民政局、企业、茶文化研究会等单位和社会力量合作，建成传习书房、雅景书房、蜜尔书房、毛垟红色书房、花港书房、正达书房、审批中心书房、讲习中心红色书房、鹤溪中路畲乡书房、机关书房、亲子书房、茶文化书房、爱心书房、绿道书房、畲家书房等 15 个针对不同群体、各具特色的畲乡特色书房。这些不拘一格、形式多样的畲乡特色书房将文化、旅游、运动完美融合，将阅读注入畲乡大地。特别是这些书房不仅成为引领阅读新风尚的打卡地，还是景宁创建高等级景区城不可或缺的亮点。得到领导的充分肯定，被列为“三服务”的典型案例。

【沪景两地科普教育战略合作协议签订】 2019 年，为进一步接轨大上海，融入长三角。县图书馆继续与上海科普教育联合基地（19 家单位）深入对接、座谈、合作并签订沪景两地科普教育战略合作协议。双方达成今后以夏令营双向合作，科普读物进畲乡，科普工作交流、讲座和展览资源共享等方式进行合作交流；达成点单服务、资源共享等合作事项。同时，上海科普教育联合基地向景宁捐赠了 4116 本科普图书及“神奇纤维足迹”科普展板。

【“景宁非遗与旅游融合发展”经验在文化和旅游部专题培训班上交流】 2019 年 3 月 10 日至 12 日，由文化和旅游部非物质文化遗产司主办的“非遗+旅游”专题培训班在中央文化和旅游管理干部学院举行。景宁畲族自治县人民政府副县长余晓军参加培训，并在会上以《景宁非遗与旅游融合发展，助力乡村振兴》为题作经验交流，得到文化和旅游部非物质文化遗产司的领导和专家们的充分肯定和与会者的一致好评。

【“非遗薪传”——浙江省传统舞蹈展演展评系列活动在景宁举行】 （见景宁畲族自治县人民政府类目政府重大活动分目联合承办“非遗薪传”——浙江省传统舞蹈展演展评系列活动条目）

【浙江景宁畲族纺织非遗创新设计和制作研修班（第二期）举办】 2019 年 11 月 4 日至 9 日，浙江景宁畲族纺织非遗创新设计和制作研修班（第二期）在江苏无锡的江南大学举办。这是由文化与旅游部、教育部、人力资源保障部专为畲乡非遗传承人免费开设的培训班，共有畲族彩带编织技艺、畲族服饰、畲族刺绣等项目的非遗传承人及学徒20人参加。培训从理论学习、实践操作、实地考察等方面进行全方位指导，使畲乡传承人在理论、设计及产品产业化理念上得到一次大提升。

【畲族银饰“马鞍镯”入选首届浙江省优秀非遗旅游商品名列】 2019年4月24日，浙江省文化和旅游厅印发《浙江省文化和旅游厅关于公布首届浙江省优秀非遗旅游商品名单的通知》(浙文旅非遗〔2019〕6号)文件，公布景宁畲族自治县的畲族银饰“马鞍镯”入选首届浙江省优秀非遗旅游商品名列。

【畲族彩带编织技艺获第14届中国文化产品交易会“最佳展示奖”】 2019年4月27日至30日，第14届中国(义乌)文化产品交易会“浙江非遗生活馆”在浙江省义乌国际博览中心举行。景宁畲族自治县非遗中心组织的畲族彩带编织技艺获浙江省文化和旅游厅颁发的“最佳展示奖”。

【《印象山哈》赴安徽宣传演出】 为推进文旅融合，助推景宁“全域旅游”，提升《印象山哈》的知名度，县畲族歌舞团创新市场化运作方式，赴安徽省宁国市云梯畲族乡在2019年安徽畲乡“三月三”文化节期间宣传演出8场，吸引游客4000余人。每一场演出结束游客对《印象山哈》的畲戏演出赞不绝口、好评如潮。这是《印象山哈》作为景宁的金名片第一次走出去，进行跨省联姻，打响畲族文化品牌，提高“中国畲乡·小县名城”——景宁的知名度。

【弘扬践行浙西南革命精神宣演会举行】 弘扬践行浙西南革命精神，为“丽水之干”注魂·赋能·立根。2019年7月1日，在中国共产党成立98周年之际，景宁畲族歌舞团全体男演员参加的“弘扬践行浙西南革命精神宣演会”在丽水大剧院举行。中共丽水市委书记胡海峰等领导出席宣演会并对演出给予充分肯定和高度赞赏。7月19日至22日期间，为丽水各县市副科级以上领导干部专场演出5场。宣演会集“宣誓”与“宣传”于一体，既是接受弘扬践行浙西南革命精神的洗礼，也是为“丽水之干”注魂·赋能·立根吹响的号角。（林　丽）

文　物

【概况】 2019年，景宁畲族自治县文物管理保护所(以下简称县文保所)始终坚持文物工作“保护为主、抢救第一、合理利用、加强管理”的方针，进一步树立正确的文物工作理念，落实文物保护责任，不断加大文物保护力度，推进景宁文化遗产保护事业科学发展。

2019年，县政府召开全县文物安全工作会议，与全县21个乡镇(街道)签订《景宁畲族自治县文物安全目标责任书》，落实文物保护“属地管理”责任制。县文广旅体局与业余文保员签订《景宁畲族自治县业余文物保护管理员责任书》，进一步明确业余文物保护管理员的职责。

2019年，积极推进潘家大屋的维修工作。

潘家大屋自2014年启动立项以来，经过申报、设计、批复、再设计、再批复等环节，于2019年年底，完成施工方案设计和工程预算等工作。省级文保单位——孔庙安装了“智慧消防”系统。国保单位——东坑上桥的维修方案设计完成。国保单位——高演环胜桥的维修设计方案报批工作完成。县保单位——大均浮伞祠维修工程完工。开展对国家级文保单位时思寺、省级文保单位严氏节孝木牌坊、县级文保单位严氏宗祠的木蜂防治工作，及时控制木蜂及其他害虫对木质结构单位本体产生的危害。

2019年，县文保所注重文物安全与监管共抓，坚持文物安全日常巡查专项督查相结合、集中排查与联合督查相结合。全年出动196人次，先后检查国保单位16次、省保单位15次、县保单位20次，更换过期失效的灭火器25个。同时，每逢节假日、汛期、高温期，县文保所及时通过文件、短信、微信等平台告知各单位注意文保单位的安全，防患于未然。

【参加闽浙木拱廊桥高校巡回展活动】 为深入实施中华优秀传统文化传承发展工程，推进闽浙木拱廊桥联合申报世界文化遗产工作，营造良好的文化遗产保护和廊桥申遗氛围，2017年7月，结成闽浙(7县)木拱廊桥申遗联盟组织，并启动开展“廊桥申遗、全民助力”全国高校巡回展工作。该巡回展以图片、视频、廊桥模型进校园等方式进行。景宁大均乡的大赤坑桥、东坑镇的章坑接龙桥和东坑下桥的图片、视频等资料参展。2019年，组织开展了上海、武汉、厦门3站的巡回展出。木拱廊桥优美的结构和精湛的工艺引起高校学生极大的兴趣，达到了宣传廊桥保护、营造申遗氛围的目的。 (毛道权)

畲族文化传承与发展

【概况】 2019年，景宁畲族自治县在事业单位机构改革中，成立了景宁畲族自治县畲族文化发展中心。该中心为归口县委宣传部管理的正科级事业单位，挂景宁畲族自治县“中国畲乡三月三”节庆办公室、景宁畲族自治县文化产业办公室牌子。内设综合科、事务科和产业科。事业编制7名，设主任1名、副主任2名，股级职数3名。

2019年，县畲族文化发展中心全力推进全国畲族文化总部建设。指导千年山哈宫、东弄田园综合体、山哈大剧院等项目的实施；积极主动参与发改、建设、文化、农业、电力等部门相关规划编制的讨论与审核；指导东坑、大均、景南、秋炉、毛垟等乡镇筹办相关文化节活动。指导小城镇环境综合整治工作——参加大地、郑坑2个乡所在地入口和立面改造方案的评审工作并提出大地融入农耕文化，郑坑融入畲族文化等修改意见。创排畲族传统体育项目《畲家嬉锅》《畲山竹韵》《山哈嬉情》代表浙江省参加第十一届全国民运会，并获得1个二等奖，3个三个等奖的好成绩，奖牌数为历届之最。

牵头制定完善《景宁畲族自治县文化产业发展专项资金使用管理办法》，对畲族文化产业开展重点扶持。2019年，对隆尚工艺品有限公司、景宁畲乡玉山银饰品有限公司等9个文化产业项目进行扶持，共发放扶持资金81.5万元；奖励参加2019年第十五届（深圳）国际文化产业博览会的畲山风工艺品开发有限公司1万元；奖励参展第二届长三角文博会的景宁畲根缘根艺文化开发有限公司等3家企业2.4万元。艺术助推乡村振兴项目及特色文化村创建。2019年，落实丽水市艺术助推乡村振兴项目4个，转移支付资金40万元；创建县级特色文化村10个，发放以奖代补资金50万元。

指导县域特色文化产业发展，先后到畲依缘、畲根缘根艺、畲山风工艺品、隆尚工艺品、自强实业等公司指导畲族服饰、畲族工艺品、畲乡竹木制品、茶叶等文化产业的发展。10月9日至26日，院线电影《如歌少年》在景宁拍摄。由于县畲族文化发展中心积极做好前期对接和拍摄过程中组织协调相关单位配合到位，原计划20天拍摄任务17天半完成，该中心的组织工作受到导演和剧组的一致好评。

2019年，县畲族文化发展中心深入挖掘畲语、畲歌、畲族婚俗等畲族传统文化，着力探索畲族文化研究与传承工作。积极主动谋划第六届全国少数民族文艺会演剧目；联合举办“诗画畲乡　魅力山哈”原生态畲歌大赛；启动《中国畲族大辞典》（浙江卷）编撰工作；完成畲族特色元素符号册设计初稿；制定畲族传统体育项目——摇锅的地方标准；积极探索畲族文化基础性研究工作，主动到福建省福安市、丽水学院民族学院等标兵单位学习；着手构建畲族族群精神交流平台，以“寻根连心”为主题，沿着畲族迁徙之路，到福建蕉城、罗源等地开展走访交流活动。

2019年年底，全县有文化企业170余家，其中重点文化企业60家。景宁畲族自治县畲山凤民族工艺品开发有限公司入选浙江省文化产业发展“122”工程首批重点文化企业；千年山哈宫等多个项目被列入丽水市文化产业重点建设项目计划。景宁畲族自治县文化产业增加值占GDP比重从2015年的3.86%提升到2019年的4.32%。　（夏丽雅　雷露露）

档案、党史、地方志工作

【概况】　2019年，经机构改革，景宁畲族自治县档案馆（以下简称县档案馆）为县委办公室管理的正科级事业单位，挂县党史和地方志研究室牌子。景编〔2019〕34号，关于印发《景宁畲族自治县档案馆职能配置、内设机构和人员编制规定》的通知，核定内设综合办公室、信息技术科、党史研究科、方志编研科、保管利用科（挂档案查阅服务中心牌子）5个科室；参照公务员法管理编制10名，事业编制3名；设馆长（主任）1名，副馆长（副主任）3名；股级职数5名。主要职责是集中统一管理县级重要档案资料；接收县级党政机关、团体、企事业单位的档案并提供档案接收方面的指导服务，收集各个历史时期政权机构、社会组织、著名人物的档案，征集对国家和社会具有长久保存价值的重要档案资料，开展主动建档存史工作；承担档案和资料的整理、鉴定、保管、保护、修复、复制和统计等各项基础业务工作；承担档案资料利用服务工作，提供档案资料查阅利用，依法公布档案，研究、编纂、出版档案史料，为党委和政府决策提供参考，为社会提供服务；承担档案宣传和档案文化建设，举办档案陈列展览，建设党员党性教育、社会宣传教育基地，满足社会档案文化需求；承担本馆档案信息化建设，负责县级重要公共数据、电子档案的接收、长久保存和日常管理，采用先进技术管理档案和资料，保证数字档案资源的安全和有效利用；负责开展馆际合作和业务交流。承担本县档案资料目录中心建设，推进区域档案信息资源共享，开展区域档案学术理论研究和档案保护技术工作，开展档案利用合作交流和境外档案征集；负责制定全县党史、地方志工作规划并组织实施；承担征集、整理、保管新民主主义时期、社会主义时期党史资料和景宁县现代史、当代史资料，对县级旧志和地方史实进行整理、研究；承担编纂出版《中国共产党景宁历史》（分时期立卷）、《景宁畲族自治县志》和《景宁年鉴》，以及其他重要党史、现代史、当代史、地方志书籍刊物；负责对全县各乡镇、县直单位的党史和地方志工作进行业务指导，协调开展有关党史方面的重要活动，审查验收各单位专业志、部门志；组织开展全县性党史理论、重要党史专题和地方志理论的研究，为改革开放和社会主义现代化建设提供历史借鉴；积极运用党史、地方志资料和研究成果，加强党史宣传教育，提供地情咨询服务，发挥党史、地方志资料和研究成果的育人作用；做好全县革命史遗址调查、保护和开发利用工作；提出全县档案事业发展规划建议，协助开展全县档案基础业务、公共服务、安全体系建设及监督、检查、指导等工作；完成上级主管部门县委办公室交办的其他任务。

2019年，县档案馆紧扣全县重大改革做好档案管理工作。就行政村规模调整过程中的档案收集、整理、移交等业务举办培训班，督促、指导涉调村的档案整理与移交，至9月下旬，全县254个行政村的档案全部整理完毕并移交相关乡镇、街道管理，在全市率先完成该项工作。在县机关事业单位机构改革中，通过微信、钉钉及上门等方式指导各单位制定档案流向与档案归档范围、保管期限及移交等，确保了机构改革过程中档案的完整与安全。

全年，县档案馆接待档案资料利用者2594人次，提供档案资料4379卷，复印档案7390页。接收县委办、县府办等单位文书档案88卷3007件；接收县行政村规模调整档案管理工作办公室文书档案38卷、业务档案147件，照片档案68张；接收土地确权档案32489卷（户级31995卷、村级221卷、图纸494卷）；接收外舍防护工程档案459卷。以上档案及其数字化成果数据一并接收。继续开展第三批馆藏民国档案文件级目录的编制，在编的有3个全宗4个目录。其中国民景宁司法类、民国公安类、民国小教及单人材料、国民其他类，共编制完成了2305卷的文件级目录34509条，并扫描数字化186616页。修复破损民国档案7万多页。

2019年，景宁畲族自治县党史研究室编撰形成党史二卷送审稿，并启动谋划党史三卷工作。通过红色资源普查，发动乡镇对县内的革命遗址进行挖掘，新增革命遗址10处。协助毛垟乡、家地乡、县退役军人事务局等单位做好市党史教育基地评选准备工作，“闽东红军景宁馆”“浙南闽东红军纪念馆”及寨山烈士陵园均被评为“丽水市党史教育基地”。2019

年12月27日《景宁畲族自治县志(1993—2010)》举行首发式。推进旧志整理工作。从上海图书馆和南京图书馆找回景宁明万历十一年编修的景宁县志六卷和清雍正十三年编修的景宁县志十卷，并制作成仿真本。还征集到一批景宁解放时期的革命老照片。完成《景宁年鉴(2019)》的出版发行工作。

【畲族民间祭祀文化档案征集】 2019年6月，县档案馆多次与东坑镇杉树岙村村民蓝茂青进行协商，蓝茂青向县档案馆捐赠祖传畲族民间祭祀文化道具、挂图、书籍。其中：畲族民间祭祀道具46件，畲族民间祭祀文化挂图8件、11幅，畲族民间祭祀文化书籍140本。该批畲族民间祭祀文化档案丰富了景宁县档案资源馆藏，对传承与保护畲族民俗历史遗物和档案资料发挥了积极作用，对理解本土畲族历史文化提供了一定的学术价值和研究价值。

【挖掘景宁红色革命文化档案】 2019年，县档案馆完成了8个老革命(战士)陈述自身革命历程的口述档案制作；完成对健在的44位农村“三老”人员(老交通员、老游击队员、老共产党员)的个人信息采集建档。聘请退休老同志翻阅现存馆藏民国档案，疏理挑选出94条具有开发利用价值的“红色信息”档案。

【拓展小溪流域水运文化档案】 2019年，县档案馆为寻找小溪流域水运的亲历者，组织人员先后专门走访采集了渤海鲍山头村、标溪乡标溪村、毛垟乡毛垟村、红星街道王金洋村的5位老船工档案信息，并协同录制组将他们当年的亲身经历在镜头前以口述的形式永久保存下来。同时，采用无人机航拍、工作人员实地相机拍摄等形式，将县域内沿小溪流域一带的各个渡口码头的地理方位及周边环境进行拍摄记录，共拍摄录制了36个渡口码头，系统地梳理保存了景宁小溪流域渡口码头的历史痕迹，为景宁水运史留下了宝贵的影像资料。

【《景宁北洋档案史料汇编》编制完成】 2019年，县档案馆充分利用现有的馆藏资源，与浙江大学历史系合作，挑选出一批景宁北洋时期档案，共同研发整理编纂《景宁畲族自治县档案馆北洋档案史料汇编》。是年，通过档案资料的挑选、整理与编校等工作，完成了司法、教育及行政三大类专题汇编的编制。

【民国档案的抢救与修复】 2019年，县档案馆为抢救和保护现存的一批民国档案，聘请浙江大学历史系的专家对该批档案进行系统查阅和初步整理，发现该批档案学术价值高且有损毁危险，迫切需要抢救性保护。为此，县档案馆指派专人到省档案馆学习裱糊修复技术，组织人员对破损民国档案进行整理、裱糊修复。同时，对部分破损严重、接近濒危状态且具较高保护价值的案卷，请专业档案修复机构进行抢救修复。是年，共修复民国档案71664页，并经过专家组验收合格。（陈丽军）

融　媒　体

【概况】 2019年5月17日，丽水市深化机构改革协调小组办公室印发《关于调整景宁县局级事业单位的函》(丽机改字〔2019〕133号)文件,将景宁畲族自治县广播电视台、畲乡报社整合组建景宁畲族自治县融媒体中心(挂县广播电视台、畲乡报社牌子),为正局级事业单位。同年6月28日,景宁畲族自治县融媒体中心挂牌成立。

景宁畲族自治县融媒体中心(以下简称:县融媒体中心)下设综合科、财务部、记者部、广播电视编辑部、报纸编辑部、新媒体部、融媒体产品研发部、专题采编部、畲乡文化旅游采编部、节目播出部、技术保障部、广电运维部、广告部13个职能科室。领导班子8人,股级职数26人,事业编制87人。在职干部职工110人,其中副高级职称3人,中级职称24人,技师15人。退休80人。

2019年,景宁畲族自治县融媒体中心得到了浙江广播电视集团、浙江日报报业集团以及县委县政府的高度重视和大力扶持。浙江广播电视集团发出《浙江广播电视集团关于进一步支持景宁畲族自治县融媒体中心工作的函》,浙江日报报业集团制定了《浙江日报报业集团关于进一步支持景宁畲族自治县融媒体中心高质量发展的实施意见》,县委县政府出台了《中共景宁畲族自治县委 景宁畲族自治县人民政府关于扶持推进景宁畲族自治县融媒体中心改革发展的若干意见》(景委发〔2019〕40号)。

是年,县融媒体中心从"相加"迈向"相融",以全新的姿态承担起"举旗帜、聚民心、育新人、兴文化、展形象"的职责使命,实现人融、心融、事融,不断弘扬主旋律、传播好声音,凝聚正能量,全面提高新闻舆论传播力、引导力、影响力、公信力。深入贯彻落实新时代党的建设总要求,结合实际,成立了退休党支部,并将5个乡镇广电站党支部合并为区域广电站党支部,解决了之前党支部分散在各乡镇且各支部在职党员数不足5人,难以开展党支部工作的难题。结合机构改革,将原电视台机关党支部和原畲乡报社党支部融合为融媒体中心机关党支部。选举成立了中共第一届县融媒体中心直属机关党委及直属机关纪委,以更加完善的组织和整体的力量发挥党组织的作用。扎实开展"不忘初心、牢记使命"主题教育。通过多种形式,以饱满的政治热情、强烈的政治担当、坚定地政治信念,围绕主题教育十二字总要求,五个具体目标,站在增强"四个意识"、坚定"四个自信"、坚决做到"两个维护"的高度来认识和推动主题教育深入开展,完成了一场坚定理想信念、勇于担当作为的思想"大洗礼"。

始终紧紧围绕县委县政府中心工作,发挥好舆论主阵地作用,全面宣传景宁新形象、繁荣畲乡新文化,更好服务群众,引导群众,以"传媒之干"弘扬浙西南红色基因,助力畲乡高质量绿色发展。全年,共播出广播《景宁新闻》246期;对农广播节目211期。全年共播出电视《畲乡新闻》251期2077条、《畲语新闻》48期;制作播出专题节目《畲乡风》52期;《畲乡新农村》周三版52期、周五版52期;《畲乡旅游》52期;《我要学畲语》78期;《我要上电视》52期。被《中央广播电视总台》录用播出的新闻稿6条。被《浙江卫视》等省级媒体录用播出新闻稿120余条;被《浙江之声》等省级媒体录用播出新闻稿270余条。被市级媒体录用播出电视新闻稿400余条、广播新闻稿1300余条。《畲乡报》全年完成安全出报153期5500余篇(幅)300多万字。在国家级媒体刊发70余篇次;在《浙江日报》等省级媒体部刊发210余篇次,其中头版5篇;在《丽水日报》刊发370余篇次,其中头版头条15篇。“中国畲乡”客户端推出新闻共1万余条,其中点击量破万稿件50余条,位居全市县级第一。“中国畲乡”客户端用户数从上年的2000户增长到15000户,位居丽水市县级第二。“中国畲乡”客户端推出的新闻被“中国蓝新闻”客户端“蓝媒头条”录用共72条。将原电视台、原畲乡报社的微信公众号整合成为“景宁融媒”微信公众号,全年发布358期。官方微博发布8700余条;编辑制作H5微杂志《新畲乡》12期。全面改版《景宁新闻网》,推出各类新闻稿件、图片等13100余篇(幅)。先后推出《2019新春专题》《2019中国畲乡三月三》《弘扬践行浙西南革命精神》《重拳出击 扫黑除恶》《壮丽70年 奋斗新时代》《“不忘初心、牢记使命”主题教育》《精神的力量 初心在身边》《三治三强比实干》等13个专题专栏。全年组织手机直播50场,与蓝媒同步直播13场,及时展示新时代畲乡新变化。

2019年,继续保障敕木山无线覆盖,免费为百姓提供15套数字电视节目;继续实施广电惠民政策,做好低保等群体免费收看数字电视工作;本土频道高清播出,电视频道的图像清晰度将更加细腻,色彩亮度表现更加丰富。

是年,县融媒体中心获2019年度畲乡铁军“志不求易、事不避难”创新实干大赶考综合考核良好单位称号;2019年度媒体融合“先锋奖”;2019年度全省广播电视新闻协作县级电视三等奖[在全省89个县市(区)排名28)];2019年度全省广播电视新闻协作县级广播二等奖(全省排名第19);2019年度全省广电新媒体新闻协作二等奖(全省排名第11);2019年度“先进报道组”荣誉称号;丽水市广播全媒体传播协作先进单位一等奖;丽水市电视全媒体传播协作先进单位二等奖。景宁新闻网获浙江在线2019年度十佳支站;广播对农节目服务工程建设获“鼓励奖”;《诗画畲寨 喜迎丰收》获电视对农节目二等奖;《景宁:好创意告别稻田抛荒 千年高山梯田成“开心农场”》获广播对农节目三等奖。“高标清播出系统”“媒资管理系统采购项目”“融媒体生产系统”获2019年度浙江省广播电视科技创新项目金潮奖基层优秀科技创新三等奖。《畲语新闻》获评丽水市“品牌栏目”;《畲乡报》获评丽水市十佳优秀报纸。

【县融媒体中心成为全市首个接入“天目云”的单位】 2019年9月,县融媒体中心成功接入《浙江日报》报业集团的“天目云”,成为丽水市首个接入“天目云”的县级融媒体中心。“天目云”是国内首个移动优先、数据架构一体化的全形态媒体融合云平台,在吸收浙报“媒立方”成果的基础上,将人工智能运用在新闻采集、生产、分发、接收、评估、反馈中,形成了包含报、台、网、端、微、视等形态的媒体融合云服务体系。

【《畲语新闻》改版升级】 2019年,《畲语新闻》栏目全面改版。改版后的《畲语新闻》栏目，以“畲”内容为主题，自采、自编，用畲族语言播报，同步配有汉字字幕，共设《时政要闻速览》《畲语新闻》《网罗山哈》《畲文化赏析》4个板块。节目以线上线下双轴驱动的播放模式，扩大收看群体，方便群众随时随地收看节目。并在每期节目录制完毕，制成15秒的微视频，投放到微博、微信朋友圈、抖音上，预告本期内容，备受青睐。（刘柳俊）

文学艺术

【概况】 景宁畲族自治县文学艺术界联合会（以下简称县文联）属下有作家、音乐、美术、书法、舞蹈、摄影、民间文艺、戏剧、电影、诗词（楹联）、畲乡梦九老年诗书画院等11个一级协（学）会和2个二级协会——国标舞协会和作家写吧文字工作服务室。每个协（学）会分别有会员数十人不等。县文联办有内部文学刊物《畲山风》，累计刊出21期。

2019年，开展送春联下乡5批次2000余对，分别是12月16日，在石印山广场开展“送福送春联”文艺惠民活动，邀请省青年书法家协会理事为全县人民免费书写春联，送福；12月31日，县书法协会志愿者赴英川镇为村民写春联送福；12月期间，县诗词协会、诗书画院骨干在石印山、农行、天元等地为广大群众写春联送福。2019年，县文联共举办公益培训班4期，专题讲座1期，主题培训1期，涵盖二胡、葫芦丝、山水画、书法、油画、畲族民间绘画等多个文艺层面，共计培训500余人次，营造浓厚的文艺氛围，助推文艺事业的发展。组织开展庆祝中华人民共和国成立70周年暨景宁畲族自治县设县35周年系列活动：9月20日，县文联和海州文联举办“山海墨韵笃初心——景宁·海州两地书法联展”，共展出作品70幅；9月28日，联合县委宣传部举办“‘和美幸福新景宁’——庆祝新中国成立70周年、设县35周年”大型摄影展，展出作品140幅；10月13日，联合团县委、泰隆银行举办县“泰隆银行杯”民间书法大赛；10月29日，组织景宁宏顺木偶剧团开展“不忘初心，牢记使命”主题教育木偶戏进校园专场演出，推进传统文化进校园；10月26—27日，组织市知名作家赴鸬鹚开展采风创作活动；10月28日至11月1日，组织省知名画家开展以“彩绘鸬鹚美景，讴歌乡村振兴”为主题的采风创作活动。联合雁溪乡创建“省级摄影创作基地”，并于11月成功挂牌。在组织各协会骨干成员深入英川、三川、隆川等地，就英川镇创建文艺基地开展调研采风基础上，于2019年12月授予英川镇文艺创作基地称号。

是年，县作协副主席高上兴的作品《沐鹤溪赋》发表在《中华辞赋》2019年第2期，其短篇小说《七月在野》发表在《长江文艺》2019年第12期。刘奕春《我身边的老寿星》在全国“情系长寿之乡”主题征文比赛中获三等奖。县摄影协会被评为“省级先进集体”。蓝三峰的摄影作品《爱》《营救》《国泰民安》《杏花节》《风调雨顺》《月初惊山鸟》入选全国摄影大展。县音乐协会陈露的作品《说唱红色畲乡》荣登中国音协月刊杂志《歌曲》2019第七期。县舞蹈协会在中华人民共和国第十一届少数民族传统体育运动会上的表演项目《畲家嬉锅》获二等奖,《畲山情韵》《山哈嬉情》获三等奖。

【弘扬"浙西南革命精神"采风创作活动】 2019年4月25日至26日，由县委宣传部和县文联联合举办的弘扬践行浙西南革命精神采风创作活动走进毛垟乡、九龙乡,县内各协会文艺家们通过重走红色之路、寻访红色踪迹、听取红色革命事迹、瞻仰烈士墓等方式,忆往昔峥嵘岁月,领悟红色文化内涵,体验浙西南革命精神,汲取更多的灵感和素材,为今后用文学、美术、书法、摄影、音乐、舞蹈、戏剧曲艺等体裁创作富有时代特征、畲乡特色和红色印记的文艺精品打下坚实基础。

【"舞蹈名家进校园"活动走进民族小学】 2019年5月6日,由浙江省舞蹈家协会、浙江歌舞剧院、景宁畲族自治县文联、县舞蹈家协会联合举办的"舞蹈名家进校园"活动在县民族小学举行。来自省城的舞蹈名家不仅带来各类精彩纷呈的节目,还讲述了"现代舞的身体探索""大运河的点点滴滴""实用的艺术创作手法"等,让参与该次活动的县舞蹈家协会和广大师生受益匪浅。

【《畲乡三月三》获全国"影视小屋"优秀作品三等奖】 2019年5月8日,由县民族中学郑琴秀、周美细、王宇飞、毛梦楠4位同学拍摄的《畲乡三月三》在全国"影视小屋"工作经验交流会暨第二届全国"影视小屋"优秀作品表彰活动上获三等奖。在经验交流会上省视协副主席、秘书长汤丽娟高度认可景宁民族中学"影视小屋"的做法,鼓励"影视小屋"的学员以更饱满的热忱,用微电影讲述身边的故事、校园的故事和畲乡的故事。

【畲族民间绘画在《浙江画报》刊登】 2019年5月10日,《浙江画报》(2019年5月刊)在"文艺风景线"专题中,以《放歌的色块和跳舞的线条》为题,刊登景宁畲族民间绘画。省文联创研处处长、文艺评论家郑晓林在专栏文章,发表对中国好畲"画"——"敕木山"畲族民间绘画作品展的观展感受和对畲族民间文化的独到见解。

【举办诗词创作培训活动】 2019年5月7日—9日,由县文联、县诗词楹联学会联合举办的诗词创作培训活动在县老年大学举行。邀请中华诗词学会会员、浙江省诗词学会副会长叶志深等3位专家进行授课,带领学员领略诗词的魅力。培训期间,还组织学会会员前往九龙乡进行"浙西南革命精神"采风活动,了解九龙乡在浙西南革命精神中的红色历史,为诗词创作提供素材。

【景宁首个社区文艺创作基地挂牌成立】 2019年5月28日,景宁首个社区文艺创作基地授牌仪式在仙童社区举行,县文联、仙童社区负责人以及多名书法名家、书画爱好者参加授牌仪式。该社区文艺创作基地的成立,有利于发挥党和政府联系文艺工作者的桥梁纽带作用,让社区文艺爱好者充分利用文艺创作基地这个平台,实现学习、交流、提高的目标,大力弘扬中华民族优秀传统文化，为乡村文化振兴做出应有的担当。

【“和美·景宁”畲族民间绘画展在杭展出】 2019年6月1日至14日，“和美·景宁” 畲族民间绘画展在浙江美术馆展出。省文联党组书记、副主席、书记处常务书记陈瑶，省文联书记处书记张均林，省文化和旅游厅副厅长叶菁，省美协副秘书长石君一，省美协副秘书长李云雷，县委常委、宣传部长季建标等领导应邀出席。此次展览精选了47件畲族民间绘画作品，包含畲族彩带、服饰、剪纸、刺绣、建筑等元素，这是景宁文艺作品首次以专题展览形式在省级平台展出，将进一步提升打造畲族民间绘画本土“新名片”，推动畲族民间绘画品牌提升和景宁文艺事业发展再上新台阶。

【畲族民间绘画在丽水“巴比松”国际研讨会期间展出】 2019年8月20日，由丽水市人民政府主办，浙江省美术家协会、莲都区人民政府承办的丽水“巴比松”国际研讨会暨2019古堰画乡小镇艺术节在古堰画乡举办。借此，畲族民间绘画再次以专题展览形式在1号艺术区展出。畲族民间绘画以其浓烈奔放的色彩运用，别具匠心的构图造型及强烈的民间特色和装饰效果，让人们触摸到一个能歌善舞民族的精神特质，以及对畲乡人民对美好生活的向往和追求。

【葫芦丝公益培训班汇报演出】 2019年8月31日，由县文联举办的葫芦丝公益培训班汇报演出在县青少年宫举行，30余名学员在舞台上展示学习成果，让现场观众感受民族文化、民族音乐的美妙。同时，进一步激发学员们对葫芦丝的兴趣爱好，提升机关干部对民族文化、民族器乐的自信心和自豪感。 （张亚华）

图书发行

【概况】 景宁畲族自治县新华书店有限公司(以下简称县新华书店)成立于1984年11月。2018年，新华书店购书中心启动转型升级工作，在保留传统新华书店作为百姓书店的质朴气息基础上，大胆突破以往的经营风格，融合多元化服务，重新定位于集图书、文创、教育、休闲、阅读、活动等于一体的复合文化空间。引入新华眼镜、百新文具、数码产品、畲服轩、咖吧等新业态，让读者在享受阅读的同时，也能体验到多样化的文化服务。以焕然一新的形象成为城市“老街”上的一道亮丽风景。

2019年，县新华书店上架图书25161个品种，在架图书147729册。全年，图书总销售2671万元，同比增幅31%(其中购书中心卖场销售图书219544册，金额389万元)。

【文化公益系列活动推进全民阅读】 2019年，县新华书店常年坚持开展“新春书福”“畲娃绘本故事分享”“畲娃美文阅读沙龙”“畲娃手工”“红领巾驿站”等各类文化公益系列活动，推进全民阅读，丰富人民文化生活。此外，还开展创新阅读体验活动，传递品牌服务价值。使县新华书店购书中心真正成为读者的阅读之家。 （徐慧芳）

卫生·体育

卫生健康

【概况】 2019年，全县卫生健康工作以机构改革为契机，坚持群众健康需求导向，持续深化医药卫生体制改革，有序推进公立医院改革、医疗卫生领域“最多跑一次”改革和县域医共体建设，全面完成6件省市县政府民生实事（省民生实事：可疑先心新生儿心脏超声检查；市民生实事：可疑先心胎儿心脏超声检查、0—12月龄婴儿耳聋基因筛查、低保人群胃癌免费筛查；县民生实事：65岁以上老年人免费接种肺炎疫苗、0—3岁儿童早期发展促进项目）群众满意度100%。“健康景宁”建设全力推进，群众就医的获得感、满意度大幅度提升。

是年，全县有各类医疗卫生机构100家。其中，公办77家、民办23家。公立医疗卫生机构中，有6个县直属医疗卫生单位（县人民医院、疾病预防控制中心、妇幼保健和计划生育服务中心、卫生监督所、爱国卫生运动委员会办公室、医疗卫生服务中心）；19个乡镇卫生院；2个街道辖设1个社区卫生服务中心和1个社区卫生服务中心分中心；5所学校（幼儿园）设卫生室；45个村卫生室，另设巡回诊疗点174个。民营医疗卫生机构中，有民营综合医院1家、专科医院1家、个体门诊部及诊所21家。6家县直医疗卫生单位核定全额事业编制69个，参公事业编制16名；乡镇卫生院及社区卫生服务中心（分中心）核定控制编制230个。全县有卫生技术人员933人。其中：初级职称人员694人，中高级职称人员239人。是年，全县常住人口11.21万人，各医疗卫生机构执业（助理）医师419人，每千人拥有医生3.74人；注册护士323人，每千人拥有护士2.88人；开放医疗床位656张，每千人拥有医疗床位5.85张。

全年，全县各级医疗门诊治疗998601人次，急诊治疗病人1169人次，家庭卫生服务39984人次。共发生医疗纠纷15起。其中，通过医院内部受理得到处理3起,通过第三方机构调解处理2起，行政受理处理10起。医疗纠纷投诉15起，均通过沟通调解处理。

多管齐下推进医药卫生体制改革。重点监测公立医院改革控费指标，科学控制公立医院医药费用不合理增长。分级诊疗服务体系进一步健全。全年转诊86人次(其中县人民医院转浙大一院23例),县域内就诊率91.29%。双下沉两提升工作成效显著。2019年,浙大一院新增对县医院儿科、妇产科、耳鼻咽喉科、肛肠科、神经内科等科室精准帮扶,将合作专科拓展到16个;根据2018年度浙江省90个县“双下沉、两提升”工作评估结果通报,景宁进入全省27个优秀县序列;在全省90个县中,景宁排名全省第六、全市第二。“最多跑一次”改革有效落实。推进医疗机构、医护人员电子化注册系统使用。电子化注册系统医师激活率99.78%,护士激活率92.57%;实现门诊智慧结算、病区结算、检查预约等功能;开展中药代煎代送到家服务;互联网+医疗延伸到乡镇村社,建立县乡两级医疗机构之间的双向转诊通道;在全市率先推广使用妇幼健康信息平台,实现一地检查,数据全市共享。有序推进县域医共体建设。整合全县乡镇(街道)医疗卫生机构,组建1个县域医共体,由县人民医院医共体为牵头单位,全县20个乡镇卫生院(街道社区卫生服务中心)为成员单位,完成鹤溪、沙湾、东坑、九龙4个医共体院区及16个分院挂牌。2019年7月,落实公立医院党委领导下的院长负责制,成立中共景宁畲族自治县人民医院(县域医共体)委员会。9月,建立健全公立医院党委统一领导的组织体系,组建医院党委班子。开展基层医疗卫生机构中医诊疗区(中医馆)服务能力建设,逐步满足基层群众对中医药服务的需求。至年底,基层医疗卫生机构已成功创建9家基层中医馆,其中,示范中医馆4家。全年全县中医处方总数39103张,162319贴,处方金额441.73万元,均贴费用27.21元。

深入贯彻习近平新时代中国特色社会主义思想,深入开展“不忘初心、牢记使命”主题教育,进一步厚植系统政治文化,提升党建工作质量。坚持以“全面从严治党”为主线,全力推进卫健系统党风廉政建设,深入开展清廉医院建设,努力开创党对公立医院领导的党建工作新局面。深入开展“三服务、破六难”活动。党委班子成员带头深入群众、深入基层、深入一线,围绕党建重点难点问题开展大调研、大走访、大排查,制定完善相关制度,全面完成巡察整改。全年,全系统无违法违规违纪行为发生。

【县卫生健康局揭牌成立】 2019年1月18日,景宁畲族自治县卫生健康局揭牌成立。调整内设6个职能科室,有行政编制12名。设局长1名,副局长3名。股级职数7名(含机关党委副书记1名)。后勤服务人员编制1名。

根据《景宁畲族自治县机构改革方案》,整合县卫生和计划生育局(县中医药管理局)、县深化医药卫生体制改革领导小组办公室的职责,以及县老龄工作委员会办公室职责,县安全生产监督管理局的职业安全健康监督管理职责等,组建县卫生健康局,作为县政府工作部门。保留县老龄工作委员会、县中医药管理局牌子,不再保留县卫生和计划生育局、县深化医药卫生体制改革领导小组办公室。

【民族医院项目建设】 2019年，民族医院项目建设完成年度投资1980万元，累计投资4.063亿元。其中，中央预算内投资3007.51万元。至是年年底，项目到位资金3.014亿元，工程实际支付2.916亿元。是年，完成绿化工程、装饰装修工程、弱电一期工程、暖通工程、净化工程等，并通过工程项目初步验收，处于整改待验阶段。

民族医院项目位于景宁畲族自治县城北鸭卵坑区块（人民北路以东，凤凰路以北，鸭卵坑路以南，东面为预留发展用地），规划占地面积68407.98平方米，建筑面积76721.75平方米，概算总投资3.8695亿元。项目于2015年7月1日正式开工建设，由浙江荣景园林建设有限公司中标承建，工程质量由浙江处州建设管理有限公司监理。

【无偿献血任务超额完成】 2019年，组织开展5场爱心献血活动，并通过献血者在微信圈晒献血证、网络献血知识有奖问答等方式，营造无偿献血氛围、宣传普及献血知识。全年全县累计献血人数1852人，献血量523.9升，完成市任务的100.94%。

【与海盐县签订山海协作工程之医共体建设合作协议】 2019年10月30日，景宁畲族自治县卫生健康局与海盐县卫生健康局签订为期一年的《山海协作工程之医共体建设合作协议》。双方就县域医共体建设等深化医药卫生体制改革达成建立工作组织机构、搭建共建双赢平台、加强医改合作共享、建立医共体协作机制、加强医院管理合作、加强两地科教合作、加强两地学科合作、加强健康管理合作、加强绩效管理交流、搭建远程交流平台10个方面的合作意向。 （张星星　徐伟云）

·卫生监督·

【概况】 2019年，县卫生监督所共有干部职工13人。其中，在编公务员9人（借用局机关1人），借用事业干部1人，编外职工2人，返聘工作人员1人。下设综合管理、监督一科、监督二科3个科室。

是年，县卫生监督所继续加强对全县住宿、理发等服务行业、医疗机构、公共场所等进行卫生检查和监督，积极处理公共卫生事件的投诉等工作，为全县人民身体健康提供卫生监督保障。坚持以问题为导向，进一步明确工作要点，并结合实际，对辖区内相关监管单位进行监督检查。全年开展住宿场所乱象整治、传染病防治分类监督综合评价、打击非法行医和非法医疗美容、规范儿童青少年近视矫正监督等20余个专项检查；完成国家双随机60条、省级双随机174条，实现执法全过程记录，移动执法终端录入率100%，公示率100%。窗口服务继续深化“最多跑一次”改革。全年共发放公共场所卫生许可证144本，医疗机构许可证146本，医师注册70本，护士注册77本。与安监部门顺利完成职业卫生监督交接工作。所内首次召开县职业卫生工作部署会议。全年开展职业卫生宣传2次，发放资料200余份，对22家相关企业进行前期指导。全年共出动卫生监督员1400余人次，检查各类公共场所1000余户次，制作现场检查笔录、各类检查表400余份，发出卫生监督意见书80余份。共立案处罚105起，罚没款金额131840元。

2019年，县卫生监督所在全市率先开展信息化卫生执法创建工作，成为全省首批卫生行政执法规范化建设机构。被评为2019年度全市卫生监督工作优胜单位；获丽水市卫生监督所应急演练团体三等奖；被县行政审批中心评为“五星窗口”；经县司法局案卷评查为优秀案卷单位，2个综合执法行政处罚案卷获评市级“十佳案卷”。

【开展医疗废物、泳池水质卫生在线远程监管试点】 2019年，景宁畲族自治县在全市率先开展医疗废物、游泳场所水质卫生在线远程监管试点。通过利用室内视频在线监控动态，实现院内医疗废物数字化管理。是年，全县有11家医共体成员单位医废数据与省监管智慧系统对接，对医疗废物产生源头、运输链实行视频远程跟进适时监督模式，实现景宁基层医疗机构“互联网+医废监管”零的突破，比周边县(市)在智能系统管理上提前迈出一大步。打造游泳场所监测系统、安装智能水表，对泳池人数、水温、pH值、余氯等水质检测数据实时在线监控。通过登录“口碑APP”或“支付宝”搜索“口碑”，查找“游泳馆”远程获知游泳场所水质和自检公示，试行“互联网+评价系统+卫生监督”监管服务模式。 （吴　芳）

·疾病预防控制·

【概况】 2019年，县疾病预防控制中心开展急性传染病防制、公共卫生应急、计划免疫、慢性病管理、健康教育、重大传染病防制、健康危害因素监测等工作，并取得多项荣誉。营养周系列活动在“全国2019年全民营养周”中获“基层最佳传播奖”；在全市县级疾病预防控制业务重点工作评估中，中心业务管理、健康教育与健康促进、健康危害因素监测和食品安全风险监测3项获优秀。监测科潘小青获“全国农村饮用水卫生监测十年成绩突出个人”称号。

全年，传染病聚集性疫情等应急处置29次，流行病学调查、检测和随访1147人次，报告1起突发公共卫生事件相关信息，无重大传染病疫情发生和流行。是年，无甲类传染病发生，共报告乙、丙类传染病15种2113例(HIV不统计在内)，总发病率为1228.49/10万。发病率居前3位的病种依次为流行性感冒、手足口病、梅毒。联合海盐县开展肠道传染病疫情应急处置演练及组织开展全县登革热疫情应急处置演练，检验突发疫情的快速反应和处置能力，强化现场流调、消毒隔离等能力，公共卫生应急能力得到提升。

实施“65岁以上老年人肺炎疫苗免费接种项目”，被列为县政府民生实事。全年，依托全县21个省市级规范化预防接种门诊开展免费接种，共为65岁以上景宁户籍老年人免费接种肺炎疫苗11193人，接种率51.2%。全年，卡介苗接种905人次，接种率99.67%；脊髓灰质炎疫苗接种3357人次，接种率99.4%；百白破接种3677人次，接种率99.22%；含麻疹类疫苗1971人次，接种率99.45%；新生儿乙肝疫苗接种2715人次，接种率99.44%；乙肝首针及时接种率98.27%，甲肝接种1177人次，接种率 99.58%；乙脑接种 2197 人次，接种率 99.76%；流脑 A 群疫苗接种 1668 人次，接种率 99.41%；流脑 A+C 群疫苗接种 2186 人次，接种率 99.6%；白破接种 1089 人次，接种率 99.36%；五苗接种率 97.99%；接种狂犬疫苗 810 人份。

全年，全县上报慢性病死亡卡片 1125 张，粗死率（指综合因素对一定时间和空间范围内的全部人群生命威胁程度的统计量）为 160.66/10 万。2019 年，景宁人均期望寿命（又称“生命预期值”，是对人的生命一种有根据的预测，不是现在人群的平均寿命，也不是逝者的平均年龄。它是假若当前的分年龄死亡率保持不变，同一时期出生的人预期能继续生存的平均年数，是衡量一个国家或地区现阶段经济社会发展水平及医疗卫生服务水平的重要指标）80.49 岁，较 2018 年增长 0.47 岁。全县高血压管理患者 9398 人，管理率 38.75%，规范管理 6293 人，规范管理率 66.96%，血压控制达标 6143 人，控制率 65.36%；糖尿病管理患者 2341 人，管理率 34.99%，规范管理 1577 人，规范管理率 67.36%，血糖控制达标 1431 人，控制率 64.96%。登记在册的严重精神障碍患者 564 人，2019 年在管 562 人，规范管理 552 人，在册管理率 99.65%，规范管理率 97.87%。重性精神病报告患病率 5.18‰。

2019 年，多项措施齐头并进全力推进“健康中国”建设。2019 年，监测显示景宁居民健康素养水平达到 25.42%，较 2018 年提高 4.78 个百分点。全方位实施“八大项”健康传播活动，依托县电视台开展“健康畲乡行”“小课堂、大健康”“健康专栏”等专题栏目共刊播健康宣传 92 期；组建健康宣讲队伍 60 余人，进文化礼堂、进学校等宣讲 126 期，覆盖 10622 人；组织健康素养、结核病、艾滋病等专题知识竞赛 3 场 18929 人参加；组织“守护健康、筑梦畲乡”健康专题巡演 18 场，现场观看 3000 余人；健康素养巡展进中小学校 24 所，开展征文、征画比赛并评选出优秀作品共 38 副；播映电影前播放健康宣传视频共 878 场，覆盖 150 多个村庄、学校和广场、覆盖 2 万余人。利用“健康促进中心”开展首届职业人群“科学吃动、健康体重”激励大赛活动，并获全国健康知识“基层最佳传播奖”。健康促进中心建设经验分别在省、市级会议上做交流。把宣传健康元素融入 146 处公共场所，覆盖到 82 个村庄，添加健康元素 292 个。

是年，开展鼠疫监测，共捕获鼠类 605 只，共检鼠血清 605 份。开展病媒监测，捕鼠 19 只、诱集成蚊 351 只、诱集苍蝇 124 只、捕获蟑螂 421 只。新布监测捕获外环境游离蜱 27 只，动物体表寄生蜱 70 只。全年平均布雷图指数 9.72。2019 年，全县确诊为新型布尼亚病毒感染病例 1 人，首次网报景宁户籍登革热病毒感染 1 人。开展重点高危人群 HIV 抗体检测 259 人，扩大检测 14351 人，确诊 4 人。全年，收治肺结核病患者 67 例，病原学阳性 49 例，阳性率 73.43%。初治菌阳肺结核耐药筛查率 97.96%（48/49）。发生学生结核病人 5 起，患者同班师生、同宿舍同学症状筛查、结核菌素皮肤试验和胸部 X 光片检查 100%。

开展省级监测项目老年人健康监测和学生营养干预项目。完成食品、水质等采样、检测，其中，食品风险监测250份，食源性疾病监测病例211人；开展学校卫生监测，学生健康体检合计15779人。完成全县210名学生及105名孕妇的食用盐、随机尿碘含量监测，景宁居民食用盐碘含量中位数为22毫克/千克，碘盐覆盖率93.04%，合格碘盐食用率78.80%；儿童尿碘含量中位数为164.1微克/升，孕妇尿碘含量中位数为153.9微克/升，儿童及孕妇尿碘含量均处于碘营养适宜水平。开展全县2019年第一次儿童青少年近视调查工作，调查对象共计4484人，男女生分别为2015人和2469人，根据近视筛查标准，共检出近视2897人，近视率为64.61%。实施国民营养计划，开展全民营养周、“5•20”学生营养日系列宣传活动。全县21个乡镇(街道)均以各种形式积极开展全民营养周活动，共组织营养知识进社区活动10场次，进校园13场次，直接受众3500余人次。全民营养周系列活动开展乡镇覆盖率100%，县疾控中心对乡镇的培训率及指导率均为100%。融入农村饮用水达标提标工程，高质量开展生活饮用水卫生监测，县级审核率准确率、及时上报率、指标完成率和乡镇覆盖率均达到100%。开展农村饮用水验收、现场指导等38频次，培训200余人次，为基层群众解决应急水源检测12批次。 (朱芝娟)

·妇幼保健·

【概况】 2019年，县妇幼保健计划生育服务中心深入开展妇幼健康民生实事项目工作，着力加强孕产妇儿童健康管理及妇幼健康公共卫生服务项目等工作。全年，户籍孕产妇流动在外县死亡1人，死亡率85.84/10万，县域内孕产妇零死亡，连续保持12年县域内孕产妇零死亡。孕产妇系统管理1112人，系统管理率95.45%。高危孕妇住院分娩912人，住院率100%。严格妊娠高风险孕产妇管理筛查，筛出橙色以上风险孕产妇237人，其中红色高风险孕产妇8人，橙色风险229人。较高以上风险孕产妇实行县乡联管，县级或县级以上医疗保健机构治疗。剖宫产率42.58%(发生地)。免费婚前医学检查386对，婚检率91.04%，疾病检出率30.83%。孕前优生检测595人，任务完成率99.5%。开展“艾梅乙”母婴阻断免费检测1151人，检测率100%。加强免费叶酸增补项目，发放免费叶酸940人，叶酸服用率97.2%。加强产前筛查服务，筛查1099人，筛查率95.48%。开展妇女病普查17521人，普查率85.46%。全年，5岁以下儿童死亡率3.43‰，婴儿死亡率3.43‰。3岁以下儿童系统管理3783人，系统管理率95.7%。7岁以下儿童保健管理9345人，保健管理覆盖率96.22%。筛选3岁以下营养性疾病/高危儿371例，管理率100%。规范管理城镇托幼机构11所，卫生保健合格率100%。开展教职工体检441人，儿童入园入托体检1482人，体检率100%，“六一”体检3352人，体检率98.51%，幼托机构儿童龋齿患病率75.04%，视力不良发生率11.75%。开展新生儿疾病筛查486例(发生地)，筛查率100%，确诊G-6-PD(葡萄糖-6-磷酸脱氢酶)缺乏症5例、甲状腺功能低下症1例。新生儿听力筛查486人(发生地)，筛查率100%，未发现听力异常病例。新生儿出生缺陷发生率(发生地）8.23‰，相关工作经验作为全市唯一的县级单位向国家卫健委妇幼司汇报。开展0—36个月儿童中医药健康管理，管理率60.99%。强化计划生育技术服务，加强药具管理，发放口服避孕药258盒、外用药520板、避孕套283000只、节育环740套。做好“出生一件事”服务，从2019年6月起开展一站式办理出生医学证明、户口登记、医疗保险、婴幼儿保健、预防接种证等事项，实现多证联办零次跑。

是年，县妇幼保健计划生育服务中心门诊设置“智慧血压亭”，开通联结上海市高血压研究所的动态血压远程会诊系统，有效促进孕产妇健康管理的开展。

是年，全县开展实施妇幼健康方面省、市、县级民生实事项目共4项。省民生实事：完成可疑先心新生儿心脏超声检查131例，任务完成率312.98%，确诊先天性心脏病6例。市民生实事：完成可疑胎儿先心筛查转诊192例，任务完成率176.15%，发现异常病例9例；完成0—12月龄婴儿耳聋基因筛查1387例，任务完成率127.13%，筛查阳性数80例。县民生实事：0—3岁儿童早期发展促进项目筛查4936例，任务完成率205.67%，发现异常44例，确诊病例13例。

【开展国家级农村儿童早期发展试点项目】 2019年，景宁畲族自治县被列为全国农村儿童早期发展试点县［全市唯一，全省4个县（市、区）之一］。农村儿童早期发展试点工作的重要意义：探索适合农村开展的儿童早期发展服务模式和服务内容，促进为农村儿童提供规范、优质的儿童早期发展服务。通过项目的实施，可以促进改善农村0岁—3岁儿童健康和发展状况，提高人口素质，从源头上阻断贫困的代际传递，促进乡村振兴，促进“健康景宁”建设。是年，开展了全县3岁以下婴幼儿基本情况调查和养育风险筛查、服务人员业务培训等工作。

【建立妇幼健康人才工作室】 2019年，县妇幼保健计划生育服务中心深入实施“山海协作工程”，加强特色专科建设，开展围产期营养专科建设和服务（围产期：从妊娠开始到产后42天），建立嘉兴市妇保院专家汤雪娟主任医师人才工作室。是年，汤雪娟主任等专家到景宁开展专科建设指导、义诊、讲座等共计3次，服务160余人次。

【推进妇幼信息化建设】 2019年，县妇幼保健计划生育服务中心在全市率先推广使用妇幼健康信息平台，实现一地检查、数据全市共享；通过信息平台与母子健康手册手机APP的数据对接，服务对象在家就能查询报告、咨询结果，有效推进“最多跑一次”改革。妇幼健康信息平台联通县域医共体单位，实现全覆盖。（蓝义欣）

·计生服务·

【概况】 2019年，景宁畲族自治县贯彻落实《中华人民共和国人口与计划生育法》《浙江省计划生育条例》《中共中央国务院关于实施“全面两孩”政策改革完善计划生育服务管理的决定》《浙江省委省人民政府关于实施“全面两孩”政策改革完善计划生育服务管理的实施意见》。优化按政策生育的服务供给，开展生育管理改革。全年，全县出生1608人。其中：一孩出生658人，一孩率40.92%；二孩出生840人，二孩率52.24%；多孩出生110人，多孩率6.84%；计划内出生1520人，符合政策生育率94.53%。出生率9.43‰，人口自然增长率3.02‰，出生婴儿男女性别比为98.05。是年，女性初婚569人。全县36126名已婚育龄妇女中已采取避孕节育措施25913人，综合节育率71.73%。全年共审核各类先进单位和先进个人3555人次。开展病残儿医学鉴定2例。累计落实农村计划生育家庭奖励扶助1071人、计划生育家庭特别扶助65人，发放奖励扶助金160.41万元。全年计划生育家庭享受公益金补助59人，合计发放计划生育公益金97880元。全县有计划生育特殊家庭49户(其中子女死亡40户、伤残9户)共65人，均按《计划生育特殊家庭服务管理系统》信息录入及维护，并建立双岗联系人和特殊家庭档案，双岗联系人制度落实率、家庭医生签约服务率均为100%。加强健康全员人口信息系统建设，全员人口信息入库率达98%以上，主要信息字段信息完整率、准确率达99%以上。

计划生育系列保险采取“政府推动、政策支持，市场运作、商保办理”的方式，以“低交费、多保障、重实用”的“短、平、快”服务险种为主。2019年，“两性安康保险”参保16158人、“独生子女户”意外伤害保险13208户、奖励扶助对象意外伤害保险623人、特别扶助对象综合保险65人。全年共为215人次进行理赔，赔付金额125.22万元。

2019年，5家卫生院成功创建县级优生优育优教指导中心，全县实现“三优中心”全覆盖，有省级“三优示范点”1个，市级“三优指导中心”8个，县级“三优指导中心”12个。是年，景宁被省计生协确定为生育关怀——基层组织规范化建设和能力提升工作项目县。项目目标主要包括人员落实、制度建设、组织培训、活动开展等4个方面。项目分动员部署、全力推进、总结评估3个阶段开展。2019年5月29日是中国计生协成立39周年纪念日，也是第21个“计生协会员活动日”，全县各级计生协开展内容丰富、形式多样的宣传倡导活动。据统计，在“5·29”期间，全县共开展宣传活动94场次，宣传人数近8000人，发放宣传资料9000余份；开展慰问13次44人，发放慰问金24800元，兑现“生育关怀——圆梦微心愿”8个；开展服务51场次，服务人数2700余人。

2019年，鹤溪社区卫生服务中心、英川镇卫生院、东坑镇卫生院、大均乡卫生院、景南乡卫生院、毛垟乡卫生院、秋炉乡卫生院7家单位开展医养结合服务。至年底，全县累计有11所乡镇卫生院(社区卫生服务中心)开展医养结合服务，不断满足群众日益增长的健康养老服务需求。

【公共场所母婴设施建设】 2019年，县委县政府健康景宁建设领导小组办公室印发《〈景宁畲族自治县推进机关、企事业单位母婴设施建设实施方案〉的通知》(健康景宁办〔2019〕11号文件)，将母婴设施建设纳入健康景宁建设重要内容，全县在公共场所规划母婴设施建设点12个。是年，在客运中心、城市展览馆、博物馆、审批中心、人民医院、南社区流动人口公共卫生计生服务站等11个人口流量密集的公共场所建成母婴室，完成配置率91.6%，达到健康浙江考核90%的任务要求。积极争取财政预算，对建设母婴设施单位分别给予一次性补助1万—5万元，全年共补助11家单位26万元。各母婴室建设符合规范要求，面积全部达6平方米以上，出台母婴室管理制度并上墙，同时在醒目位置设立引导标识，为孕期、哺乳期妇女以及携带婴幼儿的市民提供绿色服务通道或便民服务，营造良好的生育环境。（王伟芬）

·爱国卫生·

【概况】 2019年，景宁爱国卫生工作围绕落实《浙江省爱国卫生促进条例》和省、市、县《关于进一步加强新时期爱国卫生工作的实施意见》，改善城乡环境，维护人民群众健康。

按照《景宁畲族自治县人民政府关于进一步加强爱国卫生工作的实施意见》（景政办〔2016〕11号），《景宁畲族自治县爱国卫生运动委员会成员单位职责》（景爱卫〔2016〕18号），完善县、乡镇（街道）、村（社区）三级爱国卫生组织网。先后开展了春季灭鼠活动，“统一杀灭越冬蚊”活动，爱国卫生月宣传活动，“5·31”世界无烟日活动。新建和改建无害化卫生户厕1592户，卫生厕所普及率100%，无害化卫生厕所普及率100%，数据录入省爱卫办数据系统。

进一步巩固国卫县城创建成果，圆满完成首轮国卫县城复审。成立景宁畲族自治县国家卫生县城复审工作领导小组，县委书记、县长担任国家卫生县城复审工作领导小组双组长；印发《景宁畲族自治县国家卫生县城复评迎检工作实施方案》《关于调整城区网格责任单位和区域职责的通知》等文件，对各街道和部门的任务进行分解，进一步落实“网格长负责制”；强化“一把手”负责制，把爱国卫生和国家卫生县城巩固工作列入政府目标责任制考核，取得良好成效，顺利通过国家卫生县城首轮复审。

推进乡镇卫生创建工作，提升农村人居环境。大漈乡、大均乡、家地乡、东坑镇、澄照乡成功创建国家级卫生乡镇，郑坑乡、大地乡成功创建省级卫生乡镇，全县实现省级卫生乡镇全覆盖。家地乡家地村继续获评“市级无蚊村”。

开展病媒生物防制工作。开展春季灭鼠、早春灭蚊活动。进行病媒生物防制宣传、组织开展病媒生物密度监测，掌握媒介动态。“四害”孳生地得到有效治理和控制。景宁县城区春季灭鼠、灭蟑等统一行动科学有效，效果良好，鼠、蚊、蝇、蟑螂密度达到国家控制水平标准的C级要求。

加强健康教育阵地建设。制作健康小版块、健康教育科普长廊；在公交站、自行车站点等公共场所设立健康教育宣传版块等固定健康教育宣传栏和健康教育取阅栏等。开展健康家庭试点建设，培育527户健康家庭，组织家庭健康指导员培训、家庭应急救护等培训。发放健康教育宣传资料及健康工具。成功创建健康促进学校3所（其中：银牌1所，县

实验二小;铜牌2所,大均乡中心学校、郑坑乡中心学校)。（张其建）

·县人民医院·

【概况】 2019年,是景宁畲族自治县人民医院(浙大学附属第一医院民族分院)发展史上不平凡的一年:景宁畲族自治县人民医院(以下简称县医院)以全国民族自治县前列的佳绩上榜全国首批300家县级示范医院;在全国县级医院中率先挂牌成立付小兵院士工作站;“双下沉、两提升”工作在2018年度考核中再次蝉联全省前十。

2019年,县人民医院门诊人次45.82万,增长8.99%;出院18110人次,增长10.6%,门急诊均次费用198.68元,增长1.36%;出院均次费用8890.64元,增长4.71%;医疗服务收入占比25.47%,增长1.17百分点;检查化验收入占比28.52%,下降1.54个百分点;药占比34.33%(不含饮片);抗菌药物占比为15.25%;平均住院日7.34天,降0.1天;床位使用率96.43%。

进一步健全党政班子议事决策制度,修订党委会议事规则、院长议事规则、“三重一大”(重大事项决策、重要干部任免、重大项目投资决策、大额资金使用)事项集体研究制度规范;制定下发《2019年景宁县人民医院县域医共体推进清廉医院建设工作实施方案》;召开医德医风专项整治暨清廉医院建设工作推进会,持续开展清廉医院专项整治活动,开展县域医共体各成员单位小微权力和风险点自查自纠;建立防统方系统,加强对药品、高值耗材统计功能管理;与临床科室签订合理用药责任书,加大对抗菌药物的监管力度和动态跟踪,确保合理用药。

2019年,内科支部发展高知党员2名、外科支部1人成为预备党员。建立和完善《职代会组织制度》《职代会日常民主管理工作制度》等职代会管理制度。县医院团委开展各项志愿活动,全年共组织志愿者活动20余次,下乡义诊152人次;工会开展节日慰问、走访等暖心活动。

浙大一院选派管理干部2名,到县医院分别担任县域医共体党委副书记、院长以及副院长职务,带来先进的管理理念;派驻专家203人次(其中高级职称96人次,中级职称107人次),完成多学科会诊(MDT)26次,授课29场次,科室小讲座65次;5个乡镇、村开通远程会诊平台,远程病理会诊93例、疑难病理会诊235例,省级远程会诊39例,远程病例讨论1例,向乡镇卫生院远程病例讨论3次(6例),巡回医疗队每月2次;新增儿科、妇产科、耳鼻咽喉科、肛肠科、神经内科等科室精准帮扶,将合作专科拓展到16个。提升做强2个浙南区域诊治中心,做活9个专科联盟、6个专家团队。

2019年,成长了一批国家、省市级学术委员,省医坛新秀、各类医学相关领域专业人才。新增省、市学术委员5人;放射科影像获全省“X线诊断质量控制优秀单位”和“磁共振影像质量控制优秀单位”;检验科在省临检、生化、免疫、微生物等评价成绩优秀;呼吸肿瘤科成功创建市级巾帼文明岗,呼吸科护理团队被县妇女联合会评为“美丽团队”;重症医学科获丽水市青年文明号;麻醉科获评丽水市县级先进麻醉质控中心；急诊科在丽水市卫生健康系统院前急救职业技能竞赛中获团体三等奖。许卫娟、毛小青在浙江之声“最美浙江人”大型公益活动——“万朵鲜花送雷锋”中被百姓推荐为身边的“活雷锋”；王国嗣、叶宸宇、陈诗男、李俏、何盛芳、吴郁、吴晗、吴燕、张芳、张丽萍、林莉莉、周银环、柳晓悦、柳艳艳、赵丽敏、徐兴伟、蓝小波等17人在市级各类技能竞赛、授课比赛中获奖；许玲玲、赵丽敏被丽水护士学校评为临床实习优秀带教老师；许卫娟在市护理人员学习中医培训班中被评为优秀学员；叶梅芳获评“丽水市市级麻醉质控先进个人”；雷文忠获评市首届防盲工作先进个人；周银环获评市适龄儿童窝沟封闭项目工作先进个人；毛丽伟、赵丽敏获评县高危孕产妇管理工作先进个人；毛丽伟、陈桂伟、沈誉、吴燕、徐聪慧、梅慧华等6人在县级各类技能竞赛、演讲比赛中获奖；刘美娟、吴伟丽在年度征兵工作成绩突出受表扬；林莉被评为最美军属；毛丽伟获县“三八红旗手”称号；叶超英获优秀科技工作者称号；陈乐冰获得年度优秀信息员称号；任周峰成为丽水医调会特邀调解员。

2019年，心内科、神经内科、骨科创新开展介入手术“二合一”同台手术模式和椎动脉中度狭窄支架植入、桡骨远端骨折1厘米微创手术，急诊冠脉介入治疗技术使冠脉介入治疗技术再上新台阶。人工智能（AI）技术运用，实现省级医院同质化精准检测；神经内科开展耳石症眩晕复位治疗；疼痛科冲击波“绿色疗法”治疗疼痛性疾病；病理科开展术中液氮病理切片，为大型手术奠定基础；放射科开展脊柱、四肢DR图像拼接全景成像技术、CTU在泌尿系统疾病的临床应用。胸痛中心入选国家心力衰竭医联体成员单位和丽水市中心医院房颤中心协作单位。成立创面修复专科，为300余例创面患者（其中5位重症患者）进行了创面修复治疗。卒中中心巩固市级卒中中心建设优胜单位。危重新生儿救治中心做好县域内新生儿会诊、转诊和救治工作，新生儿抢救、筛查率100%。同年，县医院被授牌为四川大学华西医院国家老年疾病临床医学研究中心协同研究网络成员单位。

2019年，县医院聚焦民生实事，牵头县域医共体成员单位开展全县低保人群胃癌筛查，共筛查1489人；开展新生儿先天性心脏病、耳聋基因筛查等项目，其中，先天性心脏病筛查261例、耳聋基因筛查1387例。

【“最多跑一次”领跑全市】 2019年，县医院在医疗领域“最多跑一次”改革中全市领跑。智慧结算、电子发票应用、健康服务“一卡通”等工作成为全市标杆，上半年“最多跑一次”改革工作在全市县级医院排名第一。开通用血减免直报通道，实现用血费用报销零跑腿。提前完成刷脸就医医院端接口建设；全面广泛使用“云胶片”；实现手机在手，说走就走“一卡通”便捷就医。完成“出生一件事”，实现产前筛查、早孕建卡、围产期检查保健、新生儿出生医学证明、产后康复指导等全流程覆盖。将互联网+医疗延伸到乡镇村社，建立县乡两级医疗机构之间的双向转诊通道。

【付小兵院士工作站设立】 2019年5月8日，中国工程院院士、创伤和组织修复与再生医学专家付小兵院士工作站揭牌仪式在景宁畲族自治县民族医院(新院区)举行，这是付小兵院士首次在县级医院设立工作站，也是景宁县人民医院成立的首个创伤领域的院士工作站。

“工作站”投入运行后，对景宁畲族自治县医院的学科发展和科研能力提升、人才队伍建设、提升创面和组织修复医疗水平起到极大的促进作用。依托院士工作站专家的直接指导，以前瞻性的创面修复技术资讯和全面的康复护理与保健知识，为创面修复相关医学与专业人员提供最前沿的学术资讯，培育一个创面修复能力突出的团队，必将带动县医院的学科建设、普惠畲乡人民。

付小兵院士是创伤和组织修复与再生医学专家，解放军总医院生命科学院院长、教授、创伤外科研究员、博士生导师。国家973“创伤和组织修复与再生项目”首席科学家，国家重点研发计划项目负责人，国家自然科学基金创新群体负责人。荣获中华医学会创伤学分会、中华医学会烧伤外科分会和国际创伤修复研究等3个“终身成就奖”。

【县域医共体建设】 2019年4月，成立以县人民医院为牵头单位，全县20个乡镇卫生院(街道社区卫生服务中心)为成员单位的县域医共体；组建县人民医院(县域医共体)管理委员会、医共体党委(班子)、医院党建工作指导委员会及其办公室；出台了覆盖医保、人事、财务、信息、公共卫生等方面的1个章程和40个制度；成立办公室和人力资源、财务医保、健康服务、医疗业务、信息管理、保障服务等“1室6中心”管理组织；建立和完善县域统一的检验、影像、心电、病理、消毒供应等共享中心，实现医共体内及医共体之间的资源共享；组建7个学科的专家团队，强化基层医疗卫生机构的急救水平、慢病规范化管理水平、中医适宜技术水平等，定期组织医共体成员单位的业务培训和质量督查，全年共下派专家105人次。 (陈乐冰)

·基层医疗·

【概况】 2019年，以“县域医共体建设”为契机，进一步加强“双向转诊”工作，合理利用卫生资源，构建新型的城乡医疗卫生服务体系，引导居民有序就医，逐步缓解群众看病难、看病贵的问题。通过乡镇卫生院标准化建设、全科医师签约服务、群众满意卫生院创建，不断加大乡镇卫生院(社区卫生服务中心)综合工作目标考核力度，把各项工作任务落到实处，基层医疗机构综合管理不断完善，基层医疗卫生稳步发展。乡镇卫生院(社区卫生服务中心)全年门急诊15.45万人次，比上年同期增加1.44%。

全县46家村卫生室中，达到规范化建设标准33家，规范化率71.74%。全年，村卫生室运行经费中，基本公共卫生服务经费补助提高到25元/人，财政补助最高的村卫生室为4.45万元，最低的为2.53万元，平均3.17万元。为承担基本公共卫生服务项目和实施基本药物制度的村卫生室医生购买医疗事故责任保险，每人1000元/年；全年补助乡村医生工作经费和巡回诊疗点工作经费197万元。

澄照创业园卫生院工程、东坑卫生院配套工程有序推进，有力促进全县基层医疗机构标准化建设。

【启动“流动医院”巡回诊疗服务】 为满足山区群众就医需求，2019年4月，投入140余万元购置2辆巡回诊疗车，车内配备基本的移动医疗设备有B超、心电图机、尿液分析仪等常规检查仪器，同时开展社保移动刷卡与医保实时结算服务。在39个未设村卫生室的行政村配套建设一个巡回诊疗点，由县人民医院医共体及各成员单位的医护人员、责任医师、家庭医生每月定期随车下乡为偏远山区百姓提供最便捷的基本诊疗服务。至年底,县“流动医院”累计巡诊250余村次、派出医务人员599人次，行驶里程1.9万余千米、服务群众8126人次，约为百姓减少各类费用27.5万余元。

【上海瑞金医院高血压研究所在东坑镇卫生院建立高血压管理远程咨询中心】 2019年5月19日，景宁畲族自治县卫生健康局和上海瑞金医院高血压研究所共同携手在东坑镇卫生院建立的高血压远程咨询中心正式揭牌启动。乡镇医疗机构与上海市高血压研究所建立远程中心在全省属唯一。畲乡景宁偏远山区的老百姓在家门口就能享受到上海市高血压研究所高端技术资源及诊疗服务，切实提升畲乡百姓就医获得感。通过远程会诊，山区百姓能直接与远在上海瑞金医院高血压研究所的专家进行交流，老百姓在家门口享受上海专家先进的医疗技术和诊疗服务的梦想已成为现实。

【澄照乡(创业园)卫生院项目开工建设】 2019年3月30日，澄照乡(创业园)卫生院项目开工建设，项目建筑面积4910.37平方米，工程合同价13736953元。项目由龙泉市永达建设工程有限公司中标，由浙江同洲项目管理有限公司监理。 (黄伟光)

·畲族医药·

【概况】 景宁是浙江省畲族先民聚居最早的地区，有上千年畲族人民生活史，全县有畲族人口2万人。畲族医药文化是畲民智慧的结晶，是民族传统文化的重要组成部分。自古以来，畲族先民生活在偏僻的山地环境中，以刀耕火种为生，面对恶劣的自然环境，他们充分利用山区丰富的动、植物资源，在长期迁徙的过程中吸收借鉴汉族以及其他民族医药精华，在探索和实践过程中逐渐积累形成独特的疾病观、疾病分类法和特殊疗法，他们在日常生活中经常用药膳防病治病，保健强身，具有典型的民族特色，对某些疾病治疗有手到病除之功。畲族药物种类繁多，资源丰富，地理分布类型齐全，常用的308种植物药分9大类118科。

【畲族医药的继承与发展】 景宁畲族自治县东坑镇深垟村雷建光畲药陈列馆收集整理民间验方300余个，建立畲药草木本种植基地49个，种植品种15个，种植面积4333.33公顷，收集和制作畲药标本800余个，栽培畲药标本近400盘。该基地被评为2019年浙江省中医药文化养生旅游示范基地。 （张星星）

·老龄工作·

【概况】 2019年，全县共有老年人口3.17万人，其中老人电视大学春季招生3100人、秋季招生3040人，占老年人总数的19%以上。全年新增百岁老人6人，共有百岁老人20人。 （张星星）

·红十字会·

【概况】 2019年，景宁畲族自治县红十字会（以下简称县红十字会），以中共中央总书记习近平关于群团工作重要论述和红十字事业重要指示批示精神为指导，认真贯彻落实《中华人民共和国红十字会法》、中国红十字会第十一次全国会员代表大会精神，秉承畲乡铁军“志不求易、事不避难”创新实干大赶考作风，不忘初心、牢记使命，聚集人道力量、奉献博爱真情，围绕中心担当有为、紧抓主业跨越赶超，依法履职尽责，圆满完成各项年度工作任务，推动畲乡红十字事业进入新时代。

2019年度老年人口（按户籍人口统计）状况一览表

表7

项目	年初总人口数（人）	年末总人口数（人）	年平均人口数（人）	年末60岁及以上老年人口按年龄分组（人）							纯老年人家庭的老年人口数（人）	失能老人人数（人）	半失能老人人数（人）
				60岁以上老年人口数		65岁以上老年人口数（人）	70岁以上老年人口数（人）	80岁以上老年人口数（人）	90岁以上老年人口数（人）	100岁以上老年人口数（人）			
				合计（人）	占年末总人口（%）								
景宁县	172950	170209	171250	31736	18.63	22630	13990	5617	749	20	2150	732	1181

2019年，县红十字会组织红十字应急救护普及培训98场9125人次，分别完成省市考核指标（同一指标）和自定赶考目标的212%和172%，普及率位居全市第一。组织社会力量开展防溺水进校园全覆盖宣传活动，该活动成功入选2019年度浙江省红十字系统十大新闻事件。组织红十字应急救护员培训27批次，1155人获得应急救护员证书，分别完成省市考核指标和自定赶考目标的222%和170%，取证率位居全市第一。树立了“教师全员学急救，人人成为救护员”的新品牌。全年造血干细胞捐献志愿者登记入库23人，分别完成省市考核指标（同一指标）和自定赶考目标的144%和115%。向上级红十字会争取和社会筹集救灾、救助资金（物资）共计61.5万元，完成自定赶考目标的246%；首次自主募捐并筹集公益救助金32万余元，有效提升了救灾救助能力。继续承担“红十字会强基工程”大力推进基层组织示范化建设，规范会员管理，优化会员服务、充分发挥会员作用，参与养老服务3项省级试点工作，并得到省红

十字会领导批示肯定，为全省提供景宁样板、贡献景宁元素。

2019年，县红十字会工作以总分第二获市综合考核优秀单位，首次得到市领导批示肯定并在《丽水政务信息》上专报刊发；首次在全省红十字会系统工作会议上作典型发言。

【景宁首例造血干细胞捐献者】 鹤溪街道退伍军人雷伟荣经前期初配、高分辨检测和体检合格后，于2019年5月9日在杭州中医院成功捐献造血干细胞悬混液，成为景宁首例、全省第472例造血干细胞捐献者。

【景宁首例遗体捐献者】 2019年11月7日，鸬鹚乡吴林荣夫妇选择捐献年仅6个月因患先天性石骨症救治无效死亡的女婴遗体与眼角膜，成为景宁首例遗体捐献者和第二例眼组织捐献者。捐献的眼角膜被用于救治眼疾患者，遗体被用于教学研究。

【县红十字蓝天救援队首次参与重大灾害救援活动】 2019年8月，超强台风“利奇马”袭击浙江，县红十字蓝天救援队驰援温州乐清，共派出1车5人参与救人抢险、搜索失联人员等救援任务；在完成初次任务撤回途中，再次接到指令驰援台州临海。在该次救援活动中成功搜救和转移群众22人，并为2名受伤群众和5名参与救援受伤的消防官兵提供应急救护。

【“山海协作”成效显著】 2019年，县红十字会与温岭市红十字会在人道救助、参与养老服务、水上救援等多领域开展经常性交流学习，借鉴提升，并携手开展援助活动。温岭市红十字会向景宁捐赠价值近10万元的物资和1.5万元图书，分别在沙湾中学和城北中学建立“博爱书吧”；牵线温岭市“百人百城公益助学”基金结对资助景宁贫困学生30人，年助学金6万元。

【提前完成“博爱百村行”5年专项行动计划】 该计划于2016年6月开始实施，计划用5年时间（2016—2020年），走访慰问100个贫困村3000户贫困户。2019年，是实施该计划的第4年，县红十字会积极筹措款物，全年走访慰问23个贫困村803户贫困户，共送去价值27万余元的油、米、棉被等生活物资和慰问金。2016—2019年，4年累计走访慰问110个贫困村3262户贫困户，提前1年完成“博爱百村行”5年（2016—2020）专项行动计划。

【“关爱老人，从‘头’做起”活动服务升级】 2019年11月26日，县红十字会组织开启“关爱老人、从‘头’做起服务升级活动”，活动内容从原来的单一为老人免费理发扩展到应急救护培训、“三献”（献血、造血干细胞捐献、人体器官及组织捐献）知识宣传、慰问演出、安全教育、身心健康指导、扶危济困、助力增收等。同年，该活动在渤海镇安亭村、英川镇岗粗岭村等4个村展开，深受群众欢迎。2019年，免费理发服务从原有的毛垟等4个乡镇38个村扩展到渤海等8个乡镇73个村，全年累计服务10805人次，加快了偏远农村留守老人免费理发全覆盖的步伐。

【县红十字会第三届理事会第五次(扩大)会议】 于2019年12月13日召开。由于全县党政机关机构改革和人事变动等原因,会议表决通过对部分理事单位、理事、常务副会长、副会长等人员进行调整。

县红十字会第三届理事会原有理事单位26个,理事29名(其中会长1名,常务副会长1名,副会长6名)。调整后的县红十字会第三届理事会共有理事单位25个,理事29名(其中会长1名,常务副会长1名,副会长7名)。理事单位减少1个(原畲乡报社、原广播电视台机构改革合并为县融媒体中心)。原县卫生计生局、县农办、县经济商务局、县安监局、畲乡报社、广播电视台等6个理事单位分别由新成立的县卫生健康局、县农业农村局、县经济商务科技局、县应急管理局和县融媒体中心等5个单位继任,5个新任理事单位的理事名额各1名。其他理事单位照旧。 (雷陈嵘)

医疗保障

【概况】 2019年1月18日,景宁畲族自治县医疗保障局(以下简称县医保局)挂牌成立,属县政府直属正科级机构。内设办公室和综合业务科。局机关行政编制5名,设局长1名,副局长2名,股级职数2个;下设事业单位2个(医疗保障基金管理中心,核定参公编制7名,股级职数2名;医疗保险服务中心,核定事业编制3名,股级职数1名)。2019年年末,局机关、下属单位共有干部职工13人。

其工作职责是:贯彻执行国家、省、市有关医疗保险、生育保险、医疗救助等医疗保障法律法规、规章和方针政策及规划、标准。组织制定全县医疗保障筹资标准,组织实施医疗保险、生育保险、医疗救助待遇政策,完善动态调整机制,统筹城乡医疗保障待遇标准,建立健全与筹资水平相适应的待遇调整机制。组织实施全市统一的医疗保障制度和长期护理保险制度。组织实施医疗保障基金监督管理办法,建立健全全民医保医疗保障基金安全防控机制,推进医疗保障基金支付方式改革。承担全县医疗保障基金监督管理相关工作。制定定点医药机构协议和支付管理办法并组织实施,完善医疗保障信用评价体系和信息披露制度,监督管理纳入医保范围内的医疗服务行为和医疗费用,依法查处医疗保障领域违法违规行为。落实国家、省、市确定的药品、医疗耗材、医疗服务项目、医疗服务设施等医保目录、支付标准、收费标准,拟订相关收费政策并组织实施。建立价格信息监测和信息发布制度。贯彻执行医用耗材的招标采购政策。指导、监督全县药品、医用耗材的招标采购、配送和结算管理,配合做好药品、医用耗材招标采购平台管理等工作。负责医疗保障经办管理、公共服务体系和信息化建设。贯彻执行异地就医管理和费用结算政策。健全医疗保障关系转移接续管理,指导乡镇(街道)医疗保障经办管理、公共服务标准化建设。完成县委、县政府交办的其他任务。

2019年,全县职工基本医疗保险参保24826人,生育保险参保16685人,城乡居民基本医疗保险参保125738人。户籍人口医疗保险参保率99.4%,连续8个月位列全市排名首位,12月末参保率位居全市第二。2019年,职工基本医疗保险基金收入10871万元,支出10785万元,累计结余17639万元,累计结余可支付月数19.6个月;城乡居民基本医疗保险基金收入18404万元,支出18676万元,累计结余4436万元,累计结余可支付月数2.8个月;生育保险基金收入668万元,支出449万元,累计结余934万元,累计结余可支付月数25个月。

全年,医疗救助支出1371.21万元。是年,扩大资助参保范围,在原有资助参保人群的基础上,将18—60岁低保边缘户参保个人缴费部分予以全额补贴,全年资助参保总金额303.183万元;低收入农户补充医疗保险补助资金100万元;城乡低收入人群享受医疗救助人均值3213元,增长21.4%,医疗救助政策落实率100%,符合条件困难群众资助参保率100%。

2019年,贫困人口大病保险起付线降低50%,支付比例上调5个百分点,取消建档立卡贫困人口大病保险封顶线。落实慢性病参保人群待遇政策,将高血压病等18种慢性病纳入慢性病医疗保障范围,15家慢病定点药店即时刷卡,县基层医疗机构的慢性病门诊报销比例在原有基础上再提高20%。同年12月,落实国家组织药品集中采购和使用试点扩围工作,25个中选药品大幅降价,公立医疗机构医用耗材实行"零差率"销售。同年3月,实现医疗保险、医疗救助全市"一站式"刷卡结算。

同年,医保基金推出"七大监管"(机构监管、制度监管、智能监管、借力监管、信用监管、全民监管和震慑监管)模式。依托"互联网+视频监控",全年网审医药机构费用明细980万条,扣除违规医疗费用72万余元;查处违规定点零售药店16家,其中8家暂停医保服务,共扣除违规费用57.53万元,扣款金额比2018年增长400%;3起疑似骗保案件于2019年12月移送公安机关,涉案金额3.56万元。

是年,进行医保制度改革,对下肢静脉曲张等住院按病种付费审核,734个病例纳入按病种付费管理,涉及医疗费用总额999万元,纳入病例数比上年度增长约224%;有序推进DRGS(疾病诊断相关分组)付费改革,职工医保住院次均费用同比下降3.6%,城乡医保增长控制在3%以下;落实数字影像服务收费政策,减少物理胶片消耗20.8%。

【树立"雷锋式"医保服务品牌】 2019年,县医保局在树立"雷锋式"医保服务品牌活动中,创新推出医保办事"7个办"(掌上办、网上办、诚信办、流动办、上门办、即时办、聚合办),在全省率先实现"即时办""掌上办"和"网上办"3个百分百。11月,率全市之先在景宁大众康寿药店等4家药店开通慢病用药配送服务;在渤海镇安亭村等4个村推出送药上山便民服务活动。将医保参保等3个事项纳入天津等17个医保业务域外网格代办点服务范围。将特殊病种备案等延伸至基层医疗机构办理,累计办理22163人。部门协作完成身后一件事46笔,出生一件事75笔。设医保服务专员、基层医保服务指导员、义务监督员和村级代办员等，全年服务群众4万余人次，被评为县级“三服务”优秀案例2个。医保服务中心设掌上办专区、领导专窗、畲语专窗；落实周三领导坐班、周末预约服务、午间延时服务等制度。

【智慧医保】 2019年7月，实现跨省异地长三角地区（上海市）门诊费用直接结算，景宁参保人员经景宁医保局异地就医备案后，在上海市医保定点医疗机构门诊就医可以直接刷卡结算。同年10月，景宁人民医院开通上海市门诊费用直接结算，上海参保人员在景宁县人民医院就医门诊费用可直接刷卡结算。是年，景宁参保人员在上海门诊直接刷卡结算186人次，医疗费报销1.4万元。（吴倩倩）

体　育

【概况】 2019年，景宁畲族自治县体育事业发展中心（以下简称县体育中心）以举办浙江省全民健身第二届生态运动会、景宁畲族自治县第九届体育健身大会等活动为牵引，全年共举办县级体育活动54次，承办国家级赛事2次、省级赛事2次，市级赛事3次，累计参与人数达1.9万余人次，真正做到“周周有活动、月月有赛事、季季有高潮”。同时，花园跑、全民篮球赛等热门赛事一票难求，吸引央视、浙江卫视等主流媒体的跟踪报道。

全县历年共建成小康提升村升级工程55个，多功能运动场8个，拆装式泳池4个，笼式足球场4个。拥有篮球场138个，乒乓球场125个（其中43个为室外乒乓球场，82个为室内乒乓球场），健身路径192条，其他各项运动场共计30余个，人均场地面积2.26平方米。

不断探索体教结合新机制，促进青少年的竞技水平的提高，确保完成景宁畲族自治县“市队县办”（田径）项目任务。全年向省队和市少体校输送优秀专业运动员30多名，并在国家级赛事中取得优异成绩，同时也为新时代中国竞技体育后备人才多元化培养模式提供了可借鉴经验与做法。

2019年，景宁培养的体育健儿吴巧珍在国际、国内赛事中获得多项荣誉：3月，在美国拉斯维加斯举办的跆拳道美国公开赛上获得青年组女子63公斤级第三名；4月，在江苏无锡举办的全国青年跆拳道运动会第一次预赛上获得女子63公斤级组第三名；6月，在俄罗斯萨马拉举办的第八届中俄夏季青少年运动会上获得女子63公斤级组第三名；7月，在江苏无锡举行的全国跆拳道锦标赛系列赛第三站上获得女子62公斤级组第二名；7月，在约旦亚洲青年跆拳道锦标赛上获得女子63公斤级组第三名；8月，在山西运城举办的中华人民共和国全国青年跆拳道第二届运动会上获得女子63公斤级组第二名；10月，在浙江宁波举办的全国青年跆拳道锦标赛上获得女子63公斤级组第一名；12月，在江苏无锡举办的全国跆拳道锦标赛总决赛上获得女子62公斤级组总积分第一名。

2019年5月，在丽水市中、小学生田径运动会上景宁代表队取得14金10银5铜，位列金牌榜排名第三的好成绩。5月，景宁代表队参加丽水市青少年跆拳道锦标赛获6金8银10铜,取得团体第三名。5月,参加中国小篮球联赛(丽水赛区),景宁畲族自治县小学获U8混合组第二名、第三名;U10混合组第二名;U12女子组第三名;U12男子组第三名的好成绩。6月,参加市青少年篮球锦标赛(乙组)获得男子组第二名、女子组第四名的成绩;7月,参加市青少年羽毛球锦标赛获得13岁组团体第4名、11岁组团体第5名的成绩。参加浙江省青少年武术散打锦标赛,代表丽水队出战荣获2个第三名、3个第五名的成绩。

【县体育场馆复建工程】 2019年,景宁体育场馆复建工程完成阶段装修及体育工艺二次深化设计、概算调整等工作,年度计划投资2000万元,实际完成投资2878万元,完成计划投资的143.9%。

该工程项目由体育场、体育馆、公共厕所3个单位工程组成,原概算总投资为25725.46万元,后因设计漏项、设计缺陷、原材料上涨、场馆功能提升等原因,于2019年将概算调整为33666.56万元。总用地面积67877.99平方米,总建筑面积为38098.83平方米。设室外篮球场2个,气排球场4个,地掷球场1个,机动车停泊车位254个,停放非机动车2375辆。

【征战全国少数民族传统体育运动会】 2019年9月8日至16日,中华人民共和国第十届少数民族传统体育运动会在河南省郑州市隆重举行。35名景宁体育健儿代表浙江省队出战,经过不懈努力,最终竞技项目"珍珠球""山哈嬉情"获三等奖;表演项目"畲家嬉锅"获二等奖、"畲山竹韵"获三等奖。

【2019浙江省社会足球活动交流赛在景宁举行】 2019年12月5日,2019浙江省社会足球活动交流赛在景宁民族小学举行,共有29支代表队160多名足球爱好者参赛。比赛赛制有射九宫格、运球绕杆接力等6个项目,依据总得分决出名次。社会足球活动交流赛是一个切磋足球技艺、增加友谊、传播拼搏精神,加强交流的平台。

【浙江省全民健身第二届生态运动会景宁站开幕】 2019年10月13日上午,"农夫山泉杯"浙江省全民健身第二届生态运动会丽水景宁站在大均乡泉坑村开幕。浙江省体育局副局长胡国平宣布开幕,景宁畲族自治县领导夏培玲,余晓军、叶金堂出席开幕式。全省各地的41支队伍200余名运动员参加。运动会融入了畲族传统体育竞技游戏,设置了"最多跑一次"、绳彩飞扬、齐心协力、摇锅、操石磔等5个竞赛项目。其中,摇锅是最受选手欢迎的项目,选手双脚站在锅内,通过身体重心的变化和四肢腰腹的力量将锅摇至终点。运动员们在赛场上比脚力、赛体力、拼合力,个个激情满满,欢笑声、加油声、呐喊声在赛场环绕。

【"翡翠湾杯"景宁第十二届领导干部篮球赛】 2019年11月28日,由县委组织部、县文广旅体局主办的"翡翠湾杯"景宁第十二届领导干部篮球赛在城北中学篮球馆开赛，全县有12支队伍200余人参赛。最终经贸队、东坑队、凤凰队获得比赛前三名。
（柳毛毛）

2019年景宁畲族自治县体育赛事一览表

表8　　　　单位：人

序号	赛事名称	时　间	参与人数
1	“庆祝景宁乒乓球协会成立十五周年”暨第十四届会员团体赛	1月19日至20日	200
2	景宁畲族自治县中小学生第二届足球赛	1月4日至6日	300
3	2019年浙闽两省毗邻市县老年人地掷球联谊赛(浙江·景宁)	1月10日至12日	1200
4	景宁畲族自治县第三届乒乓球双打团赛	2月18日	300
5	第六届丽水市老年人体育运动会地掷球交流活动	3月7日至9日	1000
6	2019年度大漈乡学生花式跳绳比赛	3月10日	350
7	2019年度大漈乡大力士挑茭白赛	4月12日	200
8	2019景宁畲族自治县校园体育春季对抗赛	4月17日	500
9	2019九龙乡农民篮球赛	4月25日	200
10	2019年县城中小学篮球对抗赛	5月5日至9日	600
11	九龙乡职工登山比赛	5月10日	120
12	景宁畲族自治县乒协第十五届会员团体赛	5月10日晚至11日下午	250
13	2019年度大漈乡板龙比赛	5月11日	200
14	景宁畲族自治县第四届老人体育运动会“雪花杯”乒乓球交流活动	5月25日至26日上午	350
15	2019景宁畲族自治县钓鱼比赛	5月20日至22日	500
16	云和县、景宁畲族自治县第六届中小学生乒乓球联赛	5月17日至19日	600
17	景宁畲族自治县第三届幼儿体育大会	5月27日至28日	800
18	景宁畲族自治县第九届体育健身大会乒乓球比赛	6月18日至20日	200
19	三川篮球俱乐部2019年赛季(第十二届)常规赛	6月28日至12月8日	350
20	景宁畲族自治县鹤溪街道城南社区体育运动会	7月2日至3日	500
21	2019年景宁畲族自治县老干部服务中心地掷球比赛	6月24日至26日	500
22	2019年景宁畲族自治县第四届老年人体育运动会健身气功交流展示	6月29日	500
23	2019年丽水市青少年篮球锦标赛(甲组)	7月2日至6日	600
24	红星街道第三届亲子趣味运动会	7月20日	1000
25	2019年中小学生游泳比赛	7月13日至15日	200
26	景宁畲族自治县首届“君豪市政杯”独竹漂比赛	7月22日	200
27	2019年丽水市首届乒乓球女将赛	7月6日	180
28	2019年浙乒积分赛(中国畲乡赛区)业余乒乓球等级积分赛	8月24日至25日	200
29	第四届星球杯全国少年儿童国际跳棋棋王棋后赛	8月2日至4日	500
30	2019年景宁畲族自治县第九届“足协杯”五人制足球赛	8月2日至4日	350

续表8

序号	赛事名称	时 间	参与人数
31	景宁畲族自治县第九届体育健身大会“健康杯”男子篮球联赛	8月8日至18日	600
32	景宁畲族自治县第四届老年人体育运动会地掷球交流活动	8月16日至18日	800
33	景宁畲族自治县“体养杯”全市老年人门球交流活动	8月28日至30日	1000
34	景宁畲族自治县第四届老年人体育运动会气排球、迷你气排球交流活动	6月18日至20日	600
35	景宁畲族自治县第四届老年人体育运动会兜球交流活动	7月3日	600
36	景宁畲族自治县第四届老年人体育运动会门球交流活动	7月10日至12日	580
37	景宁畲族自治县第四届老年人体育运动会象棋、扑克“红五”交流活动	9月17日至18日	800
38	景宁畲族自治县迎国庆“宏泰商砼杯”第十六届会员团体赛	9月27日至28日	500
39	2019年景宁畲族自治县老协乒乓球分会会员单打比赛	10月16日至17日	350
40	景宁畲族自治县第四届老年人体育运动会太极拳剑展示活动	2019年	500
41	浙江省全民健身第二届生态运动会(景宁站)	10月13日	2000
42	澄照乡2019年职工拔河比赛	10月10日	150
43	景宁畲族自治县老年体协成立30周年庆祝活动	10月17日至18日	3000
44	2019年“绿航杯”第二届浙江水域救援技术交流赛	10月25日至27日	2000
45	2019年景宁足协第一届“小牛电动杯”周末足球联赛	10月上旬至12月上旬	500
46	景宁畲族自治县第九届体育健身大会“高速杯”羽毛球赛	11月1日至3日	350
47	2019年景宁畲族自治县、云和县第六届中小学生篮球比赛	11月7日至10日	600
48	2019年中小学生排球比赛	11月15日至17日	350
49	2019年景宁畲族自治县中小学生田径运动会	11月25日至27日	1000
50	2019年景宁畲族自治县“翡翠湾杯”气排球邀请赛	11月16日至17日	550
51	2019浙江省社会足球活动交流赛	12月5日至6日	600
52	2019年景宁畲族自治县中小学生第三届足球比赛	12月13日至15日	400
53	“翡翠湾杯”景宁畲族自治县第十二届领导干部篮球赛	11月28日至12月15日	200
54	景宁畲族自治县职工趣味运动会	12月27日	350

社会生活

民政工作

【概况】 景宁畲族自治县民政局，主要负责全县社会救助、养老服务、基层政权和社区建设、婚姻登记、殡葬管理、民间组织和社团登记管理、地名区划、社会福利事务、革命老区建设、社会慈善等工作。机构改革后,内设3个科室:办公室、社会福利救助科、社会工作事务科。下属事业单位6个：县殡葬管理所、县殡仪馆、县综合救助管理站、县综合养老福利院、县婚姻登记处、县社区和社会组织指导中心。社会团体2个：慈善总会、革命老区开发建设促进会。行政编制7人、事业编制19人。实有干部职工24人。

2019年，全县在册城乡低保对象2848户4971人，占户籍人口2.96%，累计发放资金2778万元。认定低保边缘对象1274户2978人，低保与低边人数比1:0.62。特困人员救助371人(集中供养263人，分散供养108人)，累计支出特困供养金547.4万元。孤儿、困境儿童190人，发放补助金152.3万元。在册“三老对象”41人，累计发放补助金36.9万元。发放13人的精减、支宁、麻风病人补助金共21.74万元。发放临时救助资金2002人次147.9万余元。低收入居民基本生活费用价格补贴累计发放320万元，受益30011户次54932人次。

构建“智慧治理”体系，提升基层社会治理成效。联合县委组织部，在全市率先完成行政村规模调整。全县行政村由254个调减至136个。减少幅度46.46%；资产完全融合率74.68%；民族村比例由18.1%提高到22.6%；村均人口由569人/村提高到1063人/村。行政村规模调整过程中，全县面上平静平稳，实现零越级访、零负面舆情、零治安事件、零群体性事件。为全市行政村规模调整工作提供了“景宁做法”和“景宁经验”。启动6个城市社区优化调整工作，最终形成8个城市社区新格局。2019年，新增社会组织13家，累计195家。社会组织参与社会治理更加活跃。凤凰爱心协会、户外应急救援队、青发中心形成自身的公益品牌。

2019年，新建红星、英川、澄照、景南4家乡镇(街道)居家养老服务中心。服务中心具备“生活服务、康复护理、托养服务、家庭支持服务”4 项功能。通过委托第三方运营管理模式，为农村老人提供养老服务。谋划离家不离社区的养老新模式，加快推进社区嵌入式养老护理机构建设和运营，解决社会老年人，特别是失能、失智老人离家不离社区的养老需求。建成红星社区不老松养老照护中心(共有床位 32 张，其中护理床位 22 张)，提供涵盖机构专业护理、社区日间照料和居家上门服务等一站式服务。县福利(托养)中心顺利运行。九龙中心敬老院扩建主体工程完成。

按照“自愿求助、无偿救助”原则，抓好流浪乞讨人员求助接待、管理服务、宣传教育、护送返乡、主动劝导等救助工作。全年，共救助流浪乞讨人员 118 人次。做好无名氏、精神病人救助工作，托养在景宁安康医院的精神病人共有 7 人，支出医疗费 24.7 万元。2019 年 8 月，为一位离家出走 22 年的流浪人员寻得家庭。浙江省民政厅微信公众号以《景宁民政“牢记使命”耗时 5 年打通离家 22 载流浪汉的温暖回家路》为题进行了专题报道。

全年，共办理结婚登记 922 对，离婚登记 402 对，婚姻登记合格率 100%。从 2019 年 8 月 1 日起，将原来婚姻登记“两免一送”服务提升为“四免一送”，实现全免服务。简化婚姻登记流程和环节，由至少“跑 3 次”改为“最多跑一次”。开展婚姻家庭文化宣传，建设布置“畲族婚俗”文化墙。成立婚姻家庭辅导志愿者队伍，共为 235 人提供心理辅导，免费举行结婚证颁发仪式 440 余次。

2019 年，在全市率先出台县级公益性公墓统建管理办法。全县 18 个应建公益性公墓乡镇均完成选址。其中，14 个乡镇开工建设(8 个乡镇工程竣工验收)，完成年初设定目标的 600%，为 2020 年实现乡镇公益性公墓全覆盖奠定基础。2019 年 5 月 8 日，“智慧殡葬”便民服务信息系统建成投入运行。殡仪信息与公安、社保、残联、退役军人事务局等部门共享，实现“一窗受理、集成服务、一次办结”的工作机制。是年，利用该平台办理遗体火化 550 余具。全年，共遗体火化 889 具(外地户籍 37 具)，火化规划区遗体火化率 100%；殡仪服务收入 1624480 元，免除殡葬基本服务项目收费 985222 元，丧属平均消费额降至 1827 元。

2019 年，根据省地名词典编辑委员会工作部署，完成国家地名志景宁篇修改和省标准地名词典景宁上卷核稿工作，起草省标准地名词典景宁下卷初稿。结合全县行政村规模调整工作，对新行政村村名进行审核并提出建议，对 3 个乡镇人民政府驻地村村名涉及更名工作向上级草拟了报告。编制了景宁畲族自治县新版行政区划图。完成地名文化进乡村的布展工作。联合县市场监管局、住建局等部门开展不规范地名专项清理整治工作。

【“一县两中心”特困集中供养新格局形成】 2019 年 5 月 15 日，完成北溪、际头、鸬鹚等 3 个敬老院的搬迁工作，县福利(托养)中心顺利启动运营。县福利中心是一所以接收高龄、失能、失智、半失能老人和特困供养老人及残疾人托养对象为主的公益性综合养老院。设有床位272张,拥有文化娱乐、医疗康复等功能模块,能够满足不同类型、不同需求的老人生活服务需要。同年,九龙中心敬老院扩建完成主体工程。该项目用地面积2968平方米,总建筑面积4633.4平方米,建筑占地面积1245.3平方米,设床位104张。项目总投资概算1424.09万元。县福利(托养)中心和九龙中心敬老院形成"一县两中心"特困集中供养新格局。

【景宁"福彩暖万家·焕新乐园"】 "焕新乐园"是政府主导社会求助的补充,为低保家庭改善居住环境提供求助和服务。2018年至2019年6月,景宁畲族自治县凤凰爱心协会承接并完成了100户"焕新乐园"公益项目的家装改造工作,并为授助儿童提供心理疏导、亲情关爱等志愿服务。2019年7月31日,景宁畲族自治县"福彩暖万家·焕新乐园"公益中心正式启用,当年组织200人以上的大型集体活动10余次。同年,县委、县政府制订出台了《"真情暖万家·关爱365"景宁畲族自治县留守儿童和困境儿童关爱保护工作行动计划》。计划围绕健康、安全、教育3大目标,汇聚6方面力量,落实5项举措开展留守儿童和困境儿童关爱保护工作,实现从单一的物质救助向精神关怀延伸转变。景宁"焕新乐园"工作举措形成了可复制、借鉴、推广的景宁经验,在省级以上媒体刊播20余条次,中共丽水市委副书记、市长吴晓东批示:"值得全市推广。"浙江省人民政府副省长王文序在全省"福彩暖万家·焕新乐园"现场会上寄语:"全国儿童工作看浙江,浙江看景宁,景宁要努力走在全省乃至全国前列。"浙江省民政厅发文向全省民政系统推广景宁的做法和经验。

【景宁"福彩暖万家·焕新乐园"公益中心正式启用】 2019年7月31日,景宁"福彩暖万家·焕新乐园"公益中心正式启用。该中心位于红星街道邮电路42号,由原县民政局婚姻登记大厅改建而成。整个中心由项目展示厅、焕新儿童之家、社会组织工作站3部分组成,建筑面积200余平方米。该中心的建成使用,为爱心志愿者提供办公场所,为授助儿童创建了安全、健康的学习场所和精神家园。

【浙江省"福彩暖万家·焕新乐园"现场会在景宁召开】 2019年8月7日至9日,浙江省"福彩暖万家·焕新乐园"现场会在景宁召开。副省长王文序,省政府副秘书长傅晓风,省民政厅厅长王剑侯,省妇联主席王文娟,省妇联党组成员、省政府妇儿工委常务副主任张丽萍,省民政厅副厅长方仁表,中共丽水市委常委、景宁畲族自治县委书记陈重、丽水市人民政府副市长杨秀清等出席。会上,播放了景宁畲族自治县"福彩暖万家·焕新乐园"项目汇报片,举行了"焕新乐园·家庭陪伴计划"启动仪式,王文序、王剑侯、王文娟、陈重先后致辞。

【丽水市"儿童之家建设暨焕新乐园现场会"在景宁召开】 2019年10月11日,丽水市"儿童之家建设暨焕新乐园现场会"在景宁

召开。丽水市副市长杨秀清出席会议，各县（市、区）政府分管领导和民政、教育、妇联等主要负责人参加会议。（李永杰）

退役军人事务

【概况】 景宁畲族自治县退役军人事务局（以下简称县退役军人事务局），于2019年1月18日挂牌成立。内设办公室和优抚安置科2个行政科室，行政编制5人；下设光荣院、退役军人服务中心2个公益性事业单位。光荣院编制3人，机构和人员整体转隶到位；退役军人服务中心编制8人（其中，安置随军家属4人），实际到岗6人（含随军家属2人）。选拔和转任中层干部5人。

2019年，据退役军人信息采集统计，景宁畲族自治县录入信息系统的退役军人及其他优抚对象1145人。其中，残疾军人62人，复员军人XX人，带病回乡退伍军人280人，“两参”（参战和参加核试验）对象XX人，年满60周岁农村籍退役军人XXX人，企业军转干部X人，转业士官XXX人，“三属”（烈士遗属、因公牺牲军人遗属和病故军人遗属）5人，烈士子女22人。

是年，全县共有各类重点优抚对象418人，发放抚恤补助582.8508万元。为XXX名60周岁以上农村籍退役士兵发放生活补助金145.844万元。2018年冬季退役士兵XX人，发放自主就业一次性经济补助金和立功奖励金合计171.6万元。发放义务兵家庭优待金共计120户247.73万元。发放医疗补助和临时救助65.5万元。

根据中华人民共和国国务院、中华人民共和国中央军事委员会公布的《退役士兵安置条例》和《景宁畲族自治县退役士兵安置暂行办法》等规定，对2019年接收的X名转业士官，采取部队服役期间表现量化评分和笔试考核相结合的安置办法，于同年8月1日，按综合分从高到低的顺序进行岗位选择。其中，X人选择乡镇（街道）全额事业单位，X人选择县人武部事业岗位，X人选择国企岗位。顺利完成转业士官岗位安置择岗工作。

全年登记来访90人次，接待信访事项90件，当场解决40件。在深化“三服务”活动中，收集到各类问题35个，当场解决26个，限时解决2个，交办其他单位解决7个。

推进光荣牌悬挂工作，各乡（镇）、街道、县直各部门领导，带队上门悬挂光荣牌。建立健全悬挂光荣牌工作建档立卡制度，汇总相关信息，统计数据，确保真实准确并及时录入浙江优抚服务应用管理系统。各乡（镇）、街道、县直各部门，积极宣传优抚安置政策，宣传报道悬挂光荣牌工作，增强全民国防观念与拥军优属意识，营造尊崇军人职业、关心优抚对象的浓厚氛围，使优抚对象真切感受到党和政府的温暖、全社会的关爱。

充分利用《丽水日报》、《畲乡报》、景宁电视台及其他网络媒体，大力宣传景宁畲族自治县抗美援朝的优秀老兵、优秀退役军人、“麦香式”优秀军烈属。其中，优秀“老兵”张守义，“麦香”式优秀军烈属周小金、王达根的先进事迹在《丽水日报》和丽水电视台宣传报道。

全县首次评出“最美退役军人”“最美军属”“最美民兵”各10名。在“八一”前后开展特殊退役军人、特别困难退役军人、荣立二等功以上军人家庭“四必访”活动，走访农村在家的退役军人、优抚对象“全覆盖”。结合颁发中华人民共和国成立70周年荣誉勋章，对中华人民共和国前入伍的退役军人和部分军烈属进行大走访。积极配合县委办做好烈士公祭日活动相关保障工作。

【成功创建省级双拥模范县】 县退役军人事务局按照《景宁县创建省级双拥模范县实施方案》要求，精心部署、狠抓落实，推动全县双拥（拥军优属，拥政爱民）工作整体水平提升。2019年5月19日至20日，“省级双拥模范县”创建工作通过省、市考评组考评验收。7月29日，景宁被评为双拥模范县。

【完成县退役军人服务中心建设】 2019年，县退役军人事务局投资26万元，对位于红星街道惠明路116号楼4直1层约200平方米的房间进行升级改造，作为县退役军人服务中心办公楼。该中心设工作区和“退役军人之家”（学习交流区）2个功能区。工作区包括：权益保障、帮扶解困、退伍登记、保险接续、政策咨询、事务办理、信访接待、就业服务和档案管理；“退役军人之家”设：中国人民解放军历史、政治教育、军人荣誉展示、阅读休闲、交流谈心、综合服务等内容。旨在着力增强全县退役军人的获得感、荣誉感和幸福感。确保退役士兵活动有场所，诉求有渠道、解困有平台。

【烈士纪念馆开馆运行】 2019年9月30日，景宁畲族自治县烈士纪念馆开馆运行。该馆位于红星街道寨山脚10号，占地面积450平方米，建筑面积近400平方米。馆内布展将历史背景与具体人物联系起来，并采用油画、视频、雕塑等表现手段，展示上至辛亥革命，下至2017年年底前核准的118位烈士事迹、遗物。2019年8月，该馆被丽水市党史办公室列入党史爱国主义教育基地。

【建成市级示范性光荣院】 景宁畲族自治县光荣院是烈士、因公牺牲军人、病故军人遗属和无人赡养的老年残疾军人、复员军人、退伍军人的集中供养机构。位于红星街道邮电路28号，建筑面积500平方米。2019年，县退役军人事务局通过调查摸底，经乡镇申请把符合入院条件的5位重点优抚对象接进光荣院，使入院对象从原来的3人增到8人，做到应进尽进。同年11月13日，该院作为浙江省唯一代表到江苏无锡参加全国光荣院经验交流会。 （洪银生　叶思雨）

移民工作

【概况】 景宁畲族自治县移民办公室（以下简称县移民办）是县政府综合管理组织实施水利水电工程移民的职能部门。编制15人。内设3个职能科室：综合科（资金管理科）、动迁安置科、扶持发展科。2019年6月，景宁畲族自治县移民办公室更名为景宁畲族自治县移民工作中心。内设4个职能科室：综合科、资金管理科、动迁安置科（信访维稳室)、扶持开发科。下设1个移民服务站(事业单位)。

2019年,县移民工作中心(县移民办)以精准扶贫,打赢移民脱贫攻坚战为目标,以“打造全市水库移民村集体经济强村示范”作为大赶考标杆,扎实推进库区移民村振兴和移民后续扶持工作。全县21个安置100人以上或占比10%以上的集体经济薄弱水库移民村全面完成消薄任务。其中7个移民村,集体经济经营性收入超10万元。全县共有移民扶持人口9472人。其中,移民直补人口5748人,发放资金300.42万元;享受移民创业贷款贴息政策97户,发放贴息资金46.95万元(2018年创业贷款,2019年核定发放);享受移民创业扶持补助57户,发放补助资金10.86万元。项目扶持人口3724人,落实移民后扶项目58个。其中,基础设施项目33个,综合环境治理项目13个,产业扶持项目12个,共投入资金1465万元。结合丽水大花园核心区建设计划,开展移民美丽村居建设。创建了景南上标、大际垟心、澄照三石、渤海梅坑、九龙王湾等一批和美移民村。安排资金301.5万元,在渤海、九龙、东坑、景南、大漈等地实施光伏发电项目9个。投资399.45万元继续推进移民商贸综合体建设(含续建项目)。红星街道双坑口商贸综合体通过验收,渤海梅坑商贸综合体完工通过审计,澄照朝阳商贸综合体和红星街道王金洋商贸综合体完成房产证办理并出租。结合浙江省新一轮避险解困工作,在全县“大搬快治”“大搬快聚”工作中全面推开,有1376名库区群众实现脱贫搬迁。加强对项目资金使用情况的监管,对全县85个2018年度报结的大中型水库移民后期扶持项目和小型水库解困项目资金使用情况进行监测评估和绩效评价。同时对2019年度全县大中型水库移民人均可支配收入进行了抽样调查和监测。

结合“入千访万”大走访、“三服务 破六难”、“不忘初心 牢记使命”主题教育等活动,走访了全县水库移民,了解移民所需所求,掌握生产生活状况。全面落实市县各级信访维稳机制,及时摸排信访维稳情况,化解移民信访问题。对重点人员进行稳妥把控,重要时间节点,落实24小时值班制度,维护全县水库移民和谐稳定。2019年,安置滩坑移民未安置清库对象2户,受理省委巡视交办件8件,受理日常来信6批6人次、来访15批58人次、网上接访65件。受理率、办结率100%,回访核实率100%,群众满意率96%以上。

【移民后扶待遇认证系统上线运行】 2019年7月19日,景宁畲族自治县移民后扶待遇认证系统完成开发并上线,同年7月25日正式投入使用。该系统依托微信平台,将人脸识别技术与大数据库衔接,以张嘴、眨眼活体检测为核心,通过在大数据库中查找检索特定人员身份,判断直补移民身份,实现直补待遇资格认证。全年累计线上认证4920人。

【惠移服务有限公司收益分配方案】 2019年9月11日,景宁畲族自治县惠移服务有限公司第二届第三次股东大会表决通过公司收益分配方案,决定收益分配资金总额

20 万元，其中 15%作为消薄基金（消除集体经济薄弱水库移民村），85%作为各村股份分红。（陈小慧）

民族与宗教

【概况】 2019 年年底，景宁畲族自治县有汉族、畲族、苗族、水族、侗族、布依族、拉祜族、佤族、土家族、彝族、壮族、哈尼族、蒙古族、傣族、满族、仫佬族、瑶族、白族、回族、黎族、藏族、纳西族、维吾尔族、朝鲜族、傈僳族、羌族、布朗族、京族、高山族 29 个民族，总人口 170209 人。其中，少数民族人口 20177 人，占全县总人口的 11.9%。全县少数民族干部 482 人（公务员与事业干部）占全县干部总数的 9.5%；实职副科以上领导干部 64 人（其中实职正科 22 人）占全县科局级干部的 10.12%。少数民族人均收入 19811 元，同比增长 13.6%。全县有鹤溪街道、红星街道、大均乡、东坑镇、澄照乡、梧桐乡、郑坑乡 7 个民族工作重点乡镇（街道），32 个民族村。

2019 年，全县有宗教活动场所 25 处。其中，基督教 24 处，佛教 1 处。信徒 4000 余人。其中，基督教 3700 余人，佛教 300 余人。经市级以上宗教部门备案的教职人员 5 人，义务传道员 82 人。惠明寺文殊菩萨圣诞祝福法会、惠明寺观音法会、惠明寺盂兰盆节法会、鹤溪教堂培灵会、九龙教堂培灵会等获得行政许可。是年，启动惠明寺扩建项目，完成惠明寺扩建行政许可工作，该工程作为惠明禅茶文化产业园核心项目，计划总投资约 7.5 亿元，规划总用地面积 20 公顷，总建筑面积 4.8 万平方米，分三期建设，计划工期 2019 年至 2023 年。

全年，少数民族发展资金 2106.71 万元，实施 63 个项目建设。其中，中央少数民族发展资金 345 万元，省级少数民族发展专项资金 550 万元，市级少数民族发展资金 35 万元，县财政安排少数民族发展资金 1016.71 万元。下拨民族专项资金 404 万元，提升金垟、深垟、桃源、郑坑、伏叶 5 个民族特色村寨。伏叶村被评为全国民族特色村寨，金垟村获浙江省少数民族十佳特色村寨第二批示范单位培育名录。投入 290 万元，实施“光伏小康”项目，助推 5 个经济薄弱民族村的发展；完成郑坑畲家生态猪项目建设，投资 30 万元；落实 7 家少数民族民宿和农家乐，补助资金 8.8 万元；“百村结对”帮扶民族村资金 160 万元，加快澄照乡米岩山村、金垟村，鹤溪街道惠明寺村、周湖村，梧桐乡东源村，郑坑乡吴布村，东坑镇何村村、桃源村 8 个民族村经济发展。全县在 7 个民族工作重点乡镇建设“民族团结健康小屋”。澄照乡卫生院成立全省首个医疗卫生试点“同心”工作站。惠明红、畲山凤两家企业成功列入全国“十三五”少数民族特需商品生产定点企业（全省仅 8 家）。继续在宗教领域开展“十百千万”普法工程。把党的宗教理论和方针政策纳入党委理论中心组、党校培训课程；在宗教场所、机关、学校、社区开展宗教政策法规宣传活动，重点开展新修订的《浙江省宗教事务条例》宣讲；提升依法管理宗教事务水平，坚持宗教中国化方向。

加大对少数民族大学生的奖励力度。考

上重点大学每人奖励3万元，考上国家民委直属民族院校（中南民族大学、西南民族大学、西北民族大学、北方民族大学、大连民族大学）奖励1万元，普通本科5000元，专科2000元。2019年，全县有8名少数民族学生被985、211大学录取，6人被国家民委直属民族院校录取，本科大学录取41人，专科录取96人，共发放少数民族大学生奖励资金69.7万元，151人得到奖励补助。继续实施少数民族民生保障政策，2019年，全县少数民族群众参加城乡医疗保险享受个人缴费部分补助50%，落实资金258.46万元；住院医疗自费超过4000元部分再补助12%，发放少数民族大病住院补助77万元，受益512人次；慰问少数民族困难群众37人，发放困难补助2.97万元；实行农村80岁以上少数民族群众补助政策，每人每月补助100元，发放补助金44.69万元，受益460人；给0—80岁少数民族群众投保人身意外伤害险，落实投保资金24.03万元。

2019年，由省民宗委主办，景宁畲族自治县人民政府承办，县民宗局、县自然资源规划局执行建设的“畲族风情馆”，参加在中国义乌举行的第十一届国际森林产品博览会。县民宗局在浙江省农业博览会（在杭州举行）上设立“畲族风情馆”，组织“景宁600”、畲族特色产品参展。省委常委、省军区司令员冯文平，副省长彭佳学，省民宗委副主任钟新章等领导亲临“畲族风情馆”参观指导。

2019年9月27日，全国民族团结进步表彰大会在北京举行。中共景宁畲族自治县委员会荣获“全国民族团结进步模范集体”称号；景宁畲族自治县人民政府县长钟海燕荣获“全国民族团结进步模范个人”称号表彰。中共丽水市委常委、景宁畲族自治县委书记陈重参会并领奖。

【《畲家嬉锅》获浙江省首届少数民族舞蹈展演“优秀作品奖”】 2019年7月25日，浙江省首届少数民族舞蹈优秀作品展演在遂昌县举行，景宁畲族自治县民宗局选送，浙江畲族歌舞团表演的《畲家嬉锅》荣获优秀作品奖。

【景宁代表团在第十一届全国少数民族传统体育运动会上成绩显著】 2019年9月8日—16日，第十一届全国少数民族传统体育运动会在河南郑州举行。景宁畲族自治县代表团46人参加3个项目的比赛。表演项目《畲家嬉锅》获二等奖；珍珠球项目，《山哈嬉情》《畲山竹韵》分别获得三等奖。

【组团参加丽水市首届原生态畲歌大赛成绩卓著】 2019年10月17日，丽水市首届原生态畲族山歌大赛在遂昌汤显祖大剧院举行。景宁畲族自治县代表团选送的《惠明茶》（独唱）、《彩带记党恩》（对唱）、《畲山情歌》（小组唱）荣获金奖；《凤凰彩带献北京》（独唱）、《党的恩情肚中记》（独唱）、《同圆中国梦》（对唱）获银奖；景宁畲族自治县民宗局荣获优秀组织奖。

【成功举办首届独竹漂比赛】 2019年7月22日，景宁畲族自治县首届独竹漂比赛在鹤溪河举行。此次比赛由景宁文化和广电旅游体育局、县民宗局主办，景宁县体育中心、民族水上运动协会承办。有25人参加独竹漂比赛。比赛有男子60米、女子60米，男子100米、女子100米2个赛程。经过决赛，评出名次。男子60米赛程：梅伟忠获第一名，蓝海峰获第二名，雷勇建获第三名；女子60米赛程：钟婷婷获第一名，钟李丽获第二名，雷明玉获第三名；男子100米赛程：梅伟忠获第一名，蓝海峰获第二名，李兴元获第三名；女子100米赛程：钟李丽获第一名，胡龙花获第二名，钟婷婷获第三名。

【成功举办首届原生态畲歌大赛】 2019年8月23日，景宁畲族自治首届原生态畲歌大赛在景宁一中明礼堂举行。此次活动由县委统战部、县民族宗教事务局、县文化和广电旅游体育局、县畲族文化发展中心主办，县少数民族发展促进会承办。县委常委、统战部部长蓝跃军，县人大常委会副主任钟利海，县政府副县长余晓军，县政协副主席尤建平及县离休老干部雷木森、蓝新友、蓝盛花等领导出席开幕式。共有10个团体代表队，47位个人赛歌手参加大赛。（雷　靓）

关心下一代工作

【概况】 2019年，景宁畲族自治县关心下一代工作委员会（以下简称县关工委）围绕县委、县政府中心工作，发挥老干部、老战士、老教师、老专家、老模范（以下简称五老）的余热，在青少年思想道德建设、帮困助学、“双百”活动、助力农村产业发展等方面取得了成效。

在青少年思想道德建设中融合畲乡忠勇精神和优秀传统文化，先后开展清明祭奠革命烈士、浙西南革命精神宣讲、畲乡国学教育、畲族文化传承和“情暖童心”暑期安全自护公益夏令营等各种活动75场，参加活动青少年1.5万人次。教育引导青少年听党话，跟党走，争做时代新人，得到省、市关工委点赞。

全年筹集社会爱心助学金200余万元，新资助困难大学生119名、资助困难中小学生272名，帮困助学工作连续3年排列全市第一。《丽水日报》头版点赞景宁畲族自治县关工委“自我挑战，实现帮困助学‘最多跑一次’”。

继续开展百名老科技专家联系百村即“双百”活动，新增家地中蜂养殖和九曲红茶两个“双百”活动示范基地；在慧明红实业发展有限公司茶叶基地、东坑水果沟、雅景多肉基地等17个“双百”活动示范基地开展科技帮扶指导解困70余次；开展“爱心蜂箱认领”、景宁“600产品”（海拔600米以上的生态农产品）消费等精准帮扶举措助力“双增”工作，为乡村振兴注入新动能。11月8日，在全市“双百”活动经验交流会上，“双百”活动示范基地惠明红实业有限公司代表景宁作典型交流发言。

2019年，县关工委获浙江省关心下一代工作先进集体，分别在省、市关心下一代工作会议上作典型发言。五老宣讲员任传奎获丽水市“十大优秀宣讲员”称号。（严水芳）

慈善工作

【概况】 2019年，景宁畲族自治县慈善总会以《中华人民共和国慈善法》为依据，以精准扶贫为重点，以和谐畲乡建设为动力，紧紧围绕“大众慈善、精准慈善、有为慈善、实力慈善、阳光慈善”开展慈善活动，加强自身建设，倡导慈善理念，实施救助项目，取得可喜成绩。

全年，通过多渠道募集各类慈善资金156.9万元，各类实物折合人民币125万元。发放助学资金46人13.46万元。资助县人民医院委培7名医学专业人才，每人年资助1万元。市级大病救助35户17万元，县级大病救助12人3.7万元。助困61人5.36万元，应急救助12人4.3万元。扶持鸬鹚、沙湾、红星3所中心小学创建“为了明天——关爱儿童之家”资金35万元。开展“同圆中国梦•守护安全行”活动，发放安全防护书包及图书500套。开展“光明快车”义诊活动，为80多位眼疾患者免费手术治疗。实施“千户万灯”改装工程，为25户低保家庭提供安全照明。举办“佛教百寺基金2019大摩尼宝•冬天里的温暖”活动，向全县中小学贫困生、环卫一线贫困职工、乡镇街道贫困户共捐赠冬衣2000件，价值110万元。开展“慈善关爱送温暖”活动，慰问乡镇(街道)困难群众、企业职工共191户，发放慰问金19.3万元。为红星社区慈善超市提供实物，折合人民币3.5万元，定期为110户城区周边低保户发放衣被及日常用品。与鸿宾大酒店联合举办第十三届慈善年夜饭，城区低保户、环卫工人、下岗职工和优扶对象等150余人会聚鸿宾喜迎新春佳节。

落实省、市慈善总会及爱心企业扶持项目6个。其中，浙江省慈善联合会扶持6.4万元，实施1户重度残疾人危房改造并完成；浙江省中天“关爱园丁”助教项目助学5人5万元；万向集团“四个一万工程”与59名贫困大、中、小学生结对助学，救助资金11.46万元；浙江省农信慈善资金扶持10名贫困大学生，每人资助5000元；海盐慈善助学11人5.5万元；丽水市慈善总会助学11人5.5万元。“中国人像摄影协会”捐赠的70床驼绒被落实发放到位。景宁杭州商会资助5人1万元。

继续开展山海协作宁海—景宁慈善帮扶项目。2019年，宁海扶持景宁马坑雾里香茶叶专业合作社慈善产业示范基地劳务资金25万元，扶持景宁英川田鱼姑娘家庭农场慈善产业示范基地劳务资金10万元。为当地低保、低收入农户、残疾人提供生产经营平台、技术指导、信息服务，帮助困难家庭脱贫致富。

有序开展义工活动。户外救援分队，开展抗洪、山体滑坡抢险救援、水上交通事故救援、失联老人寻找等救援活动47次。诗画书法分队，在元旦、春节期间走进机关、乡镇和社区送祝福，为市民作画、写春联600余副。美容理发分队，定期为敬老院、边远山区老人理发2200多人次。医疗救护分队，义务为高龄老人常规体检200多人次。大际慈善义工服务队，开展“五水共治”、美化乡村、服务老人等各类公益活动10余场，直接惠及老人400多人次。

【县慈善总会第三届第三次理事会】 于2019年5月31日召开。会议对本届理事会成员进行了增选和调整，表决通过叶金堂任县慈善总会会长，李晓荣任常务副会长，廖筱芳任秘书长兼法人。调整后，部门、群体组织理事18人，企事业单位理事17人，共计35人。会议对《景宁畲族自治县慈救助金发放办法》《景宁畲族自治县慈善总会慈善救助金使用管理办法》进行了修改并通过。中共景宁畲族自治县委常委、景宁畲族自治县人民政府副县长陈兵出席并讲话。　（廖筱芳）

乡镇·街道

红星街道

【概况】 红星街道东至渤海镇、西至大均乡、南至鹤溪街道(钟楼路、寨山桥)、北至云和县元和街道。辖仙童、红星、外舍、金仙寺、团结等5个社区居委会和城北、王金垟、岗石、岭北、岚山、杨绿湖、金钟源、小金州、金包山、和兴等10个行政村,70个自然村。辖区内户籍人口28711人,常住人口38900人,辖区总面积185.35平方千米。其中,耕地面积1126.17公顷,林地面积987.49公顷。

2019年,辖区内有工业企业62家,其中规模以上企业9家。工业总产值8.02亿元,其中,规模以上企业总产值5.64亿元,同比增长7%。电子商务销售额9.32亿元,同比增长19.8%。年度在册经纪人70名,同比增长14.75%,带动5456人再就业,累计发放来料加工费5397万余元,同比增长19.38%。

2019年,辖区有低保户343户570人;有低保边缘户109户278人,其中农村户籍76户193人。开展低收入农户脱贫保险1206人、防贫保险2311人。发放低收入农户产业扶贫补助资金22.86万元,惠及83户。低收入农户家庭子女中高等职业教育每学生补助3000元,惠及22户。为低收入农户申领产业发展贷款696万元,惠及117户。

引入红美人柑橘、天宫系列葡萄、广西沃柑等优育品种助力农业振兴。新增经济作物种植40余公顷。其中,茶叶10余公顷,优质蜜橘13.33公顷,稻鱼共生10公顷,雪梨3.33公顷,草本药材3.33公顷。完成农作物品质提升41.33公顷,建成小金州村4.67公顷薏米、金钟源村13.33公顷优质番薯“绿色高产高效百亩示范方基地”。

累计拆违5万余平方米,改造34500平方米,完成煤气站、一路通汽修厂等上级交办点位的拆除,并组织完成110区块拆后改建、县府后院小区旧住宅区改造。

完成“省民生实事工程”——岭北1号污水终端改造提升,惠及182户637人。运维治理户数1060户,运维率100%。顺利将外舍区块接入城市管网,保障稳定供水。

整治重点点位500余个,清运垃圾300余车次,整治面积达5万余平方米。张贴发放《环境整治行动倡议书》《环境卫生整治的通知》共400份。在辖区4个网格设立环境整治管理员，宣传政策、劝导居民、督察督办、协助整改，实现环境治理长效机制。

完成双坑口、王金垟和犁头岗3个安置点的规划选址，稳步推进前期工作。完成岚头下山移民安置房建设，安置群众133户393人；完成潘坑、雷保后等5个自然村157户453人的搬迁资格审查并开展房屋拆除工作，通过“全域通办窗口”接件3800余份，服务满意率达100%。

集中开展安全大检查6次，重点对企业、村（社区）、道路、学校及人员密集场所等领域进行检查走访。每月定期对110工业区块组织巡查，累计开展安全执法检查85次，检查大小企业76家次。

完成年度招商项目2个，合同资金1.73亿元，实际到位资金1100万元。与宁波市鄞州区、海盐县秦山街道紧密结对，成功落地岗石村大龙岗精品雪梨果园项目，探讨并达成“600产品”飞柜合作事宜，打通“鄞州—红星”农特产品展销新通道。

累计开展政风肃纪督查45次，开展扶贫领域资金项目督查7次，对35位党员干部以第一种形态进行问责。收集问题线索8起，立案4起，结案5起（其中2起为2018年立案），党内警告4名，开除党籍1名，追缴违规资金16700元。顺利完成王金垟、岚头、坑山后、潘坑4个村巡查整改，追缴违规资金28058元。（王心荷）

【行政村规模调整】 红星街道原有13个行政村，调整后10个行政村。大吴山村、外舍社区股份经济合作社（原外舍村）合并为和兴村；岚头村、坑山后村合并为岚山村；岭根源村、潘坑村合并为金钟源村。城北村、小金州村、金包山村、杨绿湖村、岗石村、岭北村、王金垟村7村保持原规模不变。（王心荷）

鹤溪街道

【概况】 鹤溪街道东至梅歧乡、西至澄照乡、南至东坑镇、北至红星街道，总面积98.05平方千米。其中，耕地面积758.49公顷，山林面积5989.27公顷。辖城南、城西2个社区居委会和鹤溪、张村、三枝树、东弄、鹤木岭、敕木山、包凤、浮丘8个行政村58个自然村76个村民小组6661户。2019年年底，全街道户籍人口15940人（畲族人口3901人）。其中，城镇人口7265人，农村人口8675人。

2019年，工业总产值56100万元，同比增长30.1%。规模以上企业2家（是年，新增1家，为浙江创岳金属材料有限公司）、规模以下企业29家。申报三枝树、张村2个小微企业创业园；开展“低、小、散”企业整治，关停淘汰10家小微企业。

全年粮食播种面积272.2公顷（增加旱粮基地5.7公顷），粮食总产量1750吨；蔬菜种植面积365公顷，产量13842吨；发展稻鱼共生22.6公顷；水果种植面积13.3公顷，产量7455吨。新建惠明茶基地15.62公顷，改造惠明茶基地240公顷。新铺设惠明茶园游步道1.55千米。全年栽培食用菌85.3公顷；发展林下经济黄精1.9公顷；引进特色中药材新品种三叶青苗6000株（0.26公顷）。新建中蜂养殖基地1个；新增生态精品示范合作社1家；农业绿色发展先行科技示范建设龙头企业4个、示范合作社2个、示范家庭农场5家、示范户30户。生猪出栏6518头，羊出栏265只，牛出栏70头，家禽出栏33120羽。开展非洲猪瘟防疫防控工作，强制免疫率100%。开展蔬菜基地重点农产品农残快速检测362次。推广测土配方施肥1300公顷、配方肥284吨、商品有机肥425吨、绿肥种植面积40.8公顷，化肥减量18吨。推广病虫害统防统治288公顷，绿色防控推广面积424公顷，农药减量0.08吨。农药废弃包装物回收0.75吨；农作物秸秆利用率94.8%。

更新、人工补植造林8.67公顷，其中珍贵树种造林2公顷。森林抚育9.27公顷；基地抚育4.53公顷。完成两个村（鹤溪、包凤村）一村万树推进村建设。

全年认定低收入农户178户352人。其中，低保五保户133户216人；低保边缘户46户136人。申报临时救助149户171人，发救助金21.28万元；申报医疗救助42户，发放救助金18.5万元。发放残疾人“两项”补贴358人。其中，困难残疾人补贴280人，重度残疾人补贴78人（托养1人）。基本养老保险参保11380人，参保率86.2%。其中，被征地户养老保险参保2550人。医疗保险参保15931人，参保率99.2%。低收入群众产业发展直补31户，资金补助8.2万元；低保政策兜底133户216人，补助128万元；脱贫保和防贫保12人补助3.8万元；教育帮扶7户7人，发放帮扶资金2.1万元。

2019年，鹤溪街道在册刑满释放人员35人，社区矫正对象13人，不同程度精神病患者25人，重点青少年（留守儿童、留守残疾儿童、不良习惯儿童）26人，吸毒人员45人。全年来信来电信访总量105件。其中，来信18件（含上级转交信件），“12345”平台来电87件。接待来访12批25人次。领导下访、包案调处信访18件，办结18件。全年未出现群体越级访事件，“信访维稳”形式总体稳定。

全年出生173人，计划生育率98.27%。完成孕前优生优育健康检查153对；“三优”培训3000人，培训率98%；“两性安康”保险2677人，参保率95.6%。

投资1100余万元，完成双后岗一期安置小区道路硬化、排水排污、路灯、高压线地下铺设、挡土墙建设等工程。原王木坑村、滩岭村农户异地搬迁335直房屋结顶，251户搬入新居，入住率100%。乌弄湾农民安置小区、金惠C区农民安置小区“三通一平”工程基本完工；完成张村（城南棚户区改造）区块229户378.5直宅基地分配；鹤溪半垟、三枝树米老窟等9个地质灾害隐患点全部销号。

2019年，继续推进“三改一拆”工作。拆除违法建筑128066平方米，拆后利用率90%；完成“三改”面积205540平方米。开展半垟违法用地、沐鹤小区和周湖村交办点位、张村区块整治行动。实施垃圾分类工作，完成城南社区亲亲家园省级高标准分类示范小区、瑞丰园省级“定时定点”投放小区建设；开展垃圾分类知识培训10余次，发放垃圾分类宣传册800余份，发放户内二分垃圾收集容器700余只、四分垃圾收集容器200余只。落实安全生产工作，与2个社区、8个村签订

《2019年度安全生产目标管理责任书》10份，与企业及个体企业签订《2019年度安全生产目标管理责任书》52份；利用村（社区）、企业宣传窗，制作安全生产板报25期、墙报12期、横幅标语30幅；发放安全生产文件资料350份；对12家企业150名员工进行了安全生产培训。

2019年，全街道举办“百村闹春·乡村春晚”联欢晚会7场，举办各类文体活动18场次，开展文化走亲系列活动9场次。开展“春泥计划”、“畲茶飘香”读书会、盘歌会、爱国主义教育、健康教育知识宣讲等主题活动。组织团队参加省、市（县）各类文体活动。获得“潮起钱江·舞动人生”浙江省第二届舞蹈赛丽水赛区特等奖，杭州决赛三等奖；选送《畲家婆娘乐丰收》参加全省农村文化礼堂“村晚”编导培训成果优秀节目展演并在浙江卫视全程直播；参加丽水市弘扬践行“浙西南革命精神”广场舞大赛获得金奖；参加“我和我的祖国”景宁畲族自治县庆祝中华人民共和国成立70周年全县干部职工合唱比赛获得银奖和最佳组织奖；参加景宁畲族自治县庆五一“弘扬践行浙西南革命精神”职工文艺会演获得一等奖。新华社（新华网）报道敕木山村春晚《浙江景宁：茶乡父老齐上阵·畲家欢乐迎春节》；人民网报道《“畲族歌王”蓝陈启：把千年畲族文化“唱”出大山》；《丽水日报》文化专栏报道《蓝延蓝：畲族彩带文化的守望者》（人物专访）。

全年有新建、续建项目37个，即人民南路延伸工程、东弄田园综合体、金山垟安置小区、张村滩岭安置小区、金惠C区安置小区、惠明禅茶文化产业园、惠明寺连接路、景文高速、金村水库、322国道、千年山哈宫、茶旅漫游、包凤安置小区、绿道建设（山哈宫—东弄段）、严村安置小区、天空之城、惠明茶工坊、党校迁建、两张公路、丽水西南电网补强工程、水井湾项目、县城排污改造、鹤溪村半垟环境整治、光伏联建项目、周湖村廊桥项目、城西村饮用水提标达标工程、周湖村古村落改造项目、城西村污水改造提升工程、双后岗二期南区块安置小区、畲乡体育健身中心、民间博物馆、环敕木山村寨建设、乌弄湾农民安置小区、王木坑下山移民安置小区、G235改建工程、米老窟治理工程、茶山路项目。

2019年，鹤溪街道办事处获得省级创建和谐劳动关系暨双爱活动先进基层调解组织、丽水市征兵先进单位、浙江省善治示范村等荣誉称号。鹤溪街道作为浙江省唯一一个“扫黄打非”基层站点，在全国“扫黄打非”基层站点规范化标准化建设现场推进会上进行典型经验交流。

【行政村规模调整】 2019年，鹤溪街道完成行政村规模调整工作。鹤溪村、浮丘村、东弄村3个村保留原规模不变；三枝树村、严村村2个村调整合并为新的三枝树村；王木坑村、滩岭村2个村调整合并为鹤木岭村；敕木山村、惠明寺村、周湖村3个村调整合并为新的敕木山村；张村村、双后岗村、旱塔村3个村调整合并为新的张村村；城西村、包凤村、扫口村3个村调整合并为新的包凤村。全街道行政村总数由调整前的16个调整至8个村，减少8个。

【开展“不忘初心，牢记使命”主题教育活动】 2019年9月至12月，鹤溪街道按照县委的统一部署开展“不忘初心，牢记使命”主题教育活动。在主题教育活动中，发放“两书一章”等学习书籍（资料）2952本，制定“党员个人学习计划安排表”725份，完成“两书一章”通读725人。组织班子成员集中学12次（6天），召开专题交流研讨会4次。进村（社）、企业上党课15人次。抽查党员学习教育情况3批次901人次，集中抽查书本台账4批次108人次。收集问题470个，解决问题347个，交办跨部门解决问题28个。查找街道班子问题5个方面18个，班子成员个人问题232个；党支部问题清单136个，普通党员个人问题1267个。

【十件民生实事完成】 2019年，鹤溪街道提出了落实张村拆迁安置小区地基分配；提升2个党建精品示范村；建设包凤畲乡文化传习中心；建成王木坑、滩岭2个异地搬迁小区的排水排污工程；推进农民饮用水达标提标工程；启动乌弄湾、金惠C区农民建房；启动严村安置小区前期工作；竹林道硬化3千米以上；创建包凤村A级景区村；完成惠明寺茶旅漫游项目二期工程10件民生实事。至2019年年底，以上10件民生实事目标任务均已完成。 （毛永强）

东 坑 镇

【概况】 东坑镇位于景宁县城东南，东和文成县接壤，东南与泰顺县交界，西邻景南乡、大际乡，北连澄照乡、鹤溪街道，镇驻地东坑村，海拔597米，距县城22.5千米。明属鸣鹤乡在上里，清为六都，民国20年（1931年）建乡，属一区。东坑为第二次国内革命战争、抗日战争时期革命老区。1990年建镇，1992年扩镇，原白鹤乡、北溪乡并入。全镇面积173.2平方千米，耕地面积490.4公顷，林地总面积13300公顷，森林覆盖率81.9%，总人口8661人，其中畲族1881人，占总人口的21%，是畲族比较集中的居住地。东坑镇原辖18个行政村，2019年3月行政村规模调整后设10个行政村。东坑村、桃源村、深垟村、茗源村未调整；马坑村、罗山村调整合并为心田村；竹埠村、何村村、北山村调整合并为新和村；白鹤村、根底岘村调整合并为白鹤村；吴山头村、大张坑村、方徐村、汤北村调整合并为北溪村；杨斜村、大仰村调整合并为杨斜村；徐砻村、章坑村调整合并为儒章村。

2019年，东坑镇政府出台《小农户创业增收奖励新十条》《低收入农户造血式扶贫新五条》等系列政策。聘任42位省、市、县专家,以“创业大讲堂”和“田间课堂”等模式，解决小农户创业无门、创业无技等问题。争取创业贷款授信1.8亿元，发放创业贷款9230万元。与7家龙头企业合作，让小农户与大市场有机衔接；建成“创业服务中心”，推出“致富宝”App，实现创业“最多跑一次”；引进招商项目6个，新增就业岗位近200个；新增“600”产业基地26个，面积175.2公顷，提升“600”产业基地474.6公顷；引进布福娜、日本白菇等新品种21个，实现90%在家农户有创业项目，80%低收入农户得到“造血式”帮扶。东坑镇全民创业工作得到副市长杨秀清批示推广，被《浙江日报》《丽水日报》多次报道。全镇天然林封育2171.53公顷，每年增加收入50余万元。

全年在建项目35个，投资近5500万元。其中景文高速(景宁至文成)东坑段长17千米，土地征用75.85公顷，完成率135%；坟墓迁移202座，完成率100%；新增施工便道12条，开工率100%；房屋拆除9幢，完成率100%。实现政策处理、施工进度、投资额三个走在全县前列。投资300余万元，建设桃源村国家级传统村落项目。投资395万元，完成省级民生实事项目饮用水达标提标工程，受益人口3784人。投资330余万元，竹林道硬化9.2千米。开展森林特色小镇建设项目，完成118平方米休闲驿站、375米绿道的主体工程。提标改造东坑镇污水处理站，实现出水水质I级A类。农村公路养护提升41.46千米，达到"四好农村路"标准。完成东坑片区5个安置点规划设计，规划面积152121平方米，可安置搬迁群众982户3000余人。完成浙江景宁心田省级湿地公园总体规划申报。

建成美丽河湖游乐园、畲药养生度假村等涉旅项目9个；创建桃源AAA级，茗源、汤北AA级景区村，景区村覆盖率90%。新建国学(中国传统思想文化学术)、养生、多肉(多肉植物，又称肉质植物或多肉花卉，可用于园林景观，多以盆栽等形式销售)为主题的乡村精品名宿3家，新增床位70张、餐位300个，"清泉石上居"被评为浙江省金宿级民宿。畲医畲药馆被评为浙江省中医药文化养生旅游示范基地。开发"畲寨年味""暮浴山水"等旅游产品3个；完成杨斜方笋、布福娜等旅游产品转化5个；建成深垟、桃源等旅游商品展销点6个。成功创建全省首批AAAA级景区镇，成功打造"红+绿+畲"精品线，年游客突破40万人次。国家民委副主任刘慧、刘勇先后到东坑调研，并给予高度评价。东坑全域旅游的做法，两次在《丽水日报》头版头条报道。

2019年，全镇107户低保户发放低保金97.39万元，发放临时救助金5.46万元(54户)。89户低收入农户的产业扶贫项目通过验收，发放产业扶贫资金24.36万元；发放特困低收入农户新成长的劳动力接受职业教育助学金2.4万元(8户8人)。是年，城乡居民基本医疗保险参保率99.31%；城乡居民养老保险参保率96.18%；农村小额保险参保率65%以上；电子社保卡申领率214%。完成东坑医养结合试点建设，全省首个乡镇高血压远程咨询中心在东坑镇卫生院正式挂牌，打通群众看病"最后一公里"。危旧房改造72户，面积4800余平方米。开展搬迁意向排摸，收集各类搬迁诉求315户1091人。圆满完成搬迁任务，拆除房屋面积1785.23平方米。完成全镇126户老旧住宅电气线路改造，进一步保障孤寡老人和留守儿童的生命财产安全。农村留守儿童关爱工作得到副省长王文序的充分肯定。

创建"五小"工作法("小网格"托起"大服务"、"小信息"汇成"大数据"、"小平台"整合"大资源"、"小专班"铸就"大稳定""小组织"注入"大活力")，建成"五小"工作中心，撬动精细化治理，实现矛盾纠纷化解"最多跑一地"。开展扫黑除恶、移风易俗督查26次，处置各类治理信息7498条，化解纠纷236起，信访积案任务化解率200%。新增北溪市级民主法治村，全镇累计创建民主法治村7个。建成全县首个(深垟村)智慧消防系统和首个省级应急避灾点(根底岘村)。开展安全生产大检查15次，整改隐患17起，发放宣传资料700余份。创成“放心民宿示范区”“放心消费示范区”，打造“放心消费在景宁”东坑样板。成立由27人组成的应急救援队伍，并与县应急管理局在东坑镇联合举办“3·19”森林消防宣传日演练活动。东坑镇党建统领基层治理的做法，得到市委副书记李峰的充分肯定；市政法委把东坑的做法作为典型案例上报省政法委；中新网、《丽水信访》专题报道该做法。

全力推进“蓝天、绿水、净土”三大保卫战。排查整改省级督办治理点和风险隐患14个；发放垃圾分类、秸秆焚烧宣传手册2000余份。垃圾分类工作得到省、市、县督查组的充分肯定，被列入2020年垃圾分类试点乡镇建设。严格落实河长制，实现镇村两级电子河长常态化巡查720余次，污水零直排区建设通过市县验收。新增市级美丽牧场2个；农药、化肥使用对标欧盟标准。荣获2019年度市级健康单位称号；通过创建国家级卫生乡镇考核。东坑村成功创建省级美丽乡村精品村。拆除违建面积14697.87平方米，完成年度任务133.6%，拆后利用率100%。

扎实推进“不忘初心、牢记使命”主题教育。深入学习贯彻习近平新时代中国特色社会主义思想，开展集中学习7次，专题交流研讨3次，成功打造新和村平桥源后岗主题教育现场教学点。结合“三服务”活动，累计走访党员群众1201户、征集调研建议166条。对照“8+1”专项整治、党章党规及十九届四中全会精神，镇党委带头查摆出班子问题20条，整改20条，解决民生小事等各类问题141条。主题教育工作受到省市巡回指导组的高度肯定。

2019年，高标准完成行政村规模调整工作，将全镇原18个行政村调整为10个，实现三资100%融合。积极谋划村级集体经济项目，实现光伏项目10个村全覆盖，村级经营性收入143万元，同比增长51%。深入弘扬践行浙西南革命精神，创作原创歌曲《红寨梨花开》荣获市级创作金奖；原创情景剧《守望红寨》荣获市县两级曲艺表演金奖，并代表省民宗委参加浙江电视台“风雨七十年肝胆长相照”经典回声活动。开展文化阵地建设，提升东坑镇文化站；新建新和、北溪、茗源、杨斜等4个村级文化礼堂，不断丰富群众精神生活。持续推进移风易俗，依托新时代文明实践站(所)、各村红白理事会和道德评议会等载体，不断巩固乡风文明建设。建成马坑畲族体育体验特色村，成功举办桃源亲水文化节、二十四传统节气端午慈孝文化节、汤夫人“慈孝”文化节和第四届乡村匠人大赛。雅景多肉基地打造成全省首批关心下一代教育基地。（韦星雨）

渤海镇

【概况】 渤海镇位于景宁县城东北部，是滩坑电站库区移民乡镇，坐落在浙江省第二大人工湖——千峡湖湖畔，距县城23千米。镇域面积108平方千米。下辖1个居委会，6个行政村，56个自然村，2339户6488人。其中，畲族人口923人。

2019年，为了加快“景宁600”产业发展，提升各类产业基地130公顷。其中，覆盆子基地10公顷、柑橘柚基地13.33公顷、香榧林基地33.33公顷、茶叶基地73.33公顷。开发杨梅基地、多花黄精基地、田螺基地等新产业基地25公顷，新增中蜂养殖130箱。打造全县独有的龙虾基地3.33公顷。加强品牌打造和产业宣传推广工作，包装惠明湖茶叶，打造小吃品牌。2019年6月29日，“阿佳”麻叶麻糍亮相第六届温岭农林渔业博览会，实现渤海特色小吃产业“零”突破。

通过全员招商，强化招商队伍建设，培育招商新动能。吸引浙江通润集团有限公司、金华投资商等5批次投资商洽谈项目。强化前期谋划力度，总投资1650万元的毛竹加工厂达成初步意向，启动可行性研究报告和具体投资细节的洽谈。强化区域经济合作，与海盐县望海街道结成山海协作友好乡镇，双方就发展共促、组织共建、旅游共享、人才共育、文明共创等方面进行交流合作。

持续抓好专项整治，不断改善生态环境。拆除违章建筑960平方米；拆除6个大搬快聚搬迁点住房和附属用房。启动大搬快聚富民安居工程，小圩、何山、官山3个自然村4户17人通过资格初审。持续抓好美化工作。通过“六边三化三美”、“三改一拆”、森林防火、“一村万树”等工作，实现村庄洁化、绿化、美化。全年，春季造林4.07公顷，完成任务的203%，连创9年无火灾乡镇佳绩；开展天然商品林划界11个小班，140.87公顷。持续抓好“五水共治”，更换镇、村级河长，巡河率100%。7月12日，渤海镇获全省“污水零直排区”建设考核优秀单位，提前完成打造丽水市污水零直排区创建工作样板标杆任务。

全年养老保险参保4062人，享受养老待遇1111人；医疗保险参保4863人。发放医疗救助金89329元。困难群众临时救助25户59人，发放困难补助金25600元。优抚人员临时困难12户28人，发放救助金13200元。困难大学生7人，发放慈善助学金33000元。帮助残疾人本人及残疾人子女助学16人。全镇有252名残疾人享受生活补贴，无障碍改造逐步推进。第一批农村危房(C/D级)发放资金71户13.9万元。给65户困难群众修缮危房4500多平方米，完成修缮37户。

促进社会事业繁荣发展，完成卫生健康工作提档升级。办理生育登记证35本(其中通过APP办理9本)、办理独生子女证21本；两性安康保险684人，小额保险2782人(超额完成48人)。启动祖神广场、猎神广场、歌神广场“三个广场”建设，打造祖担展厅、畲武展厅、畲雕展厅“三个文化展厅”。完成文化站站舍恢复和安亭村奏名学法堂提升项目。县选送以渤海安亭“传师学师”为题材的节目，获浙江传统舞蹈展评薪传奖(最高奖)。组织参加原生态畲歌大赛，获得个人、团体赛铜奖。

【行政村规模调整】 2019年3月，渤海镇8个行政村调整为6个行政村。撤梅坑村、鲍山头村、大都村，设立渤海行政村，村委驻地梅坑村；保留安亭行政村、东湖行政村、旦水行政村、石

塘山行政村、后砻行政村。（陈娟娟 陈文丽）

沙湾镇

【概况】 沙湾镇位于景宁县城西南部，东邻标溪乡、梧桐乡，西与鸬鹚乡毗邻，南接大地乡、毛垟乡，北连英川镇和云和县林丰乡，镇政府驻地沙湾村，距离县城38千米。镇域面积122.7平方千米。其中，耕地面积610.6公顷，山林面积8918.5公顷。2019年，行政村调整，从原来的26个行政村、一个居委会，调整为13个行政村1个居委会。2019年年底户籍人口16700人。

2019年，发挥畲森山公司叶桥高山蔬菜精品园的龙头作用，带动87户农户种植高山蔬菜，参与订单农业。新增"600"高山蔬菜基地1.33公顷，提升粮食基地0.34公顷。利用下山移民和地质灾害避险搬迁后的闲置资源，流转土地扩大严坑桃园基地0.28公顷。新发展药材、茶叶等基地0.4公顷，生态土猪2500多头，初步构筑"猪、菜、果"相结合的生态农业发展格局。

沙湾镇完成基地抚育0.13公顷，沙湾小溪两岸种植彩化苗木2万棵。实现"垃圾二分类""厕所革命"全覆盖，全镇设立158个二分类投放点，新建公厕2座、修缮提升1座。沙湾至仙姑的游步道顺利通过竣工验收。成功创建省级美丽河湖"毛垟港"沙湾段。结合红色旅游，建成道化村烽火湘师纪念馆；投入40万元完善仙姑等景区村导视系统建设；成功创建季庄A级景区村。新增三星级农家乐和工会疗养点各一家。投入近200万元建成严坑七里安置点综合服务用房。成功举办沙湾"纤夫文化节"和"芸耕畲寨、花漫季庄"油菜花节等乡村节庆活动11次，接游客待4.23万人次。

2019年，沙湾镇消除薄弱村经济工作取得新突破。全年投入"消薄"项目资金2374.8万元，建成项目8个，实现收益110万元。借助山海协作，在省机电集团的大力支持下，依托镇强村公司，打造"省机电集团+镇强村公司+农产品基地+农户"的购销模式，逐步建立帮扶长效机制。全年销售农产品近107万元，单项为村级集体经济增收近35万余元。通过盘活资源，从资产空壳变成资产大镇。除了纤夫公司项目运作外，各村因地制宜，积极利用现有资源谋划"消薄"项目。其中，张庄村投资60万元、道化村投资65万元分别建成光伏项目；七里村投资200万元建成农家乐综合体；沙湾村投资80万元建成生态公墓等。通过"消薄"倒逼，各村合计拥有2925万元的资产。

2019年，沙湾镇积极推进村级便民服务站规范化、便利化、联动化建设，首次尝试村镇两级代办员联动模式，优化升级"最多跑一次"代办点。全年利用"最多跑一次"平台，办理老年优待证、独生子女证申领、养老待遇核准支付、养老及医疗保险参保登记等业务470余件。全年发放低保金268.7万元；临时救助对象224人，发放救助资金29.9万元；困难群众危旧房改造42户，残疾人住房改造1户；留守老人的老旧房屋用电线路改造150户；帮难助学51人。完成低收入农户动态调整，对全镇428户866名低收入人员进行建档立卡，并实施产业帮扶，发放帮扶资金16.7万元。在“2018遗留问题化解年”的基础上，依托“镇人大代表联络站”，积极发挥代表、委员、乡贤能人作用，成功化解历史遗留问题11件，从源头上排除不稳定因素。从年初开始，通过镇村干部走村入户、进校园、入企业深入开展扫黑除恶专项斗争工作，张贴“扫黑除恶”宣传海报100余份，发放宣传单1000余张。行政村调整合并后，河长制、网格治理等工作迅速做出调整同时跟进。有效整合基层民兵、消防、护林员等队伍。通过强化演练、完善预案，成功打造景宁畲族自治县首支“大应急”队伍，全年处置各类应急事件17次。分别获省军区第二届岗位练兵大比武、全县应急大比武团体第一名。

2019年，完成沙湾村美丽宜居二期项目和七里安置新区基础设施二期、三期项目建设；沙湾镇污水处理工程完成迁建，进入试运行阶段；沙湾垟尾洪畈安置新区项目8号、9号农民公寓房全面开工建设；大搬快聚64户251人入住新房；七里上垟大搬快聚安置小区土地“农转用”完成审批。依托“四个平台”（综治平台、市场监管平台、综合执法平台、便民服务平台）将沿街所有农产品销售搬进农贸市场，实行统一管理、规范经营。

沙湾镇紧抓主题教育，在班子成员自学的基础上，先后6次召开党委扩大会议专题研究和集中学习，4次专题研讨交流。针对全镇外出党员较多的实际，各基层支部通过邮寄“两书一章”、定期在支部微信群发布主题教育学习资料等形式，抓实抓紧每位党员的学习教育。镇班子成员带领科室干部深入田间地头，逐村逐户宣讲中共十九届四中全会精神，带着感情和责任“沉下去”，使呼声和建议“浮上来”。主题教育期间排查收集各类问题、意见、建议57条，解决问题39个。尤其是尘封10年的沙湾110变电所政策处理难题在这次主题教育中也得到了解决，28户农户全部签字同意征地。

全面落实从严治党，强化基层党组织建设。以规范组织生活为手段，切实加强党员队伍日常管理。组织镇村党员干部开展“不忘初心、牢记使命”主题教育以及弘扬践行“浙西南革命精神”系列活动，推广“学习强国”、微信学习公众号，形成良好的学习风气。全年吸收入党积极分子12名、发展党员12名、预备党员转正8名。通过党员民主评议、先锋指数考评以及党员纪实管理等途径，对全镇党员干部进行集中“体检”，评出警示党员6名、不合格党员2名，自行脱党除名2人。由分管领导、联系领导、驻村干部组成督查组开展扶贫领域、镇财务管理、在建工程、三资管理等方面督查50次，提出整改意见12条，并全部整改到位。约谈党员干部138人次，运用第一种形态处理党员干部12人。对10名违纪党员、干部进行党纪政纪处分。其中，开除党籍2名，行政警告2名，党内警告4名，党内严重警告2名。

是年，沙湾镇发表各类信息报道156篇。其中，县级录用104篇，市级录用30篇，省级以上22篇。沙湾村被评为县级综合先进村，季庄村被评为省AA级景区村庄；沙湾镇成功创建“省级放心农贸市场”，获评丽水市生态精品现代农业示范乡镇、“景宁600”产业示范乡镇、丽水市征兵工作成绩突出单位、全省小城镇环境综合整治行动突出贡献集体。

【饮用水工程建设项目竣工投入使用】 2019年1月，沙湾镇4个饮用水工程建设项目竣工投入使用。其中，李处、旺水、林斜、小地4个村饮用水工程改造，投资120万元；沙湾、道化、新庄3村饮用水工程改造，投资70万元；沙湾、七里等村饮用水管网铺设，投资104万元；建成沙湾、七里集镇饮用水水厂，解决了6000余人生活用水，投资255万元。

【“云耕畲寨，花漫季庄”畲汉一家亲活动】 2019年3月30日，沙湾镇季庄村举办“云耕畲寨，花漫季庄”畲汉一家亲暨夯土文化体验园开园活动。季庄村种植油菜13余公顷，并在田园添种桃树、梨树，时正3月春暖花开，满园春色，美不胜收，吸引四方游客800余人参与该次活动。其间，游客纷纷向当地农户订购蔬菜、蜂蜜、菜干、菜籽油等农产品，推动和促进了季庄村农旅融合发展。

【沙湾镇第十届人民代表大会第五次会议】 于2019年4月18日召开，42名镇人大代表参加会议，在沙湾镇的县人大代表、镇属各单位负责人、相关村村干部共56人列席会议。县政协副主席叶金堂到会指导并讲话。会议审议通过了《2019年沙湾镇政府工作报告》《沙湾镇人大工作报告》《沙湾镇2018年财政预决算执行情况和2019年财政预决算报告》；选举叶春强为沙湾镇人民政府镇长；按照法定程序投票表决产生民生实事6项。

【成功救援走失老人】 2019年5月7日，沙湾镇政府值班室接到村民求救电话：沙湾村毛山头自然村五保户柳育月（男，69岁、无子女，独居）2天未见踪影，疑似走失。接到电话后，沙湾镇迅速组织沙湾基层大应急队伍36人赶赴救援。通过近两个小时的寻找，救援人员在山上荒废的农田里找到了老人。老人身体虚弱，精神恍惚，没有受伤情况。

【纤夫投资发展有限公司全体股东代表大会】 于2019年6月20日召开。沙湾镇13个行政村股份经济合作社董事长及村务工作领导小组组长参加会议。会议，以纤夫公司成立初衷（增加各股东村集体经济收入）为出发点，就投资景宁畲族自治县兴村富农投资发展有限公司一事进行决议，并表决通过向兴村富农投资发展有限公司投资1109万元。

【沙湾农贸市场正式投入使用】 2019年9月11日，沙湾镇集贸市场正式开业。市场内设肉类、水产、蔬菜、自产自销、水果、禽类6个区块，20多个摊位。该集贸市场归纤夫投资发展有限公司管理。

【葛伟民一行到沙湾推进“消薄”工作】 2019年9月12日，省机电集团党委副书记、工会主席葛伟民一行22人到沙湾镇推进“消薄”工作，县政协副主席叶金堂陪同。葛伟民一行先后到景宁畲森山农产品园区、仙姑村、七里村进行实地调研，并召开座谈会。会上，机电集团与沙湾镇就如何推进下阶段“消薄”工作进行了深入探讨交流后，决定通过农户+镇强村公司+畲森山+机电集团的购销模式，采购景宁农产品，实现促进结对村集体经济增收和提升集团员工福利品质的双赢。

【监察办特约监察员、村级监察联络员聘任仪式举行】 2019年9月18日，沙湾镇举行监察办特约监察员、村级监察联络员聘任仪式。给6位特约监察员和26位村级监察联络员颁发了聘书。特约监察员和村级监察联络员队伍的组建，填补了对非党员村干部监督的“空白”，拓宽了村级监督的“视野”，密切了党同人民群众的联系，进一步推动形成横向到边、纵向到底的基层“廉洁防护网”，实现监察网络全覆盖。

【八旬老人溺水成功获救】 2019年9月20日中午，沙湾村一名八旬老人（患有老年痴呆症）在溪中溺水，正在巡河的河长胡建荣、高云卫、金马洪、张俊4人见状立即下水救人，避免了悲剧的发生。

【沙湾镇与盖北镇、梅林街道合作框架协议签订】 2019年12月2日至3日，沙湾镇人民政府镇长叶春强带队先后到绍兴市上虞区盖北镇、宁波市宁海县梅林街道对接山海协作工作。实地考察学习两个结对乡镇（街道）在农业产业、工业发展、基层治理、商贸旅游、村集体经济发展等方面的先进经验和发展模式，同时就推进深度合作发展等话题分别与盖北镇、梅林街道作了交流和探讨，并签订了合作框架协议。

【行政村规模调整】 2019年2月14日至3月30日，沙湾镇26个行政村调整为13个行政村。撤上处垟村、本岱村，设立上处垟村，村委驻地上处垟；撤沙湾村、毛山头村，设立沙湾村行政村，村委驻地沙湾村；撤仙姑村、林斜村，设立仙姑村，村委驻地仙姑村；撤道化村、陈司坑村，设立道化村，村委驻地道化村；撤蔡湖村、张庄村，设立张庄村，村委驻地张庄村；撤七里村、水井村、严坑村，设立七里村，村委驻地七里村；撤小地村、赤岩村，设立小地村，村委驻地小地村；撤叶桥村、东堡村、流坑村、林坑村，设立叶桥村，村委驻地叶桥村；撤何处村、李处村、陈田村设立何处村，村委驻地何处村；保留莲川村、季庄村、坑头村、旺水村4个行政村。（杨利萍）

英川镇

【概况】 英川镇位于县城西南，距县城61千米，东接沙湾镇、鸬鹚乡，南与庆元县毗邻，西北与龙泉市交界，属高山丘陵地区，地势自西南向东北倾斜，镇域形态呈蝴蝶状，四面狭窄，中腹宽阔，东西宽15千米，南北长13千米，总面积为127.26平方千米，占县域面积的6.2%。辖区有耕地面积757.53公顷，林地面积9516.27公顷，森林覆盖率92.18%。英川镇驻地英川村，明朝时称为鸣鹤乡升天西里，清属三都，民国20年（1931年）建乡，属第三区，1990年建镇。原辖28个行政村，自2019年3月行政村规模调整后设10个行政村。英川村、梅漈村、新村村、坑洋村调整合并为英川村；王宅村、跃洋村、金林村调整合并建立三川村；黄洋口村、底垟村调整合并为黄垟口村；隆川村、隆上村、白坦村调整合并为隆川村；凤洋村、张川村、寨后村调整合并建立凤凰寨村；黄谢圩村、鲍岱村、石漈村调整合并建立黄鲍石村；榅堆村、茶园村、木岱口村调整合并建立榅茶口村；湖后村、外处呑村调整合并建立莲湖村；董川村、叶坪头村调整合并建立董坪村；岗头村、粗砻村、岭头村调整合并建立岗粗岭村。2019年年底，全镇总人口16611人。其中少数民族人口524人(畲族人口320人)。

2019年，英川镇全面实施"景宁600"产业提标增量行动。改造提升田螺基地400公顷、红心李基地40公顷、箬叶基地33.33公顷；新增野生香榧基地13.33公顷、稻鳖共生基地4公顷、田鲤鱼基地160公顷。凤凰寨村成功创建"景宁600"示范村。持续推广畲乡粉皮品牌。成功注册国家知识产权局颁发的"英川"和"英川粉皮"商标，启动申报国家地理标志商标。"英川粉皮"入选"2019浙江十大农家特色小吃"。升级8家畲乡粉皮店面，创建市内外粉皮示范店4家，建设粉皮干生产基地1个。成功举办畲乡小吃英川美食推介会，完成英川美食小镇专项规划。全面启动申报英川古水系世界灌溉工程遗产。

全年在建项目90个，总投资近8000万元。其中，交界圩至龙泉叶村公路二期工程完成过半，顺利推进梅漈、黄谢圩路段政策处理；外处呑光伏和榅茶口光伏项目(合计500千瓦)并网发电；县际之间的断头路连接公路——寨后至庆元合湖联网公路工程完成路基建设；总投资700多万元的高标准农村四好公路白坦呑至大湾联网公路启动建设；莲湖、英川、榅茶口3个村的高标准农田提升项目完工；成功创办招商引资项目九年制非遗特色民办学校——英华实验学校，总投资1017万元；完成凤凰寨3座公厕及寨后村亮化工程，总投资40余万元。完成英川镇入口国家公园社区规划方案编制，概算总投资8亿元。

全年，给181户低保户发放低保金16.9万元，发放临时救助金260户25.5万元。办理城乡居民养老保险11983人，参保率96.09%。办理独生子女和农村部分计划生育家庭奖励扶助对象的意外保险3193人次。组织各村网格员到景宁、云和、龙泉、丽水等地为英川在外人员开展安康保险(定点收费)，全镇参保对象1770人，其中男性542人，女性1228人，收取保费14.99万元。全年镇司法调委会和村级调解委员会调处各类矛盾纠纷42件；办理信访来电33件、来信4件、网信138件；化解信访积案9件，均签订息访承诺书。

2019年，英川镇组织申报乡村振兴最美乡愁风景线项目；建成底垟村美丽乡村项目、配套实施"六边三化三美"项目；着手实施英川、黄谢圩和隆上3个村第七批历史文化古村落保护项目；提升改造英川村污水处理终端。是年，改造修缮农村危旧房27户；黄垟口村后圩自然村11户49人搬迁到梅库；完成茶园、岭根地质灾害治理工程；开展大搬快治回头看，拆除墙体、附属房、粮仓、简易棚等13处。全年，组织垃圾分类大型宣传活动3次，下村宣传20余次，发放宣传手册、折页500多份，制作广告牌400多块。开展全镇环境卫生整治，投入民工288人次，车辆50余辆次。

扎实推进“不忘初心、牢记使命”主题教育。全镇23个党支部806名党员参加主题教育，实现理论学习有收获、思想政治受洗礼、干事创业敢担当、为民服务解难题、廉洁自律作表率的具体目标。主题教育期间，党员干部走访群众3000余户，现场解决问题80余件，带回研究解决问题120多件。全年召开5次党风廉政建设工作专题会议，开展督查20余次，收到信访件31件（包括案件9件），办结14件，正在办理中17件；处理违纪党员9人，其中第一种形态处置7人。

2019年，开展行政村规模调整，撤并率64.3%；温州市洞头区领导带队到英川镇考察学习行政村调整工作。积极谋划村级集体经济项目，实现行政村经营性收入220余万元。新建凤凰寨村（凤垟）和榅茶口村文化礼堂。各村开展中秋晚会、重阳节等“我们的节日”系列活动。其中隆川、张川等村成功举办“百村闹春·乡村春晚”。隆川村市级示范型居家养老服务中心通过验收。三川菇民戏剧村项目列入2019丽水市艺术助推乡村振兴项目资金扶持。《六百年的传承、七十年的坚守》在乡愁故事征集比赛中获县级三等奖；英川村、隆川村被评选为景宁畲族自治县第三批特色文化村。经普查，英川镇辖区内有红色资源29处。

【英华实验学校建成开学】 2019年9月10日，全国第一所非遗民办学校——景宁畲族自治县英华实验学校开学，共有45名教师，78名学生。该学校占地面积7833平方米，建筑面积6405平方米，项目总投资1017万元。从考察、确定创建到建成开学仅历时60日（2019年6月28日开始考察，7月4日确定创建）。

【行政村规模调整】 2019年4月，英川镇28个行政村调整为10个行政村。撤英川村、梅漈村、坑洋村、新村村，设立英川村，村委驻地英川村；撤王宅村、金林村、耀垟村，设立三川村，村委驻地王宅村；撤叶坪头村、董川村，设立董坪村，村委驻地董川村；撤黄洋口村、底垟村，设立黄垟口村，村委驻地黄洋口村；撤隆下村、白坦村、隆上村，设立隆川村，村委驻地隆川村；撤寨后村、凤洋村、张川村，设立凤凰寨村，村委驻地张川村；撤湖后村、外处岙村，设立莲湖村，村委驻地湖后村；撤黄谢圩村、鲍岱村、石漈村，设立黄鲍石村，村委驻地黄谢圩村；撤温堆村、茶园村、木岱口村，设立榅茶口村，村委驻地温堆村；撤粗砻村、岭头村、岗头村，设立岗粗岭村，村委驻地岭头村。 （雷 芳）

大均乡

【概况】 大均乡位于景宁县城西南，距县城12千米，乡域面积86平方千米，2019年3月行政村规模调整后，下辖5个行政村60个自然村，户籍人口4370人。其中畲族1488人，占乡总人口34.1%。李宝、泉坑、伏叶3个村为民族村。大均乡林地多耕地少，全乡耕地289.9公顷，林地7933.3公顷，其中毛竹1333.3公顷。全乡森林覆盖率89.1%，活立木蓄积量29.5万立方米，省级以上生态公益林6666.6公顷，空气负氧离子浓度6000个/立方厘米。是年，全乡确定低保对象102户159人，低保边缘户19户45人。城乡居民养老保险参保3055人，参保率93.77%。新庄、伏叶、泉坑3村农村小额保险实现全覆盖。

2019年，建成黄精示范基地9.3公顷(全县最大)，油茶抚育15.3公顷，发展白茶基地13.3公顷(累计47公顷)，新增中蜂养殖210箱(累计700箱)。打造李宝古法农耕、大赤坑草莓、三格黄精等特色农旅品牌基地。李宝云中公社古法农耕基地获评首批金果级“浙江省采摘旅游体验基地”，并统一纳入首批“长三角采摘体验旅游基地”。成功创建伏叶AAA级景区村。李宝洞宫畲王寨项目一期征地工作完成。建成李宝村文化礼堂，大均村文化礼堂获省五星文化礼堂荣誉。2019年，全乡接待游客141.97万人次，实现营业收入2283.6万元。成功承办2019第二届浙江水域救援技术交流赛。建立水上瑜伽户外基地。水域培训基地由单一的专业救援队伍培训向公安、消防、中小学生夏令营、游客等多方向拓展，先后承办全省消防水域救援业务培训班、台湾国际急救搜救教练班、中小学生水域安全夏令营等水域安全培训31场次973人。水域培训收入500余万元；水域培训农家乐、民宿消费收入100余万元。

全年拆除违章建筑16处4041平方米，完成任务的106%。开展新庄新亭、张寮自然村村容村貌整治，修缮提升新庄党群服务中心。推进大均村省级历史保护与利用重点村项目建设，修建民族书屋、民族乐器馆和轻音乐吧，修缮提升浮伞祠、李光元故居及月门洞，成功打造省级精品示范线——溪杉线。建成梅山古树森林公园，改造大均、梅山农村生活污水处理设施，提升三格村、伏叶村耕地质量(高标)。伏叶村入围“2019年第三批中国少数民族特色村寨”，获省级高标准农村生活垃圾分类示范村、市级“乡村美丽河湖”称号；大均村获省级美丽乡村特色精品村称号；泉坑村获评市级“最美村”。全年接待省内外各级考察调研人员417批次，其中包括教育部党组书记、部长陈宝生等省部级领导。

2019年，正式开通景宁县城至大均客运班线。完成大均村、大赤坑村生态停车场建设项目；新建(改造)大均、新庄、伏叶三村公交候车亭；改造提升(安装公路护栏)乡域农村公路240千米。大均乡获评市级“农村四好公路”示范乡镇，并在全县会议上作典型交流发言。修复伏叶叶坑村道路和东岱湖油茶基地道路，硬化泉坑畔灶光伏基地道路、李宝毛桐降至跃坑头林道路、梅山至跃坑头(宽岙)连接路。全乡改造138户老旧住宅电气线路，并配备相应的消防设施。基本完成大均乡农贸市场主体框架建设。启动泉坑水碓洋下山移民安置小区三期路面景观工程。继续推进山海协作工作，主动前往温岭泽国镇交流对接，签订友好结对框架协议。宁海县帮扶新庄村建成160千瓦光伏发电项目；市铁塔公司结对帮扶大赤坑村建成81千瓦基站光伏发电项目。是年，挂职干部刘日宏在全省结对扶贫工作座谈会上交流发言，并获中共浙江省委书记车俊点赞。

同年，伏叶村入围首批浙江省善治示范村；大均乡、泉坑村被列为首批县级党建统领基层治理“四个平台”和“全科网格”建设规范提升工作试点示范单位。启动全市首个乡级GEP(生态产品价值转换)核算试点、全市首个生态信用村评定试点，并在全国率先推行民宿生态价值体系，将生态产品价值理念植入民宿。生态产品价值理念植入民宿，这一做法获市领导和市生态产品价值实现机制试点办公室的肯定，作为典型经验，在全市总结推广。全国县级公益林落界完善工作在大均乡试点。完成11个地块国家森林督查小班核对工作及乡、村两级指界工作。由村到组的指界工作完成70%。2019年，大均乡合并后的5个行政村总收入117.53万元，其中经营性收入50.82万元。5个村联建426千瓦光伏发电项目成功并网发电，预计每年可为村级集体经济增收25万元。完成纪检监察办公室规范化建设，打造泉坑清风长廊，继续推行“清风茶室”谈话教育“三杯茶”制度，时刻提醒党员干部增强廉洁自律意识。“掌上三务”(在微信公众号平台上对村级党务、村务、财务进行公开)转型升级“智慧村务”，打造立体监督新模式，通过民主决策、“三务”公开等9块内容，进一步规范村级“小微权力”。全年开展不稳定因素和矛盾纠纷排查71次，调处各类矛盾纠纷69件，调处率97.2%；组织开展网格员业务培训6次，全科网格员通过平安通手机上报信息2600余件，按时受理办结率100%。县纪委转办信访件1件，处理违纪党员4名。全年未发生较大的群体访和越级访案件，重大节日等重点时段实现“零上访”。

【大均乡顺利完成新村挂牌】 2019年，大均乡行政村进行调整，9个行政村调整为5个行政村。撤大均行政村、大赤坑行政村，设立大均行政村，村委驻地大均村；撤李宝行政村、梅山行政村，设立李宝行政村，村委驻地梅山村；撤泉坑行政村、垟坑行政村、三格行政村，设立泉坑行政村，村委驻地泉坑村；伏叶行政村、新庄行政村未调整。调整后的大均、伏叶、李宝、泉坑、新庄5个行政村于3月18日挂牌。各村聚焦融合发展主线，找准新村发展定位和方向，突出规划引领，重新编制乡村发展规划，加快人口、资源、土地等生产要素整合，为实现乡村振兴奠定良好基础。

【“三权分置”抵押贷款试点】 2019年，伏叶村成为全县首批“三权分置”(将农村土地的所有权、承包权、经营权三权分置，其中经营权可以流转)抵押贷款试点，积极争取上级部门支持，破除农村宅基地使用的制度障碍，带动社会资本进入乡村。县农商银行为伏叶村5家农家乐授信贷款200万元，有效盘活农村闲置资源，让群众切实享受到改革带来的政策红利。（刘康华）

澄 照 乡

【概况】 澄照乡位于景宁县城西南，东邻东坑镇，西连梧桐乡、大均乡，南倚大漈乡，北接鹤溪街道。乡政府驻三石村，距县城6千米。乡域面积84.8平方千米。其中，耕地面积2278.4公顷，山林面积5991.3公顷，森林覆盖率66.7%。2019年，行政村规模进行调整，由原先的15个调为5个，即三石村、金坵村、东畔村、东升村、漈头村。总人口7422人，其中，畲族

1896人。金坵村荣获全县综合工作先进村。

2019年，建设项目28个，完成投资1.1亿元。引进企业18家。其中，引进全县最大的鳗鱼养殖项目，总投资7000万元。倾力打造"白茶之乡"，新建白茶苗培育基地400公顷（全县最大），占全县白茶种植面积的三分之一。全力打造"产业大乡"。持续加大项目"消薄"力度，推进联建、自建项目7个，累计投资2000万元，预计2020年增加村集体经济100万元。完成全县首个村企结对项目东畔奥仙标准厂房一期建设。推进金坵蓝氏文化体验中心、花海彩虹滑道等项目建设和创业园二期场地平整、靶场建设、景宁至文成高速等重点工程政策处理。顺利建成全县首个惠明问茶馆和清廉村居展示馆。扎实深入开展主题教育，建成三石茶山"使命之行"现场教学点；选树雷岳舜、刘慧云为优秀典型人物。创新推出"茶宴十碟"等一批"旅游+"融合项目，全年接待游客16余万人次，旅游经济收入超1000万元。

2019年，澄照乡快速推进安置点建设，打造全市"大搬快聚"新样板。澄照农民创业园创建安置小区农民建房监管新模式，实行安置小区标准化管理。是年，10个自然村223户680人搬入新居，大搬快聚成绩全县第一，得到了市委副书记、市政法委书记李锋批示肯定。

建成农民创业园垃圾分类资源化站点。该站点，占地面积4000平方米，总投资300万元。接收东畔村、东升村、际头村、金坵村、米岩山村、炉西村、四格村、后山8个村的生活垃圾分类处置和资源化利用，同时处理周边4个乡镇（街道）63个行政村的餐厨垃圾。实施"青山白化"专项治理，张湾地块公益性公墓1560穴由县农民创业园工程建设指挥部移交给澄照乡人民政府。推进"三改一拆"（旧住宅区、旧厂区和城中村改造全面推进，违法建筑拆除）工作，拆除违章建筑29处，占地面积15570.5平方米，建筑面积24306.6平方米；拆后利用面积12114.6平方米，拆后利用率90.98%；整改横幅广告17处，完成率100%；整改公路沿线违法建筑4处。投资238.5万元，建设朱坑、朱排、际头、东岱、张后山等6村的饮用水达标提标工程，使各村水质、水量得到有效保障。金坵村荣获丽水市"五水共治""五进五个一"专项工作示范单位称号，并成功入选第二批"浙江省少数民族十佳特色村寨培育名录"，成为县十佳综合工作先进村。

全乡农村合作医疗参保人数7399人，参保率99.29%；养老保险扩面增量150人，参保率96.47%，全县排名第一。低保户267人，发放低保补助164.7万元；残疾人394人，发放残疾人"两项"补贴10.3万元；困难群众167人，发放临时救助金、医疗救助款10.5万元。

深化"四个平台"（综治工作、市场监管、综合执法、便民服务）建设。全年处理各类信息6026条，开展专职网格员培训8次，"三率"（在线率、里程率、时长率）巡查排名全县前列。通过"平安通"及平安浙江APP，上报信息8619余条。成功调解矛盾纠纷80起，实现重点时段零上访。

【行政村规模调整】 2019年3月，澄照乡15个行政村调整为5个行政村。撤金坵村、四格村，设立金坵行政村，村委驻地金坵村；撤漈头村、米岩山村、张后山村，设立漈头行政村，村委驻漈头村；撤东畔村、炉西村、仙山村、东岱村、白沙岱村，设立东畔行政村，村委驻地东畔村；撤东升村、梅坑村、朱坑村、朱排村，设立东升行政村，村委驻地东升村；三石行政村不变。（梅　敏）

梅岐乡

【概况】 梅岐乡位于景宁县城靠东偏南，与文成县铜铃山镇（铜铃山国家森林公园）交界，距县城37千米。全乡总面积86.7平方千米。其中耕地面积570.9公顷，山林面积6000公顷，森林覆盖率91.7%。2019年，下辖梅岐、岳崇、东文楼、桂远、竹山5个行政村，1611户4304人。

2019年，乡域地区生产总值8436.1万元。其中，农村电子商务销售额28万元，来料加工61万元。农民人均年纯收入20005元。成功创建“景宁600”产业示范乡镇。全年提升毛竹林套种黄精基地33.33公顷、高山蔬菜基地13.33公顷、猕猴桃基地4.67公顷、覆盆子观光采摘园4.67公顷，扩建林下种植铁皮石斛基地3.47公顷。生猪养殖存栏量增至1200头、新建山羊养殖基地存栏150只,新建稻鳖共生基地5.47公顷。特色龙头产业铁皮石斛林下种植基地，被市农业农村局评为“丽水市道地中药材示范基地”。

全乡推行“垃圾分类”，开展“厕所革命”。建造垃圾房9个，制作宣传、制度牌9块，购买四分类桶12组、二分类桶168组、户分类桶322组，垃圾收集车10辆，提升改造农村公厕2座。继续开展“五水共治”，进一步守好水源头。严格实施乡、村两级河长制、湖长制，建立河长会议、信息共享、信息报送等相关制度，全年河长巡查率100%。投资16万元在梅溪河周边架设水源24小时实时在线监控设备，实时联网监控周边河流的水源情况。各村自筹资金90万元，建成一期生态公墓127穴，有效防止青山白化。2019年，全乡大搬快聚富民安居搬迁2户7人，发放搬迁补助资金21万元。

持之以恒落实中央八项规定精神，全面履行两个主体责任，坚定不移把党风廉政建设和反腐败工作推向深入。加强干部廉政风险防控机制建设，乡党委与5个村两委签订党风廉政责任书，制定25项任务清单，每季度开展1次党风廉政建设和反腐败工作专题研究。全乡干部排查出廉政风险点178处，落实党风廉政建设责任清单29条，建立6名中层干部廉政档案。全年开展廉政谈话8次，查处违纪党员4人，立案4人。其中，警告处分2人、严重警告处分2人。

【322国道梅岐段开工建设】 2019年，梅岐乡充分依靠乡村干部，县乡人大代表等组成的民事纠纷协商组，上山下村跑遍境内全线，成功调解与工程项目相关的矛盾纠纷76起，征地、坟墓迁移完成率100%，实现“零障碍”施工。拌和站、钢筋堆放场、炸药仓库等工程附属设施完工投入使用，3个隧道、2条便道、1座大桥均顺利开工建设。

【“梅岐好乡风道德银行”推出】 2019年，梅岐乡联合景宁村镇银行推出了“梅岐好乡风道德银行”。该银行以诚信为担保媒介享受低利率贷款，以道德积分兑换实物、折抵利息的方式引导和推动全民积极参与乡风文明建设。“好乡风道德银行”不仅得到市政府咨询委员会“生态信用体系建设”调研组的充分肯定，而且还收获了“存好道德初心、取出和美民风”的梅岐好乡风。

【创建全县首个 O2O 红色研学基地】 2019 年，梅岐乡成功创建全县首个 O2O（Online To Offline 在线离线/线上到线下，将线下的商务机会与互联网结合，让互联网成为线下交易的平台）红色研学基地。是年，梅岐乡以整合红色文化资源、带动产业发展为切入点，依托美丽乡村建设、小城镇环境综合整治、“六边三化三美”“五水共治”等系列行动，探索出一套红旅融合、多维融合平台的经营运作模式。线上依托“乐成长”APP 等网络平台，为不同终端设备提供可视听、可互动、可查询、订购、预约等动态性、互动性网络服务；线下全力打造以红色基地为主线的旅游景点、培训基地、现场教学基地、民宿综合体、娱乐项目，培育导游、教官、后勤等系统性服务团队，建立健全系列运行、运转、运作机制，形成支撑线上服务的各类软硬件平台。是年，梅岐乡收获到有史以来最大的红色基地效益，全年接待首次突破 100 批次、1 万人次，营业额突破 100 万元。同时获评丽水市中小学生社会研学基地。

【行政村规模调整】 2019 年 3 月，梅岐乡 9 个行政村调整为 5 个行政村。撤高门村、留钱村、梅岐村，设立梅岐行政村，村委驻地梅岐村；撤岗楼村、栋头村，设立东文楼行政村，村委驻地栋头村；撤桂远村、潘坪村，设立桂远行政村，村委驻地潘坪村；保留竹山行政村、岳崇行政村。（余雪飞）

大漈乡

【概况】 大漈乡东邻东坑镇，西连标溪乡、梧桐乡，南靠景南乡、雁溪乡，北接澄照乡，东西宽约 7 千米，南北长约 8 千米，距县城 48 千米，辖区总面积 56.9 平方千米。境内有全县第一高峰——上山头，海拔 1689 米，山上有 70 公顷猴头杜鹃。大漈乡下辖大漈、潘宅、彭岑、茶林 4 个行政村，19 个自然村，35 个村民小组。2019 年年底，全乡人口 1344 户 3334 人。

2019 年，全乡农业总产值 6698 万元，同比增长 7.5%。农民人均纯收入 22638.9 元，同比增长 15%。在市科技特派员的指导下，潘宅村 2 公顷厚朴林套种多花黄精示范基地创建成功。与省农科院合作，建立“乡村振兴服务工作站”，建成 6.67 公顷新标准茭白示范基地。通过优化株行距，更新种植标准，实行“统防统治”，推行“茭鸭套养”生态立体养殖和深化性诱剂、太阳能杀虫灯等生物防治技术，农药残留检测合格率连续 4 年保持 100%，进一步提升茭白的品质。大漈高山冷水茭白成为省长袁家军现场生吃称赞的“水果茭白”，并成为“第二届世界丽水人大会”家乡味道品尝晚宴中“一县一品”的家乡菜肴。2019 年，全乡新建茭白苗圃基地 1.33 公顷，延长产业链，实现“一年育苗、两年不买、三年外卖”的第一步。同时，“问海借力”，开拓温岭、宁海等“山海协作”市场，积极对接盒马鲜生、联华等大型农产品销售企业，实现每千克6元的历史最高“开称价”。大漈茭白总体经济效益提升9.3%。

2019年，大漈乡全面推进云中大漈AAAA景区优化和全域旅游创建工作。投资1500万元的招商引资项目“梅里雪乡精品民宿”竣工，并通过验收；投资300万元的大漈村光伏小康工程和彭岑村光伏复合项目建成并网发电；白鹤至云中大漈景区入口和大漈至小佐村公路的沥青路面铺设完成，投资860万元；投资650万元，提升景区基础设施；投资400万元，修建10千米云中大漈健身道；投资1000万元，启动大漈至景南公路建设；投资200万元，建设小佐村美丽宜居工程；投资500万元建设高山运动休闲基地；投资49万元，建成2300余平方米的公益性公墓；新增设供水点10处，保障盆地95%以上的居民用上清洁的自来水。完成时思寺木马择匠遗址、乡村廉政电影博物馆、梅氏家风馆、廉政爱心菜园等廉政文化教学实践点项目建设。大漈中纪委杭培中心教学实践基地获评丽水市首批市级法纪教育基地[全年接待县内外考察团队93个3257人；接待培训班学员（不含景区游客）3000多人次，培训收入24.96万元]。开展“最美庭院”“六星文明户”等创建评比活动。推进“四个平台”建设，设立专职网格员10名，矛盾纠纷调解成功率、办结率100%。全年发放安全生产宣传册1500余份，张贴禁火令130张，发送移动短信3500余条；签订防火责任书1500份。发放移风易俗宣传资料2000余份。发动党员干部营造“党员先锋林”1.2公顷，赠送红豆杉、浙江楠、光皮桦、无患子、紫楠、南方红豆杉、榧树等珍贵树种2000株。先后举办了“百村闹春”乡村春晚、第七届大漈乡高山冷水茭白节、“小佐晒谱文化节”“体养杯全市老年人门球交流比赛”等活动。开展环境大整治，组织农村生活垃圾分类宣传6次，召开垃圾分类座谈会3次，组织各类志愿服务17次，出动志愿者1000余人次。开展卫生安全主题活动6次，张贴海报80张，发放宣传资料1400余份。落实乡、村两级河长制，把“五水共治”纳入村规民约，清理水面垃圾20多吨。开展全乡保洁情况摸底排查，出台保洁考核标准，制定并签订保洁合同。全年政府投入资金3088万元，引进民间资本1500万元，提升点位29个。启动“茭旅融合”标准化试点项目，成功创建省级农业绿色发展先行区和“景宁600”产业示范乡镇。2019年，全乡有农家乐75家（新增三星级农家乐5家），民宿9家（提升精品民宿2家），餐位4275个，床位938张。农家乐暑期入住率保持在70%以上。全年接待游客94.9万人次，旅游收入1885万元。乡强村公司通过与“云中大漈”景区深度衔接合作，实现村集体增收25万元。

全乡参加医疗保险3303人，参加养老保险2343人。全年给81户121人发放低保款69.3万元；给37户70人发放临时救助款2.32万元。健全居家养老服务体系，成立乡级综合居家养老照料服务中心。开展家庭医生签约，为辖区人口提供免费健康体检和筛查服务。全年共开展健康知识讲座3次，100%完成45—70周岁低保人员胃癌免费筛查工作，成为全县受检率最高的3个乡镇之一。

【举行“诗画畲乡·丰收景宁”中国农民丰收节暨大漈乡第七届高山冷水茭白节】 2019年9月21日，大漈乡举行“诗画畲乡·丰收景宁”中国农民丰收节暨大漈乡第七届高山冷水茭白节活动。活动以茭白为主线，设置庆丰收、晒丰收、享丰收、话丰收、品丰收、游丰收等系列活动，2000余名游客和当地老百姓一起共享丰收的喜悦。

大漈是全省“高山冷水茭白之乡”，出产的茭白品质上乘、肉质鲜嫩、富含营养，远销上海、江苏、杭州、宁波等地。2019年，全乡茭白种植面积333.33公顷，产值超过3700万元，是农业增效、农民增收的主导产业。

【大漈—大溪友好结对框架协议签订】 2019年12月16日至17日，大漈乡领导班子成员到温岭市大溪镇对接山海协作工作。通过座谈会的方式，双方紧紧围绕发展共促、旅游共享、人才共育、产业共生、文明共创等方面工作开展洽谈，并签订了景宁大漈乡—温岭大溪镇友好结对框架协议。

【“茭旅融合”标准化试点项目实施清单确定】 2019年12月10日，丽水市质标院院长邹小龙一行深入大漈，对大漈的赶考目标“茭旅融合”标准化试点项目开展调研。调研组通过座谈会、实地考察、走访等方式，就标准化试点项目的实施方案、标准体系、项目预期效益等开展研讨，并确定了项目实施清单，争取达到2020年度市级优秀项目。同时，调研组还实地走访样心村民宿、茭白基地、茭白市场、强村公司、农合联等试点单位，就今后标准制定中融入农家乐、茭白宴、绿道等元素进行数据采集。

【精品民宿“梅里雪乡”通过验收】 2019年，高端精品特色民宿“梅里雪乡”通过验收。该工程用地842平方米，建筑面积994.51平方米,总投资1000余万元。内设贵宾会议室、活动室、影音娱乐室、棋牌室、温泉spa（温泉水疗）、健身运动区、儿童游戏区、花园庭院等休闲娱乐功能。有床位50张，可同时接待50人（标间接待人数算两人）。

【“浙江省农业科学院大漈乡专家工作站”挂牌成立】 2019年11月28日，“浙江省农业科学院大漈乡专家工作站”授牌仪式举行。浙江省农科院副院长杨华出席授牌仪式并讲话；景宁畲族自治县人民政府副县长孙寒星参加授牌仪式。该工作站是浙江省农科院第一个乡镇专家工作站，也是大漈乡借力省农科院成立“5+X”（5名省农科院固定的技术专家+其他专家）乡村振兴产业服务人才工作站的重要组成部分。

【“大漈乡税务委托代征点”正式揭牌运营】 2019年11月27日，“大漈乡税务委托代征点”正式揭牌运营。在主题教育期间，大漈乡党委、政府主动对接县税务局、农商银行，聚焦“最多跑一次”改革，建成全县第一个乡级税务代征点，打通为民服务“最后一千米”。

【两茭白项目通过验收】 2019年11月6日，大漈乡高山冷水茭白综合市场提升项目和茭白秸秆生态堆肥循环利用项目通过县农业农村局验收。茭白综合市场的提升为大漈高山冷水茭白提供了优越的销售环境；茭白秸秆实现资源二次利用，避免环境再次污染。

【大漈村光伏与彭岑村光伏并网发电】 2019年10月30日，大漈乡大漈村光伏小康工程和彭岑村光伏复合项目实现并网发电。总装机容量450千瓦，总投资300万元。并网发电后，预计每年村集体经济可收入28万元，有效实现村集体稳定增收。

【行政村规模调整】 2019年3月，大漈乡8个行政村调整为4个行政村。撤销西一、西二、小佐、垟心行政村，设立大漈村，村委驻地西一村；撤销彭村、琴山村，设立彭岑行政村，村委驻地彭村；保留茶林村（村委驻地桥上垟村）、潘宅村（村委驻地潘宅村）。 （季子博）

景南乡

【概况】 景南乡位于景宁县城东南部，地处浙闽两省、四县的交界处，东邻东坑镇并接泰顺县、西倚雁溪乡、南接福建省寿宁县、北连大漈乡，乡政府驻忠溪村，距县城48千米。乡域面积95平方千米。其中，耕地面积863.81公顷，林地面积6456.55公顷（其中毛竹面积1133.33公顷），森林覆盖率92%。下辖5个行政村，1721户4481人。

2019年，景南乡围绕打造“农旅融合的新山区康养示范乡”，聚焦“党的建设、产业发展、项目建设、社会发展、平安建设”等工作，精准发力。忠溪村和缪程村被评为“浙江省卫生村”。“云上天池”成功创成省级美丽河湖。景南成为全省100个“浙江避暑气候胜地”之一。

2019年，全乡在建项目50个，完成投资9000多万元。其中，投资2000多万元，建成上标观景平台、停车场、水果大棚、忠溪生态公墓和居家养老中心；上标村弱电改迁、加固渔际山塘和修缮大会堂；提升东塘粮食功能区和旅游公厕；安装西垟路灯、保护东垟古村、硬化林道路。投资2500多万元，推进忠溪村、上标村3个农家乐综合体招商引资项目建设。投资800多万元，建成4个光伏项目，装机总量1100千瓦。投资4000多万元，推进耕地垦造66.67公顷，完成垦造36.67公顷。紧抓长三角一体化发展机遇，主动对接上海、福建、温州等地投资商；携手乡贤回归，发展竹木加工企业、枫水天寨、康养旅游小镇、中药材发展基地等一批招商引资项目。

实施“产业提质增效、特色培育增收、问海借力增值”三大工程。全乡抚育“高效笋竹两用林”373.33公顷，硬化竹林道6千米，新增毛竹加工生产线1条，年加工毛竹总量翻番，达到7000吨。打造“冷水雪茭”示范基地166.67公顷。新增“茭鳅、稻鱼”共生基地60公顷，多花黄精等中药材基地53.33公顷。有草莓育苗基地4.67公顷，高山花卉11.33公顷。建成水果大棚基地1个。新增中华土蜂436箱，增量居全县第一，累计1200箱。林下牛羊养殖300多头。成立景南乡“景宁600”（景宁海拔600米以上的高山农产品生态品牌)产业发展服务中心、低收入农户增收服务中心。积极打造“景宁600”品牌,新注册笋干、冬笋、大米、蜂蜜农产品商标3个。抓住“山海协作”良机,茭白、冬笋、土鸡等农产品直销海宁,打造“飞柜”(农副产品从田间到餐桌的无缝对接,是“山海协作”的生动实践。实现了农业产业发展从“输血”到“造血”的转化)经济。2019年,景南乡被评为“景宁600”产业提标增量攻坚战先进乡镇。借县委县政府谋划“云上天池”(景南乡上标湖)之势,紧紧围绕景区项目招商,加快发展乡村旅游、休闲度假、文化体验等旅游业。完善旅游配套要素,完成上标区域游步道、停车场、线缆改迁等6个涉旅项目和2个A级景区村创建,总投资1000多万元。建设3个农家乐综合体,投资2500万元。全乡累计有农家乐、民宿25家(新增民宿2家),床位350张。成功举办第八届仁孝文化节和第二届蓝立方国际艺术节,深度打造康养示范乡的赶考标杆。全年累计接待游客7万人次,实现旅游收入800万元。专题文章登上《今日丽水》期刊。

全面开展“蓝天、碧水、净土”行动,巩固提升小城镇环境综合整治成果,推动“局部美”向“全域美”扩展、延伸。持续推进“三改一拆”“五水共治”“六边三化三美”“厕所革命”等工作,强力推进“云上天池”周边环境治理。全年整治点位120个,拆除违章乱建1.3万平方米、整改菇棚50个,为群众提供了优质的生产生活环境。至2019年,景南乡连续8年实现森林零火灾,森林覆盖率和亩均蓄积量均居全县第一。

2019年,全年发放各类保障救助金200多万元,惠及群众600多人;发放产业扶贫资金15.6万元,惠及低收入农户81户;参加医疗保险4438人、养老保险待遇资格认证1560人、小额保险2314人。突出“三民”(民生、民权、民主)工作机制,全面完成5项票决民生实事(全乡各村路灯修理项目;妙坑村至程田村连接道路硬化项目;乡村道路美化、绿化提升项目;林道路硬化2千米以上;为80周岁以上参加农村合作医疗的老人减免50%医疗保险费用,减免部分由乡财政负担)。推动生态公墓、示范型照料中心、60人异地搬迁、26个自然村路灯修复等民生项目实施。

坚持从严治党,以党建为引领,推动各项工作。全乡评定五星党员15名;创新“无职党员设岗定职”机制,95名无职党员在9类岗位中为民服务;深化“清廉村居”建设,实施15项村级重大事项报告制度,对25个惠农项目备案监管;建成8个村集体增收项目,成为全县第三个完成“消薄”(消除集体经济薄弱村)“双百”(村集体总收入和经营性收入达到两个百分之百)任务的乡镇。

【景南乡第十届人民代表大会第五次会议】 于2019年3月27日在景南乡政府会议室召开。出席代表32人,列席代表23人。会议审议并通过《景南乡人民政府工作报告》《景南乡人大主席团工作报告》《景南乡2018年财政预算执行情况和2019年财政预算报告》。选举叶旭瑛为景南乡人民政府乡长。

【景南乡第十届人民代表大会第六次会议】 于2019年9月10日,在景南乡政府会议室召开。出席代表31人,列席代表20人。会议审议并通过《景南乡人民政府2019年上半年工作报告》《景南乡人大主席团2019年上半年工作报告》。选举叶妮为景南乡人大主席团主席；选举梅哲凯、张克忠、傅伟红为景南乡人民政府副乡长。

【行政村规模调整】 2019年3月，景南乡5个行政村调整为2个行政村。撤销东垟、西垟、上标垟3个行政村，设立上标行政村，村委驻地北垟村；撤销程田、妙坑2个行政村，设立缪程村，村委驻地程田村。新设立2个行政村于3月22日顺利挂牌。 （吴美芳）

雁溪乡

【概况】 雁溪乡位于景宁畲族自治县南部，东南临景南乡、西接家地乡、北连大漈乡和标溪乡，海拔480米，距县城63千米。乡域面积42.8平方千米。其中，耕地面积196.9公顷，山林面积3490.2公顷，森林覆盖率82.3%。2019年4月，行政村规模调整后下辖雁溪、浮亭岗、大垟塆、石梯和梅坞5个行政村，24个自然村，人口3534人。雁溪乡系国家级生态乡镇，浙江省卫生乡镇、浙江省体育强乡镇、"浙江省摄影创作基地"，丽水市文化强乡镇、卫生应急示范乡镇。

2019年，全乡农作物播种面积460.5公顷，其中粮食播种面积217.8公顷，粮食总产量1124.3吨。全乡注册成立4个家庭农场，4家农业开发有限公司。种植黄精66.7公顷，香榧46.7公顷，水稻20公顷，白茶20公顷，水果3.33公顷，稻鳖共生基地5.33公顷。完成石梯等7个村饮用水管网改造工程，解决数以千计村民的饮用水问题。浮亭岗光伏联建项目投资252余万元，9月份完成验收，实现并网发电，给5个行政村分别带来5万元的村集体经济收入。成功打造"雾中田"和"畲黄精"特色农产品品牌。其中"雾中田"生态大米成功加盟"丽水山耕·景宁600"农业区域品牌。继续推进"三改一拆"工作，拆除面积5913平方米，完成年初任务的795.8%。有序推进大搬快聚富民安居工程，完成8户34人的搬迁，发放补助资金102万元。

2019年，雁溪乡大力发展乡村旅游业，助推全域旅游发展。铺设大垟塆农旅融合游步道，成功创建大垟塆村AA级景区村；修复黄岭古道；新建全县首家提线木偶非遗馆、浮亭岗天文气象植物科普馆、摄影展览馆；跻身"浙江省摄影采风创作基地"。成功发布中国首款古村落字体"雁溪古风"体。

全年引入市内外优质工商资本6000余万元，发展康养产业。依托外地工商资本，流转土地203.33公顷，(流转土地占全乡耕地面积的42%)，打造梅坞千亩(1公顷≈15亩)香榧基地、大垟塆千亩中药材(黄精)基地和东山村千亩中药材苗圃综合基地。通过乡贤引荐，成功引入杭州乡创集团，流转古民居20余栋，投资4500余万元发展集民宿、农家乐和研学于一体的康养综合体项目。依靠千亩基地和康养综合体项目，带动村集体和村民双增收。

2019年，全乡有低保户70户120人，发放低保款70.03万元。城乡居民养老保险参保2548人，城乡居民医疗保险参保3494人。全乡育龄妇女1068人，其中已婚育龄妇女808人。

全年出生31人。其中,计划内出生31人,无计划外生育,计划生育率100%。稳步推进“最多跑一次改革”,完成村级代办点的初步建设,办结独生子女证、老人优待证等事项74件。创新推出政务服务微信小程序,在全县率先推出村级小微权力清单13条、公布村级财务等信息16期、“最多跑一次”办事信息18条,搭建起为群众特别是外出群众服务的“微平台”。

组织开展各类矛盾纠纷排查和调处,成功调解7起各类历史遗留矛盾纠纷。完成雁溪至大公路政策处理,项目顺利复工。加强平安综治维稳工作力度,确保社会政治大局稳定,全力做好“平安护航新中国成立七十周年大会战”、第六届互联网会议和全国“两会”期间的社会维稳安保工作。

坚持全面从严治党,注重日常和动态管理,实行党员“工分制”管理制度。全力配合农村基层作风巡查,在规定期限内高质量完成2018年3个被巡查村的问题整改。收回违规列支资金33497元,约谈党员干部39人次。积极配合2019年县委巡查组对雁溪村、浮亭岗村的巡查。乡纪委和监察办公室办结案件6个,处置党员9人。其中,开除党籍3人、党内严重警告1人、党内警告5人。扎实推进“不忘初心、牢记使命”主题教育,围绕“守初心、担使命,找差距、抓落实”的总要求,多措并举扎实推进。紧抓学习教育,层层落实;推进为民办实事解难题;紧盯任务清单,推进整改落实。

【举办第十三届“雁溪古风”摄影节】 2019年11月30日,雁溪乡成功举办“浙江景宁·中国康养文化产业发展大会”暨第十三届“雁溪古风”摄影节。摄影节期间,来自全国各地的260余名摄影家参与摄影采风,吸引了2000余名游客驻足观赏。活动实况通过手机客户端现场直播,点击收看量超过5万人次。

【行政村规模调整】 2019年3月,雁溪乡8个行政村调整为5个行政村。撤雁溪村、上东山村,设立雁溪行政村,村委驻地雁溪村;撤浮亭岗村、黄桐村,设立浮亭岗行政村,村委驻地黄桐村;撤大丘田村、柘塆村,设立大垃塆行政村,村委驻地大丘田村;保留梅坞行政村和石梯行政村 。（柳金淼）

郑 坑 乡

【概况】 郑坑乡位于县城东部。东北、西北靠渤海镇,紧临滩坑库区,南临梅歧乡,东南与文成县交界。乡政府驻地郑坑村,海拔660米,距县城22千米。全乡面积33.5平方千米。2019年,根据市、县的统一部署进行行政村规模调整,吴布、柳山、张坑下3村保持原规模不变,郑坑、羊角岗2村调整合并为新的郑坑村。调整后为郑坑、吴布、柳山、张坑下4个行政村,42个自然村。2019年年底,全乡共有1209户3386人。其中,畲族1448人,占总人口的43%,是全县畲族人口比例最高的乡镇。2019年,郑坑乡获“小城镇环境综合整治”省级样板、省级卫生先进乡镇、丽水市农业绿色发展示范区、县级统战工作先进单位、公路养护考核排名全县第一等荣誉。郑坑畲家田园获省级“最美田园 ”称号。吴布村古色畲族文化现场教学基地获评丽水市乡村振兴示范基地;吴布村获省级善治示范村称号。

2019年,全乡水稻种植面积218.66公顷,产量1065吨,产值650余万元。有海拔600米以上"丽水山耕"绿色有机粮食基地10公顷,"景宁600"基地352公顷。其中稻鱼共生56公顷,新品种稻谷206公顷,高山蔬菜40公顷,生姜20公顷,笋竹两用林20公顷,中药材10公顷。养殖畲家生态年猪250头、兔1000只、牛150头、山羊50头、鸭1000羽、鸡7000羽、中蜂养殖73箱。耕地地力保护面积198.5公顷,补贴资金367975元,受益农户744户。绿化造林验收11.6公顷,完成任务的109%;抚育竹笋基地56.6公顷;四旁绿化0.5万株,种植珍贵树1万株。有公益林面积2188.4公顷,发放公益林"一卡通"397张(397户),发放补偿金1148945元。开展全乡森林资源调查,全面推行林木采伐、公益林补助资金发放公示制度,林木采伐网上办证率100%。

2019年,全乡在建项目25个(新建项目22个,续建3个),总投资5455万元。其中:投资319万元的农村饮用水达标提标工程,受益人口占全乡总人口的90%。投资3000万元,启动"四好农村公路"建设,开展土地丈量、公示、清单核对等前期政策处理工作,与农户签订征地协议121户,签订率91.2%。通过"两山一类"资金帮扶、村集体自筹等方式,总投资400万元,建成苗垟、山洋2个光伏发电项目,预计每年为村集体增加经济收入40万元。投资80万元,完成房屋立面改造工作。继续推进"三改一拆"(旧住宅区、旧厂区、城中村改造和拆除违法建筑)工作。完成"三改"1.85万平方米,完成任务的142.3%;拆除违法建筑5530平方米,完成任务的160.3%;拆后利用3710平方米,利用率93%。全乡改造C级危房29户,D级危房7户。其中,帮助困难户修缮危房9户,完工8户。第三批大搬快治搬迁群众20户60人,发放补助款104500元;非户口迁移政策因素造成的户籍滞留人员1人补助1万元。开展地质灾害回头看,核销6个地质灾害隐患点。全乡耕地保护面积552.42公顷。其中,永久基本农田保护面积462.93公顷,永久基本农田示范区保护面积219.82公顷。

2019年,全乡有低收入农户246户429人。其中,低保户134户217人,低保边缘户110户210人,特困人员2户2人。发放低收入农户产业直补资金39.15万元,帮助128户低收入农户实现增收。发放政银保小额贴息贷款50万元。脱贫保、防贫保合计理赔19人44807.96元。"雨露计划"(助学补助)补助低收入农户和困难家庭学生3000元。建立乡退役军人服务站,为2位困难优抚军人解决困难;"八一"期间走访慰问退伍军人、残疾军人、军属、烈属、烈士子女50余人次,发放慰问信43份,悬挂光荣牌43块。

是年,"强国"学习平台推广安装118人,占全乡党员数的88.7%;中国畲乡APP推广安装600人。新建柳山村文化礼堂1座,累计有文化礼堂3座。巩固提升畲族迎宾和传师学师村级文化队伍。新成立业余文艺团队3支,累计有业余文艺团队10支;发展传师学师队1支、畲族棍术队2支、畲族剪纸队1支、山歌队3支、花鼓戏队1支、综合艺术团队2支。新增畲族祭祀仪式县级非遗传承人2

人。由传师学师传承人钟小波亲手雕刻制作的麻叶麻糍模具亮相央视《中秋大会》。依托乡校“剪纸”艺术馆打造原真畲文化窗口，建成畲族特色展陈馆，并被评为青少年文化传承基地。畲族特色展陈馆全年接待外县客人15批230余人。接待县青干班、民族班等6个团队，300人。浙江畲话纪录片在郑坑拍摄。全年开展移风易俗活动6次。举办“年猪节”、百村闹春文艺演出、畲族剪纸比赛、浙西南革命精神宣讲、“丰收节”、传师学师非遗展演、“上刀山 下火海”展演、乡村振兴宣讲、“畲族山书”课堂等活动27次，参加人员2000余人。其中，“诗画畲乡 丰收景宁”中国农民丰收节盛况在“学习强国”、人民网、人民日报海外版、网易等国家级主流媒体转载报道。全年，郑坑乡被国家级媒体录用刊登的稿件24篇、省级媒体录用刊登9篇、市级媒体录用刊登17篇。

2019年初，召开郑坑铁军“志不求易·事不避难”村级和乡内设机构大赶考目标陈述会。会上，乡党委书记雷洁畅传达了市委常委、县委书记陈重在郑坑乡调研指导时的重要讲话精神，并对“大赶考”工作进行安排部署。4个行政村主要干部围绕基层党建、绿色产业、民生实事、社会治理等方面进行陈述；乡各科室干部围绕年度重点工作、亮点工作等内容进行陈述。是年，郑坑乡机关开展中层干部竞聘上岗，提任正股1人，副股4人，推荐3名干部参加2019年中青班干部培训。全年发展中共党员3名；发展入党积极分子7名。全乡118名中共党员，开展“不忘初心、牢记使命”主题教育，立足“秘境畲寨、醉美郑坑”发展定位。形成班子问题清单13条，完成整改13条；领导班子个人问题清单66条，完成整改53条；党支部问题清单48条，完成整改36条；党员个人问题700条，完成整改612条。党员干部走访村民242户，收集问题173条。为群众办实事办好事162件，解决问题39个，调解化解矛盾纠纷13件。成功创建“三无村”(无诉讼、无案件、无非正常上访)3个，市级民主法治村2个。

【畲家年猪、土鸡、土鸭等土特产网上预定销售】 2019年1月9日，上海年猪订单客户到郑坑，向农户购买网上预定的年猪3头，土鸡、土鸭150多羽，价值6万元。台州、杭州、上海等地10余位客户订单采购年猪等土特产，订单额达20余万元。

【郑坑、羊角岗两村顺利调整合并为郑坑村】 2019年3月5日，郑坑乡郑坑村召开行政村规模调整代表会，讨论并表决通过村规模调整方案和资产处置方案，并发布2号公告。农户代表参会率98%，行政村规模调整方案和资产处置方案同意率100%。同年3月6日，羊角岗村召开同样内容的农户代表会议，到会率92%，“两方案”同意率100%。郑坑村与羊角岗村顺利调整合并为郑坑村。

【郑坑铁军赶考——小城镇环境综合整治】 2019年3月11日，郑坑乡投资近400万元，建设岙门停车场项目、线乱拉专项整治等5个重点项目。开展主干道、房前屋后、背街小巷的综合整治行动。重点针对“脏乱差”整治，拆除危旧房、乱搭乱建、各种灰栏。出动干群400余人次，清运垃圾、杂物50余车，拆违30处，整治点位63个，面积4850平方米。

【郑坑乡第十届人民代表大会第五次会议】 2019年3月18日上午，郑坑乡第十届人民代表大会第五次会议召开。大会应到代表43人，因事因病请假12人，到会代表31名，特邀列席代表18名。大会听取和审议《郑坑乡政府工作报告》《人大主席团工作报告》《郑坑乡政府关于2018年财政预算执行情况和2019年财政预算情况草案的报告》《2018年环境状况和环境保护工作完成情况报告》及2019年民生实事项目。大会通过各项决议草案。

【开展"传承浙西南革命精神·2019清明祭英烈"活动】 2019年4月2日清早，郑坑乡组织开展"传承浙西南革命精神·2019清明祭英烈"活动。乡机关党支部、村党支部部分党员代表以及英烈后人等50余人参加。期间，全体党员向烈士默哀、敬献花圈；参观景宁畲族党支部党史陈列馆；乡党委书记带领党员重温入党誓词并讲解郑坑乡雷福体等6位烈士英雄事迹，共同缅怀革命先烈丰功伟绩，祭奠先烈英灵。

【浙江大学海宁国际校区学生到郑坑开展暑期交流活动】 2019年8月29日至9月3日，浙江大学海宁国际校区12名优秀学生组成社会实践团到郑坑乡开展社会实践及暑期交流活动。他们先后走访了郑坑村、吴布村，参观了九曲红茶基地，听取了当地政府"秘境畲寨 醉美郑坑"的情况介绍。他们被郑坑的天然生态资源优势和深厚的畲族文化底蕴所吸引，精心制作了《景宁·印象》视频，并在网上传播。

【郑坑乡招贤纳士聘任村级特约监察员】 2019年，为进一步推进村级小微权力规范运行，郑坑乡聘任有公信力、群众口碑好的12位村民担任村级特约监察员和监督联络员。并于9月12日召开监察办特约监察员、村社监察联络员会议。为"清廉村居"建设、监督基层权利规范运行提供有力保障，将村级权利牢牢束缚在制度的"笼子"里。

【郑坑乡第十届人民代表大会第六次会议召开】 2019年9月26日，郑坑乡召开第十届人民代表大会第六次会议。全乡35名正式代表、15名列席代表参加会议。与会代表围绕郑坑乡"小城镇环境综合整治"、产业发展升级——推出"郑坑山货"展开讨论，并提出5条建议议案。会上，选举严峰为郑坑乡人民政府副乡长。会议要求各有关单位要切实做好"渤郑线"公路改造提升工程政策处理工作；要进一步盘活旅游资源，助力全域旅游发展。

（张青青）

九 龙 乡

【概况】 九龙乡位于景宁县城东北部，东临青田，南接文成，北靠莲都，处于三县交界处，距离景宁县城51千米，乡政府所在地海拔168米，面积214平方千米，系全县面积最大的乡镇。2007年，滩坑电站移民后，原大顺、陈村两个乡撤后成立九龙乡，乡政府驻地王湾村，下辖1个居委，11个行政村，69个自然村。全乡有2966户8807人。其中少数民族289人，主要包括畲族、哈尼族、土家族、佤族。全乡在家人口约2500人，乡政府所在地约1500人。中共党员329名。各村庄零星分布，大的自然村100多人口，小的自然村10多人口，而且大都分布在高山上，交通不便、立地生产生活条件十分恶劣，村民下山脱贫愿望强烈。林业资源比较丰富，有林地面积18666.67公顷。其中生态林公益14800公顷，毛竹1386.67公顷。森林覆盖率78%。

九龙乡立足“一蜂两茶三特产”的产业发展格局，全年培育生态湖茶21.2公顷、水果基地35.67公顷、毛豆新品种试种56.67公顷。同时，实现光伏项目村级全覆盖。投入670万元，建设16个光伏发电项目，装机总容量1003千瓦。各村累计投资860万元，入股宁海“山海协作”和丽景园“孵化园”项目。九龙农产品销售紧盯国内、国际市场。国内以“山海协作”为重要平台，在宁波、上虞、海盐、温岭等地全面拓展销售。国际以欧盟为重点市场，成功举办景宁600农产品出口欧盟首发仪式，全年实现地瓜面出口500箱(每箱12.8千克)，并达成2年300万元的出口订单，促使九龙农产品漂洋过海走出国门。通过建设标准化加工厂、开展SC食品认证、申请注册“千峡山”商标、设计制作产品包装、广泛宣传对接等五项举措，对全乡蜂蜜实施“统一加工、统一认证、统一品牌、统一包装和统一助销”的“五统一”销售模式，全面打通正规市场流通环节。2019年，全乡中蜂经营主体、养殖量、产量、产值均位居全市各乡镇前列，创成了全市中蜂养殖最大基地标杆，其做法被《丽水日报》头版头条刊登点赞。来料加工产业，全年实现120余人就业，年产值突破600万元。

围绕“8处革命遗址”，建成1300平方米的九龙革命遗址陈列馆，修缮长8千米的红军路。通过弘扬红色文化和“一碑一馆一路”的谋划，精心打造一条具有九龙特色的红色精品旅游线路。高标准建设集镇AAA级旅游公厕项目；成功创建“市级爱国主义教育基地”。投资860万元，提升全县最大的农村饮用水达标工程项目。高质量建成避灾安置中心。有序推进各类移民安置工作。完成“大搬快治”安置小区建设，24户96人全部实现入住；完成徐洋、金山、大顺、高沈等村52户下山移民建房抽签工作，解决2014年以来历史遗留的农民建房问题；实施畚斗湾小区25幢移民安置房屋外立面粉刷、道路硬化、污水管网铺设。启动后斜口“大搬快聚富民安居工程”安置点建设，计划安置群众120户，约400人。全面完成省、市重点工程滩坑引水工程九龙标段的前期规划选址、项目用地报批和78户政策处理等工作。联合渤海派出所，组建“千峡义警”平安小分队；成立“邻里调解工作室”；全年举办各类普法宣传活动5次，化解各类矛盾纠纷58起。其中重大矛盾纠纷11起。

2019年，核定低收入人员354户575人，低保边缘户81户146人。医疗保险参保8485人，参保率99.18%；养老保险参保5830人，参保率95.49%；小额医疗保险4560人，参保率57.18。给187户338人发放低保救助金182.2万元；给299人发放残疾人生活补贴和护理补贴100.5万元。认真落实县乡分级诊疗制度，提高乡卫生院和村级卫生室规范化建设，不断提升农村群众享有的医疗卫生服务水平。乡卫生院全年完成门诊接诊病例6584人次；下村巡回送诊450人次。开展计划生育协会"5•29"会员活动日、"7•11"世界人口日活动。提高乡校硬件和教学工作投入，进一步改善教学环境，提高整体教育质量，2019年小学升初中录取学生数49人。

【2019红色九龙丰收节暨景宁600产品出口欧盟首发仪式】 2019年9月30日，九龙乡举办2019红色九龙丰收节暨景宁600产品出口欧盟首发仪式。活动内容包括景宁600产品（番薯粉丝）出口欧盟首发仪式、大型庆国庆红色九龙文艺会演、绿色九龙"丰收一条街"暨景宁600农产品展销、九龙革命遗址陈列馆开馆仪式、"丰收九龙"长龙宴、"富民九龙"来料加工技能大比拼等。签发仪式上，景宁诺坚农业发展有限公司负责人纪伟根与浙江景宁万好进出口有限公司签订农产品出口协议，300箱九龙番薯粉丝首批出口欧洲，当场发车。九龙地瓜面将实现每年出口70吨，产值422万元。

【行政村规模调整】 2019年3月，九龙乡14个行政村调整为11个行政村。撤销半岭村、高岩村，建立高岭村，村委驻地九龙集镇；撤销大顺村、鲍岸村、顺利村，建立和顺行政村，村委驻地鲍岸村。保留王湾村、库坪村、徐垟村、田坑村、岳口村、后坪村、高沈村、岭里村、金山村。 （叶小霞）

梧 桐 乡

【概况】 梧桐乡位于景宁县城西南，东临澄照乡、大均乡，西靠沙湾镇，西北界云和县境，南连标溪乡，距县城26千米。乡域面积74平方千米。其中，耕地面积316公顷，山林面积5035公顷。森林覆盖率72.4%。下辖6个行政村42个自然村。全乡人口6190人。其中，畲族人口1299人，占21%，是全县7个民族工作重点乡镇之一。工业企业主要有金坑水电站、金坑二级电站、梧桐坑水电开发有限公司等6家小水电站。

2019年，梧桐乡农作物播种382.6公顷。其中，蔬菜播种186.5公顷，产量3418吨。茶叶种植面积263公顷，产量115吨；果园31.6公顷，产量229吨。造林面积11公顷，森林抚育17公顷，封山育林3140公顷。年末生猪存栏81头；牛年末存栏21头；羊年末存栏7头；家禽年末存栏4154只。

全乡已婚育龄妇女1711人。计划内生育42人，计划生育率100%。全乡667户享受计生保险。64户低收入农户"政银保"小额信贷444万元；89户低收入农户产业扶持项目通过验收，补助资金18.132万元；雨露计划［雨露计划指：在校接受中、高等职业教育（包括顶岗实习），且具有正式学籍的建档立卡低收入农户子女可以向县扶贫办申请助学补助的计划］补助8户低收入家庭子女2.4万元；给67户符合防贫保和脱贫保救助对象进行保险救助。农村低保在册123户215人，全年发放低保救助金119.89万元。全年临时救助39户

46800元。2019年，新增享受重度残疾人护理14人，全乡累计享受重度残疾人护理138人，发放护理补贴318300元；新增残疾人困难生活补贴22人，全乡累计残疾人困难生活补贴281人，发放补贴695475元。参加新型农村合作医疗保险5778人，参保率99.62%；参加养老保险4145人，参保率95.4%；11个村1762户参加房屋保险；小额保险2506人，参保率100%。接待来信9件次，来访18批次80人次；处理上访3件次，结案率100%。全乡10个党支部，通过党员“先锋指数”考评，评出优秀党员10名，先锋党员14名，合格党员259名，警示党员2名。

【行政村规模调整】 2019年4月，梧桐乡11个行政村调整为6个行政村。撤梧桐村、秋兰村，设立梧桐行政村；撤山前村、梧桐坑村、李庄村，设立同兴行政村；撤金兰村、林山村，设立金林行政村；撤王山头村、东源村，设立凤凰行政村；保留高演村、角耳湾村。 （梅 笑）

标溪乡

【概况】 标溪乡位于县城西南，乡域面积51.6平方千米，东靠大际乡，西临沙湾镇、大地乡，南接雁溪乡，东北连梧桐乡，乡人民政府驻标溪村，海拔220米，距县城32千米，地势从东南向西北倾斜，诸水汇标溪港入小溪。有耕地面积196.7公顷，林地面积3847.7公顷。境内气候温和，雨量充沛，属县域中部低山区和粮、茶、果、畜、药综合农业区。2019年，下辖4个行政村40个自然村，1246户4582人。

2019年，以实现农村居民和农村集体经济增收为目标，大力推广“丽水山耕，景宁600品牌”基地建设。继续发展庭院经济，与东坑雅景苗木专业合作社深度“联姻”，促进农户年增收30万余元。继续巩固发展来料加工产业，发展电子、饰品等来料加工点3个，二级经纪人4人，全年加工费60万元。

开展安全生产宣传，落实安全生产责任。定期开展重点领域、重点时段、重点环节安全生产检查，全年安全生产零事故，无森林火灾。继续开展河道保洁、小微水体整治工作，严格履行河长巡查制度，全域剿灭Ⅲ类及Ⅲ类以下水体目标。全面推进省级美丽乡村精品村建设。省民宗局下拨资金，对标溪码头文化节点进行打造。标溪桥头入城口公园和标溪大桥的灯光进行“花港夜色”主题设计，发掘保护码头古迹等非物质文化遗产，建成码头非遗文化展示中心；完成标溪花海、主题灯光秀、灯光红点小黄鸭等工程，形成“走码观花”风景带。成功创建“花港标溪”省级美丽乡村精品村。统筹推进全乡“消薄”项目建设，建成处基村光伏项目、装机400千瓦，年发电30万千瓦时的东叶庄村光伏并网发电。继续利用“第一书记”平台，扩建东叶庄村苗木基地6.67公顷。依托“山海协助”，实现“问海借力”。标章、溪港、东叶庄、处基4个村出资200万元，通过县强村公司投资宁海标准厂房建设，加快了“双增”“消薄”步伐。

2019年，养老保险扩面任务202人，实际完成256人，完成任务131%。医保参保任务数4573人，实际参保人数4488人，完成任务98.1%；一卡通发卡人数2669人；采集指纹

2569人，指纹采集率96.3%。全面梳理和摸底调查低保人员，做到最低生活保障应保尽保。全年有低保48户68人，特困供养8人，孤困儿童14人，完成养老评估16人。申请医疗救助156人，发放救助金72万元；申请临时救助85人，发放救助金额9.75万元。强化二孩政策服务保障工作，三优教育覆盖率90%，免费计生服务基本项目覆盖达标率100%。

深化党风廉政建设，构建"班子清廉、干部清正、村务清爽、民风清朗"的"清廉村居"建设工程。以"清廉村居"建设为载体，将"清廉文化"与"家"文化进行融合，推出"清风家庭"和道德文明示范户评比。评出道德模范和清风家庭20余户，并在西瓜节上进行表彰。制作"清廉民情地图"推进"清廉机关"建设，着力打造风清气正的办公环境。发挥两代表一委员、乡贤作用，充分利用民事纠纷代表协商制度,保障社会稳定。按县人大"民事纠纷人大代表协商"要求，发挥人大代表作用，成功化解1起积怨33年历史积案。该案例被列入"三服务破六难"十大经典案例。根据国家信访网站的移交信息，主动联系信访当事人，成功化解2015年因处基村张山修建林道路而产生的信访积案。

【"党员服务驿站"正式挂牌】 2019年4月29日，标溪乡在景宁县城成立"党员服务驿站"正式挂牌。开展党员志愿服务工作。做好流动党员的帮扶工作，结合"三服务破六难"(服务基层、服务企业、服务群众，破解项目建设要素保障难题、解审批办事效率再提升难题、破解招商引资招才引智难题、破解生态产业追赶超越难题、破解生态环境保持一流难题、破解乡村治理三治融合难题)工作，是年，为标溪乡在景宁县城的群众解决困难300多件。

【行政村规模调整】 2019年3月，全乡启动行政村规模调整工作。调整前，标溪乡下辖标溪、预章、枫林口、马山、岱头、东车、何庄、叶谢、处基9个行政村。调整后，下辖标章、溪港、东叶庄、处基4个行政村。标溪村与预章村调整合并为标章村；枫林口、马山、岱头3个村调整合并为溪港村；东车、叶谢、何庄3个村调整合并为东叶庄村；处基村保留原规模不变。

【"卧薪尝胆"德育基地建立】 2019年，标溪乡党委政府深入发掘绍兴稽山中学在标溪乡预章村流亡办学的事迹，建立"卧薪尝胆"德育基地。是年5月，绍兴稽山中学到预章村开展"寻找来时路"活动，重温校训"卧薪尝胆"。6月，标溪乡党政领导班子到稽山中学参加校庆活动，双方就在预章村稽山中学旧址建立德育基地进行磋商并达成共识付诸实施。由绍兴稽山中学投入资金35万元，在预章村稽山中学旧址修复教室、教务处、校长室、邵鸿书宿舍等9处旧址。

【何庄西瓜节】 2019年8月，标溪乡在何庄村成功举办"中国·畲乡首届华东'景宁600'农产品推广节暨花港标溪甜爽'西瓜节'"。"西瓜节"期间，销售西瓜10万千克，销售标溪花卉2万盆；达成"大数据订单种植"，何庄月子姜、中蜂蜜等特色农产品登陆杭州盒马鲜生，呈现供不应求状态，农民增收200万元。《人民日报》、经济视野网、浙江卫视新闻联播、《浙江日报》、《钱江都市频道》、公共·新闻频道、中国蓝新闻、浙江之声、今日头条、丽水新闻、《丽水日报》等媒体纷纷点赞。其中《人民日报》、经济视野网、《旅游商报》上头条新闻，中国蓝同步直播点击率超过 6.3 万人次。

（陈　超）

家地乡

【概况】 家地乡东邻雁溪乡，东南界福建省寿宁县，西南与庆元县官塘乡接壤，是两省三县的交界之乡，乡政府驻家地村，海拔 430米，距县城 58 千米。乡域面积 49.6 平方千米，耕地面积 112 公顷，林地面积 4683 公顷。辖 3 个行政村，15 个自然村，773 户 2435 人。

2019 年，家地乡继续发展中华土蜂产业，稳定县域中蜂产业促农增收“领航地”。养殖中蜂 2800 箱，达到在家人口人均 8 箱，人均养殖量居全县第一。新增蜂业家庭农场 2 家，“中蜂人家”5 户。成立中蜂专家工作站，注册商标“畲乡蜂味”。建成“中蜂研学基地”及“双百”（丽水市“百名专家科技人员结对百家新型农业经营主体”示范基地建设）活动示范基地和青少年科普教育基地。家地村被认定为省级农业绿色发展示范区和“景宁 600”（将全县海拔 600 米以上村庄出产的农产品统一种植技术、统一包装、统一销售）先行村。

开展小城镇环境综合整治、“甜蜜条约”（家地乡以打造美丽、美丽经济、美好生活的“三美融合”新农村为总目标，开展“家庭布局协调美、植树栽花绿化美、物品摆放整齐美、屋内屋外洁净美、厨房厕所卫生美、自然低碳生态美”等“六美”活动）、美丽庭院评比、垃圾分类和“厕所革命”。完成清水绕村、屋面翻新工程。参加全市小城镇环境综合整治行动《破茧成蝶　绽放美丽》广播直播美丽经验交流。与浙江马丁品牌管理有限公司签订旅游运营合作协议，打造以中蜂研学+红色教育+绿色康养为主题的红绿融合项目，真正盘活“红绿”资源。初心讲堂、初心广场、初心长廊、初心客栈、初心书屋等场所相继投入使用；坪坑保卫战遗址、文化礼堂、游步道二期、农事体验区等基础设施项目完工；歌曲《红色坪坑》完成创作。成功创建“国家级卫生乡”；获评省级美丽乡村示范乡。家地村获评“省 A 级景区村”和市级无蚊村；坪坑村成功创建市级红色乡村振兴示范村，成功申报“省级国防教育基地”“市级爱国主义教育基地”“市级乡村振兴实训基地”，同时被列入浙江（景宁）民族干部培训中心现场教学点。完善运营机制，推出套餐式红色旅游线路。接待包括市委党校处（室）长培训班和主题党日活动在内的重要班次 50 余个。带动群众增收 10 万余元，村集体经济增收 3 万余元。

推进社会治安综合治理。坚持以创建“平安家地”“和谐家地”为目标，开展扫黑除恶专项斗争，打造了无黑恶乡镇和谐边界。全方位宣传扫黑除恶专项活动，深挖细究平安隐患苗头。积极主动对接周边的景南、雁溪、庆元官塘以及福建寿宁坑底乡，强化边界社会综合治理和治安联防工作。妥善处理各类纠纷矛盾。

2019 年，计划生育率 92.31%，优生优育检测率 100%，三优培训率 100%，生育全程管理率90%,流动人口管理服务100%。积极推进农村小额保险,最大限度地减轻低收入农户家庭因病、因灾或因意外事故返贫、致贫问题。小额保险参保1242人,参保率58.6%。大力推进农村社区卫生服务,不断增强农民群众健康素质。开展全乡农民健康体检,建立农民健康档案,切实提高群众健康保障水平。全力抓好社会救助工作。临时救助困难对象19人,发放救助金1.5万元;落实低保112户192人,发放补贴资金70.88万元。广泛开展助医、助困等救助工作,救助困难群众6人,医疗救助11人,发放医疗救助资金42652元。全面开展孤困境儿童调查工作,健全困难儿童的信息库档案,全乡有 困境儿童13名。全面实施对残疾人的精准救助,做好困难残疾人生活补贴和重度残疾人护理补贴发放对象申报登记工作。全乡享受困难残疾人生活补贴对象125名,发放补贴15.12万元;发放残疾人护理补贴62250元,极大地改善了残疾人生活状况,保障残疾人基本生活权益。

【行政村规模调整】 2019年,根据上级的部署,家地乡由原来的6个行政村调整为3个行政村。坪坑、苎岱2个行政村保持不变;家地、谢坑、石碧、梅山头4村调整合并为家地村。2019年3月20日上午,调整后的家地村举行挂牌仪式,召开第一次班子会议。会上,四套班子分别做表态发言,会后种下同心树。

【农村饮用水提标达标工程开工建设】 2019年4月28日,家地乡农村饮用水提标达标工程项目完成招投标,同年5月18日开工建设。该项目为2019年度省、市、县政府十方面民生实事之一,总投资230万元;涉及2个行政村9个自然村,受益人口1500余人。

【公益性生态公墓建设】 该项目位于家地村蛤湖岗,占地面积3333平方米,规划建设墓穴200穴,总投资100万元。于2019年5月16日,开工建设,至年底,建成墓穴100穴。这标志着家地乡殡葬改革、规范治丧步入新时期。

【家地乡苎岱村至寿宁县坑底乡横山村联网公路开工建设】 2019年8月13日,“四好农村路”景宁畲族自治县家地乡苎岱村至福建省寿宁县坑底乡横山村联网公路开工建设。该项目概算投资915万元,建成后将大幅缩短家地乡到坑底乡的路程,为两地的农副产品外运和沟通交流等带来极大便利。

【举办第三届“蜜在心间·蜂收家地”割蜜节】 2019年11月2日,第三届“蜜在心间·蜂收家地”割蜜节在家地村举行。其间,开展了中国鼓表演、领导嘉宾致辞、割蜜摇蜜、爱心蜂巢认领仪式、品尝蜂蜜、研学基地授牌、研学基地启动仪式、游园活动等8个子活动。有1500余人参加活动。 (任海燕)

大 地 乡

【概况】 大地乡位于景宁县城西南部,乡政府所在地距县城67千米,东邻家地乡、雁溪乡,西连毛垟乡,南连庆元县官塘乡,北接沙湾镇和标溪乡，是五乡一镇交界的高山偏远革命老区乡。乡域面积105平方千米。2019年年底，下辖6个行政村38个自然村，2418户6721人。耕地面积287.36公顷，林地面积9373.13公顷，竹林面积909.2公顷，公益林面积3847.3公顷，森林覆盖率83.79%。

全年实现财政总收入2359.52万元（其中，农村集体经济收入353.3万元）。农业总产值1500万元。粮食播种面积138.7公顷（高山优质水稻120公顷），粮食总产量1185吨。生猪存栏921头，出栏1800头；牛存栏90头，出栏65头；羊存栏107只，出栏93只；兔存栏1440只，出栏802只；家禽存栏2580羽，出栏1860羽。养殖中蜂802箱，年产蜂蜜2000余千克。流转土地40公顷，发展高山蔬菜67公顷、高山中药材30.1公顷。

2019年，投入1600余万元，安装驮垟、董岭、柳山头等村29.95千米康庄公路钢质护栏；修复丁大线（丁埠头至大地乡乡道）20.42千米和大地至安俸村15.28千米康庄路水沟、路肩硬化和路面。投资470余万元，提升大地、水溪、净水、余公岱、郑公垟、叶坑下、粗垟、柳山头等8个村饮用水达标工程。新建22个堰坝、18个沉砂池、9个过滤池、3个蓄水池、6座一体化消毒设施、3个管理房。投资60余万元，建成仙山公益性生态双穴公墓21座、单穴公墓79座及相关配套设施。完善粗垟村和张坑村乡村避灾安置点；改造93户低收入农户农房电线线路。全年完成22个民生工程项目，总投资4000余万元，是大地乡民生投入资金最多的一年。

持续推进“三改一拆”（开展旧住宅区、旧厂区、城中村改造和拆除违法建筑）、“五水共治”（治污水、防洪水、排涝水、保供水、抓节水）、“六边三化三美”（公路边、铁路边、水边、山边、城边、村边等区域洁化、绿化、美化行动，实现城美、村美、房美目标）等工作，实现环境卫生大提升。全年完成“三改”建筑面积32600平方米，完成任务的163%；拆除违章建筑5598平方米，完成任务的212.05%。推进“厕所革命”工作，拆除旱厕34座，投入资金50多万元新建叶坑下村、柳山头村、大地村、陈坑村4座公厕，并投入使用。大地乡小城镇环境综合整治项目，成为全市第三批首个通过省级考核验收的乡镇。

2019年，全乡有4593人参加城乡居民养老保险，参保率95.69%；参加医疗保险6659人，参保率99.33%。其中新增养老保险参保人数205人，1031人领取养老金。审核确定低保对象235户405人，发放最低生活保障金201.7万元；农村特困供养对象26人，发放补助金37.7万元；孤困儿童18人，发放补助金18万元；困难残疾人生活补贴369人，发放补助金85239元；重度残疾人护理补贴147人，发放护理补贴32500元；残疾人子女享受助学补助18人，节日慰问残疾人14人9300元。残疾人保险410人，残疾人无障碍设置改造4户，残疾人就业技能培训3人。“雨露计划”惠及13人，补助资金3.9万元。以产业帮扶带动97户低收入农户，发放补助增收资金27.3万元。配合县人力资源和社会保障局新开发3个公益性岗位，帮扶就业。

持续开展留守群众“叩响心门”大走访活动。全年走访52次，收集意见、建议46条，解决75个问题，为512名长期留守群众建档立卡，实行结对帮扶机制。

【行政村规模调整】 2019年，大地乡将原有13个行政村调整为6个行政村。大地、余公岱、董岭3个行政村调整合并为大地村，村委会驻大地自然村；张坑、水溪2个行政村调整合并为张溪村，村委会驻张坑自然村；郑公垟、蔡放2个行政村调整合并为仙湖村，村委会驻郑公垟自然村；叶坑下、粗垟、柳山头3个行政村调整合并为柳叶垟村，村委会驻叶坑下自然村；桃垟、净水2个行政村调整合并为净垟村，村委会驻净水自然村；驮垟村保留原规模不变。

【打造"农耕文化"】 2019年，大地乡以春耕、夏耘、秋收、冬藏四个最具代表性的农耕时节为主节点打造"农耕文化"；用大地的农耕生活记忆串联"望得见山、看得见水、记得住乡愁"的农耕小镇。项目总投资550万元，累计拆除厕所、猪牛栏、棚寮等195处，拆除面积20400平方米；整治脏乱差点位310处，清理垃圾300多吨，整治面积32600平方米；清理小广告80处、弱电上改下1080米，改造率80%；提前2个月完成"春回大地·安暖之乡"的目标定位建设工作。

【"安暖大地尊老慈善基金"建立】 2019年，大地乡建立"安暖大地尊老慈善基金"，关爱留守老人。大地乡外出人口高达95%，留守群众基本为60周岁以上老人。乡党委、政府努力做实做细"安暖"文章，借助乡贤联谊会平台，引导乡贤发挥他们的力量，建立"安暖大地尊老慈善基金"。是年，共筹集到23笔6万余元慈善资金，开展走访慰问关爱活动三期，为留守老人送去4.89万元的慰问品。

【仙山光伏并网发电】 2019年8月29日，投资400万元的仙山光伏建成并网发电。该项目，占地2公顷，装机640千瓦，预计年发电量70余万千瓦时，每年可为全乡6个村集体经济增收40余万元。 （吴振鹏）

大地乡光伏发电基地 （大地乡政府 提供）

毛垟乡

【概况】 毛垟乡位于县城西南，东连大地乡，西与秋炉乡接壤，南与庆元县左溪镇交界，北邻沙湾镇。辖毛垟、库头、沙垟、炉西4个行政村，19个自然村。2019年年底，有1639户4618人。全乡参加新型农村合作医疗，参保人数3006人，上缴医疗保险费880830元；参加养老保险1244人，上缴养老保险费114900元。重视民生工作，实施民生实事票决制，全年完成8件票决民生实事。乡卫生院每年坚持开展农民健康体检和重点人群体检，农民健康体检率达到规定要求。做好信访维稳、平安综治工作。全年信访事件 39 起，结案率 100%。

2019 年，毛垟乡始终坚持“绿水青山就是金山银山”的发展理念，为打造宜居毛垟、美丽毛垟、魅力毛垟而不断努力。继续开展“三改一拆”工作。拆除违章建筑 4485 平方米，完成率 112.13%；拆后利用率 90%。扎实推进林业产业发展。种造珍贵树林 2.07 公顷，植树 2 万株；迹地造林 4 公顷；退耕还林 3.33 公顷；新建苗圃基地一个。完成炉西村美丽乡村建设、古村落保护、路边美化提升；建成毛垟村苔藓墙景观节点、提升廊桥、绿化廊桥公园；改造提升库头沿线景观、建设美丽宜居示范村；提升改造底垟沿线景观及森林公园。

持续开展红色教育基地建设，实现软件、硬件双提升。不断丰富和完善现场教学内容、参观点位、活动安排、课程设置等。将“两山理论”、浙西南革命精神和党性教育融入红色教育基地现场教育内容。开展系列红色文化抢救性保护工程。整理红色故事《烽火陈坪》；编写红色情景剧《红军在毛垟》；拍摄红色革命宣传片《忠勇魂》。提炼毛垟红色元素，打造红色旅游重要节点。重建革命遗址“廻龙阁”“土炮台”；新建户外拓展训练基地。将毛垟红色教育基地打造成全市最具特色的党性教育基地，集“吃住行游”于一体的新型现场教学基地。被确定为浙江（景宁）民族干部培训中心教学点。全年接待游客 6000 余人，实现收益 10.8 万元。

立足本地实际和自然优势，探索出一条极具毛垟特色的红绿融合产业发展之路。与丽水市润生苔藓科技有限公司签订毛垟苔藓种植（科普）示范基地合作开发协议，试种苔藓 0.4 公顷。推进苔藓经济与本土红色旅游相结合，开设红色文化 DIY 苔藓科普课程，丰富红色旅游内容；充分利用毛垟红色自然资源，以山为景，在沙垟村新建游击战场体验乐园，让游客在充满革命情怀的红色热土上体验“激情燃烧的岁月”；以水为台，在毛垟带溪河上搭建水上红色旅游体验点，让美丽环境实实在在的转化为美丽经济；实现村集体增收 35 万元。

持续推进乡村两级“大赶考”工作，以攻坚克难、锐意进取的干劲，完成 5 个乡级、24 个村级赶考目标。完成省级“双拥模范县”乡镇延伸考核工作。在赶考的路上，毛垟入选省级旅游风情小镇培育单位；被列入《浙西南革命精神弘扬和红色资源价值转化规划》和省档案馆《跟着档案去旅行》专题拍摄单位；获“全省农村文化礼堂建设示范乡镇”荣誉称号；被授予省“小百花”越剧团创研基地，市级爱国主义教育基地、市级党史爱国主义教育基地、市级国防教育基地、市级巾帼红色文化教育基地，省级涉侨爱国主义教育基地等 20 余个市县级基地牌子。中央电视台农业农村频道、浙江卫视新闻频道等主流媒体纷纷报道毛垟的创新做法。同年，承接第二届世界丽水人大会乡镇分会场。

全年建设项目 15 个，总投资 1927 万元。其中，毛垟光伏小康工程完成投资 204 万元；红色教育基地培训中心装修项目完成投资 180 万元；红色遗址修复项目完成投资 60 万元；苔藓景观节点建设工程完成投资 38 万元；红色粮仓建设项目完成投资 5 万元；炉西村水果基地建设投资 35 万元，炉西美丽乡村建设完成投资30万元，炉西古村落修复完成投资20万元；民兵拓展训练基地建设完成投资80万元；沙垟第一坪土地开发项目完成投资400万元；沙垟村沿线景观节点工程完成投资46万元；库头饮用水项目完成投资127万元，库头美丽宜居示范村工程完成投资180万元，库头村沿路景观工程完成投资22万元；占地809平方米的红色毛垟旅游接待中心开工建设，完成投资500万元。

积极推进“五水共治”实现河美渠清，毛垟溪被评为省级美丽河湖。以省级“美丽河湖”创建为抓手，立足优质的河道资源，积极探索“美丽河湖+红色”“美丽河湖+产业”“美丽河湖+生态”“美丽河湖+制度”的全域建设新模式、新机制。推进“厕所革命”、垃圾分类，实现街净路洁。提升改造农村公厕17座；新购二分类垃圾桶150个。

【举办第八届毛垟带溪文化节】 2019年12月25日，毛垟乡举办第八届毛垟带溪文化节活动。有800余人参加活动。其间，举行了红色文化展示中心奠基仪式；“红色粮仓”与丽水市润生苔藓公司签订合作开发协议；与浙江小百花剧团党建结对签约。开展了文艺会演、红绿融合展示一条街、品红军餐、打黄果、红色运动会等活动。

【推广“红色粮仓”】 2019年，毛垟乡为破解革命老区发展瓶颈，做足红绿融合文章，创新农产品销售方式，与绿谷信息产业园“云粮仓”农业互联网企业进行深度合作。立足“景宁600”毛垟农产品资源，以云数据为依托，搭建“订单·定制”“微礼寄”的实体“红色粮仓”，为毛垟农产品销售打开新出路。“红色粮仓”销售产品包括红军粮、红军茶在内的10余种农产品，可私人订制，也可礼盒拼装。毛垟“红色粮仓”的推广不仅推动了毛垟红绿产业融合发展，增加村集体收入，也进一步弘扬红色文化。

【行政村规模调整】 2019年3月，毛垟乡7个行政村调整为4个行政村。撤销毛垟村行政村、燕安行政村，设立毛垟村；撤销沙洋行政村、上坑头行政村，设立沙洋行政村；撤销炉西村行政、陈坪行政村，设立炉西行政村；库头村未变动。（陈丽芬）

秋炉乡

【概况】 秋炉乡位于县城西南部，东邻毛垟乡，西南接庆元县境，北靠英川镇、沙湾镇。乡政府驻地秋炉村，距县城70千米，海拔390米。全乡总面积54.2平方千米。其中，林地面积4604.5公顷，耕地面积368公顷。秋炉因热得名，即便到了秋天，仍热得如火炉。全乡原9个行政村31个自然村。2019年行政村规模调整后，下辖秋炉、下圩、半山、新塘垟4个行政村，1245户4954人。

2019年，全乡工农业总产值634万元，同比增长5.28%。农民人均纯收入20072元，同比增长26.5%。发展稻鱼共生、稻螺共生66.7公顷，锥栗40公顷。注册景宁鱼背淡水鱼养殖专业合作社，新建泥鳅、田螺和稻鱼共生“600”基地4.67公顷；半山村养殖中蜂120箱、黄水坑

6.67 公顷香榧基地通过乡级初步验收。

2019 年，秋炉乡强村公司与丽水鑫迪体育发展有限公司、景宁三和教育培训学校分别签订户外运动基地和研学基地协议。全年接待省内外的工会、军训、研学、夏令营和亲子游等团队 180 余批 7000 多人次，实现运营纯利润 35 万余元，仅此一项给各村分别增收 8 万余元。提前 3 个月完成全年“消除薄弱村”任务，获全县“消薄”第 4 名。伏岩凉水岗、后坑梅花岗 1 期 2 座 320 千瓦光伏并网发电。推进毛垟至秋炉电力线路扩容提升工程，初步实现 50%光伏发电输出；积极争取县级部门 100 万元资金支持，拼盘各村集体资金 50 万元，在后坑梅花岗完成第二期 260 千瓦光伏项目建设，预计年底扩容改造完成后，每年将为各村集体经济再增收 40 余万元。

推进农村小额保险，参保率 86.2%。基本养老保险参保 3386 人，参保率 95.65%；城乡居民医疗保险参保 4775 人，参保率 99.35%；医疗报销 85 人次。全乡农村低保 69 户 138 人，低保边缘户 59 户 169 人。帮助 15 户申请到慈善救助金 1.4 万元。

2019 年，秋炉乡建立健全各村保洁员工作考核制度，开展“最美村”“最脏村”评选活动。秋炉村获评省级“美丽乡村特色精品村”。下圩、坑边两村房屋瓦片翻新 130 直、赤膊墙改造 4000 余平方米，拆除违章建筑 700 余平方米。全面实施各村亮化提升工程，更换新增路灯秋炉村 33 盏、下圩村 9 盏、半山村 42 盏、新塘垟村 40 盏。完成“景庆古道”标识标牌更换及秋炉廊桥石质栏杆更换等乡村风貌节点提升工程。修复山头村文化礼堂、山头村内石阶路、半山村陈氏祠堂、秋炉至山头古道 1.2 千米、交溪口至下圩村道路 4 千米、秋炉至第一坑村块石路面 1.5 千米。新建半山村公厕 2 座。启动半山村文化礼堂修复工程、第一坑村道路护栏和办公楼修复工程、秋炉至半山村 2 千米道路修复工程、伏岩内村至外村 1 千米绿道修复。推进新塘垟饮用水达标提标、“景庆古道”健身步道修复提升，实施乡野绿道修复工程。推进 A 级景区村创建、美丽乡村风景线创建等工作，顺利实施第二批美丽乡村建设任务。

2019 年，成功创建“健康景宁秋炉示范区”。秋炉“建设乡村运动休闲特色小镇 以体育引领乡村振兴”的做法，入选全省 94 个体育工作典型，获全县“大赶考”创新标杆奖，并于 2019 年 7 月 12 日在绍兴市召开的第十四届浙江国际传统武术比赛“体育赋能城市 运动振兴乡村”专题研讨会上做交流发言和推介。是年，秋炉乡被确定为“浙江民族干部培训中心‘两山’实践教学点”“丽水市中小学生研学实践教育基地”“全县工会运动休闲疗养基地”。

【弘扬浙西南革命精神秋炉红色越野赛】 2019 年 6 月 30 日，秋炉乡举办弘扬浙西南革命精神秋炉红色越野赛。该赛事以弘扬践行“忠诚使命、求是挺进、植根人民”浙西南革命精神，畅跑古道红军路，感受秋炉运动风，助力畲乡健康行为主题。从起点秋炉村城门口出发，沿最美乡道“下秋线”至朝局村后沿庆（元）景（宁）青（田）公路至交溪口村进入“乡野绿道”（途径伏岩口、火烧岩、下圩）至朝局村，再沿

“景庆古道”至山头村后从“乡野绿道”到达终点秋炉村，全程约21千米。共有省内外越野爱好者500余人参加。该赛事的成功举办，打响了“景庆古道”红军路、健康路品牌。

“景庆古道”是明清时期官员往返景宁、庆元、福建等地的交通要道，被百姓称为“官道”。古道途中建有3座凉亭，其中朝局至山头段全长5千米，为块石路面，是景宁畲族自治县迄今为止保存最为完好，路程最长，最为生态的一条古道，2016年被评为浙江省十大最美森林古道。

【首届跨省、县邻乡镇区域联盟会议在秋炉召开】 2019年，秋炉乡主动与县内毛垟乡，庆元县左溪镇、贤良镇、张村乡、江根乡、官塘乡，福建省寿宁县坑底乡、大安乡进行联系，于同年7月24日牵头召开第一届区域联盟会议。会上，与会单位就基层党建、全域旅游、平安综治、五水共治、政策处理、信访维稳、产业发展等方面进行广泛交流，共同签署了《浙闽两省三县边界乡镇区域大联盟共建协议书》，力争实现边界乡镇信息互通、资源共享、治安互防、人员互动、合作共赢。

【行政村规模调整】 2019年3月，秋炉乡9个行政村调整为4个行政村。撤秋炉村、山头村，设立秋炉行政村，村委驻地秋炉村；撤下圩村、坑边村、伏岩村，设立下圩村行政村，村委驻地坑边村；撤新塘垟村、后坑村行政村，设立新塘垟行政村，村委驻地新塘垟村；撤半山村、第一坑村，设立半山行政村，村委驻地第一坑村 。 （严海敏）

鸬 鹚 乡

【概况】 鸬鹚乡位于景宁县西部，东靠沙湾镇，东北界云和县境，南接沙湾镇，西南连英川镇，西北界龙泉市境，乡政府驻地鸬鹚村，距县城50千米。乡域面积57.8平方千米。其中，耕地面积405.4公顷，山林面积4735.4公顷，森林覆盖率81.93%。2019年，进行行政村规模调整，将原有的15个行政村调整为8个行政村。2019年年底，总人口9501人。

2019年，投资200多万元，新建“景宁600”基地18公顷；将金岱—葛山公路沿线的油茶、精品水果、古法农耕、生态种养等各大基地连成片，成功打造全县首条“景宁600”产业示范带。是年，黄桃年产量100吨，销售额200多万元；浙江绿康油茶基地出产油茶90吨，产值40余万元；“以鱼为媒”，新建南坑下、印章村本地田鱼育苗基地2个，新增养殖示范户50余户，南坑下吾山村新建标准化养鱼基地4.67公顷。投资40余万元，建成田鱼科普馆。通过“山海协作”村企结对，联合成立“畲鸿生态农业发展有限公司”，助推产业发展与“双增”工作。是年，“畲葛山”网络销售平台、畲鸿生态农业发展有限公司共销售农产品700余万元。投资700多万元新增光伏发电项目5个；筹集600余万元投入宁海、温岭标准厂房建设，顺利完成8个经济薄弱村的“消薄”任务。

2019年，全乡建设4个避灾点、2个文化礼堂（驮戥、南坑源）、4座公厕；修建鸬鹚村风雨运动场、拓宽硬化林湖村道路；创建茶亭美丽乡村；建造葛山村停车场、茶亭停车场、金岱村停车场；安装夏山头村路灯。完成“大搬快聚”17 户 57 人的审核、房屋测量及拆除工作；下山移民（四期）工程第 1 批 5 幢 88 套房屋结顶；规范化建成人大代表联络站。开展低保、低保边缘户全面排查工作，强化动态管理。再次认定低保农户 83 户 164 人，低保边缘户 17 户 54 人；低收入农户 128 户 241 人。

成功创建省级“文化强镇”乡。建设马仙文化园，成立马仙非遗传承研究会，将马仙忠孝文化引入鸬鹚学校特色教育课程。成功举办第七届马仙文化旅游节、首届葛山黄桃采摘文化节，打造“文旅融合”新样板。吸引游客 2000 人，为村集体增收 10 余万元，探索“农旅融合”新路子。

积极开展垃圾分类与厕所革命工作，全乡 35 个公厕均进行改造提升，并且每个公厕安排专人管理，公厕保洁人员落实到位。先后发放垃圾分类等相关宣传资料 1000 余份，开展相关知识讲座 2 次，并对保洁员进行专门的业务培训。

开展“不忘初心、牢记使命”主题教育活动。以调研走访、“三服务”的形式，收集乡村振兴、民生实事、基层治理等方面意见、建议 125 条，为群众办理民生实事 120 多件。现场解决问题 49 个。利用“云窗口”（在云和县设立的办事窗口），为外出云和的群众成功调解各类纠纷 63 起，挽回经济损失 350 余万元。周正发被县司法局授予“金牌调解员”。

【行政村规模调整】 2019 年 3 月，鸬鹚乡 15 个村民委员会，调整为 8 个村民委员会。撤销鸬鹚、黄桑南、夏山头 3 个村民委员会，设立鸬鹚村民委员会，村办公地设在鸬鹚自然村；撤销葛山、金岱、坳根 3 个村民委员会，设立葛山村村民委员会，村办公地址设在葛山自然村；撤销西山、林湖 2 个村民委员会，设立西林村民委员会，村办公地址设在西山自然村；撤销仁字坑、南坑下 2 个村民委员会，设立南坑源村村民委员会，村办公地址设在南坑下自然村；撤销徐崇、茶亭 2 个村民委员会，设立徐茶村民委员会，村办公地址设在茶亭自然村。山下村、印章村、驮戥村 3 个村保持原规模不变。 （陈苏萍）

附　录

2019 年县和乡镇（街道）机构及负责人名录

【中国共产党景宁畲族自治县委员会】

书　记：陈　重（续—）

副书记：钟海燕（女，畲，续—）

潘　伟（续—）

常　委：陈　重（续—）

钟海燕（女，畲，续—）

潘　伟（续—）

王　益（续—）

季建标（续—）

雷应江（畲，续—）

蓝跃军（畲，续—）

叶龙标（续—）

王　乐（续—）

陈　兵（续—2019 年 7 月）

夏国章（续—）

陈荣世（续—）

蓝景芬（女，畲，续—）

县委办公室

主　任：雷应江（畲，续—）

副主任：周卫林（常务，续—2019 年 5 月）

刘世宝（常务，续—）

刘　红（女，续—）

张兆清（兼，续—2019 年 4 月）

徐隆金（兼，续—2019 年 6 月）

柳　彬（2019 年 3 月—）

周建东（2019 年 5 月—）

叶妙青（女，兼，2019 年 5 月—）

县委政策研究室

主　任：雷应江（畲，续—）

副主任：周卫林（续—2019 年 5 月）

刘世宝（续—）

徐隆金（兼，续—2019 年 6 月）

县委党史研究室、地方志办公室

主　任：张兆清（续—2019 年 4 月）

副主任：郑利锋（续—2019 年 5 月）

县考核督查委员会办公室

负责人：刘世宝（续—2019 年 6 月）

柳　彬（2019 年 6 月—）

县委台湾事务科

副主任：林　榕（女，续—）

县委机要局、县保密管理局

局　长：周建东（续—2019 年 6 月）

【景宁畲族自县人民代表大会常务委员会】

主　任:严铁华(续—)

副主任:罗德伟(续—)

夏培玲(女,续—)

吴昌亮(续—)

杨唐珠(女,续—)

叶玉琪(续—)

钟利海(畲,续—)

委　员:叶旭平(续—)

杜春红(女,续—)

李芳平(续—)

吴一伟(续—)

何振华(续—2019 年 3 月)

张昌勇(续—2019 年 5 月)

林　敏(续—)

林松华(续—2019 年 8 月)

周成璟(续—2019 年 8 月)

柳一东(续—)

夏国章(续—2019 年 4 月)

梅小林(续—2019 年 8 月)

商晓云(续—2019 年 5 月)

雷利德(畲,续—2019 年 8 月)

雷彦文(畲,续—)

雷真荣(畲,续—)

雷镇海(畲,续—)

潘润洲(续—2019 年 8 月)

办公室

主　任:沈才忠(续—)

副主任:吴泽忠(续—)

柳文娟(女,2019 年 5 月—)

县人大法制(内务司法)委

主任委员:梅小林(续—2019 年 3 月)

副主任委员:陈丽海(续—)

范光明(续—)

县人大财政经济委

主任委员:潘润洲(续—2019 年 3 月)

副主任委员:潘正平(续—)

潘昌德(续—)

李加兴(续—)

代表与选举任免工作委员会

主　任:林松华(续—2019 年 3 月)

毛慧芬(女,2019 年 3 月—)

副主任:柳一东(2019 年 5 月—)

农业与农村工作委员会

主　任:李芳平(续—2019 年 3 月)

杨小兵(2019 年 3 月—)

财政经济工作委员会

主　任:林晓洪(续—)

副主任:朱蔚竑(续—2019 年 5 月)

民族华侨工作委员会

主　任:雷利德(畲,续—2019 年 3 月)

兰利忠(畲,2019 年 3 月—)

法制工作委员会

主　任:叶旭平(续—)

教育科技文化卫生工作委员会

主　任:周成璟(续—2019 年 3 月)

施顺民(2019 年 5 月—)

内务与司法工作委员会

主　任:杨小兵(续—2019 年 3 月)

李芳平(2019 年 3 月—)

城乡建设与环境资源工作委员会

主　任:柳晓杰(2019 年 5 月—)

【景宁畲族自治县人民政府】

县　长：钟海燕（女，畲，续—）

副县长：王　益（常务，续—）

陈荣世（续—）

陈　兵（续—2019 年 7 月）

徐　瑛（女，续—）

余晓军（续—）

严伟华（续—）

饶伟贞（续—）

毛华庆（续—）

孙寒星（续—）

县政府办公室

主　任：刘爱忠（续—）

副主任：梅伟森（续—）

任周良（2019 年 1 月—2019 年 3 月）

陈　勇（2019 年 3 月—）

何　邦（续—）

叶东明（2019 年 4 月—）

吴卫忠（续—）

蓝海宽（畲，续—）

毛陈宇（续—）

刘　健（2019 年 1 月—2019 年 3 月）

徐建林（兼，续—）

吴敏彪（兼，2019 年 6 月—）

金融办

主　任：金巍彦（续—2019 年 5 月）

梅迎峰（2019 年 5 月—）

【中国人民政治协商会议景宁畲族自治县委员会】

主　席：张　峰（续—）

副主席：叶金堂（续—）

尤建平（续—）

沈秀慧（女，续—）

刘德灵（续—）

秘书长：付明明（续—）

副秘书长：张思富（续—2019 年 2 月）

林清海（2019 年 5 月—）

办公室

主　任：朱小平（续—2019 年 2 月）

张思富（2019 年 2 月—）

提案委员会

主　任：卢晓安（续—）

副主任：陈金荣（续—）

沈炎清（2019 年 2 月—）

林方金（2019 年 5 月—）

经济发展委员会

主　任：陈建民（续—）

副主任：罗德刚（续—）

潘文彬（续—）

李景武（2019 年 5 月—）

科教文卫体委员会

主　任：柳贤旺（续—）

副主任：蓝木宗（畲，续—2019 年 5 月）

潘文彪（续—）

蔡红央（女，续—）

胡华君（女，2019 年 2 月—5 月）

农业农村委员会

主　任：梅晓春（续—2019 年 5 月）

柳建军（2019 年 5 月—）

副主任：林振球（续—）

雷云兴（畲，续—）

沈必贵（续—）

叶再仁（续—2019 年 5 月）

毛南荣（2019 年 2 月—2019 年 5 月）

人口资源环境委员会

副主任：叶再仁（2019 年 5 月—）

毛南荣（2019 年 5 月—）

王良言（2019 年 5 月—）

雷祖进（畲，2019 年 9 月—）

文化文史和学习委员会

主　任：梅晓春（2019 年 5 月—）

副主任：胡华君（女，2019 年 5 月—）

周乃忠（2019 年 9 月—）

凌　伟（2019 年 9 月—）

民宗台侨和社会法制委员会

主　任：金欣泉（续—）

副主任：邱松青（续—）

石盛训（续—）

蓝廷洪（畲，2019 年 2 月—）

委员工作委员会

主　任：刘月方（续—2019 年 2 月）

胡益选（2019 年 5 月—）

副主任：陈晓华（续—2019 年 5 月）

朱小平（2019 年 2 月—）

刘月方（2019 年 2 月—）

【党群系统】

中共景宁畲族自治县纪律检查委员会　县监察委员会

县纪律检查委员会

书　记：叶龙标（续—）

副书记：季晓东（续—）

叶秀华（女，续—）

常务委员：雷振华（畲，续—）

严家远（续—）

李　伟（续—2019 年 1 月）

魏仕明（续—）

钟　清（畲，2019 年 3 月—）

县监察委员会

主　任：叶龙标（续—）

副主任：季晓东（续—）

叶秀华（女，续—）

委　员：李　伟（续—2019 年 5 月）

王根法（续—）

钟　清（畲，续—）

魏仕明（续—）

周加林（2019 年 5 月—）

办公室主任：张建妙（续—2019 年 5 月）

干部室主任：吴卫华（续—）

宣传教育室主任：王淑媛（女，续—）

党风政风监督室主任：吴　伟（续—2019 年 5 月）

党风政风监督室主任：梅　燕（女，2019 年 12 月—）

信访室主任：周锋平（续—）

案件监督管理室主任：李炳南（续—）

第一纪检监察室主任：叶宇君（续—2019 年 1 月）

第一纪检监察室主任：梅陈勇（2019 年 12 月—）

第二纪检监察室主任：吴长青（续—）

第三纪检监察室主任：

钟　清（畲，续—2019 年 3 月）

第三纪检监察室主任：潘德飞（2019 年 3 月—）

第四纪检监察室主任：周加林（续—）

案件审理室主任：杨旭松（续—）

县纪委县监委派驻纪检监察组

第一纪检组

组　长：石玉菊（女，续—2019 年 6 月）

陈武通（2019 年 6 月—）

副组长：沈永春（续—2019 年 6 月）

刘小青（2019 年 6 月—）

高伟芸（女，2019 年 6 月—）

第二纪检组

组　长：沈炎青（续—2019 年 1 月）

吴丽玲（女，2019 年 6 月—）

副组长：高伟芸（女，续—2019 年 6 月）

沈永春（2019 年 6 月—）

第三纪检组

组　长：陈海琳（女，2019 年 6 月—）

副组长：刘小青（续—2019 年 6 月）

林昌金（2019 年 6 月—）

第四纪检组

组　长：凌　伟（续—2019 年 6 月）

毛玉海（2019 年 6 月—）

副组长：王晓虹（女，续—2019 年 6 月）

汤旭初（2019 年 6 月—）

第五纪检组

组　长：雷祖进（畲，续—2019 年 6 月）

周　枫（2019 年 6 月—）

副组长：吴丽玲（女，续—2019 年 6 月）

叶梅娟（女，2019 年 6 月—）

第六纪检组

组　长：赵慧聪（续—2019.01）

雷朝进（畲，2019 年 6 月—）

副组长：王晓虹（女，2019 年 6 月—）

第七纪检组

组　长：林昌金（续—2019 年 6 月）

第八纪检组

组　长：周　枫（续—2019 年 6 月）

副组长：汤旭初（续—2019 年 6 月）

第九纪检组

组　长：何振章（续—2019 年 3 月）

第十纪检组

组　长：厉希胜（续—2019 年 6 月）

县委巡察工作领导小组办公室

主　任：严家远（续—）

副主任：袁奕林（续—）

县委第一巡察组组长：朱剑兵（2019 年 1 月—）

副组长：蓝丰平（畲，2019 年 3 月—）

县委第二巡察组组长：李　伟（2019 年 1 月—）

副组长：夏建红（女，2019 年 3 月—）

县委第三巡察组组长：商伟青（2019 年 1 月—）

副组长：何振章（2019 年 3 月—）

县委第四巡察组组长：赵慧聪（2019 年 1 月—）

副组长：朱蔚竑（2019 年 3 月—）

副科级巡察专员：严松海（2019 年 8 月—）

张灵燕（女，2019 年 5 月—）

周海娟（女，2019 年 5 月—）

县委组织部

部　长：王　乐（续—）

副部长：林　敏（常务，续—）

严小红（女，续—）

李光松（兼，续—）

柳先敏（续—2019 年 1 月）

金　锋（2019 年 1 月—）

刘梅玲（女，兼，续—2019 年 1 月）

胡华君（女，兼，续—2019 年 1 月）

陈武通（续—2019 年 1 月）

县纪委监委派驻纪检监察组

组　长：王　松（续—2019 年 1 月）

毛慧斌（2019 年 6 月—）

副组长：杨晓丽（续—2019 年 6 月）

中共景宁县委两新工委

书　记：严小红（女，2019 年 3 月—）

副书记：雷华锋（畲，兼，续—）

郑常蔚(女,兼,续—2019 年 1 月)

彭凌飞(2019 年 3 月—)

中共景宁县直机关工委

书　记:陈武通(兼,续—2019 年 1 月)

副书记:李朱凯(续—2019 年 1 月)

县委宣传部

部　长:季建标(续—)

副部长:陈　谢(续—)

李晓荣(续—2019 年 2 月)

朱益龙(2019 年 2 月—)

吴文伟(2019 年 4 月—)

外宣办主任:张雪萍(女,续—)

网信办主任:韦　璐(女,续—)

县畲族文化发展中心主任:刘建雄(续—)

县委统战部

部　长:蓝跃军(畲,续—)

副部长:蓝廷洪(畲,常务,续—2019 年 1 月)

林旭虹(常务,2019 年 1 月—)

钟得丰(畲,续—)

叶长过(续—)

吴建明(续—)

侨联专职副主席:何火美(女,续—)

县委政法委

书　记:潘　伟(续—)

副书记:林长春(常务,续—)

王　松(2019 年 2 月—)

政治处主任:叶尚蓉(续—)

县信访局

局　长:徐隆金(续—)

副局长:赵卫东(续—2019 年 4 月)

刘显平(续—)

江根其(续—2019 年 3 月)

周伟明(2019 年 5 月—)

县编委办公室

主　任:李光松(续—)

副主任:任　荣(2019 年 4 月—)

柳伟忠(续—)

县委老干部局

局　长:刘梅玲(女,续—2019 年 1 月)

副局长:沈东庆(续—2019 年 1 月)

雷进东(畲,续—2019 年 1 月)

县老干部服务中心

负责人:沈东庆(2019 年 5 月—)

副主任:叶青良(2019 年 5 月—)

吴　建(2019 年 5 月—)

县档案局

局　长:何伟东(续—2019 年 5 月)

副局长:蓝德余(畲,续—2019 年 5 月)

何雪华(女,续—2019 年 1 月)

县档案馆

党组书记、馆长:何伟东(续—)

副馆长:蓝德余(畲,续—)

吴　伟(2019 年 5 月—)

郑利锋(2019 年 5 月—)

党组成员:柳海河(2019 年 8 月—)

县委党校

校　长:王　乐(续—)

党组书记、副校长:林兴国(续—)

副校长:王晓莲(女,续—2019 年 1 月)

吴学民(续—)

雷昌洪(畲,2019 年 3 月—)

党组成员:何阳宁(2019 年 5 月—)

【政府直属系统和工作机构】

县发改局

党组书记、局长：王　庆（续—）

党组副书记、副局长：周　东（续—）

副局长：张昌勇（2019年5月—）

练良东（续—2019年1月）

周奇斐（续—）

党组成员：练良东（2019年1月—）

县重点项目服务中心

党组书记、主任：王　庆（2019年5月—）

党组副书记、副主任：周晓庆（2019年5月—）

副主任：吴跃双（2019年5月—）

柳卫香（女，2019年5月—）

县经济商务科技局

党组书记、局长：陈丽成（2019年1月—）

副局长：毛慧斌（2019年1月—2019年7月）

杜迎春（女，2019年1月—）

沈必文（2019年1月—）

王　霆（2019年1月—）

总经济师：金巍彦（2019年7月—）

经合办（招商局）

党组书记、主任（局长）：张　伟（续—2019年4月）

刘　健（2019年4月—5月）

副主任（副局长）：刘东平（续—2019年5月）

潘海莉（女，续—2019年5月）

周　圣（挂职，续—2019年5月）

经济合作交流服务中心

党组书记、主任：刘　健（2019年5月—）

副主任：刘东平（2019年5月—2019年6月）

潘海莉（女，2019年5月—）

叶吉祥（2019年5月—）

周　圣（挂职，2019年5月—）

县教育局

局　长：林建锋（续—）

副局长：陈战耕（续—）

刘小明（续—2019年1月）

叶有东（2019年1月—）

金益华（2019年4月—）

政府教育督学：叶有东（续—2019年1月）

夏卫锋（2019年4月—）

景宁中学

校　长：陈战耕（续—）

景宁电大

校　长：潘晓明（续—）

县民族宗教事务局

党组书记：吴建明（续—）

局　长：雷魏芬（女，畲，续—）

副局长：程荣文（续—）

县公安局

党委书记、局长、督察长：饶伟贞（续—）

副书记、政委：周卫林（2019年5月—）

副书记、副局长：沈招雄（续—）

派驻纪检组组长：林德平（续—2019年6月）

派驻纪检监察组组长：魏仕明（2019年6月—）

副局长：张昌龄（续—）

叶雁飞（续—）

沈玉成（2019年6月—）

副局长、交警大队长：叶传金（续—）

政治处主任：黄春华（女，续—）

党委委员、鹤溪派出所所长：叶卫民（续—）

党委委员：沈玉成（续—2019年8月）

周晓锋（2019年8月—）

吴荣标（续—2019年4月）

县民政局

党组书记、局长：朱剑兵（续—2019 年 1 月）
　　　　　　　李晓荣（2019 年 1 月—）
党组副书记、副局长：雷华锋（畲，续—）
副局长：何慧丰（续—2019 年 1 月）
　　　叶梅娟（女，续—2019 年 7 月）
党组成员：雷进东（畲，2019 年 6 月—）
　　　　杨晓丽（女，2019 年 6 月—）
老龄办主任：陈海忠（续—2019 年 1 月）

县退役军人事务局

党组书记、局长：梅振飞（2019 年 1 月—）
副局长：吴大余（2019 年 5 月—）
　　　何雪华（女，2019 年 1 月—）
党组成员：何慧丰（2019 年 1 月—）

县司法局

党组书记、局长：陈建灵（续—）
副局长：叶海华（续—）
　　　柳彩玉（女，续—2019 年 6 月）
　　　刘设平（2019 年 1 月—）
　　　吴　玲（女，2019 年 3 月—）
党组成员：柳彩玉（女，2019 年 6 月—）

县财政局

党组书记、局长：叶　峰（续—）
副局长：陈华星（续—2019 年 1 月）
　　　夏　芬（2019 年 1 月—）
　　　虞　斌（2019 年 3 月—）
党组成员：蓝朝星（2019 年 1 月—）
总会计师：梅忠敏（续—）

县国资公司

总经理：叶林峰（续—2019 年 5 月）
　　　柳　风（2019 年 5 月—）

县人力资源和社会保障局

党组书记、局长：胡华君（女，续—2019 年 1 月）
党组副书记、副局长：张怀海（续—）
副局长：梅　敏（女，续—）
　　　陈伟龙（续—）
社保中心主任：张怀海（续—2019 年 5 月）
　　　　　　叶松慧（女，2019 年 5 月—）
服务外出创业人员办公室主任：
　　　　　　祁卫宝（续—2019 年 3 月）
人力资源服务中心主任：
　　　　　　陈岩平（2019 年 12 月—）

县自然资源和规划局

党委书记、局长：陈培春（2019 年 1 月—）
副局长：陈晓梆（2019 年 1 月—）
　　　潘焕岳（2019 年 1 月—）
　　　吴渭清（2019 年 1 月—）
　　　杨仲敏（2019 年 6 月—）
党委委员：杨仲敏（2019 年 1 月—）
　　　　雷赛高（畲，2019 年 1 月—）
　　　　刘　炜（2019 年 1 月—）
总规划师：刘伟海（2019 年 1 月—）
森林公安局长：刘　炜（续—）
国土资源监察大队大队长：陈小伟（续—）
不动产登记服务中心主任：许丽蓉（女，续—）

望东垟高山湿地省级自然保护区管理局

局　长：杨仲敏（续—2019 年 5 月）
副局长：曹汝潘（续—2019 年 5 月）
　　　陈学敏（续—2019 年 5 月）
总工程师：刘日林（续—2019 年 5 月）

大仰湖湿地群省级自然保护区管理局（林业总场）

局　长（场长）：杨仲敏（续—2019 年 5 月）
副局长（副场长）：季必浩（续—2019 年 5 月）

周晓庆(续—2019 年 5 月)

林　坚(续—2019 年 5 月)

总工程师:李光强(续—2019 年 5 月)

县生态林业发展中心

党组书记、主任:杨仲敏(2019 年 5 月—)

党组成员:李光强(2019 年 5 月—)

副主任:刘日林(2019 年 5 月—)

林　坚(2019 年 5 月—)

季必浩(2019 年 5 月—)

总工程师:许元科(2019 年 5 月—)

张　辉(2019 年 5 月—)

县住房和城乡建设局

党组书记、局长:童小平(续—)

副局长:叶华青(续—)

林松琦(续—)

总工程师:吴希斌(续—)

党组成员:柳新付(2019 年 1 月—)

董　海(2019 年 1 月—)

县城市建设发展有限公司总经理:

兰　峰(畲,续—)

县交通运输局

局　长:毛南俊(续—)

党组书记:叶妙青(女,续—2019 年 4 月)

徐文权(2019 年 4 月—)

副局长:张昌元(续—)

党组成员:刘土根(2019 年 1 月—)

县公路局

局　长:徐关铭(续—2019 年 5 月)

支部书记:吴希斌(续—2019 年 1 月)

交通运输发展中心

党组书记、主任:徐关铭(2019 年 5 月—)

副主任:简卓华(2019 年 5 月—)

陈学敏(2019 年 5 月—)

章程钗(2019 年 6 月—)

总工程师:池跃胜(2019 年 5 月—)

县水利局

局　长:周　恩(续—)

副局长:李少吴(续—)

陈慧媚(女,续—)

胡明成(续—)

总工程师:徐海林(续—)

县农业农村局(农办)

局党组书记、局长、农办主任:

柳先敏(2019 年 1 月—)

党组副书记、副局长:梁一春(2019 年 1 月—)

党组副书记:徐仕清(2019 年 1 月—)

副局长:陈　芳(女,2019 年 1 月—)

刘赵康(续—)

党组成员:严家树(2019 年 1 月—)

吴家伟(2019 年 1 月—)

总农艺师:陈　勇(续—)

县畜牧兽医局局长:林春福(续—2019 年 5 月)

县畜牧兽医发展中心主任:

林春福(2019 年 5 月—)

县文广旅体局

局　长:蓝利明(畲,2019 年 1 月—)

党组书记:柳康华(2019 年 9 月—)

副局长:徐黎斌(2019 年 1 月—)

叶巍娥(女,2019 年 1 月—)

郭凤雨(挂职,2019 年 1 月—)

严松海(2019 年 1 月—2019 年 9 月)

县卫生健康局

党委书记、局长:蓝建忠(畲,续—)

党委委员:刘远明(2019 年 1 月—)

陈海忠(2019年1月—)

副局长:彭德伟(续—)

钟婷婷(女,畲,2019.1—)

蓝景艺(畲,2019.1—)

县人民医院(县域医共体)

院　长:尚建基(续—2019年10月)

李　谷(浙大一院挂职,2019年10月—)

副院长:李　谷(续—2019年10月)

毛伟东(续—)

陈学智(续—)

雷镇海(畲族,续—)

季必池(2019年10月—)

党总支书记:梅明荣(续—2019年10月)

医共体党委书记:蓝建忠(畲,2019年6月—)

党委副书记:

李　谷(浙大一院挂职,2019年10月—)

梅明荣(2019年10月—)

党委委员、纪委书记:陈顺波(2019年6月—)

党委委员:毛伟东(2019年10月—)

陈黎明(浙大一院挂职,2019年10月—)

雷镇海(畲,2019年10月—)

县医疗保障局

局　长:刘培法(2019年1月—)

副局长:蓝丽芳(畲,女,2019年1月—)

占海冰(2019年5月—)

县应急管理局

党组书记、局长:杨灶松(2019年1月—)

党组副书记、副局长:江根其(2019年1月—)

副局长:吴　飞(2019年3月—)

刘建海(2019年1月—)

叶方明(2019年1月—)

县审计局

党组书记、局长:雷李会(畲,续—)

副局长:王世忠(续—)

刘春芝(续—2019年1月)

潘蕾薇(女,续—2019年1月)

刘小明(2019年1月—)

总审计师:魏　新(续—)

县统计局

局　长:王　庆(续—2019年1月)

严水英(女,2019年1月—)

副局长:刘卫美(女,续—)

叶巍巍(续—)

总统计师:林　峰(续—)

县市场监督管理局

党组书记、局长:林一兵(续—)

副书记:毛玉海(续—2019年7月)

副局长:邱柏青(续—)

王育生(续—2019年1月)

雷桂荣(畲,续—)

党组成员:王育生(2019年1月—)

总工程师:金建美(女,2019年1月—)

县机关事务管理局(接待办)

局　长:徐建林(续—2019年5月)

副局长:吴丽英(女,续—2019年5月)

县机关事务保障中心

主　任:徐建林(2019年5月—)

副主任:吴丽英(女,2019年5月—)

浙江景宁经济开发区管理委员会

主　任:何向平(续—)

副主任:徐卫斌(常务,续—)

林敏峰(续—)

梅显平(续—)

步克淼（挂职，2019 年 3 月—）
党工委委员：沈必时（2019 年 6 月—）

丽水经济开发区景宁民族工业园管理委员会

党工委书记、管委会主任：夏雪松（续—）
党工委副书记：叶文平（续—）
管委会副主任：叶文平（常务，2019 年 5 月—）
严林平（续—）
刘　平（2019 年 5 月—）
党工委委员：刘　平（续—）
周伟鑫（续—）
总工程师：周伟鑫（2019 年 5 月—）
办公室主任：钟文景（畲，2019 年 5 月—）

农民创业园

总指挥：严伟华（续—）
常务副总指挥：何向平（续—）
副指挥：徐卫斌（续—）
林敏峰（续—）
办公室主任：沈必时（兼，续—）
征地动迁处处长：毛　勇（兼，2019 年 3 月—）
安置处处长：沈必时（续—）
规建处处长：叶　兵（续—）
财务处处长：石凌燕（女，兼，2019 年 3 月—）
维稳处处长：梅永春（兼，续—）

千峡湖管理处

处　长：翁建敏（续—2019 年 5 月）
副处长：陈志文（续—5 月）
吴广伟（续—5 月）
总工程师：陈海洪（续—5 月）
综合管理科科长：陈建伟（续—5 月）
办公室主任：翁海娟（女，续—5 月）
开发建设科科长：叶兴德（续—5 月）

千峡湖景宁畲族自治县保护与开发管理中心

主　任：翁建敏（2019 年 5 月—2019 年 12 月）
副主任：陈志文（2019 年 5 月—）
吴广伟（2019 年 5 月—）
总工程师：陈海洪（2019 年 5 月—）
综合管理科科长：陈建伟（2019 年 5 月—）
办公室主任：翁海娟（女，2019 年 5 月—）
开发建设科科长：叶兴德（2019 年 5 月—）

浙江景宁畲族风情旅游度假区管委会

主　任：柳晓杰（续—2019 年 3 月）
张　伟（2019 年 4 月—）
副主任：简卓华（续—2019 年 4 月）
吴松青（续—2019 年 5 月）
薛晓龙（续—2019 年 5 月）

浙江景宁畲族风情旅游度假区发展中心

主　任：张　伟（2019 年 5 月—）
副主任：吴松青（2019 年 5 月—）
薛晓龙（2019 年 5 月—）
徐东飞（2019 年 5 月—）

县移民办公室

党组书记：王旭东（续—2019 年 5 月）
主　任：刘和平（续—2019 年 5 月）
副主任：梅晓青（续—2019 年 4 月）
吴卫忠（2019 年 4 月—）
陈良娟（女，续—2019 年 5 月）

县移民工作中心

党组书记：王旭东（2019 年 5 月—）
主　任：刘和平（2019 年 5 月—）
副主任：吴卫忠（2019 年 4 月—）
陈良娟（女，2019 年 5 月—）

行政服务中心

党组书记、主任：王　益（续—2019 年 4 月）

叶妙青（女，2019 年 4 月—）
副主任：梅华青（续—）
朱伟华（续—）
吴丽勇（女，续—）
党组成员：吴家钟（续—）

县供销联社

主　任：胡益选（续—2019 年 3 月）
毛锡火（2019 年 3 月—）
副主任：雷剑锋（畲，2019 年 5 月—）
雷献敏（畲，续—）
杨一平（续—）

县综合行政执法局

党组书记、局长：周乃强（续—）
教导员：叶东明（续—2019 年 4 月）
副局长：高卫和（续—）
雷茂禾（畲，续—2019 年 1 月）
汤忠伟（续—2019 年 8 月）

县社会综合服务指挥中心

主　任：吴敏彪（兼，续—2019 年 4 月）
副主任：沈招雄（兼，续—2019 年 4 月）
副主任：柳文娟（女，兼，续—2019 年 4 月）

县大数据发展中心

党组书记、主任：吴敏彪（2019 年 5 月—）
副主任：林　云（2019 年 5 月—）
党组成员、副主任：王　燕（女，2019 年 5 月—）
总　工：刘　恒（2019 年 5 月—）

县人民法院

党组书记、院长：陈雪平（续—）
党组副书记、常务副院长：周　斐（续—）
党组成员、副院长：柳贤列（续—）
林炜平（续—）
党组成员、纪检组长：周乃忠（续—2019 年 6 月）
石玉菊（女，2019 年 6 月—）
党组成员、执行局局长：王海龙（续—）
专职审判委员会委员：陈孟礼（续—）
翁晓羽（续—）
党组成员、司法警察大队政委：
雷素梅（女，畲，续—）

县人民检察院

党组书记、检察长：瞿承健（续—）
党组副书记、副检察长：叶森林（续—）
县纪委监委派驻纪检监察组
组　长：周乃通（续—2019 年 6 月）
蔡通爱（2019 年 6 月—）
副检察长：雷献美（女，畲，续—）
马尚付（续—）
政治部主任：刘国平（续—）
检委会专职委员：梅梦林（续—）
吴东升（续—）
党组成员：潘　胜（续—）

【融媒体】

广播电视台

党组书记、台长：李晓荣（续—2019 年 2 月）
党组副书记、副台长：董作求（续—2019 年 4 月）
副台长：徐　杰（续—2019 年 4 月）
李文皓（挂职，续—2019 年 4 月）
总工程师：王成伟（续—2019 年 4 月）

畲乡报

党组书记、总编：施顺民（续—2019 年 3 月）
副总编：柳彩华（女，续—2019 年 4 月）
张卫锋（续—2019 年 4 月）

县融媒体中心

党组书记、主任：吴文伟（2019 年 5 月—）

党组副书记：董作求（2019 年 5 月—）

副主任：柳彩华（女，2019 年 5 月—）

徐　杰（2019 年 5 月—）

张卫锋（2019 年 5 月—）

李文皓（挂职，2019 年 5 月—）

总工程师：王成伟（2019 年 5 月—）

【民主党派、社会团体、协会】

民进景宁支部

主任委员：蓝利明（畲，续—）

县总工会

党组书记、主席：雷真荣（畲，续—）

副主席：林华法（续—）

柳慧敏（女，续—）

张存有（挂职，续—）

李青宗（兼，续—）

叶　菁（女，兼，续—）

共青年团景宁县委

书　记：潘至秦（续—）

副书记：雷丽霞（女，畲，续—）

蓝芸芸（女，畲，2019 年 5 月—）

县妇女联合会

主　席：叶魏芬（女，续—）

副主席：潘丽芳（女，续—）

蓝晓娟（女，畲，续—）

吴云花（女，挂职，2019 年 7 月—）

徐丽媛（女，兼，续—）

蓝景芬（女，畲，兼，续—）

县科协

党组书记、主席：梅根金（续—）

副主席：刘建华（2019 年 3 月—）

陈德清（续—2019 年 3 月）

雷　蕾（女，畲，挂职，2019 年 7 月—）

韦　勇（兼，续—）

陈　斌（兼，续—）

倪海鹏（兼，续—）

商培荣（兼，续—）

蓝丽芳（女，畲，兼，续—）

党组成员：陈德清（2019 年 3 月—）

县工商业联合会

党组书记、主席、会长：叶长过（续—）

副主席、副会长：郑常蔚（女，续—2019 年 1 月）

吴　丽（女，2019 年 5—月）

刘　铮（挂职，2019 年 7 月—）

秘书长：吴启伟（续—）

县残疾人联合会

理事长：徐关水（续—2019 年 4 月）

徐卫东（2019 年 4 月—）

副理事长：周利民（续—）

程小伟（续—）

陈建平（挂职，续—）

柳贤铎（挂职，2019 年 7 月—）

张小宝（兼，续—）

社科联

主　席：陈　谢（续—）

专职副主席：雷媛媛（女，畲，续—）

县文联

主　席：吴华标（续—）

副主席：林　伟（续—）

县关工委

主　任：雷木森（畲，续—）

副主任：钟琳花（女，畲，续—）

曹赤炎（续—）

严盛才（续—）

林　敏(兼,续—)

林长春(兼,续—)

林建锋(兼,续—)

林旭虹(兼,续—)

江　啸(兼,续—)

徐　敏(女,续—)

办公室主任:徐　敏(女,续—)

县红十字会

会　长:毛华庆(兼,续—)

副会长:柳建军(常务,续—2019 年 4 月)

毛黎珍(常务,2019 年 4 月—)

张多金(续—)

周德伍(挂职,2019 年 7 月—)

何　邦(兼,续—)

陈华星(兼,续—)

叶有东(兼,续—)

叶梅娟(女,兼,续—2019 年 12 月)

杨晓丽(女,兼,2019 年 12 月—)

蓝丽芳(女,畲,兼,续—2019 年 12 月)

钟婷婷(女,畲,兼,2019 年 12 月—)

县慈善总会

会　长:叶金堂(2019 年 5 月—)

常务副会长:朱剑兵(续—2019 年 5 月)

李晓荣(2019 年 5 月—)

副会长:严柏林(续—)

叶华杰(续—)

严小庄(续—)

蒋丽娟(女,续—)

柳贤珍(女,续—)

何　邦(续—2019 年 5 月)

梅　慧(续—)

潘宣敏(续—)

李青宗(续—)

金贤松(续—)

裴　岩(续—)

秘书长:严柏林(兼,续—2019 年 5 月)

廖筱芳(女,2019 年 5 月—)

副秘书长:刘云花(女,续—)

陈世深(续—)

陈一杰(续—)

【条管行政、企事业单位】

县税务局

党委书记、局长:季景金(续—)

副局长:吴　龙(续—2019 年 11 月)

刘智敏(续—2019 年 3 月)

潘岳海(续—)

张传俊(续—)

纪检组长:孙　毅(续—)

县气象局

局　长:商晓东(续—)

副局长:周敬荣(续—)

纪检组长:张建渔(续—2019 年 12 月)

县烟草专卖局

局长、经理:练慧平(续—)

副局长:叶荣民(续—)

副经理:张林峰(续—)

县电力工业局

局　长:钱　江(续—)

书　记:董瑞红(女,续—)

纪委书记、工会主席:叶　鹤(续—2019 年 12 月)

刘永平(2019 年 12 月—)

副局长:王明球(续—2019 年 12 月)

刘永平(续—2019 年 12 月)

宋恩亮(2019 年 12 月—)

詹永东(2019 年 12 月—)

中国人民银行景宁县支行

行　长:潘华珠(女,续—)

副行长:严精敏(续—)

高　烈(续—)

丽水市住房公积金管理中心景宁分中心

主　任:王良言(续—2019 年 4 月)

张兆清(2019 年 4 月—)

副主任:沈芳芸(女,续—)

丽水市环保局景宁分局

党组书记、局长:任周良(2019 年 1 月—)

副局长:周　平(2019 年 1 月—)

李　丰(2019 年 1 月—)

县石油公司

经　理:雷　勇(畲,续—)

县新华书店

总经理:李伟明(续—)

副总经理:程小萍(女,续—)

【金融、通信】

中国工商银行股份有限公司景宁县支行

行　长:朱土亮(续—)

副行长:梅明红(女,续—)

中国农业银行景宁县支行

行　长:吴德龙(2019 年 10 月—)

纪委书记:梅荣梁(续—)

副行长:吴德龙(主持,续—2019 年 10 月)

吴耀火(续—2019 年 6 月)

行长助理:虞晓春(2019 年 6 月—)

中国银行景宁县支行

行　长:周松鹤(续—2019 年 8 月)

副行长:柳　扬(主持,2019 年 8 月—)

林俊杭(续—)

中国建设银行景宁县支行

行　长:吴智开(2019 年 1 月—)

合规官:朱松美(女,续—)

副行长:郑江平(续—)

中国农业发展银行景宁信贷组

行　长:徐　斌(续—)

景宁农商银行

党委书记、董事长:蓝礼华(畲,续—2019 年 11 月)

党委书记:王子军(2019 年 11 月—)

行　长:朱　敏(续—)

纪委书记、监事长:高樟亭(续—)

副行长:王康明(续—)

中国邮储银行景宁县支行

行　长:元根林(续—)

副行长:陈胜民(续—)

景宁银座村镇银行股份有限公司

行　长:梁仙娥(女,续—2019 年 7 月)

周俊杰(2019 年 7 月—)

副行长:蒋　继(续—)

浙江稠州商业银行景宁县支行

行　长:叶绍山(续—)

副行长:梅　荣(续—)

泰隆银行丽水景宁县支行

行　长:邱晓青(续—)

副行长:谢航程(续—)

中国邮政景宁分公司

党委书记、总经理:叶黎华(续—)

副总经理:吕耀军(续—)

中国电信景宁分公司

党委书记、总经理:梅振玲(女,续—2019 年 2 月)

党委副书记、副总经理(主持):
李　政(2019年2月—)
纪检书记、副总经理:周晓伟(续—)
总经理助理:刘松元(续—)

中国移动景宁分公司

党支部书记、总经理:刘建锋(续—)

中国联通景宁分公司

总经理:叶崇伟(续—2019年5月)
副总经理:赖春玲(女,主持,2019年5月—)

人保财险景宁支公司

经　理:叶少华(续—2019年12月)
王巧虹(女,2019年12月—)

中国人寿保险股份有限公司景宁支公司

经　理:吴小英(女,续—)

太平洋财产保险股份有限公司景宁支公司

总经理:叶娟珍(女,续—)

【乡镇(街道)】

红星街道办事处

党工委书记:潘利海(续—)
副书记、办事处主任:胡卫林(续—2019年3月)
吴一飞(2019年3月—)
副书记:吴一飞(续—2019年3月)
林文勇(2019年5月—)
党工委委员、纪工委书记:
刘丽卿(女,续—2019年6月)
张汇勇(2019年6月—)
党工委委员、人武部长:柳　玉(女,续—)
党工委委员:柳二娟(女,续—2019年7月)
柳　锋(2019年6月—)
林文勇(续—)
李　丽(女,2019年6月—)
陈孟文(续—)
周伟明(续—2019年5月)
周晓芳(女,2019年7月—)
陈聪敏(续—)
人大工委主任:何振华(续—2019年3月)
林　荣(2019年5月—)
办事处副主任:柳二娟(女,续—2019年7月)
柳　锋(续—)
李　丽(女,续—2019年6月)
柳贤铎(续—2019年7月)
何盛林(2019年7月—)
严福林(2019年7月—)
潘若谷(2019年5月—)
副科级组织员:徐加昌(续—2019年5月)
李昌锦(续—)
刘丽卿(女,2019年6月—)

鹤溪街道办事处

党工委书记:吴巧玲(女,续—)
党工委副书记:张文涛(续—2019年12月)
柳宁波(2019年7月—)
陈　勇(续—2019年4月)
党工委委员、纪工委书记:
梅玉娟(女,续—2019年7月)
柳二娟(女,2019年7月—)
党工委委员、人武部长:王黎伟(续—)
党工委委员:苏延锋(2019年5月—)
王　娟(女、续—)
林昌健(续—)
张存有(续—2019年5月)
季清波(续—)
人大工委主任:叶　康(续—2019年4月)
陈　勇(2019年4月—)

副主任：梅礼明（续—）

办事处主任：张文涛（续—2019 年 12 月）

副主任：季清波（续—）

张汇勇（续—2019 年 7 月）

柳宁波（续—2019 年 5 月）

郑　迪（续—）

严仙田（续—）

严晓军（2019 年 7 月—）

张王清（2019 年 7 月—）

主任助理：徐东飞（续—2019 年 5 月）

大均乡

党委书记：柳康华（续—2019 年 8 月）

吴　毅（2019 年 8 月—）

副书记、乡长：吴　毅（续—2019 年 8 月）

吴名标（2019 年 12 月—）

副书记：刘日宏（2019 年 1 月—）

党委委员、纪委书记：黄正成（续—2019 年 5 月）

赵玉珠（女，2019 年 6 月—）

党委委员、人武部长：何盛林（续—2019 年 6 月）

严　明（2019 年 6 月—）

党委委员：严　华（续—2019 年 5 月）

严梅冰（女，2019 年 6 月—）

陈娟芬（女，2019 年 6 月—）

人大主席团主席：吴卫忠（续—2019 年 5 月）

吴林松（2019 年 5 月—）

副乡长：陈娟芬（女，续—2019 年 6 月）

吴　丽（女，续—2019 年 6 月）

张王清（续—2019 年 6 月）

潘艺颢（2019 年 6 月—）

蓝庆鑫（畲，续—）

邹国梁（2019 年 5 月—）

张建华（2019 年 6 月—）

澄照乡

党委书记：林方金（续—2019 年 3 月）

胡卫林（2019 年 3 月—）

副书记、乡长：吴光亮（续—）

副书记：毛　勇（续—）

党委委员、纪委书记：王　兵（续—）

党委委员、人武部长：陈叶敏（续—2019 年 5 月）

张叶松（2019 年 5 月—）

党委委员：柳海河（续—2019 年 6 月）

林海明（2019 年 6 月—）

林春芝（女，2019 年 6 月—）

人大主席团主席：刘慧云（女，续—2019 年 5 月）

副主席：刘小东（续—2019 年 6 月）

副乡长：严晓军（续—2019 年 6 月）

周晓芳（女，续—2019 年 6 月）

雷晓芬（女，畲，续—）

夏旭东（2019 年 6 月—）

王春华（2019 年 6 月—）

罗　震（2019 年 6 月—）

副科级组织员：刘小东（2019 年 6 月—）

梅岐乡

党委书记：刘建华（续—2019 年 4 月）

李晓锋（2019 年 4 月—）

副书记、乡长：吴万里（续—）

副书记：任孟春（续—2019 年 5 月）

严　华（2019 年 5 月—）

党委委员、纪委书记：雷余玉（畲，续—）

党委委员、人武部长：章泽龙（续—2019 年 7 月）

林建平（2019 年 7 月—）

党委委员：叶淑芬（女，续—）

人大主席团主席：陈文良（续—）

副乡长：吴跃林（续—2019 年 7 月）

李　峰(续—2019年7月)
雷小芬(女,畲,2019年7月—)
徐承凯(2019年7月—)

东坑镇

党委书记:吴海东(续—)
副书记、镇长:彭伟明(续—2019年1月)
叶星星(2019年3月—)
副书记:叶星星(续—)
杜丽燕(女,2019年5月—)
党委委员、纪委书记:严伟荣(续—2019年5月)
蓝伟标(畲,2019年7月—)
党委委员、人武部长:刘宗妙(续—)
党委委员:夏建红(女,续—2019年3月)
何　俊(续—)
鲍浪平(2019年7月—)
陈　伟(女,2019年7月—)
人大主席团主席:吴大余(续—2019年5月)
严伟荣(2019年5月—)
副主席:周德伍(续—2019年7月)
林作平(2019年7月—)
副镇长:叶　剑(续—)
鲍浪平(续—2019年7月)
何春平(续—)
蓝森华(畲,续—)
副科级组织员:林作平(续—2019年7月)
镇长助理:张　辉(续—2019年7月)

大漈乡

党委书记:刘海华(续—)
副书记、乡长:吴雯雯(女2019年3月—)
副书记:梅　杰(续—)
党委委员、副乡长:蓝光平(畲,续—)
党委委员、纪委书记:章卫荣(续—2019年6月)
陈瑶良(2019年6月—)
党委委员、人武部长:周松鹤(续—)
党委委员:林罗宾(续—)
柳海明(2019年6月—)
人大主席团主席:柳一东(续—2019年5月)
吴　兴(2019年9月—)
副乡长:刘悄悄(女,续—2019年6月)
林赵义(续—2019年6月)
张伟龙(续—2019年6月)
蓝红斌(畲,2019年6月—)
林珍珍(女,2019年6月—)
景区管委会专职副主任:
傅伟红(女,续—2019年3月)

景南乡

党委书记:金　锋(续—2019年1月)
彭伟明(2019年1月—)
副书记、乡长:叶旭瑛(续—)
副书记:雷　琼(女,畲,续—2019年3月)
叶其林(2019年5月—)
党委委员、纪委书记:王　盼(续—)
党委委员、人武部长:毛有东(续—)
党委委员:吴跃林(2019年7月—)
叶其林(续—2019年5月)
人大主席团主席:雷剑锋(畲,续—2019年5月)
叶　妮(女,2019年9月—)
副乡长:吴圆圆(女,续—2019年7月)
雷晓勇(畲,续—2019年7月)
罗　震(续—2019年7月)
梅哲凯(2019年9月—)
张克忠(2019年9月—)
傅伟红(女,2019年9月—)

雁溪乡

党委书记：毛黎珍（续—2019 年 4 月）

叶　康（2019 年 4 月—）

副书记、乡长：熊　焕（续—）

副书记：梅明义（续—2019 年 5 月）

刘传旺（2019 年 5 月—）

党委委员、纪委书记：雷　杰（畲，续—）

党委委员、人武部长：叶发雷（续—2019 年 7 月）

陈建成（2019 年 7 月—）

党委委员：严梅冰（女，续—2019 年 7 月）

林艳艳（女，2019 年 7 月—）

柳海明（续—2019 年 7 月）

人大主席团主席：占海冰（续—2019 年 5 月）

周家赞（2019 年 5 月—）

副乡长：张　健（续—2019 年 7 月）

陈丽慧（女，续—2019 年 7 月）

蓝　青（畲，2019 年 7 月—）

乡长助理：沈　阳（续—2019 年 9 月）

渤海镇

党委书记：陈孟嘉（续—）

副书记、镇长：吴如峰（续—）

副书记：杨仲炳（续—）

张建妙（2019 年 6 月—）

党委委员、副镇长：柳卫明（续—2019 年 6 月）

刘东平（2019 年 7 月—）

党委委员、纪委书记：

蓝伟标（畲，续—2019 年 7 月）

蓝松平（畲，2019 年 7 月—）

党委委员、人武部长：何盛洪（续—）

党委委员：李成生（2019 年 7 月—）

雷鸿铭（畲，续—）

何小伟（续—）

人大主席团主席：商晓云（续—2019 年 4 月）

林明可（2019 年 6 月—）

副主席：陈德标（2019 年 7 月—）

副镇长：钟婷婷（女，畲，续—2019 年 2 月）

陈高仁（续—）

吴圆圆（女，2019 年 7 月—）

杨国亮（2019 年 7 月—）

郑坑乡

党委书记：雷洁畅（畲，女，续—）

副书记：何伟平（续—）

陈叶敏（2019 年 5 月—）

郭凤雨（挂职，2019 年 5 月—）

党委委员、纪委书记：陈瑶良（续—2019 年 7 月）

雷　飚（畲，2019 年 7 月—）

党委委员、人武部长：严　明（续—2019 年 7 月）

雷洪富（畲，2019 年 7 月—）

党委委员：李成生（续—2019 年 7 月）

张伟龙（2019 年 7 月—）

人大主席团主席：徐阿军（续—）

乡　长：何伟平（续—）

副乡长：胡彦峰（续—2019 年 7 月）

严　峰（2019 年 7 月—）

周　巍（续—）

九龙乡

党委书记：徐卫东（续—2019 年 4 月）

柳贤岳（2019 年 4 月—）

副书记、乡长：赵卫东（2019 年 4 月—）

副书记：柳　彬（续—2018 年 3 月）

毛华标（2019 年 5 月—）

党委委员、人武部长：张雪飞（续—）

党委委员：蓝丰平（畲，续—2019 年 3 月）

林赵义（2019 年 7 月—）

沈必时（续—2019 年 6 月）
蓝金标（畲，续—）
张雪飞（续—）
人大主席团主席：郑晓芳（续—）
副乡长：刘鲲鹏（续—2019 年 7 月）
陈万江（续—）
林春芝（女，续—2019 年 7 月）
胡根锋（续一）
李　峰（2019 年 6 月—）
夏珍珍（女，2019 年 6 月—）

沙湾镇

党委书记：叶金海（续—）
副书记、镇长：李晓锋（续—2019 年 3 月）
叶春强（2019 年 3 月—）
副书记：叶春强（续—）
刘传才（2019 年 5 月—）
党委委员、纪委书记：李兴煌（续—2019 年 6 月）
严爱贵（2019 年 7 月—）
党委委员、人武部长：毛华标（续—2019 年 5 月）
李　勇（2019 年 6 月—）
党委委员：吴应平（续—）
齐兴华（续—）
张勇峰（续—）
周大方（2019 年 6 月—）
褚　卉（女，2019 年 6 月—）
人大主席团主席：任　荣（续—2019 年 5 月）
雷彦文（畲，2019 年 5 月—）
副主席：周大方（续—2019 年 6 月）
章卫荣（2019 年 6 月—）
副镇长：柳庭武（续—）
王春华（续—2019 年 6 月）
李　伟（续—2019 年 6 月）
雷雄凯（畲，2019 年 5 月—）

梧桐乡

党委书记：王伟飞（续—）
副书记、乡长：张伟鸿（续—）
副书记：柳忠芳（续—）
党委委员、纪委书记：严爱贵（续—2019 年 7 月）
吴献绿（女，2019 年 7 月—）
党委委员、人武部长：刘传旺（续—2019 年 7 月）
陈再锋（2019 年 7 月—）
党委委员：吴云花（女，续—2019 年 7 月）
吴　涛（续—）
刘悄悄（女，2019 年 7 月—）
人大主席团主席：张必南（续—）
副乡长：杨国亮（续—2019 年 7 月）
雷　震（畲，续—2019 年 7 月）
梅显道（续—）
雷朱华（畲，续—）
李兴煌（2019 年 7 月—）
袁国良（2019 年 7 月—）
副科级组织员：雷　震（畲，2019 年 7 月—）

标溪乡

党委书记：陈轶群（续—）
副书记、乡长：吴　飞（续—2019 年 4 月）
雷　琼（女，畲，2019 年 4 月—）
副书记：吴晓峰（续—2019 年 5 月）
柳卫明（2019 年 5 月—）
党委委员、纪委书记：刘世武（续—2019 年 7 月）
吴丽平（2019 年 7 月—）
党委委员、人武部长：林利伟（续—2019 年 5 月）
陈晓方（2019 年 7 月—）
党委委员：陈德标（续—2019 年 7 月）
周海娟（女，续—2019 年 4 月）

李　伟(2019年7月—)
人大主席团主席:张红伟(续—)
副乡长:严一和(续—2019年7月)
张　健(2019年7月—)
张建华(续—2019年7月)
周　烽(2019年7月—)

家地乡

党委书记:吴文伟(续—2019年3月)
刘成伟(2019年3月—)
副书记、乡长:刘成伟(续—2019年3月)
陈亚平(2019年3月—)
副书记:吴　平(续—)
党委委员、纪委书记:张灵燕(女,续—2019年5月)
胡彦锋(2019年6月—)
党委委员、人武部长:毛伟东(续—2019年6月)
章泽龙(2019年6月—)
党委委员:陈　伟(女,续—2019年6月)
洪钱玮(女,2019年6月—)
人大主席团主席:夏一海(续—)
副乡长:严　峰(续—2019年6月)
蓝叶胜(畲,续—2019年6月)
雷吴芬(畲,2019年6月—)
严枫树(续—)

大地乡

党委书记:刘　莺(女,续—)
副书记、乡长:严益贵(续—)
副书记:杜华俊(续—2019年4月)
陈利慧(2019年5月—)
党委委员、纪委书记:陈利慧(续—2019年5月)
徐海坚(2019年6月—)
党委委员、人武部长:吴建海(2019年6月—)
党委委员:张慧民(2019年6月—)
人大主席团主席:雷彦文(畲,续—2019年5月)
梅明义(2019年5月—)
副乡长:张慧民(续—2019年6月)
周　烽(续—2019年6月)
张克忠(续—2019年6月)
叶柏岳(2019年6月—)

毛垟乡

党委书记:陈　勇(续—2019年4月)
雷晓华(女,畲,2019年4月—)
副书记、乡长:沈　力(续—2019年6月)
潘景景(2019年6月—)
党委委员、纪委书记:叶海峰(续—)
党委委员、人武部长:陈再锋(续—2019年6月)
姜早东(2019年6月—)
党委委员:林海明(续—2019年7月)
李俊杰(续—)
林慧荣(续—)
人大主席团主席:林　荣(续—2019年5月)
任孟春(2019年5月—)
副乡长:吴德贤(续—2019年7月)
严　清(2019年5月—)
徐晶晶(女,2019年6月—)

秋炉乡

党委书记:陶幸圣(续—)
副书记、乡长:叶　伟(续—)
副书记:梁春波(续—2019年6月)
雷永伟(畲,2019年7月—)
党委委员、纪委书记:赵玉珠(女,续—2019年6月)
陈潇博(2019年7月—)
党委委员、人武部长:李　勇(续—2019年6月)
叶发雷(2019年7月—)
党委委员:雷永伟(畲,续—2019年6月)

陈丽慧（2019 年 7 月—）
彭王锋（续—）
人大主席团主席：林明可（续—2019 年 6 月）
梁春波（2019 年 7 月—）
副乡长：夏旭东（续—2019 年 6 月）
陈建成（续—2019 年 6 月）
雷洪富（畲，续—2019 年 6 月）
潘剑伟（2019 年 7 月—）

英川镇

党委书记：卢建民（续—）
副书记、镇长：吴耀旺（续—）
副书记：刘传才（续—2019 年 5 月）
党委委员、纪委书记：吴丽平（续—2019 年 6 月）
刘鲲鹏（2019 年 7 月—）
党委委员、人武部长：刘俊杰（2019 年 7 月—）
党委委员：陈建峰（续—2019 年 4 月）
周晓峰（续—2019 年 6 月）
金　锋（续—2019 年 4 月）
吴晓峰（2019 年 5 月—）
蔡卫华（2019 年 7 月—）
雷晓勇（畲，2019 年 7 月—）
潘　斌（2019 年 7 月—）
人大主席团主席：张昌勇（续—2019 年 4 月）
陈建峰（2019 年 5 月—）
副主席：蔡卫华（续—2019 年 6 月）
吴德贤（2019 年 7 月—）
副镇长：陈建峰（续—2019 年 4 月）
褚　卉（女，续—2019 年 7 月）
蔡卫华（2019 年 7 月—）
吴云兵（2019 年 5 月—）
周浩勇（2019 年 7 月—）
叶璟珺（女，2019 年 7 月—）

鸬鹚乡

党委书记：毛锡火（续—2019 年 3 月）
蓝中一（畲，2019 年 3 月—）
副书记、乡长：蓝中一（畲，续—2019 年 3 月）
杜华俊（2019 年 3 月—）
副书记：吴　兴（续—2019 年 5 月）
林利伟（2019 年 5 月—）
党委委员、纪委书记：
蓝松平（畲，续—2019 年 6 月）
蓝叶胜（畲，2019 年 7 月—）
党委委员、人武部长：刘俊杰（续—2019 年 6 月）
毛伟东（2019 年 6 月—）
党委委员：严福林（续—2019 年 6 月）
潘　肖（女，续—）
人大主席团主席：江灵娟（女，续—2019 年 11 月）
副主席：刘世武（2019 年 6 月—）
副乡长：袁国良（续—2019 年 7 月）
陈晓方（续—2019 年 6 月）
周雄兵（2019 年 7 月—）
雷雪松（畲，2019 年 7 月—）

先进集体和先进个人

2019 年荣获市级以上先进集体一览表

表 9

先进单位	荣誉称号	命名单位	命名时间
中共景宁畲族自治县委	全国民族团结进步模范集体	国务院 国发〔2019〕20 号	2019 年 9 月 24 日
景宁畲族自治县	2018 年度浙江省“五水共治”（河长制）工作优秀县大禹鼎。	浙江省人民政府	2019 年 5 月 13 日
景宁畲族自治县	浙江省双拥模范城（县）	中共浙江省委、浙江省人民政府 浙江省军分区	2019 年 7 月 29 日
县人民检察院	2018 年度全省扫黑除恶专项斗争先进集体	中共浙江省委、浙江省人民政府 浙委发〔2019〕3 号	2019 年 2 月 13 日
鹤溪街道办事处	2018 年度征兵工作成绩突出单位	丽水市人民政府、丽水军分区 丽政发〔2019〕34 号	2019 年 7 月 23 日
东坑镇人民政府	2018 年度征兵工作成绩突出单位	丽水市人民政府、丽水军分区 丽政发〔2019〕34 号	2019 年 7 月 23 日
沙湾镇人民政府	2018 年度征兵工作成绩突出单位	丽水市人民政府、丽水军分区 丽政发〔2019〕34 号	2019 年 7 月 23 日
红星街道人民武装部	2018 年度国防后备力量先进基层武装部	丽水市人民政府、丽水军分区 丽政发〔2019〕3 号	2019 年 1 月 25 日
澄照乡人民武装部	2018 年度国防后备力量先进基层武装部	丽水市人民政府、丽水军分区 丽政发〔2019〕3 号	2019 年 1 月 25 日
县民兵应急连	2018 年度国防后备力量先进民兵连（分队）	丽水市人民政府、丽水军分区 丽政发〔2019〕3 号	2019 年 1 月 25 日
鹤溪街道民兵应急排	2018 年度国防后备力量先进民兵连（分队）	丽水市人民政府、丽水军分区 丽政发〔2019〕3 号	2019 年 1 月 25 日

2019 年全县荣获市级以上先进个人一览表

表 10

姓名	民族	性别	所在单位	荣誉称号	命名单位	命名时间
钟海燕	畲	女	县人民政府	全国民族团结进步模范个人	国务院 国发〔2019〕20 号	2019 年 9 月 24 日
夏国章	汉	男	县人武部	浙江省双拥模范个人	中共浙江省委 浙江省人民政府 浙江省军分区	2019 年 7 月 29 日
季良俊	汉	男	县公安局	个人嘉奖	公安部公奖字〔2019〕146 号	2019 年 10 月 10 日
潘小青	汉	男	县疾控中心	全国农村饮用水卫生监测十年工作成绩突出个人	中疾控水饮便函〔2019〕176 号	2019 年 12 月 31 日

续表 10

姓名	民族	性别	所在单位	荣誉称号	命名单位	命名时间
杨娟芬	汉	女	县公安局刑侦大队	2018 年度全省扫黑除恶专项斗争先进个人	中共浙江省委、浙江省人民政府 浙委发〔2019〕3 号	2019 年 2 月 13 日
杨特雄	汉	男	县城市建设发展有限公司	2019 年浙江省劳动模范	中共浙江省委、浙江省人民政府 浙委发〔2019〕7 号	2019 年 4 月 28 日
张小宝	汉	男	鹤溪街道三枝树村	2019 年浙江省劳动模范	中共浙江省委、浙江省人民政府 浙委发〔2019〕7 号	2019 年 4 月 28 日
周浩军	汉	男	红星街道人民武装部	2018 年度国防后备力量优秀专武干部	丽水市人民政府、丽水军分区　丽政发〔2019〕3 号	2019 年 1 月 25 日
毛华标	汉	男	沙湾镇人民武装部	2018 年度国防后备力量优秀专武干部	丽水市人民政府、丽水军分区　丽政发〔2019〕3 号	2019 年 1 月 25 日
潘志川	汉	男	县民兵应急连	2018 年度国防后备力量优秀民兵干部	丽水市人民政府、丽水军分区　丽政发〔2019〕3 号	2019 年 1 月 25 日
陈再锋	汉	男	毛垟乡民兵应急排	2018 年度国防后备力量优秀民兵干部	丽水市人民政府、丽水军分区　丽政发〔2019〕3 号	2019 年 1 月 25 日

2019 年度全县“大赶考”综合考核结果

（景委发〔2020〕6 号）

一、乡镇（街道）综合考核结果

（一）优秀等次

第一序列：东坑镇、鹤溪街道、红星街道；

第二序列：景南乡；

第三序列：家地乡。

（二）良好等次

第一序列：沙湾镇、澄照乡、英川镇；

第二序列：雁溪乡、毛垟乡；

第三序列：秋炉乡、郑坑乡；

其他乡镇为合格等次。

（三）赶考进步奖

雁溪乡

二、部门综合考核结果

（一）优秀等次

党群部门序列：县委办、县人大机关、县府办、县政协机关、县委组织部、县委政法委、县纪委县监委机关、县科协；

经济管理部门序列：县农业农村局、县发改局、县文广旅体局、县交通运输局；

社会管理部门序列：县教育局（景宁中学、电大）、县民政局、县人力社保局、县司法局；

垂直管理部门序列：县税务局、县电力局、

县农商银行、中行景宁支行。

(二)良好等次

党群部门序列:县委统战部、县委宣传部、县人武部、县妇联、县关工委、县委县政府信访局、县委编办、县委党校、团县委;

经济管理部门序列:县建设局、县自然资源和规划局、丽景园管委会、县经济合作交流中心、县经济商务科技局、县开发区管委会、县财政局、县统计局、县市场监督管理局;

社会管理部门序列:县民宗局、县卫生健康局(县人民医院)、县法院、县融媒体中心、县检察院、县行政服务中心、县退役军人事务局、县审计局;

垂直管理部门序列:县公积金管理中心、人行景宁县支行、人寿保险景宁支公司、县气象局、移动景宁分公司、电信景宁分公司、邮储银行景宁支行、邮政景宁分公司;

其他单位为合格等次。

(三)赶考进步奖

县行政服务中心

三、创新标杆奖

(一)创成全省首批、全市唯一 AAAA 级景区城,打造"诗画畲乡"新名片——景区城·全域旅游办公室、县文广旅体局、县建设局;

(二)打造"和美景宁·平安小巷",推进社会矛盾调处化解"最多跑一次""最多跑一地"——县委政法委、县委县政府信访局、县法院、县司法局、县人力社保局、县大数据发展中心以及相关进驻单位;

(三)"综合柜员制"实现 137 个民生事项"一窗办好",服务标准化领跑全市、领先全国——县人力社保局;

(四)守住生态家底,护好经济资源,松材线虫病防控工作走在全省前列——县自然资源和规划局;

(五)创成国际森林疗养示范基地,再添全域旅游新地标——县生态林业发展中心;

(六)创新推行"清廉指数",构建基层政治生态"体检表""坐标尺"——县纪委县监委机关;

(七)"警务集市"提升山区群众改革获得感,公安便民服务"跑进大山"、领跑全省——县公安局;

(八)打造"真情暖万家·关爱 365"行动省级样板,构建农村留守儿童、困境儿童"安暖和"关爱服务体系——县民政局;

(九)联动打造"红色毛垟·运动秋炉"乡村体验游,偏远乡村差异化抱团走出乡村振兴新路子——毛垟乡、秋炉乡;

(十)组合推出"五统一"产销模式,九龙乡百余中蜂养殖户成功"捆绑"闯市场、促增收——九龙乡。

四、综合工作先进村

雁溪乡雁溪村、红星街道岗石村、鹤溪街道东弄村、鸬鹚乡葛山村、东坑镇桃源村、澄照乡金坵村、沙湾镇沙湾村、大均乡李宝村、渤海镇安亭村、毛垟乡毛垟村

五、综合考核"一票否优"单位

按照《2019 年度"大赶考"综合考核一票否优办法》(景委发〔2019〕27 号)文件规定,对渤海镇、大均乡、县公安局、县残联党风廉政建设工作进行一票否优。